LEIS DA COMUNICAÇÃO SOCIAL

DOMINGOS SILVA CARVALHO DE SÁ

Procurador-Geral da República Adjunto
Inspector do Ministério Público

LEIS DA COMUNICAÇÃO SOCIAL

Contém o texto da Lei de Imprensa devidamente actualizado, após a publicação da Lei n.º 2/99, de 13 de Janeiro, que revogou o Decreto-Lei n.º 85-C/75, de 26 de Fevereiro, com anotações abundantes.

São ainda transcritos e anotados os seguintes diplomas:

— Lei de Imprensa de 1975 – Lei da Televisão
— Lei da Rádio — Estatuto da Imprensa Regional
— Lei dos incentivos do Estado à Comunicação Social
— Lei da Alta Autoridade para a Comunicação Social
— Lei da Distribuição da Televisão por Cabo
— Estatuto do Jornalista
— Regulamento da Carteira de Jornalista Profissional
— Regulamento do Depósito Legal
— Regulamento do Serviço de Registo de Imprensa
— Código da Publicidade — Lei de Defesa da Concorrência
— Lei do acesso aos documentos da Administração

ALMEDINA

TÍTULO: LEIS DA COMUNICAÇÃO SOCIAL

AUTOR: DOMINGOS SILVA CARVALHO DE SÁ

EDITOR: LIVRARIA ALMEDINA – COIMBRA
www.almedina.net

LIVRARIAS: LIVRARIA ALMEDINA
ARCO DE ALMEDINA, 15
TELEF. 239 851 900
FAX 239 851 901
3004-509 COIMBRA – PORTUGAL
livraria@almedina.net

LIVRARIA ALMEDINA – PORTO
R. DE CEUTA, 79
TELEF. 222 059 773
FAX 22 2039497
4050-191 PORTO – PORTUGAL
porto@almedina.net

EDIÇÕES GLOBO, LDA.
R. S. FILIPE NERY, 37-A (AO RATO)
TELEF. 213 857 619
FAX 213 844 661
1250-225 LISBOA – PORTUGAL
globo@almedina.net

LIVRARIA ALMEDINA
ATRIUM SALDANHA
LOJA 71 A 74
PRAÇA DUQUE DE SALDANHA, 1
TELEF. 213 712 690
atrium@almedina.net

LIVRARIA ALMEDINA – BRAGA
CAMPOS DE GUALTAR,
UNIVERSIDADE DO MINHO,
4700-320 BRAGA
TELEF. 253 678 822
braga@almedina.net

EXECUÇÃO GRÁFICA: G.C. – GRÁFICA DE COIMBRA, LDA.
PALHEIRA – ASSAFARGE
3001-453 COIMBRA
producao@graficadecoimbra.pt

JANEIRO, 2002

DEPÓSITO LEGAL: 172836/01

À minha mulher Maria Teresa.
Aos meus filhos, Sofia e Filipe.

"Empreender uma comunicação com outrem, indivíduo ou colectividade, é visar modificar o seu comportamento, orientar a sua representação ou concepção, tocar a sua personalidade. É, muitas vezes, querer, ao mesmo tempo, sugerir e comover, conhecer e compreender e, sempre, informar."

(Guillaume, pág. 15)

PREFÁCIO

No mês de Maio de 1995, quando foi publicada a Lei n.° 15/95, de 25 de Maio, demo-nos conta da necessidade de, mais uma vez, nos entregarmos à ritual tarefa para os juristas do chamado "corte e cose", relativamente à velha Lei n.° 85-C/75, de 26 de Fevereiro.

Porém, no caso, a referida tarefa revelou-se particularmente difícil porque a velha Lei se encontrava de tal modo "esfarrapada" que era bastante complicado colocar-lhe qualquer "remendo".

Afigurou-se-nos preferível tentar voltar a escrevê-la com muito cuidado, dado tratar-se de uma das muito poucas sobreviventes da era revolucionária e porque não se sabia muito bem se determinada artigo estava em vigor ou já tinha sido expressa ou tacitamente revogado.

Nessa ocasião, tivemos necessidade de consultar variadas obras e, então, apercebemo-nos da escassez confrangedora de publicações devidamente anotadas sobre as leis de comunicação social.

Aliás, ainda recentemente, in Sub Judice, n.° 15/16, 1999, Junho/ /Dezembro, afirma João L. Moraes Rocha, a págs. 200:

"*Em português não existe uma colectânea como a de Ericson, nem uma obra do tipo da de Deblasch.*

O que existe são algumas monografias, artigos em revistas e, por vezes, livros que resultam de uma colecção de artigos de um determinado autor ou de palestras de um colóquio ou de uma reunião.

Uma parte substancial dessas obras está desactualizada porquanto são anteriores à actual Lei de Imprensa".

Essa escassez de publicações sobre este ordenamento jurídico fez com que nos tivéssemos abalançado a tentar, de forma modesta, mas o mais fiel e segura possível, reunir, em anotação às Leis da Comunicação Social, os traços gerais e mais significativos de tudo aquilo que, no âmbito da Doutrina e da Jurisprudência, havia sido produzido sobre aquela matéria.

Quando soubemos, porém, que a velha Lei de Imprensa, em breve, iria ser substituída, não ousámos propor, a quem quer que fosse, a publicação daquelas anotações.

Esperámos, por isso, com paciência, assistindo ao aparecimento dos vários diplomas que, de forma paulatina mas com persistência, foram sendo publicados para completa reformulação da legislação da área da comunicação social, desde a Lei da Televisão, à da Rádio, à de Imprensa, ao Estatuto do Jornalista, à Lei da Alta Autoridade para a Comunicação Social e à Lei dos Incentivos do Estado à Comunicação Social.

Publicada a Lei da Rádio, em 23 de Fevereiro de 2001, pareceu-nos ter sido concluído todo o ciclo de renovação e, por isso, tendo sido feito um trabalho final de reapreciação das anotações à luz dos novos diplomas legais, entendemos ser este o momento propício ao lançamento desta obra despretensiosa, a qual consumiu, no entanto, ao longo de seis anos, muitos dos poucos tempos livres que o exercício da nossa actividade profissional nos tem proporcionado.

Moreira da Maia, 6 de Setembro de 2001

LEI N.° 2/99

De 13 de Janeiro

Aprova a LEI DE IMPRENSA

A Assembleia da República decreta, nos termos da alínea c) do art. 161.°, da Constituição, para valer como lei geral da República, o seguinte:

CAPÍTULO I

Liberdade de imprensa

ARTIGO 1.°

Garantia de liberdade de imprensa

1. É garantida a liberdade de imprensa, nos termos da Constituição e da lei.

2. A liberdade de imprensa abrange o direito de informar, de se informar e de ser informado, sem impedimentos nem discriminações.

3. O exercício destes direitos não pode ser impedido ou limitado por qualquer tipo ou forma de censura.

NOTAS:

a) Com interesse para compreender este artigo, ver as anotações ao artigo primeiro da anterior lei de imprensa que se intitulava "direito à informação". Agora, o legislador é mais abrangente, referindo-se à liberdade de imprensa e, não, apenas, a uma parcela dessa liberdade:

a) Ac. Rel. Lxa. de 11 de Maio de 1983, in Colectânea de Jurisprudência, ano VIII, tomo 3, 168:

Pratica um crime de injúrias o jornalista que, através da imprensa, utiliza expressões que, embora inseridas numa linha política de crítica, são objectiva e subjectivamente ofensivas da honra, dignidade ou consideração de um órgão, organismo ou pessoa, já que o dever de informar e a liberdade de imprensa estão subordinados à não violação de outros direitos humanos fundamentais, como o direito ao bom nome e reputação.

b) Ac. Rel.Lxa. de 4 de Maio de 1983, in Colectânea de Jurisprudência, Ano VIII, tomo 3, 162:

I. O dever de informar e a liberdade de imprensa não podem ser exercidos sem a salvaguarda dos direitos individuais estabelecidos na Constituição.

II. Agem com dolo eventual os jornalistas que publiquem uma notícia susceptível de ofender o bom nome e reputação de outrem, com aceitação temerária da respectiva veracidade por não terem apurado devidamente a sua autenticidade.

c) Ac. S.T.J. de 20 de Março de 1985, in Colectânea de Jurisprudência, ano X, tomo 2, 156:

O exercício dos direitos de informar e de ser informado não permite que se recorra ao insulto pessoal ou colectivo, ainda que mascarado sob a capa do ataque político ou com fins políticos, sob pena de subversão dos valores fundamentais da vida em democracia, por o recurso ao insulto, à injúria, ou à difamação, exceder os limites constitucionais do direito à crítica e violar o bem do direito dos cidadãos ao bom nome e reputação, também constitucionalmente admitidos no nosso sistema jurídico.

d) Ac. da Rel. do Porto de 25 de Janeiro de 1993, in Colectânea de Jurisprudência, Ano XVIII, tomo 1, 215/6:

I. O direito do público a ser informado tem de circunscrever-se aos actos e acontecimentos que sejam relevantes para o seu viver social (utilidade social da notícia).

II. A relevância social da notícia tem de ser integrada pela verdade do facto noticiado.

III. O facto noticiado considera-se verdadeiro, para efeitos de poder ser publicado, quando o jornalista utilizou fontes de informação fidedignas, se possível diversificadas, por forma a testar e controlar o facto, em termos de ficar seriamente convencido de que era verdadeiro.

IV. A notícia deve ser dada com adequação do meio (contenção, moderação, urbanidade), por forma a não lesar o bom nome das pessoas mais do que o necessário ao relatar dos factos.

e) Sentença do Juiz do 9.° Juízo Correccional de Lisboa, publicada na Tribuna da Justiça, n.° 23, de Novembro de 1986:

I.A liberdade de expressão de pensamento e a liberdade de imprensa são dois aspectos de um mesmo direito e constituem um valor axial numa sociedade democrática garantido pela nossa Constituição.

II. O Dec.-Lei n.° 85-C/75, de 26 de Fevereiro (Lei de Imprensa) teve presente uma concepção positiva e assim funcional do direito de liberdade de expressão do pensamento (função pública da imprensa garantida constitucionalmente).

III. O político, como qualquer cidadão, tem direito à reserva da vida privada como tem direito ao bom nome e reputação. Porém, é menos extensa essa protecção.

IV. A «exceptio veritatis» não pode constituir uma limitação ao princípio do livre convencimento do juiz penal.

V. É lícita a crónica de factos considerados subjectivamente verdadeiros.

V. Uma notícia dada nestes termos é lícita, mesmo que atinja o bom nome ou reputação de uma pessoa.

VI. É ao Autor, que se considera lesado no seu bom nome pela notícia, que cabe alegar e provar que o jornalista redigiu a notícia sem crença fundada na verdade dela.

f) Na Revista do Ministério Público n.° 42, ano 11.°, Abril/Junho de 1990,pág.123, encontra-se publicada a sentença de 21/11/89, do 15.° Juízo Cível da Comarca de Lisboa, em que se decidiu deferir um pedido de providência cautelar dirigida ao tribunal pelo arquitecto Tomás Taveira, nos seguintes termos:

"Que os requeridos (jornais «O crime» e «Mundo Desportivo») se abstenham de publicar ou autorizar a publicação de fotos, desenhos ou caricaturas que reproduzam a figura do requerente, ou fotos e textos originais ou não, mesmo que reproduzidos de outros jornais ou revistas, que se refiram directa ou indirectamente ao nome ou imagem do requerente, nomeadamente quando se relacionarem com a vida privada ou sexual deste ou que possam ser referenciadas ou sugerir o tema da cassette-porno que foi publicitada pelo n.° 2 da «Semana Ilustrada»".

A providência foi decretada por se entender que, existindo colisão entre o direito de informar e de se informar e os direitos ao bom nome e reputação, à sua integridade moral e à reserva da sua vida privada terão de prevalecer estes direitos sobre aqueles.

Sobre este mesmo caso Tomás Taveira se pronunciou igualmente o Conselho de Imprensa, reunido em plenário, no dia 27/11/89, encontrando-se publicado, na íntegra, no mesmo local daquela Revista do Ministério Público, a tomada de posição desse Conselho:

"Na reportagem em causa (da «Semana Ilustrada») há uma violação clara do direito à vida privada e familiar, previsto na Constituição, na Lei de Imprensa, no Estatuto do Jornalista e no Código Deontológico dos Jornalistas. A reserva da privacidade, sobretudo no campo afectivo e sexual, é natural e deontologicamente um limite ao direito de informar, de se informar e de ser informado, bem como à liberdade de informação e de expressão.

Assim, o Conselho reprova a conduta da revista «Semana Ilustrada» por ter publicado, no seu n.° 2, de 2/10/89, a reportagem «As loucuras sexuais de Tomás Taveira»".

A decisão do 15.° juízo Cível de Lisboa é comentada, no aludido local da Revista do Ministério Público, pelo Senhor Procurador— Geral Adjunto, Dr. Artur Rodrigues da Costa, o qual salienta que uma medida cautelar daquele jaez se não pode compatibilizar com um regime de liberdade de imprensa:

O Decreto-lei n.° 85-C/75, de 26 de Fevereiro, cuja redacção foi proposta pelo deputado José Augusto Seabra, visou erradicar qualquer tipo ou forma de censura, seja prévia ou «a posteriori»;

As infracções cometidas no exercício do direito de informar ficam submetidas aos princípios gerais do direito criminal, sendo apreciadas pelos tribunais judiciais e «ex post», isto é, tem de haver inteira liberdade de criação, expressão e publicação;

Não é possível reagir antecipadamente contra um futuro abuso de liberdade de imprensa;

A única medida cautelar prevista na Lei de Imprensa é a do artigo 50.° (apreensão judicial), mas a mesma pressupõe, sempre, uma publicação;

Aliás, o efeito prático de tal providência cautelar é quase nulo;

Além disso, mesmo que fosse juridicamente possível decretar uma providência cautelar daquele tipo, tal só poderia ocorrer depois de ser feita uma análise concreta e uma ponderação dos bens jurídicos em conflito;

No caso concreto, o Juiz nada disto fez, ao contrário do visível esforço, nesse sentido, desenvolvido pelo Conselho de Imprensa, na tomada de posição a que, supra, se alude;

Entre direitos de igual hierarquia constitucional (todos direitos fundamentais do cidadão) nenhum deles é prioritário, devendo procurar-se, antes, a sua harmonização.

O referido autor conclui, deste modo significativo:

"Não há dúvida nenhuma: se este exemplo frutificasse, daqui a pouco teríamos uma nova lei da rolha imposta pela prática judiciária".

g) Na revista "Sub Judice" n.° 5, Janeiro/Abril de 1993, págs. 69 a 74, sob o título «Professor de Economia — o caso Cadilhe», encontra-se publicada a sentença do 17.° juízo Cível da Comarca de Lisboa, proferida na acção intentada pelo ex-Ministro das Finanças Miguel Cadilhe contra o semanário "O Independente", pedindo a condenação deste, do respectivo director e de um jornalista a pagar-lhe uma elevada indemnização, por se sentir ofendido, na sua honra e consideração pela publicação, naquele semanário, dos artigos intitulados: «Lisboa. Torre 4. 4.° Andar. 4 assoalhadas. O negócio da vida de Miguel Cadilhe»; «Excitações»; «A sentença de Cadilhe» e «A aventura do Trocadilhe».

A acção foi julgada improcedente, por não provada, por se considerar lícita a divulgação das condutas do ex-ministro.

Relativamente ao último dos artigos, o mais polémico, da autoria do director do semanário, escreve-se:

"Neste contexto não podemos deixar de concluir que a crítica que constitui o artigo citado era adequada e impunha-se face ao relevo social de tais comportamentos e à duvidosa legalidade dos mesmos. Os cidadãos, a colectividade tinha o direito de saber o que se passava com o seu Ministro das Finanças — e note-se que ainda hoje algumas interrogações, legítimas, não têm resposta para a colectividade; o ministro das Finanças, o Autor, banalizou os seus comportamentos, quando devia estar acima de qualquer suspeita. Não tem de que queixar-se ou lamentar-se. É um facto que os escritos referidos lhe causaram angústia e choque — mas foi ele que a eles deu azo com os seus comportamentos. A conduta dos Réus foi pois legítima, no uso do seu direito de informar, de expressão e crítica, sendo que todos os escritos se reportam a factos socialmente relevantes e a justificar colectivamente a sua divulgação. Sendo lícita, não há lugar à indemnização pedida".

h) Na Revista do Ministério Público n.° 12, ano 3, 1982, págs. 149 a 160, encontra-se publicado o texto da comunicação apresentada ao seminário sobre «O Direito a Informar» promovido pelo Conselho de Imprensa, pelo Senhor Conselheiro, Dr. Mário Araújo Torres, intitulada «Algumas considerações sobre liberdade de informação e segredo profissional dos jornalistas:

Distingue liberdade de imprensa de liberdade de informação, acentuando que, esta pressupõe uma actuação positiva do Estado e dos organismos públicos em geral.

Debruça-se, depois sobre o problema do acesso às fontes de informação, acentuando que ele apenas foi consagrado — artigo 5.° — pela Lei de Imprensa.

Analisa os vários modelos de publicidade dos actos da administração:

modelo escandinavo — acesso livre;

modelo austríaco — as informações são facultadas pelas autoridades a quem as solicite;

modelo no qual as autoridades tomam a iniciativa de informar os cidadãos.

Acabando por apelar à ideia de fazer consagrar em Portugal um modelo de publicidade dos actos da Administração em benefício de todos os cidadãos, o que tornaria desnecessária a existência de normas específicas para os jornalistas.

Quanto ao sigilo profissional, depois de historiar a sua consagração na lei, acaba por assinalar que a Lei de Imprensa acabou por o estabelecer em termos absolutos, isto é, sem admitir qualquer excepção ou restrição.

E finaliza:

"Temos dúvidas sobre se não seria vantajosa a existência de «válvulas de escape» como as preconizadas em 1971 pelo Dr. Arala Chaves e pelo Sindicato Nacional dos Jornalistas, pois existe o risco de surgirem situações de intolerável tensão propiciadoras de drásticos recuos nesta matéria".

i) Jorge Wemans (então Presidente do Conselho Técnico e de Deontologia do Sindicato dos Jornalistas), in "Jornadas de Processo Penal", cadernos 2 da Revista do Ministério Público, 1987, pág. 169 salientava estar frontalmente contra os artigos 135.° e 182.° do actual Projecto de Código de Processo Penal (actuais artigos 135.° e 182.°):

"Nunca o sigilo profissional, a protecção das fontes, podem ser ultrapassados. A não ser por decisão voluntária do jornalista. E mesmo neste caso deve o jornalista ponderar que — para além daquilo que a consciência lhe dita perante a situação concreta em que está envolvido — qualquer quebra de sigilo profissional acarreta sempre uma diminuição de credibilidade de toda a Imprensa em face das garantias que deve oferecer às suas fontes de Informação.

(...)

Ao contrário daquilo que se propõe no Projecto de Código, a legitimidade ou ilegitimidade da evocação do sigilo profissional pelos jornalistas nunca poderá ser apreciado pelo juiz. Apenas o próprio jornalista (ou os seus pares, através do Conselho Técnico e de Deontologia) o poderá fazer."

j) Todavia a sugestão do Sindicato dos Jornalistas não vingou e o direito do jornalista de não revelar as suas fontes de informação deixou de ser absoluto, podendo ser ordenado pelo Tribunal Superior, nos termos dos artigos 135.° e 182.°, do C.P.P., que seja prestado depoimento com quebra do segredo profissional.

Continuando o jornalista a recusar-se a depor, ou depondo falsamente, a sua conduta poderá ser susceptível de integrar o crime de falsidade de testemunho previsto e punido pelo artigo 360.° do actual Código Penal.

l) A área dos crimes contra a inviolabilidade pessoal é uma área problemática, onde é difícil demarcar a tipicidade e a ilicitude.

Em primeiro lugar, não é válida a construção dos tipos como algo imune a qualquer conflitualidade, ao contrário de tipos como o homicídio ou a ofensa à integridade física. Os tipos são complexos e pluridimensionais.

Em segundo lugar, segundo Andrade (1996), p.p. 220/221, também não é válida a construção de Roxin, segundo a qual o tipo exerce apenas uma função de garantia, sendo a ilicitude o campo onde se superam os conflitos sociais.

Pelo contrário, essa superação deve procurar-se logo ao nível do tipo.

Portanto, quer num quer noutro dos níveis há áreas profundamente problemáticas.

Eis alguns casos de atipicidade:

a) Nos crimes contra a honra e em sistemas penais como o alemão, só são típicas as imputações de factos ao lesado que não sejam verdadeiras.

Ao contrário, no direito português, privilegia-se, também, o bom nome e reputação, pelo que as imputações verdadeiras podem ser consideradas típicas.

b) Nos crimes de gravação ilícita a concordância do ofendido exclui a tipicidade. Não funciona, aqui, o consentimento como causa de exclusão da ilicitude.

c) Os crimes contra a honra, privacidade/intimidade, palavra ou imagem constituem tipos incongruentes.

Isto é, ao contrário de tipos como o homicídio, só algumas das superfícies expostas às intempéries são protegidas:

No crime de gravação ilícita, só é punida a gravação das palavras não destinadas ao público;no mesmo tipo de crime, só é típica a gravação. Não é típica, por exemplo, a transcrição das palavras proferidas, quer seja oral, quer seja escrita;também existe um estreitamento de protecção nos crimes contra a imagem, por, em primeiro lugar, se ter substituído a expressão «sem consentimento» pela expressão «contra a vontade». Por outro lado, apenas se proíbe, agora, a fotografia não consentida «de outra pessoa». Quanto às «pessoas da história do tempo», podem ser fotografadas mesmo sem o respectivo consentimento.

d) O exercício do direito de crítica afasta a tipicidade nos crimes contra a honra, desde que não seja ultrapassada a crítica objectiva. Mesmo que essa crítica não seja proporcional ou necessária, bem fundada ou verdadeira ou não constitua o meio menos gravoso. Mesmo as instâncias públicas não estão, de modo algum, a coberto desta crítica objectiva.

Pelo contrário, já são típicas as lesões da honra produzidas por juízos de valor que não mantenham qualquer conexão com a prestação ou obra do visado.

e) Há casos de caricatura e de sátira que, desde logo, são atípicos:

Em primeiro lugar, a «roupagem» da caricatura e da sátira, em princípio é neutra. Ela alimenta-se sempre do exagero e da hipérbole. Só a mensagem poderá ser típica. Em casos extremos, porém, a própria roupagem já constitui um atentado à dignidade humana — recorde-se o já citado caso da «Kopulierendes Scwein — Fall"- o presidente do Governo da Baviera era representado como um porco a manter relações sexuais com outro porco vestido com a toga e o barrete de um juiz; por outro lado, a liberdade de criação artística torna atípicas a caricatura e a sátira;

f) Não ofendem a privacidade/intimidade as acções, factos ou eventos que se revestem de inequívoco interesse colectivo ou comunitário:

O crime não pertencem à esfera da privacidade/intimidade, embora com a incompreensível barreira traduzida no n.° 5 do artigo 180.° do C.P. Apenas será de ressalvar, quando muito, os crimes semi-públicos e particulares em que se quis salvaguardar a privacidade/intimidade.

No entanto, sempre o jornalista deverá observar os limites da proporcionalidade e preservar o princípio da presunção de inocência do arguido.

Por outro lado, o decurso do tempo descaracteriza o significado do facto criminoso e tipifica o atentado contra a privacidade/intimidade, pois o condenado tem sempre o direito à respectiva ressocialização.

Destes princípios estão afastados, no entanto, os chamados crimes imprescritíveis, como os praticados pelo regime nazi e os crimes contra a paz e a humanidade; os eventos materialmente íntimos que dizem respeito às chamadas «pessoas da história do tempo» também são, em princípio, atípicos.

Há que preservar sempre uma esfera de intimidade, mesmo das pessoas em causa. No entanto, a cláusula do interesse publico poderá excluir a tipicidade — seja o chamado «caso Profumo», a gravidez de uma rainha, a pedofilia de um ministro.

Há que distinguir ainda as «pessoas da história do tempo em sentido absoluto» — os líderes — e as «pessoas da história do tempo em sentido relativo» — pessoa que participa em acontecimento da história do tempo.

Claro que, relativamente às últimas, o interesse público termina quando termina o acontecimento que as faz «pessoas da história do tempo».

Admite-se ainda que passarão a ser consideradas «pessoas da história do tempo» todas aquelas que se tornarem dependentes delas.

Sobre toda esta matéria cfr. Andrade (1996), p.p.218 a 267.

m) A liberdade de expressão, como causa autónoma de justificação, pode valer, nos atentados contra a honra, sob a forma dos juízos de valor.

É a dirimente geral do exercício de um direito que funciona como concretização do princípio da ponderação de interesses.

Os juízos de valor acabam por ser mais protegidos porque, em geral, da imputação de factos concretos resulta um maior gravame para o ofendido.

Portanto, é preciso distinguir bem os casos de imputação de factos dos casos de formulação de juízos de valor. A complexidade da vida torna esta tarefa particularmente difícil.

Além disso, há que estar atento a outras realidades como as interrogações e as citações:

Em princípio, as perguntas estão em pé de igualdade com os juízos de valor; quem cita uma expressão que comporta vários sentidos terá de esclarecer que a reproduz segundo o sentido que ele próprio lhe dá.

Há ainda que considerar os casos em que os juízos de facto disfarçam verdadeiros juízos de valor, situações que alguns opinam dever ser tratadas como de verdadeiros juízos de valor se tratasse, mas que parece mais coerente dever ser tratadas como verdadeiros juízos de facto.

Como é que se justifica a ilicitude dos juízos de valor?

Por um lado, não existe qualquer razão de prevalência da liberdade de expressão sobre a honra.

Por isso, chama-se à colação o fim que motivou a afirmação e o relevo comunitário do assunto sobre que recai. Assim, ficam de fora os escândalos e os sensacionalismos.

Por outro lado, há ainda que ponderar o relevo do meio de comunicação social utilizado e o período de reflexão que mediou sobre a notícia.

Há, também, quem defenda a presunção da legitimidade a favor dos juízos de valor, em especial nos debates públicos.

De qualquer modo, essa presunção nunca poderá albergar a chamada «crítica caluniosa» — a expressão de uma opinião que consiste na degradação da pessoa, no seu rebaixamento.

As coisas serão ainda mais óbvias para a expressão de opiniões através da caricatura e da sátira.

São extremamente raros os atentados à honra praticados por estes meios.

As públicas figuras estão mais expostas à crítica. Segundo Harry Truman, "quem não suporta o calor não deve trabalhar na cozinha" (citado por Andrade, 1996, p. 307).

Relativamente à ponderação de interesses, tem ainda algum relevo o chamado «direito ao contra-ataque», que geralmente usa um tom mais elevado.

Claro que tem de haver uma conexão objectiva entre o ataque e o contra-ataque e que o reconhecimento deste direito não afasta o regime jurídico — penal da retorsão, previsto nos números 2 e 3 do artigo 186.°, do C.P.

Sobre a matéria desta nota cfr. Andrade (1996), p.p. 267 a 313.

n) Direito de necessidade.

No domínio da liberdade de imprensa, trata-se da divulgação de notícias obtidas de forma ilícita.

Justifica-se a divulgação como forma de obstar a perigos actuais de lesão de interesses públicos.

De qualquer modo, a liberdade de imprensa assegura um tratamento privilegiado destes casos, relativamente aos homólogos ocorridos no âmbito da proibição de prova em processo penal.

Sobre o assunto cfr. Andrade (1996), p.p. 313 a 317.

o) Prossecução de interesses legítimos.

Causa específica e autónoma de exclusão da ilicitude está prevista, não só nos crimes contra a honra — artigo 180.°, n.° 2, alínea a), do C.P., mas também nos crimes de devassa da vida privada — artigo 192.°, n.° 2, do C.P.

Também estava prevista no C.P. de 1982 para o crime de violação de segredo, tendo sido eliminada na reforma de 1995.

É fundamentada na convergência entre o princípio do risco permitido e o princípio da ponderação de interesses.

Exige-se, para que funcione, que o meio seja idóneo, adequado, necessário e proporcional.

Além disso, é necessário que o agente tenha levado a cabo uma certa comprovação mínima dos factos, a qual deve ser realizada segundo «as legis artis» da profissão de jornalista.

No domínio da honra, o legislador do actual C.P. já não fala apenas em interesses «públicos» legítimos, pelo que justifica a conduta o exercício da liberdade de imprensa.

Se esse exercício compreender a divulgação de escândalos e sensacionalismos, actividade que é legítima, o cultivo desses escândalos não justifica o atentado à honra, a não ser, em casos extremos, em que está em causa uma «pessoa da história do tempo»

Entende-se, ainda, tratar-se de uma causa de justificação objectiva, isto é, não será necessário demonstrar-se que o agente tenha actuado com a finalidade de prosseguir interesses legítimos.

É admissível julgar verificada a causa se o agente, por exemplo, teve por finalidade fazer subir a tiragem do jornal ou aumentar a audiência da sua estação de televisão.

Nos crimes de devassa da vida privada, fica de fora da prossecução de interesses legítimos a esfera da vida íntima, com excepção do facto relativo a doença grave do visado.

Além disso, só os interesses públicos e relevantes podem integrar a causa de justificação, sendo certo que a actividade jornalística nos limites da função pública da liberdade de imprensa a integra.

Sobre a matéria desta nota cfr. Andrade (1996), p.p. 317 a 389.

. . . .

b) A referência à ausência de qualquer tipo de censura encontrava-se no número 1, do artigo 4.°, da anterior lei, preceito este que se intitulava "Da liberdade de imprensa". Por isso, têm também interesse as anotações a este artigo:

a) Ac. Rel. Porto de 28 de Novembro de 1979, in Colectânea de Jurisprudência, Ano IV, tomo 5, 1453:

I. Para se concluir se um artigo de imprensa extravasa ou não os limites da liberdade de imprensa ter-se-á de o analisar no seu contexto integral, não se podendo caracterizá-lo como violador de tais limites através de expressões nele contidas.

II. A denominação de «progressista» não é ofensiva, pois para certas correntes de pensamento ideológico e político constitui um atributo por eles reclamado em contraposição a «reaccionário».

b) O professor Figueiredo Dias, num estudo denominado "Direito de Informação e Tutela da Honra no Direito Penal da Imprensa Português", publicado in Revista de Legislação e Jurisprudência, 1982, números 3697, 3698 e 3699, analisou o conflito teoricamente inevitável entre direitos constitucionalmente protegidos e, em princípio, de igual hierarquia, como sejam o direito à informação e o direito à honra, tendo concluído ser necessário fazer recuar a tutela jurídico-penal da honra, introduzindo-lhe as limitações indispensáveis do núcleo essencial do direito de informação.

Considera que tal desiderato só poderá ser conseguido da seguinte forma:

"1.° A lei deve claramente exprimir ou permitir a conclusão de que uma específica justificação das ofensas à honra cometidas por meio da imprensa provém do exercício do direito fundamental de informação.É esta, a nosso ver, a exacta e preferível concretização da cláusula de «prossecução de interesses legítimos», que em regra se usa nos códigos penais, mas se apresenta como dotada de demasiada generalidade — e consequente imprecisão — quando utilizada em direito penal de imprensa.

2.° Pressupostos daquela justificação são, por um lado a exigência de que a imprensa, ao fazer a imputação, tenha actuado dentro da sua função pública — de formação da opinião pública — e visando o seu cumprimento, por outro lado o requisito de que ela tenha utilizado o meio concretamente menos danoso para a honra do atingido, por outro lado ainda a «verdade» das imputações.

3.° A prova de que as imputações feitas correspondem à verdade, ou de que o agente só as tomou como tais depois de cumprido o dever de esclarecimento, só deve ser admissível nos limites do direito de informação e da correspondente função pública da imprensa, correndo o risco da prova a cargo do agente. Mesmo quando se logre a prova de que o agente cumpriu o dever de esclarecimento prévio dos factos, deverá admitir-se que o atingido prove a sua definitiva exactidão — sem que todavia daqui resulte a punibilidade da imputação."

c) A liberdade de imprensa possui uma face positiva, que consiste na proibição de qualquer tipo de censura e uma face negativa, proibição da imposição de publicação de matérias não desejadas.

Existem, no entanto, alguns, poucos, limites a esta liberdade.

Na Revista do Ministério Público n.° 37, Janeiro/Março de 1989, de págs. 7 a 31, encontra-se publicada a intervenção do Senhor Procurador-Geral da República Adjunto, Artur Rodrigues da Costa, na abertura do ano judicial de 1987, realizada no Porto, intitulada "A liberdade de Imprensa e as limitações decorrentes da sua função".

Nela são abordados alguns dos limites à liberdade de imprensa, mais precisamente, os limites derivados da Constituição e da lei ordinária.

Considera que a liberdade de imprensa assume um duplo carácter constitucional, como direito individual e direito de participação política, sendo, ainda uma garantia institucional "na medida em que desempenha uma função relevante e de interesse público".

Como limites constitucionais aponta a protecção da integridade moral dos cidadãos, os direitos à identidade pessoal, ao bom nome e reputação, à imagem e à reserva da intimidade da vida privada, a proibição de informações relativas a pessoas e famílias, a presunção de inocência do arguido, a protecção da infância, da juventude, o direito à saúde, a ordem e moralidade públicas, o respeito dos princípios da organização democrática e pluralista, a segurança do Estado, o princípio da independência dos tribunais.

Alguns destes limites constitucionais são concretizados através da lei ordinária e são objecto de diplomas internacionais.

Só que o exercício da liberdade de imprensa não deve ceder automática e sistematicamente sempre que estão em jogo outros bens jurídicos tutelados pela Constituição e com os quais acaba por colidir.

Tem de se buscar nos princípios constitucionais da ponderação de bens e da concordância prática a solução do problema.

A imprensa desempenha uma função social e só enquanto a desempenha merece protecção jurídico-constitucional.

O exercício da liberdade de imprensa desenvolve-se por várias formas, como a crónica, a opinião, a crítica, a criação.

A crónica tem como limites fundamentais a verdade e a objectividade.

A opinião tem como limites lógicos a intolerância, o fanatismo e o dogma.

A crítica exige seriedade de propósitos e pressupõe elevação moral.

A obra de arte cria uma realidade autónoma, sendo ilimitada a liberdade de criação. Tem como limites a tentação da imitação e os ataques pessoais encobertos.

Assim, o exercício da liberdade de imprensa vai variando consoante cada uma das modalidades que o caracterizam, mas sempre dentro da sua função social. É que nem todos os factos são relevantes para a imprensa. Há factos notórios, por serem conhecidos de todos e factos públicos em virtude da pessoa a que respeitam.

Não se pode invocar a função social da imprensa para legitimar a crónica da vida privada, a liberdade de inserção de anúncios e, até, certa imprensa humorística.

As pessoas públicas têm menos vida privada que as outras, estando mais expostas à liberdade de imprensa.

O conhecimento de certos aspectos da vida privada e familiar dessas pessoas pode ter interesse público.

Está obviamente ultrapassada a corrente tradicional da nossa jurisprudência que entendia ser necessária a verificação de um dolo específico para a existência de certos crimes de abuso de liberdade de imprensa.

Na colisão de bens jurídicos colocados no mesmo grau hierárquico, a prevalência da liberdade de imprensa só pode decorrer "da existência de uma causa justificativa, configurada como o exercício de um direito", devendo respeitar-se, ainda, os princípios da proporcionalidade e da adequação dos meios.

Finalmente há que ponderar que a verdade, no que se refere à liberdade de imprensa não é critério decisivo.

Ela está excluída quando se trata da liberdade de criação, da obra de arte.

Depois, nem toda a verdade pode ser dita.

Por outro lado, mesmo que se não prove a verdade dos factos, nem por isso se deixa de ficar, sempre, isento de pena.

Importante é que se demonstre que o jornalista não foi negligente no cumprimento do seu dever de informação prévia quanto à verdade dos factos.

d) Também Nuno e Sousa, na obra citada, pág. 219 e segs. se debruça sobre o âmbito de protecção da liberdade de imprensa e defende que esse âmbito depende das noções de liberdade e de imprensa que são perfilhadas.

"Um conceito moderno de «liberdade de imprensa» pretende abranger vários níveis, entre os quais a garantia do direito dos cidadãos à objectividade de informação, a independência perante as forças económicas financiadoras das empresas, o direito de acesso dos cidadãos aos instrumentos de informação,quer mediante o combate à concentração dos jornais, quer pela prática de critérios não discriminativos na admissão à carreira de jornalista".

Defende, como para todos os direitos fundamentais, o carácter duplo da liberdade de imprensa: se há um relacionamento com a liberdade do indivíduo, também está presente um vínculo ao princípio democrático.

Na nota 38, a págs. 248, escreve: "Na Lei de Imprensa de 1975 consagra-se uma perspectiva subjectivo-individualista da liberdade de imprensa concebida «como a liberdade de expressão do pensamento pela imprensa», mas encontra-se temperada por um outro factor de influência, pois a liberdade de expressão «integra-se no direito fundamental dos cidadãos a uma informação livre e pluralista» a justificar eventuais intervenções dos poderes públicos com vista a proteger os interesses dos leitores".

E mais adiante, a págs. 250: "A postura do problema nestas coordenadas acarreta consequências em matéria de interpretação e de limites à liberdade de imprensa".

Considera vários os direitos e garantias implicados no conceito de liberdade de imprensa, tais como o direito de fundação de jornais e de outras publicações, a liberdade de expressão, a liberdade de informação, a proibição da censura, a liberdade profissional, a independência dos órgãos de informação perante os poderes político e económico, a liberdade das actividades anexas e a liberdade interna da empresa de imprensa.

e) Quanto à proibição da censura, o mesmo autor, o.c., pág.338 e seguintes:

"Vem a referida proibição de censura no artigo da liberdade de expressão, e não no da liberdade de imprensa, o que significa não se dirigir esta interdição apenas aos meios de comunicação de massas, mas também ao âmbito individual da liberdade de expressão e de informação.

Pensa-se que a censura se caracteriza essencialmente por ser um controlo sistemático da vida espiritual executado por uma instituição exterior aos meios de comunicação com a finalidade de se impedir a publicação (censura prévia) ou de se obstar à divulgação (censura posterior)."

A censura posterior, porém, será lícita se competir aos tribunais judiciais na sua tarefa de apreciação das infracções.

Defende-se que as organizações de auto-controlo privado podem ser admissíveis e não podem ser entendidas como censura.

f) Nuno e Sousa, in o.c. pág. 315, afirma que "A liberdade de expressão consiste no direito à livre comunicação espiritual, no direito de fazer conhecer aos outros o próprio pensamento."

A escuta, a intercepção, a fixação de uma opinião num relatório escrito ou gravado de polícia, são actividades ilícitas, salvo as limitações constitucionais dos direitos fundamentais.

Em relação ao Estado, em vez da liberdade de expressão, intervêm o direito de petição e, com uma tutela mais forte, o direito de acesso aos tribunais.

Claro que não fica coberto pela liberdade de expressão o uso incorrecto, doloso ou descuidado da imprensa; a eventual «tarefa pública» da imprensa não se confunde com privilégios não consentidos pela Constituição — a falsa informação do público dificulta o funcionamento do Estado democrático.

g) Outro dos limites à liberdade de imprensa, de que fala Nuno e Sousa,in o.c., págs 353 a 357, é o da liberdade das chamadas actividades anexas.

As principais actividades anexas são a indústria da pasta de papel e a da distribuição de informações.

Os problemas relacionados com o acesso ao papel e à distribuição de informação são resolvidos, na grande maioria dos países, com a criação de empresas públicas destinadas a gerir esses sectores de actividade.

Já na questão da distribuição dos trabalhos impressos, verifica-se que cada jornal é livre de organizar a sua própria distribuição, ou de recorrer a uma empresa distribuidora.

A greve dos correios poderá provocar sérios danos à liberdade de imprensa.

h) Ac. da Relação do Porto, de 6/12/78, in C.J.,ano III,tomo 5,1978,pág.1635:

"O direito de informar é de interesse público e comunitário, devendo ser exercido com verdade, mas também com actualidade; o crime de liberdade de imprensa é essencialmente doloso; a punição de tal crime a título de negligência (artigo 28.° da Lei de Imprensa) pressupõe que foi requerida e feita a prova da verdade dos factos; tendo o jornalista agido (ao dar uma notícia) no convencimento da verdade da mesma e com o intuito de informar e prevenir o público, não pode essa sua conduta ser censurada, quer a título de dolo, quer a título de negligência, por não lhe ser exigível conduta diferente; inexistindo prova do dolo ou negligência, bem como do intuito de lesar o ofendido, não há lugar à indemnização deste (artigo 12.° da Lei de Imprensa), uma vez que só existe obrigação de indemnizar, independentemente de culpa, nos casos previstos na lei."

i) Segundo Nuno e Sousa,o.c.,págs 433 e segs., qualquer direito fundamental apresenta limites, vínculos, mesmo que não escritos. Toda a liberdade tem limites lógicos. Mas da existência de um limite não se segue um poder de prevenção de polícia, e o interesse público não pode justificar limitações não previamente estabelecidas na constituição.

Os limites estabelecidos na constituição são os princípios gerais do direito penal, a apreciar pelos tribunais e, ainda, os estabelecidos na Declaração Universal dos Direitos do Homem, à luz da qual os nossos preceitos constitucionais têm de ser integrados.

A lei só pode restringir os direitos, liberdades e garantias nos casos expressamente previstos na constituição, tal como a protecção da juventude e a protecção da honra pessoal.

As leis restritivas têm de revestir carácter geral e abstracto.

A págs. 466 diz que "Leis gerais são as leis cuja finalidade de regulamentação não é idêntica ao objecto de protecção dos direitos fundamentais das liberdades de expressão, de informação e de imprensa, isto é, que não se dirigem como tal contra estes direitos, não os afectando especial e directamente, visto destinarem-se à protecção de outros bens jurídicos. A finalidade objectiva de uma lei geral não são aqueles direitos fundamentais; não se pretende atingir directamente a liberdade de discussão espiritual, antes visa-se garantir importantes bens comunitários que gozam de primazia em relação à liberdade de expressão e de imprensa. Como exemplos de leis gerais, podemos apontar normas penais, de direito privado e a lei militar."

Outra questão de enorme importância a esclarecer, nesta matéria dos limites à liberdade de imprensa é o problema do relacionamento dos direitos de liberdade com outros bens jurídicos protegidos constitucionalmente.

A solução dos conflitos é difícil.

Na nota 56, a págs. 467 da o.c., aquele autor informa que a jurisprudência alemã utiliza uma série de critérios a fim de estabelecer a efectividade óptima do direito fundamental:

a constituição como um todo unitário;

a ponderação de bens;

a proporcionalidade;

o princípio da concordância prática;

a teoria do efeito recíproco.

Para os defensores da ponderação de bens, o problema estaria em determinar a posição da liberdade de imprensa na escala dos bens jurídicos, pois a liberdade de imprensa não cede automaticamente perante qualquer outro bem jurídico.

Para outros autores seria de optar, antes, por uma concordância prática para realizar a coordenação proporcionada dos direitos fundamentais e dos bens jurídicos limitadores.

Não se atribui a qualquer das normas e princípios constitucionais, de antemão, a primazia.

Acrescenta o mesmo autor,o.c.,pág.473, que, na aplicação dos limites dos direitos fundamentais, o tribunal não deve impor a sua concepção político-social em vez do ponto de vista da maioria parlamentar. No fundo, os limites da liberdade de imprensa dependem do destino e do carácter do texto: na mera relação de factos interessa a veracidade, a ausência de ofensas à honra e o respeito pela vida privada; na obra científica e na crítica literária ou artística há liberdade completa; na obra de imaginação o conceito de verdade não releva, mas a obscenidade pode originar responsabilidade; na exposição de uma doutrina a liberdade é muito extensa e num artigo de opinião, ou numa polémica em período eleitoral pode-se desculpar a rudeza dos ataques.

Finalmente, acrescenta ainda o mesmo autor, o.c., pág. 479, que se tem vindo a acentuar, nos últimos anos, a importância do princípio da interpretação conforme a constituição:

"as normas constitucionais não são só normas de comprovação, também constituem normas materiais para a determinação do conteúdo das leis ordinárias; uma lei de conteúdo indeterminado ou susceptível de vários significados pode ser determinada pelo conteúdo da constituição; uma lei não deve ser declarada nula se a inconstitucionalidade não é evidente, havendo apenas dúvidas a esse respeito; isto é, não deve declarar-se a nulidade enquanto se puder interpretar a lei de acordo com a constituição."

Este princípio surge, agora, como uma regra de preferência para a decisão entre diferentes resultados interpretativos.

Não estamos, porém, perante um método de interpretação, mas diante de um meio de interpretação aplicável conjuntamente com outros critérios interpretativos.

"Quando todos ou os mais importantes meios de interpretação se pronunciam por uma interpretação de inconstitucionalidade seria um exagero admitir a interpretação conforme a constituição."

c) Parecer n.° 121/80 — complementar — votado em 20 de Outubro de 1982 no Conselho Consultivo da Procuradoria — Geral da República e publicado em Procuradoria — Geral da República — Pareceres, Volume IX, págs. 53 e segs.:

1.° — Reafirma-se a doutrina expressa nas conclusões do parecer n.° 121/80, adaptáveis ao processo de inquérito na justa medida em que os factos nele apurados determinarem a instauração de processos disciplinares e foram comunicados à entidade competente para prosseguir processos criminais instaurados.

2.° — A satisfação do direito de se informar e de ser informado e do direito a ser esclarecido objectivamente sobre actos do Estado e demais entidades públicas que a Constituição da República assegura a todos os cidadãos legitima a divulgação de informações obtidas no processo de inquérito a que se refere a consulta, com respeito pelos interesses públicos e particulares que o ordenamento constitucional igualmente garante.

3.° — Em harmonia com a conclusão anterior e com o princípio jurídico — constitucional da proporcionalidade, vinculante em matéria de restrições de direitos fundamentais, a divulgação de informações deve evitar a possibilidade de identificação, pelo público, dos arguidos nos processos disciplinares e criminais instaurados com base nos factos apurados no inquérito, assim como juízos opinativos sobre a eventual responsabilidade dos agentes das infracções e do comportamento das vítimas e deve ser feita em termos de evitar que tais informações possam suscitar estados de opinião susceptíveis de influenciar a apreciação dos factos pelos órgãos competentes, o que pressupõe uma rigorosa objectividade na descrição dos mesmos factos.

. . . .

ARTIGO 2.°

Conteúdo

A liberdade de imprensa implica:

a) O reconhecimento dos direitos e liberdades fundamentais dos jornalistas, nomeadamente os referidos no artigo 22.° da presente lei;

b) O direito de fundação de jornais e quaisquer outras publicações, independentemente de autorização administrativa, caução ou habilitação prévias;

c) O direito de livre impressão e circulação de publicações, sem que alguém a isso se possa opor por quaisquer meios não previstos na lei

2. O direito dos cidadãos a serem informados é garantido, nomeadamente, através:

a) De medidas que impeçam níveis de concentração lesivos do pluralismo da informação;

b) Da publicação do estatuto editorial das publicações informativas;

c) Do reconhecimento dos direitos de resposta e de rectificação;

d) Da identificação e veracidade da publicidade;

e) Do acesso à Alta Autoridade para a Comunicação Social, para salvaguarda da isenção e do rigor informativos;

f) Do respeito pelas normas deontológicas no exercício da actividade jornalística.

NOTAS:

a) Para a compreensão deste artigo, têm interesse as anotações ao artigo 1.° da Lei de Imprensa de 1975, pois, nos seus números 3 e 4, enunciavam-se os vários direitos decorrentes da liberdade de imprensa.

b) Enumeravam-se, também, os direitos e liberdades fundamentais dos jornalistas que, agora, estão especificados no actual artigo 22.° .

c) As principais diferenças são as seguintes:

1. Dada a remissão para o artigo 22.°, no que concerne às liberdades e direitos fundamentais dos jornalistas, aquele compreende, para além da liberdade de expressão do pensamento; da liberdade de acesso às fontes de informação (agora, deixa-se a restrição às fontes oficiais e passa a incluir-se neste direito o de acesso a locais públicos, bem como o direito de protecção às fontes de informação); do direito ao sigilo profissional; da garantia de independência (agora, acrescenta-se a da cláusula de consciência); do direito de participação na orientação do respectivo órgão de informação, também a liberdade de criação.

No entanto, parece-nos redundante o reconhecimento expresso desta liberdade, pois ela é comum à generalidade das pessoas.

2. O direito dos cidadãos a serem informados era garantido, além do mais, através de medidas antimonopolistas. Agora, a formulação é diferente: "medidas que impeçam níveis de concentração lesivos do pluralismo da informação". Ora, quando é que se mostrará lesado o pluralismo da informação?

3. Ao reconhecimento do direito de resposta, acrescentou-se o de rectificação que, na anterior legislação era conceito que se encontrava algo embrulhado e misturado com o primeiro.

4. Acrescentou-se, ainda, em relação à norma anterior, a utópica referência ao respeito pelas normas deontológicas no exercício da actividade jornalística. O Código Deontológico dos Jornalistas encontra-se, nesta publicação, em anotação ao artigo 9.° da anterior Lei de Imprensa.

5. O direito de fundação livre de jornais e outras publicações encontrava-se mais especificamente consagrado no artigo 4.° da anterior Lei de Imprensa, subordinado ao título "Liberdade de imprensa", pelo que igualmente terão interesse as anotações a este artigo.

ARTIGO 3.°

Limites

A liberdade de imprensa tem como únicos limites os que decorrem da Constituição e da lei, de forma a salvaguardar o rigor e a objectividade da informação, a garantir os direitos ao bom nome, à reserva da intimidade da vida privada, à imagem e à palavra dos cidadãos e a defender o interesse público e a ordem democrática.

NOTAS:

a) Quanto aos limites à liberdade de imprensa, ver as anotações aos artigos 1.° e 4.° da anterior Lei de Imprensa, bem como ao artigo 38.° da Constituição que se encontra nesta publicação a págs. 92.

b) Relativamente ao n.° 2, do artigo 4.°, da anterior lei, referem-se, agora, os limites decorrentes da Constituição (inexistentes anteriormente porque tal lei era anterior à Constituição de 1976). Desapareceram os limites decorrentes da lei militar, apenas compreensíveis nos primeiros tempos que se seguiram ao 25 de Abril de 1974.

c) Desapareceu (por desnecessidade, nos tempos que correm) a consagração expressa da licitude da discussão e crítica das doutrinas políticas e religiosas, bem como dos actos dos políticos e da administração, em geral.

ARTIGO 4.°

Interesse público da imprensa

1. Tendo em vista assegurar a possibilidade de expressão e confronto das diversas correntes de opinião, o Estado organizará um sistema de incentivos não discriminatórios de apoio à imprensa, baseado em critérios gerais e objectivos, a determinar em lei específica.

2. Estão sujeitas a notificação à Alta Autoridade para a Comunicação Social as aquisições, por empresas jornalísticas ou noticiosas, de quaisquer participações em entidades congéneres.

3. É aplicável às empresas jornalísticas ou noticiosas o regime geral de defesa e promoção da concorrência, nomeadamente no que diz respeito às práticas proibidas, em especial o abuso de posição dominante, e à concentração de empresas.

4. As operações de concentração horizontal das entidades referidas no número anterior sujeitas a intervenção do Conselho da Concorrência são por este comunicadas à Alta Autoridade para a Comunicação Social, que emite parecer prévio vinculativo, o qual só deverá ser negativo quando estiver comprovadamente em causa a livre expressão e confronto das diversas correntes de opinião.

NOTAS:

Neste preceito, pretende consagrar-se o interesse público da imprensa e a necessidade de o salvaguardar dos poderes político e económico.

Nesta publicação, a págs. 589, encontra-se a lei de defesa de concorrência.

A Lei dos incentivos do Estado à Comunicação Social é o Decreto –Lei n.° 56/01, de 19/2, aqui transcrita a págs. 169.

Com interesse nesta matéria, ver as anotações ao artigo 8.° da lei anterior:

a) Questão controversa é a de saber qual a lei a que se faz referência no n.° 2 deste preceito.

Outra não poderá deixar de ser, entretanto, na falta de lei especial, que a lei geral de defesa da concorrência, transcrita, a final.

b) A págs. 346 e segs., da obra citada, Nuno e Sousa escreve sobre a garantia estabelecida no artigo 38.°, n.° 4, da C.R.P. — independência dos órgãos de informação perante os poderes político e económico:

Quanto à política de crédito, pretende-se evitar discriminações na concessão de crédito, mas o Estado não é obrigado juridicamente a salvar uma empresa concreta da falência.

O Estado tem a obrigação de intervir, quando se detecta um caso de concentração de empresas jornalísticas.

Costuma distinguir-se os casos de concentrações verticais dos casos de concentrações horizontais. Há certas concentrações desejáveis, como acordos de redacção, técnicos e publicitários.

Pode-se optar por uma intervenção legislativa antimonopolista geral, ou por uma intervenção legislativa antimonopolista específica da imprensa.

A política de subsídios não deve implicar a subordinação dos órgãos da comunicação social ao Estado.

c) Parecer n.° 26/77, da Comissão Constitucional, citado por Nuno e Sousa,in o. c.,pág. 350, nota 282:

"É inequívoca a intenção do Governo de regulamentar a liberdade de imprensa e não só em aspectos de pormenor, pois com o diploma — decreto-lei que atribui às empresas editoras de publicações periódicas um subsídio de 20% do custo do papel —, em apreço, se chega ao ponto de pretender acabar com determinadas publicações, ora estes aspectos interferem necessariamente com a matéria dos direitos, liberdades e garantias; aceita-se a exclusão do subsídio das publicações de carácter pornográfico; deve permitir-se que todos os jornais, independentemente da sua tiragem e sede, sejam fornecidos em iguais condições com as mesmas possibilidades de compra; as várias publicações passam a ter tratamentos diferentes — umas são auxiliadas através da concessão do subsídio, outras vêem-se sem ele; afecta-se, pelo menos indirectamente, a liberdade de imprensa, fazendo-se uma censura económica; a matéria deve ser tratada no estatuto da informação, pertencendo à actividade legislativa exclusiva da A.R."

d) Parecer n.° 29/77, da Comissão Constitucional, citado por Nuno e Sousa,in o. c.,pág. 350, nota 282:

"Não contêm os artigos uma directa disciplina do exercício da liberdade de expressão e de informação, mas mediatamente projectam-se sobre a liberdade de expressão e de informação; porque versa sobre o conteúdo do estatuto da informação, e porque não é precedido de lei de autorização legislativa, deve considerar-se ferido de inconstitucionalidade orgânica o decreto-lei sobre pagamento de porte e sobretaxa aérea de publicações jornalísticas, por o Governo se arrogar uma competência que pertence à A.R. — art. 167.° ;excluindo as publicações periódicas predominantemente religiosas, sem distinção de crenças, o legislador terá considerado que elas se circunscreveriam ao âmbito dos fiéis das respectivas confissões, porém o artigo 41.°,4 garante às confissões religiosas a utilização dos meios de comunicação social próprios para o prosseguimento das suas actividades; a Constituição não impõe positivamente a adopção de medidas de apoio à imprensa para que a liberdade de expressão ou de religião sejam asseguradas, o que impõe é que não se estabeleçam discriminações de tratamento que redundem em censura económica."

CAPÍTULO II
Liberdade de empresa

ARTIGO 5.°
Liberdade de empresa

1. É livre a constituição de empresas jornalísticas, editoriais ou noticiosas, observados os requisitos da presente lei.

2. O Estado assegura a existência de um registo prévio, obrigatório e de acesso público das:

a) Publicações periódicas portuguesas;

b) Empresas jornalísticas nacionais, com indicação dos detentores do respectivo capital social;

c) Empresas noticiosas nacionais.

3. Os registos referidos no número anterior estão sujeitos às condições a definir em decreto regulamentar.

NOTAS:

a) Para compreensão deste artigo, ver as anotações ao artigo 7.°, da Lei de Imprensa de 1975. Este artigo, porém, compreendia realidades muito diversas, desde a liberdade de empresa à sua propriedade e à classificação das diversas empresas:

a) Parecer do Conselho Consultivo da Procuradoria-Geral da República n.° 33/87, de 2 de Julho de 1987, publicado in B.M.J., 376, 89:

I. O regime jurídico das empresas jornalísticas, consubstanciado no Decreto-lei n.° 85-C/75, de 26 de Fevereiro (Lei de Imprensa), e na Portaria n.° 640/76, de 26 de Outubro (Regulamento dos Serviços de Registo de Imprensa e Publicidade), não consigna especialidades de registo susceptíveis de aplicação às agências noticiosas nacionais por força do artigo 7.° n.° 13, daquele primeiro diploma legal.

II. Os argumentos gramatical, histórico, sistemático, lógico e teleológico da interpretação apontam no sentido de que nos artigos 13.°, n.° 1,alínea a) e 14.°, n.° 2, da Portaria n.° 640/76, apenas se definem relações entre títulos de publicações periódicas, estando excluídas do seu conteúdo normativo denominações ou siglas de agências noticiosas nacionais.

III. Diverso entendimento mais lato, que estas siglas e denominações pretendesse ver acolhidas no seio desses preceitos, colocá-los-ia em conflito com o artigo 38.°, números 1, 4 e 5 da Constituição, pelo que sempre deveria prevalecer a interpretação, conforme à lei fundamental, subjacente à anterior conclusão 2.ª.

IV. É, pois, admissível a inscrição no registo de imprensa da agência noticiosa nacional Açorpress — Agência Açoriana de Notícias, C.R.L., com denominação ou sigla idêntica, nos aspectos gráfico, fonético ou vocabular, ao título de uma publicação periódica ali já registada.

b) Nuno e Sousa, a págs. 310 e segs da obra citada trata do direito de fundação de jornais e de quaisquer outras publicações:

A fundação de uma publicação não depende de qualquer autorização administrativa.

É evidente, no entanto, que as empresas se têm de sujeitar às formalidades que o direito comercial impõe a qualquer empresa.

O conhecimento dos meios de financiamento das empresas jornalísticas permitirá aos particulares uma leitura mais crítica do conteúdo das publicações.

c) O mesmo autor, a págs. 252 e seguintes da obra citada, pronuncia-se quanto à titularidade jurídica da liberdade de imprensa, afirmando, designadamente, que a Lei veda a propriedade das publicações periódicas às pessoas colectivas com fins lucrativos, numa clara restrição ao direito de propriedade e à iniciativa privada, por se visar obter a independência da imprensa perante o poder económico, conciliar os direitos individuais e o interesse público, impedir a concentração de empresas e evitar a acção de terceiros prejudicial à independência da imprensa.

Quanto aos estrangeiros, com a sua exclusão, "quer-se evitar a influência das empresas multinacionais e os conflitos gerados entre elas e os governos dos países onde decorrem as suas actividades, visto o papel primacial da imprensa na informação e formação da opinião pública, na actividade produtiva através da publicidade e na pressão junto das entidades públicas por meios de propaganda por vezes pouco claros.

Contudo, a págs. 260, escreve: "Após a revisão constitucional de 1982 cessou a restrição constitucional ao direito de propriedade das publicações por parte dos estrangeiros. Entre os argumentos aduzidos destaca-se a necessidade da entrada do país para a C.E.E. e o respeito do tratado de Roma, e a não existência de responsabilidade limitada a título individual perante dívidas".

Existe, pois, nesta matéria, uma plena equiparação dos estrangeiros aos portugueses.

Contudo, parece de acolher a tese que nega a extensão dos arts. 12.° e 15.° da C.R.P. às pessoas colectivas estrangeiras.

d) A págs.268 e segs., da obra citada, interroga-se sobre quem é o verdadeiro titular, nas grandes empresas da comunicação social, do direito constitucionalmente reconhecido da liberdade de imprensa. O proprietário? O director? O chefe de redacção? O redactor? O autor? Ou todos, em conjunto?

Conclui que o direito à informação, do leitor, orienta a liberdade de imprensa para o leitor, que passa a ser o seu último destinatário.

e) Recomendação do Conselho de Imprensa a propósito do estipulado no n.° 12 do artigo 7.° da Lei de Imprensa (aprovada no plenário do Conselho de 17/12/85):

«O controlo do poder económico na imprensa pela opinião pública impôs, na Lei de Imprensa, a obrigatoriedade da divulgação dos detentores das partes sociais das empresas jornalísticas.

O n.° 12 do artigo 7.° da Lei de Imprensa estabelece que "a relação dos detentores de partes sociais das empresas jornalísticas, bem como a discriminação daquelas, deverão ser publicadas anualmente, durante o mês de Abril, em todas as publicações periódicas de que as empresas sejam proprietárias".

Esta obrigação legal, em prática noutros países, tem no entanto sido ignorada, desde há dez anos, pelas empresas jornalísticas portuguesas.

Ao justificar esta medida, inovatória no nosso país à data da entrada em vigor da Lei de Imprensa, o relatório que acompanhou o projecto deste diploma considerou a divulgação de tais elementos como de "essencial importância no controlo do poder económico na imprensa pela opinião pública (...), mesmo tendo presentes as dificuldades materiais que o seu cumprimento poderia acarretar, no caso de grande divisão do capital das empresas jornalísticas".

O Conselho de Imprensa — em cujas atribuições cabe zelar pela independência da Imprensa face ao poder político e económico e pela observância das obrigações previstas na Lei — procurou saber do cumprimento deste preceito, concluindo pelo seu incumprimento generalizado.

Nestes termos, e por ser correcto o espírito e a letra do n.° 12 do artigo 7.° da Lei de Imprensa, por respeito ao direito a ser informado, o Conselho de Imprensa decidiu alertar publicamente para tal situação e recomendar às empresas jornalísticas que, em Abril próximo, conforme o n.° 12 do artigo 7.° da Lei de Imprensa, sejam publicadas em todas as publicações periódicas de que as empresas sejam proprietárias, a relação dos detentores de partes sociais das empresas, bem como a sua discriminação.

O não cumprimento da referida disposição estará sujeito às sanções previstas na Lei de Imprensa.

A indispensável transparência que a Imprensa deve ter perante a opinião pública, e que motivou a inclusão da norma que obriga à divulgação pública anual dos seus proprietários, suscita ainda outra questão.

As contas das empresas jornalísticas, públicas ou privadas, são outro elemento cujo conhecimento pela opinião pública contribuirá para o esclarecimento desta. Daí que devessem ser as próprias empresas a tomar a iniciativa de, anualmente e nas páginas das suas publicações periódicas, divulgar os relatórios e contas da sua actividade».

b) À violação do n.° 3 corresponde coima de 200.000$00 a 1.000.000$00 — alínea b), do n.° 1, do artigo 35.° .

c) O registo da imprensa encontra-se regulamentado, agora, no Decreto Regulamentar n.° 8/99, de 9 de Junho o qual se encontra a págs. 407 desta publicação.

ARTIGO 6.°

Propriedade das publicações

As publicações sujeitas ao disposto na presente lei podem ser propriedade de qualquer pessoa singular ou colectiva.

NOTA:

Ver as anotações ao n.° 2, do artigo 7.°, da anterior Lei de Imprensa, segundo o qual só as pessoas singulares de nacionalidade portuguesa e residentes em Portugal poderiam ser proprietárias de publicações periódicas.

Foi preocupação dominante do legislador pós 25 de Abril a da nacionalização da propriedade da imprensa.

No n.° 8, do referido artigo 7.°, apenas se abria a possibilidade de existência de empresas jornalísticas estrangeiras, se as mesmas revestissem a forma de sociedade comercial mas nas condições aí previstas, estabelecendo-se, ainda, para elas, as normas transitórias contidas no artigo 56.° .

ARTIGO 7.°

Classificação das empresas proprietárias de publicações

As empresas proprietárias de publicações são jornalísticas ou editoriais, consoante tenham como actividade principal a edição de publicações periódicas ou de publicações não periódicas.

NOTA:

Corresponde aos anteriores números 4 e 5 do artigo 7.°, da Lei de Imprensa de 1975.

ARTIGO 8.°

Empresas noticiosas

1. São empresas noticiosas as que têm por objecto principal a recolha e distribuição de notícias, comentários ou imagens.

2. As empresas noticiosas estão sujeitas ao regime jurídico das empresas jornalísticas.

NOTA:

Correspondem, respectivamente, aos números 6 e 13, do artigo 7.°, da Lei de Imprensa de 1975.

CAPÍTULO III
Da imprensa em especial

SECÇÃO I
Definição e classificação

ARTIGO 9.°
Definição

1. Integram o conceito de imprensa, para efeitos da presente lei, todas as reproduções impressas de textos ou imagens disponíveis ao público, quaisquer que sejam os processos de impressão e reprodução e o modo de distribuição utilizado.

2. Excluem-se boletins de empresa, relatórios, estatísticas, listagens, catálogos, mapas, desdobráveis publicitários, cartazes, folhas volantes, programas, anúncios, avisos, impressos oficiais e os correntemente utilizados nas relações sociais e comerciais.

NOTAS:

a) Este artigo corresponde a parte do artigo 2.° da Lei de Imprensa de 1975, pelo que são pertinentes as anotações a este artigo:

a) O Estatuto da Imprensa Regional está consagrado pelo decreto-lei n.° 106/88, de 31 de Março, adiante transcrito.

b) Ac. da Rel. do Porto de 25 de Julho de 1984, in Colectânea de Jurisprudência, Ano IX, tomo 4, 245:

Desde que os factos descritos na acusação sejam qualificáveis como publicação através da imprensa, pode o réu ser condenado pelo crime de abuso de liberdade de imprensa, ainda que não tenha sido assim acusado.

A expressão reprodução impressa, utilizada no artigo 2.°, n.° 1, do Decreto-Lei n.° 85-C/75, de 26 de Fevereiro, abrange todos os métodos de impressão possível, incluindo o off-set, as fotocópias e os diversos copiadores, mais ou menos manuais e a álcool, mais ou menos electrónicos e a stencil.

Pelo menos os artigos 25.° e 28.°, n.° 1, 2 e 3 do Dec.-lei n.° 85-C/75 foram revogados pelo artigo 6.°, n.° 1, do Dec.-lei n.° 400/82, de 23 de Setembro.

c) Parecer do Conselho Consultivo da Procuradoria-Geral da República, P.° n.° 95/89, publicado na 2.ª Série do Diário da República de 03/12/90:

1.ª Difamações e injúrias ao Governo ou seus membros e outras autoridades, constantes de publicação periódica estrangeira, são susceptíveis de preencher os ilícitos descritos nos artigos 164.°, 165.°, 168.° e 363.° do Código Penal português e no artigo 1.° do Decreto-lei n.° 65/84, de 24 de Fevereiro, consoante os factos integradores dos respectivos elementos típicos que no caso concreto se verifiquem.

2.ª Agentes dos crimes são os sujeitos indicados no artigo 26.° do Decreto-lei n.° 85-C/75, de 26 de Fevereiro (Lei de Imprensa).

3.ª Os crimes consumam-se com a publicação do escrito ou imagem em que haja a injúria ou difamação (artigo 27.° do mesmo Decreto-lei).

4.ª Os crimes previstos nos artigos 164.° e 165.° do Código Penal português têm natureza particular, dependendo o procedimento criminal de acusação do ofendido (artigo 174.° do mesmo Código).

5.ª O procedimento criminal pelo crime previsto e punido nos artigos 168.° do Código Penal português e 1.° do Decreto-lei n.° 65/84 não depende de queixa nem de acusação particular (artigo 1.°, n.° 3, e artigo 2.° deste Decreto-lei).

6.ª O crime previsto e punido no artigo 363.° do citado Código tem natureza pública, pelo que o procedimento criminal respectivo igualmente não fica dependente de queixa ou acusação.

7.ª A acção penal pelos crimes de imprensa aludidos nas conclusões anteriores é exercida — verificados requisitos de aplicação no espaço da lei penal portuguesa indicados nos artigos 4.° e 5.° do Código Penal — nos termos do Código de Processo Penal e legislação complementar, com observância de especialidades previstas, nomeadamente, nos artigos 36.°, 37.° e 52.° da Lei de Imprensa (redacção do artigo 1.° do Decreto-lei n.° 377/88, de 24 de Outubro) e no artigo 2.° deste último decreto-lei.

8.ª Factos difamatórios e injuriosos à luz do direito português, consubstanciando os crimes aludidos na conclusão 1.ª, são susceptíveis de constituir os crimes de «calumnia» e «injuria» previstos, respectivamente, nos artigos 453.° e 457.° do Código Penal espanhol.

9.ª Se a «calumnia» ou «injuria» forem dirigidas ao Governo podem integrar o crime previsto e punido no artigo 161.° do mesmo diploma.

10.ª Se forem dirigidas a «un ministro o una autoridad en el ejercicio de sus funciones o con ocasión de ellas» podem constituir os crimes previstos e punidos no artigo 240.° do referido Código.

11.ª Se dirigidas a «un ministro o una autoridad en el ejercicio de sus funciones o con ocasión de éstas»,«fuera de su presencia o en escrito que no estuviere a ellos dirigido», são susceptíveis, por seu turno, de integrar o crime tipificado no artigo 244.° do Código Penal espanhol.

12.ª A «calumnia» ou «injuria» imputadas a simples particulares constituem os diversos ilícitos tipificados nos artigos 453.° e seguintes do citado Código Penal, consoante a concreta integração dos respectivos elementos típicos.

13.ª O procedimento criminal por «calumnia» ou «injuria» está sujeito aos pressupostos de procedibilidade definidos no artigo 467.° do Código Penal espanhol e nos artigos 3.° e 4.° da Ley n.° 62/78, de 26 de Dezembro, de Protección Jurisdicional de Los Derechos Fundamentales de la Persona.

14.ª Assim, os crimes indicados nos artigos 161.°, 240.° e 244.°, têm natureza pública, não dependendo o procedimento criminal de denúncia ou acusação particular.

15.ª Se os ofendidos pelos crimes indicados na conclusão anterior forem «jefes de Estado de naciones amigas o aliadas»,«agentes diplomáticos de las mismas» ou «extranjeros con carácter público según los tratados», o procedimento criminal depende de iniciativa («excitación») do Governo.

16.ª Na falta de tratado internacional que permita qualificar um membro do Governo ou autoridade estrangeiros como «extranjeros con carácter público», podem os ofendidos, em veste de simples particulares, socorrer-se das incriminações gerais de calúnia e injúria tipificadas nos artigos 453.° e seguintes do Código Penal espanhol.

17.ª Os crimes previstos e punidos nos normativos citados na conclusão anterior constituem, quando cometidos através da imprensa, infracções semipúblicas, dependendo o procedimento criminal respectivo de denúncia da pessoa ofendida.

18.ª A acção penal pelos crimes aludidos nas anteriores conclusões 8.ª a 17.° é exercida — verificados os requisitos relativos à aplicação da lei penal espanhola no espaço mencionados, designadamente, no artigo 23.° da Ley-Orgánica del Poder Judicial n.° 6/1985, de 1 de Julho — segundo a tramitação processual vertida no título V (artigos 816.° a 823.°) da Ley de Enjuiciamento Criminal, com as modificações constantes do artigo 2.° da Ley n.° 62/78, citada na conclusão 13.ª.

d) Ac. da Relação do Porto, de 31 de Maio de 1995, in Col. de Jur., ano XX, tomo III, p. 263:

I. Pratica o crime de abuso de liberdade de imprensa quem, sendo provedor de determinada misericórdia, escreve um artigo no «Boletim informativo» dessa instituição, contendo expressões ofensivas para terceiros.

II. Tal «Boletim informativo» deve ser considerado como um meio de comunicação social, pelo que aquele ilícito não se encontra abrangido pela lei de amnistia, Lei n.° 15/94.

e) Segundo Nuno e Sousa, in "A liberdade de imprensa", B.F.D.C., suplemento ao Vol. XXVI, Coimbra, 1983, pág. 184

"O sentido lato de imprensa pretende abranger outros campos, como o das várias técnicas modernas de difusão do pensamento (rádio e televisão), a que se acrescentariam os espectáculos — o cinema".

O mesmo autor, na esteira de outros, dos quais refere Mangoldt-Klein refere-se a um elemento material do conceito de imprensa — só a publicação de produtos impressos no sector do interesse público geral, no âmbito de uma função pública de imprensa, seria imprensa em sentido material, só esta gozando das garantias constitucionais.

No entanto, a págs. 203, acaba por concluir que tal conceito material de imprensa não foi consagrado na redacção do artigo 38.° da C.R,P., mas antes um conceito formal de imprensa, embora um conceito lato.

Também o artigo 2.° da Lei de Imprensa recebeu este conceito formal de imprensa.

Segundo ele, são várias as funções da imprensa:

a) Função de informação;

b) Formação de correntes de opinião;

c) Função de controlo do Estado.

Não é de caracterizar a imprensa como quarto poder, ou como serviço público, porque, designadamente, a imprensa não se coloca dentro das formas institucionais e as empresas de imprensa tanto podem ser privadas como públicas.

Diz, a pág.209: "Entre os perigos susceptíveis de actualmente ameaçarem a opinião pública incluem-se a concentração crescente dos meios de comunicação, a dependência da imprensa regional dos fornecedores de notícias de âmbito nacional, a pressão do grande capital e da publicidade, a imprensa de sensação, o decréscimo da informação política, a actuação de um «press management» e a influência do Governo na informação".

. . . .

b) Note-se que, segundo o n.° 1, deste artigo 2.°, só eram excluídas da definição de imprensa os impressos oficiais e os correntemente utilizados nas relações sociais.

Agora, o número de excepções alargou-se, a nosso ver, perigosamente.

ARTIGO 10.°

Classificação

As reproduções impressas referidas no artigo anterior, designadas por publicações, classificam-se como:

a) Periódicas e não periódicas;

b) Portuguesas e estrangeiras;

c) Doutrinárias e informativas, e estas em publicações de informação geral e especializada;

d) De âmbito nacional, regional e destinadas às comunidades portuguesas no estrangeiro.

NOTAS:

a) Corresponde ao n.° 2 e seguintes, do artigo 2.°, da anterior Lei de Imprensa.

b) As publicações não periódicas eram denominadas de unitárias.

c) Fala-se, agora, pela primeira vez, em publicações destinadas às comunidades portuguesas no estrangeiro.

ARTIGO 11.°

Publicações periódicas e não periódicas

1. São periódicas as publicações editadas em série contínua, sem limite definido de duração, sob o mesmo título e abrangendo períodos determinados de tempo.

2. São não periódicas as publicações editadas de uma só vez, em volumes ou fascículos, com conteúdo normalmente homogéneo.

NOTA:

Toda esta matéria estava contida nos números 3 e 4, do artigo 2.°, da anterior Lei de Imprensa.

ARTIGO 12.°

Publicações portuguesas e estrangeiras

1. São publicações portuguesas as editadas em qualquer parte do território português, independentemente da língua em que forem redigidas, sob marca e responsabilidade de editor português ou com nacionalidade de qualquer Estado membro da União Europeia, desde que tenha sede ou qualquer forma de representação permanente em território nacional.

2. São publicações estrangeiras as editadas noutros países ou em Portugal sob marca e responsabilidade de empresa ou organismo oficial estrangeiro que não preencha os requisitos previstos no número anterior.

3. As publicações estrangeiras difundidas em Portugal ficam sujeitas aos preceitos da presente lei, à excepção daqueles que, pela sua natureza, lhes não sejam aplicáveis.

NOTA:

A anterior Lei não definia publicações portuguesas.

Apenas se referia, nos números 5 e 6, do artigo 2.°, às publicações estrangeiras e à sua difusão em Portugal.

ARTIGO 13.°

Publicações doutrinárias e informativas

1. São publicações doutrinárias aquelas que, pelo conteúdo ou perspectiva de abordagem, visem predominantemente divulgar qualquer ideologia ou credo religioso.

2. São informativas as que visem predominantemente a difusão de informações ou notícias.

3. São publicações de informação geral as que tenham por objecto predominante a divulgação de notícias ou informações de carácter não especializado.

4. São publicações de informação especializada as que se ocupem predominantemente de uma matéria, designadamente científica, literária, artística ou desportiva.

NOTAS:

a) Quanto às publicações doutrinárias, ver o n.° 2, do artigo 3.°, da anterior Lei de Imprensa.

b) Quanto às publicações informativas, ver o n.° 3, do referido artigo 3.° .

c) Quanto às de informação geral, ver o n.° 8, do referido artigo 3.° .

d) Quanto às de informação especializada, ver o n.° 7, do referido artigo 3.°
:

a) Parecer n.° 91/84, do Conselho Consultivo da Procuradoria-Geral da República, publicado na II série do D.R. n.° 32, de 7/2/85:

"A aprovação do estatuto editorial do jornal Diário de Notícias bem como a sua alteração competem ao conselho de gerência da Empresa Pública dos Jornais Notícias e Capital, após parecer não vinculativo do conselho de redacção.

b) «A punição da publicação, exibição e circulação de textos ou imagens através da imprensa, quando obscenos ou pornográficos, é previsto pelo Acordo de Paris, de 4/5/10, publicado no Diário do Governo de 17/6/11, Convenção de Genebra de 1923, publicada no Diário do Governo de 27/12/28; apenas as autoridades judiciais podem ordenar a apreensão das publicações pornográficas ou a suspensão da sua circulação, caso sejam estrangeiras, nos termos da Lei de Imprensa» — Sumários jurídicos de Ernesto de Oliveira, Vol. 27, 113.

ARTIGO 14.°

Publicações de âmbito nacional, regional e destinadas às comunidades portuguesas.

1. São publicações de âmbito nacional as que, tratando predominantemente temas de interesse nacional ou internacional, se destinem a ser postas à venda na generalidade do território nacional.

2. São publicações de âmbito regional as que, pelo seu conteúdo e distribuição, se destinem predominantemente às comunidades regionais e locais.

3. São publicações destinadas às comunidades portuguesas no estrangeiro as que, sendo portuguesas nos termos do artigo 12.°, se ocupam predominantemente de assuntos a elas respeitantes.

NOTA:

Na Lei de Imprensa anterior, é no n.° 7, do artigo 2.°, que se alude às publicações de âmbito nacional e regional.

SECÇÃO II

Requisitos das publicações, estatuto editorial e depósito legal

ARTIGO 15.°

Requisitos

1. As publicações periódicas devem conter, na primeira página de cada edição, o título, a data, o período de tempo a que respeitam, o nome do director e o preço por unidade ou a menção da sua gratuitidade.

2. As publicações periódicas devem conter ainda, em página predominantemente preenchida com materiais informativos, o número de registo do título, o nome, a firma ou a denominação social do proprietário, o número de registo de pessoa colectiva, os nomes dos membros do conselho de administração ou de cargos similares e dos detentores com mais de 10% do capital da empresa, o domicílio ou sede do editor, impressor e da redacção, bem como a tiragem.

3. As publicações não periódicas devem conter a menção do autor, do editor, do número de exemplares da respectiva edição, do domicílio ou sede do impressor, bem como da data de impressão.

4. Nas publicações periódicas que assumam a forma de revista não é obrigatória a menção do nome do director na primeira página.

NOTAS:

a) Quanto aos requisitos contidos nos números 1 e 3 e, de alguma forma, o 4, deste artigo, ver o artigo 11.°, da anterior Lei de Imprensa e suas anotações:

Acórdão da Relação do Porto, de 13/6/79, in C.J., ano IV, 1979, tomo III, pág. 1011:

"Sendo a publicação editada por uma comissão de trabalhadores, o facto de ser presidente dessa comissão não o torna automaticamente director da publicação; numa publicação clandestina, não registada, não surgem crimes de abuso de liberdade de imprensa."

b) Quanto ao requisito contido no n.° 2, é matéria nova mas que constava, de alguma forma, do artigo 7.°, da anterior Lei de Imprensa.

c) A inobservância dos números 2 e 3 deste artigo é punida com coima de 100.000$00 a 500.000$00 — alínea a), do n.° 1, do artigo 35.°.

d) A inobservância do n.° 1 deste artigo (as publicações clandestinas) é punida com coima de 200.000$00 a 1.000.000$00 — alínea b), do n.° 1, do artigo 35.°.

ARTIGO 16.°
Transparência da propriedade

1. Nas empresas jornalísticas detentoras de publicações periódicas constituídas sob a forma de sociedade anónima todas as acções devem ser nominativas.

2. A relação dos detentores de participações sociais das empresas jornalísticas, a discriminação daquelas, bem como a indicação das publicações que àqueles pertençam, ou a outras entidades com as quais mantenham uma relação de grupo, devem ser, durante o mês de Abril, divulgadas em todas as publicações periódicas de que as empresas sejam proprietárias, nas condições referidas no n.° 2 do artigo anterior, e remetidas para a Alta Autoridade para a Comunicação Social.

3. As empresas jornalísticas são obrigadas a inserir na publicação periódica de sua propriedade com maior tiragem, até ao fim do 1.° semestre de cada ano, o relatório e contas de demonstração dos resultados líquidos, onde se evidencie a fonte dos movimentos financeiros derivados de capitais próprios ou alheios.

NOTAS:

a) O n.° 1 deste preceito corresponde ao n.° 10, do artigo 7.°, da anterior Lei de Imprensa.

b) O n.° 2 corresponde ao n.° 12, do artigo 7.°, da referida Lei.

c) O n.° 3 contém matéria nova, correspondendo à recomendação do Conselho de Imprensa, de 17/12/85, aqui publicado, em anotação ao referido artigo 7.° .

d) A infracção a esta norma é punida com coima de 100.000$00 a 500.000$00 — alínea a), do n.° 1, do artigo 35.°.

ARTIGO 17.°

Estatuto editorial

1. As publicações periódicas informativas devem adoptar um estatuto editorial que defina claramente a sua orientação e os seus objectivos e inclua o compromisso de assegurar o respeito pelos princípios deontológicos e pela ética profissional dos jornalistas, assim como pela boa fé dos leitores.

2. O estatuto editorial é elaborado pelo director e, após parecer do conselho de redacção, submetido à ratificação da entidade proprietária, devendo ser inserido na primeira página do primeiro número da publicação e remetido, nos 10 dias subsequentes, à Alta Autoridade para a Comunicação Social.

3. Sem prejuízo do disposto no número anterior, o estatuto editorial é publicado, em cada ano civil, conjuntamente com o relatório e contas da entidade proprietária.

4. As alterações introduzidas no estatuto editorial estão sujeitas a parecer prévio do conselho de redacção, devendo ser reproduzidas no primeiro número subsequente à sua ratificação pela entidade proprietária e enviadas, no prazo de 10 dias, à Alta Autoridade para a Comunicação Social.

NOTAS:

a) Ao estatuto editorial das publicações informativas e à obrigatoriedade da sua publicação anual referiam-se os números 4 e 5, do artigo 3.°, da Lei de Imprensa de 1975, pelo que são pertinentes, aqui, as anotações a esses preceitos legais.

b) Aludia-se à alteração de orientação dos periódicos no artigo 23.°, da Lei de Imprensa de 1975. Neste artigo, conferia-se aos jornalistas um especial direito de despedimento com justa causa, em caso de mudança de orientação do periódico, confirmada pelo Conselho de Imprensa. Este especial direito está consagrado, agora, no estatuto do jornalista, adiante transcrito.

c) Aludia-se, ainda, à obrigação de publicação do estatuto editorial na norma transitória do artigo 55.°, da anterior Lei de Imprensa.

d) O não cumprimento desta obrigação é punido com coima de 500.000$00 a 1.000.000$00 — alínea c), do n.° 1, do artigo 35.° .

ARTIGO 18.°

Depósito legal

1. O regime de depósito legal constará de decreto regulamentar, no qual se especificarão as entidades às quais devem ser enviados exemplares das publicações, o número daqueles e o prazo de remessa.

2. Independentemente do disposto no número anterior, será remetido ao Instituto da Comunicação Social um exemplar de cada edição de todas as publicações que beneficiam do sistema de incentivos do Estado à imprensa.

NOTAS:

a) O regime do depósito legal ainda se encontra estabelecido no Decreto — Lei n.° 74/82, de 3 de Março, o qual se encontra transcrito em anotação ao artigo 12.°, da Lei de imprensa de 1975.

b) O Decreto — Lei n.° 34/97, de 31 de Janeiro, que criou o Instituto da Comunicação Social encontra-se transcrito nesta publicação, a págs. 334.

c) Obviamente que a obrigação contida no n.° 2 deste artigo não existia na lei anterior.

d) A não observância desse número 2 é punida com coima de 100.000$00 a 500.000$00 — artigo 35.°, n.° 1, alínea a).

CAPÍTULO IV
Organização das empresas jornalísticas

ARTIGO 19.°

Director das publicações periódicas

1. As publicações periódicas devem ter um director.

2. A designação e demissão do director são da competência da entidade proprietária da publicação, ouvido o conselho de redacção.

3. O conselho de redacção emite parecer fundamentado, a comunicar à entidade proprietária no prazo de cinco dias a contar da recepção do respectivo pedido de emissão.

4. A prévia audição do conselho de redacção é dispensada na nomeação do primeiro director da publicação e nas publicações doutrinárias.

NOTAS:

a) Corresponde ao artigo 18.°, da anterior Lei de Imprensa.

b) Desapareceu da lei a obrigatoriedade do director ser de nacionalidade portuguesa.

c) Voltaram à Lei de Imprensa as normas respeitantes à obrigatoriedade de audição do conselho de redacção.

d) Desapareceu a regra contida no n.° 3, do artigo 18.°, da lei anterior: " A empresa proprietária poderá demitir livremente o director".

e) A infracção ao disposto nos números 2 e 3 é punida com coima de 100.000$00 a 500.000$00 — alínea a), do n.° 1, do artigo 35.° .

ARTIGO 20.°

Estatuto do director

1. Ao director compete:

a) Orientar, superintender e determinar o conteúdo da publicação;

b) Elaborar o estatuto editorial, nos termos do n.° 2 do artigo 17.° ;

c) Designar os jornalistas com funções de chefia e coordenação;

d) Presidir ao conselho de redacção;

e) Representar o periódico perante quaisquer autoridades em tudo quanto diga respeito a matérias da sua competência e às funções inerentes ao seu cargo.

2. O director tem direito a:

a) Ser ouvido pela entidade proprietária em tudo o que disser respeito à gestão dos recursos humanos na área jornalística, assim como à oneração ou alienação dos imóveis onde funcionem serviços da redacção que dirige;

b) Ser informado sobre a situação económica e financeira da entidade proprietária e sobre a sua estratégia em termos editoriais.

NOTAS:

a) As competências previstas nas várias alíneas do número 1 correspondem, "grosso modo", ao artigo 19.°, da anterior Lei de Imprensa.

b) Acrescentou-se a elaboração do estatuto editorial, nos termos do artigo 17.°

c) Os direitos contidos no n.° 2 deste artigo constituem matéria inovatória.

ARTIGO 21.°

Directores-adjuntos e subdirectores

1. Nas publicações com mais de cinco jornalistas o director pode ser coadjuvado por um ou mais directores-adjuntos ou subdirectores, que o substituem nas suas ausências ou impedimentos

2. Aos directores-adjuntos e subdirectores é aplicável o preceituado no artigo 19.°, com as necessárias adaptações.

NOTAS:

a) Corresponde ao artigo 20.° da anterior Lei de Imprensa.

b) Agora, limita-se a existência do director — adjunto ou do subdirector às publicações com mais de cinco jornalistas.

ARTIGO 22.°

Direitos dos Jornalistas

Constituem direitos fundamentais dos jornalistas, com o conteúdo e a extensão definidos na Constituição e no Estatuto do Jornalista:

a) A liberdade de expressão e de criação;

b) A liberdade de acesso às fontes de informação, incluindo o direito de acesso a locais públicos e respectiva protecção;

c) O direito ao sigilo profissional;

d) A garantia de independência e da cláusula de consciência;

e) O direito de participação na orientação do respectivo órgão de informação.

NOTAS:

a) Neste artigo, o legislador concentrou os direitos fundamentais dos jornalistas, com o conteúdo e extensão definidos na Constituição e no estatuto dos jornalistas.

b) A norma constitucional pertinente é o artigo 38.°, aqui publicado e anotado a págs. 93.

c) O estatuto dos jornalistas encontra-se nesta publicação a págs. 299 a 315.

d) Na anterior Lei de Imprensa, havia referências dispersas a estes direitos: à liberdade de expressão, no artigo 4.° ; à liberdade de acesso às fontes de informação, no artigo 5.° ; o direito ao sigilo profissional no n.° 4, do artigo 5.°.

e) Parecer do Conselho Consultivo da P.G.R. n.° 23/86, votado em 5/6/86 e publicado no Volume VI de Pareceres — Procuradoria-Geral da República págs. 11 e segs:

1.° — O direito de acesso dos jornalistas às fontes de informação na posse da Administração Pública e dos organismos e serviços públicos referidos no artigo 5.°, n.° 1, da Lei de Imprensa — aprovada pelo Decreto-Lei n.° 85-C/75, de 26 de Fevereiro — é garantido pelo n.° 3 do artigo 38.° da Constituição da República Portuguesa;

2.° — Na definição do conteúdo de tal direito, bem como dos seus limites e restrições lícitas, deve atender-se ao disposto nos artigos 19.° e 29.°, n.° 2, da Declaração Universal dos Direitos do Homem (por força do artigo 16.°, n.° 2, da Constituição da República Portuguesa), no artigo 19.° do Pacto Internacional dos Direitos Civis e Políticos, aprovado, para ratificação, pela Lei n.° 29/78, de 12 de Junho, nos artigos 10.° e 18.° da Convenção Europeia dos Direitos do Homem, aprovada, para ratificação, pela Lei n.° 65/78, de 13 de Outubro, e na Lei de Imprensa (artigos 4.°, n.° 2, e 5.°, n.° s 1 e 2), na medida em que seja compatível com aquelas normas;

3.° — A recusa de acesso às fontes de informação só pode ser justificada como providência necessária para protecção dos interesses públicos mencionados nesses diplomas, nomeadamente para preservar a segurança nacional, a integridade territorial ou a segurança pública, a defesa da ordem e da prevenção do crime, para protecção da saúde e da moral, da honra ou dos direitos de outrem, para impedir a divulgação de informações confidenciais ou para garantir a autoridade e imparcialidade do poder judicial;

4.° — A violação do direito subjectivo de um jornalista de aceder às fontes de informação, por parte das entidades referidas na conclusão 1.ª, é susceptível de impugnação contenciosa junto dos tribunais administrativos, nos termos gerais de direito;

5.° — Tendo em conta o n.° 3 do artigo 38.° da Constituição da República Portuguesa, carece de regulamentação actualizada, entre outras matérias, o direito de acesso dos jornalistas às fontes de informação, à semelhança, aliás, do que tem sucedido em outros países europeus, pelo que se sugere, nos termos da alínea d) do artigo 34.° da Lei n.° 39/78, de 5 de Julho, se tomem as adequadas medidas para publicação da respectiva providência legislativa.

ARTIGO 23.°

Conselho de redacção e direito de participação dos jornalistas

1. Nas publicações periódicas com mais de cinco jornalistas, estes elegem um conselho de redacção, por escrutínio secreto e segundo regulamento por eles aprovado.

2. Compete ao conselho de redacção:

a) Pronunciar-se, nos termos dos artigos 19.° e 21.°, sobre a designação ou demissão, pela entidade proprietária, do director, do director — adjunto ou do subdirector da publicação;

b) Dar parecer sobre a elaboração e as alterações ao estatuto editorial, nos termos dos números 2 e 4 do artigo 17.° ;

c) Pronunciar-se, a solicitação do director, sobre a conformidade de escritos ou imagens publicitários com a orientação editorial da publicação;

d) Cooperar com a direcção no exercício das competências previstas nas alíneas a), b) e e) do n.° 1 do artigo 20.° ;

e) Pronunciar-se sobre todos os sectores da vida e da orgânica da publicação que se relacionem com o exercício da actividade dos jornalistas, em conformidade com o respectivo estatuto e código deontológico;

f) Pronunciar-se acerca da admissão e da responsabilidade disciplinar dos jornalistas profissionais, nomeadamente na apreciação de justa causa de despedimento, no prazo de cinco dias a contar da data em que o processo lhe seja entregue.

NOTA:

Este artigo corresponde aos artigos 21.° e 22.°, da anterior Lei de Imprensa.

CAPÍTULO V
Do direito à informação

SECÇÃO I
Direitos de resposta e de rectificação

ARTIGO 24.°
Pressupostos dos direitos de resposta e de rectificação

1. Tem direito de resposta nas publicações periódicas qualquer pessoa singular ou colectiva, organização serviço ou organismo público, bem como o titular de qualquer órgão ou responsável por estabeleci-

mento público, que tiver sido objecto de referências, ainda que indirectas, que possam afectar a sua reputação e boa fama.

2. As entidades referidas no número anterior têm direito de rectificação nas publicações periódicas sempre que tenham sido feitas referências de facto inverídicas ou erróneas que lhes digam respeito.

3. O direito de resposta e de rectificação podem ser exercidos tanto relativamente a textos como a imagens.

4. O direito de resposta e o de rectificação ficam prejudicados se, com a concordância do interessado, o periódico tiver corrigido ou esclarecido o texto ou imagem em causa ou lhe tiver facultado outro meio de expor a sua posição.

5. O direito de resposta e o de rectificação são independentes do procedimento criminal pelo facto da publicação, bem como do direito à indemnização pelos danos por ela causados.

NOTAS:

a) Sobre os direitos de resposta e de rectificação na anterior Lei de Imprensa é necessário ver o artigo 16.° e todas as suas longas anotações:

a) A redacção dos números 3, 4, 5, 7, 8 e 9 tinha sido alterada pela Lei n.° 15/95, de 25/05.

Por via do preceituado no mesmo diploma, os primitivos números 5 e 8 passaram a 6 e 10:

(...)

3. A publicação é feita gratuitamente, devendo ser inserida de uma só vez, sem interpolações e sem interrupções, no mesmo local do escrito que a tiver provocado, salvo se este tiver sido publicado na primeira ou na última página.

4. No caso de o escrito relativamente ao qual se exerce o direito de resposta ter sido destacado em título, na primeira ou na última páginas deve ser inserida uma nota de chamada, devidamente destacada com a indicação da página onde é publicada a resposta e a indicação do titular do direito de resposta.

5. O conteúdo da resposta será limitado pela relação directa e útil com o escrito ou imagem que a provocou, não podendo a sua extensão exceder 300 palavras ou a do escrito respondido, se for superior, nem conter expressões desprimorosas ou que envolvam responsabilidade civil ou criminal, a qual, neste caso, só ao autor da resposta poderá ser exigida.

(...)

7. O periódico não poderá, em caso algum, inserir no mesmo número em que for publicada a resposta qualquer anotação ou comentário à mesma.

8. É permitido à direcção do periódico fazer inserir no número seguinte àquele em que for publicada a resposta uma breve anotação à mesma, com o fim restrito de apontar qualquer inexactidão, erro de interpretação ou matéria nova contida na resposta, a qual poderá originar nova resposta.

9. A publicação da resposta apenas pode ser recusada caso não seja respeitado o disposto no n.° 2 ou a sua extensão exceda os limites referidos no n.° 5, devendo o director do periódico comunicar a recusa mediante carta registada com aviso de recepção, expedida nos três dias seguintes à recepção da resposta, sem prejuízo da eventual responsabilização por abuso do direito de resposta.

Esta Lei, todavia acabou por ser revogada pela Lei n.° 8/96, de 14 de Março, a qual, no seu artigo 2.°, prevê:

Art. 2.°

A inobservância das regras aplicáveis ao direito de resposta é punida com multa até 500.000$00.

b) Aliás, pelo senhor Presidente da República, havia sido suscitada a apreciação preventiva da constitucionalidade dos números 7 e 9 do preceito, introduzidos pela Lei 15/95, por, no seu entender, poderem configurar uma desproporcionada restrição da liberdade de imprensa.

O Tribunal Constitucional, através do acórdão n.° 13/95, publicado em 9 de Fevereiro de 1995, na 2.ª série do Diário da República, não entendeu, por maioria, verificar-se tal inconstitucionalidade dado que os preceitos em questão nada mais acarretariam do que o afastar de eventuais perigos de actuação do director do periódico como «juiz em causa própria» e dar relevância e proeminência do direito de resposta em relação ao direito de liberdade de imprensa.

Reconheceu-se que a norma poderia conduzir a casos aberrantes, mas a recusa de publicação da resposta, nesses casos, podendo suscitar a intervenção de um órgão jurisdicional, acarretaria que este ponderasse as situações e, se fosse essa a hipótese, não determinasse a aplicação de sanção, nem a publicação da resposta.

O que, com as alterações introduzidas se pretendeu foi optar-se por uma certa prevalência do titular do direito de resposta sem, grave e desproporcionadamente, se violar o direito de liberdade de imprensa.

Esta posição teve o voto discordante do Conselheiro Guilherme da Fonseca, quanto ao número 9 do preceito, por entender permitir-se, assim, autênticos abusos do direito de resposta, expropriando as páginas dos órgãos de comunicação social a favor das pessoas, singulares ou colectivas, que são ou pensam ser atingidas pela liberdade de expressão dos jornalistas.

O referido acórdão foi arguido de nulo pelo senhor Presidente da República, por entender que, quanto a uma das alíneas da decisão, a e), a maioria dos juizes votou vencida, embora com diferentes fundamentos.

O Tribunal Constitucional, porém, entendeu, pelo seu Acórdão n.° 58/95, publicado em 9 de Março de 1995, não se verificar a aludida nulidade, dado que a função da pronúncia de inconstitucionalidade, no âmbito da fiscalização preventiva visa evitar a entrada em vigor, na ordem jurídica, de normas inconstitucionais e a adição de votos minoritários relativos a uma inconstitucionalidade formal (um dos juizes tinha votado a inconstitucionalidade formal de todo o diploma) a uma inconstitucionalidade material não daria ao legislador uma indicação sobre o procedimento a adoptar: sanar a inconstitucionalidade formal ou eliminar pura e simplesmente a norma? Em ambos os termos da opção a decisão do legislador acabaria por obedecer a votos minoritários.

c) Na II Série do Diário da República de 13/7/95, foi publicada uma directiva da Alta Autoridade para a Comunicação Social sobre o exercício do direito de resposta, cujo n.° 1 se reporta à imprensa, nos seguintes termos:

"1. Na imprensa. — A Lei 15/95, de 25/5, veio alterar o Dec.-lei 85-C/75, de 26/2 (Lei de Imprensa), designadamente no que se refere ao exercício do direito de resposta (art. 16.°).

Daí que se torne necessário adequar às novas disposições legais a directiva da Alta Autoridade para a Comunicação Social (A.A.C.S.) sobre o exercício do direito de resposta na imprensa, publicada no D.R., 2.ª, 153, de 6/7/91, embora se mantenha a orientação ali afixada para alguns dos seus aspectos formais.

Assim:

I. Quanto à carta de resposta aos jornais, o registo postal com aviso de recepção é exigido para fazer prova do recebimento dela e respectiva data, pelo que deixa de ser necessário no caso de estes elementos não estarem em dúvida.

II. Do mesmo modo, a assinatura do respondente dispensa reconhecimento notarial quando se encontrar confirmada por outro meio legal, por exemplo selo branco ou apresentação do bilhete de identidade, ou se não for contestada a sua autenticidade.

III. Concretamente, o novo regime diferia do anterior no seguinte:

a) A publicação da resposta só não será obrigatoriamente feita no mesmo local do escrito que a tiver provocado quando este tiver sido publicado na primeira ou na última página. Neste caso, o periódico, ao publicar a resposta, poderá inseri-la em página diferente, mas incluindo na primeira ou na última página — conforme a do escrito original —, uma nota de chamada, na qual será indicada a página onde é publicada a resposta, bem como identificando o titular do direito de resposta. Deve ainda entender-se que a garantia constitucional de igualdade e eficácia no exercício do direito de resposta se opõe à utilização, na publicação da resposta de caracteres de menor relevo que os do escrito respondido.

b) O conteúdo da resposta deverá ter relação directa e útil com o escrito ou imagem que a provocou, não podendo a sua extensão exceder 300 palavras ou a do escrito respondido, se for superior, nem conter expressões desprimorosas ou que envolvam responsabilidade civil ou criminal, a qual, neste caso, só ao autor da resposta poderá ser exigida. Caso ultrapasse 300 palavras ou a extensão do escrito respondido, se esta tiver sido superior, deve o interessado efectuar ou garantir antecipadamente o pagamento da parte restante, segundo as tabelas de publicidade em vigor no periódico;

c) O periódico não poderá, em caso algum, inserir no mesmo número em que for publicada a resposta qualquer anotação ou comentário à mesma. Uma breve anotação poderá, no entanto, ser inserida pela direcção do periódico no número seguinte, mas apenas com o fim restrito de apontar qualquer inexactidão, erro de interpretação ou matéria nova contida na resposta, a qual poderá originar nova resposta;

d) A publicação da resposta apenas pode ser recusada:

Em caso de ilegitimidade do respondente (isto é, se não for o directamente atingido pelo escrito original, seu representante legal, herdeiro ou cônjuge sobrevivo);

Se o direito em causa não for exercido nos prazos legais (30 dias, se se tratar de diário ou semanário, e 90 dias, no caso de publicação com menor frequência);

Se a extensão da resposta exceder 300 palavras ou a do escrito respondido, no caso de este ter sido superior, a menos que o respondente tenha efectuado ou garantido antecipadamente o pagamento da parte excedente.

A recusa da publicação deverá ser comunicada pelo director do periódico mediante carta registada, com aviso de recepção, expedida nos três dias seguintes à recepção da resposta, sem prejuízo da eventual responsabilização por abuso do direito de resposta.

Claro que, com a já mencionada revogação da Lei n.° 15/95, caducou a directiva que se acabou de transcrever, continuando a vigorar, por isso, aquela que fora elaborada em 14 de Junho de 1991 e que é do seguinte teor:

1. O artigo 16.° da Lei de Imprensa (Dec.Lei n.° 85-C/75, de 26 de Fevereiro) regula o direito de resposta, o qual pode ser exercido por quem se sinta prejudicado pela publicação, em periódicos, de ofensas directas ou facto inverídico ou erróneo susceptível de lhe afectar a reputação e boa fama.

2. Nos termos do artigo 39.°, n.° 1, da Constituição da República e dos artigos 3.°, alínea g), 4.°, n.° 1, alínea a), 5.°, n.° 1 e 7.°, da Lei n.° 15/90, de 30 de Junho, compete à Alta Autoridade para a Comunicação Social assegurar o exercício desse direito, elaborando sobre a matéria directrizes genéricas e recomendações, deliberando com carácter vinculativo sobre as queixas que lhe sejam apresentadas e sobre os recursos interpostos em caso de recusa de tal exercício.

3. Vários desses recursos foram já decididos, tendo-se verificado situações de incumprimento ou deficiente observância do regime legal vigente, quanto aos requisitos da resposta, obrigatoriedade e modo de a publicar.

Por isso, a A.A.C.S. considera oportuno chamar a atenção para a necessidade de a lei ser cumprida, devendo ter-se em conta as seguintes regras, decorrentes do citado artigo 16.°:

I — Quanto à carta de resposta aos jornais, o registo postal com aviso de recepção é exigido para fazer prova do recebimento dela e respectiva data, pelo que deixa de ser necessário no caso de estes elementos não estarem em dúvida.

II — Do mesmo modo, a assinatura do respondente dispensa reconhecimento notarial, quando se encontrar confirmada por outro meio legal, por exemplo selo branco ou apresentação do bilhete de identidade, ou se não for contestada a sua autenticidade.

III — Para que a publicação da resposta não possa ser recusada, deve o conteúdo desta limitar-se ao que tiver relação directa e útil com o escrito ou imagem que a provocou e não incluir expressões ofensivas ou desprimorosas. Caso ultrapasse 150 palavras ou a extensão do escrito respondido se esta tiver sido superior, deve o interessado efectuar ou garantir antecipadamente o pagamento da parte restante, segundo as tabelas de publicidade em vigor no periódico.

IV — Quando recusar a publicação por a resposta contrariar os limites referidos no número III, deve o jornal comunicá-la ao interessado dentro de três dias após o recebimento da resposta, mediante carta registada com aviso de recepção ou outro meio que permita provar o recebimento.

V — A publicação da resposta deve ser antecedida de título identificativo que claramente permita o seu relacionamento com o texto ou imagem que lhe deu origem, assim como deve ser feita no mesmo local e impressa com caracteres de dimensão também análoga, de modo a que a resposta assuma, no seu conjunto, relevo ou destaque equivalente ao da imagem ou escrito a que se responde.

Só será admissível a publicação de resposta em lugar diferente do da notícia que a provocou, desde que o seu relevo e destaque fiquem devidamente assegurados, em local de idêntico interesse e facilidade de acesso para os leitores.

Nesta perspectiva é geralmente incorrecta a prática seguida por alguns jornais, de remeterem as respostas para a secção reservada à correspondência dos leitores.

VI — Não é permitido ao jornal acrescentar comentários ao texto da resposta, para além de uma breve anotação, apenas destinada a apontar qualquer inexactidão ou erro de interpretação e a focar matéria nova, que a resposta inclua.

d) Na Conferência proferida em 10 de Maio de 1985, no Colóquio Internacional organizado pelo Conselho de Imprensa, por ocasião das comemorações do seu X aniversário, cujo texto se encontra publicado in B.M.J., 346, Maio de 1985, pág. 15 e segs., o Senhor Conselheiro Manuel António Lopes Rocha aborda algumas questões sobre o direito de resposta na legislação portuguesa de imprensa:

a) Salienta a escassez de jurisprudência publicada sobre o assunto, que deriva da inexistência de decisões dos tribunais superiores, por ser inadmissível o recurso da decisão que decreta a inserção forçada da resposta.

b) Depois de fazer referência breve ao carácter do instituto, acrescenta ser vulgar ver respostas na imprensa escrita, mas já não as que sejam exercitadas pelo direito à inserção obrigatória.

c) Aborda, de seguida, as limitações ao exercício do direito de resposta na lei de imprensa portuguesa, vigente na época:

Para que surja o direito, é necessária a existência de ofensas directas ou a referência a facto inverídico ou erróneo (não basta o mero prejuízo), que atinjam a reputação e boa fama;

As expressões «ofensa» «reputação» e «boa fama» estão usadas nesta lei com sentido mais amplo que as correspondentes das leis penais e civis dirigidas à protecção dos direitos de personalidade;

Destaca a faculdade que a direcção do periódico tem de, ouvido o conselho de redacção e sendo favorável o seu parecer, recusar a inserção da resposta.

Corre-se o risco de pensar que ao director do periódico foi conferido o direito de decidir em causa própria;

A dificuldade de surpreender o sentido da «relação directa e útil com o escrito ou a imagem», que provoca a resposta, aconselha a que seja usada uma grande dose de bom senso;

O mesmo é aconselhável, relativamente à interpretação da expressão «expressões desprimorosas».

Ataques violentos justificam respostas violentas;

O direito de resposta parece identificar-se com o instituto da retorsão previsto no Código Penal;

Grandes dificuldades suscita ainda o motivo de recusa consistente na resposta poder envolver responsabilidade civil ou criminal.

A jurisprudência estrangeira tem entendido integrar tal motivo uma resposta que fosse contrária à ordem pública, provocação de um crime ou apologia deste;

As dificuldades aumentam quando se ponderam os interesses de terceiros, atingidos pela resposta.

O n.° 2 do preceito deverá ser interpretado extensivamente, de molde a caber na ofensa o conceito de facto inverídico ou erróneo.

Acrescenta, no entanto, que a jurisprudência estrangeira, no caso de crítica histórica, exige uma atitude faltosa, da parte do historiador, baseada em afirmações levianas.

De todo o modo, a resposta só pode ser inserida sem cortes, nem comentários.

d) Finalmente, debruça-se sobre o artigo 53.°, salientando que a ausência de inserção de uma resposta apresentada nas devidas condições constitui uma contravenção.

Mas será que as inserções não satisfatórias integram tal contravenção ?

Entendia que a lei da altura permitia já a assimilação da inserção deficiente à falta de inserção, o que é confirmado pela actual redacção do artigo 2.° da Lei n.° 8/96, de 14 de Março, que se transcreveu supra.

e) René Ariel Dotti, obra citada infra, pág. 58, considera que o direito de resposta, a que assimila o direito de rectificação, são faculdades instituídas a favor de toda a pessoa física ou moral agravadas por qualquer publicação, sendo corolário dos princípios da verdade de informação e do procedimento alternativo, sendo que este, por sua vez, é o corolário lógico do princípio da intervenção penal mínima.

b) Agora, distingue-se claramente o direito de resposta do direito de rectificação, que andavam misturados na redacção do n.° 1 do artigo 16.° da lei anterior.

c) Para se poder accionar o direito de resposta, actualmente, basta que as referências que afectam a reputação e boa fama da pessoa visada sejam indirectas.

d) Esclarece-se, agora, que o direito de resposta e o de rectificação podem ser exercidos quer quanto a textos quer quanto a imagens, a fim de se abranger, claramente, a actividade televisiva.

e) Determina-se, agora, a situação em que o direito de resposta e o de rectificação ficam prejudicados — explicações e correcções aceites pelo visado.

f) Finalmente, reproduz-se, no n.° 5, o disposto no n.° 8, do artigo 16.°, da lei anterior.

g) ALTA AUTORIDADE PARA A COMUNICAÇÃO SOCIAL — DIRECTIVA N.° 1/2001, publicada na II Série do Diário da República de 21 de Março de 2001:

Directiva sobre direito de resposta na imprensa, aprovada na reunião plenária de 15 de Fevereiro de 2001.

— A Constituição da República Portuguesa previu, como um dos direitos da personalidade, o direito de resposta/direito de rectificação (artigo 37.° da CRP). Regulado pela Lei de Imprensa, Lei n.° 2/99, de 13 de Janeiro, este direito vê contudo frequentemente infringido o seu regime, designadamente no que concerne à equiparação de localização dos textos respondentes ou rectificadores. Cumprindo recordar e definir o direito a propósito vigente, a Alta Autoridade para a Comunicação Social delibera, ao abrigo do disposto no n.° 1 do artigo 23.° da Lei n.° 43/98, de 6 de Agosto:

1 — Os direitos de resposta e de rectificação representam um instituto primacial do edifício que protege a liberdade de expressão num Estado de direito,

devendo ser aplicado, interpretado e acompanhado com o maior cuidado por todos os responsáveis dos órgãos de comunicação social, em particular pelos directores e pelos chefes de redacção dos jornais.

2 — Quando se registam as premissas condicionantes do exercício do direito de resposta ou de rectificação «é gratuita e feita na mesma secção, com o mesmo relevo e apresentação do escrito ou imagem que tiver provocado a resposta ou rectificação, de uma só vez, sem interpolações nem interrupções, devendo ser precedida da indicação de que se trata de direito de resposta ou rectificação» (n.° 3 do artigo 26.° da Lei de Imprensa).

3 — No entanto, de acordo com o n.° 4 do artigo 26.° da Lei de Imprensa, quando a peça desencadeadora tenha saído na primeira página, somente é obrigatória a inteira correspondência de localização se aquela peça original tiver ocupado mais de metade da página e quando é devida resposta e não mera rectificação.

3.1 — Se a resposta for devida mas ocorra que a peça desencadeadora tenha ocupado menos de metade da primeira página, o texto de resposta deverá ser assinalado na primeira página e publicado, com a exigida saliência, numa página ímpar interior (também n.° 4 do artigo 26.° da Lei de Imprensa)

4 — A equiparação de localização entre a peça desencadeadora e o texto de resposta ou de rectificação é um pressuposto fulcral da equidade e da eficácia deste instituto, sendo manifesto que o legislador lhe conferiu uma importância matricial.

4.1 — Assim, a prática por vezes verificada de inserir, pontual ou habitualmente, as respostas ou rectificações não nas secções ou páginas apropriadas e sim, por exemplo, em secções de «cartas dos leitores» representa uma ilegalidade, que, para além de significar o desrespeito frontal da letra e espírito da lei, menoriza ilicitamente um direito de personalidade protegido pela Constituição e pela lei.

4.2 — A Alta Autoridade para a Comunicação Social, tal como tem feito no passado, conhecerá de todos os recursos de pessoas que considerem que a localização adequada das suas respostas ou rectificações não foi respeitada e, quando verificar que os recursos merecem provimento, imporá, nos termos legais, quer num primeiro momento, e quando o valor principal a proteger seja o do direito de personalidade violado, a republicação do texto de resposta no local certo, quer quando a violação daquele valor se afigure inviável, designadamente por desactualização (e sempre tendo em conta a vontade do sujeito do direito), a instauração de procedimento contra-ordenacional com vista à aplicação de uma coima.

4.3 — As coimas por infracção da obrigação de localizar adequadamente os textos das respostas ou rectificações vão de 200.000$00 a 1.000.000$00, conforme dispõe a alínea b) do n.° 1 do artigo 35.° da Lei de Imprensa; a respectiva imposição cabe à AACS, de acordo com o n.° 2 do artigo 36.° da mesma Lei.

4.4 — No entanto, sempre que esteja inequivocamente em causa o interesse público, como, designadamente, a defesa do regime e das instituições democráticas, da saúde pública, do ambiente, dos direitos dos menores e dos direitos das minorias étnicas, a Alta Autoridade poderá actuar contra a errada localização dos textos das respostas ou das rectificações mesmo não ocorrendo recurso por parte dos visados.

5 — Quando a Alta Autoridade verificar que foram publicadas respostas com comentários que manifestamente excedem os breves textos integradores e explicativos permitidos pelo n.° 6 do artigo 26.° da Lei de Imprensa, igualmente intervirá nos termos fiscalizadores e punitivos que lhe incumbem por lei (normativo referido no n.° 4.3), sendo que da nota de comentário do jornal, quer da legal quer, obviamente, da excessiva, cabe, se for caso disso, um novo direito de resposta.

ARTIGO 25.°

Exercício dos direitos de resposta e de rectificação

1. O direito de resposta e o de rectificação devem ser exercidos pelo próprio titular, pelo seu representante legal ou pelos herdeiros, no período de 30 dias, se se tratar de diário ou semanário, e de 60 dias, no caso de publicação com menor frequência, a contar da inserção do escrito ou imagem.

2. Os prazos do número anterior suspendem-se quando, por motivo de força maior, as pessoas nele referidas estiverem impedidas de fazer valer o direito cujo exercício estiver em causa.

3. O texto da resposta ou da rectificação, se for caso disso, acompanhado de imagem, deve ser entregue, com assinatura e identificação do autor, e através de procedimento que comprove a sua recepção, ao director da publicação em causa, invocando expressamente o direito de resposta ou o de rectificação ou as competentes disposições legais.

4. O conteúdo da resposta ou da rectificação é limitado pela relação directa e útil com o escrito ou imagem respondidos, não podendo a sua extensão exceder 300 palavras ou a da parte do escrito que a provocou, se for superior, descontando a identificação, a assinatura e as fórmulas de estilo, nem conter expressões desprimorosas ou que envolvam responsabilidade criminal, a qual, neste caso, bem como a eventual responsabilidade civil, só ao autor da resposta ou da rectificação podem ser exigidas.

NOTAS:

a) As condições do exercício do direito de resposta e de rectificação constavam, igualmente, do disposto no artigo 16.°, da lei anterior.

b) No caso de publicações com frequência inferior à semanal, diminuiu-se, de 90 para 60 dias, o prazo para accionar os direitos em questão.

c) No n.° 2 do preceito em anotação, contemplou-se, inovatoriamente, o caso de suspensão dos aludidos prazos por comprovado motivo de força maior.

d) No n.° 3 desse preceito estabelecem-se aspectos formais que constavam das directivas da Alta Autoridade para a Comunicação Social publicadas em anotação ao artigo 16.° da lei anterior.

e) O conteúdo do n.° 4 corresponde ao do n.° 4, do artigo 16.°, da lei anterior, com excepção da extensão possível da resposta que passou das 150 palavras para as 300.

ARTIGO 26.°

Publicação da resposta ou da rectificação

1. Se a resposta exceder os limites previstos no n.° 4 do artigo anterior, a parte restante é publicada, por remissão expressa, em local conveniente à paginação do periódico e mediante pagamento equivalente ao da publicidade comercial redigida, constante das tabelas do periódico, o qual será feito antecipadamente ou assegurado pelo envio da importância consignada bastante.

2. A resposta ou a rectificação devem ser publicadas:

a) Dentro de dois dias a contar da recepção, se a publicação for diária;

b) No primeiro número impresso após o segundo dia posterior à recepção, tratando-se de publicação semanal;

c) No primeiro número distribuído após o 7.° dia posterior à recepção, no caso das demais publicações periódicas.

3. A publicação é gratuita e feita na mesma secção, com o mesmo relevo e apresentação do escrito ou imagem que tiver provocado a resposta ou rectificação, de uma só vez, sem interpolações nem interrupções, devendo ser precedida da indicação de que se trata de direito de resposta ou rectificação.

4. Quando a resposta se refira a texto ou imagem publicados na primeira página, ocupando menos de metade da sua superfície, pode ser inserida numa página ímpar interior, observados os demais requisitos do número antecedente, desde que se verifique a inserção na primeira página, no local da publicação do texto ou imagem que motivaram a resposta, de uma nota de chamada, com a devida saliên-

cia, anunciando a publicação da resposta e o seu autor, bem como a respectiva página.

5. A rectificação que se refira a texto ou imagem publicados na primeira página pode, em qualquer caso, cumpridos os restantes requisitos do n.° 3, ser inserida em página ímpar interior.

6. No mesmo número em que for publicada a resposta ou a rectificação só é permitido à direcção do periódico fazer inserir uma breve anotação à mesma, da sua autoria, com o estrito fim de apontar qualquer inexactidão ou erro de facto contidos na resposta ou na rectificação, a qual pode originar nova resposta ou rectificação, nos termos dos números 1 e 2 do artigo 24.° .

7. Quando a resposta ou rectificação forem intempestivas, provierem de pessoa sem legitimidade, carecerem manifestamente de todo e qualquer fundamento ou contrariarem o disposto no n.° 4 do artigo anterior, o director do periódico ou quem o substitua, ouvido o conselho de redacção, pode recusar a sua publicação, informando o interessado, por escrito, acerca da recusa e do seu fundamento, nos 3 ou 10 dias seguintes à recepção da resposta ou da rectificação, tratando-se respectivamente de publicações diárias ou semanais ou de periodicidade superior.

8. No caso de, por sentença com trânsito em julgado, vir a provar-se a falsidade do conteúdo da resposta ou da rectificação pagará o espaço com ela ocupado pelo preço igual ao triplo da tabela de publicidade do periódico em causa, independentemente da responsabilidade civil que ao caso couber.

NOTAS:

a) O n.° 1 deste preceito corresponde ao n.° 5, do artigo 16.°, da Lei de Imprensa de 1975.

b) A oportunidade da publicação da resposta estava estabelecida, de forma diferente, no n.° 1, do artigo 16.°, da referida Lei.

c) O n.° 3 do preceito corresponde ao n.° 3, do artigo 16.°, da lei anterior.

d) As excepções previstas nos números 4 e 5 deste preceito não constavam da lei anterior.

e) O n.° 6 corresponde ao disposto no n.° 6, do artigo 16.°, da lei anterior.

f) Com uma redacção mais completa e pormenorizada, o n.° 7 corresponde ao n.° 7, do artigo 16.°, da lei anterior.

g) O conteúdo do n.° 8 é inovador.

h) A infracção ao disposto no n.° 1 é punida com coima de 100.000$00 — alínea a), do n.° 1, do artigo 35.°.

i) A infracção ao disposto nos números 2 a 6 é punida com coima de 200.000$00 a 1.000.000$00 — alínea b), do n.° 1, do artigo 35.° .

j) A não satisfação ou recusa infundadas do direito de resposta ou de rectificação são punidas com a coima de 500.000$00 a 3.000.000$00 — alínea d), do n.° 1, do artigo 35.° .

ARTIGO 27.°

Efectivação coerciva do direito de resposta e de rectificação

1. No caso de o direito de resposta ou de rectificação não ter sido satisfeito ou haver sido infundadamente recusado, pode o interessado, no prazo de 10 dias, recorrer ao tribunal judicial do seu domicílio para que ordene a publicação, e para a Alta Autoridade para a Comunicação Social nos termos da legislação especificamente aplicável.

2. Requerida a notificação judicial do director do periódico que não tenha dado satisfação ao direito de resposta ou de rectificação, é o mesmo imediatamente notificado por via postal para contestar no prazo de dois dias, após o que será proferida em igual prazo a decisão, da qual há recurso com efeito meramente devolutivo.

3. Só é admitida prova documental, sendo todos os documentos juntos com o requerimento inicial e com a contestação.

4. No caso de procedência do pedido, o periódico em causa publica a resposta ou rectificação nos prazos do n.° 2 do artigo 26.°, acompanhada da menção de que a publicação é efectuada por efeito de decisão judicial ou por deliberação da Alta Autoridade para a Comunicação Social.

NOTAS:

a) A infracção ao disposto no n.° 4 é punida com coima de 500.000$00 a 3.000.000$00 — alínea d), do n.° 1, do artigo 35.° .

b) Na Lei de Imprensa de 1975, encontrava-se expressamente regulamentada, apenas, a efectivação judicial do direito de resposta, no respectivo artigo 53.°, cujas anotações são pertinentes neste ponto:

a) A Lei n.° 15/95, de 25 de Maio, posteriormente revogada pela Lei n.° 8/96, de 14 de Março, havia introduzido uma profunda alteração na redacção deste preceito, que passou a ser a seguinte:

Artigo 53.° (Efectivação judicial do direito de resposta)

1. No caso de o direito de resposta não ter sido integralmente satisfeito, pode o interessado recorrer ao tribunal competente para aplicação do disposto no artigo 33.° .

2. Requerida a notificação judicial do director do periódico que não tenha dado satisfação ao direito de resposta, será o mesmo notificado, por carta registada endereçada à redacção do jornal, para contestar no prazo de dois dias, após o que será proferida em igual prazo a decisão, da qual há recurso, com efeito meramente devolutivo.

3. Só será admitida prova documental, sendo todos os documentos juntos com o requerimento inicial e com a contestação.

4. No caso de sentença que determine a publicação da resposta, fica o periódico obrigado a publicar o extracto decisório e a resposta num dos dois números subsequentes à data do seu trânsito em julgado.

5. O não cumprimento do previsto no n.° 4 determina a aplicação da multa do artigo 33.° por cada edição posterior publicada sem inclusão do extracto decisório e da resposta.

6. Para a hipótese do incumprimento referido no número anterior o juiz fixará, desde logo, na sentença a multa que deverá acrescer à da condenação.

7. O disposto no n.° 4 é também aplicável aos casos de recusa de exercício do direito de resposta, considerada infundada por deliberação da Alta Autoridade para a Comunicação Social, nos termos da legislação aplicável.

b) Pelo senhor Presidente da República foi suscitada a apreciação preventiva da constitucionalidade do número 6 do preceito, na redacção introduzida por aquela Lei 15/95, por, no seu entender, poder ser feridente do princípio da culpa, o qual inculca que « a medida da pena deverá ser sempre determinada em função do grau de culpa do agente », se se considerar que esse princípio vigora também no domínio dos ilícitos contravencionais.

O Tribunal Constitucional, através do acórdão n.° 13/95, publicado em 9 de Fevereiro de 1995, na 2.ª série do Diário da República não entendeu, por maioria, verificar-se tal inconstitucionalidade.

No entender da tese que fez vencimento no Tribunal Constitucional, as alterações introduzidas comportavam o seguinte sentido:

"Requerida a um periódico, por qualquer pessoa singular ou colectiva ou organismo público, a publicação de uma resposta relativamente a um escrito ou notícia ali publicados, os quais, na óptica do requerente, o prejudicaram em virtude de conterem ofensas directas ou referências de facto inverídico ou erróneo susceptíveis de afectar a sua reputação e boa fama, e não sendo essa resposta objecto de inserção no mesmo periódico e nos dois números seguintes a contar do seu recebimento ou, sendo-o, não tendo sido respeitado, verbi gratia, o disposto nos números 3, 4, 7 e 8 do artigo 16.° (...) o titular do direito de resposta poderia recorrer ao tribunal competente (cfr. artigo 51.° do Decreto-lei n.° 85-C/75, Decreto-lei n.° 17/91, de 10 de Janeiro, e artigos 19.° a 22.° do Código de Processo Penal, 55.°, 75.° e 77.°, n.° 2, da Lei Orgânica dos Tribunais, aprovada pela Lei n.° 38/87, de 23 de Dezembro, e 5.°, 11.° e 12.° do Decreto-lei n.° 214/88, de 17 de Junho), a fim de este aplicar ao director do periódico as sanções previstas no artigo 33.°, podendo ainda requerer, concomitantemente (ou quiçá só), que aquele órgão da administração de justiça venha a determinar que o periódico publique a resposta.

Nesta última hipótese (ou seja, sendo também solicitado ao tribunal que o mesmo determine a publicação da resposta), seguir-se-iam os termos processuais previstos nos números 2 e 3 do artigo 53.° e, se o tribunal, na sentença a proferir, impusesse ao periódico a inserção da resposta, ficava este obrigado a efectuá-la, bem como a publicar o extracto da decisão assim tomada num dos dois números subsequentes à data do trânsito em julgado daquela sentença.

Nessa decisão, o tribunal imporia desde logo que, por cada número do periódico — posterior aos dois números subsequentes à data do futuro trânsito em julgado da sentença — em que não tenha ocorrido a publicação (da resposta e do extracto da decisão que a ordenou), ficaria ele sujeito ao pagamento de uma quantia de carácter compulsório, que o referido tribunal fixaria de entre os montantes mínimo e máximo indicados no artigo 33.° (trata-se, pois, da imposição de um quantitativo pecuniário que tem por fim coagir o periódico à prestação de facto que só por ele pode ser realizada — a publicação da resposta e do extracto decisório —, não se afigurando, sequentemente, que essa imposição traduzisse um juízo reprovativo em relação a comportamentos já ocorridos (na verdade, aquando da determinação constante da decisão, esses comportamentos nem sequer ainda ocorreram).

O pagamento desta quantia acresceria ao da multa contravencional imposta, nos termos do artigo 33.°, pela infracção cometida pela inobservância dos preceitos legais regulamentadores do direito de resposta.

Desta postura quanto ao sentido a conferir ao artigo 53.° do Decreto-Lei n.° 85-C/75, (...) resultaria, desde logo, que o não acatamento da decisão judicial determinativa da publicação da resposta deixaria de constituir a prática do específico crime de desobediência qualificada, cuja previsão consta da alínea b) do n.° 1 do artigo 30.° daquele diploma ao fazer referência ao n.° 1 do artigo 53.°, cujo teor, em face das alterações, é profundamente modificado.

Resultaria também que, após o trânsito da sentença que, para além do proferimento da decisão sobre a contravenção prevista no artigo 33.°, ordenasse a publicação, se esta não tivesse lugar num dos dois números subsequentes do periódico, a este seria, por cada número publicado sem a inclusão da resposta e do extracto decisório, aplicada uma sanção compulsória, a ser fixada pelo juiz num determinado montante que se situará de entre os limites quantitativos consignados no artigo 33.° .

Resultaria ainda que a determinação daquela aplicação ocorreria, prospectivamente, na sentença que, além do mais, ordenasse a publicação da resposta e do extracto decisório."

Assim, ao considerar revogada pelo sistema então instituído a norma que qualificava o comportamento omissivo do director do periódico como integradora de um crime de desobediência qualificada e, concomitantemente, por considerar que a sanção prevista no n.° 5 do preceito em questão não tem natureza penal, assim como a não reveste e, por isso, não acresce à primeira, a sanção prevista no n.° 6 do preceito, entendeu maioritariamente o Tribunal Constitucional inexistir qualquer inconstitucionalidade no sistema então introduzido.

Contra este entendimento, votaram os Conselheiros Armindo Ribeiro Mendes; Antero Alves Monteiro Dinis; Maria Fernanda Palma; Alberto Tavares da Costa; Guilherme da Fonseca e José de Sousa e Brito.

O primeiro considera que "... não obstante o engenho interpretativo da maioria do Tribunal Constitucional, tenho para mim que o legislador previu uma multa antecipadamente fixada que acrescerá à multa da condenação, ou seja, à multa contravencional que vier a ser aplicada pela infracção ao disposto no n.° 4 do artigo 53.° .E, por outro lado, não se vê como terá havido uma revogação implícita ou de sistema da norma incriminadora da alínea b) do n.° 1 do artigo 30.° da Lei de Imprensa, só porque deixam de intervir na decisão de publicação ou de recusa da resposta os membros do conselho de redacção, anteriormente susceptíveis de incriminação, e porque o novo n.° 1 do artigo 53.° passa a falar de satisfação «integral», em vez de se referir à situação de «recusa infundada», por esta deixar de ter relevo prático no novo sistema...Dizer que há uma «profunda modificação» parece um injustificável exagero!"

Por seu turno, a terceira considera ter divergido da maioria do Tribunal Constitucional pelos seguintes motivos:

"Na realidade, entendo que o artigo 53.° passa a consagrar, agora, um processo de efectivação judicial do direito de resposta, em conexão com o artigo 33.°, constituído por três momentos lógicos:

a) Em primeiro lugar, o artigo 53.°,números 1 e 4, prevê uma infracção contravencional pela violação do direito de resposta, a que corresponde a multa do artigo 33.°, n.° 2;

b) Em segundo lugar, o artigo 53.°,n.° 5, prevê uma nova infracção contravencional e a respectiva condenação (sentença condenatória a que se refere o artigo 53.°, n.° 6) pela recusa de acatamento da decisão judicial de efectivação do direito de resposta — haverá então lugar à publicação da resposta e da sentença que a ordene, até à segunda edição do periódico posterior ao trânsito em julgado da sentença condenatória;

c) Em terceiro lugar, o artigo 53.°, n.° 6, prevê uma última infracção pela persistência, após a segunda edição posterior ao trânsito em julgado da sentença condenatória, na desobediência relativamente a tal sentença.

(...)

Isto é, abreviadamente, a interpretação que rejeitei (e que o Tribunal veio a seguir) suscita, ela própria, uma «monstruosa inconstitucionalidade» do artigo 53.°, números 5 e 6, na medida em que se admite a aplicação de uma sanção pelo não acatamento da sentença logo no momento da condenação pela violação do direito de resposta.Pretende tal interpretação que as normas dos números 1, 4, 5 e 6 do artigo 53.° contemplam uma única sentença condenatória, que aplica sanções respeitantes a um facto passado (violação originária do direito de resposta) e a um facto futuro (violação do dever de acatar a condenação).

Acrescenta ainda que:

"(...) Na realidade, não é meramente civil o efeito coercitivo relativamente à desobediência de publicação da resposta e da sentença, pois ele contém um significado manifesto de prevenção da lesão da ordem jurídica produzida pela desobediência. Por outro lado, a gravidade daquela «sanção compulsória» não deriva da necessidade de reparar o concreto dano do ofendido (quanto ao direito de resposta), mas sim do desvalor para a ordem pública da violação do referido direito e da desobediência a uma decisão judicial (...)

A sanção contravencional compulsória ou de constrangimento prevista nos números 5 e 6 do artigo 53.° da Lei de Imprensa violaria os princípios da necessidade, da adequação e da proporcionalidade, inferidos dos artigos 18.°, n.° 2, e 13.°, n.° 1, da Constituição, na medida em que se admitia, abstraindo da concreta gravidade do facto típico ilícito e culposo, a aplicação de uma multa que podia, à razão máxima de 5.000.000$00 por cada edição, atingir uma quantia pecuniária elevadíssima.No caso de um jornal diário, passado um ano de desobediência continuada, poderia atingir-se um valor de cerca de 1.800.000.000$00. Na prática, esta sanção acarretaria a eliminação do periódico".

O referido acórdão foi arguido de nulo pelo senhor Presidente da República, por entender que, quanto a uma das alíneas da decisão, a e), a maioria dos juizes votou vencida, embora com diferentes fundamentos.

O Tribunal Constitucional, porém, entendeu, pelo seu Acórdão n.° 58/95, publicado em 9 de Março de 1995, não se verificar a aludida nulidade, dado que a função da pronúncia de inconstitucionalidade, no âmbito da fiscalização preventiva visa evitar a entrada em vigor, na ordem jurídica, de normas inconstitucionais e a adição de votos minoritários relativos a uma inconstitucionalidade formal (um dos juizes tinha votado a inconstitucionalidade formal de todo o diploma) a uma inconstitucionalidade material não daria ao legislador uma indicação sobre o procedimento a adoptar: sanar a inconstitucionalidade formal ou eliminar pura e simplesmente a norma? Em ambos os termos da opção a decisão do legislador acabaria por obedecer a votos minoritários.

c) O referido artigo sofreu uma alteração de redacção com a Lei n.° 15/95, de 25 de Maio, posteriormente revogada pela Lei n.° 8/96, de 14 de Março.

d) No n.° 4 da redacção introduzida pela referida Lei n.° 15/95 é que se dizia qual a sanção para a recusa de publicação da resposta aos casos de recusa infundada considerados pela Alta Autoridade para a comunicação social.

e) Não deixa de ser curiosa esta possibilidade de recurso a dois órgãos totalmente diferentes: por um lado o tribunal, por outro um órgão da administração embora pretensamente independente.

SECÇÃO II
Publicidade

ARTIGO 28.°
Publicidade

1. A difusão de materiais publicitários através da imprensa fica sujeita ao disposto na presente lei e demais legislação aplicável.

2. Toda a publicidade redigida ou a publicidade gráfica, que como tal não seja imediatamente identificável, deve ser identificada através da palavra «publicidade» os da letras «PUB», em caixa alta,

no início do anúncio, contendo ainda, quando tal não for evidente, o nome do anunciante.

3. Considera-se publicidade redigida e publicidade gráfica todo o texto ou imagem cuja inserção tenha sido paga, ainda que sem cumprimento da tabela de publicidade do respectivo periódico.

NOTAS:

a) A referência à publicidade, na anterior Lei de Imprensa, estava contida no artigo 14.°.

b) Desapareceu do preceito a menção à obrigatoriedade da publicação de comunicações, avisos ou anúncios ordenada pelos tribunais.

c) Pensamos, contudo, que desapareceu, não por essa publicação deixar de ser obrigatória mas, sim, por ser desnecessário estabelecê-la expressamente.

Desapareceu desta Lei, no entanto, a polémica obrigatoriedade da publicação das notas oficiosas, contida no artigo 15.°, da Lei de Imprensa de 1975. Ver as anotações a este artigo.

No entanto, a Lei n.° 5/86, de 26/3, aí transcrita, não foi revogada.

d) A violação do disposto no n.° 2 é punida com coima de 200.000$00 a 1.000.000$00 — alínea b), do n.° 1, do artigo 35.° .

CAPÍTULO VI
Formas de responsabilidade

ARTIGO 29.°
Responsabilidade civil

1. Na determinação das formas de efectivação da responsabilidade civil emergente de factos cometidos por meio da imprensa observam-se os princípios gerais.

2. No caso de escrito ou imagem inseridos numa publicação periódica com conhecimento e sem oposição do director ou seu substituto legal, as empresas jornalísticas são solidariamente responsáveis com o autor pelos danos que tiverem causado.

NOTAS:

a) Corresponde, praticamente sem alterações, ao disposto no artigo 24.°, da anterior lei de imprensa.

b) Ver, por isso, as nossas anotações a esse artigo:

a) Ac. do S.T.J., de 22 de Abril de 1993, in Sub Judice Novos Estilos, 4, Abril de 1993, 79:

I. Tendo uma acção sido proposta com base em informações produzidas num livro, é necessário que a sentença, na parte referente à matéria de facto provada, distinga claramente o que é o conteúdo desse livro e o que são as afirmações produzidas pelo réu nos articulados ou as suas meras opiniões.

II. Também não basta que a sentença dê por reproduzidos determinados documentos por remissão, pois isso não permite a apreensão do seu conteúdo e as decisões judiciais devem compreender-se por si mesmas, e não recorrendo a elementos exteriores a elas.

b) Na revista "Sub Judice" n.º 5, Janeiro/Abril de 1993, págs. 69 a 74, sob o título «Professor de Economia — o caso Cadilhe», encontra-se publicada a sentença do 17.º juízo Cível da Comarca de Lisboa, proferida na acção intentada pelo ex-Ministro das Finanças Miguel Cadilhe contra o semanário "O Independente", pedindo a condenação deste, do respectivo director e de um jornalista a pagar-lhe uma elevada indemnização, por se sentir ofendido, na sua honra e consideração pela publicação, naquele semanário, dos artigos intitulados: «Lisboa. Torre 4. 4.º Andar. 4 assoalhadas. O negócio da vida de Miguel Cadilhe»; «Excitações»; «A sentença de Cadilhe» e «A aventura do Trocadilhe».

A acção foi julgada improcedente, por não provada, por se considerar lícita a divulgação das condutas do ex-ministro.

Relativamente ao último dos artigos, o mais polémico, da autoria do director do semanário, escreve-se:

"Neste contexto não podemos deixar de concluir que a crítica que constitui o artigo citado era adequada e impunha-se face ao relevo social de tais comportamentos e à duvidosa legalidade dos mesmos. Os cidadãos, a colectividade tinha o direito de saber o que se passava com o seu Ministro das Finanças — e note-se que ainda hoje algumas interrogações, legítimas, não têm resposta para a colectividade; o ministro das Finanças, o Autor, banalizou os seus comportamentos, quando devia estar acima de qualquer suspeita. Não tem de que queixar-se ou lamentar-se. É um facto que os escritos referidos lhe causaram angústia e choque — mas foi ele que a eles deu azo com os seus comportamentos. A conduta dos Réus foi pois legítima, no uso do seu direito de informar, de expressão e crítica, sendo que todos os escritos se reportam a factos socialmente relevantes e a justificar colectivamente a sua divulgação. Sendo lícita, não há lugar à indemnização pedida".

c) Ac. da Relação do Porto, de 27 de Março de 1996, in Col Jur. ano XXI, tomo II, p. 235:

I. Se foi pedida a documentação dos actos de audiência mas a acta, inexplicavelmente, apenas reproduz os depoimentos de algumas das testemunhas inquiridas, sem que tal circunstância tenha sido objecto de reparo por banda do recorrente, é de entender que tal atitude passiva dele implica a renúncia ao recurso em matéria de facto.

II. Havendo registo magnético integral dos actos de audiência, aos recorrentes incumbe o ónus de fazerem transcrever os pontos concretos dos depoimentos que apoiem a sua discordância com o decidido em sede de facto, sob pena de o recurso, por razões de operacionalidade judiciária, não poder ser conhecido nessa vertente.

III. Não é «cúmplice necessário» do director da publicação e autor do escrito (sendo, portanto, irrelevante que contra ele não tenha sido apresentada também queixa), um impessoal «destacado médico» referido na notícia como fonte de informação do autor do escrito.

IV. O regime de solidariedade passiva entre o autor do escrito e a empresa proprietária da publicação na responsabilidade civil por danos causados a terceiros, permite ao ofendido demandar indistintamente qualquer deles, ao contrário do que sucederia se fosse reclamada a existência de litisconsórcio necessário passivo desses dois responsáveis.

. . . .

c) Decisão do 5.° Juízo Cível da comarca de Oeiras, publicada a págs. 99 e segs., da revista Sub Judice n.° 15/16 de Novembro de 2000:

I — No conflito entre o direito à honra e a liberdade de imprensa, direitos de igual valência normativa, é de qualificar como ilícita a revelação injustificada de factos (ainda que verdadeiros) ofensivos da honra.

II — Para que o acto de divulgação pública de factos ofensivos não seja ilícito, a ofensa tem que surgir como meio adequado e razoável para o cumprimento da função pública da imprensa; neste caso, o meio utilizado deverá ser o menos gravoso possível para a honra do atingido e o agente deverá actuar convencido da veracidade dos factos, assente em elementos de prova sérios e consistentes.

III — Ao fazer-se divulgar no programa "Donos da Bola" da S.I.C. que António Oliveira, seleccionador nacional de futebol na altura, tolerava que os jogadores da selecção nacional fumavam em estágio haxixe, se dedicassem a orgias e praticassem agressões e escândalos num hotel — sem que nenhum elemento objectivo e concreto permitisse inferir que aquela pessoa tivesse algo a ver com esses factos — foi violado o direito à honra e ao bom nome do referido seleccionador nacional.

IV — Tais afirmações permitiram uma conexão injustificada, desnecessária, não reclamada pela função pública da imprensa, servida por textos altamente gravosos para a imagem do visado e alicerçada em elementos de informação de improvável comprovação. Não se verifica, por isso, qualquer causa de exclusão da ilicitude escudada no direito de informação.

V — Quer a sociedade que explora o serviço televisivo, quer o director editorial, quer o director de programas da referida estação televisiva são solidariamente responsáveis pelos prejuízos causados.

ARTIGO 30.°

Crimes cometidos através da imprensa

1. A publicação de textos ou imagens através da imprensa que ofendam bens jurídicos penalmente protegidos é punida nos termos

gerais, sem prejuízo do disposto na presente lei, sendo a sua apreciação da competência dos tribunais judiciais.

2. Sempre que a lei não cominar agravação diversa, em razão do meio de comissão, os crimes cometidos através da imprensa são punidos com as penas previstas na respectiva norma incriminatória, elevadas de um terço nos seus limites mínimo e máximo.

NOTAS:

a) O legislador abandonou, agora, a denominação: "Crimes de abuso de liberdade de imprensa", constante do artigo 25.°, da Lei de Imprensa de 1975.

b) Mantém-se o princípio da punição dos ilícitos nos termos gerais, prevendo-se uma agravação de um terço nos limites mínimo e máximo das penas correspondentes a cada ilícito, sempre que a lei não cominar agravação diversa, em razão do meio de comissão.

c) A interpretação desta norma não parece oferecer grandes dificuldades, tendo havido a preocupação do legislador de afastar a dupla agravação das penalidades, em razão do meio de comissão do crime.

d) Realce-se a expressa determinação da competência dos tribunais judiciais para conhecer destes crimes. Na lei anterior havia a possibilidade de intervenção dos tribunais militares.

e) Na revista Sub Judice n.° 15/16, publicada em Novembro de 2000, a págs. 81 e seguintes, o Dr. .ª Marinho Pinto escreve: " A forma como alguns poderosos têm reagido perante a problemática dos crimes de abuso de liberdade de imprensa não é inocente. Visa criar na opinião pública em geral e nos tribunais em particular uma ideia de favor em relação a bens pessoais (como a honra, o nome, a palavra, a imagem, a intimidade da vida privada e familiar), relativamente a outros bens pessoais (a liberdade de expressão) e sociais (o direito de informação e a liberdade de imprensa, a transparência dos actos da Administração Pública).

Tem-se criado a ideia de que a honra é um valor absoluto, ampliando-se o respectivo conceito até limites inadmissíveis, ao mesmo tempo que se tenta restringir perigosamente outros direitos dos cidadãos e da sociedade. Tudo em consonância com noções retrógradas de liberalismo e de individualismo, que se julgavam sepultadas há muito pela história.

E a sensibilidade do poder político tem ido num sentido desfavorável ao direito de informação e à liberdade de imprensa como atestam as sucessivas alterações legislativas levadas a cabo nos últimos anos sobretudo a partir de 1995.

Daí a urgência em proceder a alterações legislativas que desloquem do foro criminal para o foro civil as condutas lesivas da honra e de outros bens pessoais (excepcionando-se, eventualmente, a intimidade) desde que levadas a cabo no exercício profissional do direito de informar e sem animus difamandi.

Ou seja, a lei deveria passar a exigir o dolo específico para a consumação dos crimes de abuso de liberdade de imprensa."

Em nota de rodapé (a n.° 27) considera os seguintes como sinais de desfavorecimento do poder político, em relação à liberdade de imprensa:

— constitucionalização do segredo de justiça;

— alargamento dos poderes da AACS — artigo 39.° da respectiva Lei.

— Alargamento dos poderes da comissão nacional de protecção de dados que pode ir até à violação do sigilo profissional do jornalista — Lei n.° 67/98, de 26/10.

— Alteração do artigo 199.° do C.Penal consistente no desaparecimento da «justa causa» de justificação.

— O novo estatuto do jornalista, que se demitiu de regular os casos em que os profissionais da informação podem ser obrigados a violar o seu sigilo profissional e a estabelecer um regime processual penal para as revistas e buscas nas redacções dos órgãos de comunicação social.

f) Aquela agravação de um terço, mas só quanto ao limite máximo da pena, já constava da Lei de Imprensa de 1975.

g) Ver as anotações ao referido artigo:

a) Ac. S.T.J. de 10 de Julho de 1984, in B.M.J. 339, 242:

I. Assiste aos órgãos de comunicação social o direito de criticarem os órgãos de soberania. No entanto, esse direito tem necessariamente limites, sendo um deles o respeito pelo bom nome e reputação das pessoas.

II. O artigo 25.° do Decreto-Lei n.° 85-C/75, de 26 de Fevereiro, não foi revogado pelo artigo 6.° do Decreto-Lei n.° 400/82, de 23 de Setembro, sendo que os crimes de abuso de liberdade de imprensa continuam a ter assento naquele diploma.

III. O novo Código Penal não contém um preceito correspondente ao § 1.° do artigo 123.° do Código de 1886, não sendo, assim, de aplicar prisão em alternativa das multas de quantia determinada.

b) Ac. da Rel. do Porto de 25 de Julho de 1984, in Colectânea de Jurisprudência, Ano IX, tomo 4, 245:

Pelo menos os artigos 25.° e 28.°,n.° 1,2 e 3 do Dec.-lei n.° 85-C/75 foram revogados pelo artigo 6.°, n.° 1, do Dec.-lei n.° 400/82, de 23 de Setembro.

c) Ac. da Rel. de Lisboa de 13/05/77, in C.J., ano II, 1977:

Artigo 25.°, n.° 2, da Lei de Imprensa e artigos 181.° e 182.° Do Código Penal — os crimes referidos nestes artigos são crimes formais — para a sua verificação basta uma conduta, em face das circunstâncias, com capacidade para lesionar a honra ou o crédito alheio, não se tornando necessário, para que eles se verifiquem, que os destinatários sintam um sentimento penoso de carácter moral; tais crimes são dolosos — exige-se intenção de ofender, a responsabilidade por injúrias é compatível com o dolo directo, indirecto e eventual; para que um crime de injúrias contra a autoridade seja considerado com crime político, necessário se torna que, concomitantemente, se documente qualquer finalidade política.

d) Ac. da Rel. de Lxa., de 22/06/83, in C.J., ano VIII,1983, tomo 3, pág. 193:
A prescrição do direito de queixa no crime de abuso de liberdade de imprensa através da publicação de um livro só começa a correr a partir do momento da sua retirada de circulação.

h) Ver, ainda, as anotações aos pertinentes artigos do Código Penal, transcritos nesta publicação.

i) I — No dia 26/1/96, o periódico «Independente» publicou na 1.ª página a fotografia do ministro Sousa Franco e, por cima, o título "Ministro Sousa Franco recebeu bolsa ilegal" e, por baixo, o título "Mão na Bolsa".

II — É evidente a desnecessidade daqueles títulos tais como se apresentam, como meio de realizar um interesse ou uma função pública. Não têm com os mesmos qualquer conexão. — Acórdão do S.T.J. de 12/01/00, publicado parcialmente a págs. 153/156 da revista Sub Judice n.° 15/16, publicada em Novembro de 2000.

Crítica muito desfavorável de Francisco Teixeira da Mota: " A posição assumida pelo S.T.J. ao condenar o jornalista criminalmente e a atribuir ao ex-ministro uma indemnização de 5.000 contos revela-se, assim, como uma injustificada, porque excessiva, protecção da reputação de um governante que, pelos seus próprios actos, se colocara numa posião que não era «irrepreensível»".

ARTIGO 31.°
Autoria e comparticipação

1. Sem prejuízo do disposto na lei penal, a autoria dos crimes cometidos através da imprensa cabe a quem tiver criado o texto ou imagem cuja publicação constitua ofensa dos bens jurídicos protegidos pelas disposições incriminadoras.

2. Nos casos de publicação não consentida, é autor do crime quem a tiver promovido.

3. O director, o director-adjunto, o subdirector ou quem concretamente os substitua, assim como o editor, no caso de publicações não periódicas, que não se oponha, através de acção adequada, à comissão de crime através da imprensa, podendo fazê-lo, é punido com as penas cominadas nos correspondentes tipos legais, reduzidas de um terço nos seus limites.

4. Tratando-se de declarações correctamente reproduzidas, prestadas por pessoas devidamente identificadas, só estas podem ser res-

ponsabilizadas, a menos que o seu teor constitua instigação à prática de um crime.

5. O regime previsto no número anterior aplica-se igualmente em relação aos artigos de opinião, desde que o seu autor esteja devidamente identificado.

6. São isentos de responsabilidade criminal todos aqueles que, no exercício da sua profissão, tiveram intervenção meramente técnica, subordinada ou rotineira no processo de elaboração ou difusão da publicação contendo o escrito ou imagem controvertidos.

NOTAS:

a) Neste artigo, foram introduzidas profundas alterações em relação à disciplina correspondente contida no artigo 26.°, da lei de imprensa de 1975.

b) Nesta última, consignava-se uma responsabilização sucessiva pelos crimes de abuso de liberdade de imprensa, distinguindo-se, ainda, tal responsabilidade nas publicações unitárias da responsabilidade paralela nas publicações periódicas.

c) Quanto a estas últimas (talvez as que mais interessam), estabelecia a lei, em primeiro lugar, a responsabilidade penal do autor do escrito ou imagem e o director do periódico, como cúmplice. Depois, a responsabilidade penal do director do periódico, no caso de escritos ou imagens não assinados. Finalmente, o responsável pela inserção, no caso de publicação sem conhecimento do director. Este presumia-se autor de todos os escritos e imagens não assinados.

d) Agora, responde, sempre, o criador do escrito e da imagem, a par do director ou de quem o substitua que se não oponha à publicação.

e) Tal como anteriormente, no caso de publicação não consentida, responderá quem a tiver promovido.

f) No n.° 4 do actual artigo estabelece-se, tal como no n.° 5, do artigo 26.°, da lei anterior, a não responsabilização do jornalista e do director, no caso de declarações correctamente reproduzidas (entrevistas fidedignas) prestadas por pessoas devidamente identificadas mas com uma limitação muito importante e inexistente na lei anterior: excepto se o teor das declarações constitua instigação à prática de um crime.

g) No n.° 5 prevê-se regime idêntico ao anterior para os artigos de opinião, conforme constava do n.° 4, do artigo 26.°, da anterior lei de imprensa.

h) Eliminou-se a doutrina do n.° 6 do artigo 26.° da lei anterior, através da qual se incriminava, em determinadas circunstâncias, os membros do conselho de redacção.

i) O n.° 6 do actual preceito corresponde ao n.° 7 do artigo 26.° da anterior mas, agora, já não se abrem excepções para as publicações clandestinas.

j) Vejamos as anotações ao artigo 26.° da Lei anterior:

a) A redacção dos números 4 e 5 resultava da Lei n.° 15/95, de 25/05.

Por força dessa mesma Lei os primitivos números 4 e 5 passaram a ser os números 6 e 7.

Estas alterações introduzidas no artigo 26.° foram mantidas em vigor pela Lei n.° 8/96, de 14 de Março, a qual revogou expressamente aquela Lei n.° 15/95, de 25 de Maio.

b) Ac. Rel. Lxa. de 15 de Maio de 1978, in B.M.J., 277, 118:

I. A imputação feita a um médico, em publicação periódica, de que não trata bem os doentes, só os atende se quiser e se não estiver «chateado» com as garrafas e que está sempre embriagado, especialmente aos sábados e domingos e que, quando atende o doente, sem o ver, envia a receita pela «porta do cavalo» acabando por receitar a maleita para os calos..., podendo o doente morrer de pneumonia, encerra o emprego de expressão objectiva e fortemente lesiva da honra e consideração do atingido, não podendo o mesmo agente invocar a ignorância do carácter ofensivo de tais expressões e justificá-las por espírito de crítica construtiva.

II. É, assim, indesculpável e criminalmente injustificável o acto jornalístico em que tais expressões são utilizadas, revelador de intenção criminosa, já que o responsável não pode desconhecer o carácter ilícito, perigoso e reprovável do seu escrito, tendo necessária consciência de estar a pôr em dúvida e a lesar a honra e consideração do ofendido, que estava a desconsiderar no geral conceito como médico; para mais tendo-se provado que se trata de um clínico competente, honesto e cuidadoso.

III. Não tem valor atenuativo da responsabilidade do agente a alegação de que foi enganado por falsas informações ao escrever as mencionadas expressões, feita em número subsequente da publicação.

c) Ac. Rel. Lxa. de 3 de Outubro de 1979, in B.M.J. 292, 294:

I. Só a prova produzida, com garantia do contraditório, em audiência de discussão e julgamento, pode fundamentar uma condenação.

II. A mera difusão de ideias independentistas não é incriminada pela lei, nem o pode vir a ser, em face do disposto nos números 1 e 2 do artigo 37.° da Constituição da República.

III. A lei n.° 64/78, de 6 de Outubro, que inseriu disposições relativas a organizações fascistas, não incriminou, nem constitucionalmente podia incriminar, as opiniões individuais de opiniões fascistas.

IV. Nos crimes de injúria e difamação basta, como elemento subjectivo, o dolo genérico, não sendo necessário o animus diffamandi vel injuriandi.

d) Ac. S.T.J. de 10 de Novembro de 1982, in B.M.J. 321, 264:

I. É ofensiva da honra e consideração do visado — um veterinário municipal — a afirmação de que este « é um malcriado, um grandessíssimo aldrabão, é um tipo grosseiro, sem preparação nenhuma, é um carroceiro».

II. Para a integração do elemento subjectivo do crime de abuso de liberdade de imprensa basta o conhecimento de que são ofensivas as expressões utilizadas.

III. A prova da verdade dos factos ofensivos é dirimente da responsabilidade criminal.

IV: O erro sobre a veracidade dos factos imputados exclui o dolo.

e) Ac. da Rel. de Lxa. de 17 de Novembro de 1982, in Colectânea de Jurisprudência, ano VII, tomo 5, 155:

Não abusa da liberdade de imprensa nem injuria os Tribunais, como órgãos de soberania, quem, na imprensa, afirma que, na máquina judicial, escrivães e oficiais de diligências, como é sabido, existe corrupção, embora não total, por tal expressão atingir apenas alguns auxiliares dos Tribunais e ser feita com propósito de crítica salutar, ainda que contundente.

f) Ac. S.T.J.de 11 de Maio de 1983, in B.M.J. 327, 520:

I. A intenção de atingir o Governo, como tal, ferindo-o e ofendendo-o na sua dignidade, resulta da perfeita consciência de que o Réu, pessoa culta, inteligente, dedicada ao jornalismo e à literatura, tinha de que frases como as empregues são objectivamente injuriosas e difamatórias para qualquer Governo e, maxime, para o existente à altura, resultante de eleições democráticas num Estado democrático.

II. Aos órgãos de comunicação social assiste o direito de criticar politicamente o Governo. No entanto, essa crítica tem limites e entre esses está o do respeito pelo bom nome e representação, reconhecido pelo artigo 26.° da Constituição da República. A violação de direitos garantidos pela Constituição, quando cometida pela imprensa é que constituem precisamente os crimes de abuso de liberdade de imprensa.

III. Não são inconstitucionais os preceitos da Lei de Imprensa, Decreto-Lei n.° 85-C/75, de 26 de Fevereiro.

IV. Como o crime do artigo 166.°, §§ 1.° e 2.°, do Código Penal de 1886, está hoje previsto no artigo 165.°, com a agravação do artigo 167.°, n.° 2, do Código Penal de 1982, a pena a aplicar é a deste último artigo, por ser a menos grave.

g) Ac. Rel de Évora de 17 de Maio de 1983, in Colectânea de Jurisprudência, Ano VIII, tomo 3, 331:

Só podem ser responsabilizados criminalmente, ao abrigo da Lei de Imprensa, o entrevistador, o editor, ou o director jornalístico, em relação a uma entrevista em que se produzam afirmações eventualmente ofensivas do bom nome e reputação de outrem, desde que se prove que aqueles profissionais da imprensa tinham também o propósito de ofender a honra e consideração daquele terceiro.

h) Ac. da Rel. de Lxa. de 18 de Janeiro de 1984, in B.M.J. 333, 278:

I. Constitui crime de abuso de liberdade de imprensa afirmar-se em artigo de opinião política sobre actos e comportamentos do Presidente da República, que este «se cala, pactua e conspira, não faz concórdia, contribui para a guerra, avançando o Partido Comunista com a sua horda desestabilizadora, perante a cumplicidade do Presidente da República e que não assume qualquer responsabilidade e deixa o país continuar a dirigir-se para o abismo, havendo que desmascarar a cumplicidade do Presidente da República, que é um dos inimigos fulcrais da estabilidade democrática», pois estas expressões, inseridas num bloco de comentários e considerações de teor manifestamente injurioso e ofensivo, traduzem uma total falta de respeito pelo prestígio, bom nome e considerações devidos a quem ocupa o mais elevado cargo na hierarquia política nacional.

II. O regime das disposições combinadas dos artigos 25.° e 26.°, n.° 2, alínea a), com referência aos artigos 2.°, n.° 3, e 27.° do Decreto-Lei n.° 85-C/75,de 26 de Fevereiro, e artigo 166.° do Código Penal de 1886 é mais favorável ao Réu relativamente ao que resulta do artigo 362.°, n.° 2, do novo Código Penal.

i) Ac. Rel. de Lxa. de 21 de Março de 1984, in Colectânea de Jurisprudência, ano IX, tomo 2, 153:

O director de publicação periódica que não recuse a publicação de artigos que possam constituir crimes de abuso de liberdade de imprensa, assume o conteúdo e alcance dos mesmos, e torna-se, por força da lei, cúmplice necessário da infracção cometida pelo autor do artigo.

j) Ac. da Rel. de Lxa. de 25 de Julho de 1984, in Colectânea de Jurisprudência, ano IX, tomo 4, 138:

I. Sobre o director de uma publicação periódica impende o especial dever de obstar à publicação de artigos em que, injustificadamente, se ofendam os direitos ao bom nome e reputação dos cidadãos, pelo que não corresponde a uma teórica inversão do ónus da prova ou a uma violação do princípio de presunção de inocência a presunção legal de comparticipação, pelo menos a título de cumplicidade, que recai sobre aquele director quando se torne responsável por publicações ofensivas dos direitos de terceiros.

II. A imputação, pela imprensa, a um magistrado judicial, da prática de actos de carácter criminal constitui uma ofensa ao bom nome e reputação deste e só não revestirá características criminais se, em harmonia com a lei, o responsável pelo artigo fizer a prova da veracidade das imputações.

l) Ac. S.T.J. de 6 de Novembro de 1985, in B.M.J. 351, 183:

I. Um artigo de jornal intitulado «O exemplo do primeiro-ministro encoraja banditismo no Ministério da Agricultura e Pescas» é objectivamente injurioso, ofensivo da honra e consideração do visado, para mais se tal informação é reforçada no texto, especialmente através do uso da expressão «trata-se de mais um caso de banditismo governamental».

II. Quando se escreve que o exemplo do primeiro-ministro encoraja o banditismo é porque o atingido, no conceito do jornalista, é um bandido, expressão que significa um malfeitor, indivíduo que, à margem da lei vive dos ataques ao que é de outrem.

III. As referidas expressões integravam o conceito de injúria do artigo 410.° do Código Penal de 1886 e preenchem agora o conceito de ofensa à honra e consideração do artigo

164.° do Código Penal de 1982.

IV. Se já no domínio do Código Penal de 1886, no crime de injúria bastava o dolo directo ou intenção para integrar o elemento subjectivo, tal resulta claramente dos artigos 164.° e 165.° do Código Penal de 1982 que manifestamente não incluem, entre os elementos integrantes dos crimes de difamação e injúria, o dolo específico.

V. A liberdade de expressão e de opinião consagrada nos artigos 37.° e 38.° da Constituição da República e a conhecida veemência da linguagem política não afastam a existência do crime, porque tais direitos têm limites que, se excedidos, fazem incorrer os seus autores em responsabilidade, sendo certo que o n.° 3 daquele artigo 37.° prevê o cometimento de infracções no exercício desse direito, estabelecendo que ficam submetidas aos princípios de direito criminal, infracções essas que podem consistir na ofensa a outros direitos constitucionalmente reconhecidos, como é o direito ao bom nome e reputação (artigo 26.°).

VI. A incapacitação do agente para dirigir qualquer periódico, nos termos do artigo 28.°, n.° 7, do Decreto-Lei n.° 85-C/75, de 26 de Fevereiro, pressupõe que as condenações anteriores tenham transitado em julgado, o que não se presume pelo simples envio dos boletins das decisões ao registo criminal.

VII. O crime de injúrias previsto pelos artigos 166.°, §§ 1.° e 2.° do Código Penal de 1886 e pelo artigo 25.° do Decreto-lei n.° 85-C/75, de 26 de Fevereiro, é agora previsto pelos artigos 165.°, n.° 1, 166.°, 167.°, n.° 1, alínea a), e 2, 168.°, n.° 1, do Código Penal de 1982 e por aquele mesmo artigo 25.°, e, cabendo-lhe, no primeiro Código,em abstracto, a pena de 1 a 2 anos de prisão e multa correspondente e, no segundo, a de 45 dias a 3 anos de prisão e multa de 15 a 300 dias, não se justificando, no caso, aquele mínimo de 1 ano de prisão, é correcta a decisão que optou pelo regime do Código vigente, que permitiu a aplicação de pena menos grave.

m) Ac. do S.T.J. de 18 de Fevereiro de 1987, in B.M.J. 364, 556:

I. Pratica o crime previsto e punido nos artigos 25.° e 26.° do Decreto-Lei n.° 85-C/75, de 26 de Fevereiro, 407.° do Código Penal de 1886 e 164.°, 165.° e 167.° do Código Penal de 1982 o director de jornal que, podendo impedi-la, permitiu a publicação de artigo não assinado, ofensivo da honra, consideração e honestidade de terceiro.

II. O réu, tendo representado como consequência possível da sua conduta, a aludida publicação e conformando-se com ela, agiu com dolo eventual.

III. O n.° 3 do artigo 26.° do Decreto-Lei n.° 85-C/75, de 26 de Fevereiro, que presume como autor de todos os escritos não assinados o director de publicação periódica, não é inconstitucional.

IV. Emergindo a responsabilidade de publicação de artigo não assinado, o director do periódico é autor e não cúmplice.

V.(...)

n) Ac. Trib. Constitucional n.° 63/85, de 16 de Abril de 1985, in B.M.J. 360 (suplemento), 238:

I. O princípio da presunção de inocência do arguido é incompatível com a imposição, por via de lei, de uma ficção, ainda que condicional, da autoria de uma infracção penal. Por isso é inconstitucional a interpretação que o tribunal recorrido fez do n.° 3 do artigo 26.° do Decreto-Lei n.° 85-C/75, de 26 de Fevereiro (Lei de Imprensa), ou seja, na medida em que entendeu que tal norma atribui ao director do periódico, em certas condições, a autoria de escritos assinados por quem não pode ser criminalmente responsabilizado.

II. A referida interpretação é ainda inconstitucional, enquanto responsabiliza o director do periódico por acção delituosa que não lhe pertence, e isso por infringir o princípio da pessoalidade da responsabilidade criminal, consignado no artigo 27.°, n.° 2, da Constituição.

III. Não é inconstitucional a interpretação da norma citada, que se tem por mais correcta segundo a qual ela não presume que o director do periódico é o autor de escritos assinados por quem não possa ser responsabilizado criminalmente.

o) Ac. do S.T.J. de 18 de Fevereiro de 1988, in B.M.J. 374, 212:

I. A publicação dum escrito de que resulta, através da correlação das frases, que o seu autor, embora de modo disfarçado e encoberto, quis apodar de chulo determinada pessoa, constitui crime previsto e punido pelos artigos 164.°, n.° 1, e 167.°, n.° 2, ambos do Código Penal.

II. Não é necessária a existência de dolo específico para que se verifiquem os crimes de difamação e injúria, bastando o conhecimento de que são ofensivas as palavras ou expressões utilizadas.

p) Ac. da Rel de Lxa. de 3 de Outubro de 1989, in Colectânea de Jurisprudência, Ano XIV, tomo 4, 165:

I. Não comete o crime de violação de segredo de justiça, do artigo 419.° do Código Penal, a pessoa que, por meios diversos da consulta dos autos criminais, ou de uma sua cópia não autorizada, divulga factos que estejam a ser apurados em processo ainda em fase secreta, se deles tiver tido conhecimento por meios lícitos, como o são a audição não proibida do próprio arguido ou dos declarantes ou das testemunhas desse processo, pessoas estas que, por natureza, não estão obrigadas a esse mesmo segredo de justiça.

II. Não comete um crime de abuso de liberdade de imprensa o jornalista que divulga os factos que podem ser atentatórios da honra e consideração de alguém que seja figura pública, se estiver convencido da sua veracidade por deles ter tido conhecimento por meios julgados idóneos, tanto ética como legalmente, e a partir de fontes reputadas fidedignas, e na execução do poder-dever de informar com verdade que impende sobre os profissionais desse ramo.

q) Ac. da Rel. de Lxa. de 10 de Outubro de 1989, in Colectânea de Jurisprudência, Ano XIV, tomo 4, 167:

Comete um crime de abuso de liberdade de imprensa, com manifesto dolo eventual, o jornalista que, ao publicar uma entrevista com uma pessoa, em que se fazem afirmações que podem ser ofensivas da honra de outrem, se apercebe dessa possibilidade mas, mesmo assim, procede à sua publicação, na sequência do raciocínio temerário e descuidado de que o visado poderá socorrer-se do direito de resposta ou de rectificação das notícias, caso elas, efectivamente, não correspondam à realidade.

r) Ac. do S.T.J. de 3 de Dezembro de 1986, in Tribuna da Justiça, n.° 25, de Janeiro de 1987:

I. Para integrar o elemento subjectivo do crime de abuso de liberdade de imprensa, basta o dolo genérico.

II. Actualmente, não é lícito aos tribunais judiciais equiparar, para efeitos da lei penal, quem, como Secretário Regional, exerce funções político-administrativas em Região Autónoma, visto essa equiparação dever ser, nos termos do artigo 437.°, n.° 2, do Código Penal, regulada por lei especial que ainda não existe.

III. A norma expressa na segunda parte da alínea a) do n.° 2 do artigo 26.° do Dec.-Lei n.° 85-C/75, de 26 de Fevereiro, não é inconstitucional.

s) Ac. do S.T.J. de 10 de Janeiro de 1990, in Tribuna da Justiça 4-5, Junho a Setembro de 1990, 307:

I. Publicada num jornal uma caricatura do assistente representando, em primeiro plano, um indivíduo (em que, a generalidade das pessoas que o conhecem, viram o assistente) com uma farda que copia as usadas pelas forças do regime «nazi» alemão, e, em segundo plano, a cabeça de um indivíduo amordaçado com a legenda «O carrasco de Auchentre», a aludir ao carrasco de Auschwitz, não podem deixar de ser consideradas ofensivas da honra e consideração do assistente.

II. A caricatura, como reprodução pelo desenho, constitui imagem tutelada pela Lei de Imprensa.

III. Provada a materialidade e o dolo eventual, cometido se mostra o crime de injúrias do artigo 165.°, n.° 1, do Código Penal, conjugável com os artigos 166.° e 167.° do mesmo Código.

t) Sentença do T.J. de Coimbra, publicada in Sub Judice, n.° 4, Setembro/Dezembro de 1992, 89:

I. O crime de abuso de liberdade de imprensa encontra-se previsto no artigo 167.°, n.° 2, do Código Penal. O artigo 25.°, n.° 2, da D.L n.° 85-C/75, de 26 de Fevereiro, foi revogado pelo artigo 6.° do D.L. n.° 400/82, de 23 de Setembro.

II. O crime de difamação é um crime de perigo e para que ele se verifique não é exigível que a pessoa visada seja explicitamente identificada, bastando que o seja implicitamente.

III. O crime pode ser praticado, quer por agentes activos da comunicação, quer por pessoas que concedam entrevistas difundidas através dos media.

IV. Para o preenchimento do tipo legal previsto naquele artigo 167.°,n.° 2, basta o dolo genérico, ainda que sob a forma eventual.

V. A existência de animus retorquendi não exclui, por si só, a existência de dolo.

VI. A causa de justificação prevista no artigo 32.° do Código Penal tem carácter objectivo, não se confundindo com o dolo.

VII. Ainda que exista uma causa justificativa geral ou especial, haverá difamação ou injúria punível se o agente acrescentou à imputação que fez, e que se justifica, outras considerações que afectam a honra da pessoa visada.

VIII. Dizer-se que um jornalista «até foi corrido de Macau» e que «tem a pena fácil mas pouco honesta e não honra a profissão» ofende a honra e a consideração do lesado.

u) Sentença do 5.° Juízo Correccional de Lisboa, publicada in Sub Judice, n.° 2, Janeiro/Abril de 1992, 89:

I. O poder-dever de informação de que é titular a imprensa sobrepõe-se ao direito ao bom nome e à reputação das pessoas, desde que a imputação seja feita para a realização de um interesse público legítimo, com fundamento sério para, em boa fé, se reputar como verdadeira a informação.

II. O poder judicial, enquanto integrante das funções do Estado, não pode nem deve ficar resguardado do direito de crítica, designadamente no tocante a suspeitas de envolvimento de um magistrado num caso de corrupção passiva.

III. A notícia é lícita, ainda que dela possa resultar desprestígio para as pessoas situadas nos cargos mais elevados, quando é verdadeira ou reputada como tal, e divulga factos socialmente relevantes.

IV. Os juizes não podem ser agentes indirectos de censura, sob pena de oferecerem contributo à restauração dos mecanismos do medo entre as pessoas que pensam e escrevem.

v) Parecer do Conselho Consultivo da Procuradoria-Geral da República, P.° n.° 95/89, publicado na 2.ª Série do Diário da República de 03/12/90:

1.ª. Difamações e injúrias ao Governo ou seus membros e outras autoridades, constantes de publicação periódica estrangeira, são susceptíveis de preencher os ilícitos descritos nos artigos 164.°, 165.°, 168.° e 363.° do Código Penal português e no artigo 1.° do Decreto-lei n.° 65/84, de 24 de Fevereiro, consoante os factos integradores dos respectivos elementos típicos que no caso concreto se verifiquem.

2.ª. Agentes dos crimes são os sujeitos indicados no artigo 26.° do Decreto-lei n.° 85-C/75, de 26 de Fevereiro (Lei de Imprensa).

3.ª Os crimes consumam-se com a publicação do escrito ou imagem em que haja a injúria ou difamação (artigo 27.° do mesmo Decreto-lei).

4.ª. Os crimes previstos nos artigos 164.° e 165.° do Código Penal português têm natureza particular, dependendo o procedimento criminal de acusação do ofendido (artigo 174.° do mesmo Código).

5.ª. O procedimento criminal pelo crime previsto e punido nos artigos 168.° do Código Penal português e 1.° do Decreto-lei n.° 65/84 não depende de queixa nem de acusação particular (artigo 1.°, n.° 3, e artigo 2.° deste Decreto-lei).

6.ª O crime previsto e punido no artigo 363.° do citado Código tem natureza pública, pelo que o procedimento criminal respectivo igualmente não fica dependente de queixa ou acusação.

7.° A acção penal pelos crimes de imprensa aludidos nas conclusões anteriores é exercida — verificados requisitos de aplicação no espaço da lei penal portuguesa indicados nos artigos 4.° e 5.° do Código Penal — nos termos do Código de Processo Penal e legislação complementar, com observância de especialidades previstas, nomeadamente, nos artigos 36.°, 37.° e 52.° da Lei de Imprensa (redacção do artigo 1.° do Decreto-lei n.° 377/88, de 24 de Outubro) e no artigo 2.° deste último decreto-lei.

8.ª Factos difamatórios e injuriosos à luz do direito português, consubstanciando os crimes aludidos na conclusão 1.ª, são susceptíveis de constituir os crimes de «calumnia» e «injuria» previstos, respectivamente, nos artigos 453.° e 457.° do Código Penal espanhol.

9.ª Se a «calumnia» ou «injuria» forem dirigidas ao Governo podem integrar o crime previsto e punido no artigo 161.° do mesmo diploma.

10.ª Se forem dirigidas a «un ministro o una autoridad en el ejercicio de sus funciones o con ocasión de ellas» podem constituir os crimes previstos e punidos no artigo 240.° do referido Código.

11.ª Se dirigidas a «un ministro o una autoridad en el ejercicio de sus funciones o con ocasión de éstas»,«fuera de su presencia o en escrito que no estuviere a ellos dirigido», são susceptíveis, por seu turno, de integrar o crime tipificado no artigo 244.° do Código Penal espanhol.

12.ª A «calumnia» ou «injuria» imputadas a simples particulares constituem os diversos ilícitos tipificados nos artigos 453.° e seguintes do citado Código Penal, consoante a concreta integração dos respectivos elementos típicos.

13.ª O procedimento criminal por «calumnia» ou «injuria» está sujeito aos pressupostos de procedibilidade definidos no artigo 467.° do Código Penal espanhol e nos artigos 3.° e 4.° da Ley n.° 62/78, de 26 de Dezembro, de Protección Jurisdicional de Los Derechos Fundamentales de la Persona.

14.ª Assim, os crimes indicados nos artigos 161.°, 240.° e 244.°, têm natureza pública, não dependendo o procedimento criminal de denúncia ou acusação particular.

15.ª Se os ofendidos pelos crimes indicados na conclusão anterior forem «jefes de Estado de naciones amigas o aliadas»,«agentes diplomáticos de las mismas» ou «extranjeros con carácter público según los tratados», o procedimento criminal depende de iniciativa («excitación») do Governo.

16.ª Na falta de tratado internacional que permita qualificar um membro do Governo ou autoridade estrangeiros como «extranjeros con carácter público», podem os ofendidos, em veste de simples particulares, socorrer-se das incriminações gerais de calúnia e injúria tipificadas nos artigos 453.° e seguintes do Código Penal espanhol.

17.ª Os crimes previstos e punidos nos normativos citados na conclusão anterior constituem, quando cometidos através da imprensa, infracções semipúblicas, dependendo o procedimento criminal respectivo de denúncia da pessoa ofendida.

18.ª A acção penal pelos crimes aludidos nas anteriores conclusões 8.ª a 17.° é exercida — verificados os requisitos relativos à aplicação da lei penal espanhola no espaço mencionados, designadamente, no artigo 23.° da Ley-Orgánica del Poder Judicial n.° 6/1985, de 1 de Julho — segundo a tramitação processual vertida no título V (artigos 816.° a 823.°) da Ley de Enjuiciamento Criminal, com as modificações constantes do artigo 2.° da Ley n.° 62/78, citada na conclusão 13.ª.

x) Alegações de recurso do M.° .P.° . no processo n.° 15.550, da 2.ª Secção do 3.° Juízo do Tribunal da Comarca de Cascais, in Revista do M.° P.°, ano 1, vol. 2, pág.123:

I. Para que um crime seja político é necessário que o agente actue por motivos políticos, vise a alteração da ordem política constitucional e que a sua conduta seja repassada da nobreza e altruísmo próprio do fim político.

II. Se tal se não verificar, num crime de abuso de liberdade de imprensa não há lugar à aplicação da amnistia estatuída pela Lei 74/79, de 23 de Novembro.

z) Acórdão do Tribunal da Relação do Porto, de 2 de Abril de 1980 (inédito):

" No semanário «O Poveiro» n.° 127, de 1 de Junho de 1978, publicou o réu um artigo intitulado «A Justiça não é justa».

Nesse artigo aponta-se a existência de Delegados do Ministério Público (salvo honrosas excepções), que sabendo de ante-mão de que lado se encontra a razão, olvidando leis atropeladas, intervêm quase como advogados defensores de constituintes ladrões vendedores de pátrias.

E noutro trecho acusa-se magistrados de «defender criminosos» e de «pactuar com vendedores da Pátria».

Nesse artigo é ainda apontada a falta de actuação dos magistrados do Ministério Público no sentido de defender os direitos de cidadãos obrigados a residir fora do país, inclusive os denominados fascistas, e ainda no sentido de levar o Estado a pagar os seus débitos provenientes de títulos da dívida pública; e ainda por moverem processos contra os jornalistas quando denunciam fraudes, roubos, corrupção e traição.

(...)

Quer através dos depoimentos das testemunhas ouvidas quer pela análise do artigo publicado no semanário, prova-se que o réu agiu com um fim exclusivamente político e como tal terá de lhe ser aplicada a amnistia concedida no n.° 1 da Lei n.° 74/79."

aa) Acórdão de 12 de Dezembro de 1984, da Relação do Porto, recurso n.° 3 441, da 4.ª secção:

"O epiteto de «fascista» constitui ofensa à honra e à consideração da pessoa a quem é dirigido, pois retira a boa imagem que todo o indivíduo deseja ter."

bb) Ac. da Relação de Lisboa, de 29 de Novembro de 1994, in Col de Jur., ano XIX, tomo V, p. 171:

I. O direito de informar tem de exercer-se salvaguardando claramente o direito ao bom nome das pessoas; o sensacionalismo, gerador de leitores, não pode erigir-se em bandeira contraponível ao direito de pessoalidade.

II. É ofensivo da honra e consideração de um jornalista profissional de televisão escrever-se em meio de comunicação social que ele fez uma entrevista no estúdio, simulando que se encontrava no local do conflito no estrangeiro.

cc) Ac. da Relação do Porto, de 25 de Janeiro de 1995, in Col. de Jur., ano XX, tomo I, p. 242:

Praticam o crime de abuso de liberdade de imprensa os arguidos que, em artigo publicado num jornal, acompanharam a descrição dos factos de juízos valorativos ofensivos da integridade moral do visado, desde que a ofensa à honra cometida não se revele como meio adequado e razoável do cumprimento da função pública da imprensa.

k) A entrada em vigor da actual Lei de Imprensa pode ter vindo determinar a inutilização de acusações já deduzidas contra directores de periódicos, baseadas na sua responsabilidade penal presuntiva. Se, de facto, dessas acusações não constarem os elementos agora contidos no n.° 3 do artigo em anotação, com vista a, de forma positiva, se provar a responsabilidade penal do director ou editor, estes não podem vir a ser condenados, ocorrendo a sua despenalização com a entrada em vigor da presente Lei.

ARTIGO 32.°

Desobediência qualificada

Constituem crimes de desobediência qualificada:

a) O não acatamento, pelo director do periódico ou seu substituto, de decisão judicial ou de deliberação da Alta Autoridade para a Comunicação Social que ordene a publicação de resposta ou rectificação, ao abrigo do disposto no artigo 27.°;

b) A recusa, pelos mesmos, da publicação de decisões a que se refere o artigo 34.°

c) A edição, distribuição ou venda de publicações suspensas ou apreendidas por decisão judicial.

NOTA:

a) Estes crimes de desobediência qualificada estavam previstos no artigo 30.°, da anterior legislação.

b) O da alínea a) na alínea b), do n.° 1; o da alínea b) na alínea c), do n.° 1; o da alínea c) na alínea a), do n.° 1.

Ver, por isso, as anotações a esse artigo:

a) No entendimento maioritário do Tribunal Constitucional, expresso no acórdão n.° 13/95, publicado em 9 de Fevereiro de 1995, na 2.ª série do Diário da República, o regime de punibilidade previsto na alínea b) do presente preceito estaria revogado implicitamente — revogação de sistema.

Tal doutrina deixou de ter aplicação, dada a revogação expressa da Lei n.° 15/95.

b) O crime de desobediência qualificada está, agora, previsto no n.° 2 do artigo 348.° do Código Penal.

ARTIGO 33.°
Atentado à liberdade de imprensa

1. É punido com pena de prisão de 3 meses a 2 anos ou multa de 25 a 100 dias aquele que, fora dos casos previstos na lei e com intuito de atentar contra a liberdade de imprensa:

a) Impedir ou perturbar a composição, impressão, distribuição e livre circulação de publicações;

b) Apreender quaisquer publicações;

c) Apreender ou danificar quaisquer materiais necessários ao exercício da actividade jornalística.

2. Se o infractor for agente do Estado ou de pessoa colectiva pública e agir nessa qualidade, é punido com prisão de 3 meses a 3 anos ou multa de 30 a 150 dias, se pena mais grave lhe não couber nos termos da lei penal.

NOTAS:

a) Corresponde, com muitas alterações, ao artigo 35.°, da anterior Lei de Imprensa.

b) Ver anotações a este artigo:

a) Será esta a sanção aplicável a quem violar o disposto no artigo 6.° ? A resposta parece dever ser afirmativa.

b) Parecer n.° 57/85, do Conselho Consultivo da Procuradoria-Geral da República, publicado na II série do D.R., de 25/11/85:

"1. A conduta de dirigentes de clubes desportivos que interditem o acesso de jornalistas, no desempenho das respectivas funções, aos recintos desportivos onde se efectuam jogos de futebol ou ao espaço nesses recintos especialmente destinados aos jornalistas viola o direito à informação, na sua dupla perspectiva de direito a informar e direito de ser informado, consagrado no artigo 37.°,n.° 1, da Constituição;

2. Esse procedimento é susceptível de integrar o crime previsto no artigo 35.° da Lei de Imprensa (Dec.-Lei n.° 85-C/75, de 26/02), punível com multa até 500.000$00, e, quando envolva o uso de violência ou de ameaça de violência, o crime de coacção, previsto no artigo 156.° do Código Penal, punível com prisão até 2 anos ou multa até 180 dias ou com ambas as penas, cumulativamente;

3. Os agentes das forças de segurança, face à situação descrita na conclusão 1.ª, devem intervir no sentido de prevenir a consumação dos crimes referidos na conclusão anterior, garantindo aos jornalistas em causa o efectivo exercício dos seus direitos;

4. Se se indiciar o crime de coacção e se se verificarem os requisitos do flagrante delito, os agentes das forças de segurança devem proceder à prisão dos autores do crime, a fim de os mesmos serem sujeitos a julgamento em processo sumário (arts. 67.°, 287.° e 556.° do Código de Processo Penal);

5. Se se indiciar apenas o crime do art. 35.° da Lei de Imprensa, não é admissível a prisão em flagrante delito, devendo os agentes de autoridade elaborar participação destinada à instauração do inquérito preliminar, sendo adequada ao caso a forma de processo correccional;

6. Nos termos do art. 26.° do Código Penal, são susceptíveis de ser considerados autores dos crimes referidos na conclusão 2.ª quer os que executem o facto, por si mesmos ou por intermédio de outrem, quer os que tomem parte directa na sua execução, por acordo ou juntamente com outro ou outros, quer os que, dolosamente, determinem outra pessoa à prática do facto, desde que tenha havido execução ou começo de execução;

7. Carece de base legal a exigência de exibição de credenciais passadas pelos clubes titulares ou utentes de estádios de futebol para que os jornalistas, no efectivo desempenho de funções, tenham acesso a esses recintos e ao espaço neles especialmente destinado aos órgãos de comunicação social;

8. Afigura-se conveniente uma intervenção normativa do Governo para evitar dúvidas que poderão surgir quanto à vigência do Regulamento de Cartões de Livre Entrada nos Campos de Futebol, aprovado em assembleia geral extraordinária da Federação Portuguesa de Futebol de 18/08/84, uma vez que a norma do n.° 7.° da Portaria 1/82, de 2/1, ao abrigo da qual aquele Regulamento foi aprovado, não foi reproduzida na Portaria 26/85, de 11/1, que revogou e substituiu aquela."

c) Ac. da Relação de Évora, de 13/7/78, in C.J., ano III, 1978, tomo 4, pág. 1407:

"Integra o crime de violação de liberdade de imprensa a actuação dos réus que ocuparam as instalações de um jornal, impedindo a sua publicação e usaram essas instalações e suas máquinas para publicarem um outro; tal crime é de natureza permanente — artigo 35.°."

c) Parecer n.° 1/80, votado em 8 de Maio de 1980 pelo Conselho Consultivo da Procuradoria — Geral da República em Procuradoria — Geral da República — Pareceres, Volume IX,págs. 107 e segs:

1.° — De modo genérico e no âmbito da investigação dos crimes e perseguição dos seus autores os arquivos dos jornais não beneficiam de qualquer protecção especial, podendo ser objecto de buscas e apreensões nos termos dos artigos 202.° e 203.° do Código de Processo Penal.

2.° — Não sendo os arquivos dos jornais casas de habitação a diligência de busca e apreensão deve obedecer aos seguintes requisitos:

a) Prévia autorização dos interessados (empresa, ou director ou seu substituto legal, ou pessoa a quem os arquivos estão confiados);
b) Obtenção de autorização do juiz de instrução, na falta de autorizaçãoou na previsão de recusa;
c) A intervenção do juiz de instrução, no caso de oposição à diligência proposta.

3.° — De um modo específico, e no âmbito da investigação dos crimes de abuso de liberdade de imprensa e perseguição dos seus autores, e dentro do espírito e sistema do Decreto — Lei n.° 85-C/75, de 26 de Fevereiro, não há lugar a diligências de busca e apreensão com o objectivo de determinar a autoria de escritos ou imagens não assinados.

3.° — Nestes casos a Lei de Imprensa, referido Decreto — Lei n.° 85-C/75, prevê um mecanismo específico de responsabilização, que é o situado nos n.° s 2,3 e 4 do artigo 38.° em conjugação com o n.° 3 do artigo 26.°, segundo o qual o director do periódico ou seu substituto legal que se recusar a identificar o autor do escrito ou imagem anónimo é perseguido simultaneamente como efectivo autor do crime de abuso de liberdade de imprensa e como autor de um crime de desobediência qualificada, em consequência da recusa, que será processado de modo autónomo.

Este parecer teve os votos de vencido dos, então, Procuradores — Gerais adjuntos Ireneu Cabral Barreto, José Carlos de Carvalho Moitinho de Almeida, José Narciso da Cunha Rodrigues e Manuel António Lopes Rocha. São da declaração de voto do último as seguintes considerações:

— "O parecer afastou, e bem, o impedimento à realização da busca e apreensão fundado na protecção do sigilo profissional dos jornalistas. Com efeito, o sigilo profissional do jornalista, segundo a doutrina, abrange dois elementos: o direito de silenciar a identidade do autor do escrito publicado e o direito de silenciar a fonte das informações (Cfr. Denis Barrelet, La liberté d'information, págs. 100 e seguintes). Só que a lei portuguesa, como nitidamente resulta do n.° 4 do artigo 5.° do Decreto — Lei n.° 85-c/75 de Fevereiro, confrontado com o disposto nos n.° s 2 a 4 do artigo 38.° do mesmo diploma, restringiu o conteúdo desse direito ao segundo daqueles elementos. O que se explica pela circunstância de a mesma lei não ter consagrado um sistema de responsabilidade subsidiária, nos termos da qual uma determinada pessoa responderia sempre em substituição do autor do escrito cuja publicação envolve crime, para que este não fique impune. Com dizer isto, porém, tocamos já a questão do regime da responsabilidade dita sucessiva, em que se ancoram as soluções expressas nas conclusões 3.ª e 4.ª, de cuja doutrina se discorda. Esta doutrina tem como seguro que o regime do artigo 26.°, n.° s 2 e seguintes, conduz à teoria da desistência implícita da averiguação da responsabilidade criminal do autor do escrito, quando desconhecido, por a lei imputar, nesse caso, a autoria do crime a um ou mais responsáveis, sucessivamente identificáveis: o director (ou o seu substituto legal) como presumido autor e o responsável pela inserção. Por outras palavras: sendo sempre possível determinar um responsável, a lei desinteressar-se-á da punição do autor do escrito, desde que, falhando o mecanismo dos n.° s 2 a 4 do artigo 38.°, este não possa ser identificado.

(...)

Afigura-se-me que esta doutrina carece de base legal.

(...)

Cabe, agora, criticar os respectivos pressupostos à luz do mecanismo da responsabilidade sucessiva.

Não está, a meu ver, demonstrada a proposição de que este mecanismo se destina a definir um responsável e, uma vez encontrado, a lei prescinde de atingir os restantes.

Assim seria se o artigo 26.° consagrasse verdadeira responsabilité en cascade, à maneira da lei francesa. Nesta a responsabilidade do director é uma responsabilidade de plein droit e não uma responsabilidade presumida.

(...)

E porque assim é, a cascade só funciona quando o director é desconhecido, passando a responder, como autor principal, o autor do escrito litigioso (que, em princípio, apenas responderá como cúmplice). E só quando este é desconhecido, se imputa a autoria ao responsável seguinte (no caso, o impressor) e assim sucessivamente.

(...)

Não acontece assim na lei portuguesa. A responsabilidade presumida do director (n.° 2, alínea b) e n.° 3, do artigo 26.°) não derime nem exclui a do autor do escrito não assinado.

(...)

Trata-se, assim, de uma responsabilidade concorrente com a do autor do escrito (...)

(...)

Resulta do exposto que a lei portuguesa, contrariamente à francesa, não consagra a figura do chamado procureur a la prison, aliás justamente criticada pela doutrina (...)

(...)

Ora, quer para averiguar a responsabilidade do autor do escrito, quando desconhecido, quer a dos restantes responsáveis (n.° 2, alínea c), e n.° 4 do referido artigo), pode ser indispensável lançar mão dos meios normais de investigação, previstos na lei de processo e legislação complementar, como será o caso se falhar o procedimento previsto no artigo 38.° .

(...)

Pelas razões expostas considero legal uma diligência de busca nos arquivos de um jornal, destinada a averiguar a identidade (e a eventual responsabilidade criminal) de um autor de escrito ou imagem cuja publicação indicie a prática de um crime de abuso de liberdade de imprensa quando, por outros meios, tal objectivo não possa conseguir-se. Com isto não se ignora a existência de riscos no tocante a eventual acesso a fontes de informação protegidas pelo sigilo profissional.

(...)

Relativamente à conclusão 2.ª, e tratando-se de uma busca não domiciliária, não vejo, por fim, fundamento legal para a exigência dos requisitos enumerados na mesma conclusão."

Em nosso entender, as transcritas considerações deste voto de vencido, com as quais concordamos genericamente, mantêm a sua plena actualidade.

ARTIGO 34.°

Publicação das decisões

1. As sentenças condenatórias por crimes cometidos através da imprensa são, quando o ofendido o requeira, no prazo de cinco dias após o trânsito em julgado, obrigatoriamente publicadas no próprio periódico, por extracto, do qual devem constar apenas os factos provados relativos à infracção cometida, a identidade dos ofendidos e dos condenados, as sanções aplicadas e as indemnizações fixadas.

2. A publicação tem lugar dentro do prazo de três dias a contar da notificação judicial, quando se trate de publicação diária, e num dos dois primeiros números seguintes, quando a periodicidade for superior, sendo aplicável o disposto no n.° 3 do artigo 26.° .

3. Se a publicação em causa tiver deixado de se publicar, a decisão condenatória é inserta, a expensas dos responsáveis, numa das publicações periódicas de maior circulação da localidade, ou da localidade mais próxima, se naquela não existir outra publicação periódica.

4. O disposto nos números anteriores é aplicável, com as devidas adaptações, às sentenças condenatórias proferidas em acções de efectivação de responsabilidade civil.

NOTAS:

a) Corresponde, com muitas alterações, ao artigo 54.° da anterior Lei de Imprensa.

b) A violação deste artigo é punida com coima de 500.000$00 a 3.000.000$00 — alínea d), do n.° 1, do artigo 35.°.

ARTIGO 35.°

Contra-ordenações

1. Constitui contra — ordenação, punível com coima:

a) De 100.000$00 a 500.000$00, o inobservância do disposto nos números 2 e 3 do artigo 15.°, no artigo 16.°, no n.° 2 do artigo 18.°, nos números 2 e 3 do artigo 19.° e no n.° 1 do artigo 26.°;

b) De 200.000$00 a 1.000.000$00, a inobservância do disposto no n.° 3 do artigo 5.°, nos números 2 a 6 do artigo 26.° e no n.° 2 do artigo 28.°, bem como a redacção, impressão ou difusão de publicações que não contenham os requisitos exigidos pelo n.° 1 do artigo 15.°;

c) De 500.000$00 a 1.000.000$00, a inobservância do disposto no artigo 17.°;

d) De 500.000$00 a 3.000.000$00, a não satisfação ou recusa infundadas do direito de resposta ou de rectificação, bem como a violação do disposto no n.° 4 do artigo 27.° e no artigo 34.°

2. Tratando-se de pessoas singulares, os montantes mínimo e máximo constantes do número anterior são reduzidos para metade.

3. As publicações que não contenham os requisitos exigidos pelo n.° 1 do artigo 15.° podem ser objecto de medida cautelar de apreensão, nos termos do artigo 48.°-A do Decreto-Lei n.° 433/82, de 27 de Outubro, na redacção que lhe foi dada pelo Decreto-Lei n.° 244/95, de 14 de Setembro.

4. Pelas contra-ordenações previstas no presente diploma respondem as entidades proprietárias das publicações que deram causa à infracção.

5. No caso previsto na parte final da alínea b) do n.° 1, e não sendo possível determinar a entidade proprietária, responde quem tiver intervindo na redacção, impressão ou difusão das referidas publicações.

6. A tentativa e a negligência são puníveis.

7. No caso de comportamento negligente, os limites mínimo e máximo das coimas aplicáveis são reduzidos para metade.

NOTAS:

a) O artigo 15.° refere-se aos requisitos das publicações periódicas.

b) O artigo 16.° refere-se à transparência da propriedade das empresas jornalísticas.

c) O n.° 2 do artigo 18.° refere-se à obrigatoriedade do envio de um exemplar ao Instituto da Comunicação Social.

d) Os números 2 e 3 do artigo 19.° referem-se à nomeação e demissão do director de publicação periódica e audição do conselho de redacção.

e) O n.° 1 do artigo 26.° refere-se à obrigatoriedade da publicação da parte excedente da resposta, se satisfeitas certas condições pelo respondente.

f) O n.° 3 do artigo 5.° refere-se ao registo da publicação.

g) Os números 2 a 6 do artigo 26.° dizem respeito à publicação da resposta e da rectificação solicitadas.

h) O n.° 2 do artigo 28.° diz respeito ao dever de identificar a publicidade.

i) O artigo 17.° diz respeito à obrigatoriedade de adopção de um estatuto editorial por parte das publicações periódicas informativas.

j) No n.° 4 do artigo 27.° prevê-se a obrigação da publicação coerciva do direito de resposta e de rectificação.

k) O artigo 34.° refere-se à obrigatoriedade de publicação das decisões judiciais que incidam sobre ilícitos de imprensa.

ARTIGO 36.°

Processamento das contra — ordenações e aplicação das coimas

1. O processamento das contra — ordenações compete à entidade responsável pela sua aplicação.

2. A aplicação das coimas previstas no presente diploma compete à Alta Autoridade para a Comunicação Social, excepto as relativas à violação do disposto no n.° 2 do artigo 5.°, no artigo 15.° e no n.° do artigo 18.°, que cabe ao Instituto da Comunicação Social.

3. As receitas das coimas referidas na segunda parte do número anterior revertem em 40% para o Instituto da Comunicação Social e em 60% para o Estado.

NOTA:

O artigo correspondente da legislação anterior que apenas previa a existência, a par dos crimes, das contravenções era o artigo 51.° .

CAPÍTULO VII
Disposições especiais de processo

ARTIGO 37.°
Forma do processo

O procedimento por crime de imprensa rege-se pelas disposições do Código de Processo Penal e da legislação complementar, em tudo que não estiver especialmente previsto na presente lei.

NOTAS:

a) Este mesmo princípio encontrava-se exarado no n.° 1 do artigo 36.° da anterior Lei de Imprensa.

b) Note-se que desapareceu a impossibilidade de submeter os crimes de imprensa ao processo sumário embora, na prática, essa impossibilidade seja a regra.

c) Note-se, com mais relevo, que desapareceu da Lei o carácter urgente dos processos por crimes de imprensa.

ARTIGO 38.°
Competência territorial

1. Para conhecer dos crimes de imprensa é competente o tribunal da comarca da sede da pessoa colectiva proprietária da publicação.

2. Se a publicação for propriedade de pessoa singular, é competente o tribunal da comarca onde a mesma tiver o seu domicílio.

3. Tratando-se de publicação estrangeira importada, o tribunal competente é o da sede ou domicílio da entidade importadora ou o da sua representante em Portugal.

4. Tratando-se de publicações que não cumpram os requisitos exigidos pelo n.° 1 do artigo 15.°, e não sendo conhecido o elemento definidor de competência nos termos dos números anteriores, é competente o tribunal da comarca onde forem encontrados.

5. Para conhecer dos crimes de difamação ou de injúria é competente o tribunal da comarca do domicílio do ofendido.

NOTA:

Corresponde, sem quaisquer alterações, ao disposto no artigo 37.°, da anterior Lei de Imprensa.

ARTIGO 39.°

Identificação do autor do escrito.

1. Instaurado o procedimento criminal, se o autor do escrito ou imagem for desconhecido, o Ministério Público ordena a notificação do director para, no prazo de cinco dias, declarar no inquérito qual a identidade do escrito ou imagem.

2. Se o notificado nada disser, incorre no crime de desobediência qualificada e, se declarar falsamente desconhecer a identidade ou indicar como autor do escrito ou imagem quem se provar que o não foi, incorre nas penas previstas no n.° 1 do artigo 360.° do Código Penal, sem prejuízo do procedimento por denúncia caluniosa.

NOTAS:

a) Este preceito, que é novo, surgiu em virtude da consagração na lei da não responsabilidade do director, nos casos de publicação de escrito ou imagem não assinados.

b) Agora, é responsável, apenas, o autor do escrito ou imagem e, por isso, há que consagrar, na lei, um processo prático para determinar esse autor, em casos de escritos não assinados.

c) Os artigos do Código Penal aqui referidos encontram-se transcritos no local próprio desta publicação.

d) Este preceito pode suscitar, ainda, a questão de saber se o director do periódico que, depois de notificado para o efeito pelo Ministério Público, nada diz sobre a identidade do autor do escrito ou da imagem ou que declara falsamente desconhecer a sua identidade ou indica autor que se prove que o não foi, comete apenas os crimes aqui referidos de desobediência qualificada ou, em concurso efectivo o/s crime/s de imprensa.

Ao contrário do que parece afirmar J. M. Coutinho Ribeiro, in Lei de Imprensa (anotada) e Legislação Complementar, pág. 129, entendemos ser evidente que o director do periódico comete também, em acumulação, o/s crime/s de imprensa, ou como autor material, se foi ele o autor, ou como cúmplice, se não se opôs adequadamente à publicação do escrito ou da imagem.

Tudo se resumirá a uma questão de prova, exigindo-se do Ministério Público um esforço suplementar de investigação para tentar descobrir o verdadeiro autor do escrito ou da imagem, dada a falência do processo prático estabelecido neste preceito legal.

ARTIGO 40.°

Norma revogatória

São revogados:
a) O Decreto-Lei n.° 85-C/75, de 26 de Fevereiro;
b) O Decreto-Lei n.° 181/76, de 9 de Março;
c) O Decreto-Lei n.° 645/76, de 30 de Julho;
d) O Decreto-Lei n.° 377/88, de 24 de Outubro;
e) A Lei n.° 15/95, de 25 de Maio;
f) A lei n.° 8/96, de 14 de Março.

CONSTITUIÇÃO DA REPÚBLICA PORTUGUESA

(Preceitos Pertinentes)

(Redacção conforme a revisão constitucional de 1997 — Quarta revisão da Constituição — Lei Constitucional n.° 1/97, de 20 de Setembro)

(...)

ARTIGO 25.°

(Direito à integridade pessoal)

1. A integridade moral e física das pessoas é inviolável.

2. Ninguém pode ser submetido a tortura, nem a tratos ou penas cruéis, degradantes ou desumanas.

NOTA:

Segundo Nuno e Sousa, in "A liberdade de Imprensa", B.F.D.C., suplemento ao Vol. XXVI, Coimbra, 1983, pág. 445, este é um dos limites constitucionais ao exercício da liberdade de imprensa.

ARTIGO 26.°

(Outros direitos pessoais)

1. A todos são reconhecidos os direitos à identidade pessoal, ao desenvolvimento da personalidade, à capacidade civil, à cidadania, ao bom nome e reputação, à imagem, à palavra e à reserva da intimidade da vida privada e familiar e à protecção legal contra quaisquer formas de discriminação.

2. A lei estabelecerá garantias efectivas contra a utilização abusiva, ou contrária à dignidade humana, de informações relativas às pessoas e famílias.

3. A lei garantirá a dignidade pessoal e a identidade genética do ser humano, nomeadamente na criação, desenvolvimento e utilização das tecnologias e na experimentação científica.

4. A privação da cidadania e as restrições à capacidade civil só podem efectuar-se nos casos e termos previstos na lei, não podendo ter como fundamento motivos políticos.

(...)

NOTA:

Segundo Nuno e Sousa, in "A liberdade de Imprensa", B.F.D.C., suplemento ao Vol. XXVI, Coimbra, 1983, pág. 443,a norma contida no n.° 2 constitui outro limite constitucional ao exercício da liberdade de imprensa.

Para além destes, aponta como outros limites constitucionais a esse exercício:

Art. 19.°, n.° 4, 5 e 6 — Declaração de estado de sítio e de emergência;

Art. 34.° — inviolabilidade do domicílio e da correspondência;

Art. 35.° — Utilização da informática;

Art. 32.°, n.° 2 — Presunção de inocência do arguido;

Art. 5.° — Integridade territorial;

Art. 6.° — Princípio do Estado unitário;

Art. 7.° — Princípios da solução pacífica dos conflitos internacionais e não ingerência nos assuntos internos dos outros Estados;

Art. 64.° — Protecção da saúde;

Art. 67.° — Protecção da família;

Art. 69.° — Protecção da infância;

Art. 70.° — Protecção do desenvolvimento da juventude;

Art. 203.° — Independência dos tribunais;

Art. 272.° — Polícia e segurança interna;

Art. 273.° — Independência Nacional;

Art. 276.° — Defesa da Pátria.

ARTIGO 37.°

(Liberdade de expressão e informação)

1. Todos têm o direito de exprimir e divulgar livremente o seu pensamento pela palavra, pela imagem ou por qualquer outro meio, bem como o direito de informar, de se informar e ser informados, sem impedimentos nem discriminações.

2. O exercício destes direitos não pode ser impedido ou limitado por qualquer tipo ou forma de censura.

3. As infracções cometidas no exercício destes direitos ficam submetidas aos princípios gerais de direito criminal ou do ilícito de mera ordenação social, sendo a sua apreciação respectivamente da competência dos tribunais judiciais ou de entidade administrativa independente, nos termos da lei.

4. A todas as pessoas, singulares ou colectivas, é assegurado, em condições de igualdade e eficácia, o direito de resposta e de rectificação, bem como o direito a indemnização pelos danos sofridos.

NOTAS:

a) Acórdão da Comissão Constitucional n.° 175, de 08/01/80, relatado pelo Professor Figueiredo Dias e publicado in B.M.J. 294, Março de 1980,pág. 153 e segs.:

"A expressão «lei geral», que se contém no n.° 3 do artigo 37.° da Constituição da República, significando algo mais que mera reserva de lei formal, não é, nem necessariamente, nem apenas, o Código Penal.

Antes será a lei cujo conteúdo revista a característica de generalidade; que não discrimine determinada ou determinadas opiniões; que vise, e na medida em que vise, a protecção de um bem ou valor que, na situação, se revele preponderante; e que respeite (e se adeqúe) aos princípios gerais do direito penal, entendendo-se por tais, não só os princípios jurídico-constitucionais penais, mas ainda aqueles que presidem à teoria geral das infracções e das penas que consta do Código Penal.

Assim, os preceitos dos artigos 27.° e 25.°, n.° 2, do Dec.-lei n.° 85-C/75, de 26 de Fevereiro (Lei de Imprensa) não contrariam o regime de punição da lei geral a que se refere o citado art.37.°,n.° 3 da Constituição".

A expressão em referência constava da primitiva redacção do preceito em análise, tendo sido substituída aquando da primeira revisão, efectuada através da Lei constitucional n.° 1/82, de 30 de Setembro, pela referência aos princípios gerais de direito criminal, em conformidade com o que resulta do Acórdão que supra se sumariou.

b) Segundo Gomes Canotilho/Vital Moreira, in Constituição da República Portuguesa Anotada, 3.ª edição revista, 1993, págs. 224 a 227, o direito de informação integra três níveis:

1. O direito de informar — difundir informação e obter os meios necessários para informar;

2. O direito de se informar — liberdade de recolha de informação;

3. O direito de ser informado — versão positiva do direito de se informar.

Corolário da liberdade de expressão e da liberdade de informação é a proibição de toda a espécie de censura.

Esta proibição aplica-se a toda a forma de expressão e informação e, daí, constar deste preceito e não do seguinte, que versa sobre a liberdade de imprensa e da comunicação social.

Os limites constitucionais a este direito, são, no fundo, os decorrentes dos outros direitos constitucionalmente reconhecidos aos cidadãos.

"O direito de resposta e de rectificação é um instrumento de defesa das pessoas contra qualquer opinião ou imputação de carácter pessoal ofensivo ou prejudicial ou contra qualquer notícia ou referência pessoal inverídica ou inexacta".

c) Sobre este direito de resposta vide Vital Moreira "O Direito de Resposta na Comunicação", 1994, Coimbra Editora.

d) As alterações introduzidas pela quarta revisão constitucional no n.° 3 deste artigo, acrescentando- -se à redacção anterior a submissão das infracções da área da liberdade de expressão e informação aos princípios gerais do ilícito de mera ordenação social, preveniam o regime sancionatório da nova lei de liberdade de imprensa.

e) " A conflitualidade que constitui a marca do direito penal ganha em profundidade e em intensidade e conhece novas dimensões quando estão em causa incriminações preordenadas à tutela de bens jurídicos como a honra, a privacidade, a palavra, etc. Que se caracterizam pela sua essencial e irredutível «vinculação social» — Andrade (1996), p. 31.

A colisão e o conflito são sobremaneira importantes com o exercício da liberdade de imprensa.

f) Quanto ao direito de resposta, consagrado no n.° 4 deste artigo, Costa Andrade salienta que a sociedade contemporânea é caracterizada pela comunicação social de massas e, por isso, intrinsecamente contingente.

Esta contingência — "onde verdadeiramente ninguém se lava duas vezes na mesma água"- mina a idoneidade e a consistência do direito de resposta como instância capaz de superar os conflitos — (1996), p.p.. 66 a 68.

ARTIGO 38.°

(Liberdade de imprensa e meios de comunicação social)

1. É garantida a liberdade de imprensa.

2. A liberdade de imprensa implica:

a) A liberdade de expressão e criação dos jornalistas e colaboradores, bem como a intervenção dos primeiros na orientação editorial dos respectivos órgãos de comunicação social, salvo quando tiverem natureza doutrinária ou confessional;

b) O direito dos jornalistas, nos termos da lei, ao acesso às fontes de informação e à protecção da independência e do sigilo profissionais, bem como o direito de elegerem conselhos de redacção;

c) O direito de fundação de jornais e de quaisquer outras publicações, independentemente de autorização administrativa, caução ou habilitação prévias.

3. A lei assegura, com carácter genérico, a divulgação da titularidade e dos meios de financiamento dos órgãos de comunicação social.

4. O Estado assegura a liberdade e a independência dos órgãos de comunicação social perante o poder político e o poder económico, impondo o princípio da especialidade das empresas titulares de órgãos de informação geral, tratando-as e apoiando-as de forma não discriminatória e impedindo a sua concentração, designadamente através de participações múltiplas ou cruzadas.

5. O Estado assegura a existência e o funcionamento de um serviço público de rádio e de televisão.

6. A estrutura e o funcionamento dos meios de comunicação social do sector público devem salvaguardar a sua independência perante o Governo, a Administração e os demais poderes públicos, bem como assegurar a possibilidade de expressão e confronto das diversas correntes de opinião.

7. As estações emissoras de radiodifusão e de radiotelevisão só podem funcionar mediante licença, a conferir por concurso público, nos termos da lei.

NOTAS:

a) Segundo Gomes Canotilho/Vital Moreira, in Constituição da República Portuguesa Anotada, 3.ª edição revista, 1993, págs. 228 a 235, a liberdade de imprensa é uma constelação de direitos.

A liberdade interna, que se desdobra na liberdade de expressão e criação e no direito de intervenção do jornalista na orientação editorial dos jornais.

O direito de acesso às fontes de informação.

O direito da fundação de jornais, sendo que, tendo deixado de haver uma proibição constitucional de propriedade de órgão da imprensa por cidadãos estrangeiros, passa a funcionar a regra geral do artigo 15.° da Constituição.

A independência perante o poder político.

A independência perante o poder económico.

b) Segundo Nuno e Sousa, ob. cit.,pág. 433: "Qualquer direito fundamental apresenta limites, vínculos, mesmo que não escritos" (garantia de outros interesses igualmente protegidos pelos direitos fundamentais).

(...) Toda a liberdade tem limites lógicos, isto é, consubstanciais ao próprio conceito de liberdade.

Além dos limites não escritos devem ser respeitados os limites imanentes à norma garantidora do direito.

As limitações substanciais da liberdade de imprensa são introduzidas por lei.

"A carência de limites expressos no artigo 38.° da C.R.P. nunca causaria problemas, devido ao facto de se remeter a interpretação e a integração dos preceitos constitucionais e legais relativos aos direitos fundamentais para a Declaração Universal dos Direitos do Homem" — art. 16.°, n.° 2 da C.R.P.

E a págs. 443: "... os limites da Convenção carecem de significado se ultrapassarem o estipulado pela Constituição, isto é, se esta possuir menos limites do que os contidos naquela. Mas os direitos do homem da Convenção preferem ao direito ordinário e são para aplicar imediatamente pelas autoridades e tribunais."

A págs. 456, afirma-se que "A lei penal, livre quanto ao fim, não constitui uma limitação da liberdade de imprensa. A lei penal limitadora tem de encontrar na constituição a justificação para a defesa de certos interesses, tendo estes prevalência sobre a liberdade de expressão pela imprensa."

c) "O estatuto de direito fundamental da liberdade de imprensa prejudica também o alcance e a consistência dos limites que ela comporta. De forma sincrética, impõe limites aos limites a impor à liberdade de imprensa" — Andrade (1996), p. 45.

Por um lado, a liberdade de imprensa não é um direito ou valor absoluto, mas, por outro lado, o legislador ordinário não é inteiramente livre ao impor-lhe limitações.

Essas limitações têm sempre de ser interpretadas à luz da norma constitucional que consagra a liberdade de imprensa.

Citando a decisão do caso Spiegel do Tribunal Constitucional Federal alemão, diz-se, na obra citada: " Constantemente chamado a tomar decisões políticas, o cidadão tem de estar completamente informado, conhecer as opiniões dos outros e estar em condições de as confrontar criticamente. Ora, é precisamente a imprensa que mantém esta permanente discussão em acção. Produz as informações, toma ela própria posição sobre as questões e actua, por isso, como força orientadora dos debates públicos. É nela que se articula a opinião pública e os argumentos se clarificam na dialéctica dos discursos e contra-discursos, ganhando contornos claros e facilitando o juízo e a decisão do cidadão."- O.C., p. 52.

d) Segundo Costa Andrade, também são possíveis e correntes conflitos entre a liberdade de imprensa de uns e a liberdade de imprensa de outros, citando o caso decidido por um Tribunal de Coimbra em que um político foi condenado pelo crime de difamação cometido através da rádio em que a vítima era um jornalista que tinha visado esse político no seu periódico — o. c. p. 61.

ARTIGO 39.°

(Alta Autoridade para a Comunicação Social)

1. O direito à informação, a liberdade de imprensa e a independência dos meios de comunicação social perante o poder político e o poder económico, bem como a possibilidade de expressão e confronto das diversas correntes de opinião e o exercício dos direitos de antena, de resposta e de réplica política, são assegurados por uma Alta Autoridade para a Comunicação Social.

2. A lei define as demais funções e competências da Alta Autoridade para a Comunicação Social e regula o seu funcionamento.

3. A Alta Autoridade para a Comunicação Social é um órgão independente, constituído por onze membros, nos termos da lei, com inclusão obrigatória:

a) De um magistrado designado pelo Conselho Superior da Magistratura, que preside;

b) De cinco membros eleitos pela Assembleia da República segundo o sistema proporcional e o método da média mais alta de Hondt;

c) De um membro designado pelo Governo;

d) De quatro elementos representativos da opinião pública, da comunicação social e da cultura.

4. A Alta autoridade para a Comunicação Social intervém nos processos de licenciamento de estações emissoras de rádio e de televisão, nos termos da lei.

5. A Alta Autoridade para a Comunicação Social intervém na nomeação e exoneração dos directores dos órgãos de comunicação social públicos, nos termos da lei.

NOTAS:

a) A lei a que se reporta o n.° 2 é a Lei n.° 43/98, de 6 de Agosto, adiante transcrita.

b) Sendo um órgão rotulado de independente e indubitavelmente de composição plural, o número dos seus membros e o modo como são designados e eleitos faz razoavelmente suspeitar que se transformou numa autoridade dominada pelo Governo.

Na verdade, embora presidida por um juiz nomeado pelo Conselho Superior da Magistratura Judicial — por definição independente — é composta por 4 membros representativos da opinião pública e dos profissionais envolvidos na comunicação social, 5 membros eleitos proporcionalmente pela Assembleia da República e 3 designados pelo Governo.

Sendo os eleitos pela Assembleia da República proporcionalmente ao número de deputados dos partidos aí representados, se os eleitos pela maioria se somarem aos designados pelo Governo, em princípio pertencente ao partido da maioria, fácil é concluir que este passou a dominar aquela Alta Autoridade.

Para além disso, foi consideravelmente reduzida a participação dos representantes dos jornalistas e proprietários dos órgãos da comunicação social na composição da A.A.C.S. — o que constitui um retrocesso, sob o ponto de vista da democracia participativa, na orientação da dita Autoridade.

Neste sentido se pronunciavam, quanto à independência da A.A.C.S. Gomes Canotilho/Vital Moreira, in Constituição da República Portuguesa Anotada, 3.ª edição revista, 1993, págs. 236 a 238.

c) No acórdão n.° 505/96 — Processo n.° 523/94, publicado na II série do D.R., de 5/7/96, traça-se, com bastante pormenor, o quadro da evolução do direito em matéria de liberdade de expressão e de informação e de liberdade de imprensa, quer o constitucional, quer o decorrente da lei ordinária, que conduziu à actual Alta Autoridade para a Comunicação Social.

d) As alterações introduzidas neste artigo pela lei constitucional n.° 1/97, de 20 de Setembro, foram as seguintes:

1. Reduzir de 13 para 11 o número de membros da A.A.C.S. à custa da redução dos designados pelo Governo que passaram de 3 para 1.

Com esta redução, fica minorada a crítica quanto à composição deste órgão, de que damos conta na anotação da alínea b).

2. Remeter para a lei ordinária os termos em que a A.A.C.S. intervém, quer no licenciamento de estações emissoras de rádio e de televisão, quer na nomeação e exoneração dos directores dos órgãos de comunicação social públicos.

e) A matéria respeitante à instalação de estações emissoras de televisão consta da Lei n.° 58/90, de 7 de Setembro, que foi alterada pela Lei n.° 95/97, de 23 de Agosto.

A matéria respeitante à utilização e distribuição de televisão por cabo consta do Decreto-Lei n.° 241/97, de 18 de Setembro.

A matéria respeitante à instalação de estações emissoras de rádio constava da Lei n.° 87/88, de 30 de Julho.

A matéria relativa à instalação de sistemas de recepção e distribuição de sinais de radiodifusão sonora e televisiva constava do Decreto-Lei n.° 249/97, de 23 de Setembro.

ARTIGO 40.°

(Direitos de antena, de resposta e de réplica política)

1. Os partidos políticos e as organizações sindicais, profissionais e representativas das actividades económicas, bem como outras organizações sociais de âmbito nacional, têm direito, de acordo com a sua relevância e representatividade e segundo critérios objectivos a definir por lei, a tempos de antena no serviço público de rádio e de televisão.

2. Os partidos políticos representados na Assembleia da República, e que não façam parte do Governo, têm direito, nos termos da lei, a tempos de antena no serviço público de rádio e de televisão, a ratear de acordo com a sua representatividade, bem como o direito de resposta ou de réplica política às declarações políticas do Governo, de duração e relevo iguais aos dos tempos de antena e das declarações do Governo, de iguais direitos gozando, no âmbito da respectiva região, os partidos representados nas assembleias legislativas regionais.

3. Nos períodos eleitorais os concorrentes têm direito a tempos de antena, regulares e equitativos, nas estações emissoras de rádio e de televisão de âmbito nacional e regional, nos termos da lei.

NOTAS:

a) Segundo Gomes Canotilho/Vital Moreira, in Constituição da República Portuguesa Anotada, 3.ª edição revista, 1993, págs. 239 a 241, está deslocada a inserção sistemática deste artigo, pois não se pode incluir nos direitos, liberdades e garantias pessoais. Apenas diz respeito aos partidos políticos.

Segundo os mesmos autores, podem distinguir-se:

1) Direito de antena geral;

2) Direito de antena específico dos partidos de oposição;

3) Direito de resposta ou de réplica política dos partidos de oposição;

4) Direito de antena eleitoral.

Além disso, o direito de resposta ou de réplica política não se confunde e nada tem a ver com o direito de resposta e de rectificação previstos no artigo 37.°

Os sujeitos passivos dos direitos de antena e conexos são as emissoras de rádio e de televisão públicos, com excepção do direito de antena eleitoral, que se estende a todas as emissoras, quer públicas, quer privadas.

b) A Lei n.° 35/95, de 18 de Agosto, alterou o regime do direito de antena nas eleições presidenciais e legislativas:

"A Assembleia da República decreta, nos termos dos artigos 164.°, alínea d), 167.°, alínea a), e 169.°, n.° 3, da Constituição, o seguinte:

Artigo 1.°

Os artigos 52.°, 53.°, 60.° e 123.° do Decreto-lei n.° 319-A/76, de 3 de Maio, alterado pelos Decretos-leis números 377-A/76, de 19 de Maio, 445-A/76, de 4 de Junho, 456-A/76, de 8 de Junho, 472-A/76, de 15 de Junho, 472-B/76, de 15 de Junho, e 495-A/76, de 24 de Junho, e pelas Leis números 45/80, de 4 de Dezembro e 143/85, de 26 de Novembro, passam a ter a seguinte redacção:

(*Nota:* Vão transcritos os artigos, na íntegra, com a inclusão das alterações impostas pela presente Lei)

Artigo 52.° (Direito de antena)

1. Os candidatos ou representantes por si designados têm direito de acesso, para propaganda eleitoral, às estações de rádio e de televisão, públicas e privadas.

2. Durante o período da campanha eleitoral, as estações de rádio e de televisão reservam às candidaturas os seguintes tempos de antena:

a) A Radiotelevisão Portuguesa, S.A., em todos os seus canais, incluindo o internacional, e as estações privadas de televisão:

De segunda a sexta-feira — quinze minutos, entre as 19 e as 22 horas;

Aos sábados e domingos — trinta minutos, entre as 19 e as 22 horas;

b) A Radiodifusão Portuguesa S.A., em onda média e frequência modulada, ligada a todos os emissores regionais e na emissão internacional:

Sessenta minutos diários, dos quais vinte minutos entre as 7 e as 12 horas, vinte minutos entre as 12 e as 19 horas e vinte minutos entre as 19 e as 24 horas.

c) As estações privadas de radiodifusão de âmbito nacional, em onda média e frequência modulada, ligadas a todos os emissores, quando tiverem mais que um:

Sessenta minutos diários, dos quais vinte minutos entre as 7 e as 12 horas e quarenta minutos entre as 19 e as 24 horas;

d) As estações privadas de radiodifusão de âmbito regional:

Trinta minutos diários.

3. Os tempos de emissão referidos no número anterior são reduzidos a dois terços no decurso da campanha para o segundo sufrágio.

4. Até cinco dias antes da abertura da campanha, quer para o primeiro quer para o segundo sufrágios, as estações devem indicar à Comissão Nacional de Eleições o horário previsto para as emissões.

5.As estações de rádio e televisão registam e arquivam, pelo prazo de um ano, o registo das emissões correspondentes ao exercício do direito de antena.

Artigo 53.° (Distribuição dos tempos reservados)

1. Os tempos de emissão referidos no n.° 2 do artigo anterior são atribuídos em condições de igualdade às diversas candidaturas.

2. A Comissão Nacional de Eleições organizará, de acordo com o critério referido no número anterior, tantas séries de emissões quantas as candidaturas com direito a elas, procedendo-se a sorteio, tudo com a antecedência de, pelo menos, dois dias em relação ao dia de abertura da campanha eleitoral.

3. Na organização e repartição das séries de emissões deverá ficar prevista a inclusão de serviços externos.

4. No último dia da campanha todos os candidatos terão acesso às estações oficiais da Radiodifusão Portuguesa e à Radiotelevisão Portuguesa entre as 21 e as 24 horas para uma intervenção de dez minutos do próprio candidato, sendo a ordem de emissão sorteada em especial para este caso.

Artigo 60.° (Custo de utilização)

1. Será gratuita a utilização, nos termos consignados nos artigos precedentes, das emissões das estações públicas e privadas de rádio e de televisão, das publicações de carácter jornalístico e dos edifícios e recintos públicos.

2. O Estado, através do Ministério da Administração Interna, compensará as estações de rádio e de televisão pela utilização, devidamente comprovada, correspondente às emissões previstas no n.° 2 do artigo 52.°, mediante o pagamento de quantia constante da tabelas a homologar pelo Ministro Adjunto até ao 6.° dia anterior à abertura da campanha eleitoral.

3. As tabelas referidas no número anterior são fixadas por uma comissão arbitral composta por um representante do Secretariado Técnico dos Assuntos para o Processo Eleitoral, um da Inspecção-Geral de Finanças e um de cada estação de rádio ou de televisão, consoante o caso.

4. Os proprietários das salas de espectáculos ou os que as explorem, quando fizerem a declaração prevista no n.° 1 do artigo 55.° ou quando tenha havido a requisição prevista no mesmo número, devem indicar o preço a cobrar pela sua utilização, o qual não poderá ser superior ao correspondente a um quarto da lotação da respectiva sala num espectáculo normal.

5. O preço referido no número anterior e demais condições de utilização são uniformes para todas as candidaturas.

Artigo 123.° (Violação dos deveres das estações de rádio e televisão)

1. O não cumprimento dos deveres impostos pelos artigos 42.° e 53.° constitui contra-ordenação, sendo cada infracção punível com coima:

a) De 750 000$00 a 2 500 000$00, no caso das estações de rádio;

b) De 1 500 000$00 a 5 000 000$00, no caso das estações de televisão.

2. Compete à Comissão Nacional de Eleições a aplicação das coimas previstas no n.° 1.

Artigo 2.°

Os artigos 62.°, 63.°, 69.° e 132.° da Lei n.° 14/79, de 16 de Maio, alterada pelas Leis números 14-A/85, de 10 de Julho, 18/90, de 24 de Julho, 31/91, de 20 de Julho, e 72/93, de 30 de Novembro, e pelos Decretos-leis números 55/88, de 26 de Fevereiro, e 55/91, de 10 de Agosto, passam a ter a seguinte redacção:

(*Nota:* Vão transcritos os artigos, na íntegra, com a inclusão das alterações impostas pela presente Lei)

Artigo 62.° (Direito de antena)

1. Os partidos políticos e as coligações têm direito de acesso, para propaganda eleitoral, às estações de rádio e de televisão públicas e privadas.

2. Durante o período da campanha eleitoral as estações de rádio e de televisão reservam aos partidos políticos e às coligações os seguintes tempos de antena:

a) A Radiotelevisão Portuguesa, S.A., em todos os seus canais, incluindo o internacional, e as estações privadas de televisão:

De segunda-feira a sexta-feira — quinze minutos, entre as 19 e as 22 horas;

Aos sábados e domingos — trinta minutos, entre as 19 e as 22 horas;

b) A Radiodifusão Portuguesa, S.A., em onda média e frequência modulada, ligada a todos os emissores regionais e na emissão internacional:

Sessenta minutos diários, dos quais vinte minutos entre as 7 e as 12 horas, vinte minutos entre as 12 e as 19 horas e vinte minutos entre as 19 e as 24 horas;

c) As estações privadas de radiodifusão de âmbito nacional, em onda média e frequência modulada, ligadas a todos os emissores, quando tiverem mais de um:

Sessenta minutos diários, dos quais vinte minutos entre as 7 e as 12 horas e quarenta minutos entre as 19 e as 24 horas;

d)As estações privadas de radiodifusão de âmbito regional:

Trinta minutos diários.

3. Até dez dias antes da abertura da campanha as estações devem indicar à Comissão Nacional de Eleições o horário previsto para as emissões.

4. As estações de rádio e de televisão registam e arquivam, pelo prazo de um ano, o registo das emissões correspondentes ao exercício do direito de antena.

Artigo 63.° (Distribuição dos tempos reservados)

1. Os tempos de emissão reservados pela Radiotelevisão Portuguesa, S.A., pelas estações privadas de televisão, pela Radiodifusão Portuguesa,S.A., ligada a todos os seus emissores, e pelas estações privadas de radiodifusão de âmbito nacional são atribuídos, de modo proporcional, aos partidos políticos e coligações que hajam apresentado um mínimo de 25% do número total de candidatos e concorrido em igual percentagem do número total de círculos.

2. Os tempos de emissão reservados pelos emissores internacional e regionais da Radiodifusão Portuguesa, S.A., e pelas estações privadas de âmbito regional são repartidos em igualdade entre os partidos políticos e as coligações que tiverem apresentado candidatos no círculo ou num dos círculos eleitorais cobertos, no todo ou na sua maior parte, pelas respectivas emissões.

3. A Comissão Nacional de Eleições, até três dias antes da abertura da campanha eleitoral, organiza de acordo com os critérios referidos nos números anteriores, tantas séries de emissões quantos os partidos políticos e as coligações com

direito a elas, procedendo-se a sorteio entre os que estiverem colocados em posição idêntica.

(...)

Artigo 69.° (Custo de utilização)

1. É gratuita a utilização, nos termos consignados nos artigos precedentes, das emissões das estações públicas e privadas de rádio e da televisão, das publicações de carácter jornalístico e dos edifícios ou recintos públicos.

2. O Estado, através do Ministério da Administração Interna, compensará as estações de rádio e de televisão pela utilização, devidamente comprovada, correspondente às emissões previstas no n.° 2 do artigo 62.°, mediante o pagamento de quantia constante de tabelas a homologar pelo Ministro Adjunto até ao 6.° dia anterior à abertura da campanha eleitoral.

3. As tabelas referidas no número anterior são fixadas, para a televisão e para as rádios de âmbito nacional, por uma comissão arbitral composta por um representante do Secretariado Técnico dos Assuntos para o Processo Eleitoral, um da Inspecção — Geral das Finanças e um de cada estação de rádio ou televisão, consoante o caso.

4. As tabelas referidas no número anterior são fixadas, para as rádios de âmbito regional, por uma comissão arbitral composta por um representante do Secretariado Técnico dos Assuntos para o Processo Eleitoral, um da Inspecção — Geral de Finanças, um da Radiodifusão Portuguesa, S. A., um da Associação de Rádios de Inspiração Cristã (ARIC) e um da Associação Portuguesa de Radiodifusão (APR).

5. Os proprietários das salas de espectáculos ou os que as explorem, quando fizerem a declaração prevista no n.° 1 do artigo 65.° ou quando tenha havido a requisição prevista no mesmo número, devem indicar o preço a cobrar pela sua utilização, o qual não poderá ser superior à receita líquida correspondente a um quarto da lotação da respectiva sala num espectáculo normal.

6. O preço referido no número anterior e demais condições de utilização são uniformes para todas as candidaturas.

(...)

Artigo 132.° (Violação dos deveres das estações de rádio e televisão)

1. O não cumprimento dos deveres impostos pelos artigos 62.° e 63.° constitui contra-ordenação, sendo cada infracção punível com coima:

a) De 750 000$00 a 2 500 000$00, no caso das estações de rádio;

b) De 1 500 000$00 a 5 000 000$00, no caso das estações de televisão.

2. Compete á Comissão Nacional de Eleições a aplicação das coimas previstas no n.° 1.

c) Acórdão do Tribunal Constitucional n.° 418/99, publicado na revista Sub Judice, págs. 93 e segs.:

I — O direito de antena eleitoral obriga todas as estações de âmbito nacional ou regional, sem distinção entre públicas e privadas.

II — Quando da abertura à iniciativa privada e subsequente licenciamento dos operadores de televisão privados, já a obrigação constitucional estava em vigor e era, por isso, directamente aplicável, vincunlando todas as entidades públicas e privadas.

III — Não foi violado o princípio da confiança e da segurança jurídica pelo facto de o Estado ter regulamentado, através da Lei n.° 35/95, de 18/8 — Lei Eleitoral — a obrigatoriedade de os operadores privados de televisão concederem tempos de antena aos partidos políticos sendo certo que quando a S.I.C. foi licenciada passou a estar abrangida pela obrigação de conferir tempo de antena nos períodos eleitorais.

d) As alterações introduzidas no preceito pela quarta revisão constitucional consistiram em acrescentar-se as outras organizações sociais de âmbito nacional à redacção do n.° 1 e em prevenir a futura regionalização do país, na redacção do n.° 2.

....

ARTIGO 41.°

(Liberdade de consciência de religião e de culto)

1. A liberdade de consciência, de religião e de culto é inviolável.

2. Ninguém pode ser perseguido, privado de direitos ou isento de obrigações ou deveres cívicos por causa das suas convicções ou prática religiosa.

3. Ninguém pode ser perguntado por qualquer autoridade acerca das suas convicções ou prática religiosa, salvo para recolha de dados estatísticos não individualmente identificáveis, nem ser prejudicado por se recusar a responder.

4. As igrejas e outras entidades religiosas estão separadas do Estado e são livres na sua organização e no exercício das suas funções e do culto.

5. É garantida a liberdade de ensino de qualquer religião praticado no âmbito da respectiva confissão, bem como a utilização de meios de comunicação social próprios para o prosseguimento das suas actividades.

6. É garantido o direito à objecção de consciência, nos termos da lei.

ARTIGO 42.°
(Liberdade de criação cultural)

1. É livre a criação intelectual, artística e científica.

2. Esta liberdade compreende o direito à invenção, produção e divulgação da obra científica, literária ou artística, incluindo a protecção legal dos direitos de autor.

NOTA:

Pertinentes à área da comunicação social são as manifestações artísticas de caricatura, sátira e representações cénicas.

Em geral, reconhece-se que a liberdade de criação artística tem dignidade superior à própria liberdade de imprensa, desde logo porque a constituição não estabeleceu que os seus limites fossem fixados pelo legislador ordinário, ao contrário do que acontece com a liberdade de imprensa.

No entanto, mesmo este direito tem, obviamente limites, servindo para os ilustrar o exemplo dado por um tribunal alemão no chamado caso "Kopulierendes Schwein", referido por Costa Andrade (1996), p. 176:

"O OLG de Hamburgo condenou por Beleidigung o autor de um conjunto de caricaturas em que um político (concretamente, o presidente do Governo da Baviera, Strauss) era representado como um porco mantendo práticas sexuais com um outro porco trajando a toga e o barrete de juiz. Segundo o entendimento do tribunal de Hamburgo (17.1.95) as caricaturas realizavam o ilícito típico do crime contra a honra, tanto pela forma como pelo conteúdo.

(...) tratou-se de sugerir que o ofendido tinha «características animalescas e se comportava como tal».E isto numa área tão sensível como a conduta sexual. O que atinge a «dignidade pessoal» do caricaturado em termos que «têm de ser reprovados por uma ordenação jurídica que reconhece a dignidade humana como valor supremo».

(...)

DECLARAÇÃO UNIVERSAL DOS DIREITOS DO HOMEM

De 10 de Dezembro de 1948

Publicada na 1.ª Série do Diário da República, de 9-3-78.

(Preceitos Pertinentes)

(...)

ARTIGO 12.°

Ninguém sofrerá intromissões arbitrárias na sua vida privada, na sua família, no seu domicílio ou na sua correspondência, nem ataques à sua honra e reputação. Contra tais intromissões ou ataques toda a pessoa tem direito a protecção da lei.

(...)

ARTIGO 18.°

Toda a pessoa tem direito à liberdade de pensamento, de consciência e de religião; este direito implica a liberdade de mudar de religião ou de convicção, assim como a liberdade de manifestar a religião ou convicção, sozinho ou em comum, tanto em público como em privado, pelo ensino, pela prática, pelo culto e pelos ritos.

ARTIGO 19.°

Todo o indivíduo tem direito à liberdade de opinião e de expressão, o que implica o direito de não ser inquietado pelas suas opiniões e o de procurar, receber e difundir, sem considerações de fronteiras, informações e ideias por qualquer meio de expressão.

(...)

CONVENÇÃO EUROPEIA DOS DIREITOS DO HOMEM

Aprovada para ratificação pela Lei n.° 65/78, publicada na 1.ª Série do Diário da República de 13-10-78.

(Preceitos Pertinentes)

(...)

ARTIGO 8.°

1. Qualquer pessoa tem direito ao respeito da sua vida privada e familiar, do seu domicílio e da sua correspondência.

2. Não pode haver ingerência da autoridade pública no exercício deste direito senão quando esta ingerência estiver prevista na lei e constituir uma providência que, numa sociedade democrática, seja necessária para a segurança nacional, para a segurança pública, para o bem-estar económico do país, a defesa da ordem e a prevenção das infracções penais, a protecção da saúde ou da moral, ou a protecção dos direitos e das liberdades de terceiros.

ARTIGO 9.°

1. Qualquer pessoa tem direito à liberdade de pensamento, de consciência e de religião; este direito implica a liberdade de mudar de religião ou de crença, assim como a liberdade de manifestar a sua religião ou a sua crença, individual ou colectivamente, em público e em privado, por meio do culto, do ensino, de práticas e da celebração de ritos.

2. A liberdade de manifestar a sua religião ou convicções, individual ou colectivamente, não pode ser objecto de outras restrições senão as que, previstas na lei, constituírem disposições necessárias, numa sociedade democrática, à segurança pública, à protecção da ordem, da saúde e moral públicas, ou à protecção dos direitos e liberdades de outrem.

ARTIGO 10.°

1. Qualquer pessoa tem direito à liberdade de expressão. Este direito compreende a liberdade de opinião e a liberdade de receber ou de transmitir informações ou ideias sem que possa haver ingerência de quaisquer autoridades públicas e sem consideração de fronteiras. O presente artigo não impede que os Estados submetam as empresas de radiodifusão, de cinematografia ou de televisão a um regime de autorização prévia.

2. O exercício destas liberdades, porquanto implica deveres e responsabilidades, pode ser submetido a certas formalidades, condições, restrições ou sanções, previstas pela lei, que constituam providências necessárias, numa sociedade democrática, para a segurança nacional, a integridade territorial ou a segurança pública, a defesa da ordem e a prevenção do crime, a protecção da saúde ou da moral, a protecção da honra ou dos direitos de outrem, para impedir a divulgação de informações confidenciais, ou para garantir a autoridade e a imparcialidade do Poder Judicial.

(...)

NOTAS:

a) Na revista "Sub Judice" n.° 15/16 — Junho/Dezembro de 1999, publicada em Novembro de 2000, págs. 7 a 22, faz-se uma análise de algumas decisões do Tribunal Europeu dos Direitos do Homem (TEDH) acerca da liberdade de expressão, que é considerada, juntamente com a liberdade religiosa, a liberdade de ensino, a liberdade de imprensa e a liberdade de comunicação audiovisual, como uma liberdade intelectual. Essa recensão e análise são da responsabilidade do senhor Conselheiro Manuel António Lopes Rocha, o qual escreve: "A despeito da sua inequívoca autoridade moral, a Declaração Universal não conseguiu, até hoje, adquirir um valor jurídico, sem embargo de alguns autores terem tentado atribuir-lhe um valor de «costume» enquanto fonte de direito internacional, ao que parece sem resultados apreciáveis".

A liberdade de expressão não é, seguramente, um direito absoluto, como se poderá ver da análise das referidas decisões, referidas, a seguir, com muita brevidade:

1. Caso Becker V. Bélgica — trata-se do caso de um jornalista, colaborador dos nazis durante a Segunda guerra mundial e que, como tal, chegou a ser condenado à morte mas acabou por ser libertado sob a condição de se abster de qualquer actividade política. Depois de muitas vississitudes do caso, acabou por se dirigir ao Tribunal solicitando a condenação do Governo belga por o não deixar exercer a sua profissão de jornalista na Bélgica.

O Tribunal acabou por não conhecer do fundo da questão, por ter havido uma evolução na legislação do Estado belga e o processo foi arquivado;

2. Apreensão e confiscação, em Inglaterra, de um livro considerado obsceno e condenação em multa do respectivo editor. O TEDH considerou não ter havido infracção ao artigo 10.° da Declaração.

3. O caso do Sunday Times — interdição de publicação de informações sobre um processo civil pendente em que se apreciava a célebre questão das consequências da "Talidomida".

O Tribunal decidiu ter havido infracção ao disposto no n.° 2 do artigo 10.° . Considerou legítima a ingerência na liberdade de expressão e legítimo o seu objectivo (protecção da autoridade do poder judiciário) mas desnecessária numa sociedade democrática, onde o interesse público da informação devia ser predominante.

4. O caso do jornalista que atacou o chanceler Bruno Kreisky por ter protegido um chefe político que pertenceu às S.S. durante a Segunda guerra mundial e que, por isso, foi condenado. O Tribunal considerou existir violação do n.° 2 do artigo 10.° .

5. Condenação de um parlamentar por injúria ao Governo espanhol. Houve violação do n.° 2 do artigo 10.° . A condenação do parlamentar não foi considerada `limitação necessária à liberdade de expressão.

6. Caso Oberschlich contra a Áustria. Jörde Haider fez um discurso defendendo os soldados alemães da Segunda guerra mundial. Por isso, foi chamado de imbecil na revista Forum. O autor do artigo foi condenado e recorreu ao TEDH.

O Tribunal considerou ter havido violação do n.° 2 do artigo 10.° dado que a reacção vigorosa do articulista correspondia à violência do discurso de Haider. Não era desproporcionada.

7. Caso Fressoz e Roise contra a França — a publicação de informações cobertas pelo segredo profissional fiscal. Os requerentes pertenciam ao semanário «Le cannard enchainé» e publicaram notas de liquidação do imposto sobre o rendimento do director da Peugeot, numa altura em que esta empresa travava uma luta com os trabalhadores para impedir aumentos salariais destes. Em Paris, aqueles jornalistas foram condenados. O TEDH entendeu existir violação do n.° 2 do artigo 10.° .

8. Caso Gosppera Radio contra a Suíça — Utilização de um potente emissor situado junto à fronteira com a Itália para a difusão de programas de rádio destinados a ouvintes da Suíça. Essa difusão foi proibida por uma lei suíça e os responsáveis por aquela rádio recorreram ao TEDH. Este entendeu não ter havido violação do artigo 10.° — as medidas tomadas pelas autoridades não interferiram na liberdade de expressão. Antes surgiram como forma de impedir a ultrapassagem das normas legais em vigor na Confederação por uma estação de rádio suíça que funcionava do outro lado da fronteira.

9. Caso Autronic A.G. contra a Suíça — Recusa de autorização, por parte das autoridades suíças, para que aquela sociedade pudesse receber através de antena parabólica programas de televisão não codificados provenientes de um satélite soviético. O TEDH entendeu, neste caso, existir violação do artigo 10.° .

10. Informations Lentia e outros contra a Áustria — monopólio do Estado — impossibilidade legal de criar e explorar estações privadas de rádio ou de televisão. O TEDH entendeu a existência de violação do artigo 10.°

11. Caso Jersild contra a Dinamarca — jornalista que entrevistou na televisão membros de um bando que exprimiram afirmações e observações racistas. O jornalista foi condenado por um Tribunal dinamarquês.

O TEDH considerou que a condenação em questão não era necessária numa sociedade democrática e, por isso, houve violação do artigo 10.°

12. No caso Wingrove e outros contra o Reino Unido esteve em causa o facto das autoridade britânicas não terem concedido um visto para a exibição de um filme considerado blasfematório.

O TEDH concluiu pela não violação do artigo 10.° .

13. Caso Müller e outros contra a Suíça. Condenação por exposição de quadros considerados obscenos e confiscação dos mesmos.

O TEDH concluiu pela não violação do artigo 10.° .

b) Na página 85 da revista Sub Judice n.° 15/16, publicada em Novembro de 2000, faz-se uma referência ao caso da decisão do TEDH no caso Lopes da Silva contra Portugal, de 28/9/00: "O interesse da sociedade democrática pela garantia e manutenção da liberdade de imprensa admite a publicação da opinião de um jornalista, mesmo de conteúdo polémico sobre um político, decorreste das tomadas de posição políticas deste último."

O político era o Dr. Silva Resende e as pretensas ofensas à honra — grotesco, boçal e grosseiro — foram produzidas no jornal «O público» de que aquele era director.

O Tribunal declarou ter havido violação do artigo 10.° da Declaração, pelo Estado português, cujos tribunais condenaram aquele director do «Público».

Segundo os comentários a esta decisão, de Francisco Teixeira da Mota, "o acórdão, proferido por unanimidade, vem confirmar e reforçar a orientação do Tribunal no sentido de valorizar a circulação de «informação» ou «ideias» mesmo que «magoem, choquem ou inquietem» já que a liberdade de expressão «constitui um dos fundamentos essenciais de uma sociedade democrática e uma das condições primordiais do seu progresso e do desenvolvimento de cada um».

E acrescenta: "A decisão do TEDH aponta para um processo de revisão do Acórdão da Relação de Lisboa tendo em vista o disposto nas alíneas c) e d) do n.° 1 do artigo 449.°, do C.P.P."

Esta mesma decisão do TEDH foi publicada, em francês, pela Revista do Ministério Público n.° 84, a págs. 179 e segs., com comentários do senhor Director da Revista Dr. Eduardo Maia Costa: "Restritividade, estrita necessidade e proporcionalidade são, pois, os princípios que regem as limitações à liberdade de imprensa."

Ainda a mesma decisão foi publicada na Revista Portuguesa de Ciência Criminal, ano 11.°, fascículo 1.°, Janeiro/Março de 2001, págs. 131 a 155, e comentada por José de Faria Costa, o qual considera que o TEDH, ao decidir com base em precedentes, corre o risco de incorrer no chamado «erro ad aeternum» e que, ao não fundamentar limpidamente a decisão o mesmo Tribunal podia e devia Ter ido mais longe e mais fundo.

c) Parecer n.° 27/82, votado em 8/82, no Conselho Consultivo da Procuradoria-Geral da República e publicado em Procuradoria-Geral da República — Pareceres, volume IX, págs. 21 e segs:

1.° — O artigo 7.° do Anexo I ao Decreto-Lei n.° 49 368, de 10 de Novembro de 1969, revogou o corpo e o § do artigo 244.° do Decreto n.° 8 069, de 18 de Março de 1922, tendo sido, por sua vez, revogado pelo artigo 12.° do Decreto-Lei n.° 188/81, de 2 de Julho.

2.° — O artigo 12.° do Decreto-Lei n.° 188/81 é organicamente inconstitucional por violação do disposto no artigo 167.°, alínea c), da Constituição.

3.° — O mesmo artigo contraria a regra do carácter restritivo das restrições aos direitos, liberdades e garantias, sendo, por isso, materialmente inconstitucional (artigo 18.°, n.° s 2 e 3 da Constituição).

4.° — O § 1.° do artigo 245.° do Decreto 8 069 contraria o disposto no n.° 2 do artigo 269.° da Constituição.

As disposições em questão impunham restrições regulamentares na transmissão ou distribuição de correspondências ou outros objectos.

d) Parecer n.° 121/84, votado em 6 de Fevereiro de 1985 pelo Conselho Consultivo da Procuradoria — Geral da República e publicado em Procuradoria — Geral da República — Pareceres, Volume I, págs. 97 e seguintes:

1.ª — Os direitos fundamentais dos cidadãos portugueses constitucionalmente reconhecidos, entre os quais se encontram os que à liberdade de expressão e de informação se referem, devem ser entendidos na medida necessária e adequada da salvaguarda de outros direitos da mesma natureza, o que, na sua extensão genérica e abstracta, tem de ser casuística e proporcionalmente ponderado, na distribuição dos custos do conflito.

2.ª — O Estado português deve pautar as suas relações internacionais na observância do disposto no artigo 7.° da Constituição da República e no respeito pelas normas e princípios do direito internacional geral ou comum e convencional a que esteja vinculado, em especial relevância para a solidariedade internacional e, no âmbito desta, muito particularmente para as relações de amizade e de cooperação a manter com os países de língua portuguesa.

3.ª — Nem por isso pode renunciar, no quadro constitucional em que se move, ao dever fundamental de protecção dos interesses essenciais de Portugal nos domínios diplomático, militar, social ou económico projectados fora do território nacional, nele se incluindo as pessoas e os bens dos cidadãos portugueses.

4.ª — A nível nacional, é possível o exercício da acção penal quanto a cidadãos portugueses, estrangeiros ou apátridas que, por uma das formas de comissão, incluindo actos preparatórios, e de culpa previstos na lei, ponham em causa aqueles interesses, como sucede, nomeadamente, quando indivíduos, que se intitulam representantes de movimentos de oposição aos poderes constituídos em terceiros Estados, em território português distribuam comunicados, difundam notícias, realizem conferências de imprensa ou pratiquem actos análogos com postergação dos princípios enunciados nos n.° s. 1 e 2 e ofensa dos interesses descritos no n.° 3.

5.ª — São representáveis, abstracta e genericamente, violações de tipos legais de crime, a motivar o exercício da acção penal nos termos em que a lei a preveja, por ofensa: a) Dos artigos 353.° e 354.° do Código Penal; b) Dos artigos 25.° a 35.° do Decreto — Lei n.° 85-C/75, de 26 de Fevereiro, redacção actualizada, e 30.° a 38.° da Lei n.° 75/79, de 29 de Novembro ; c) Do artigo 337.°, n.° 2, do Código Penal; ou d) Dos artigos 340.°, 286.°, 287.°, 288.° e 289.°, todos do Código Penal.

6.ª — Afigura-se-nos necessário, no entanto que, de lege ferenda, se acautelem aqueles interesses com um rigor tipológico mais exigente.

e) Parecer n.° 1/89, votado em 11 de Maio de 1989 pelo Conselho Consultivo da Procuradoria — Geral da República e publicado em Procuradoria — Geral da República — Pareceres, Volume IX, págs. 427 e seguintes:

1.ª — A deliberação da Câmara Municipal de Lisboa, de 12 de Janeiro de 1987, publicada no Diário Municipal de 4 de Março de 1987, resultante da aprovação da proposta n.° 238/86, sobre pintura de inscrições em imóveis públicos ou particulares na área do concelho de Lisboa, é organicamente inconstitucional, por violar o artigo 168.°, n.° 1, alínea b), da Constituição, e materialmente inconstitucional, por violar o disposto nos artigos 18.°, n.° s. 2 e 3, e 37.°, da Constituição.

2.ª — A citada deliberação não ensaiou fazer a conciliação prática da liberdade de expressão (artigo 37.°, n.° 1, da Constituição) com os direitos constitucionais da propriedade privada e a um ambiente de vida humano, sadio e ecologicamente equilibrado (artigos 62.° e 66.° da Constituição), tendo negado o exercício daquela liberdade, mediante a proibição absoluta, permanente e indiscriminada de toda e qualquer pintura de inscrições em imóveis públicos ou particulares.

3.ª — Através do acórdão n.° 307/88, de 21 de Dezembro de 1988, o Tribunal Constitucional declarou a inconstitucionalidade, com força obrigatória geral, das normas da aludida deliberação, por violação do disposto nos artigos 115.°, n.° 7, e 168.°, n.° 1, alínea b), da Constituição.

4.ª — A prática, ou a programação, de operações de remoção e destruição de material de propaganda política, por parte da Câmara Municipal de Lisboa, à luz da deliberação atrás referida, no período que antecedeu as eleições parlamentares de 19 de Julho de 1987, representou a violação dos direitos de liberdade de expressão e de liberdade de propaganda, previstos nos artigos 37.°, n.° 1, e 116.°, n.° 3, alínea a), da Constituição.

5.ª — A Lei n.° 97/88, de 17 de Agosto, definiu as condições básicas e os critérios de exercício das actividades de propaganda, tendo atribuído às câmaras municipais a competência para ordenarem e promoverem a remoção dos meios e mensagens de propaganda política afixados ou inscritos em violação do disposto no diploma — cfr. Artigos 5.°, n.° 2, e 6.°, n.° 2.

6.ª — Com o início da vigência da Lei n.° 97/88 foi tacitamente revogada a deliberação da Câmara Municipal de Lisboa de 12 de Janeiro de 1987.

7.ª — Nos termos do artigo 11.° da Lei n.° 97/88, a edição de actos normativos de natureza regulamentar, necessários à sua execução, compete à assembleia municipal, por iniciativa própria ou proposta da câmara municipal.

8.ª — A liberdade de expressão, que representa a primeira vertente do direito fundamental de expressão do pensamento, abarca a liberdade de afixação ou inscrição mural de propaganda política.

9.ª — Os direitos fundamentais não são absolutos nem ilimitados, pelo que importa assegurar a adequada compatibilização entre a liberdade de expressão, exercida através da afixação ou inscrição mural de material de propaganda política e todo um conjunto de valores também constitucionalmente tutelados, alguns dos quais com a categoria de direitos fundamentais: o direito de propriedade privada, a protecção do património cultural e artístico, a paisagem, o meio ambiente, a paz e a tranquilidade públicas, a segurança, a liberdade de circulação. A salubridade pública e a imparcialidade dos agentes e serviços públicos.

10.ª — A solução da situação de conflito deverá encontrar-se no quadro da unidade da Constituição, mediante a harmonização tão equilibrada quanto possível, dos preceitos divergentes, prosseguindo-se a realização da sua concordância prática no respeito pelo critério da proporcionalidade na distribuição das compressões dos direitos em confronto.

11.ª — As leis restritivas dos direitos fundamentais têm de revestir carácter geral e abstracto e não podem ter efeitos retroactivos, devendo as restrições limitar-se ao necessário para salvaguardar outros direitos ou interesses constitucionalmente protegidos, não podendo, em caso algum, diminuir a extensão e o alcance do conteúdo essencial dos preceitos constitucionais.

12.ª Apesar de a matéria dos direitos, liberdades e garantias estar incluída no domínio da reserva de lei (artigo 168.°, n.° 1, alínea b), da Constituição), podem, sobre ela, ser editados regulamentos executivos das suas normas.

13.ª — Só mediante uma análise concreta das normas que compõem os regulamentos editados no exercício da competência normativa fixada pelo artigo 242.° da Constituição será possível emitir um juízo não só sobre a sua eventual conformidade material com a Constituição mas também acerca da sua compatibilidade com o princípio da reserva de lei em matéria de direitos, liberdades e garantias.

PACTO INTERNACIONAL SOBRE OS DIREITOS CIVIS E POLÍTICOS

Aprovado para ratificação pela Lei n.° 29/78, publicada no 1.° Suplemento da 1.ª Série do Diário da República de 12-06-78.

(Preceitos Pertinentes)

(...)

ARTIGO 17.°

1. Ninguém será objecto de intervenções arbitrárias ou ilegais na sua vida privada, na sua família, no seu domicílio ou na sua correspondência, nem de atentados ilegais à sua honra e à sua reputação.

2. Toda e qualquer pessoa tem direito à protecção da lei contra tais intervenções ou tais atentados.

ARTIGO 18.°

1. Toda e qualquer pessoa tem direito à liberdade de pensamento, de consciência e de religião; este direito implica a liberdade de ter ou de adoptar uma religião ou uma convicção da sua escolha, bem como a liberdade de manifestar a sua religião ou a sua convicção.

2. Ninguém será objecto de pressões que atentem à sua liberdade de ter ou de adoptar uma religião ou uma convicção da sua escolha.

3. A liberdade de manifestar a sua religião ou as suas convicções só pode ser objecto de restrições previstas na lei e que sejam necessárias à protecção de segurança, da ordem e da saúde públicas ou da moral e das liberdades e direitos fundamentais de outrem.

4. Os Estados Partes no presente Pacto comprometem-se a respeitar a liberdade dos pais e, em caso disso, dos tutores legais a fazerem assegurar a educação religiosa e moral dos seus filhos e pupilos, em conformidade com as suas próprias convicções.

ARTIGO 19.°

1. Ninguém pode ser inquietado pelas suas opiniões.

2. Toda e qualquer pessoa tem direito à liberdade de expressão; este direito compreende a liberdade de procurar, receber e expandir informações e ideias de toda a espécie, sem consideração de fronteiras, sob a forma oral ou escrita, impressa ou artística, ou por qualquer outro meio à sua escolha.

3. O exercício das liberdades previstas no parágrafo 2 do presente artigo comporta deveres e responsabilidades especiais. Pode, em consequência, ser submetido a certas restrições, que devem, todavia, ser expressamente fixadas na lei e que são necessárias:

a) Ao respeito dos direitos ou da reputação de outrem;

b) À salvaguarda da segurança nacional, da ordem pública, da saúde e da moralidade públicas.

(...)

CÓDIGO PENAL DE 1982, NA REDACÇÃO QUE LHE FOI INTRODUZIDA PELO DECRETO-LEI N.° 48/95, DE 15 DE MARÇO

(Preceitos Pertinentes)

(...)

ARTIGO 153.°

(Ameaça)

1. Quem ameaçar outra pessoa com a prática de crime contra a vida, a integridade física, a liberdade pessoal, a liberdade e autodeterminação sexual ou bens patrimoniais de considerável valor, de forma adequada a provocar-lhe medo ou inquietação ou a prejudicar a sua liberdade de determinação, é punido com pena de prisão até 1 ano ou com pena de multa até 120 dias.

2. Se a ameaça for com a prática de crime punível com pena de prisão superior a 3 anos, o agente é punido com pena de prisão até 2 anos ou com pena de multa até 240 dias.

3. O procedimento criminal depende de queixa.

ARTIGO 154.°

(Coacção)

1. Quem, por meio de violência ou de ameaça com mal importante, constranger outra pessoa a uma acção ou omissão, ou a suportar uma actividade, é punido com pena de prisão até 3 anos ou com pena de multa.

2. A tentativa é punível.

3. O facto não é punível:

a) Se a utilização do meio para atingir o fim visado não for censurável; ou

b) Se visar evitar o suicídio ou a prática de facto ilícito típico.

4. Se o facto tiver lugar entre cônjuges, ascendentes e descendentes ou adoptantes e adoptados, ou entre pessoas que vivam em situação análoga à dos cônjuges, o procedimento criminal depende de queixa.

(...)

ARTIGO 180.°

(Difamação)

1. Quem, dirigindo-se a terceiro, imputar a outra pessoa, mesmo sob a forma de suspeita, um facto, ou formular sobre ela um juízo, ofensivos da sua honra ou consideração, ou reproduzir uma tal imputação ou juízo, é punido com pena de prisão até 6 meses ou com pena de multa até 240 dias.

2. A conduta não é punível quando:

a) A imputação for feita para realizar interesses legítimos; e

b) O agente provar a verdade da mesma imputação ou tiver tido fundamento sério para, em boa fé a reputar verdadeira.

3. Sem prejuízo do disposto nas alíneas b), c) e d) do n.° 2 do artigo 31.°, o disposto no número anterior não se aplica quando se tratar da imputação de facto relativo à intimidade da vida privada e familiar.

4. A boa fé referida na alínea b) do n.° 2 exclui-se quando o agente não tiver cumprido o dever de informação, que as circunstâncias do caso impunham, sobre a verdade da imputação.

5. Quando a imputação for de facto que constitua crime, é também admissível a prova da verdade da imputação, mas limitada à resultante de condenação por sentença transitada em julgado.

NOTAS:

a) Passa a transcrever-se o n.° 2 do artigo 31.°, do Código Penal, na parte referida neste preceito:

Artigo 31.° (Exclusão da ilicitude)

1. (...)

2. Nomeadamente, não é ilícito o facto praticado:

a) (...)

b) No exercício de um direito;

c) No cumprimento de um dever imposto por lei ou por ordem legítima da autoridade; ou

d) Com o consentimento do titular do interesse jurídico lesado.

"...Trata-se de uma remissão redundante e perturbadora. Resumidamente, a vigência das causas de justificação elevadas à Parte Geral do Código Penal e a sua aplicabilidade a qualquer incriminação típica estão, sem mais, asseguradas. O mesmo valendo, de resto, para as demais dirimentes da ilicitude resultantes da ordem jurídica na sua totalidade (artigo 31.°, n.° 1)" — Andrade (1996), p. 201.

b) O mesmo autor defende que a inclusão do n.° 3 pela reforma do Código Penal em nada veio reduzir a liberdade de imprensa. Aliás, a sua eliminação não determinaria diferentes soluções para o caso concreto.

A sua inclusão apenas tem como efeito aplicar-se a pena mais benigna do artigo 180.°, do que a cominada no artigo 192.° e alertar que a imputação de factos desonrosos a uma pessoa só não pode atingir a devassa da sua intimidade. — (1996), p.p. 202 a 205.

"A esta luz, não se descortinam obstáculos jurídico-penais à publicação, v.g., de notícias sobre as obras que decorrem na casa particular de um proeminente membro do Governo. E sobretudo quando, postos mesmo entre parêntesis quaisquer fumos de ilicitude fiscal, as obras possam ser interpretadas como sinal de uma decisão, que se aguarda com expectativa, quanto ao futuro político do governante" — ibid, p. 205.

Só a intimidade, que não a privacidade, em sentido amplo, constitui limite à prova da verdade dos factos.

c) Segundo o Professor Costa Andrade, num colóquio sobre comunicação social em que interveio, no C.E.J., em 2 de Julho de 1996, não se compreende, no actual direito penal português, a limitação à prova da verdade dos factos, contida no n.° 5 deste artigo 180.° do Código Penal, sendo perfeitamente possível e compreensível que um arguido seja absolvido em determinado processo crime, por variadíssimos motivos, e que, noutro processo, seja absolvido um jornalista, que havia relatado os factos delituosos praticados por esse arguido, por ter conseguido fazer a prova dessa verdade.

A ideia é retomada pelo mesmo autor, com críticas vigorosas àquele dispositivo, na obra citada, p.p. 212 a 217.

d) Finalmente, através da Lei n.° 65/98, de 2 de Setembro, foi revogado esse número 5 que, no texto, se encontra sublinhado.

e) Sentença do Tribunal Judicial de Penacova, publicada na revista Sub Judice n.° 15/16, de Novembro de 2.000, págs. 137 e segs:

I — Ao dirigir-se por escrito ao assistente, formulando uma suspeita sobre o seu comportamento relativa à prática de um facto ilícito tal actuação do arguido consubstancia uma ofensa "problemática" — o facto desfavorável ao sujeito passivo é posto em termos problemáticos de forma a gerar a dúvida sobre a comissão dos mesmos.

II — Para funcionar a eximente referida no artigo 180.° n.° 2 do C.Penal, não basta a prova da verdade dos factos ou que tenha o agente fundamento sério para, em boa fé, reputar a imputação como verdadeira. É necessário ainda que a imputação seja feita para realizar interesses legítimos.

III — A reprodução de uma imputação difamatória só é tipicamente relevante quando o agente a faz por forma a que assuma a imputação — quando a faz sua, não obstante ter sido propalada por outro.

f)Sentença do Tribunal Judicial de Barcelos, de 14 /0/97, publicada na mesma revista, a págs. 131/136:

I — No âmbito do crime de difamação há-de atender-se tão só ao valor jurídico honra e consideração numa perspectiva essencialmente objectiva traduzida no reconhecimento da dignidade moral da pessoa por parte dos outros — e não no reconhecimento real ou merecido.

II — Na crónica — misto de expressão literária e notícia sobre assuntos actuais e polémicos onde se utiliza uma linguagem metafórica e conotativa, utilizando-se figuras de estilo — não se está no âmbito do direito à liberdade de informação mas sim no âmbito — e consequentes limites — do direito à criação artística.

III — A manifestação de uma opinião crítica em termos contundentes e violentos de uma actuação do destinatário e cujo objectivo é provocar uma reacção indignada por parte dos leitores não ultrapassa os limites impostos pela lei à liberdade de expressão e criação artística, não podendo ser considerada censurável.

ARTIGO 181.°

(Injúria)

1. Quem injuriar outra pessoa, imputando-lhe factos, mesmo sob a forma de suspeita, ou dirigindo-lhe palavras, ofensivos da sua honra ou consideração, é punido com pena de prisão até 3 meses ou com pena de multa até 120 dias.

2. Tratando-se da imputação de factos é correspondentemente aplicável o disposto nos números 2,3,4 do artigo anterior.

NOTAS:

a) Segundo Costa Andrade (1996), p.p. 76 a 88, o conceito de honra como bem jurídico-penal é uma das áreas mais complexas da parte especial.

Numa perspectiva fáctica poderá distinguir-se a honra interior ou subjectiva da honra exterior ou objectiva, a reputação.

Numa perspectiva normativa, autores há que põem a tónica na dimensão pessoal da honra e outros na sua dimensão social.

Citando Gleispach: " a honra tem uma natureza social tão vincada que tem mais sentido falar da honra de uma formiga, de um elefante ou de uma abelha que da honra de um eremita".

A definição normativa de honra tem como consequência a admissão generalizada da exceptio veritatis. Citando Binding: "o tratamento contrário ao direito, de uma pessoa segundo uma desonra não existe".

No direito português actual assiste-se à aproximação aos ordenamentos, designadamente o alemão, que adoptam o conceito normativo de honra, generalizando-se a admissibilidade da exceptio veritatis.

b) O mesmo autor, o.c., p.p. 177 a 191, salienta que é a «teoria do efeito recíproco» como «limite ao limite», que em boa medida assegura à expressão incriminada a possibilidade de fugir às garras do direito penal, através da fragmentaridade do punível e do domínio do princípio «in dubio pro libertate».

Por outro lado, a índole difusa do bem jurídico protegido e a sua característica de bem jurídico socialmente vinculado induz à redução da intervenção do direito penal.

Citando Kitzinger: "não pode pura e simplesmente proibir-se que se fale dos assuntos privados alheios, já que tal retiraria a três quartos da humanidade três quartos das suas matérias de conversa".

Finalmente, salienta que a «vitimodogmática» tem um campo de actuação privilegiado nos crimes contra a honra, contra o segredo e a privacidade — (...)" a exposição ao escrutínio e devassa, nomeadamente por parte da imprensa, depende fundamentalmente do estatuto, da postura e do comportamento de cada um. (...) A tutela jurídico-penal da vida privada duma «pessoa da história do seu tempo» terá de ser diferente (mais reduzida e fragmentária) do que a reservada ao cidadão comum."

Citando Costa Jr.: "Ser espionado é, de algum modo, ser importante".

ARTIGO 182.°

(Equiparação)

À difamação e à injúria verbais são equiparadas as feitas por escrito, gestos, imagens ou qualquer outro meio de expressão.

ARTIGO 183.°

(Publicidade e calúnia)

1. Se no caso dos crimes previstos nos artigos 180.°, 181.° e 182.°:

a) A ofensa for praticada através de meios ou em circunstâncias que facilitem a sua divulgação; ou,

b) Tratando-se da imputação de factos, se averiguar que o agente conhecia a falsidade da imputação; as penas da difamação ou da injúria são elevadas de um terço nos seus limites mínimo e máximo.

2. Se o crime for cometido através de meio de comunicação social, o agente é punido com pena de prisão até 2 anos ou com pena de multa não inferior a 120 dias.

ARTIGO 184.°

(Agravação)

As penas previstas nos artigos 180.°, 181.° e 183.° são elevadas de metade nos seus limites mínimo e máximo se a vítima for uma das pessoas referidas no artigo 132.°, n.° 2, alínea j), no exercício das suas funções ou por causa delas, ou se o agente for funcionário e praticar o facto com grave abuso de autoridade.

NOTAS:

a) As pessoas referidas no preceito legal em questão são:

Membro de órgão de soberania, do Conselho de Estado, Ministro da República, magistrado, membro de órgão do governo próprio das Regiões Autónomas ou do território de Macau, Provedor de Justiça, governador civil, membro de órgão das autarquias locais ou de serviço ou organismo que exerça autoridade pública, comandante de força pública, jurado, testemunha, advogado, agente das forças ou serviços de segurança, funcionário público, civil ou militar, agente de força pública ou cidadão encarregado de serviço público, docente ou examinador público, ou ministro de culto religioso.

b) Circular n.° 13/88, de 24/10/88, da P.G.R.:

"Considerando terem-se modificado as circunstâncias que determinaram a obrigatoriedade de recursos em crimes de abuso de liberdade de imprensa quando sejam ofendidos órgãos de soberania ou os respectivos titulares, tenho por conveniente revogar nessa parte (alíneas c) e d)), o despacho de 12 de Abril de 1978 do Procurador-Geral da República, transmitido pela circular n.° 10/78, da mesma data.

Deverão os senhores Magistrados e Agentes do Ministério Público ponderar, caso a caso, se se justifica a renúncia ao recurso em matéria de facto (artigo 428.° do C.P.P.) ou se é de recorrer da decisão final."

c) A última parte do preceito foi introduzida pela Lei n.° 65/98, de 2 de Setembro.

ARTIGO 185.°

(Ofensa à memória de pessoa falecida)

1. Quem, por qualquer forma, ofender gravemente a memória de pessoa falecida é punido com pena de prisão até 6 meses ou com pena de multa até 240 dias.

2. É correspondentemente aplicável o disposto:

a) Nos números 2, 3 e 4 do artigo 180.° ; e

b) No artigo 183.° .

3. A ofensa não é punível quando tiverem decorrido mais de 50 anos sobre o falecimento.

NOTA:

Ac. da Relação de Lisboa, de 10 de Janeiro de 1994, in Col. de Jur., ano XIX, tomo I, p. 141:

"No crime de ofensas à memória de pessoa falecida, do artigo 169.° do C.P. de 1982, não é admissível a prova da veracidade dos factos".

ARTIGO 186.°

(Dispensa de pena)

1. O tribunal dispensa de pena o agente quando este der em juízo esclarecimentos ou explicações da ofensa de que foi acusado, se o ofendido, quem o represente ou integre a sua vontade como titular do direito de queixa ou de acusação particular, os aceitar como satisfatórios.

2. O tribunal pode ainda dispensar de pena se a ofensa tiver sido provocada por uma conduta ilícita ou repreensível do ofendido.

3. Se o ofendido ripostar, no mesmo acto, com uma ofensa a outra ofensa, o tribunal pode dispensar de pena ambos os agentes ou só um deles, conforme as circunstâncias.

ARTIGO 187.°

(Ofensa a pessoa colectiva, organismo ou serviço)

1. Quem, sem ter fundamento para, em boa fé, os reputar verdadeiros, afirmar ou propalar factos inverídicos, capazes de ofenderem a credibilidade, o prestígio ou a confiança que sejam devidos a pessoa colectiva, instituição, corporação, organismo ou serviço que exerça autoridade pública, é punido com pena de prisão até 6 meses ou com pena de multa até 240 dias.

2. É correspondentemente aplicável o disposto:

a) No artigo 183.° ; e

b) Nos números 1 e 2 do artigo 186.° .

ARTIGO 188.°

(Procedimento criminal)

1. O procedimento criminal pelos crimes previstos no presente capítulo depende de acusação particular, ressalvados os casos:

a) Do artigo 184.° ; e

b) Do artigo 187.°, sempre que o ofendido exerça autoridade pública; em que é suficiente a queixa ou a participação.

2. O direito de acusação particular pelo crime previsto no artigo 185.° cabe às pessoas mencionadas no n.° 2 do artigo 113.°, pela ordem neste estabelecida.

NOTA:

As pessoas referidas no artigo em questão são:

Cônjuge sobrevivo não separado judicialmente de pessoas e de bens, os descendentes e os adoptados e os ascendentes e os adoptantes;

Irmãos e seus descendentes e a pessoa que com o indivíduo vivesse em condições análogas às dos cônjuges.

ARTIGO 189.°

(Conhecimento público da sentença condenatória)

1. Em caso de condenação, ainda que com dispensa de pena, nos termos do artigo 183.°, da alínea b) do n.° 2 do artigo 185.°, ou da alí-

nea a) do n.° 2 do artigo 187.°, o tribunal ordena, a expensas do agente, o conhecimento público adequado da sentença, se tal for requerido, até ao encerramento da audiência em 1.ª instância, pelo titular do direito de queixa ou de acusação particular.

2. O tribunal fixa os termos concretos em que o conhecimento público da sentença deve ter lugar.

(...)

ARTIGO 192.°

(Devassa da vida privada)

1. Quem, sem consentimento e com intenção de devassar a vida privada das pessoas, designadamente a intimidade da vida familiar ou sexual:

a) Interceptar, gravar, registar, utilizar, transmitir ou divulgar conversa ou comunicação telefónica;

b) Captar, fotografar, filmar, registar ou divulgar imagem das pessoas ou de objectos ou espaços íntimos;

c) Observar ou escutar às ocultas pessoas que se encontrem em lugar privado; ou

d) Divulgar factos relativos à vida privada ou a doença grave de outra pessoa; é punido com pena de prisão até 1 ano ou com pena de multa até 240 dias.

2. O facto previsto na alínea d) do número anterior não é punível quando for praticado como meio adequado para realizar um interesse público legítimo e relevante.

NOTAS:

a) Segundo Costa Andrade, (1996), p.p. 88 a 124, o que sobressai no direito penal português é o reconhecimento e a tutela da privacidade/intimidade, como bem jurídico-penal diferente da honra já desde a Lei n.° 3/73, de 5 de Abril

Para a chamada "teoria dos três graus", do Tribunal Constitucional Federal alemão, reconhece-se a toda a pessoa uma esfera da intimidade, em sentido estrito, que é uma área inviolável e cujos ataques apenas são admissíveis quando estão em causa interesses públicos, como no chamado caso Profumo.

Neste caso da intimidade está igualmente excluída a exceptio veritatis, já que, ao contrário da honra, o ataque é produzido, em regra, por afirmações que são verdadeiras.

Já o mesmo não acontece, como é óbvio, na esfera da publicidade e, também, na chamada esfera da privacidade, privacidade em sentido amplo, esta variando em sentido inverso ao da importância social da pessoa.

A simples privacidade nunca funcionará como limite à exceptio veritatis.

Por outro lado, um ataque à honra não tem necessariamente de fazer-se à custa da intimidade. O ataque à intimidade, por seu turno, pode fazer-se sem atacar a honra da pessoa.

Nos ataques ao bem jurídico-penal da intimidade, a verdade dos factos devassados não constitui, a qualquer título, razão dirimente da responsabilidade.

"Bem vistas as coisas, é precisamente a verdade dos factos que, em rigor, configura a danosidade social destes crimes e fundamenta a respectiva ilicitude material. Porque só a verdade e não a mentira pode trazer à praça pública o que cada um quer preservar nas quatro paredes da vida privada"- o.c. p. 111.

A questão complica-se, então, nos casos em que o agente atenta contra a honra divulgando factos desonrosos pertencentes à esfera da intimidade: "A afirma e divulga que B terá praticado incesto com uma sua filha".

Hoje em dia, pode afirmar-se com segurança que a divulgação da verdade dos factos não é um direito ilimitado.

No entanto, há que ponderar se a vítima não poderá querer usar esse direito de ver esclarecida a verdade dos factos, no caso de ataque à sua esfera da intimidade.

Se fosse proibida a prova da verdade dos factos mesmo contra a vontade da vítima esta nunca poderia limpar a sua honra. O autor em questão, com muitas cautelas, dá o seu apoio à solução que garanta mais espaço à autonomia do ofendido.

Diz, ainda: "Não cremos, aliás, que as soluções normativas constantes da lei em vigor contrariem de forma invencível a compreensão das coisas para que vai a nossa preferência.

Tanto pelo seu teor literal, como pela sua valência sistemática e teleológica, o que prima facie avulta no n.° 3 do artigo 180.° do Código Penal é a garantia da privacidade/intimidade face a acções de devassa heteronomamente impostas ao ofendido".

b) Fora do alcance da prossecução de interesses legítimos, contemplada no n.° 2 do preceito, fica a vida íntima, tornando redundante o n.° 3 do artigo 180.° .

c) Do preceito correspondente do Código Penal de 1982, o artigo 178.°, n.° 2, foi eliminada a expressão «ou tenha qualquer outra causa justa".

Segundo Costa Andrade, (1996), p.p. 205 a 212, essa eliminação não redunda, de modo nenhum, numa limitação à liberdade de imprensa.

Dado que tal expressão não passa da «menção redundante da ilicitude», bem pode ser eliminada sem que daí derive qualquer intuito criminalizador.

Assim, o resultado do julgamento efectuado por um tribunal de Lisboa de um repórter fotográfico que, sem consentimento, fotografou um paciente, vítima da SIDA, em estado terminal, tendo sido absolvido, seria o mesmo, apesar da eliminação da dita expressão.

d) Ac. do S.T.J., de 6 de Novembro de 1996, in Col. Jur. Acórdãos do S.T.J., tomo III, Ano IV, p.p. 187/188:

I. Ainda que a assistente seja funcionária do tribunal, se não for contestada a imparcialidade pessoal dos juizes nem indicados com precisão factos verificáveis que autorizem a dela suspeitar, não é caso de pedido de escusa ou de recusa.

II. Uma cassette vídeo com gravações da vida sexual da ofendida com o marido não é de insignificante valor para efeitos de afastar a qualificação do crime com o seu furto, nos termos do n.° 3 do artigo 297.° do C.P. de 1982.

III. Porém, face ao C.P. revisto, já é de valor diminuto.

IV. A expressão «indevidamente obtidos» da alínea d) do n.° 1 do artigo 179.° tem de ser entendida em termos hábeis, de modo a abranger casos em que os filmes ou registos chegaram ao poder do agente por os ter furtado e reproduzido.

V. Os tipos de crimes dos artigos 178.° e 179.°, do C.P. de 1982 não tutelam bens jurídicos totalmente idênticos, pelo que as suas práticas integram um concurso real de crimes.

VI. O lesado pode formular pedido enxertado de indemnização civil, mesmo contra demandados que não sejam acusados no processo crime, nos casos em que foram denunciados e não foram acusados por insuficiência de indícios.

ARTIGO 193.°

(Devassa por meio de informática)

1. Quem criar, mantiver ou utilizar ficheiro automatizado de dados individualmente identificáveis e referentes a convicções políticas, religiosas ou filosóficas, à filiação partidária ou sindical, à vida privada, ou a origem étnica, é punido com pena de prisão até 2 anos ou com a pena de multa até 240 dias.

2. A tentativa é punível.

ARTIGO 194.°

(Violação de correspondência ou de telecomunicações)

1. Quem, sem consentimento, abrir encomenda, carta ou qualquer outro escrito que se encontre fechado e lhe não seja dirigido, ou tomar conhecimento, por processos técnicos, do seu conteúdo, ou

impedir, por qualquer modo, que seja recebido pelo destinatário, é punido com pena de prisão até 1 ano ou com pena de multa até 240 dias.

2. Na mesma pena incorre quem, sem consentimento, se intrometer no conteúdo de telecomunicação ou dele tomar conhecimento.

3. Quem, sem consentimento, divulgar o conteúdo de cartas, encomendas, escritos fechados, ou telecomunicações a que se referem os números anteriores, é punido com pena de prisão até 1 ano ou com pena de multa até 240 dias.

ARTIGO 195.°

(Violação de segredo)

Quem, sem consentimento, revelar segredo alheio de que tenha tomado conhecimento em razão do seu estado, ofício, emprego, profissão ou arte é punido com pena de prisão até 1 ano ou com pena de multa até 240 dias.

NOTAS:

a) Parecer n.° 20/94, votado em 9 de Fevereiro de 1995 pelo Conselho — Consultivo da Procuradoria — Geral da República e publicado em Procuradoria — Geral da República — Pareceres, Volume VII, págs. 109 e seguintes:

1.ª — A expressão dados relativos à situação tributária dos contribuintes, constante da alínea d) do artigo 17.° do Código de Processo Tributário, abrange, na sua previsão, quaisquer informações, quaisquer elementos informatizados ou não que reflictam de alguma forma a situação profissional dos sujeitos passivos da obrigação de imposto, sejam pessoas singulares ou pessoas colectivas, comerciantes e não comerciantes.

2.ª — A «confidencialidade» protegida na disposição referida na conclusão anterior não abrange os dados que tenham natureza pública, por serem livremente cognoscíveis por recurso a outras vias jurídico — institucionais, como sejam v. g. os registos predial, comercial e civil.

3.ª — A quebra da «confidencialidade» prevista na referida disposição legal depende da existência de norma que, sobrepondo-se-lhe, afaste o regime ali consagrado.

4.ª — Assim, os órgãos e agentes da Administração Pública não têm acesso aos dados confidenciais previstos na referida disposição legal, salvo quando exista norma especial de que resulte o dever de prestar tal colaboração.

5.ª — Os advogados e os solicitadores não têm acesso aos dados previstos na referida disposição legal, salvo quando representem os contribuintes a que esses dados digam respeito ou terceiros com «interesse directo e pessoal».

6.ª — A administração fiscal deve invocar a «confidencialidade» prevista na referida disposição legal relativamente a pedidos formulados pelos deputados, ao abrigo do n.° 3 do artigo 12.° da Lei n.° 7/93, de 1 de Março.

7.ª — A administração fiscal não deve invocar a «confidencialidade» referida nas conclusões anteriores relativamente às solicitações do Provedor de Justiça, face ao disposto nos números 1 e 2 do artigo 29.° da Lei n.° 9/91, de 9 de Abril.

8.ª — Salvo nos estritos casos especiais que prevêem o dever de prestar a colaboração solicitada pelas autoridades judiciárias — artigos 60.° do Decreto — lei n.° 15/93, de 22 de Janeiro, e 23.°, n.° 4, do Decreto-lei n.° 387-B787, de 29 de Dezembro —, a confidencialidade fiscal prevista na referida alínea d) do artigo 17.° do Código de Processo Tributário só pode ser quebrada por decisão do Tribunal, nos precisos termos do artigo 135.°, n.° 3, do Código de Processo Penal.

9.ª — Fora das situações referidas na conclusão anterior, os magistrados do Ministério Público não dispões, em princípio, de qualquer mecanismo legal que lhes permita quebrar a confidencialidade fiscal prevista na referida disposição.

10.ª — Os magistrados do Ministério Público têm, no entanto, acesso aos referidos dados quando intervenham na determinação contenciosa da própria situação patrimonial do contribuinte, quando tenham de agir em representação do beneficiário do segredo ou, em nome de terceiro com interesse directo e pessoal, e na hipótese de consentimento do seu beneficiário.

11.ª — As entidades referidas nas conclusões 7.ª, 8.ª e 10.ª, na medida em que podem solicitar informações sobre matéria confidencial prevista naquela disposição legal, têm de igual modo acesso às informações constantes de ficheiros ou registos informáticos nos termos e nas condições referidas no n.° 3 do artigo 32.° da Lei n.° 10/91, de 29 de Abril.

b) Parecer n.° 67/96, votado em 20 de Março de 1997 pelo Conselho Consultivo da Procuradoria — Geral da República e publicado em Procuradoria — Geral da República — Pareceres, Volume VI, págs. 119 e seguintes:

1.ª — A confidencialidade fiscal e o segredo profissional fiscal, plasmados no artigo 17.°, alínea d), do Código de Processo Tributário e no artigo 27.° do Regime Jurídico das Infracções Fiscais Não Aduaneiras (RJIFNA), levando implicada a confiança entre o cidadão e a administração fiscal, privilegia essencialmente a tutela da intimidade da vida privada, valor com assento constitucional — artigos 26.°, números 1 e 2, 35.°, números 2 e 3 e 268.°, n.° 2, da lei fundamental.

2.ª — No capítulo específico da informação sujeita a tratamento automatizado, nomeadamente, é proibido o acesso a ficheiros e registos informáticos para conhecimento de dados pessoais relativos a terceiros, bem como a respectiva interconexão e utilização para finalidade diferente da que determinou a sua recolha, salvo nos casos excepcionais previstos na lei e mediante controlo e autorização da Comissão Nacional de Protecção de Dados Informáticos (CNPDPI) — artigo 35.°, n.° 2, da Constituição; artigos 4.°, n.° 1, 8.°, alíneas c), d) e f), e 15.°, da lei n.° 10/91, de 29 de Abril.

3.ª — Em protecção dos dados aludidos na conclusão 2.ª, o artigo 32.°, números 1 e 2, da Lei n.° 10/91 sujeita, inclusivamente, a sigilo profissional, mesmo após o termo das suas funções, os responsáveis pelos ficheiros automatizados, bases e bancos de dados, assim como as pessoas que, no exercício das suas funções, tenham conhecimento dos dados pessoais neles registados, sem exceptuar os próprios membros da Comissão Nacional, mesmo após o fim do mandato.

4.ª — O funcionário que, sem estar devidamente autorizado, revele segredo profissional fiscal, comete o crime previsto e punido pelo n.° 3 do artigo 27.°, desde que verificados os requisitos de imputação objectiva e subjectiva densificados no ponto III da parte expositiva do presente parecer.

5.ª — Constitui violação de segredo fiscal, para efeitos do citado artigo 27.°, n.° 3, a divulgação ou transmissão, por parte da administração fiscal, a outros órgãos da Administração Pública, de dados relativos à situação tributária dos contribuintes, salvo quando exista norma especial de que resulte o dever de prestar essa colaboração.

6.ª — A divulgação pública de segredo profissional fiscal através de meios de comunicação social, na prática do crime previsto no n.° 3 do artigo 27.° do Regime Jurídico das Infracções Fiscais Não Aduaneiras, importa, designadamente, a agravação modificativa da pena nele prevista, nos termos do artigo 25.°, n.° 2, alínea b), da Lei de Imprensa.

7.ª — Na hipótese, configurada na consulta, de o crime previsto no n.° 3 do artigo 27.° ainda não ter sido cometido e nem sequer se haver iniciado a sua execução são inaplicáveis as medidas cautelares e de garantia prevenidas no Código de Processo Penal.

8.ª — A viabilidade de recurso, nessa situação, a providências cautelares não especificadas — artigos 381.° e seguintes do Código de Processo Civil — depende das circunstâncias de facto em concreto emergentes.

ARTIGO 196.°

(Aproveitamento indevido de segredo)

Quem, sem consentimento, se aproveitar de segredo relativo à actividade comercial, industrial, profissional ou artística alheia, de

que tenha tomado conhecimento em razão do seu estado, ofício, emprego, profissão ou arte, e provocar deste modo prejuízo a outra pessoa ou ao Estado, é punido com pena de prisão até 1 ano ou com pena de multa até 240 dias.

ARTIGO 197.°

(Agravação)

As penas previstas nos artigos 190.° a 195.° são elevadas de um terço nos seus limites mínimo e máximo se o facto for praticado:

a) Para obter recompensa ou enriquecimento, para o agente ou para outra pessoa, ou para causar prejuízo a outra pessoa ou ao Estado; ou

b) Através de meio de comunicação social.

NOTA:

Segundo Costa Andrade, a agravação prevista na alínea b) só terá lugar face a condutas que configurem um ilícito criminal. Condutas que, para além de serem típicas, não estejam a coberto de causa de justificação bastante para dirimir a ilicitude (1996), p. 55, nota 107.

Essa agravação justifica-se por os atentados cometidos através da imprensa poderem produzir efeitos devastadores.

O mesmo autor cita Ossenbül: "Numa inextricável mistura de afirmações de facto e de juízos de valor ele vê a sua vida, a sua família, as suas atitudes dissecadas perante a nação. No fim ele estará civicamente morto, vítima de assassínio da honra".

(...)

ARTIGO 199.°

(Gravações e fotografias ilícitas)

1. Quem sem consentimento:

a) Gravar palavras proferidas por outra pessoa e não destinadas ao público, mesmo que lhe sejam dirigidas; ou

b) Utilizar ou permitir que se utilizem as gravações referidas na alínea anterior, mesmo que licitamente produzidas; é punido com pena de prisão até 1 ano ou com pena de multa até 240 dias.

2. Na mesma pena incorre quem, contra vontade:

a) Fotografar ou filmar outra pessoa, mesmo em eventos em que tenha legitimamente participado; ou

b) Utilizar ou permitir que se utilizem fotografias ou filmes referidos na alínea anterior, mesmo que licitamente obtidos.

3. É correspondentemente aplicável o disposto nos artigos 197.° e 198.°

NOTAS:

a) Quanto à protecção ao direito à palavra, de que trata este preceito legal, trata-se de impedir que " aquilo que se pretendeu que fosse apenas uma expressão fugaz e transitória da vida se converta num produto registado e susceptível de ser utilizado a todo o tempo". — Gallas, citado por Andrade (1996) p. 125.

O bem jurídico penal de que aqui se trata é a própria palavra falada, não interessando o seu conteúdo.

Não se trata de um simples delito de indiscrição.

b) O bem jurídico-penal protegido no n.° 2 é o direito à imagem, igualmente bem jurídico autónomo. Só que nesta área existirá um estreitamento da matéria proibida, já por haver maior dificuldade de a autonomizar relativamente ao direito matricial à privacidade/intimidade, já por se fazer sentir o carácter subsidiário e fragmentário da intervenção do direito penal e o direito à imagem estar protegido por outros ordenamentos jurídicos.

Assim, ficam a descoberto da protecção da norma quer as "montagens ofensivas", quer a pintura, o desenho, a caricatura ou a "máscara cénica".

Por outro lado, ficam de fora as situações em que é dispensado o consentimento, nos termos do n.° 2 do artigo 79.°, do Código Civil.

Sobre esta matéria, com maior profundidade, cfr. Andrade (1996) p.p. 131 a 147.

c) Artigo 198.° — Queixa:

Salvo no caso do artigo 193.°, o procedimento criminal pelos crimes previstos no presente capítulo depende de queixa ou de participação.

(...)

ARTIGO 236.°

(Incitamento à guerra)

Quem, pública e repetidamente, incitar ao ódio contra um povo, com intenção de desencadear uma guerra, é punido com pena de prisão de 6 meses a 3 anos.

(...)

ARTIGO 240.°

(Discriminação racial)

1. Quem:

a) Fundar ou constituir organização ou desenvolver actividades de propaganda organizada que incitem à discriminação, ao ódio ou à violência raciais, ou que a encorajem; ou

b) Participar na organização ou nas actividades referidas na alínea anterior ou lhes prestar assistência, incluindo o seu financiamento; é punido com pena de prisão de 1 a 8 anos.

2. Quem, em reunião pública, por escrito destinado a divulgação ou através de qualquer meio de comunicação social:

a) Provocar actos de violência contra pessoa ou grupo de pessoas por causa da sua raça, cor ou origem étnica; ou

b) Difamar ou injuriar pessoa ou grupo de pessoas por causa da sua raça, cor ou origem étnica; com intenção de incitar à discriminação racial ou de a encorajar, é punido com pena de prisão de 6 meses a 5 anos.

(...)

ARTIGO 297.°

(Instigação pública ao crime)

1. Quem, em reunião pública, através de meio de comunicação social, por divulgação de escrito ou outro meio de reprodução técnica, provocar ou incitar à prática de um crime determinado é punido com pena de prisão até 3 anos ou com pena de multa, se pena mais grave lhe não couber por força de outra disposição legal.

2. É correspondentemente aplicável o disposto no n.° 2 do artigo 295.° .

NOTA:

Artigo 295.°

. . . .

2. A pena não pode ser superior à prevista para o facto ilícito típico praticado.

ARTIGO 298.°

(Apologia pública de um crime)

1. Quem, em reunião pública, através de meio de comunicação social, por divulgação de escrito ou outro meio de reprodução técnica, recompensar ou louvar outra pessoa por ter praticado um crime, de forma adequada a criar perigo da prática de outro crime da mesma espécie, é punido com pena de prisão até 6 meses ou com pena de multa até 60 dias, se pena mais grave lhe não couber por força de outra disposição legal.

2. É correspondentemente aplicável o disposto no n.° 2 do artigo 295.°

(...)

ARTIGO 316.°

(Violação de segredo de Estado)

1. Quem, pondo em perigo interesses do Estado Português relativos à independência nacional, à unidade e integridade do Estado ou à sua segurança interna e externa, transmitir, tornar acessível a pessoa não autorizada, ou tornar público facto ou documento, plano ou objecto que devem, em nome daqueles interesses, manter-se secretos é punido com pena de prisão de 2 a 8 anos.

2. Quem destruir, subtrair ou falsificar documento, plano ou objecto referido no número anterior, pondo em perigo interesses no mesmo número indicados, é punido com pena de prisão de 2 a 8 anos.

3. Se o agente praticar facto descrito nos números anteriores violando dever especificamente imposto pelo estatuto da sua função ou serviço, ou da missão que lhe foi conferida por autoridade competente, é punido com pena de prisão de 3 a 10 anos.

4. Se o agente praticar por negligência os factos referidos nos números 1 e 2, tendo acesso aos objectos ou segredos de Estado em razão da sua função ou serviço, ou da missão que lhe foi conferidas por autoridade competente, é punido com pena de prisão até 3 anos.

(...)

ARTIGO 322.º

(Crimes contra pessoa que goze de protecção internacional)

1. Quem atentar contra a vida, a integridade física ou a liberdade de pessoa que goze de protecção internacional, encontrando-se o ofendido em Portugal no desempenho de funções oficiais, é punido com pena de prisão de 1 a 8 anos, se pena mais grave lhe não couber por força de outra disposição legal.

2. Quem ofender a honra de pessoa que goze de protecção internacional e se encontre nas condições referidas no número anterior é punido com pena de prisão até 2 anos ou com pena de multa, se pena mais grave lhe não couber por força de outra disposição legal.

3. Gozam de protecção internacional para efeito do disposto nos números anteriores:

a) **Chefe de Estado, incluindo membro de órgão colegial que exerça, nos termos constitucionais, as funções de Chefe de Estado, Chefe de Governo ou ministro dos Negócios Estrangeiros, bem como membros da família que os acompanhem; e**

b) **Representante ou funcionário de Estado estrangeiro ou agente de organização internacional que, no momento do crime, gozem de protecção especial segundo o direito internacional, bem como membros da família que com eles vivam.**

ARTIGO 323.º

(Ultraje de símbolos estrangeiros)

Quem, publicamente, por palavras, gestos, divulgação de escrito ou outro meio de comunicação com o público, injuriar bandeira oficial ou outro símbolo de soberania de Estado estrangeiro ou de organização internacional de que Portugal seja membro é punido com pena de prisão até 1 ano ou com pena de multa até 120 dias.

ARTIGO 324.º

(Condições de punibilidade e de procedibilidade)

1. O procedimento criminal pelos crimes previstos nesta subsecção depende, salvo tratado ou convenção internacional em contrário,

de participação do Governo Português. Tratando-se de crime contra a honra é também necessário que seja feita participação pelo Governo estrangeiro ou pelo representante da organização internacional.

2. Relativamente ao Estado estrangeiro, seu representante ou funcionário, é necessário à aplicação das disposições da presente subsecção que:

a) Portugal mantenha com o Estado estrangeiro relações diplomáticas; e

b) Haja reciprocidade no tratamento penal do facto, no momento da sua prática e do seu julgamento.

ARTIGO 325.°

(Alteração violenta do Estado de direito)

1. Quem, por meio de violência ou ameaça de violência, tentar destruir, alterar ou subverter o Estado de direito constitucionalmente estabelecido é punido com pena de prisão de 3 a 12 anos.

2. Se o facto descrito no número anterior for praticado por meio de violência armada, o agente é punido com pena de prisão de 5 a 15 anos.

3. No caso previsto no número anterior a pena é especialmente atenuada se o agente, não tendo exercido funções de comando, se render sem opor resistência, ou entregar ou abandonar as armas antes ou imediatamente depois de advertência da autoridade.

ARTIGO 326.°

(Incitamento à guerra civil ou à alteração violenta do Estado de direito)

1. Quem publicamente incitar habitantes do território português ou forças militares, militarizadas ou de segurança ao serviço de Portugal à guerra civil ou à prática da conduta referida no artigo anterior é punido com pena de prisão de 1 a 8 anos.

2. (...)

(...)

ARTIGO 328.°

(Ofensa à honra do Presidente da República)

1. Quem injuriar ou difamar o Presidente da República, ou quem constitucionalmente o substituir é punido com pena de prisão até 3 anos ou com pena de multa.

2. Se a injúria ou difamação forem feitas por meio de palavras proferidas publicamente, de publicação de escrito ou de desenho, ou por qualquer meio técnico de comunicação com o público, o agente é punido com pena de prisão de 6 meses a 3 anos ou com pena de multa não inferior a 60 dias.

3. O procedimento criminal cessa se o Presidente da República expressamente declarar que dele desiste.

(...)

ARTIGO 330.°

(Incitamento à desobediência colectiva)

1. Quem, com intenção de destruir, alterar ou subverter pela violência o Estado de direito constitucionalmente estabelecido, incitar, em reunião pública ou por qualquer meio de comunicação com o público, à desobediência colectiva de leis de ordem pública, é punido com pena de prisão até 2 anos ou com pena de multa até 240 dias.

2. Na mesma pena incorre quem, com a intenção referida no número anterior, publicamente ou por qualquer meio de comunicação com o público:

a) Divulgar notícias falsas ou tendenciosas susceptíveis de provocar alarme ou inquietação na população;

b) Provocar ou tentar provocar, pelos meios referidos na alínea anterior, divisões no seio das Forças Armadas, entre estas e as forças militarizadas ou de segurança, ou entre qualquer destas e os órgãos de soberania; ou

c) Incitar à luta política pela violência.

(...)

ARTIGO 332.°

(Ultraje de símbolos nacionais e regionais)

1. Quem publicamente, por palavras, gestos ou divulgação de escrito, ou por meio de comunicação com o público, ultrajar a República, a bandeira ou o hino nacionais, as armas ou emblemas da soberania portuguesa, ou faltar ao respeito que lhes é devido, é punido com pena de prisão até 2 anos ou com pena de multa até 240 dias.

2. Se os factos descritos no número anterior forem praticados contra as Regiões Autónomas, as bandeiras ou hinos regionais, ou os emblemas da respectiva autonomia, o agente é punido com pena de prisão até 1 ano ou com pena de multa até 120 dias.

(...)

ARTIGO 348.°

(Desobediência)

1. Quem faltar à obediência devida a ordem ou a mandado legítimos, regularmente comunicados e emanados de autoridade ou funcionário competente, é punido com pena de prisão até 1 ano ou com pena de multa até 120 dias se:

a) Uma disposição legal cominar, no caso, a punição da desobediência simples; ou

b) Na ausência de disposição legal, a autoridade ou funcionário fizerem a correspondente cominação.

2. A pena de prisão até 2 anos ou de multa até 240 dias nos casos em que uma disposição legal cominar a punição da desobediência qualificada.

(...)

ARTIGO 360.°

(Falsidade de testemunho, perícia, interpretação ou tradução)

1. Quem, como testemunha, perito, técnico, tradutor ou intérprete, perante tribunal ou funcionário competente para receber como meio de prova, depoimento relatório, informação ou tradução, prestar depoimento, apresentar relatório, der informações ou fizer tradu-

ções falsos, é punido com pena de prisão de 6 meses a 3 anos ou com pena de multa não inferior a 60 dias.

2. Na mesma pena incorre quem, sem justa causa, se recusar a depor ou a apresentar relatório, informação ou tradução.

3. Se o facto referido no n.° 1 for praticado depois de o agente ter prestado juramento e ter sido advertido das consequências penais a que se expõe, a pena é de prisão até 5 anos ou de multa até 600 dias.

(...)

ARTIGO 371.°

(Violação de segredo de justiça)

1. Quem ilegitimamente der conhecimento, no todo ou em parte, do teor de acto de processo penal que se encontre coberto por segredo de justiça, ou a cujo decurso não for permitida a assistência do público em geral, é punido com pena de prisão até 2 anos ou com pena de multa até 240 dias, salvo se outra pena for cominada para o caso pela lei do processo.

2. Se o facto descrito no número anterior respeitar:

a) A processo por contra — ordenação, até à decisão da autoridade administrativa; ou

b) A processo disciplinar, enquanto se mantiver legalmente o segredo; o agente é punido com pena de prisão até 6 meses ou com pena de multa até 60 dias.

NOTAS:

a) Ac. da Rel de Lxa. de 3 de Outubro de 1989, in Colectânea de Jurisprudência, Ano XIV, tomo 4, 165:

I. Não comete o crime de violação de segredo de justiça, do artigo 419.° do Código Penal, a pessoa que, por meios diversos da consulta dos autos criminais, ou de uma sua cópia não autorizada, divulga factos que estejam a ser apurados em processo ainda em fase secreta, se deles tiver tido conhecimento por meios lícitos, como o são a audição não proibida do próprio arguido ou dos declarantes ou das testemunhas desse processo, pessoas estas que, por natureza, não estão obrigadas a esse mesmo segredo de justiça.

II. (...)

b) Em sentido concordante com o acórdão da nota antecedente são as alegações do Ministério Público apresentadas no processo n.° 171/91, do 2.° Juízo da Comarca da Guarda, publicadas na Revista do Ministério Público n.° 53,

Janeiro/Março de 1993, pág. 99 e segs., da autoria do Delegado do Procurador da República Augusto Isidoro, nas quais se conclui:

"1. Não é indiferente, para haver condenação, que seja desconhecido o meio de acesso ou contacto com o processo;

2. Não se prova que o arguido tenha tido contacto directo com o processo, nem indirecto que lhe permitisse agir sem erro sobre os elementos constitutivos do facto ou consciente da ilicitude do acto de divulgar

(...)

A interpretação das normas citadas na decisão condenatória encontra-se afectada de erro na medida em que aceita um princípio que não merece acolhimento: o de que é indiferente o meio de acesso ao conteúdo dos processos em segredo de justiça; e, correspondentemente, atribuir, em abstracto, ao profissional da comunicação social a qualidade equiparada a participante processual, investindo-o na categoria de «pessoas que, por qualquer título, tiverem tomado contacto com o processo» segundo dispõe o artigo 86.°,n.° 3 do C.P.P."

c) A aceitar-se o sentido desta jurisprudência, poderá afirmar-se que, na prática, os jornalistas não estão sujeitos ao segredo de justiça.

Na verdade, sendo o jornalista arguido, não poderá ser obrigado a prestar declarações e, mesmo que o faça, não poderá ser obrigado a revelar as fontes de informação.

Como estas também não estarão na disposição de revelar que quebraram o segredo de justiça, nunca se poderá concluir que o jornalista cometeu o crime.

Diferentemente se poderá concluir, se se interpretar a norma contida no n.° 3 do artigo 86.° do Código de Processo Penal no sentido que lhe foi conferido pela dita decisão condenatória do Tribunal da Guarda, de que é indiferente o título mediante a qual a pessoa ficou ao corrente do processo, para ficar vinculada ao segredo de justiça.

d) Numa comunicação efectuada no Porto, em Abril de 1996, na Fundação António Cupertino de Miranda, no âmbito de um ciclo de debates subordinado ao título «Jornalismo: os factos do século», e que foi publicada no Jornal de Notícias,por partes, com início na edição do dia 9 de Maio de 1996, o senhor Conselheiro, Dr. Cunha Rodrigues, salientou as dificuldades existentes no relacionamento entre a justiça e a comunicação social:

"Quanto à natureza das duas instituições, tem de reconhecer-se que a estrutura concentrada, fechada e iniciática dos tribunais se contrapõe à organização dispersa, aberta e informatizada da comunicação social para transformar os dois sistemas em interlocutores precários."

Por isso, haverá «reacções contraditórias de atracção e distanciamento», mas também há «conexão e reciprocidade de funções»

Ambos os sistemas «aspiram à verdade histórica».Mas, se «é certo que os juízos jurisdicionais não deixam de ser, à sua maneira, juízos de opinião», na realidade «resultam de um processo lógico substancialmente diferente do jornalístico». «E aqui o primeiro espaço de colisão».

Mais adiante, prossegue:

«Independentemente,porém, destas circunstâncias, há motivos que aproximaram a justiça e a comunicação social.

E o mais importante, a meu ver, é a luta que se trava entre dois mitos, o do segredo e o da transparência, num terreno de discutível neutralidade como é o das sociedades de comunicação.

Estamos longe dos tempos em que os príncipes levavam os segredos para a tumba e os filósofos do Estado consideravam o sigilo indispensável à estruturação do campo social».

(...) «Ao mito da publicidade do homem político opõe-se o da privacidade do cidadão».

(...) «O direito de petição, os direitos de participação e a ideia de arquivo aberto são alguns dos instrumentos de realização da transparência.

Enquanto isto, eram reconhecidas esferas cada vez mais amplas de privacidade e cresciam, de forma imparável, os segredos profissionais».

(...) «Há quem veja nesta sociedade a ideologia de uma época sem ideologias e defenda a necessidade de um regresso à História, aos primeiros tempos, para reencontrar o quadro de análise que possa constituir uma ferramenta de autodefesa contra tais mitos ou mistificações.»

e) Na revista Sub Judice — Engrenagens do Poder: Justiça e Comunicação Social n.° 15/16 Junho/Dezembro de 1999, publicada em Novembro de 2000, a págs. 5, escreve João Luís Moraes Rocha: "A relação da Comunicação Social com a Justiça não é uma questão recente. No entanto, os problemas e questões que aquela relação suscita possuem uma renovada actualidade dado que as possíveis soluções estão longe de ser consensuais. Numa sociedade democrática a Justiça é pública. É na concretização desta afirmação que surgem dificuldades..."

f) Na mesma revista ver "Ministério Público e Comunicação Social" por Rui do Carmo Moreira Fernando — Págs. 190/191.

g) Parecer n.° 121/80, votado pelo Conselho Consultivo da Procuradoria — Geral da República em 23 de Julho de 1981 e publicado Em Procuradoria — Geral da República — Pareceres, Volume VII, págs. 47 e seguintes:

1.ª — O carácter secreto do processo criminal e o consequente dever de guardar segredo de justiça, impostos pelos artigos 70.° e seguintes do Código de Processo Penal, abrangem todos os actos do mesmo processo, incluindo a participação ou a denúncia que lhes servem de base.

2.ª — As diligências de prevenção e investigação criminal da competência da Polícia Judiciária estão sujeitas a segredo de justiça, nos termos do artigo 14.° do Decreto — Lei n.° 364/77, de 2 de Setembro, quer esta actue como órgão coadjutor dos magistrados judiciais e do Ministério Público quer por sua iniciativa.

3.ª — É admissível a derrogação do princípio do carácter secreto do processo criminal quando ela for estritamente exigida pelo interesse da averiguação dos factos criminais ou da responsabilidade dos seus agentes e quando feita por forma a não violar o princípio da presunção da inocência do arguido e a não causar dano injustificado ao interesse da protecção da vida privada das pessoas envolvidas no processo.

4.ª — A Polícia Judiciária não pode prestar informações aos órgãos de comunicação social no âmbito dos processos em que se verifica a sua intervenção fora dos casos e dos limites referidos na conclusão anterior e mediante prévia autorização dos magistrados a quem pertence a direcção do processo quando actuar sob esta.

5.ª — A protecção da intimidade da vida privada das pessoas envolvidas nos processos criminais, incluindo vítimas, queixosos e ofendidos, encontra limites nas exigências de polícia e de justiça, salvo naqueles casos específicos em que a lei, de forma expressa, impõe um segredo de justiça absoluto, como no processo tutelar e naqueles em que proíbe a narração de certos comportamentos anti — sociais de menores.

6.ª — A tutela penal da vida privada é directamente garantida nos casos previstos na Lei n.° 3/73, de 5 de Abril, nos casos específicos referidos na conclusão anterior, e é indirectamente garantida pelo carácter secreto do processo criminal e pelo dever de guardar segredo de justiça, através das sanções correspondentes à sua violação.

7.ª — Em harmonia com as conclusões 3.ª, 4.ª, 5.ª e 6.ª, a Polícia Judiciária não pode revelar a identidade dos queixosos nos processos criminais quando estes respeitam a factos cuja revelação a lei não permita em termos absolutos e, nos restantes, com os limites e nas condições referidas nas conclusões 3.ª e 4.ª.

8.ª — A lei põe como limite à liberdade de informação e ao direito a ser informado os processos em segredo de justiça.

9.ª — Da conclusão anterior não resulta, porém, que à Polícia Judiciária seja vedado fornecer à imprensa relatos sintéticos das investigações por ela concluídas para fins de prevenção genérica e específica da criminalidade, mas o carácter secreto do processo e o dever de guardar segredo de justiça impõem que essa actividade respeite os interesses por essa via directa ou indirectamente tutelados.

10.ª — Em conformidade com a doutrina da conclusão anterior não pode a Polícia Judiciária, designadamente, fornecer informações que possibilitem a identificação, pelo público, das pessoas envolvidas nos processos, não pode emitir juízos opiniativos sobre a eventual responsabilidade dos agentes das infracções e sobre o comportamento das vítimas e deve sobretudo evitar que tais informações possam suscitar estados de opinião susceptíveis de influenciar a apreciação dos factos pelos órgãos jurisdicionais competentes, o que pressupõe a mais rigorosa objectividade na descrição dos mesmos.

CÓDIGO DE PROCESSO PENAL

(Preceitos Pertinentes)

(...)

ARTIGO 86.°
(Publicidade do processo e segredo de justiça)

1. O processo penal é, sob pena de nulidade, público a partir da decisão instrutória ou, se a instrução não tiver lugar, do momento em que já não pode ser requerida. O processo é público a partir do recebimento do requerimento a que se refere o artigo 287.°, n.° 1, alínea a), se a instrução for requerida apenas pelo arguido e este, no requerimento, não declarar que se opõe à publicidade.

2. A publicidade do processo implica, nos termos definidos pela lei e, em especial, pelos artigos seguintes, os direitos de:

a) Assistência, pelo público em geral, à realização dos actos processuais;

b) Narração dos actos processuais, ou reprodução dos seus termos, pelos meios de comunicação social;

c) Consulta do auto e obtenção de cópias, extractos e certidões de quaisquer partes dele.

3. A publicidade não abrange os dados relativos à reserva da vida privada que não constituam meios de prova. A autoridade judiciária especifica, por despacho, oficiosamente ou a requerimento, os elementos relativamente aos quais se mantêm o segredo de justiça, ordenando, se for caso disso, a sua destruição ou que sejam entregues à pessoa a quem disserem respeito.

4. O segredo de justiça vincula todos os participantes processuais, bem como as pessoas que, por qualquer título, tiverem tomado

contacto com o processo e conhecimento de elementos a ele pertencentes, e implica as proibições de:

a) Assistência à prática ou tomada de conhecimento do conteúdo de acto processual a que não tenham o direito ou o dever de assistir;

b) Divulgação da ocorrência de acto processual ou dos seus termos, independentemente do motivo que presidir a tal divulgação.

5. Pode, todavia, a autoridade judiciária que preside à fase processual respectiva dar ou ordenar ou permitir que seja dado conhecimento a determinadas pessoas do conteúdo de acto ou de documento em segredo de justiça, se tal se afigurar conveniente ao esclarecimento da verdade.

6. As pessoas referidas no número anterior ficam, em todo o caso, vinculadas pelo segredo de justiça.

7. A autoridade judiciária pode autorizar a passagem de certidão em que seja dado conhecimento do conteúdo do acto ou de documento em segredo de justiça, desde que necessária a processo de natureza criminal ou à instrução de processo disciplinar de natureza pública, bem como à dedução do pedido de indemnização civil.

8. Se o processo respeitar a acidente causado por veículo de circulação terrestre, a autoridade judiciária autoriza a passagem de certidão:

Em que seja dado conhecimento de acto ou documento em segredo de justiça, para os fins previstos na última parte do número anterior e perante requerimento fundamentado no disposto no artigo 72.°, n.° 1, alínea a).

Do auto de notícia do acidente levantado por entidade policial para efeitos de composição extrajudicial de litígio em que seja interessada entidade seguradora para a qual esteja transferida a responsabilidade civil.

9. O segredo de justiça não prejudica a prestação de esclarecimentos públicos:

Quando necessários ao restabelecimento da verdade e sem prejuízo para a investigação, a pedido de pessoas publicamente postas em causa;

Excepcionalmente, nomeadamente em casos de especial repercussão pública, quando e na medida do estritamente necessário para

a reposição da verdade sobre factos publicamente divulgados, para garantir a segurança de pessoas e bens e para evitar perturbações da tranquilidade pública.

NOTAS:

a) A actual redacção do preceito decorre da Lei n.° 59/98, de 25 de Agosto.

b) Artigo 287.° :

A abertura da instrução pode ser requerida no prazo de 20 dias a contar da notificação da acusação ou do arquivamento:

Pelo arguido, relativamente a factos pelos quais o Ministério Público ou o assistente, em caso de procedimento dependente de acusação particular, tiverem deduzido acusação; ou

(...)

c) Artigo 72.°

1.O pedido de indemnização civil pode ser deduzido em separado, perante o tribunal civil, quando:

a) O processo penal não tiver conduzido à acusação dentro de oito meses a contar da notícia do crime, ou estiver sem andamento durante esse lapso de tempo.

(...)

d) Na Revista do Ministério Público n.° 57, ano 15.°, Janeiro/Março de 1994, págs. 53 e segs. encontra-se publicada uma comunicação apresentada em 7-6-93, no Ateneu Comercial do Porto, pelo Senhor Procurador-Geral da República Adjunto, Dr. Artur Rodrigues da Costa, intitulada "Publicidade do Julgamento Penal e Direito de Comunicar".

Começa-se por fazer notar que o relevo súbito do tema da descoberta da realidade dos tribunais pelos «mass media» tem a ver com razões de carácter sociológico e político e ainda por via da recente abertura à iniciativa privada da televisão, que desencadeou uma desenfreada concorrência entre os diversos canais.

O princípio da publicidade do processo penal, em especial a fase do julgamento, é essencial para a legitimação do poder judicial, para a administração da justiça em nome do povo.

Esse princípio implica o acesso dos órgãos da comunicação social à fase da audiência de julgamento, sendo mesmo considerado direito preferencial da comunicação social, isto é, em caso de falta de espaço livre, deve dar-se preferência à comunicação social, em detrimento da presença do próprio público.

Todavia, não deixam de existir excepções a tal princípio, quer para salvaguarda da dignidade das pessoas e da moral pública, quer para garantir o normal funcionamento do tribunal, excepções essas que a decretarem-se têm de o ser por despacho bem fundamentado. O perigo de lesão deverá ser efectivo e o presumível prejuízo bastante grave.

Se for excluída a publicidade, a comunicação social não poderá divulgar as incidências do julgamento, com excepção da leitura da sentença, sob pena de incorrer em crime de desobediência.

Este princípio da publicidade nada tem a ver com a liberdade de publicação de peças processuais, que, por norma é proibida, a fim de serem evitados os pré-julgamentos.

Uma outra restrição ao princípio da publicidade é a proibição da publicação da identidade das vítimas de crimes sexuais, contra a honra e contra a reserva da vida privada antes da audiência e mesmo depois, se o ofendido tiver menos de 16 anos de idade.

Considera ainda restrição ao princípio da publicidade a proibição de transmissão de imagens e tomadas de som, sem autorização do juiz, a qual, a existir deve ser concedida em despacho próprio.

Tendo de autorizar por despacho, o juiz terá de ponderar os interesses em jogo, pois terá de fundamentar a decisão.

A cautela do legislador, nesta matéria, visa, em primeira linha, assegurar a genuinidade do acto.

Por outro lado a intervenção dos media pode transformar a justiça em espectáculo televisivo.

Em Portugal, ao contrário do que acontece noutros países, não existem regras a seguir, encontrando-se a decisão entregue à espontaneidade do magistrado.

O perigo real reside na tentação de substituir a instância judiciária por outras instâncias de julgamento.

O problema envolve aspectos criminológicos, de psicologia forense e de sociologia da comunicação de massas, para além do técnico-jurídico.

Aponta depois as seguintes regras, dentro do condicionalismo da nossa lei:

"1.° Cabe ao presidente da audiência autorizar as tomadas de som e de imagens, ponderando caso a caso os interesses em jogo, nomeadamente a natureza do caso submetido a juízo, sua repercussão pública e qualidade das pessoas envolvidas, em confronto com a necessária tutela dos direitos da personalidade e garantia de genuinidade do julgamento, independência e imparcialidade do tribunal.

2.° Em regra, deve o presidente obter a aquiescência do Ministério Público, do arguido e dos demais intervenientes, não devendo estes ser filmados ou fotografados contra a sua vontade.

3.° Como regra geral, não se devem permitir tomadas de som e de imagens de todo o julgamento, mas apenas de algumas sequências, que possibilitem dar uma ideia de como evolucionam os trabalhos.

4.° Não se devem permitir transmissões em directo, pelos perigos que acarretam.

5.° Não se devem permitir grandes planos sobre os intervenientes no julgamento, nem imagens colhidas de ponto fixo."

Mas existem, ainda, segundo aquele autor, limites indirectos ao princípio da publicidade, decorrentes da protecção de outros bens jurídicos, do princípio de presunção de inocência do arguido e da protecção da personalidade deste.

Acaba por enunciar algumas regras de conduta para os órgãos da comunicação social:

"a) Reportagem fiel e circunstanciada de todos os debates e não de parte deles;

b) Salvaguarda da dignidade humana de todos os intervenientes: arguidos, ofendidos, testemunhas,etc.

c) Prudência na publicação de elementos da personalidade dos arguidos, revelados no curso da audiência;

d) Respeito pelo princípio da «presunção de inocência», mesmo em caso de condenação, pois esta pode não ser definitiva;

e) Tratamento igualitário da acusação e da defesa;

f) Publicação actual.

A publicação tardia é abusiva. É que a publicação completa a publicidade da audiência".

d) Parecer n.° 121/80, de 23 de Julho de 1981, do Conselho Consultivo da Procuradoria-Geral da República, publicado no B.M.J. 309, págs. 121 a 164:

"1. O carácter secreto do processo criminal e o consequente dever de guardar segredo de justiça, imposto pelos artigos 70.° e seguintes do Código de Processo Penal, abrangem todos os actos do mesmo processo, incluindo a participação ou a denúncia que lhes servem de base;

2. As diligências de prevenção e investigação criminal da competência da Polícia Judiciária estão sujeitas a segredo de justiça, nos termos do artigo 14.° do Decreto-Lei n.° 364/77, de 2 de Setembro, quer esta actue como órgão coadjuvante dos magistrados judiciais e do Ministério Público quer por sua iniciativa;

3. É admissível a derrogação do princípio do carácter secreto do processo criminal, quando ela for estritamente exigida pelo interesse da averiguação dos factos criminais ou da responsabilidade dos seus agentes e quando feita por forma a não violar o princípio da presunção da inocência do arguido e a não causar dano injustificado ao interesse da protecção da vida privada das pessoas envolvidas no processo;

4. A Polícia Judiciária não pode prestar informações aos órgãos de comunicação social no âmbito dos processos em que se verifica a sua intervenção fora dos casos e dos limites referidos na conclusão anterior e mediante prévia autorização dos magistrados a quem pertence a direcção do processo quando actuar sob esta;

5. A protecção da intimidade da vida privada das pessoas envolvidas nos processos criminais, incluindo vítimas, queixosos e ofendidos, encontra limites nas exigências de polícia e de justiça, salvo naqueles casos específicos em que a lei, de forma expressa, impõe um segredo de justiça absoluto, como no processo tutelar e naqueles em que proíbe a narração de certos comportamentos anti-sociais de menores;

6. A tutela penal da vida privada é directamente garantida nos casos previstos na Lei n.° 3/73, de 5 de Abril, nos casos específicos referidos na conclusão anterior, e é indirectamente garantida pelo carácter secreto do processo criminal e pelo dever de guardar segredo de justiça, através das sanções correspondentes à sua violação;

7. Em harmonia com as conclusões 3.ª, 4.ª, 5.ª e 6.ª, a Polícia Judiciária não pode revelar a identidade dos queixosos nos processos criminais quando estes respeitem a factos cuja revelação a lei não permita em termos absolutos e, nos restantes, com os limites e nas condições referidas nas conclusões 3.ª e 4.ª;

8. A lei põe como limite à liberdade de informação e ao direito a ser informado os processos em segredo de justiça;

9. Da conclusão anterior não resulta, porém, que à Polícia Judiciária seja vedado fornecer à Imprensa relatos sintéticos das investigações por ela concluídas para fins de prevenção genérica e específica da criminalidade, mas o carácter secreto do processo e o dever de guardar segredo de justiça impõem que essa actividade respeite os interesses por essa via directa ou indirectamente tutelados;

10. Em conformidade com a doutrina da conclusão anterior não pode a Polícia Judiciária, designadamente, fornecer informações que possibilitem a identificação, pelo público, das pessoas envolvidas nos processos, não pode emitir juízos opiniativos sobre a eventual responsabilidade dos agentes das infracções e sobre o comportamento das vítimas e deve sobretudo evitar que tais informações possam suscitar estados de opinião susceptíveis de influenciar a apreciação dos factos pelos órgãos jurisdicionais competentes, o que pressupõe a mais rigorosa objectividade na descrição dos mesmos.

e) Parecer n.° 121/83, de 18/06/83, do Conselho Consultivo da Procuradoria-Geral da República, publicado na II série do D.R.,n.° 138, de 18/06/83:

1. Reafirma-se a doutrina expressa nas conclusões do parecer n.° 121/80, adaptáveis ao processo de inquérito na justa medida em que os factos nele apurados determinaram a instauração de processos disciplinares e foram comunicados à entidade competente para prosseguir processos criminais instaurados;

2. A satisfação do direito de se informar e de ser informado e do direito a ser esclarecido objectivamente sobre actos do Estado e demais entidades públicas, que a Constituição da República assegura a todos os cidadãos, legitima a divulgação de informações obtidas no processo de inquérito a que se refere a consulta (acontecimentos do 1.° de Maio na cidade do Porto), com respeito pelos

interesses públicos e particulares que o ordenamento constitucional igualmente garante;

3. Em harmonia com as conclusão anterior e com o princípio jurídico-constitucional da proporcionalidade, vinculante em matéria de restrições de direitos fundamentais, a divulgação de informações deve evitar a possibilidade de identificação, pelo público, dos arguidos nos processos disciplinares e criminais instaurados com base nos factos apurados no inquérito, assim como juízos opiniativos sobre a eventual responsabilidade dos agentes das infracções e do comportamento das vítimas, e deve ser feita em termos de evitar que tais informações possam suscitar estados de opinião susceptíveis de influenciar a apreciação dos factos pelos órgãos competentes, o que pressupõe uma rigorosa objectividade na descrição dos mesmos factos.

f) Debruçando-se sobre estes questões do relacionamento dos tribunais com a comunicação social, escreveu o senhor Conselheiro, Dr. Cunha Rodrigues, in "Justiça e Comunicação", publicada no Boletim da Faculdade de Direito de Coimbra, Vol. LXVIII, 1992, pág.129:

"Por vocação e condicionamentos estruturais, a justiça tem características monologais de intervenção. A informação que veicula é predominantemente unidireccional, a linguagem esotérica e os tempos de emissão e reacção lentos e ritualizados.

Contrariamente, os mass media utilizam métodos bi-direccionais de recolha de informação, reelaboram o discurso das fontes e tendem para uma comunicação em tempo real.

Estes dados colocaram a justiça numa situação delicada que é a de se adaptar àquele ambiente ou de entrar em rota de colisão com ele."

Considera que um dos problemas mais debatidos é o dos chamados julgamentos paralelos. Entende " não ser procedente a objecção frequentemente levantada contra a legitimidade do jornalismo de investigação quando os factos estão simultaneamente a ser averiguados em processo em segredo de justiça", mas já considera levantar problemas o facto de a actuação dos media estimular julgamentos de opinião.

Por outro lado, entende que o excesso de informação e o dirigismo desta induzem a conflitualidade, pois aumentam a pressão consumista, com todos os conflitos dela derivados, a ser resolvidos pelos tribunais.

Considera que a comunicação social, pela sua própria função está sempre muito perto de se despenhar pelos "abismos" da intrusão ou invasão da vida privada, com os consequentes conflitos daí derivados.

Finalmente, entende que uma quota da conflitualidade "advém de, na mediatização da justiça, a comunicação social tender para a espectularização", podendo produzir danos, que muitas vezes constituem "verdadeiras penas para as pessoas sujeitas à acção dos tribunais".

ARTIGO 87.°

(Assistência do público a actos processuais)

1. Aos actos processuais declarados públicos pela lei, nomeadamente às audiências, pode assistir qualquer pessoa. Oficiosamente ou a requerimento do Ministério Público, do arguido ou do assistente pode, porém, o juiz decidir, por despacho, restringir a livre assistência do público ou que o acto, ou parte dele, decorra com exclusão da publicidade.

2. O despacho referido na segunda parte do número anterior deve fundar-se em actos ou circunstâncias concretas que façam presumir que a publicidade causaria grave dano à dignidade das pessoas, à moral pública ou ao normal decurso do acto e deve ser revogado logo que cessarem os motivos que lhe deram causa.

3. Em caso de processo por crime sexual que tenha por ofendido um menor de 16 anos, os actos processuais decorrem em regra com exclusão da publicidade.

4. Decorrendo o acto com exclusão da publicidade, apenas podem assistir as pessoas que nele tiverem de intervir, bem como outras que o juiz admitir por razões atendíveis, nomeadamente de ordem profissional ou científica.

5. A exclusão da publicidade não abrange, em caso algum, a leitura da sentença.

6. Não implica restrição ou exclusão da publicidade, para o efeito do disposto nos números anteriores, a proibição, pelo juiz, da assistência de menor de 18 anos ou de quem, pelo seu comportamento, puser em causa a dignidade ou a disciplina do acto.

ARTIGO 88.°

(Meios de comunicação social)

1. É permitida aos órgãos de comunicação social, dentro dos limites da lei, a narração circunstanciada do teor de actos processuais que se não encontrem cobertos por segredo de justiça ou a cujo decurso for permitida a assistência do público em geral.

2. Não é, porém, autorizada, sob pena de desobediência simples:

a) A reprodução de peças processuais ou de documentos incorporados no processo até à sentença de 1.ª instância, salvo se ti-

verem sido obtidos mediante certidão solicitada com menção do fim a que se destina, ou se para tal tiver havido autorização expressa da autoridade judiciária que presidir à fase em que se encontra o processo no momento da publicação;

b) A transmissão ou registo de imagens ou de tomadas de som relativas à prática de qualquer acto processual, nomeadamente da audiência, salvo se a autoridade judiciária referida na alínea anterior, por despacho, a autorizar; não pode, porém, ser autorizada transmissão ou registo de imagem ou tomada de som relativos a pessoa que a tal se opuser.

c) A publicação, por qualquer meio, da identidade de vítimas de crimes sexuais, contra a honra ou contra a reserva da vida privada, antes da audiência, ou mesmo depois, se o ofendido for menor de 16 anos.

3. Até à decisão sobre a publicidade da audiência não é ainda autorizada, sob pena de desobediência simples, a narração de actos processuais anteriores àquela quando o juiz, oficiosamente ou a requerimento, a tiver proibido com fundamento nos factos ou circunstâncias referidos no n.° 2 do artigo anterior.

NOTA:

A redacção actual foi introduzida pela Lei n.° 59/98, de 25 de Agosto.

ARTIGO 89.°

(Consulta de auto e obtenção de certidão por sujeitos processuais)

1. Para além da entidade que dirigir o processo, do Ministério Público e daqueles que nele intervierem como auxiliares, o arguido, o assistente e as partes civis podem ter acesso a auto, para consulta, na secretaria ou noutro local onde estiver a ser realizada qualquer diligência, bem como obter cópias, extractos e certidões autorizadas por despacho, ou independentemente dele para efeitos de prepararem a acusação e a defesa dentro dos prazos para tal estipulados pela lei.

2. Se, porém, o Ministério Público não houver ainda deduzido acusação, o arguido, o assistente, se o processo não depender de acusação particular, e as partes civis só podem ter acesso a auto na parte respeitante a declarações prestadas e a requerimentos e memoriais

por eles apresentados, bem como a diligências de prova a que pudessem assistir ou a questões incidentais em que devessem intervir, sem prejuízo do disposto no artigo 86.°, n.° 5. Para o efeito, as partes referidas do auto ficam avulsas na secretaria, por fotocópia, pelo prazo de três dias, sem prejuízo do andamento do processo. O dever de guardar segredo de justiça persiste para todos.

3. As pessoas mencionadas no número 1 têm, relativamente a processos findos, àqueles em que não puder ou já não puder ter lugar a instrução e àqueles em que tiver havido já decisão instrutória, direito a examiná-los gratuitamente fora da secretaria, desde que o requeiram à autoridade judiciária competente e esta, fixando prazo para tal, autorize a confiança do processo.

4. São correspondentemente aplicáveis à hipótese prevista no número anterior as disposições da lei do processo civil respeitantes à falta de restituição do processo dentro do prazo; sendo a falta da responsabilidade do Ministério Público, a ocorrência é comunicada ao superior hierárquico.

NOTAS:

a) A redacção actual do preceito decorre da Lei n.° 59/98, de 25 de Agosto.

b) As disposições do Código de Processo Civil, referidas no número 4, vão, adiante, transcritas.

ARTIGO 90.°

(Consulta de auto e obtenção de certidão por outras pessoas)

1. Qualquer pessoa que nisso revelar interesse legítimo pode pedir que seja admitida a consultar auto de um processo que se não encontre em segredo de justiça e que lhe seja fornecida, à sua custa, cópia, extracto ou certidão de auto ou de parte dele. Sobre o pedido decide, por despacho, a autoridade judiciária que presidir à fase em que se encontra o processo ou que nele tiver proferido a última decisão.

2. A permissão de consulta de auto e de obtenção de cópia, extracto ou certidão realiza-se sem prejuízo da proibição, que no caso se verificar, de narração dos actos processuais ou de reprodução dos seus termos através dos meios de comunicação social.

(...)

ARTIGO 135.°

(Segredo profissional)

1. Os ministros de religião ou confissão religiosa, os advogados, os médicos, os jornalistas, os membros de instituições de crédito e as demais pessoas a quem a lei permitir ou impuser que guardem segredo profissional podem escusar-se a depor sobre os factos abrangidos por aquele segredo.

2. Havendo dúvidas fundadas sobre a legitimidade da escusa, a autoridade judiciária, perante a qual o incidente se tiver suscitado procede às averiguações necessárias. Se, após estas, concluir pela ilegitimidade da escusa, ordena, ou requer ao tribunal que ordene, a prestação do depoimento.

3. O tribunal superior àquele onde o incidente se tiver suscitado, ou, no caso de o incidente se ter suscitado perante o Supremo Tribunal de Justiça, o plenário das secções criminais, pode decidir da prestação de testemunho com quebra de segredo profissional sempre que esta se mostre justificada face às normas e princípios aplicáveis, nomeadamente face ao princípio da prevalência do interesse preponderante. A intervenção é suscitada pelo juiz, oficiosamente ou a requerimento.

4. O disposto no número anterior não se aplica ao segredo religioso.

5. Nos casos previstos nos números 2 e 3, a decisão da autoridade judiciária ou do tribunal é tomada ouvido o organismo representativo da profissão relacionada com o segredo profissional em causa, nos termos e com os efeitos previstos na legislação que a esse organismo seja aplicável.

NOTAS:

a) A redacção do preceito decorre do Decreto-Lei n.° 317/95, de 28/11.

b) O artigo 185.° do Código Penal de 1982, para que a redacção primitiva do preceito remetia, preceituava:

"O facto previsto no artigo anterior não será punível se for revelado no cumprimento de um dever jurídico sensivelmente superior ou visar um interesse público ou privado legítimo, quando, considerados os interesses em conflito e os deveres de informação que, segundo as circunstâncias, se impõem ao agente, se puder considerar meio adequado para alcançar aquele fim."

Entendia-se que este preceito jurídico especial restringia o princípio geral, no que dizia respeito ao conflito de deveres, pois exigia que a revelação fosse feita para cumprimento de um dever jurídico sensivelmente superior.
No que respeita ao direito de necessidade, alargava os pressupostos do princípio geral, na medida em que colocava o acento tónico na adequação meio-fim e, não, na ponderação de interesses — tratava-se de uma dirimente autónoma de prossecução de interesses legítimos.
Todavia o artigo não consta do actual Código Penal pelo que, hoje, a questão deverá ser decidida à luz da teoria geral da infracção, designadamente das regras atinentes ao conflito de deveres — art. 36.° — e direito de necessidade — art. 34.°.
No sentido de que a claúsula da prossecução de interesses legítimos como dirimente autónoma da ilicitude do crime de violação de segredo continua a ser eficaz, mesmo depois da reforma de 1995 do C.P., cfr. Andrade (1996), p.p. 381/382.

c) Na revista Sub Judice n.° 15/16, publicada em Novembro de 2000, Rodrigo Santiago assina um artigo muito curioso.
Começa por defender a tese de que o denominado «sigilo profissional» do jornalista não é um segredo profissional, pois os jornalistas não têm o dever de se calar mas, sim, de falar, de exprimir as suas ideias e opiniões, limitando-se aquele ao direito de não revelarem as suas fontes de informação.
Não sendo segredo profissional, ao segredo dos jornalistas não se poderá aplicar a norma do artigo 135.° do C.P.P. por esta só contemplar segredos profissionais.
Se o legislador quisesse estabelecer restrições ao segredo dos jornalistas deveria editar legislação específica, para o efeito.

c) Também na mesma revista, a págs. 81, em nota de rodapé, A. Marinho e Pinto considera que um dos sinais da subordinação do poder político à tendência actual de desfavorecer a liberdade de imprensa relativamente aos direitos pessoais é a demissão do Estatuto do Jornalista de "regular os casos em que os profissionais da informação possam ser obrigados a violar o seu sigilo profissional. O novo Estatuto do Jornalista recusa-se também a estabelecer um regime processual para os jornalistas e órgãos de comunicação social semelhante ao que existe para outras profissões com segredo profissional, nomeadamente os advogados ou os funcionários bancários, quando alvo de revistas ou no caso de buscas e apreensões nas redacções dos órgãos de comunicação social."

ARTIGO 136.°

(Segredo de funcionários)

1. Os funcionários não podem ser inquiridos sobre factos que constituam segredo e de que tiverem tido conhecimento no exercício das suas funções.

2. É correspondentemente aplicável o disposto nos n.° s 2 e 3 do artigo anterior.

ARTIGO 137.°

(Segredo de Estado)

1. As testemunhas não podem ser inquiridas sobre factos que constituam segredo de Estado.

2. O segredo de Estado a que se refere o presente artigo abrange, nomeadamente, os factos cuja revelação, ainda que não constitua crime, possa causar dano à segurança, interna ou externa, do Estado Português ou à defesa da ordem constitucional.

3. Se a testemunha invocar segredo de Estado, deve este ser confirmado, no prazo de 30 dias, por intermédio do Ministro da Justiça. Decorrido este prazo sem a confirmação ter sido obtida, o testemunho deve ser prestado.

(...)

ARTIGO 182.°

(Segredo profissional e de Estado)

1. As pessoas indicadas nos artigos 135.° a 137.° apresentam à autoridade judiciária, quando esta o ordenar, os documentos ou quaisquer objectos que tiverem na sua posse e deverem ser apreendidos, salvo se invocarem, por escrito, segredo profissional ou de funcionário ou segredo de Estado.

2. Se a recusa se fundar em segredo profissional, ou de funcionário, é correspondentemente aplicável o disposto no artigo 135.°, n.° s 2 e 3, e 136.°, n.° 2.

3. Se a recusa se fundar em segredo de Estado, é correspondentemente aplicável o disposto no artigo 137.°, n.° 3.

NOTAS:

a) A redacção actual decorre da Lei n.° 59/98, de 25 de Agosto.

b) Lei n.° 6/94, de 7 de Abril:

Segredo de Estado

A Assembleia da República decreta, nos termos dos artigos 164.°, alínea d), 168.°,n.° 1, alíneas b), c) e r), e 169.°, n.° 3, da Constituição, o seguinte:

Artigo 1.° (Objecto)

1. O regime do segredo de Estado é definido pela presente Lei e obedece aos princípios de excepcionalidade, subsidiariedade, necessidade, proporcionalidade, tempestividade, igualdade, justiça e imparcialidade, bem como o dever de fundamentação.

2. As restrições de acesso aos arquivos, processos e registos administrativos e judiciais, por razões atinentes à investigação criminal ou à intimidade das pessoas, bem como as respeitantes aos serviços de informações da República Portuguesa e a outros sistemas de classificação de matérias, regem-se por legislação própria.

3. O regime de segredo de Estado não é aplicável quando, nos termos da Constituição e da lei, a realização dos fins que ele visa seja compatível com formas menos estritas de reserva de acesso à informação.

Artigo 2.° (Âmbito do segredo)

1. São abrangidos pelo segredo de Estado os documentos e informações cujo conhecimento por pessoas não autorizadas é susceptível de pôr em risco ou de causar dano à independência nacional, à unidade e integridade do Estado e à sua segurança interna e externa.

2. O risco e o dano referidos no número anterior são avaliados caso a caso em face das suas circunstâncias concretas, não resultando automaticamente da natureza das matérias a tratar.

3. Podem, designadamente, ser submetidos ao regime de segredo de Estado, mas apenas verificado o condicionalismo previsto nos números anteriores, documentos que respeitem às seguintes matérias:

a) As que são transmitidas, a título confidencial, por Estados estrangeiros ou por organizações internacionais;

b) As relativas à estratégia a adoptar pelo País no quadro de negociações presentes ou futuras com outros Estados ou com organizações internacionais;

c) As que visam prevenir e assegurar a operacionalidade e a segurança do pessoal, dos equipamentos, do material e das instalações das Forças Armadas e das forças e serviços de segurança;

d) As relativas aos procedimentos em matéria de segurança na transmissão de dados e informações com outros Estados ou com organizações internacionais;

e) Aquelas cuja divulgação pode facilitar a prática de crimes contra a segurança do Estado;

f) As de natureza comercial, industrial, científica, técnica ou financeira que interessam à preparação da defesa militar do Estado.

Artigo 3.° (Classificação de segurança)

1. A classificação como segredo de Estado nos termos do artigo anterior é da competência do Presidente da República, do Presidente da Assembleia da República, do Primeiro-Ministro, dos Ministros e do Governador de Macau.

2. Quando, por razões de urgência, for necessário classificar um documento como segredo de Estado, podem fazê-lo, a título provisório, no âmbito da sua competência própria, com a obrigatoriedade de comunicação, no mais curto prazo possível, para ratificação, às entidades referidas no n.° 1 que em cada caso se mostrem competentes para tal:

a) O Chefe do Estado-Maior-General das Forças Armadas;

b) Os directores dos serviços do Sistema de Informações da República.

3. A competência prevista nos números 1 e 2 não é delegável.

4. Se no prazo máximo de 10 dias contados a partir da data da classificação provisória esta não for ratificada, opera-se a sua caducidade.

Artigo 4.° (Desclassificação)

1. As matérias sob segredo de Estado são desclassificadas quando se mostre que a classificação foi incorrectamente atribuída ou quando a alteração das circunstâncias que a determinaram assim o permita.

2. Apenas tem competência para desclassificar a entidade que procedeu à classificação definitiva.

Artigo 5.° (Fundamentação)

A classificação de documentos submetidos ao regime de segredo de Estado, bem como a desclassificação, devem ser fundamentadas, indicando-se os interesses a proteger e os motivos ou as circunstâncias que as justificam.

Artigo 6.° (Duração do segredo)

1. O acto de classificação especifica, tendo em consideração a natureza e as circunstâncias motivadoras do segredo, a duração deste ou o prazo em que o acto deve ser revisto.

2. O prazo para a duração da classificação ou para a sua revisão não pode ser superior a quatro anos.

3. A classificação caduca com o decurso do prazo.

Artigo 7.° (Salvaguarda da acção penal)

As informações e elementos de prova respeitantes a factos indiciários da prática de crimes contra a segurança do Estado devem ser comunicados às entidades competentes para a sua investigação, não podendo ser mantidos reservados, a título de segredo de Estado, salvo pelo titular máximo do órgão de soberania detentor do segredo e pelo tempo estritamente necessário à salvaguarda da segurança interna e externa do Estado.

Artigo 8.° (Protecção dos documentos classificados)

1. Os documentos em regime de segredo de Estado são objecto de adequadas medidas de protecção contra acções de sabotagem e de espionagem e contra fugas de informação.

2. Quem tomar conhecimento de documento classificado que, por qualquer razão, não se mostre devidamente acautelado deve providenciar pela sua imediata entrega à entidade responsável pela sua guarda ou à autoridade mais próxima.

Artigo 9.° (Acesso a documentos em segredo de Estado)

1. Apenas têm acesso a documentos em segredo de Estado, com as limitações e formalidades que venham a ser estabelecidas, as pessoas que deles careçam para o cumprimento das suas funções e que tenham sido autorizadas.

2. A autorização referida no número anterior é concedida pela entidade que conferiu a classificação definitiva e, no caso dos Ministros, por estes ou pelo Primeiro-Ministro.

3. O disposto nos números anteriores não é aplicável ao Presidente da República e ao Primeiro- -Ministro, cujo acesso a documentos classificados não fica sujeito a qualquer restrição.

4. A classificação como segredo de Estado de parte de documento, processo, ficheiro ou arquivo não determina restrições de acesso a partes não classificadas, salvo na medida em que se mostre estritamente necessário à protecção devida às partes classificadas.

Artigo 10.° (Dever de sigilo)

1. Os funcionários e agentes do Estado e quaisquer pessoas que, em razão das suas funções, tenham acesso a matérias classificadas são obrigados a guardar sigilo.

2. O dever de sigilo a que se refere o número anterior mantém-se após o termo do exercício de funções.

3. A dispensa do dever de sigilo na acção penal é regulada pelo Código de Processo Penal.

Artigo 11.° (Legislação penal e disciplinar)

A violação do dever de sigilo e de guarda e conservação de documentos classificados como segredo de Estado pelos funcionários e agentes da Administração incumbidos dessas funções é punida nos termos previstos no Estatuto Disciplinar dos Funcionários e Agentes da Administração Central, Regional e Local, no Código de Justiça Militar e no Código Penal e pelos diplomas que regem o Sistema de Informações da República Portuguesa.

Artigo 12.°

A Assembleia da República fiscaliza, nos termos da Constituição e do seu Regimento, o regime de segredo de Estado.

Artigo 13.° (Comissão de Fiscalização)

1. É criada a Comissão para a Fiscalização do Segredo de Estado, a quem cabe zelar pelo cumprimento das disposições da presente Lei.

2. A Comissão de Fiscalização é uma entidade pública independente, que funciona junto da Assembleia da República e dispõe de serviços próprios de apoio técnico administrativo.

3. A Comissão é composta por um juiz da jurisdição administrativa designado pelo Conselho Superior dos Tribunais Administrativos e Fiscais, que preside, e por dois deputados eleitos pela Assembleia da República, sendo um sob proposta do grupo parlamentar do maior partido que apoia o Governo e o outro sob proposta do grupo parlamentar do maior partido da oposição.

4. Compete à Comissão aprovar o seu regulamento e apreciar as queixas que lhe sejam dirigidas sobre dificuldades ou recusa no acesso a documentos e registos classificados como segredo de Estado e sobre elas emitir parecer.

5. Nas reuniões da Comissão participa sempre um representante da entidade que procede à classificação.

Artigo 14.° (Impugnação)

A impugnação graciosa ou contenciosa de acto que indefira o acesso a qualquer documento com fundamento em segredo de Estado está condicionada ao prévio pedido e à emissão de parecer da Comissão de Fiscalização.

Artigo 15.° (Regime transitório)

As classificações de documentos como segredo de Estado anteriores a 25 de Abril de 1974 ainda vigentes são objecto de revisão no prazo de um ano contado a partir da data de entrada em vigor da presente lei, sob pena de caducidade.

Artigo 16.° (Regulamento dos casos omissos)

Sem prejuízo de o Governo dever regulamentar a matéria referente aos direitos e regalias dos membros da Comissão de Fiscalização, nos casos omissos e, designadamente, no que diz respeito a prazos, aplica-se o disposto na Lei de Acesso aos Documentos da Administração.

Artigo 17.° (Entrada em vigor)

A presente lei entra em vigor no prazo de 30 dias a contar da data da sua publicação.

. . . .

CÓDIGO CIVIL

(Preceitos Pertinentes)

(...)

ARTIGO 70.°
(Tutela geral da personalidade)

1. A lei protege os indivíduos contra qualquer ofensa ilícita ou ameaça de ofensa à sua personalidade física ou moral.

2. Independentemente da responsabilidade civil a que haja lugar, a pessoa ameaçada ou ofendida pode requerer as providências adequadas às circunstâncias do caso, com o fim de evitar a consumação da ameaça ou atenuar os efeitos da ofensa já cometida.

NOTA:

Segundo Andrade, 1996, págs. 10 e 11, esta é uma norma que não tem homólogo do lado da lei penal. Dizer que "quem atentar ilicitamente contra o direito geral de personalidade de outrem será punido..." equivaleria a fixar uma norma "abertamente incompatível com os princípios basilares do direito penal moderno". Não se ajustava às exigências de subsidiaridade e de fragmentaridade do direito penal e violaria o princípio de legalidade/determinidade.

Mas a dignidade humana acaba por ser protegida através da protecção jurídico-penal dos velhos e novos bens jurídicos pessoais.

O surgimento de novos bens jurídicos pessoais acontece, ainda segundo o mesmo autor como forma de combater as tendências totalitárias do mundo moderno, não o totalitarismo entendido no sentido tradicional, mas a asfixia do indivíduo provocada pelas novas tecnologias, a organização do trabalho, o consumo e a pressão da opinião pública (Ibid p.p.25 a 28)

ARTIGO 71.°

(Ofensa a pessoas já falecidas)

1. Os direitos de personalidade gozam igualmente de protecção depois da morte do respectivo titular.

2. Tem legitimidade, neste caso, para requerer as providências previstas no n.° 2 do artigo anterior o cônjuge sobrevivo ou qualquer descendente, ascendente, irmão, sobrinho ou herdeiro do falecido.

3. Se a ilicitude da ofensa resultar da falta de consentimento, só as pessoas que o deveriam prestar têm legitimidade, conjunta ou separadamente, para requerer as providências a que o número anterior se refere.

ARTIGO 72.°

(Direito ao nome)

1. Toda a pessoa tem direito a usar o seu nome, completo ou abreviado, e a opor-se a que outrem o use ilicitamente para sua identificação ou outros fins.

2. O titular do nome não pode, todavia, especialmente no exercício de uma actividade profissional, usá-lo de modo a prejudicar os interesses de quem tiver nome total ou parcialmente idêntico; nestes casos, o tribunal decretará as providências que, segundo juízos de equidade, melhor conciliem os interesses em conflito.

(...)

ARTIGO 74.°

(Pseudónimo)

O pseudónimo, quando tenha notoriedade, goza da protecção conferida ao próprio nome.

ARTIGO 75.°

(Cartas-missivas confidenciais)

1. O destinatário de carta-missiva de natureza confidencial deve guardar reserva sobre o seu conteúdo, não lhe sendo lícito aproveitar

os elementos de informação que ela tenha levado ao seu conhecimento.

2. Morto o destinatário, pode a restituição da carta confidencial ser ordenada pelo tribunal, a requerimento do autor dela ou, se este já tiver falecido, das pessoas indicadas no n.° 2 do artigo 71.° ; pode também ser ordenada a destruição da carta, o seu depósito em mão de pessoa idónea ou qualquer outra medida apropriada.

ARTIGO 76.°

(Publicação de cartas confidenciais)

1. As cartas-missivas confidenciais só podem ser publicadas com o consentimento do seu autor ou com o suprimento judicial desse consentimento; mas não há lugar ao suprimento quando se trate de utilizar as cartas como documento literário, histórico ou biográfico.

2. Depois da morte do autor, a autorização compete às pessoas designadas no n.° 2 do artigo 71.°, segundo a ordem nele indicada.

ARTIGO 77.°

(Memórias familiares e outros escritos confidenciais)

O disposto no artigo anterior é aplicável, com as necessárias adaptações, às memórias familiares e pessoais e outros escritos, que tenham carácter confidencial ou se refiram à intimidade da vida privada.

ARTIGO 78.°

(Cartas-missivas não confidenciais)

O destinatário de carta não confidencial só pode usar dela em termos que não contrariem a expectativa do autor.

ARTIGO 79.°

(Direito à imagem)

1. O retrato de uma pessoa não pode ser exposto, reproduzido ou lançado no comércio sem o consentimento dela; depois da morte da

pessoa retratada, a autorização compete às pessoas designadas no n.° 2 do artigo 71.°, segundo a ordem nele indicada.

2. Não é necessário o consentimento da pessoa retratada quando assim o justifiquem a sua notoriedade, o cargo que desempenhe, exigências de polícia ou de justiça, finalidades científicas, didácticas ou culturais, ou quando a reprodução da imagem vier enquadrada na de lugares públicos, ou na de factos de interesse público ou que hajam decorrido publicamente.

3. O retrato não pode, porém, ser reproduzido, exposto ou lançado no comércio, se do facto resultar prejuízo para a honra, reputação ou simples decoro da pessoa retratada.

ARTIGO 80.°

(Direito à reserva sobre a intimidade da vida privada)

1. Todos devem guardar reserva quanto à intimidade da vida privada de outrem.

2. A extensão da reserva é definida conforme a natureza do caso e a condição das pessoas.

(...)

ARTIGO 483.°

(Princípio geral)

1. Aquele que, com dolo ou mera culpa, violar ilicitamente o direito de outrem ou qualquer disposição legal destinada a proteger interesses alheios fica obrigado a indemnizar o lesado pelos danos resultantes da violação.

2. Só existe obrigação de indemnizar independentemente de culpa nos casos especificados na lei.

ARTIGO 484.°

(Ofensa do crédito ou do bom nome)

Quem afirmar ou difundir um facto capaz de prejudicar o crédito ou o bom nome de qualquer pessoa, singular ou colectiva, responde pelos danos causados.

(...)

ARTIGO 487.°

(Culpa)

1. É ao lesado que incumbe provar a culpa do autor da lesão, salvo havendo presunção legal de culpa.

2. A culpa é apreciada, na falta de outro critério legal, pela diligência de um bom pai de família, em face das circunstâncias de cada caso.

CÓDIGO DE PROCESSO CIVIL

(Preceitos Pertinentes)

(...)

ARTIGO 170.°

(Falta de restituição do processo dentro do prazo)

1. O mandatário judicial que não entregue o processo dentro do prazo que lhe tiver sido fixado será notificado para, em dois dias, justificar o seu procedimento.

2. Caso o mandatário judicial não apresente justificação ou esta não constitua facto do conhecimento pessoal do juiz ou justo impedimento nos termos do artigo 146.° deste Código, será condenado no máximo de multa; esta será elevada ao dobro se, notificado da sua aplicação, não entregar o processo no prazo de cinco dias.

3. Se, decorrido o prazo previsto na última parte do número anterior, o mandatário judicial ainda não tiver feito a entrega do processo, o Ministério Público, ao qual é dado conhecimento do facto, promoverá contra ele procedimento pelo crime de desobediência e fará apreender o processo.

4. Do mesmo facto é dado conhecimento, conforme os casos, à Ordem dos Advogados ou à Câmara dos Solicitadores para efeitos disciplinares.

(...)

Tutela da personalidade, do nome e da correspondência oficial

ARTIGO 1474.°

(Requerimento)

1. O pedido de providências destinadas a evitar a consumação de qualquer ameaça à personalidade física ou moral ou a atenuar os efeitos da ofensa já cometida será dirigido contra o autor da ameaça ou ofensa.

2. O pedido de providências tendentes a impedir o uso prejudicial de nome idêntico ao do requerente será dirigido contra quem o usou ou pretende usar.

3. O pedido de restituição ou destruição de carta missiva confidencial, cujo destinatário tenha falecido, será deduzido contra o detentor da carta.

ARTIGO 1475.°

(Termos posteriores)

O requerido é citado para contestar e, haja ou não contestação, decidir-se-á após a produção das provas necessárias.

(...)

SISTEMA DE INCENTIVOS DO ESTADO À COMUNICAÇÃO SOCIAL

Decreto-Lei n.° 56/01,de 19 de Fevereiro

O sistema de incentivos do Estado à comunicação social encontra-se regulamentado pelo Decreto — Lei n.° 37-A/97, de 31 de Janeiro, diploma alterado, por ratificação, pela Lei n.° 21/97, de 27 de Junho, e posteriormente pelos Decretos — Leis números 136/99, de 22 de Abril, e 105/00, de 9 de Junho.

Após mais de três anos de aplicação, torna-se imperioso rever o sistema de incentivos à luz dos resultados obtidos e tendo em conta a profunda transformação por que passa o sector da comunicação social.

A adopção generalizada da tecnologia digital, a inerente globalização dos mercados e a emergência do multimédia multiplicaram a oferta e a acessibilidade da informação a nível mundial, promovendo uma concorrência incomparavelmente mais intensa, à qual os órgãos de comunicação social portugueses não podem eximir-se.

Num universo em mutação acelerada e quase constante, cabe aos meios tradicionais valorizar as vantagens comparativas que possuem e aproveitar o potencial oferecido pelas novas tecnologias para explorar convenientemente os seus segmentos de mercado.

Sendo a comunicação social indispensável ao exercício dos direitos fundamentais numa sociedade democrática e pluralista, compete por sua vez ao Estado participar no esforço de modernização e profissionalização do sector imposto pela evolução tecnológica.

Esse esforço reveste-se de particular urgência no caso dos órgãos de âmbito local e regional, que, dedicando-se a uma informação de proximidade que os órgãos de âmbito nacional não estão em condições de fornecer, enfrentam por vezes ambientes sócio-económicos desfavoráveis. Justifica-se pois que o sistema de incentivos do Estado à comunicação social continue a dirigir-se fundamentalmente — embora não em exclusivo — à comunicação social de âmbito local e regional, contribuindo para realçar o espírito empresarial indispensável à sua afirmação no futuro.

Neste contexto, impõe-se conceder uma atenção acrescida ao apoio à criação de conteúdos na Internet, em língua portuguesa, no sector da comunicação social.

Igualmente se impõe a previsão de maior abertura e flexibilidade no domínio dos investimentos susceptíveis de apoio financeiro do Estado, por forma a valorizar projectos marcadamente inovadores e profissionalizantes.

Impõe-se, ainda, permitir um funcionamento mais transparente e verdadeiro do mercado, por forma a compensar devidamente os órgãos que encontram melhor acolhimento junto do público, em detrimento daqueles que, por uso indevido dos incentivos do Estado, lhes promovem uma concorrência desleal.

Impõe-se, por último, promover a reflexão científica em torno da problemática do sector, através do incentivo à edição de obras sobre temas de comunicação social.

São estes os eixos que norteiam o novo sistema de incentivos do Estado à comunicação social, estabelecido pelo presente diploma.

Foram ouvidos os órgãos de governo próprio das Regiões Autónomas.

Assim:

Nos termos da alínea a) do n.° 1 do artigo 198.° da Constituição, o Governo decreta, para valer como lei geral da República, o seguinte:

CAPÍTULO I
Disposições gerais

ARTIGO 1.°
Objecto

O presente diploma cria o sistema de incentivos do Estado à comunicação social, tendo em vista assegurar condições adequadas ao exercício do direito à informação, através de medidas complementares à dinamização do sector promovida pelos respectivos agentes económicos.

ARTIGO 2.°

Modalidades

1. O sistema de incentivos à comunicação social comporta as seguintes modalidades:

a) Incentivos indirectos, traduzidos na assunção total ou parcial pelo Estado do custo da expedição postal das publicações periódicas, adiante designada por porte pago;

b) Incentivos directos, destinados a apoiar o financiamento de projectos no âmbito da modernização, inovação e desenvolvimento empresarial, formação e qualificação profissional e outros de interesse relevante na área da comunicação social.

2. O membro do Governo responsável pela área da comunicação social pode ainda promover o estabelecimento de protocolos que visem facultar em condições mais favoráveis bens e serviços necessários à actividade dos órgãos de informação.

ARTIGO 3.°

Condições gerais de acesso

1. Podem beneficiar do sistema de incentivos do Estado à comunicação social.

a) As entidades proprietárias ou editoras de publicações periódicas classificadas como portuguesas nos termos da Lei de Imprensa, desde que redigidas em língua portuguesa;

b) As entidades que editem publicações periódicas em língua portuguesa com distribuição exclusivamente electrónica;

c) Os operadores de radiodifusão sonora licenciados ou autorizados nos termos da lei;

d) As associações e outras entidades que promovam iniciativas de interesse relevante na área da comunicação social.

2. Estão excluídas da aplicação do presente diploma as seguintes publicações periódicas:

a) Pertencentes ou editadas por partidos e associações políticas, directamente ou por interposta pessoa;

b) Pertencentes ou editadas por associações sindicais, patronais ou profissionais, directamente ou por interposta pessoa, excepto quando enquadráveis nos números 3 e 4 do artigo 7.°;

c) Pertencentes ou editadas, directa ou indirectamente, pela administração central, regional ou local, bem como por quaisquer serviços ou departamentos delas dependentes, salvo associação de municípios;
d) Gratuitas;
e) De conteúdo pornográfico ou incitador da violência;
f) Que não sejam maioritariamente vendidas no território nacional, excepto se destinadas às comunidades portuguesas no estrangeiro ou aos países africanos de língua oficial portuguesa;
g) Que ocupem com conteúdo publicitário uma superfície superior a 50% do espaço disponível, incluindo suplementos e encartes, calculada com base num número de edições não inferior a três, a seleccionar de entre as publicadas nos 12 meses anteriores à data de apresentação da respectiva candidatura;
h) Que não se integrem no conceito de imprensa, nos termos da lei.

3. O disposto nas alíneas d) e f) não se aplica às publicações periódicas em língua portuguesa com distribuição exclusivamente electrónica.

ARTIGO 4.°

Instrução e decisão

1. Compete ao Instituto da Comunicação Social instruir os processos de candidatura aos incentivos previstos no presente diploma.

2. A documentação necessária à instrução dos processos de candidatura consta de portaria do membro do Governo responsável pela área da comunicação social.

3. A decisão, devidamente fundamentada, sobre a atribuição dos incentivos previstos no presente diploma é da competência do membro do Governo responsável pela área da comunicação social, que a pode delegar no presidente do Instituto da Comunicação Social.

4. Compete à Alta Autoridade para a Comunicação Social pronunciar-se sobre a natureza do conteúdo das publicações a que se refere a alínea e) do n.° 2 do artigo anterior.

NOTA:

Portaria n.° 204/01
De 14 de Março

O Decreto-Lei n.° 56/2001, de 19 de Fevereiro, que aprova o sistema de incentivos do Estado à comunicação social, determina que seja fixada a documentação a apresentar no processo de candidatura aos diferentes incentivos nele previstos.

No que concerne aos incentivos mencionados nas secções I a III do capítulo III, dispõe o mesmo diploma que, verificado o preenchimento das condições de acesso, as respectivas candidaturas serão graduadas de acordo com critérios a estabelecer em portaria do membro do Governo responsável pela área da comunicação social.

Preceitua-se ainda que, para o acesso a tais incentivos, se estabeleça a ordem de prioridades a considerar na apreciação das candidaturas, tendo em conta, nomeadamente, a ausência de fins lucrativos, os incentivos de que beneficiaram, o número de trabalhadores efectivos afectos à área da informação, o índice de desenvolvimento dos municípios envolvidos, as respectivas condições de concorrência e, quando aplicável, a periodicidade das publicações.

Assim, nos termos da alínea c) do artigo 199.° da Constituição e ao abrigo dos artigos 4.°, 37.°, n.° 2, e 38.° do Decreto-Lei n.° 56/2001, de 19 de Fevereiro, manda o Governo, pelo Secretário de Estado da Comunicação Social, o seguinte:

1.° As candidaturas aos incentivos previstos no Decreto-Lei n.° 56/2001, de 19 de Fevereiro, são apresentadas em requerimento dirigido ao membro do Governo responsável pela área da comunicação social, entregue no Instituto da Comunicação Social (ICS), sendo necessários à instrução dos processos os seguintes elementos:

a) Documento comprovativo da situação tributária regularizada, emitido pela repartição de finanças do domicílio ou sede da entidade requerente;

b) Documento comprovativo da situação contributiva regularizada perante a segurança social;

c) Orçamento justificativo da verba solicitada, excepto tratando-se dos incentivos indirectos a que se refere o artigo 2.°, n.° 1, alínea a), do Decreto-Lei n.° 56/2001, de 19 de Fevereiro;

d) Demais documentos comprovativos do preenchimento das condições de acesso e dos fundamentos do pedido apresentado ou outros que o ICS entenda necessários à apreciação da candidatura.

2.° Sem prejuízo do disposto na lei geral, o requerimento a que se refere o número anterior deve também conter:

a) No caso de candidaturas apresentadas por pessoas singulares, a respectiva assinatura reconhecida por exibição do bilhete de identidade, da sua fotocópia simples ou por qualquer outro meio previsto na lei;

b) No caso de candidaturas apresentadas em nome de pessoas colectivas, assinatura reconhecida na qualidade e com poderes para o acto;

c) No caso de candidaturas apresentadas em nome de fábricas de igrejas paroquiais ou outras instituições religiosas, assinatura do respectivo responsável, com aposição do selo branco ou carimbo da entidade candidata.

3.° Tratando-se de candidaturas formuladas em nome dos agrupamentos a que se referem respectivamente a alínea b) do n.° 1 do artigo 17.°, a alínea d) do n.° 1 do artigo 20.° e a alínea c) do n.° 1 do artigo 23.° do Decreto-Lei n.° 56/2001, de 19 de Fevereiro, é ainda necessária a apresentação de cópia do documento que formaliza a constituição da entidade candidata.

4.° Após a verificação dos documentos exigidos, as candidaturas aos incentivos previstos nas secções I a III do capítulo III do diploma referido no número anterior que tenham sido seleccionadas são graduadas por ordem decrescente, através da aplicação da seguinte fórmula:

$$(1a + 2c + 1f + 1e) - [3d + 2(b + g)]$$

sendo que:

a) *a* corresponde às entidades sem fins lucrativos, *b* ao conjunto dos incentivos recebidos nos últimos cinco anos, *c* ao número de trabalhadores efectivos afectos à área da informação, *d* ao índice de desenvolvimento social, *e* ao factor de concorrência, *f* à periodicidade/horas de programação própria e *g* ao incentivo solicitado no projecto;

b) O valor atribuído à letra *a* da fórmula referida é de 0,5;

c) O valor atribuído à letra *e* é de 0,5, no caso de o pedido ser apresentado por entidade proprietária de publicação cuja sede de redacção se encontre localizada em município onde não exista publicação congénere;

d) À letra *e* corresponde o valor de 0,5, tratando-se de candidatura apresentada por operadores radiofónicos localizados em municípios onde exista mais de uma frequência de rádio local atribuída, com programação congénere;

e) À letra *f* aplica-se a seguinte tabela:

Periodicidade

Até trissemanal — 2;

De bissemanal a semanal — 1,5;

De trimensal a bimensal — 1;

Mensal — 0,5

Superior a mensal — 0;

Horas de programação própria

8 horas – 9 horas — 0;

9 horas – 10 horas — 0,5;

10 horas – 14 horas — 1;

14 horas – 18 horas — 1,5;

18 horas – 24 horas — 2.

5.° Concluída a graduação das candidaturas, o ICS elabora as listas finais, de acordo com os diversos incentivos para os diferentes meios de comunicação social, que serão submetidas a despacho do membro do Governo responsável pela área da comunicação social.

6.° No que se refere ao incentivo mencionado no artigo 22.° do Decreto-Lei n.° 56/2001, de 19 de Fevereiro, e após a graduação das candidaturas, estas serão sujeitas a parecer da comissão de acompanhamento referida no artigo 25.° do mesmo diploma.

CAPÍTULO II
Porte pago

ARTIGO 5.°
Definição

1. Entende-se por porte pago a comparticipação do Estado nos custos de expedição postal de publicações periódicas em regime de avença para assinantes residentes no território nacional ou no estrangeiro.

2. O porte pago abrange exclusivamente os custos correspondentes a um peso não superior a 200 g por exemplar, incluindo suplementos e encartes.

3. As entidades beneficiárias de porte pago ficam sujeitas às condições de aceitação de remessas praticadas pelo operador postal.

ARTIGO 6.°
Publicações de informação geral

1. As entidades proprietárias ou editoras de publicações periódicas de informação geral, que sejam de âmbito regional ou destinadas às comunidades portuguesas no estrangeiro, podem beneficiar de

uma comparticipação de 95% no custo da sua expedição postal para assinantes residentes no estrangeiro, desde que, à data de apresentação do requerimento de candidatura, preencham cumulativamente as seguintes condições:

a) Perfazer, no mínimo, seis meses de edição;

b) Estar registada há, pelo menos, seis meses;

c) Estar registada com periodicidade não superior à mensal;

d) Ter uma tiragem média mínima por edição de 1.000 exemplares nos seis meses anteriores.

2. Podem beneficiar de uma comparticipação de 80% no custo das expedições postais para assinantes residentes no território nacional as entidades proprietárias ou que editem publicações periódicas de informação geral, que sejam de âmbito regional ou destinadas às comunidades portuguesas no estrangeiro, preencham cumulativamente as condições enunciadas nas alíneas a) e b) do n.° 1 e se encontrem numa das seguintes situações:

a) Ter pelo menos cinco profissionais com contrato individual de trabalho ao seu serviço, dos quais três jornalistas, e uma tiragem média mínima por edição de 5.000 exemplares nos seis meses anteriores à data de apresentação do requerimento de candidatura, caso a periodicidade com que se encontrem registadas seja igual ou inferior à trissemanal;

b) Ter pelo menos três profissionais com contrato individual de trabalho ao seu serviço, dos quais dois jornalistas, e uma tiragem média mínima por edição de 3.000 exemplares nos seis meses anteriores à data de apresentação do requerimento de candidatura, caso a periodicidade com que se encontrem registadas seja superior à trissemanal e igual ou inferior à semanal;

c) Ter pelo menos dois profissionais com contrato individual de trabalho ao seu serviço, dos quais um jornalista, e uma tiragem média mínima de 1.000 exemplares nos seis meses anteriores à apresentação do requerimento de candidatura, caso a periodicidade com que se encontrem registadas seja superior à semanal e igual ou inferior à quinzenal.

d) Ter pelo menos um profissional com contrato individual de trabalho ao seu serviço e uma tiragem média mínima por edição de 1.000 exemplares nos seis meses anteriores à data de apresentação do requerimento de candidatura, caso a periodi-

cidade com que se encontrem registadas seja superior à quinzenal e igual ou inferior à mensal;

e) Ter uma tiragem média mínima por edição de 1.000 exemplares nos seis meses anteriores à data de apresentação do requerimento de candidatura, desde que a periodicidade com que se encontrem registadas seja igual ou inferior à mensal e não ocupem com conteúdo publicitário uma superfície superior a 10% do espaço disponível, incluindo suplementos e encartes, no período em que usufruem do incentivo;

f) Ter uma tiragem média mínima por edição de 1.000 exemplares nos seis meses anteriores à data de apresentação do requerimento de candidatura, desde que a periodicidade com que se encontrem registadas seja igual ou inferior à mensal e não exista publicação congénere no município onde se localiza a respectiva sede de redacção.

3. O mesmo trabalhador não pode concorrer para o preenchimento, por mais de uma publicação periódica, do número de profissionais exigido nas alíneas a) a d) do número anterior.

4. As entidades que se enquadrem no disposto nas alíneas a) a d) do n.° 2 devem possuir contabilidade organizada.

5. As entidades que, não se integrando na previsão dos números 2 a 4, sejam proprietárias ou editem publicações periódicas de informação geral e de âmbito regional ou destinadas às comunidades portuguesas no estrangeiro podem beneficiar de uma comparticipação de 60% no custo das expedições postais para assinantes, desde que preencham cumulativamente as condições enunciadas no n.° 1.

6. Podem ainda beneficiar de uma comparticipação de 80% no custo das respectivas expedições postais para assinantes residentes nos países africanos de língua portuguesa as entidades proprietárias ou que editem publicações de carácter informativo, desde que preencham os requisitos fixados no n.° 1.

ARTIGO 7.°

Publicações especializadas

1. As entidades proprietárias ou editoras de publicações periódicas de informação especializada referidas no presente artigo podem aceder ao porte pago, nos termos previstos nos números seguintes.

2. As associações representativas dos deficientes que editem publicações que divulguem regularmente temas do interesse específico dos deficientes, como tal reconhecidas através de parecer dos serviços da Administração que se ocupam da área da inserção social, podem beneficiar de uma comparticipação de 100% no custo das respectivas expedições postais para assinantes.

3. As entidades proprietárias ou que editem publicações com manifesto interesse em matéria científica ou tecnológica, como tal reconhecido através de parecer dos serviços da Administração que se ocupem das áreas da ciência e tecnologia, podem beneficiar de uma comparticipação de 80% ou de 95% no custo da sua expedição postal, consoante se destinem a assinantes residentes no território nacional ou no estrangeiro.

4. As entidades proprietárias ou que editem publicações com manifesto interesse em matéria literária ou artística, como tal reconhecido através dos serviços da Administração que se ocupam da área da cultura, podem beneficiar de uma comparticipação de 80% ou 95% no custo da sua expedição postal, consoante se destinem a assinantes residentes no território nacional ou no estrangeiro.

5. As confederações sindicais ou patronais integradas na Comissão Permanente da Concertação Social do Conselho Económico e Social que editem publicações reconhecidas, através de parecer dos serviços da Administração que se ocupam da área do trabalho, como o órgão oficial de um parceiro social, podem beneficiar de uma comparticipação de 80% ou de 95% no custo da sua expedição postal, consoante se destinem a assinantes residentes no território nacional ou no estrangeiro.

6. As entidades proprietárias ou que editem publicações que estimulem o relacionamento e o intercâmbio com os povos dos países e territórios de língua portuguesa, como tal reconhecidas por parecer dos serviços da Administração que se ocupam da cooperação, podem beneficiar de uma comparticipação de 80% ou de 95% no custo da sua expedição postal, consoante se destinem, respectivamente, a assinantes residentes no território nacional ou no estrangeiro, desde que não ocupem com conteúdo publicitário uma superfície superior a 20% do espaço disponível, incluindo suplementos e encartes, no período em que beneficiam do porte pago.

7. As entidades proprietárias ou que editem publicações que promovam a igualdade de oportunidades, como tal reconhecidas através

de parecer dos serviços da Administração que se ocupem daquela área, podem beneficiar de uma comparticipação de 80% ou de 95% no custo da sua expedição postal, consoante se destinem a residentes no território nacional ou no estrangeiro.

8. Para beneficiar do enquadramento previsto nos números 2 e 3, as publicações aí referidas devem, respectivamente, estar registadas com periodicidade não superior à trimestral ou à anual, ter uma tiragem média mínima de 500 ou 300 exemplares nos seis meses anteriores à data de apresentação do requerimento de candidatura e, em qualquer caso, preencher cumulativamente as condições enunciadas nas alíneas a) e b) do n.° 1 do artigo 6.° .

9. O peso por exemplar a ter em conta para efeitos de porte pago, no que respeita às publicações a que se refere o n.° 3, é fixado por despacho conjunto dos membros do Governo responsáveis pelas áreas da ciência e tecnologia e da comunicação social.

10. As publicações a que se referem os números 4 a 7 devem preencher cumulativamente as condições enunciadas no n.° 1 do artigo 6.°

ARTIGO 8.°

Apoio à divulgação das publicações

As entidades beneficiárias do porte pago têm direito, nos limites fixados nos números 2 e 3 do artigo 5.°, à cobertura integral dos custos de envio de um número de exemplares correspondente a 15% do total das expedições com recurso ao porte pago, destinados a promover a angariação de novos leitores e a divulgação da publicação em causa, nomeadamente junto de estabelecimentos de ensino, bibliotecas, instituições particulares de solidariedade social e associações de emigrantes.

ARTIGO 9.°

Requisitos das assinaturas

1. Para efeitos de porte pago, considera-se assinatura o vínculo pelo qual uma das partes se obriga a fornecer a outra, designada assinante, por um período de tempo determinado e mediante pagamento

no início da respectiva vigência, um exemplar de cada edição da publicação periódica de que seja proprietária ou por si editada.

2. Por cada assinatura, apenas se consideram as expedições postais de um único exemplar por edição, salvo casos de extravio ou outras situações excepcionais devidamente justificadas.

3. As assinaturas devem ser comprovadas pela identificação do assinante e pela apresentação dos documentos de quitação referentes ao respectivo pagamento.

4. A atribuição do porte pago fica sujeita à observância de preços mínimos de assinatura, a fixar por portaria do membro do Governo responsável pela área da comunicação social.

NOTA:

Portaria n.° 225/2001
De 19 de Março

A presente Portaria destina-se a regulamentar o artigo 9.°, n.° 4, do Decreto-Lei n.° 56/2001, de 19 de Fevereiro, referindo-se apenas às assinaturas de publicações periódicas que, cumpridos os demais requisitos estabelecidos no referido diploma, pretendam beneficiar do regime do porte pago.

Os preços mínimos agora fixados, como requisito essencial para aceder ao porte pago, resultam de um consenso a propósito gerado aquando da audição de todas as associações do sector.

Assim, nos termos do artigo 199.°, alínea c) da Constituição e ao abrigo do artigo 9.°, n.° 4, do Decreto-Lei n.° 56/2001, de 19 de Fevereiro, mando o Governo, pelo Secretário de Estado da Comunicação Social, o seguinte:

1.° As publicações periódicas que pretendam aceder ao regime do porte pago devem observar, em função da sua periodicidade, os seguintes preços mínimos de assinatura:

a) Mensárias — 1.000$00;
b) Quinzenárias — 1.500$00;
c) Semanárias — 2.500$00;
d) Bissemanárias — 3.500$00;
e) Trissemanárias — 4.000$00;
f) Diárias — 7.500$00.

2.° Os preços mínimos das assinaturas indicados no número anterior têm como referência uma duração anual, sendo proporcionalmente aumentados ou reduzidos em função da sua maior ou menor duração.

3.° A presente portaria apenas produz efeitos em relação às assinaturas que se iniciem ou renovem após a entrada em vigor do regime do porte pago, aprovado pelo Decreto-Lei n.° 56/2001, de 19 de Fevereiro.

ARTIGO 10.°

Equiparação a assinantes

São equiparados a assinantes, para efeitos do presente diploma, os associados das entidades sem fins lucrativos beneficiárias de porte pago ao abrigo do artigo 7.°, desde que se encontrem no pleno uso dos direitos reconhecidos pelos respectivos estatutos.

ARTIGO 11.°

Renovação

1. Tendo em vista facilitar a cobrança da correspondente renovação, continuam a beneficiar de porte pago os exemplares expedidos imediatamente após o final do período a que respeitava a assinatura, nos seguintes limites.

a) Tratando-se de assinantes residentes em território nacional, durante um período de tempo equivalente a metade daquele a que respeitava a assinatura, até um máximo de seis meses;

b) Tratando-se de assinantes residentes no estrangeiro, durante um período de tempo equivalente a três quartos daquele a que respeitava a assinatura, até um máximo de nove meses.

2. Nas situações a que alude o número anterior, uma vez efectuada a renovação, considera-se, para efeitos de porte pago, que ela teve início na primeira edição imediatamente posterior ao final do período a que respeitava a assinatura.

ARTIGO 12.°

Efeitos do deferimento

O deferimento dos pedidos de concessão de porte pago produz efeitos a partir da data em que o interessado tiver apresentado no

Instituto da Comunicação Social todos os documentos necessários à instrução do processo.

ARTIGO 13.°

Cartão de beneficiário

1. A comprovação do direito ao porte pago, designadamente aquando de cada expedição, é feita mediante a apresentação de um cartão emitido Pelo Instituto da Comunicação Social, contendo o número de beneficiário, o regime de comparticipação aplicável, as datas de emissão e de caducidade, o título da respectiva publicação periódica e a designação da entidade requerente.

2. O cartão de beneficiário de porte pago é válido por dois anos.

3. Verificando-se a alteração da situação subjacente ao enquadramento de uma publicação periódica em determinado regime, o Instituto da Comunicação Social actualizará o nível de comparticipação aplicável.

4. Os efeitos da actualização referida no número anterior serão reportados à data da ocorrência que a determinou ou à da comunicação ao Instituto da Comunicação Social da alteração em causa, consoante o novo regime seja menos ou mais favorável ao beneficiário.

5. A alteração do nível da comparticipação determina a emissão de um novo cartão de beneficiário, que caducará na data prevista no cartão substituído.

ARTIGO 14.°

Obrigações das entidades beneficiárias

1. As entidades beneficiárias do porte pago obrigam-se a informar o Instituto da Comunicação Social de qualquer alteração relacionada com o cumprimento dos requisitos gerais e específicos que determinaram a atribuição do incentivo e o respectivo enquadramento, devendo essa informação ser prestada nos 15 dias subsequentes à ocorrência da alteração, sem prejuízo do prazo previsto no n.° 4 do presente artigo.

2. As mesmas entidades obrigam-se a fornecer ao Instituto da Comunicação Social, até 30 de Junho de cada ano, o número esti-

mado das assinaturas a considerar no ano seguinte, para efeitos de previsão orçamental.

3. As entidades beneficiárias do porte pago, ao abrigo das alíneas a) a d) do n.° 2 do artigo 6.°, obrigam-se ainda a inserir na publicação respectiva, junto com os elementos a que se refere o n.° 2 do artigo 15.° da Lei de Imprensa, os nomes e os números das carteiras profissionais dos jornalistas que determinaram o seu enquadramento em termos de escalão de comparticipação.

4. A substituição de qualquer profissional que tenha determinado o enquadramento da publicação em termos de escalão de comparticipação deve ter lugar no prazo de 60 dias após a data da ocorrência que a torne exigível.

ARTIGO 15.°

Utilização abusiva

1. Sem prejuízo do disposto na lei penal, a utilização do porte pago é considerada abusiva quando:

a) A entidade ou a publicação em causa deixarem de satisfazer qualquer das condições gerais de acesso;

b) A publicação a que respeita for editada com periodicidade inferior àquela com que se encontra registada, salvaguardados os períodos anuais de férias;

c) A tiragem média por edição, avaliada semestralmente, for inferior à fixada para o acesso ao incentivo;

d) A publicação em causa exceda os limites de espaço ocupado com conteúdos publicitários referidos nas alíneas g) do n.° 2 do artigo 3.° e e) do n.° 2 do artigo 6.° e no n.° 5 do artigo 7.° ;

e) O número de profissionais ou de jornalistas for inferior ao estabelecido nas alíneas a),b),c) ou d) do n.° 2 do artigo 6.°, caso tenha influído no regime aplicável;

f) A entidade deixar de possuir contabilidade organizada, caso a sua existência tenha influído no regime aplicável.

g) Envolva a expedição de mais de um exemplar por edição ao abrigo da mesma assinatura, salvo casos de extravio ou outras situações excepcionais devidamente comprovadas.

2. É igualmente considerada abusiva a utilização do incentivo para envio de publicações periódicas a título gratuito, designadamente como ofertas, promoções ou permutas, salvo o disposto no artigo 8.°

3. É também considerada abusiva a utilização do incentivo para envio, inseridas em publicações periódicas beneficiárias, de outras não credenciadas ou beneficiárias de regimes de porte pago menos favoráveis.

4. O disposto no número anterior não se aplica a suplementos de publicações periódicas nem a encartes publicitários.

CAPÍTULO III
Incentivos directos

SECÇÃO I
Incentivos à modernização tecnológica

ARTIGO 16.°
Caracterização

1. O incentivo à modernização tecnológica tem por objectivo promover a qualidade dos órgãos de comunicação social regional e equiparados, através da utilização de novos equipamentos, métodos e tecnologias.

2. O incentivo à modernização tecnológica compreende, cumulativamente, as seguintes componentes:

a) Comparticipação directa, a fundo perdido, correspondente a 50% do custo das aplicações relevantes do projecto aprovado;

b) Reembolso parcial dos juros, referentes aos primeiros 12 meses, dos empréstimos bancários correspondentes ao capital não comparticipado nos termos da alínea anterior.

3. Para efeitos do disposto na alínea b) do número anterior, a comparticipação a aplicar e a forma de processamento do reembolso são fixadas anualmente por portaria do membro do Governo responsável pela área da comunicação social.

ARTIGO 17.°

Condições específicas de acesso

1. Podem beneficiar do incentivo à modernização tecnológica:

a) As entidades proprietárias e editoras de publicações periódicas nacionais em língua portuguesa que reúnam, cumulativamente, as seguintes condições:

i) Sejam de informação geral;

ii) Sejam de âmbito regional ou destinadas às comunidades portuguesas no estrangeiro, ou ainda que estimulem o relacionamento e o intercâmbio com os povos dos países e territórios de língua portuguesa, como tal reconhecidas por parecer dos serviços da Administração que se ocupam da cooperação.

iii) Tenham periodicidade não superior à mensal nos seis meses anteriores à data de apresentação do requerimento de candidatura;

iv) Contem, no mínimo, três anos de edição e de registo na data de apresentação do requerimento de candidatura;

v) Tenham, nos seis meses anteriores à data de apresentação do requerimento de candidatura, uma tiragem média mínima por edição de 1.000 exemplares ou, no caso das que estimulem o relacionamento e o intercâmbio com os povos dos países e territórios de língua portuguesa, 3.000 exemplares.

b) Os agrupamentos de entidades que satisfaçam as condições previstas na alínea anterior.

c) Os operadores radiofónicos que forneçam serviços de programas que reúnam, cumulativamente, as seguintes condições:

i) Sejam de âmbito local;

ii) Sejam de conteúdo generalista, temático informativo ou temático cultural;

iii) Estejam licenciados ou autorizados há, pelo menos, três anos na data de apresentação do requerimento de candidatura.

2. Na data de apresentação do requerimento de candidatura, as entidades candidatas ao incentivo à modernização tecnológica devem ainda provar possuir contabilidade organizada.

ARTIGO 18.°

Aplicações relevantes

1. Consideram-se relevantes para efeitos do incentivo à modernização tecnológica as seguintes aplicações:

a) Aquisição de equipamentos:

i) Informáticos;

ii) De telecomunicações;

iii) De reportagem;

iv) Gráficos

v) De radiodifusão sonora;

b) Aquisição de programas informáticos directamente aplicáveis à actividade das entidades candidatas, incluindo a área da gestão;

c) Acções de formação que visem a correcta utilização dos equipamentos e dos programas informáticos a que se referem as alíneas anteriores, desde que associadas à sua aquisição, não podendo o respectivo valor, líquido de IVA, exceder os 15% do total do projecto.

2. Em cada projecto, o valor total das aplicações relevantes, líquido de IVA, não podem ser superior a 12.000 contos.

SECÇÃO II

Incentivo à criação de Conteúdos na Internet

ARTIGO 19.°

Caracterização

1. O incentivo à criação de conteúdos na Internet visa contribuir para o acesso dos órgãos de comunicação social portuguesa, de âmbito local e regional ou equiparados, aos novos serviços e às novas tecnologias da informação e comunicação, tendo em vista:

a) Fomentar a criação, na Internet, de conteúdos em língua portuguesa, na área da comunicação social;

b) Promover a utilização dos novos serviços de informação e comunicação enquanto áreas de negócio da comunicação social de âmbito local e regional.

2. O incentivo à criação de conteúdos na Internet traduz-se na comparticipação, a fundo perdido, de 75% do custo das aplicações relevantes do projecto aprovado.

ARTIGO 20.°

Condições específicas de acesso

1. Podem beneficiar do incentivo à criação de conteúdos na Internet:

a) Entidades proprietárias ou editoras de publicações periódicas enquadráveis nos artigos 6.° e 7.° do presente diploma;

b) Entidades proprietárias ou editoras de publicações exclusivamente electrónicas, desde que tenham pelo menos um jornalista com contrato individual de trabalho ao seu serviço, sejam maioritariamente preenchidas com conteúdos de índole regional ou dirigidas às comunidades portuguesas no estrangeiro, ou ainda que estimulem o relacionamento e o intercâmbio comos povos dos países e territórios de língua portuguesa, como tal reconhecidas por parecer dos serviços da Administração que se ocupam da cooperação.

c) Operadores radiofónicos que reúnam, cumulativamente, as seguintes condições:

   i) Forneçam serviços de programas de âmbito local;

   ii) Estejam licenciados ou autorizados há, pelo menos, um ano na data de apresentação do requerimento de candidatura;

d) Associações e outros agrupamentos de entidades que satisfaçam as condições previstas nas alíneas anteriores.

2. Na data de apresentação do requerimento de candidatura, as entidades candidatas ao incentivo à criação de conteúdos na Internet devem ainda provar possuir contabilidade organizada.

ARTIGO 21.°

Aplicações relevantes

1. Consideram-se relevantes para efeitos do incentivo à criação de conteúdos na Internet as seguintes aplicações:

a) Custo do alojamento de páginas na Internet para edições on line de publicações periódicas ou distribuição do sinal áudio de rádios, por um período de 12 meses;

b) Aquisição de equipamentos e programas informáticos que visem os alojamentos de páginas na Internet a que se refere a alínea anterior;

c) Acções de formação que visem a correcta utilização dos equipamentos e dos programas informáticos a que se refere a alínea anterior, desde que associados à sua aquisição, não podendo o respectivo valor, líquido de IVA, exceder os 15% do total do projecto.

2. Em cada projecto, o valor total das aplicações relevantes, líquido de IVA, não pode ser superior a 6.000 contos.

SECÇÃO III
Incentivo à inovação e desenvolvimento empresarial

ARTIGO 22.°
Caracterização

1. O incentivo à inovação e desenvolvimento empresarial destina-se a comparticipar no financiamento de projectos empresariais de investimento que reforcem a qualidade, o profissionalismo e a competitividade dos órgãos de comunicação social a que se refere o n.° 1 do artigo 23.° .

2. Sem prejuízo do disposto no número seguinte, o incentivo à inovação e desenvolvimento empresarial traduz-se numa comparticipação, a fundo perdido, equivalente a 50% do financiamento necessário à execução do projecto aprovado.

3. À percentagem de comparticipação referida no número anterior acrescem as seguintes:

a) 10%, caso o projecto aprovado seja manifestamente inovador em termos do mercado e da área geográfica em que se insere;

b) 5% ou 10%, caso o projecto aprovado comporte a criação líquida de, respectivamente, um ou mais postos efectivos de trabalho por um período mínimo de três anos;

c) 2% ou 3%, caso os postos de trabalho previstos na alínea anterior sejam preenchidos, respectivamente, por um ou mais jovens à procura do primeiro emprego, desempregados de longa duração, beneficiários do rendimento mínimo garantido ou pessoa portadora de deficiência;
d) 5%, caso a entidade candidata apresente resultados positivos em dois dos três exercícios anteriores ao da candidatura.

ARTIGO 23.°

Condições específicas de acesso

1. Podem beneficiar do incentivo à inovação e desenvolvimento empresarial:
   a) Empresas jornalísticas proprietárias de publicações periódicas nacionais em língua portuguesa que reúnam, cumulativamente, as seguintes condições:
      i) Sejam de informação geral;
      ii) Sejam de âmbito regional ou destinadas às comunidades portuguesas no estrangeiro, ou ainda que estimulem o relacionamento com os povos dos países e territórios de língua portuguesa, como tal reconhecidas por parecer dos serviços da Administração que se ocupam da cooperação;
      iii) Estejam registadas e em curso de edição há pelo menos seis meses na data de apresentação do requerimento de candidatura;
   b) Operadores radiofónicos que reúnam, cumulativamente, as seguintes condições:
      i) Forneçam serviços de programas de âmbito local;
      ii) Forneçam serviços de programas de conteúdo generalista, temático informativo ou temático cultural;
      iii) Estejam licenciados ou autorizados há, pelo menos, seis meses na data de apresentação do requerimento de candidatura:

2. Agrupamentos de entidades que satisfaçam as condições previstas nas alíneas anteriores.
   a) Na data de apresentação do requerimento de candidatura, as entidades candidatas ao incentivo à inovação e desenvolvi-

mento empresarial devem ainda provar possuir contabilidade organizada e apresentar um estudo de viabilidade económico-financeira do projecto de investimento que preveja o respectivo prazo de realização e no qual demonstrem que:

a) O objecto do projecto de investimento responde a necessidades do mercado a que se destina;

b) As receitas da actividade nos três anos seguintes ao da conclusão do projecto de investimento cobrem os custos de exploração e a totalidade dos encargos e amortizações financeiras relativos aos empréstimos contraídos.

3. A mesma entidade não pode candidatar-se no mesmo ano ao incentivo à modernização tecnológica e ao incentivo à inovação e desenvolvimento empresarial.

ARTIGO 24.°

Aplicações relevantes

1. Consideram-se relevantes para efeitos do incentivo à inovação e desenvolvimento empresarial as seguintes aplicações:

a) Construção de edifícios e outras instalações directamente ligados ao exercício da actividade;

b) Obras de adaptação e remodelação de instalações, motivadas pelo desenvolvimento da actividade ou destinadas à melhoria das condições de segurança, higiene e saúde;

c) Construção de equipamentos sociais que a empresa seja obrigada a possuir por determinação legal;

d) Aquisição de equipamentos e programas informáticos adequados à actividade da empresa e à sua gestão;

e) Investimento em imobilizado corpóreo e incorpóreo inerente a iniciativas de carácter inovador no contexto do mercado e da região em que se insere o projecto, designadamente nas áreas da introdução de tecnologias de informação e comunicação, distribuição de publicações periódicas e campanhas de marketing e publicidade;

f) Custos relativos a estudos, diagnósticos e auditorias de fundamentação do projecto apresentado, designadamente os referentes à viabilidade económico-financeira do projecto e ao seu impacte no mercado e na região em que se insere;

g) Custos com a assistência técnica necessária à execução do projecto de candidatura, incluindo os relativos à certificação das despesas por um revisor oficial de contas ou técnico oficial de contas, no âmbito da comprovação da execução do projecto;

h) Outros investimentos inseridos em projectos que correspondam aos objectivos do n.° 1 do artigo 22.° .

2. Ao disposto no número anterior aplicam-se, por projecto, as seguintes restrições:

a) Os valores, líquidos de IVA, das aplicações a que se referem as alíneas a), b) e c) não podem, somados, exceder 50% do total do projecto;

b) Os valores, líquidos de IVA, das aplicações a que se refere a alínea d) não podem exceder 50% do total do projecto;

c) Os valores, líquidos de IVA, a que se refere a alínea e) não podem exceder 75% do total do projecto;

d) Os valores, líquidos de IVA, das aplicações a que se referem as alíneas f) e g) não podem, somados, exceder 5% do total do projecto;

e) O montante global das aplicações relevantes, líquido de IVA, não pode exceder 30.000 contos.

3. Os projectos aprovados deverão ser executados no prazo de dois anos a partir da data de concessão do incentivo.

ARTIGO 25.°

Comissão de acompanhamento

1. É criada uma comissão de acompanhamento do incentivo à inovação e desenvolvimento empresarial, composta por dois elementos designados pelo Instituto da Comunicação Social, um dos quais presidirá, um elemento designado pelas associações representativas das empresas jornalísticas e um elemento designado pelas associações representativas das empresas de radiodifusão.

2. Compete à comissão de acompanhamento:

a) Propor a ordenação, tendo em conta os critérios a que aludem os números 1 a 3 do artigo 38.°, dos projectos de investimento candidatos;

b) Pronunciar-se sobre as situações a que aludem os números 3 e 4 do artigo 35.°;
c) Pronunciar-se sobre o conteúdo inovador dos projectos de investimento, para os efeitos previstos na alínea a) do n.° 3 do artigo 22.°;
d) Produzir parecer sobre qualquer alteração dos projectos aprovados, por forma a habilitar a decisão a que se refere o n.° 2 do artigo 34.°;
e) Dar parecer, para os mesmos efeitos, sobre a possibilidade de alienação ou oneração de quaisquer componentes do imobilizado corpóreo ou equipamentos previstos nos projectos aprovados, antes de decorrido o prazo previsto no n.° 5 do artigo 34.°;
f) Acompanhar a execução dos projectos de investimento beneficiados e proceder à verificação final dos mesmos.

ARTIGO 26.°

Viabilidade económico-financeira dos projectos

1. A apreciação da viabilidade económico-financeira dos projectos de investimento candidatos ao incentivo à inovação e desenvolvimento empresarial compete ao Instituto da Comunicação Social.

2. Os projectos que não obtiverem parecer favorável nos termos do número anterior serão excluídos pela comissão de acompanhamento prevista no artigo 25.°

ARTIGO 27.°

Pagamento

1. O pagamento referente ao incentivo à inovação e desenvolvimento empresarial processa-se em função do faseamento proposto no projecto aprovado e da respectiva execução.

2. A entidade beneficiária pode solicitar o pagamento antecipado de um montante não superior a 70% do valor do incentivo atribuído, mediante apresentação de garantia bancária autónoma emitida por

uma instituição de crédito com sede ou representação permanente em Portugal.

3. Sem prejuízo do disposto no número anterior, todos os pagamentos referentes ao incentivo à inovação e desenvolvimento empresarial ficam dependentes da apresentação dos documentos comprovativos da efectivação das despesas.

4. O pagamento correspondente aos últimos 20% do valor do incentivo atribuído depende de parecer favorável da comissão de acompanhamento, após apresentação de um relatório de boa execução do projecto, certificado por um revisor oficial de contas ou técnico oficial de contas, por parte da entidade beneficiária.

SECÇÃO IV
Incentivo à formação e qualificação dos recursos humanos

ARTIGO 28.°
Caracterização

As entidades referidas na alínea d) do n.° 1 do artigo 3.° que promovam acções de formação e qualificação dos recursos humanos nas áreas da comunicação social e da organização e gestão de empresas do sector podem requerer incentivos, que se traduzem no financiamento parcial, a fundo perdido, dos respectivos custos.

ARTIGO 29.°
Avaliação dos projectos

O Instituto do Emprego e Formação Profissional emitirá parecer prévio sobre o programa e os custos das acções de formação e qualificação objecto de pedidos de incentivo, bem como sobre os *curricula* dos respectivos monitores.

SECÇÃO V
Incentivo à edição de obras sobre comunicação social

ARTIGO 30.°
Caracterização

1. O incentivo à edição de obras sobre comunicação social traduz-se no financiamento parcial, a fundo perdido, das despesas de edição.

2. Compete ao membro do Governo responsável pela área da comunicação social fixar, anualmente, o montante global a disponibilizar para o efeito, bem como o montante máximo de cada incentivo a atribuir.

ARTIGO 31.°
Condições específicas de acesso

Podem candidatar-se ao incentivo à edição de obras sobre comunicação social os autores ou as entidades editoras de obras de investigação, teses do ensino superior, ensaios e actas de congressos, seminários e encontros sobre temas de comunicação social.

ARTIGO 32.°
Selecção e graduação das candidaturas

1. O membro do Governo responsável pela área da comunicação social nomeará, em Janeiro de cada ano, um júri constituído por três especialistas de reconhecida competência nas áreas da comunicação social e do jornalismo.

2. Compete ao júri referido no número anterior apreciar o valor relativo das obras candidatas, ponderados o respectivo mérito científico e o interesse da sua divulgação pública, e submeter ao membro do Governo responsável pela área da comunicação social, nos meses de Março a Setembro de cada ano, a lista graduada das obras cuja edição é recomendada.

3. A deliberação do júri incide sobre as obras cujo processo de candidatura for devidamente instruído dentro do período semestral que a antecede, sendo extensível às preteridas por indisponibilidade orçamental aquando da deliberação imediatamente anterior.

4. Aplicam-se aos membros do júri os impedimentos a que alude o artigo 44.° do Código do Procedimento administrativo.

NOTA:

Código de Procedimento Administrativo. Artigo 44.° :

(Casos de impedimento)

1. Nenhum titular de órgão ou agente da Administração Pública pode intervir em procedimento administrativo ou em acto ou contrato de direito público ou privado da Administração Pública nos seguintes casos:

a) Quando nele tenha interesse, por si, como representante ou como gestor de negócios de outra pessoa;

b) Quando, por si ou como representante de outra pessoa, nele tenha interesse o seu cônjuge, algum parente ou afim em linha recta ou até ao 2.° grau da linha colateral, bem como qualquer pessoa com quem viva em economia comum;

c) Quando, por si ou como representante de outra pessoa, tenha interesse em questão semelhante à que deva ser decidida, ou quando tal situação se verifique em relação a pessoa abrangida pela alínea anterior;

d) Quando tenha intervindo no procedimento como perito ou mandatário ou haja dado parecer sobre a questão a resolver;

e) Quando tenha intervindo no procedimento como perito ou mandatário o seu cônjuge, parente ou afim em linha recta ou até ao 2.° grau da linha colateral, bem como qualquer pessoa com quem viva em economia comum;

f) Quando contra ele, seu cônjuge ou parente em linha recta esteja intentada acção judicial proposta por interessado ou pelo respectivo cônjuge;

g) Quando se trate de recurso de decisão proferida por si, ou com a sua intervenção, ou proferida por qualquer das pessoas referidas na alínea b) ou com intervenção destas.

2. Excluem-se do disposto no número anterior as intervenções que se traduzam em actos de mero expediente, designadamente actos certificativos.

SECÇÃO VI

Incentivos específicos

ARTIGO 33.°

Caracterização

As entidades referidas no n.° 1 do artigo 3.° podem requerer incentivos específicos destinados a contribuir para a prossecução de actividades ou concretização de iniciativas de interesse relevante na área da comunicação social, tais como realização de congressos e seminários, atribuição de prémios de jornalismo, cooperação com os povos de língua portuguesa e outras, devidamente fundamentadas.

SECÇÃO VII

Disposições comuns

ARTIGO 34.°

Obrigações das entidades beneficiárias

1. Constitui obrigação das entidades beneficiárias dos incentivos previstos no presente capítulo executar integralmente os projectos nos exactos termos da candidatura aprovada.

2. As entidades beneficiárias dos incentivos previstos no presente capítulo podem, mediante requerimento devidamente fundamentado, solicitar ao membro do Governo responsável pela área da comunicação social autorização para qualquer alteração ao projecto aprovado.

3. As entidades beneficiárias dos incentivos a que se referem as secções I e II do presente capítulo ficam obrigadas a apresentar, até 31 de Dezembro do ano de atribuição, todos os comprovativos documentais da efectiva aplicação, nas condições estabelecidas, das verbas atribuídas, salvo prorrogação concedida, por motivos atendíveis, pelo membro do Governo responsável pela área da comunicação social.

4. As mesmas entidades não podem vender, locar, alienar ou onerar por qualquer forma, no todo ou em parte, as várias componentes

do imobilizado corpóreo ou de quaisquer equipamentos previstos no projecto aprovado por um período mínimo de dois anos contados a partir da data de atribuição do incentivo e devem garantir, pelo mesmo período de tempo, a sua afectação aos órgãos de comunicação social que fundamentaram a atribuição do incentivo, salvo autorização expressa do membro do Governo responsável pela área da comunicação social, nos casos em que tal manifestamente se justifique.

5. O disposto no número anterior aplica-se ao incentivo à inovação e desenvolvimento empresarial, nos três anos subsequentes à data da conclusão do projecto.

6. As obras cuja edição beneficiar do incentivo a que se refere a secção V do presente capítulo devem mencionar o Instituto da Comunicação Social como entidade patrocinadora.

7. Revertem para o Instituto da Comunicação Social 100 exemplares de cada uma das obras a que se refere o número anterior, destinando-se uma parte à distribuição por bibliotecas públicas ou universitárias em Portugal e nos países e territórios de língua portuguesa, bem como pelos centros culturais portugueses no estrangeiro.

8. As entidades beneficiárias do incentivo à edição de obras sobre comunicação social ficam sujeitas às obrigações legais aplicáveis, bem como a eventuais condições particulares estabelecidas pelo membro do Governo responsável pela área da comunicação social no despacho de atribuição do incentivo.

ARTIGO 35.°

Investimentos abrangidos

1. Os incentivos a que se referem as secções I a III do presente capítulo apenas contemplam equipamentos, programas informáticos ou outras imobilizações corpóreas a adquirir ou efectuar em data posterior à da apresentação do pedido, salvo o disposto nos números seguintes.

2. Os incentivos à modernização tecnológica e à criação de conteúdos na Internet podem contemplar equipamentos e programas informáticos adquiridos, respectivamente, nos 12 ou 6 meses anteriores à data da apresentação da candidatura, em situações devidamente fundamentadas e reconhecidas pelo membro do Governo responsável

pela área da comunicação social, sob parecer do Instituto da Comunicação Social.

3. O incentivo à inovação e desenvolvimento empresarial pode também, nas condições previstas no número anterior, mediante parecer da comissão de acompanhamento prevista no artigo 25.°,contemplar imobilizações efectuadas nos seis meses anteriores à data da apresentação da candidatura.

4. Os incentivos a que se refere o presente artigo não contemplam a aquisição de equipamento e programas informáticos usados, salvo situações devidamente fundamentadas sob os pontos de vista técnico e financeiro aquando da candidatura, que deverão seguir a tramitação prevista, consoante os casos, nos números 2 e 3.

ARTIGO 36.°

Exclusão

As entidades que, para o mesmo projecto, tenham beneficiado de outro regime de incentivos de carácter nacional ou regional não podem candidatar-se aos incentivos previstos nas secções I e II do presente capítulo.

ARTIGO 37.°

Apresentação das candidaturas

1. Os incentivos a que se referem as secções I a III do presente capítulo devem ser requeridos durante o mês de Março de cada ano, nos termos a definir pela portaria a que se refere o n.° 2 do artigo 4.°.

2. O incentivo referido na secção V do presente capítulo pode ser solicitado em dois períodos semestrais, que terminam em Janeiro e Julho de cada ano, nos termos a definir no diploma indicado no número anterior.

ARTIGO 38.°

Selecção e graduação das candidaturas

1. Verificado o preenchimento das condições gerais e específicas de acesso, as candidaturas aos incentivos previstos nas secções I a III

do presente capítulo são seleccionadas de acordo com os critérios a estabelecer em portaria do membro do Governo responsável pela área da comunicação social.

2. O diploma a que se refere o número anterior estabelecerá a ordem de prioridades a considerar, tendo em conta, nomeadamente, a adequação do projecto apresentado às necessidades globais das entidades candidatas, a ausência de fins lucrativos e utilidade pública daqueles, os incentivos de que beneficiaram, individual ou conjuntamente, nos anos imediatamente anteriores, o número de trabalhadores efectivos afectos à área da informação, o índice de desenvolvimento dos municípios envolvidos e as respectivas condições de concorrência e, quando aplicável, a periodicidade das publicações em causa.

3. Tratando-se do incentivo à inovação e desenvolvimento empresarial, os critérios para o estabelecimento de prioridades assentarão, designadamente, no estímulo à inovação e competitividade dos projectos no mercado em que se inserem, na solidez da estrutura de financiamento apresentada e na criação líquida de postos de trabalho.

CAPÍTULO IV
Sanções

ARTIGO 39.°
Responsabilidade civil e criminal

1. Na determinação das formas de efectivação da responsabilidade civil emergente de factos cometidos contra as disposições do presente diploma observam-se os princípios gerais.

2. Os actos ou comportamentos lesivos de interesses jurídico — penalmente protegidos, nomeadamente a aplicação das verbas recebidas a título de incentivos directos para fins diferentes daqueles para os quais foram concedidas e a prestação de falsas informações ou dados viciados que induzam em erro acerca do direito ao incentivo ou do montante a atribuir, são punidos nos termos da lei penal.

ARTIGO 40.°

Contra-ordenações

1. Constitui contra-ordenação, punível com coima:

a) De 100.000$00 a 1.000.000$00 a inobservância do disposto nos números 2, 3 e 4 do artigo 14.°, nos números 3,6,7 e 8 do artigo 34.° e no n.° 4 do artigo 35.° ;

b) De 1.000.000$00 a 9.000.000$00, a inobservância do disposto no n.° 1 do artigo 14.°, a utilização abusiva do porte pago nos termos do artigo 15.° e a violação do disposto nos números 1,2,4 e 5 do artigo 34.°

2. O limite máximo das coimas é reduzido para um terço se o infractor for pessoa singular.

3. A negligência é punível.

ARTIGO 41.°

Sanção acessória

A prática de contra-ordenação pode ainda dar lugar à sanção acessória de privação do direito ao incentivo por um período não superior a dois anos.

ARTIGO 42.°

Competência em matéria de contra-ordenações

1. O processamento das contra-ordenações previstas no presente diploma é da competência do Instituto da Comunicação Social.

2. A aplicação das coimas e sanções acessórias compete ao presidente do Instituto da Comunicação Social.

3. A receita das coimas reverte em 60% para o Estado e em 40% para o Instituto da comunicação Social.

ARTIGO 43.°

Restituição de quantias

1. A prática de contra-ordenação que produza, como efeito directo, um acréscimo nos resultados do exercício do agente determina sem-

pre a sua condenação na reposição das verbas recebidas ou de que indevidamente beneficiou.

2. O cálculo da verba a repor terá em consideração, quando for o caso, a eventual desvalorização do equipamento, baseada numa vida útil de três anos, verificada desde a data fixada para apresentação dos comprovativos até àquela em que se tiver iniciado o incumprimento.

3. Na falta de reposição voluntária no prazo de 30 dias a partir da data da notificação, proceder-se-á à cobrança coerciva, nos termos do Código de Processo Tributário.

4. A partir do dia seguinte ao do final do prazo de reposição referido no número anterior são devidos juros de mora, à taxa legal.

CAPÍTULO V
Fiscalização

ARTIGO 44.°
Competência

A fiscalização da aplicação dos incentivos concedidos ao abrigo do presente diploma, bem como das informações prestadas pelas entidades beneficiárias com vista à obtenção dos mesmos, compete ao Instituto da Comunicação Social.

ARTIGO 45.°
Âmbito

1. Qualquer das entidades beneficiárias do sistema de incentivos do Estado à comunicação social pode ser objecto das acções de fiscalização a que alude o artigo anterior.

2. As entidades beneficiárias dos incentivos previstos no presente diploma devem fornecer todos os elementos que lhes sejam solicitados pelas entidades com competência para o acompanhamento, controlo e fiscalização, bem como facultar o acesso dos agentes fiscalizadores às respectivas instalações, equipamentos, documentos de prestação de

contas e outros elementos necessários ao exercício da sua actividade, presumindo-se, em caso de recusa, o incumprimento das condições legais de que depende a atribuição do incentivo.

CAPÍTULO VI
Disposições finais e transitórias

ARTIGO 46.°
Entrada em vigor do regime de porte pago

1. O regime de porte pago previsto no presente diploma entra em vigor em 1 de Março de 2001, salvo o disposto no artigo seguinte.

2. Expiram em 28 de Fevereiro de 2001 os cartões de beneficiários de porte pago emitidos ou a emitir ao abrigo do Decreto-Lei n.° 37-A/97, de 31 de Janeiro, alterado, por ratificação, pela Lei n.° 21/97, de 27 de Junho, pelo Decreto-Lei n.° 136/99, de 22 de Abril e pelo Decreto-Lei n.° 105/00, de 9 de Junho.

3. É prorrogada até 28 de Fevereiro de 2001 a validade dos cartões de beneficiário de porte pago emitidos ao abrigo do diploma referido no n.° 2 que expirem em data anterior.

ARTIGO 47.°
Regime transitório de porte pago

1. Nos casos a que se referem os números 1 do artigo 6.° e 3 e 5 do artigo 7.°, a comparticipação do Estado nos custos da expedição postal de publicações periódicas para assinantes residentes no estrangeiro é, até 31 de Dezembro de 2001, de 98%.

2. Tratando-se de expedições para assinantes residentes em território nacional, vigoram, até à data referida no número anterior, as seguintes comparticipações:

a) 90%, nos casos a que se referem os números 2 do artigo 6.° e 3 e 5 do artigo 7.°

b) 80%, nos casos a que alude o n.° 5 do artigo 6.°

ARTIGO 48.°

Cobertura de encargos

1. Os encargos decorrentes da aplicação deste diploma são inscritos anualmente no orçamento do Instituto da Comunicação Social.

2. A dotação orçamental afecta ao incentivo à modernização tecnológica será repartida anualmente entre as entidades proprietárias ou editoras de publicações periódicas e as empresas de radiodifusão, por despacho do membro do Governo responsável pela área da comunicação social, sob proposta do Instituto da Comunicação Social, ponderados o número de candidaturas e o montante dos pedidos apresentados.

3. Das verbas a que se refere o n.° 1, são consignados 3% à cobertura de encargos decorrentes da fiscalização do cumprimento da legislação aplicável à comunicação social, incluindo estudos e pareceres.

ARTIGO 49.°

Norma revogatória

É revogado o Decreto-Lei n.° 37-A/97, de 31 de Janeiro, alterado, por ratificação, pela Lei n.° 21/97, de 27 de Junho, pelo Decreto-Lei n.° 136/99, de 22 de Abril, e pelo Decreto-Lei n.° 105/00, de 9 de Junho, mantendo-se o regime de porte pago nele fixado até à data estabelecida no n.° 1 do artigo 46.°.

NOTA:

Por entendermos que poderá ter bastante interesse o estudo comparativo da actual Lei de Imprensa com a revogada Lei de 1975, iremos inserir nesta publicação o texto da versão da Lei de 1975 que entendíamos em vigor antes da sua revogação expressa, acrescido das variadíssimas anotações que tínhamos recolhido a propósito de cada um dos seus artigos.

LEI DE IMPRENSA DE 1975

Decreto-lei n.° 85-C/75, de 26 de Fevereiro, com as alterações introduzidas pelos Decretos-lei números 181/76,de 9 de Março, 377/88, de 24/10, Lei n.° 15/90, de 30 de Junho, Lei n.° 15/95,de 25 de Maio e Lei n.° 8/96, de 14 de Março.

(Lei de Imprensa)

1. A presente Lei de Imprensa exprime, nos seus objectivos como na sua formulação, a realidade política que se vive actualmente em Portugal.

Não se pode conceber o processo democrático em curso sem a liberdade de expressão de pensamento pela imprensa, como, aliás, através de outros meios de comunicação social.

Essa liberdade foi, como as demais, devolvida ao povo português pela vitória histórica de 25 de Abril.

Por outro lado, a presente Lei põe termo à fase transitória em que tem vivido a imprensa portuguesa, dando plena consagração à liberdade de Expressão do pensamento pela imprensa, que se integra no direito à informação.

2. Em Portugal, a partir de 25 de Abril, a liberdade de imprensa deixou de ser uma aspiração dos jornalistas e homens de letras, do povo e das forças democráticas e patrióticas, para passar a constituir uma realidade efectiva.

O programa do Movimento das Forças Armadas, que tem força de lei constitucional, criou os fundamentos para a sua rápida institucionalização, ao formular os princípios básicos da actual Lei de Imprensa, através da abolição de quaisquer formas de censura prévia, e ao criar as condições para o exercício imediato de todas as liberdades fundamentais.

Assim, os jornalistas e homens de letras puderam começar a desenvolver a sua actividade criadora, usufruindo os benefícios da liberdade conquistada após um longo e dramático período de obscurantismo, monolitismo informativo e de repressão à cultura.

3. Esta Lei, prevista naquele Programa, vem agora institucionalizar em todos os seus aspectos a liberdade de expressão de pensamento pela imprensa, deixando para momento ulterior a elaboração do estatuto da rádio e da televisão.

Trata-se de integrar a imprensa na sua missão normal de difusora de informação e de ideias, de divulgação e de debate dos problemas nacionais, de modo a assegurar o desenvolvimento do processo democrático em Portugal.

Para esse efeito, garante-se à imprensa um amplo direito de informar sem quaisquer entraves ou medidas punitivas administrativas, bem como se assegura aos cidadãos diversos meios de exercício do direito a ser informado.

Define-se também o estatuto dos jornalistas e a orgânica das empresas jornalísticas. Referência especial merece a criação do Conselho de Imprensa como órgão independente, em que convergem representantes dos órgãos de imprensa e da opinião pública portuguesa.

Muitas das disposições da presente Lei são francamente inovadoras, mesmo no plano da legislação comparada.

4. No fundo, este diploma vem ao encontro de uma realidade recente mas frutuosa, que é já a da experiência de liberdade recuperada em 25 de Abril.

De facto, o novo período que se abriu na vida política nacional traduziu-se na prática de um jornalismo responsável, que se vai impondo progressivamente no nosso país.

A presente Lei, garantindo a liberdade de expressão de pensamento pela imprensa, no âmbito mais vasto do direito à informação, cria o quadro institucional que integrará os jornalistas portugueses, empenhados numa acção responsável, que possa contribuir para a solução dos problemas nacionais, em que ocupam lugar de relevo a defesa das liberdades públicas e a prática da democracia.

Nestes termos:

Usando da faculdade conferida pelo artigo 16.°, n.° 1, 3.°, da Lei Constitucional n.° 3/74, de 14 de Maio, o Governo decreta e eu promulgo, para valer como lei, o seguinte:

CAPÍTULO I – Liberdade de imprensa e direito à informação

Artigo 1.° (Direito à informação)

1. A liberdade de expressão do pensamento pela imprensa, que se integra no direito fundamental dos cidadãos a uma informação livre e pluralista, é essencial à prática da democracia, à defesa da paz e ao progresso político, social e económico do país.

2. O direito à informação compreende o direito a informar e o direito a ser informado .

3. O direito da imprensa a informar integra, além da liberdade de expressão do pensamento:

a) A liberdade de acesso às fontes oficiais de informação;

b) A garantia do sigilo profissional;

c) A liberdade de publicação e de difusão;

d) A liberdade de empresa;

e) A liberdade de concorrência;

f) A garantia da independência do jornalista profissional e da sua participação na orientação da publicação jornalística.

4. O direito dos cidadãos a serem informados é garantido, nomeadamente, através:

a) De medidas antimonopolistas;

b) Da publicação do estatuto editorial das publicações informativas;

c) Da identificação da publicidade;

d) Do reconhecimento do direito de resposta;

e) Do acesso ao Conselho de Imprensa.

NOTAS:

a) Ac. Rel. Lxa. de 11 de Maio de 1983, in Colectânea de Jurisprudência, ano VIII, tomo 3, 168:

Pratica um crime de injúrias o jornalista que, através da imprensa, utiliza expressões que, embora inseridas numa linha política de crítica, são objectiva e subjectivamente ofensivas da honra, dignidade ou consideração de um órgão, organismo ou pessoa, já que o dever de informar e a liberdade de imprensa estão subordinados à não violação de outros direitos humanos fundamentais, como o direito ao bom nome e reputação.

b) Ac. Rel.Lxa. de 4 de Maio de 1983, in Colectânea de Jurisprudência, Ano VIII, tomo 3, 162:

I. O dever de informar e a liberdade de imprensa não podem ser exercidos sem a salvaguarda dos direitos individuais estabelecidos na Constituição.

II. Agem com dolo eventual os jornalistas que publiquem uma notícia susceptível de ofender o bom nome e reputação de outrem, com aceitação temerária da respectiva veracidade por não terem apurado devidamente a sua autenticidade.

c) Ac. S.T.J. de 20 de Março de 1985, in Colectânea de Jurisprudência, ano X, tomo 2, 156:

O exercício dos direitos de informar e de ser informado não permite que se recorra ao insulto pessoal ou colectivo, ainda que mascarado sob a capa do ataque político ou com fins políticos, sob pena de subversão dos valores fundamentais da vida em democracia, por o recurso ao insulto, à injúria, ou à difamação, exceder os limites constitucionais do direito à crítica e violar o bem do direito dos cidadãos ao bom nome e reputação, também constitucionalmente admitidos no nosso sistema jurídico.

d) Ac. da Rel. do Porto de 25 de Janeiro de 1993, in Colectânea de Jurisprudência, Ano XVIII, tomo 1, 215/6:

I. O direito do público a ser informado tem de circunscrever-se aos actos e acontecimentos que sejam relevantes para o seu viver social (utilidade social da notícia).

II. A relevância social da notícia tem de ser integrada pela verdade do facto noticiado.

III. O facto noticiado considera-se verdadeiro, para efeitos de poder ser publicado, quando o jornalista utilizou fontes de informação fidedignas, se possível diversificadas, por forma a testar e controlar o facto, em termos de ficar seriamente convencido de que era verdadeiro.

IV. A notícia deve ser dada com adequação do meio (contenção, moderação, urbanidade), por forma a não lesar o bom nome das pessoas mais do que o necessário ao relatar dos factos.

e) Sentença do Juiz do 9.° Juízo Correccional de Lisboa, publicada na Tribuna da Justiça, n.° 23, de Novembro de 1986:

I. A liberdade de expressão de pensamento e a liberdade de imprensa são dois aspectos de um mesmo direito e constituem um valor axial numa sociedade democrática garantido pela nossa Constituição.

II. O Dec.-Lei n.° 85-C/75, de 26 de Fevereiro (Lei de Imprensa) teve presente uma concepção positiva e assim funcional do direito de liberdade de expressão do pensamento (função pública da imprensa garantida constitucionalmente).

III. O político, como qualquer cidadão, tem direito à reserva da vida privada como tem direito ao bom nome e reputação. Porém, é menos extensa essa protecção.

IV. A «exceptio veritatis» não pode constituir uma limitação ao princípio do livre convencimento do juiz penal.

V. É lícita a crónica de factos considerados subjectivamente verdadeiros.

VI. Uma notícia dada nestes termos é lícita, mesmo que atinja o bom nome ou reputação de uma pessoa.

VII. É ao Autor, que se considera lesado no seu bom nome pela notícia, que cabe alegar e provar que o jornalista redigiu a notícia sem crença fundada na verdade dela.

f) Na Revista do Ministério Público n.° 42, ano 11.°, Abril/Junho de 1990, pág. 123, encontra-se publicada a sentença de 21/11/89, do 15.° Juízo Cível da Comarca de Lisboa, em que se decidiu deferir um pedido de providência cautelar dirigida ao tribunal pelo arquitecto Tomás Taveira, nos seguintes termos:

"Que os requeridos (jornais «O crime» e «Mundo Desportivo») se abstenham de publicar ou autorizar a publicação de fotos, desenhos ou caricaturas que reproduzam a figura do requerente, ou fotos e textos originais ou não, mesmo que reproduzidos de outros jornais ou revistas, que se refiram directa ou indirectamente ao nome ou imagem do requerente, nomeadamente quando se relacionarem com a vida privada ou sexual deste ou que possam ser referenciadas ou sugerir o tema da cassette-porno que foi publicitada pelo n.° 2 da «Semana Ilustrada»".

A providência foi decretada por se entender que, existindo colisão entre o direito de informar e de se informar e os direitos ao bom nome e reputação, à sua integridade moral e à reserva da sua vida privada terão de prevalecer estes direitos sobre aqueles.

Sobre este mesmo caso Tomás Taveira se pronunciou igualmente o Conselho de Imprensa, reunido em plenário, no dia 27/11/89, encontrando-se publicado, na íntegra, no mesmo local daquela Revista do Ministério Público, a tomada de posição desse Conselho:

"Na reportagem em causa (da «Semana Ilustrada») há uma violação clara do direito à vida privada e familiar, previsto na Constituição, na Lei de Imprensa, no Estatuto do Jornalista e no Código Deontológico dos Jornalistas. A reserva da privacidade, sobretudo no campo afectivo e sexual, é natural e deontologicamente um limite ao direito de informar, de se informar e de ser informado, bem como à liberdade de informação e de expressão.

Assim, o Conselho reprova a conduta da revista «Semana Ilustrada» por ter publicado, no seu n.° 2, de 2/10/89, a reportagem «As loucuras sexuais de Tomás Taveira»".

A decisão do 15.° juízo Cível de Lisboa é comentada, no aludido local da Revista do Ministério Público, pelo Senhor Procurador-Geral Adjunto, Dr. Artur Rodrigues da Costa, o qual salienta que uma medida cautelar daquele jaez se não pode compatibilizar com um regime de liberdade de imprensa:

O Decreto-lei n.° 85-C/75, de 26 de Fevereiro, cuja redacção foi proposta pelo deputado José Augusto Seabra, visou erradicar qualquer tipo ou forma de censura, seja prévia ou «a posteriori»;

As infracções cometidas no exercício do direito de informar ficam submetidas aos princípios gerais do direito criminal, sendo apreciadas pelos tribunais judiciais e «ex post», isto é, tem de haver inteira liberdade de criação, expressão e publicação;

Não é possível reagir antecipadamente contra um futuro abuso de liberdade de imprensa;

A única medida cautelar prevista na Lei de Imprensa é a do artigo 50.° (apreensão judicial), mas a mesma pressupõe, sempre, uma publicação;

Aliás, o efeito prático de tal providência cautelar é quase nulo;

Além disso, mesmo que fosse juridicamente possível decretar uma providência cautelar daquele tipo, tal só poderia ocorrer depois de ser feita uma análise concreta e uma ponderação dos bens jurídicos em conflito;

No caso concreto, o Juiz nada disto fez, ao contrário do visível esforço, nesse sentido, desenvolvido pelo Conselho de Imprensa, na tomada de posição a que, supra, se alude;

Entre direitos de igual hierarquia constitucional (todos direitos fundamentais do cidadão) nenhum deles é prioritário, devendo procurar-se, antes, a sua harmonização.

O referido autor conclui, deste modo significativo:

"Não há dúvida nenhuma: se este exemplo frutificasse, daqui a pouco teríamos uma nova lei da rolha imposta pela prática judiciária"

g) Na revista "Sub Judice" n.° 5, Janeiro/Abril de 1993, págs. 69 a 74, sob o título «Professor de Economia — o caso Cadilhe», encontra-se publicada a sentença do 17.° juízo Cível da Comarca de Lisboa, proferida na acção intentada pelo ex-Ministro das Finanças Miguel Cadilhe contra o semanário "O Independente", pedindo a condenação deste, do respectivo director e de um jornalista a pagar-lhe uma elevada indemnização, por se sentir ofendido, na sua honra e consideração pela publicação, naquele semanário, dos artigos intitulados: «Lisboa. Torre 4. 4.° Andar. 4 assoalhadas. O negócio da vida de Miguel Cadilhe»; «Excitações»; «A sentença de Cadilhe» e «A aventura do Trocadilhe».

A acção foi julgada improcedente, por não provada, por se considerar lícita a divulgação das condutas do ex-ministro.

Relativamente ao último dos artigos, o mais polémico, da autoria do director do semanário, escreve-se:

"Neste contexto não podemos deixar de concluir que a crítica que constitui o artigo citado era adequada e impunha-se face ao relevo social de tais comportamentos e à duvidosa legalidade dos mesmos. Os cidadãos, a colectividade tinha o direito de saber o que se passava com o seu Ministro das Finanças — e note-se que ainda hoje algumas interrogações, legítimas, não têm resposta para a colectividade; o ministro das Finanças, o Autor, banalizou os seus comportamentos, quando devia estar acima de qualquer suspeita. Não tem de que queixar-se ou lamentar-se. É um facto que os escritos referidos lhe causaram angústia e choque — mas foi ele que a eles deu azo com os seus comportamentos. A conduta dos Réus foi pois legítima, no uso do seu direito de informar, de expressão e crítica, sendo que todos os escritos se reportam a factos socialmente relevantes e a justificar colectivamente a sua divulgação. Sendo lícita, não há lugar à indemnização pedida".

h) Na Revista do Ministério Público n.° 12, ano 3, 1982, págs. 149 a 160, encontra-se publicado o texto da comunicação apresentada ao seminário sobre «O Direito a Informar» promovido pelo Conselho de Imprensa, pelo Senhor Procurador-Geral da República Adjunto, Dr. Mário Araújo Torres, intitulada «Algumas considerações sobre liberdade de informação e segredo profissional dos jornalistas:

Distingue liberdade de imprensa de liberdade de informação, acentuando que, esta pressupõe uma actuação positiva do Estado e dos organismos públicos em geral.

Debruça-se, depois sobre o problema do acesso às fontes de informação, acentuando que ele apenas foi consagrado — artigo 5.° — pela Lei de Imprensa.

Analisa os vários modelos de publicidade dos actos da administração:

modelo escandinavo — acesso livre;

modelo austríaco — as informações são facultadas pelas autoridades a quem as solicite;

modelo no qual as autoridades tomam a iniciativa de informar os cidadãos.

Acabando por apelar à ideia de fazer consagrar em Portugal um modelo de publicidade dos actos da Administração em benefício de todos os cidadãos, o que tornaria desnecessária a existência de normas específicas para os jornalistas.

Quanto ao sigilo profissional, depois de historiar a sua consagração na lei, acaba por assinalar que a Lei de Imprensa acabou por o estabelecer em termos absolutos, isto é, sem admitir qualquer excepção ou restrição.

E finaliza:

"Temos dúvidas sobre se não seria vantajosa a existência de «válvulas de escape» como as preconizadas em 1971 pelo Dr. Arala Chaves e pelo Sindicato Nacional dos Jornalistas, pois existe o risco de surgirem situações de intolerável tensão propiciadoras de drásticos recuos nesta matéria".

i) Jorge Wemans (então Presidente do Conselho Técnico e de Deontologia do Sindicato dos Jornalistas), in "Jornadas de Processo Penal", cadernos 2 da Revista do Ministério Público, 1987, pág. 169 salientava estar frontalmente contra os artigos 135.° e 182.° do actual Projecto de Código de Processo Penal (actuais artigos 135.° e 182.°):

"Nunca o sigilo profissional, a protecção das fontes, podem ser ultrapassados. A não ser por decisão voluntária do jornalista. E mesmo neste caso deve o jornalista ponderar que — para além daquilo que a consciência lhe dita perante a situação concreta em que está envolvido — qualquer quebra de sigilo profissional acarreta sempre uma diminuição de credibilidade de toda a Imprensa em face das garantias que deve oferecer às suas fontes de Informação.

(...)

Ao contrário daquilo que se propõe no Projecto de Código, a legitimidade ou ilegitimidade da evocação do sigilo profissional pelos jornalistas nunca poderá ser apreciado pelo juiz. Apenas o próprio jornalista (ou os seus pares, através do Conselho Técnico e de Deontologia) o poderá fazer."

j) Todavia a sugestão do Sindicato dos Jornalistas não vingou e o direito do jornalista de não revelar as suas fontes de informação deixou de ser absoluto, podendo ser ordenado pelo Tribunal Superior, nos termos dos artigos 135.° e 182.°, do C.P.P., que seja prestado depoimento com quebra do segredo profissional.

Continuando o jornalista a recusar-se a depor, ou depondo falsamente, a sua conduta poderá ser susceptível de integrar o crime de falsidade de testemunho previsto e punido pelo artigo 360.° do actual Código Penal.

l) A área dos crimes contra a inviolabilidade pessoal é uma área problemática, onde é difícil demarcar a tipicidade e a ilicitude.

Em primeiro lugar, não é válida a construção dos tipos como algo imune a qualquer conflitualidade, ao contrário de tipos como o homicídio ou a ofensa à integridade física. Os tipos são complexos e pluridimensionais.

Em segundo lugar, segundo Andrade (1996), p.p. 220/221, também não é válida a construção de Roxin, segundo a qual o tipo exerce apenas uma função de garantia, sendo a ilicitude o campo onde se superam os conflitos sociais.

Pelo contrário, essa superação deve procurar-se logo ao nível do tipo.

Portanto, quer num quer noutro dos níveis há áreas profundamente problemáticas.

Eis alguns casos de atipicidade:

a) Nos crimes contra a honra e em sistemas penais como o alemão, só são típicas as imputações de factos ao lesado que não sejam verdadeiras.

Ao contrário, no direito português, privilegia-se, também, o bom nome e reputação, pelo que as imputações verdadeiras podem ser consideradas típicas.

b) Nos crimes de gravação ilícita a concordância do ofendido exclui a tipicidade.

Não funciona, aqui, o consentimento como causa de exclusão da ilicitude.

c) Os crimes contra a honra, privacidade/intimidade, palavra ou imagem constituem tipos incongruentes.

Isto é, ao contrário de tipos como o homicídio, só algumas das superfícies expostas às intempéries são protegidas:

No crime de gravação ilícita, só é punida a gravação das palavras não destinadas ao público;

No mesmo tipo de crime, só é típica a gravação. Não é típica, por exemplo, a transcrição das palavras proferidas, quer seja oral, quer seja escrita;

Também existe um estreitamento de protecção nos crimes contra a imagem, por, em primeiro lugar, se ter substituído a expressão «sem consentimento» pela expressão «contra a vontade». Por outro lado, apenas se proíbe, agora, a fotografia não consentida «de outra pessoa». Quanto às «pessoas da história do tempo», podem ser fotografadas mesmo sem o respectivo consentimento.

d) O exercício do direito de crítica afasta a tipicidade nos crimes contra a honra, desde que não seja ultrapassada a crítica objectiva. Mesmo que essa crítica não seja proporcional ou necessária, bem fundada ou verdadeira ou não constitua o meio menos gravoso. Mesmo as instâncias públicas não estão, de modo algum, a coberto desta crítica objectiva.

Pelo contrário, já são típicas as lesões da honra produzidas por juízos de valor que não mantenham qualquer conexão com a prestação ou obra do visado.

e) Há casos de caricatura e de sátira que, desde logo, são atípicos:

Em primeiro lugar, a «roupagem» da caricatura e da sátira, em princípio é neutra. Ela alimenta-se sempre do exagero e da hipérbole. Só a mensagem poderá ser típica. Em casos extremos, porém, a própria roupagem já constitui um atentado à dignidade humana — recorde-se o já citado caso da «Kopulierendes Scwein — Fall"- o presidente do

Governo da Baviera era representado como um porco a manter relações sexuais com outro porco vestido com a toga e o barrete de um juiz;

Por outro lado, a liberdade de criação artística torna atípicas a caricatura e a sátira;

f) Não ofendem a privacidade/intimidade as acções, factos ou eventos que se revestem de inequívoco interesse colectivo ou comunitário:

O crime não pertencem à esfera da privacidade/intimidade, embora com a incompreensível barreira traduzida no n.° 5 do artigo 180.° do C.P. Apenas será de ressalvar, quando muito, os crimes semi-públicos e particulares em que se quis salvaguardar a privacidade/intimidade.

No entanto, sempre o jornalista deverá observar os limites da proporcionalidade e preservar o princípio da presunção de inocência do arguido.

Por outro lado, o decurso do tempo descaracteriza o significado do facto criminoso e tipifica o atentado contra a privacidade/intimidade, pois o condenado tem sempre o direito à respectiva ressocialização.

Destes princípios estão afastados, no entanto, os chamados crimes imprescritíveis, como os praticados pelo regime nazi e os crimes contra a paz e a humanidade;

Os eventos materialmente íntimos que dizem respeito às chamadas «pessoas da história do tempo» também são, em princípio, atípicos.

Há que preservar sempre uma esfera de intimidade, mesmo das pessoas em causa. No entanto, a cláusula do interesse publico poderá excluir a tipicidade — seja o chamado «caso Profumo», a gravidez de uma rainha, a pedofilia de um ministro.

Há que distinguir ainda as «pessoas da história do tempo em sentido absoluto» — os líderes — e as «pessoas da história do tempo em sentido relativo» — pessoa que participa em acontecimento da história do tempo.

Claro que, relativamente às últimas, o interesse público termina quando termina o acontecimento que as faz «pessoas da história do tempo».

Admite-se ainda que passarão a ser consideradas «pessoas da história do tempo» todas aquelas que se tornarem dependentes delas.

Sobre toda esta matéria cfr. Andrade (1996), p.p.218 a 267.

m) A liberdade de expressão, como causa autónoma de justificação, pode valer, nos atentados contra a honra, sob a forma dos juízos de valor.

É a dirimente geral do exercício de um direito que funciona como concretização do princípio da ponderação de interesses.

Os juízos de valor acabam por ser mais protegidos porque, em geral, da imputação de factos concretos resulta um maior gravame para o ofendido.

Portanto, é preciso distinguir bem os casos de imputação de factos dos casos de formulação de juízos de valor. A complexidade da vida torna esta tarefa particularmente difícil.

Além disso, há que estar atento a outras realidades como as interrogações e as citações:

Em princípio, as perguntas estão em pé de igualdade com os juízos de valor;

Quem cita uma expressão que comporta vários sentidos terá de esclarecer que a reproduz segundo o sentido que ele próprio lhe dá.

Há ainda que considerar os casos em que os juízos de facto disfarçam verdadeiros juízos de valor, situações que alguns opinam dever ser tratadas como de verdadeiros juízos de valor se tratasse, mas que parece mais coerente dever ser tratadas como verdadeiros juízos de facto.

Como é que se justifica a ilicitude dos juízos de valor?

Por um lado, não existe qualquer razão de prevalência da liberdade de expressão sobre a honra.

Por isso, chama-se à colação o fim que motivou a afirmação e o relevo comunitário do assunto sobre que recai. Assim, ficam de fora os escândalos e os sensacionalismos.

Por outro lado, há ainda que ponderar o relevo do meio de comunicação social utilizado e o período de reflexão que mediou sobre a notícia.

Há, também, quem defenda a presunção da legitimidade a favor dos juízos de valor, em especial nos debates públicos.

De qualquer modo, essa presunção nunca poderá albergar a chamada «crítica caluniosa» — a expressão de uma opinião que consiste na degradação da pessoa, no seu rebaixamento.

As coisas serão ainda mais óbvias para a expressão de opiniões através da caricatura e da sátira.

São extremamente raros os atentados à honra praticados por estes meios.

As públicas figuras estão mais expostas à crítica. Segundo Harry Truman, "quem não suporta o calor não deve trabalhar na cozinha" (citado por Andrade, 1996, p. 307).

Relativamente à ponderação de interesses, tem ainda algum relevo o chamado «direito ao contra-ataque», que geralmente usa um tom mais elevado.

Claro que tem de haver uma conexão objectiva entre o ataque e o contra-ataque e que o reconhecimento deste direito não afasta o regime jurídico — penal da retorsão, previsto nos números 2 e 3 do artigo 186.°, do C.P.

Sobre a matéria desta nota cfr. Andrade (1996), p.p. 267 a 313.

n) Direito de necessidade.

No domínio da liberdade de imprensa, trata-se da divulgação de notícias obtidas de forma ilícita.

Justifica-se a divulgação como forma de obstar a perigos actuais de lesão de interesses públicos.

De qualquer modo, a liberdade de imprensa assegura um tratamento privilegiado destes casos, relativamente aos homólogos ocorridos no âmbito da proibição de prova em processo penal.

Sobre o assunto cfr. Andrade (1996), p.p. 313 a 317.

o) Prossecução de interesses legítimos.

Causa específica e autónoma de exclusão da ilicitude está prevista, não só nos crimes contra a honra — artigo 180.°, n.° 2, alínea a), do C.P., mas também nos crimes de devassa da vida privada — artigo 192.°, n.° 2, do C.P.

Também estava prevista no C.P. de 1982 para o crime de violação de segredo, tendo sido eliminada na reforma de 1995.

É fundamentada na convergência entre o princípio do risco permitido e o princípio da ponderação de interesses.

Exige-se, para que funcione, que o meio seja idóneo, adequado, necessário e proporcional.

Além disso, é necessário que o agente tenha levado a cabo uma certa comprovação mínima dos factos, a qual deve ser realizada segundo «as legis artis» da profissão de jornalista.

No domínio da honra, o legislador do actual C.P. já não fala apenas em interesses «públicos» legítimos, pelo que justifica a conduta o exercício da liberdade de imprensa.

Se esse exercício compreender a divulgação de escândalos e sensacionalismos, actividade que é legítima, o cultivo desses escândalos não justifica o atentado à honra, a não ser, em casos extremos, em que está em causa uma «pessoa da história do tempo»

Entende-se, ainda, tratar-se de uma causa de justificação objectiva, isto é, não será necessário demonstrar-se que o agente tenha actuado com a finalidade de prosseguir interesses legítimos.

É admissível julgar verificada a causa se o agente, por exemplo, teve por finalidade fazer subir a tiragem do jornal ou aumentar a audiência da sua estação de televisão.

Nos crimes de devassa da vida privada, fica de fora da prossecução de interesses legítimos a esfera da vida íntima, com excepção do facto relativo a doença grave do visado.

Além disso, só os interesses públicos e relevantes podem integrar a causa de justificação, sendo certo que a actividade jornalística nos limites da função pública da liberdade de imprensa a integra.

Sobre a matéria desta nota cfr. Andrade (1996), p.p. 317 a 389.

....

Artigo 2.° (Definição de imprensa)

1. Entende-se por imprensa todas as reproduções impressas para serem difundidas, que serão designadas por publicações, com excepção dos impressos oficiais e dos correntemente utilizados nas relações sociais.

2. As publicações podem ser periódicas ou unitárias.

3. Consideram-se publicações periódicas as que se realizam em série contínua, sem limite definido de duração, sob o mesmo título, abrangendo períodos de tempo determinado, incluindo as que tratem exclusivamente de assuntos científicos, literários, artísticos, desportivos ou religiosos.

4. As publicações unitárias são aquelas que têm conteúdo normalmente homogéneo e são editadas na totalidade de uma só vez, ou em volumes ou fascículos.

5. Consideram-se publicações estrangeiras as publicadas no estrangeiro e as publicadas em Portugal sob a marca e responsabilidade de editor estrangeiro.

6. As publicações estrangeiras difundidas em Portugal ficam sujeitas aos preceitos da presente Lei, excepto aqueles que pela sua natureza lhes não sejam aplicáveis.

7. Quanto à sua expansão, as publicações periódicas podem ser de expansão nacional ou regional, considerando-se de expansão nacional as que são postas à venda na generalidade do território nacional.

NOTAS:

a) O Estatuto da Imprensa Regional está consagrado pelo decreto-lei n.° 106/88, de 31 de Março, adiante transcrito.

b) Ac. da Rel. do Porto de 25 de Julho de 1984, in Colectânea de Jurisprudência, Ano IX, tomo 4, 245:

Desde que os factos descritos na acusação sejam qualificáveis como publicação através da imprensa, pode o réu ser condenado pelo crime de abuso de liberdade de imprensa, ainda que não tenha sido assim acusado.

A expressão reprodução impressa, utilizada no artigo 2.°, n.° 1, do Decreto-Lei n.° 85-C/75, de 26 de Fevereiro, abrange todos os métodos de impressão possível, incluindo o off-set, as fotocópias e os diversos copiadores, mais ou menos manuais e a álcool, mais ou menos electrónicos e a stencil.

Pelo menos os artigos 25.° e 28.°,n.° 1,2 e 3 do Dec.-lei n.° 85-C/75 foram revogados pelo artigo 6.°, n.° 1, do Dec.-lei n.° 400/82, de 23 de Setembro.

c) Parecer do Conselho Consultivo da Procuradoria-Geral da República, P.° n.° 95/89, publicado na 2.ª Série do Diário da República de 03/12/90:

1.ª. Difamações e injúrias ao Governo ou seus membros e outras autoridades, constantes de publicação periódica estrangeira, são susceptíveis de preencher os ilícitos descritos nos artigos 164.°, 165.°, 168.° e 363.° do Código Penal português e no artigo 1.° do Decreto-lei n.° 65/84, de 24 de Fevereiro, consoante os factos integradores dos respectivos elementos típicos que no caso concreto se verifiquem.

2.ª. Agentes dos crimes são os sujeitos indicados no artigo 26.° do Decreto-lei n.° 85-C/75, de 26 de Fevereiro (Lei de Imprensa).

3.ª Os crimes consumam-se com a publicação do escrito ou imagem em que haja a injúria ou difamação (artigo 27.° do mesmo Decreto-lei).

4.ª. Os crimes previstos nos artigos 164.° e 165.° do Código Penal português têm natureza particular, dependendo o procedimento criminal de acusação do ofendido (artigo 174.° do mesmo Código).

5.ª. O procedimento criminal pelo crime previsto e punido nos artigos 168.° do Código Penal português e 1.° do Decreto-lei n.° 65/84 não depende de queixa nem de acusação particular (artigo 1.°, n.° 3, e artigo 2.° deste Decreto-lei).

6.ª O crime previsto e punido no artigo 363.° do citado Código tem natureza pública, pelo que o procedimento criminal respectivo igualmente não fica dependente de queixa ou acusação.

7.° A acção penal pelos crimes de imprensa aludidos nas conclusões anteriores é exercida — verificados requisitos de aplicação no espaço da lei penal portuguesa indicados nos artigos 4.° e 5.° do Código Penal — nos termos do Código de Processo Penal e legislação complementar, com observância de especialidades previstas, nomeadamente, nos artigos 36.°, 37.° e 52.° da Lei de Imprensa (redacção do artigo 1.° do Decreto-lei n.° 377/88, de 24 de Outubro) e no artigo 2.° deste último decreto-lei.

8.ª Factos difamatórios e injuriosos à luz do direito português, consubstanciando os crimes aludidos na conclusão 1.ª, são susceptíveis de constituir os crimes de «calumnia» e «injuria» previstos, respectivamente, nos artigos 453.° e 457.° do Código Penal espanhol.

9.ª Se a «calumnia» ou «injuria» forem dirigidas ao Governo podem integrar o crime previsto e punido no artigo 161.° do mesmo diploma.

10.ª Se forem dirigidas a «un ministro o una autoridad en el ejercicio de sus funciones o con ocasión de ellas» podem constituir os crimes previstos e punidos no artigo 240.° do referido Código.

11.ª Se dirigidas a «un ministro o una autoridad en el ejercicio de sus funciones o con ocasión de éstas»,«fuera de su presencia o en escrito que no estuviere a ellos dirigido», são susceptíveis, por seu turno, de integrar o crime tipificado no artigo 244.° do Código Penal espanhol.

12.ª A «calumnia» ou «injuria» imputadas a simples particulares constituem os diversos ilícitos tipificados nos artigos 453.° e seguintes do citado Código Penal, consoante a concreta integração dos respectivos elementos típicos.

13.ª O procedimento criminal por «calumnia» ou «injuria» está sujeito aos pressupostos de procedibilidade definidos no artigo 467.° do Código Penal espanhol e nos artigos 3.° e 4.° da Ley n.° 62/78, de 26 de Dezembro, de Protección Jurisdicional de Los Derechos Fundamentales de la Persona.

14.ª Assim, os crimes indicados nos artigos 161.°, 240.° e 244.°, têm natureza pública, não dependendo o procedimento criminal de denúncia ou acusação particular.

15.ª Se os ofendidos pelos crimes indicados na conclusão anterior forem «jefes de Estado de naciones amigas o aliadas»,«agentes diplomáticos de las mismas» ou «extranjeros con carácter público según los tratados», o procedimento criminal depende de iniciativa («excitación») do Governo.

16.ª Na falta de tratado internacional que permita qualificar um membro do Governo ou autoridade estrangeiros como «extranjeros con carácter público», podem os ofendidos, em veste de simples particulares, socorrer-se das incriminações gerais de calúnia e injúria tipificadas nos artigos 453.° e seguintes do Código Penal espanhol.

17.ª Os crimes previstos e punidos nos normativos citados na conclusão anterior constituem, quando cometidos através da imprensa, infracções semipúblicas, dependendo o procedimento criminal respectivo de denúncia da pessoa ofendida.

18.ª A acção penal pelos crimes aludidos nas anteriores conclusões 8.ª a 17.° é exercida — verificados os requisitos relativos à aplicação da lei penal espanhola no espaço mencionados, designadamente, no artigo 23.° da Ley-Orgánica del Poder Judicial n.° 6/1985, de 1 de Julho — segundo a tramitação processual vertida no título V (artigos 816.° a 823.°) da Ley de Enjuiciamento Criminal, com as modificações constantes do artigo 2.° da Ley n.° 62/78, citada na conclusão 13.ª.

d) Ac. da Relação do Porto, de 31 de Maio de 1995, in Col. de Jur., ano XX, tomo III, p. 263:

I. Pratica o crime de abuso de liberdade de imprensa quem, sendo provedor de determinada misericórdia, escreve um artigo no «Boletim informativo» dessa instituição, contendo expressões ofensivas para terceiros.

II. Tal «Boletim informativo» deve ser considerado como um meio de comunicação social, pelo que aquele ilícito não se encontra abrangido pela lei de amnistia, Lei n.° 15/94.

e) Segundo Nuno e Sousa, in "A liberdade de imprensa", B.F.D.C., suplemento ao Vol. XXVI, Coimbra, 1983, pág. 184

"O sentido lato de imprensa pretende abranger outros campos, como o das várias técnicas modernas de difusão do pensamento (rádio e televisão), a que se acrescentariam os espectáculos — o cinema".

O mesmo autor, na esteira de outros, dos quais refere Mangoldt-Klein refere-se a um elemento material do conceito de imprensa — só a publicação de produtos impressos no sector do interesse público geral, no âmbito de uma função pública de imprensa, seria imprensa em sentido material, só esta gozando das garantias constitucionais.

No entanto, a págs. 203, acaba por concluir que tal conceito material de imprensa não foi consagrado na redacção do artigo 38.° da C.R,P., mas antes um conceito formal de imprensa, embora um conceito lato.

Também o artigo 2.° da Lei de Imprensa recebeu este conceito formal de imprensa.

Segundo ele, são várias as funções da imprensa:

a) Função de informação;

b) Formação de correntes de opinião;

c) Função de controlo do Estado.

Não é de caracterizar a imprensa como quarto poder, ou como serviço público, porque, designadamente, a imprensa não se coloca dentro das formas institucionais e as empresas de imprensa tanto podem ser privadas como públicas.

Diz, a pág.209: "Entre os perigos susceptíveis de actualmente ameaçarem a opinião pública incluem-se a concentração crescente dos meios de comunicação, a dependência da imprensa regional dos fornecedores de notícias de âmbito nacional, a pressão do grande capital e da publicidade, a imprensa de sensação, o decréscimo da informação política, a actuação de um «press management» e a influência do Governo na informação".

. . . .

Artigo 3.° (Publicações informativas ou doutrinárias)

1. Quanto ao seu conteúdo, as publicações periódicas podem ser doutrinárias ou informativas.

2. As publicações doutrinárias são as que visam predominantemente divulgar qualquer doutrina, ideologia ou credo religioso, designadamente enquanto órgãos oficiais de partidos políticos, movimentos ou associações cívicas ou de igrejas ou comunidades religiosas.

3. São informativas as publicações em que não se verifiquem os requisitos referidos no número anterior.

4. As publicações informativas deverão adoptar um estatuto editorial, o qual definirá a sua orientação e objectivos, comprometendo-se a respeitar os princípios deontológicos da imprensa e a ética profissional, de modo a não poderem prosseguir apenas fins comerciais, nem abusar da boa fé dos leitores, encobrindo ou deturpando a informação.

5. O estatuto editorial será inserto na publicação, acompanhando o relatório e contas da empresa, e, também, sempre que lhe sejam introduzidas quaisquer alterações.

6. As publicações informativas podem ser de informação especializada ou de informação geral.

7. Consideram-se publicações de informação especializada as que se ocupem predominantemente de uma matéria, designadamente científica, literária, artística, desportiva ou religiosa.

8. São publicações de informação geral as que têm por objecto predominante a divulgação de notícias ou informações de carácter genérico, bem como todas as outras que não sejam abrangidas pelos números 2 e 7 deste artigo.

NOTAS:

a) Parecer n.° 91/84, do Conselho Consultivo da Procuradoria-Geral da República, publicado na II série do D.R. n.° 32, de 7/2/85:

"A aprovação do estatuto editorial do jornal Diário de Notícias bem como a sua alteração competem ao conselho de gerência da Empresa Pública dos Jornais Notícias e Capital, após parecer não vinculativo do conselho de redacção.

b) «A punição da publicação, exibição e circulação de textos ou imagens através da imprensa, quando obscenos ou pornográficos, é previsto pelo Acordo de Paris, de 4/5/10, publicado no Diário do Governo de 17/6/11, Convenção de Genebra de 1923, publicada no Diário do Governo de 27/12/28; apenas as autoridades judiciais podem ordenar a apreensão das publicações pornográficas ou a suspensão da sua circulação, caso sejam estrangeiras, nos termos da Lei de Imprensa» — Sumários jurídicos de Ernesto de Oliveira, Vol. 27, 113.

Artigo 4.° (Liberdade de imprensa)

1. A liberdade de expressão do pensamento pela imprensa será exercida sem subordinação a qualquer forma de censura, autorização, caução ou habilitação prévia.

2. Os limites à liberdade de imprensa decorrerão unicamente dos preceitos da presente lei e daqueles que a lei geral e a lei militar impõem, em ordem a salvaguardar a integridade moral dos cidadãos, a garantir a objectividade e a verdade da informação, a defender o interesse público e a ordem democrática.

3. É lícita a discussão e crítica de doutrinas políticas, sociais e religiosas, das leis e dos actos de soberania e da administração pública, bem como do comportamento dos seus agentes, desde que se efectue com respeito pela presente Lei.

NOTAS:

a) Ac. Rel. Porto de 28 de Novembro de 1979, in Colectânea de Jurisprudência, Ano IV, tomo 5, 1453:

I. Para se concluir se um artigo de imprensa extravasa ou não os limites da liberdade de imprensa ter-se-á de o analisar no seu contexto integral, não se podendo caracterizá-lo como violador de tais limites através de expressões nele contidas.

II. A denominação de «progressista» não é ofensiva, pois para certas correntes de pensamento ideológico e político constitui um atributo por eles reclamado em contraposição a «reaccionário».

b) O professor Figueiredo Dias, num estudo denominado "Direito de Informação e Tutela da Honra no Direito Penal da Imprensa Português", publicado in Revista de Legislação e Jurisprudência, 1982, números 3697, 3698 e 3699, analisou o conflito teoricamente inevitável entre direitos constitucionalmente protegidos e, em princípio, de igual hierarquia, como sejam o direito à informação e o direito à honra, tendo concluído ser necessário fazer recuar a tutela jurídico-penal da honra, introduzindo-lhe as limitações indispensáveis do núcleo essencial do direito de informação.

Considera que tal desiderato só poderá ser conseguido da seguinte forma:

"1.° A lei deve claramente exprimir ou permitir a conclusão de que uma específica justificação das ofensas à honra cometidas por meio da imprensa provém do exercício do direito fundamental de informação.É esta, a nosso ver, a exacta e preferível concretização da cláusula de «prossecução de interesses legítimos», que em regra se usa nos códigos penais, mas se apresenta como dotada de demasiada generalidade — e consequente imprecisão — quando utilizada em direito penal de imprensa.

2.° Pressupostos daquela justificação são, por um lado a exigência de que a imprensa, ao fazer a imputação, tenha actuado dentro da sua função pública — de formação da opinião pública — e visando o seu cumprimento, por outro lado o requisito de que ela tenha utilizado o meio concretamente menos danoso para a honra do atingido, por outro lado ainda a «verdade» das imputações.

3.° A prova de que as imputações feitas correspondem à verdade, ou de que o agente só as tomou como tais depois de cumprido o dever de esclarecimento, só deve ser admissível nos limites do direito de informação e da correspondente função pública da imprensa, correndo o risco da prova a cargo do agente. Mesmo quando se logre a prova de que o agente cumpriu o dever de esclarecimento prévio dos factos, deverá admitir-se que o atingido prove a sua definitiva exactidão — sem que todavia daqui resulte a punibilidade da imputação."

c) A liberdade de imprensa possui uma face positiva, que consiste na proibição de qualquer tipo de censura e uma face negativa, proibição da imposição de publicação de matérias não desejadas.

Existem, no entanto, alguns, poucos, limites a esta liberdade.

Na Revista do Ministério Público n.° 37, Janeiro/Março de 1989, de págs. 7 a 31, encontra-se publicada a intervenção do Senhor Procurador-Geral da República Adjunto, Artur Rodrigues da Costa, na abertura do ano judicial de 1987, realizada no Porto, intitulada "A liberdade de Imprensa e as limitações decorrentes da sua função".

Nela são abordados alguns dos limites à liberdade de imprensa, mais precisamente, os limites derivados da Constituição e da lei ordinária.

Considera que a liberdade de imprensa assume um duplo carácter constitucional, como direito individual e direito de participação política, sendo, ainda uma garantia institucional "na medida em que desempenha uma função relevante e de interesse público".

Como limites constitucionais aponta a protecção da integridade moral dos cidadãos, os direitos à identidade pessoal, ao bom nome e reputação, à imagem e à reserva da intimidade da vida privada,a proibição de informações relativas a pessoas e famílias, a presunção de inocência do arguido, a protecção da infância, da juventude, o direito à saúde, a ordem e moralidade públicas, o respeito dos princípios da organização democrática e pluralista, a segurança do Estado, o princípio da independência dos tribunais.

Alguns destes limites constitucionais são concretizados através da lei ordinária e são objecto de diplomas internacionais.

Só que o exercício da liberdade de imprensa não deve ceder automática e sistematicamente sempre que estão em jogo outros bens jurídicos tutelados pela Constituição e com os quais acaba por colidir.

Tem de se buscar nos princípios constitucionais da ponderação de bens e da concordância prática a solução do problema.

A imprensa desempenha uma função social e só enquanto a desempenha merece protecção jurídico-constitucional.

O exercício da liberdade de imprensa desenvolve-se por várias formas, como a crónica, a opinião, a crítica, a criação.

A crónica tem como limites fundamentais a verdade e a objectividade.

A opinião tem como limites lógicos a intolerância, o fanatismo e o dogma.

A crítica exige seriedade de propósitos e pressupõe elevação moral.

A obra de arte cria uma realidade autónoma, sendo ilimitada a liberdade de criação. Tem como limites a tentação da imitação e os ataques pessoais encobertos.

Assim, o exercício da liberdade de imprensa vai variando consoante cada uma das modalidades que o caracterizam, mas sempre dentro da sua função social. É que nem todos os factos são relevantes para a imprensa. Há factos notórios, por serem conhecidos de todos e factos públicos em virtude da pessoa a que respeitam.

Não se pode invocar a função social da imprensa para legitimar a crónica da vida privada, a liberdade de inserção de anúncios e, até, certa imprensa humorística.

As pessoas públicas têm menos vida privada que as outras, estando mais expostas à liberdade de imprensa.

O conhecimento de certos aspectos da vida privada e familiar dessas pessoas pode ter interesse público.

Está obviamente ultrapassada a corrente tradicional da nossa jurisprudência que entendia ser necessária a verificação de um dolo específico para a existência de certos crimes de abuso de liberdade de imprensa.

Na colisão de bens jurídicos colocados no mesmo grau hierárquico, a prevalência da liberdade de imprensa só pode decorrer "da existência de uma causa justificativa, configurada como o exercício de um direito", devendo respeitar-se, ainda, os princípios da proporcionalidade e da adequação dos meios.

Finalmente há que ponderar que a verdade, no que se refere à liberdade de imprensa não é critério decisivo.

Ela está excluída quando se trata da liberdade de criação, da obra de arte.

Depois, nem toda a verdade pode ser dita.

Por outro lado, mesmo que se não prove a verdade dos factos, nem por isso se deixa de ficar, sempre, isento de pena.

Importante é que se demonstre que o jornalista não foi negligente no cumprimento do seu dever de informação prévia quanto à verdade dos factos.

d) Também Nuno e Sousa, na obra citada, pág. 219 e segs. se debruça sobre o âmbito de protecção da liberdade de imprensa e defende que esse âmbito depende das noções de liberdade e de imprensa que são perfilhadas.

"Um conceito moderno de «liberdade de imprensa» pretende abranger vários níveis, entre os quais a garantia do direito dos cidadãos à objectividade de informação, a independência perante as forças económicas financiadoras das empresas, o direito de acesso dos cidadãos aos instrumentos de informação, quer mediante o combate à concentração dos jornais, quer pela prática de critérios não discriminativos na admissão à carreira de jornalista".

Defende, como para todos os direitos fundamentais, o carácter duplo da liberdade de imprensa: se há um relacionamento com a liberdade do indivíduo, também está presente um vínculo ao princípio democrático.

Na nota 38, a págs. 248, escreve: "Na Lei de Imprensa de 1975 consagra-se uma perspectiva subjectivo-individualista da liberdade de imprensa concebida «como a liberdade de expressão do pensamento pela imprensa», mas encontra-se temperada por um outro factor de influência, pois a liberdade de expressão «integra-se no direito fundamental dos cidadãos a uma informação livre e pluralista» a justificar eventuais intervenções dos poderes públicos com vista a proteger os interesses dos leitores".

E mais adiante, a págs. 250: "A postura do problema nestas coordenadas acarreta consequências em matéria de interpretação e de limites à liberdade de imprensa".

Considera vários os direitos e garantias implicados no conceito de liberdade de imprensa, tais como o direito de fundação de jornais e de outras publicações, a liberdade de expressão, a liberdade de informação, a proibição da censura, a liberdade profissional, a independência dos órgãos de informação perante os poderes político e económico, a liberdade das actividades anexas e a liberdade interna da empresa de imprensa.

e) Quanto à proibição da censura, o mesmo autor, o.c., pág.338 e seguintes:

"Vem a referida proibição de censura no artigo da liberdade de expressão, e não no da liberdade de imprensa, o que significa não se dirigir esta interdição apenas aos meios de comunicação de massas, mas também ao âmbito individual da liberdade de expressão e de informação.

Pensa-se que a censura se caracteriza essencialmente por ser um controlo sistemático da vida espiritual executado por uma instituição exterior aos meios de comunicação com a finalidade de se impedir a publicação (censura prévia) ou de se obstar à divulgação (censura posterior)."

A censura posterior, porém, será lícita se competir aos tribunais judiciais na sua tarefa de apreciação das infracções.

Defende-se que as organizações de auto-controlo privado podem ser admissíveis e não podem ser entendidas como censura.

f) Nuno e Sousa, in o.c. pág. 315, afirma que "A liberdade de expressão consiste no direito à livre comunicação espiritual, no direito de fazer conhecer aos outros o próprio pensamento."

A escuta, a intercepção, a fixação de uma opinião num relatório escrito ou gravado de polícia, são actividades ilícitas, salvo as limitações constitucionais dos direitos fundamentais.

Em relação ao Estado, em vez da liberdade de expressão, intervêm o direito de petição e, com uma tutela mais forte, o direito de acesso aos tribunais.

Claro que não fica coberto pela liberdade de expressão o uso incorrecto, doloso ou descuidado da imprensa; a eventual «tarefa pública» da imprensa não se confunde com privilégios não consentidos pela Constituição — a falsa informação do público dificulta o funcionamento do Estado democrático.

g) Outro dos limites à liberdade de imprensa, de que fala Nuno e Sousa,in o.c., págs 353 a 357, é o da liberdade das chamadas actividades anexas.

As principais actividades anexas são a indústria da pasta de papel e a da distribuição de informações.

Os problemas relacionados com o acesso ao papel e à distribuição de informação são resolvidos, na grande maioria dos países, com a criação de empresas públicas destinadas a gerir esses sectores de actividade.

Já na questão da distribuição dos trabalhos impressos, verifica-se que cada jornal é livre de organizar a sua própria distribuição, ou de recorrer a uma empresa distribuidora.

A greve dos correios poderá provocar sérios danos à liberdade de imprensa.

h) Ac. da Relação do Porto, de 6/12/78, in C.J.,ano III,tomo 5,1978,pág.1635:

"O direito de informar é de interesse público e comunitário, devendo ser exercido com verdade, mas também com actualidade; o crime de liberdade de imprensa é essencialmente doloso; a punição de tal crime a título de negligência (artigo 28.° da Lei de Imprensa) pressupõe que foi requerida e feita a prova da verdade dos factos; tendo o jornalista agido (ao dar uma notícia) no convencimento da verdade da mesma e com o intuito de informar e prevenir o público, não pode essa sua conduta ser censurada, quer a título de dolo, quer a título de negligência, por não lhe ser exigível conduta diferente; inexistindo prova do dolo ou negligência, bem como do intuito de lesar o ofendido, não há lugar à indemnização deste (artigo 12.° da Lei de Imprensa), uma vez que só existe obrigação de indemnizar, independentemente de culpa, nos casos previstos na lei."

i) Segundo Nuno e Sousa,o.c.,págs 433 e segs., qualquer direito fundamental apresenta limites, vínculos, mesmo que não escritos. Toda a liberdade tem limites lógicos. Mas da existência de um limite não se segue um poder de prevenção de polícia, e o interesse público não pode justificar limitações não previamente estabelecidas na constituição.

Os limites estabelecidos na constituição são os princípios gerais do direito penal, a apreciar pelos tribunais e, ainda, os estabelecidos na Declaração Universal dos Direitos do Homem, à luz da qual os nossos preceitos constitucionais têm de ser integrados.

A lei só pode restringir os direitos, liberdades e garantias nos casos expressamente previstos na constituição, tal como a protecção da juventude e a protecção da honra pessoal.

As leis restritivas têm de revestir carácter geral e abstracto.

A págs. 466 diz que "Leis gerais são as leis cuja finalidade de regulamentação não é idêntica ao objecto de protecção dos direitos fundamentais das liberdades de expressão, de informação e de imprensa, isto é, que não se dirigem como tal contra estes direitos, não os afectando especial e directamente, visto destinarem-se à protecção de outros bens jurídicos. A finalidade objectiva de uma lei geral não são aqueles direitos fundamentais; não se pretende atingir directamente a liberdade de discussão espiritual, antes visa-se garantir importantes bens comunitários que gozam de primazia em relação à liberdade de expressão e de imprensa. Como exemplos de leis gerais, podemos apontar normas penais, de direito privado e a lei militar."

Outra questão de enorme importância a esclarecer, nesta matéria dos limites à liberdade de imprensa é o problema do relacionamento dos direitos de liberdade com outros bens jurídicos protegidos constitucionalmente.

A solução dos conflitos é difícil.

Na nota 56, a págs. 467 da o.c., aquele autor informa que a jurisprudência alemã utiliza uma série de critérios a fim de estabelecer a efectividade óptima do direito fundamental:

a constituição como um todo unitário;
a ponderação de bens;
a proporcionalidade;
o princípio da concordância prática;
a teoria do efeito recíproco.

Para os defensores da ponderação de bens, o problema estaria em determinar a posição da liberdade de imprensa na escala dos bens jurídicos, pois a liberdade de imprensa não cede automaticamente perante qualquer outro bem jurídico.

Para outros autores seria de optar, antes, por uma concordância prática para realizar a coordenação proporcionada dos direitos fundamentais e dos bens jurídicos limitadores. Não se atribui a qualquer das normas e princípios constitucionais, de antemão, a primazia.

Acrescenta o mesmo autor,o.c.,pág.473, que, na aplicação dos limites dos direitos fundamentais, o tribunal não deve impor a sua concepção político-social em vez do ponto de vista da maioria parlamentar. No fundo, os limites da liberdade de imprensa dependem do destino e do carácter do texto: na mera relação de factos interessa a veracidade, a ausência de ofensas à honra e o respeito pela vida privada; na obra científica e na crítica literária ou artística há liberdade completa; na obra de imaginação o conceito de verdade não releva, mas a obscenidade pode originar responsabilidade; na exposição de uma doutrina a liberdade é muito extensa e num artigo de opinião, ou numa polémica em período eleitoral pode-se desculpar a rudeza dos ataques.

Finalmente, acrescenta ainda o mesmo autor, o.c., pág. 479, que se tem vindo a acentuar, nos últimos anos, a importância do princípio da interpretação conforme a constituição:

"as normas constitucionais não são só normas de comprovação, também constituem normas materiais para a determinação do conteúdo das leis ordinárias; uma lei de conteúdo indeterminado ou susceptível de vários significados pode ser determinada pelo conteúdo da constituição; uma lei não deve ser declarada nula se a inconstitucionalidade não é evidente, havendo apenas dúvidas a esse respeito; isto é, não deve declarar-se a nulidade enquanto se puder interpretar a lei de acordo com a constituição."

Este princípio surge, agora, como uma regra de preferência para a decisão entre diferentes resultados interpretativos.

Não estamos, porém, perante um método de interpretação, mas diante de um meio de interpretação aplicável conjuntamente com outros critérios interpretativos.

"Quando todos ou os mais importantes meios de interpretação se pronunciam por uma interpretação de inconstitucionalidade seria um exagero admitir a interpretação conforme a constituição."

. . . .

Artigo 5.° (Acesso á informação e sigilo profissional)

1. À imprensa periódica será facultado acesso às fontes de informação pela administração pública, pelas empresas públicas e pelas empresas em que haja estatutariamente participação maioritária de pessoas colectivas de direito público, e ainda, no que respeita ao objecto da exploração ou concessão, pelas empresas que explorem bens do domínio público ou sejam concessionárias de serviços públicos, segundo normas a definir que preservem o funcionamento dos serviços.

2. O acesso às fontes de informação, nos casos do número anterior, não será consentido em relação aos processos em segredo de justiça, aos factos e documentos considerados pelas entidades competentes segredos militares ou segredos de Estado, aos que sejam secretos por imposição legal, aos que afectem gravemente a situação concorrencial das empresas referidas no n.° 1, e ainda aos que digam respeito à vida íntima dos cidadãos.

3. Na falta de indicação da origem da informação, presumir-se-á que ela foi obtida pelo autor, como tal sendo considerado o director do periódico sempre que o escrito não seja assinado.

4. Os jornalistas não são obrigados a revelar as suas fontes de informação, não podendo o seu silêncio sofrer qualquer sanção directa ou indirecta. Os directores e as empresas não poderão revelar tais fontes, quando delas tiverem conhecimento.

5. As violações ao disposto no n.° 2 serão passíveis de sanções penais previstas na legislação respectiva.

NOTAS:

a) Ac. da Rel de Lxa. de 3 de Outubro de 1989, in Colectânea de Jurisprudência, Ano XIV, tomo 4, 165:

I. Não comete o crime de violação de segredo de justiça, do artigo 419.° do Código Penal, a pessoa que, por meios diversos da consulta dos autos criminais, ou de uma sua cópia não autorizada, divulga factos que estejam a ser apurados em processo ainda em fase secreta, se deles tiver tido conhecimento por meios lícitos, como o são a audição não proibida do próprio arguido ou dos declarantes ou das testemunhas desse processo, pessoas estas que, por natureza, não estão obrigadas a esse mesmo segredo de justiça.

II. Não comete um crime de abuso de liberdade de imprensa o jornalista que divulga os factos que podem ser atentatórios da honra e consideração de alguém que seja figura pública, se estiver convencido da sua veracidade por deles ter tido conhecimento por meios julgados idóneos, tanto ética como legalmente, e a partir de fontes reputadas fidedignas, e na execução do poder-dever de informar com verdade que impende sobre os profissionais desse ramo.

b) Sobre segredo de justiça e segredo de Estado e a sua compatibilização com a liberdade de imprensa ver a transcrição das normas pertinentes do Código de Processo Penal e Lei do Segredo de Estado e suas anotações.

c) Na Revista do Ministério Público n.° 12, ano 3, 1982, págs. 149 a 160, encontra-se publicado o texto da comunicação apresentada ao seminário sobre «O Direito a Informar» promovido pelo Conselho de Imprensa, pelo Senhor Conselheiro, Dr. Mário Araújo Torres, intitulada «Algumas considerações sobre liberdade de informação e segredo profissional dos jornalistas:

Distingue liberdade de imprensa de liberdade de informação, acentuando que, esta pressupõe uma actuação positiva do Estado e dos organismos públicos em geral.

Debruça-se, depois sobre o problema do acesso às fontes de informação, acentuando que ele apenas foi consagrado — artigo 5.° — pela Lei de Imprensa.

Analisa os vários modelos de publicidade dos actos da administração:

modelo escandinavo — acesso livre;

modelo austríaco — as informações são facultadas pelas autoridades a quem as solicite;

modelo no qual as autoridades tomam a iniciativa de informar os cidadãos.

Acabando por apelar à ideia de fazer consagrar em Portugal um modelo de publicidade dos actos da Administração em benefício de todos os cidadãos, o que tornaria desnecessária a existência de normas específicas para os jornalistas.

Quanto ao sigilo profissional, depois de historiar a sua consagração na lei, acaba por assinalar que a Lei de Imprensa acabou por o estabelecer em termos absolutos, isto é, sem admitir qualquer excepção ou restrição.

E finaliza:

"Temos dúvidas sobre se não seria vantajosa a existência de «válvulas de escape» como as preconizadas em 1971 pelo Dr. Arala Chaves e pelo Sindicato Nacional dos Jornalistas, pois existe o risco de surgirem situações de intolerável tensão propiciadoras de drásticos recuos nesta matéria".

d) O diploma que consagra, agora, em Portugal, o acesso aos documentos da Administração é a Lei n.° 65/93, de 26 de Agosto, adiante transcrita, alterada pela Lei n.° 8/95, de 29/03, que aprovou o regulamento orgânico da Comissão de Acesso aos Documentos Administrativos.

e) Jorge Wemans (então Presidente do Conselho Técnico e de Deontologia do Sindicato dos Jornalistas), in "Jornadas de Processo Penal", cadernos 2 da Revista do Ministério Público, 1987, pág. 169 salientava estar frontalmente contra os artigos 135.° e 182.° do Projecto de Código de Processo Penal (actuais artigos 135.° e 182.°):

"Nunca o sigilo profissional, a protecção das fontes, podem ser ultrapassados. A não ser por decisão voluntária do jornalista. E mesmo neste caso deve o jornalista ponderar que — para além daquilo que a consciência lhe dita perante a situação concreta em que está envolvido — qualquer quebra de sigilo profissional acarreta sempre uma diminuição de credibilidade de toda a Imprensa em face das garantias que deve oferecer às suas fontes de Informação.

(...)

Ao contrário daquilo que se propõe no Projecto de Código, a legitimidade ou ilegitimidade da evocação do sigilo profissional pelos jornalistas nunca poderá ser apreciado pelo juiz. Apenas o próprio jornalista (ou os seus pares, através do Conselho Técnico e de Deontologia) o poderá fazer."

f) Todavia a sugestão do Sindicato dos Jornalistas não vingou e o direito do jornalista de não revelar as suas fontes de informação deixou de ser absoluto, podendo ser ordenado pelo Tribunal Superior, nos termos dos artigos 135.° e 182.°, do C.P.P., que seja prestado depoimento com quebra do segredo profissional.

Continuando o jornalista a recusar-se a depor, ou depondo falsamente, a sua conduta poderá ser susceptível de integrar o crime de falsidade de testemunho previsto e punido pelo artigo 360.° do actual Código Penal.

g) A págs. 327 da obra citada, Nuno e Sousa afirma que "se encontra protegida quer a actividade individual de comunicação das notícias («crónica»), quer a «informação», entendida como a acção de comunicar as notícias através dos meios de comunicação social"

A informação determina-se em três direcções: direito de informar; direito de ser informado e direito de se informar.

A liberdade de informação possui uma dimensão jurídico-colectiva, ligada à opinião pública e ao funcionamento do Estado democrático e uma componente jurídico--individual.

É essencialmente um direito dirigido contra o Estado, no sentido de que não seja impedida a informação.

Como princípio constitucional, exige incentivos à informação, a transparência da organização estadual e uma disciplina dos «segredos» conforme à Constituição.

O sistema tende para uma meta: o direito à verdade.

h) Pela circular n.° 14/93, de 09/11/93, da P.G.D. do Porto, foram transmitidas as conclusões dos Pareceres números 17/93 e 17/93, complememtar, do Conselho Consultivo da P.G.R., a fim de a respectiva doutrina ser seguida e sustentada por todos os Magistrados e Agentes do Ministério Público:

1.ª O direito à informação implica o direito dos jornalistas, nos termos da lei, ao acesso às fontes de informação — artigos 37.°,n.° 1 e 38.°, n.° 2, alínea b), da Constituição da República Portuguesa;

2.ª Os jornalistas dos meios de comunicação social audiovisuais, devidamente credenciados, têm direito de acesso aos recintos desportivos onde decorram eventos públicos de larga audiência, e de levar consigo o equipamento adequado à natureza do trabalho profissional a realizar;

3.ª Sendo da essência da televisão a transmissão de imagens em movimento, o exercício televisivo do direito à informação desportiva não pode, por definição, deixar de abranger a transmissão de imagens do espectáculo;

4.ª Nos termos do artigo 19.°, n.° 2, da Lei n.° 1/90, de 13 de Janeiro, que aprovou a Lei de Bases do Sistema Desportivo, a protecção do direito ao espectáculo é erigida em condicionamento e limite ao direito à informação por parte dos profissionais da comunicação social, no exercício da sua profissão;

5.ª Nos termos do artigo 16.°,n.° 2, da Lei n.° 58/90, de 7 de Setembro, que aprovou o regime da actividade de televisão, os operadores que obtenham direitos exclusivos para a transmissão de eventos susceptíveis de larga audiência, devem colocar breves sínteses dos mesmos, de natureza informativa, à disposição de todos os serviços televisivos interessados na sua cobertura, sem prejuízo da contrapartida correspondente;

6.ª Da conjugação dos artigos 19.°, n.° 2, da Lei n.° 1/90, e 16.°, n.° 2, da Lei n.° 58/90, retira-se o seguinte quadro de compatibilização do direito à informação com o direito ao espectáculo:

a) Por um lado, todos os operadores televisivos devem respeitar os direitos exclusivos de transmissão, aceitando as restrições estritamente necessárias à garantia desse exclusivo;

b) Por outro, incumbe ao operador primário a obrigação de colocar à disposição dos operadores secundários, nisso interessados, mediante contrapartida correspondente, breves sínteses informativas dos correlativos eventos desportivos;

7.ª É legal o objecto dos contratos de alienação, a título oneroso, em regime de exclusividade, dos direitos de recolha e transmissão integral de encontros do campeonato nacional de futebol da primeira divisão, em directo ou em diferido, pelo organizador do espectáculo desportivo a um operador de televisão;

8.ª Também é legalmente admissível, no exercício do direito ao espectáculo, a cedência, nas condições indicadas na conclusão anterior, de direitos exclusivos de transmissão de resumos, desde que, pelo seu conteúdo e extensão, se torne possível que, sobre tais resumos, sejam elaboradas as breves sínteses de natureza informativa para os fins indicados no n.° 2, do artigo 16.°, da Lei n.° 58/90;

9.ª Porque ofensivos do conteúdo essencial de um direito fundamental, serão nulos, por desconformidade do respectivo objecto com a lei (artigo 280.° do Código Civil), os contratos por força dos quais se pretenda transferir para um operador televisivo os direitos exclusivos de transmissão das sínteses de natureza informativa a que se fez referência na conclusão anterior;

10.ª Os organizadores de espectáculos desportivos, cujos direitos de transmissão, integral ou de resumo, foram adquiridos, em regime de exclusivo, por um operador televisivo, não podem, sob pena de violação do direito às fontes de informação, impedir o ingresso nos respectivos recintos desportivos aos jornalistas ao serviço dos operadores televisivos secundários;

11.ª O modo de compatibilizar os direitos do titular do "exclusivo" (operador primário) com os dos operadores secundários encontra-se estabelecido no n.° 2, do artigo 16.°, da Lei n.° 58/90, pelo que estes não podem transmitir imagens do espectáculo para além das constantes das breves sínteses de natureza informativa ali referidas;

12.ª Podem, no entanto, utilizar o material recolhido pelos seus jornalistas dentro do recinto desportivo, desde que o seu conteúdo seja distinto do espectáculo cuja transmissão, integral ou de resumos, foi objecto de aquisição em exclusividade pelo operador primário;

13.ª Atento o desconhecimento do clausulado do contrato pelo qual a R.T.P. adquiriu os direitos exclusivos de transmissão de resumos de encontros do campeonato nacional de futebol da primeira divisão, e em face da falta de regulamentação do artigo 19.°, n.° 2, da Lei n.° 1/90, não é possível qualificar tal contrato como nulo, por eventual ilegalidade do seu objecto;

14.ª Não se indicia a prática de conduta passível de censura criminal através de subsunção aos tipos previstos nos artigos 319.° e 333.°, do Código Penal;

15.ª A conduta dos organizadores do espectáculo desportivo que, nas condições indicadas na conclusão 11.ª, interditem o acesso dos jornalistas ali mencionados aos recintos desportivos não integra o crime previsto no artigo 35.° da Lei de Imprensa (Decreto-Lei n.° 85-C/75, de 25 de Fevereiro).

16.ª Em face das dificuldades que se suscitam na conciliação entre o direito à informação e o direito ao espectáculo desportivo, torna-se necessária a publicação urgente do diploma regulamentar previsto na parte final do n.° 2, do artigo 19.° e no artigo 41.°, n.° 2, da Lei de Bases do Sistema Desportivo.

....

Artigo 6.° (Liberdade de publicação e difusão)

Ninguém poderá, sob qualquer pretexto ou razão, apreender ou por outra forma embaraçar, por meios ilegais, a composição, impressão, distribuição e livre circulação de quaisquer publicações.

NOTAS:

a) Questão certamente controversa será a de saber qual a sanção a aplicar a quem infringir este preceito.

Será a que consta do artigo 35.° ?

b) Num texto publicado in Revista Portuguesa de Ciência Criminal, ano 5.°, 1.°, Janeiro/Março de 1995, págs.47 e segs., René Ariel Dotti, professor de Direito Penal da

Universidade Federal do Paraná,faz a apresentação do Anteprojecto de Lei de Imprensa Brasileira, da autoria da Ordem dos Advogados do Brasil, considerando que a criminalização de certas condutas que atentam contra a liberdade de informação, como bem em si mesmo considerado, é o corolário do chamado princípio da liberdade de informação.

Informa que, nesse anteprojecto, estão previstas as seguintes formas típicas:

Art. 23.° — Promover boicote contra meio de comunicação social;

Art. 24.° — Destruir, inutilizar ou deteriorar maquinário, instrumentos ou aparelhos utilizados pelos meios de comunicação social, ou, de qualquer forma empestelar material visando impedir ou a dificultar as suas actividades;

Art. 25.° — Constranger, mediante violência ou grave ameaça, paga ou promessa, administrador ou profissional de comunicação social, visando a impedir, fazer cessar ou dificultar as actividades de informação;

Art. 26.° — Exigir, solicitar ou receber, para si ou para outrem, vantagem indevida para não fazer ou impedir que se faça, publicação, transmissão ou distribuição de qualquer matéria;

Art.27.° — Impedir ou dificultar, indevidamente, o exercício das liberdades de acesso e de obtenção de dados junto aos órgãos do Poder Público, inclusive os de administração indirecta ou funcional.

c) Ac. da Relação de Évora, de 13/7/78, in C.J., ano III, 1978, tomo 4, pág. 1407:

"Integra o crime de violação de liberdade de imprensa a actuação dos réus que ocuparam as instalações de um jornal, impedindo a sua publicação e usaram essas instalações e suas máquinas para publicarem um outro; tal crime é de natureza permanente — artigo 35.°."

Artigo 7.° (Liberdade de empresa)

1. As publicações periódicas podem ser propriedade de quaisquer pessoas colectivas sem fim lucrativo, de empresas jornalísticas sob a forma comercial ou de pessoas singulares que preencham os requisitos do n.° 2. A edição de publicações unitárias pode ser livremente promovida por quaisquer pessoas, singulares ou colectivas.

2. Só as pessoas que possuam nacionalidade portuguesa, residam em Portugal e se encontrem no pleno gozo dos seus direitos civis e políticos poderão ser proprietárias de publicações periódicas, com excepção das publicações de representações diplomáticas, comerciais e culturais estrangeiras.

3. É livre a fundação de empresas jornalísticas, editoriais e noticiosas, com vista à elaboração, edição e difusão de quaisquer publicações, notícias, comentários e imagens, sem subordinação a autorização, caução, habilitação prévia ou outras condições que não sejam as constantes da presente lei.

4. Consideram-se empresas jornalísticas todas as empresas que editem publicações periódicas.

5. Consideram-se empresas editoriais as empresas cujo principal objecto é a edição de publicações unitárias.

6. Consideram-se empresas noticiosas as empresas cujo principal objecto é a recolha e difusão de notícias, comentários e imagens para publicação na imprensa periódica.

7. As empresas jornalísticas, editoriais e noticiosas só poderão ter como objecto, para além do seu objecto principal, o exercício de actividades inerentes ou complementares.

8. As empresas jornalísticas que revistam a forma de sociedade comercial ficarão em tudo exclusivamente sujeitas às leis portuguesas, devem ter sede em Portugal, e a participação, directa ou indirecta, do capital estrangeiro não poderá exceder 10%, sem direito de voto.

9. Revertem a favor do Estado, independentemente de outras sanções, as partes de capital que, excedendo um décimo do total, pertençam a estrangeiros, decorridos sessenta dias sobre o averbamento da sua transmissão.

10. No caso de a publicação periódica pertencer a uma sociedade anónima, todas as acções terão de ser nominativas, o mesmo se observando quanto às sociedades anónimas que sejam sócias daquela que é proprietária da publicação.

11. Os administradores ou gerentes das empresas jornalísticas serão necessariamente pessoas físicas nacionais, no uso pleno dos seus direitos civis e políticos.

12. A relação dos detentores de partes sociais das empresas jornalísticas, bem como a discriminação daquelas, deverão ser publicadas anualmente, durante o mês de Abril, em todas as publicações periódicas de que as empresas sejam proprietárias.

13. As empresas noticiosas com sede principal em Portugal estão submetidas ao regime jurídico das empresas jornalísticas.

NOTAS:

a) Parecer do Conselho Consultivo da Procuradoria-Geral da República n.° 33/87, de 2 de Julho de 1987, publicado in B.M.J.,376,89:

I. O regime jurídico das empresas jornalísticas, consubstanciado no Decreto-lei n.° 85-C/75, de 26 de Fevereiro (Lei de Imprensa), e na Portaria n.° 640/76, de 26 de Outubro (Regulamento dos Serviços de Registo de Imprensa e Publicidade), não consigna especialidades de registo susceptíveis de aplicação às agências noticiosas nacionais por força do artigo 7.° n.° 13, daquele primeiro diploma legal.

II. Os argumentos gramatical, histórico, sistemático, lógico e teleológico da interpretação apontam no sentido de que nos artigos 13.°,n.° 1,alínea a) e 14.°,n.° 2, da Portaria n.° 640/76, apenas se definem relações entre títulos de publicações periódicas, estando excluídas do seu conteúdo normativo denominações ou siglas de agências noticiosas nacionais.

III. Diverso entendimento mais lato, que estas siglas e denominações pretendesse ver acolhidas no seio desses preceitos, colocá-los-ia em conflito com o artigo 38.°, números 1, 4 e 5 da Constituição, pelo que sempre deveria prevalecer a interpretação, conforme à lei fundamental, subjacente à anterior conclusão 2.ª.

IV. É, pois, admissível a inscrição no registo de imprensa da agência noticiosa nacional Açorpress — Agência Açoriana de Notícias, C.R.L., com denominação ou sigla idêntica, nos aspectos gráfico, fonético ou vocabular, ao título de uma publicação periódica ali já registada.

b) Nuno e Sousa, a págs. 310 e segs da obra citada trata do direito de fundação de jornais e de quaisquer outras publicações:

A fundação de uma publicação não depende de qualquer autorização administrativa.

É evidente, no entanto, que as empresas se têm de sujeitar às formalidades que o direito comercial impõe a qualquer empresa.

O conhecimento dos meios de financiamento das empresas jornalísticas permitirá aos particulares uma leitura mais crítica do conteúdo das publicações.

c) O mesmo autor, a págs. 252 e seguintes da obra citada, pronuncia-se quanto à titularidade jurídica da liberdade de imprensa, afirmando, designadamente, que a Lei veda a propriedade das publicações periódicas às pessoas colectivas com fins lucrativos, numa clara restrição ao direito de propriedade e à iniciativa privada, por se visar obter a independência da imprensa perante o poder económico, conciliar os direitos individuais e o interesse público, impedir a concentração de empresas e evitar a acção de terceiros prejudicial à independência da imprensa.

Quanto aos estrangeiros, com a sua exclusão, "quer-se evitar a influência das empresas multinacionais e os conflitos gerados entre elas e os governos dos países onde decorrem as suas actividades, visto o papel primacial da imprensa na informação e formação da opinião pública, na actividade produtiva através da publicidade e na pressão junto das entidades públicas por meios de propaganda por vezes pouco claros.

Contudo, a págs. 260, escreve: "Após a revisão constitucional de 1982 cessou a restrição constitucional ao direito de propriedade das publicações por parte dos estrangeiros. Entre os argumentos aduzidos destaca-se a necessidade da entrada do país para a C.E.E. e o respeito do tratado de Roma, e a não existência de responsabilidade limitada a título individual perante dívidas".

Existe, pois, nesta matéria, uma plena equiparação dos estrangeiros aos portugueses.

Contudo, parece de acolher a tese que nega a extensão dos arts. 12.° e 15.° da C.R.P. às pessoas colectivas estrangeiras.

d) A págs.268 e segs., da obra citada, interroga-se sobre quem é o verdadeiro titular, nas grandes empresas da comunicação social, do direito constitucionalmente reconhecido da liberdade de imprensa. O proprietário ? O director ? O chefe de redacção ? O redactor ? O autor ? Ou todos, em conjunto ?

Conclui que o direito à informação, do leitor, orienta a liberdade de imprensa para o leitor, que passa a ser o seu último destinatário.

e) Recomendação do Conselho de Imprensa a propósito do estipulado no n.° 12 do artigo 7.° da Lei de Imprensa (aprovada no plenário do Conselho de 17/12/85):

«O controlo do poder económico na imprensa pela opinião pública impôs, na Lei de Imprensa, a obrigatoriedade da divulgação dos detentores das partes sociais das empresas jornalísticas.

O n.° 12 do artigo 7.° da Lei de Imprensa estabelece que "a relação dos detentores de partes sociais das empresas jornalísticas, bem como a discriminação daquelas, deverão ser publicadas anualmente, durante o mês de Abril, em todas as publicações periódicas de que as empresas sejam proprietárias".

Esta obrigação legal, em prática noutros países, tem no entanto sido ignorada, desde há dez anos, pelas empresas jornalísticas portuguesas.

Ao justificar esta medida, inovatória no nosso país à data da entrada em vigor da Lei de Imprensa, o relatório que acompanhou o projecto deste diploma considerou a divulgação de tais elementos como de "essencial importância no controlo do poder económico na imprensa pela opinião pública (...), mesmo tendo presentes as dificuldades materiais que o seu cumprimento poderia acarretar, no caso de grande divisão do capital das empresas jornalísticas".

O Conselho de Imprensa — em cujas atribuições cabe zelar pela independência da Imprensa face ao poder político e económico e pela observância das obrigações previstas na Lei — procurou saber do cumprimento deste preceito, concluindo pelo seu incumprimento generalizado.

Nestes termos, e por ser correcto o espírito e a letra do n.° 12 do artigo 7.° da Lei de Imprensa, por respeito ao direito a ser informado, o Conselho de Imprensa decidiu alertar publicamente para tal situação e recomendar às empresas jornalísticas que, em Abril próximo, conforme o n.° 12 do artigo 7.° da Lei de Imprensa, sejam publicadas em todas as publicações periódicas de que as empresas sejam proprietárias, a relação dos detentores de partes sociais das empresas, bem como a sua discriminação.

O não cumprimento da referida disposição estará sujeito às sanções previstas na Lei de Imprensa.

A indispensável transparência que a Imprensa deve ter perante a opinião pública, e que motivou a inclusão da norma que obriga à divulgação pública anual dos seus proprietários, suscita ainda outra questão.

As contas das empresas jornalísticas, públicas ou privadas, são outro elemento cujo conhecimento pela opinião pública contribuirá para o esclarecimento desta.

Daí que devessem ser as próprias empresas a tomar a iniciativa de, anualmente e nas páginas das suas publicações periódicas, divulgar os relatórios e contas da sua actividade.»

Artigo 8.° (Liberdade de concorrência e legislação antimonopolista)

1. Os preços de venda ao público, as tabelas de publicidade e as margens de comercialização de publicações periódicas serão estabelecidas pelas administrações das empresas jornalísticas, tendo em vista o seu justo equilíbrio económico e as condições de efectiva concorrência, salvaguardados os interesses dos consumidores e o regime geral de preços.

2. Legislação especial assegurará que a imprensa desempenhe uma função pública independente do poder político e do poder económico, procurando nomeadamente impedir a concentração de empresas jornalísticas e noticiosas.

NOTAS:

a) Questão controversa é a de saber qual a lei a que se faz referência no n.° 2 deste preceito.

Outra não poderá deixar de ser, entretanto, na falta de lei especial, que a lei geral de defesa da concorrência, transcrita, a final.

b) A págs. 346 e segs., da obra citada, Nuno e Sousa escreve sobre a garantia estabelecida no artigo 38.°,n.° 4, da C.R.P. — independência dos órgãos de informação perante os poderes político e económico:

Quanto à política de crédito, pretende-se evitar discriminações na concessão de crédito, mas o Estado não é obrigado juridicamente a salvar uma empresa concreta da falência.

O Estado tem a obrigação de intervir, quando se detecta um caso de concentração de empresas jornalísticas.

Costuma distinguir-se os casos de concentrações verticais dos casos de concentrações horizontais. Há certas concentrações desejáveis, como acordos de redacção, técnicos e publicitários.

Pode-se optar por uma intervenção legislativa antimonopolista geral, ou por uma intervenção legislativa antimonopolista específica da imprensa.

A política de subsídios não deve implicar a subordinação dos órgãos da comunicação social ao Estado.

c) Parecer n.° 26/77, da Comissão Constitucional, citado por Nuno e Sousa,in o. c.,pág. 350, nota 282:

"É inequívoca a intenção do Governo de regulamentar a liberdade de imprensa e não só em aspectos de pormenor, pois com o diploma — decreto-lei que atribui às empresas editoras de publicações periódicas um subsídio de 20% do custo do papel —, em apreço, se chega ao ponto de pretender acabar com determinadas publicações, ora estes aspectos interferem necessariamente com a matéria dos direitos, liberdades e garantias; aceita-se a exclusão do subsídio das publicações de carácter pornográfico; deve permitir-se que todos os jornais, independentemente da sua tiragem e sede, sejam fornecidos em iguais condições com as mesmas possibilidades de compra; as várias publicações passam a ter tratamentos diferentes — umas são auxiliadas através da concessão do subsídio, outras vêem-se sem ele; afecta-se, pelo menos indirectamente, a liberdade de imprensa, fazendo-se uma censura económica; a matéria deve ser tratada no estatuto da informação, pertencendo à actividade legislativa exclusiva da A.R."

d) Parecer n.° 29/77, da Comissão Constitucional, citado por Nuno e Sousa,in o. c.,pág. 350, nota 282:

"Não contêm os artigos uma directa disciplina do exercício da liberdade de expressão e de informação, mas mediatamente projectam-se sobre a liberdade de expressão e de informação; porque versa sobre o conteúdo do estatuto da informação, e porque não é precedido de lei de autorização legislativa, deve considerar-se ferido de inconstitucionalidade orgânica o decreto-lei sobre pagamento de porte e sobretaxa aérea de publicações jornalísticas, por o Governo se arrogar uma competência que pertence à A.R. — art. 167.° ;excluindo as publicações periódicas predominantemente religiosas, sem distinção de crenças, o legislador terá considerado que elas se circunscreveriam ao âmbito dos fiéis das respectivas confissões, porém o artigo 41.°,4 garante às confissões religiosas a utilização dos meios de comunicação social próprios para o prosseguimento das suas actividades; a Constituição não impõe positivamente a adopção de medidas de apoio à imprensa para que a liberdade de expressão ou de religião sejam asseguradas, o que impõe é que não se estabeleçam discriminações de tratamento que redundem em censura económica."

Artigo 9.° (Imprensa com capital público)

No caso de o Estado ou outra pessoa colectiva de direito público ser proprietário de um periódico ou de pelo menos um quarto do capital social de uma empresa jornalística ou de sociedades sócias de empresas jornalísticas, o estatuto destas deverá salvaguardar a sua independência.

NOTA:

Nuno e Sousa, na obra já citada, pág. 409, nota 4, informa que o sector público da comunicação social, em Portugal, compõe-se de várias empresas públicas: R.T.P.; R.D.P.; A.N.O.P.; E.P.N.C.; E.P.D.P.

Não pertencem ao sector público as empresas em que a participação económica do Estado não é maioritária.

A págs. 415 afirma que " A rádio e a televisão devem constituir predominantemente factores de integração social e não órgãos de controlo do poder político, sendo esta última função mais própria da imprensa".

A págs. 416, diz que " O núcleo da liberdade na rádio e na televisão situa-se no âmbito interno — diversamente do sucedido na imprensa privada — nomeadamente nas garantias da liberdade de programação das empresas públicas da comunicação.

A págs. 419, afirma: "Trata-se de algo parecido com o sucedido numa universidade ou academia de arte pertencente ao Estado. Administração pública é a organização, o orçamento, a direcção, o sector do pessoal, enquanto o conteúdo das emissões e a programação estão garantidas por um prin-

cípio de independência, isto é, de liberdade.

Os jornalistas ou os conselhos de redacção dos órgãos de comunicação estaduais não intervêm na sua orientação ideológica. Deseja-se a neutralidade política daqueles órgãos.

Os extintos conselhos de informação redundavam numa espécie de parlamentarização dos meios de comunicação.

O também extinto Conselho da Comunicação Social era um órgão de fiscalização do sector público das comunicações e não um seu órgão de gestão.

Artigo 10.° (Estatuto do jornalista)

1. Consideram-se jornalistas profissionais e como tal obrigados a título profissional:

a) Os indivíduos que, por virtude de um contrato com uma empresa jornalística ou noticiosa, façam das actividades próprias da direcção e da redacção a sua ocupação principal, permanente e remunerada;

b) Os colaboradores directos, permanentes e remunerados da redacção: os redactores-paginadores, os redactores-tradutores, os repórteres fotográficos, com exclusão dos agentes de publicidade, mesmo redigida, e de todos os que só contribuem com colaboração eventual;

c) Os indivíduos que exerçam de forma efectiva, permanente e remunerada funções de natureza jornalística em regime livre para qualquer das empresas acima mencionadas, fazendo dessa actividade a ocupação principal;

d) Os correspondentes, quer trabalhem em território português, quer no estrangeiro, desde que recebam remuneração fixa e satisfaçam as condições previstas na alínea a);

e) Os indivíduos que exerçam as funções de correspondentes de imprensa estrangeira e façam desta actividade a sua ocupação principal.

2. São equiparados a jornalistas profissionais, obrigados a título profissional, os indivíduos que exerçam de forma efectiva e permanente as funções de direcção e chefia ou de coordenação de redacção de uma publicação informativa de expansão regional ou de uma publicação de informação especializada, mesmo que as suas funções não sejam remuneradas nem constituam a sua ocupação principal.

3. O exercício da actividade de jornalista profissional será regulado por um estatuto e por um código deontológico.

4. O Estatuto do Jornalista visará, fundamentalmente, garantir ao jornalista, perante a autoridade pública, os direitos que implica o exercício da sua actividade e definir os deveres que dele decorrem.

5. Compete ao Governo, pelos Ministérios da Educação e Cultura, do Trabalho e da Comunicação Social, ouvidas as associações sindicais dos Jornalistas:

a) Elaborar, alterar e fiscalizar o cumprimento do Estatuto do Jornalista;

b) Definir os títulos profissionais de jornalista e as condições para a sua atribuição.

6. Os trabalhadores e outros colaboradores das empresas jornalísticas beneficiam dos direitos reconhecidos pelo Estatuto do Jornalista, na medida necessária à garantia da independência dos jornalistas perante as autoridades públicas e terceiros.

NOTAS:

a) Este artigo encontra-se tacitamente revogado pela Lei n.° 62/79, de 20/09, que aprovou o Estatuto do Jornalista e que, adiante, vai transcrita.

b)O regulamento da carteira profissional de jornalista foi aprovado pelo Decreto-lei n.° 513/79, de 24/12, com as alterações introduzidas pelo Decreto-Lei n.° 291/94 de 16/10 e Lei 14/95, 05/05. Agora, é o Decreto-Lei n.° 305/97, de 11 de Novembro, que regulamenta tal matéria e, por isso, adiante vai transcrito.

c) Na revista Sub Judice n.° 15/16, de Novembro de 2000 ver "Deontologia dos jornalistas e o direito à verdade" de Sara Pina — págs. 185/186.

d) O Código Deontológico foi aprovado em Assembleia Geral Extraordinária do Sindicato dos Jornalistas, de 13/09/76:

PREÂMBULO

A liberdade de informação e da imprensa correspondem ao direito fundamental do homem de informar e de ser informado, proclamado na Declaração Universal dos Direitos do Homem e reconhecido, como basilar, na Carta das Nações Unidas.

Na delimitação do direito à informação intervêm princípios éticos pelos quais responde, em primeiro lugar, o jornalista que deve ter plena consciência da obrigação moral que lhe incumbe de ser verídico na exposição, no desenvolvimento e na interpretação dos factos.

Nestes termos, os jornalistas reunidos em Assembleia Geral aprovam o presente Código de Deontologia profissional:

CAPÍTULO I

O jornalista deve:

a) *Respeitar e lutar pelo direito do povo a ser informado;*

b) *Respeitar os compromissos assumidos com as fontes de informação, sem prejuízo do direito à mesma;*

c) *Guardar o segredo profissional e não divulgar as suas fontes de informação;*

d) *Recusar-se a redigir notícias ou comentários quando for impedido de utilizar todos os dados que considere essenciais à matéria em causa;*

e) *Exigir o acesso às fontes de informação de modo a obter a totalidade dos elementos que julgue indispensável levar ao conhecimento do público;*

f) *Combater toda e qualquer forma de censura interna ou externa;*

g) *Defender a organização democrática dos jornalistas nas redacções, em particular os conselhos de redacção;*

h) *Rejeitar a mentira, a acusação sem provas, a difamação, a injúria, a viciação do documento e o plágio;*

i) *Estabelecer e exigir sempre a distinção entre a notícia e o comentário de forma clara para o público;*

j) *Recusar-se a redigir e obstar à publicação de quaisquer textos, títulos ou fotografias que excedam, contradigam ou distorçam os factos a que respeitam;*

§ único. *O que fica estipulado na alínea anterior, quanto a fotografias, é extensivo às imagens televisivas ou de actualidades cinematográficas;*

l) *Defender e promover a pronta rectificação das informações que se revelem inexactas ou falsas, bem como aceitar e defender o direito de resposta;*

m) *Não intervir na vida privada de qualquer cidadão, salvo quando ela tiver repercussão pública, ou quando essa prática se impuser por motivos relevantes de interesse público;*

n) *Ter direito à assinatura de trabalhos, a qual não pode ser reproduzida com o seu desconhecimento ou oposição, bem como o de não assinar trabalhos que não sejam da sua autoria;*

o) *Recusar-se a elaborar qualquer matéria de carácter publicitário;*

p) *Revelar a sua identidade de jornalista antes de entrevistar qualquer pessoa ou simplesmente a interrogar para obter informações;*

q) *Manter sempre, pelo seu comportamento, a confiança do público na integridade e na dignidade da profissão;*

r) *Só mencionar um facto ou circunstância cuja exactidão não possa imediatamente comprovar se o interesse público iniludivelmente o impuser, fazendo menção expressa da sua natureza dubitativa;*

s) *Esforçar-se por contribuir para a formação da consciência cívica e para o desenvolvimento da cultura e da capacidade crítica do povo português, e não fomentar de qualquer modo maus instintos ou sentimentos mórbidos, tratando os assuntos escabrosos com respeito pela consciência moral da colectividade;*

t) *Respeitar os princípios fundamentais dos Direitos do Homem e contribuir para melhor conhecimento e maior compreensão entre os povos, na base dos princípios do direito das nações à autodeterminação e independência, da não ingerência nos assuntos internos, da igualdade e vantagens mútuas e da coexistência pacífica, jamais favorecendo a ideologia fascista, ódios raciais, étnicos, nacionais ou religiosos;*

u) *Recusar-se a aceitar condições de trabalho que resultem em concorrência desleal;*

v) *Rejeitar qualquer intromissão governativa ou de outro género, tanto no país como no estrangeiro onde, em matéria profissional, só respeitará o presente Código Deontológico.*

CAPÍTULO II

1. *A observância dos deveres profissionais consignados neste código não poderá fundamentar qualquer despedimento ou sanção contra os jornalistas sem que isso signifique, por parte da entidade patronal ou gestor público, violação do Contrato de Trabalho, com as legais consequências.*

2. *As infracções a este código, por parte dos jornalistas, podem originar a aplicação das penalidades previstas nos Estatutos do Sindicato dos Jornalistas, de acordo com o mecanismo processual neles estipulado.*

. . . .

d) Nuno e Sousa, a págs. 342 da obra citada, pronuncia-se sobre o livre acesso à profissão da imprensa, afirmando a pág. 346:

"A actividade jornalística é uma das raras profissões cujo acesso não precisa de qualquer diploma, não se exigindo a frequência de escolas de jornalismo; confia-se, assim, na aprendizagem pela prática."

e) O mesmo autor, o.c. págs. 357 e segs., debruça-se sobre a liberdade interna da imprensa.

Trata-se da liberdade do jornalista face à empresa de imprensa.

"O monopolismo económico prejudica o elemento protector dos jornalistas, que consiste na existência de um livre mercado de trabalho, e acarreta a monopolização das publicações".

Informa que Mallman entende que o sistema de indemnização pecuniária, por violação da personalidade de terceiro, introduziria uma ampla limitação dos direitos dos jornalistas.

Há que evitar as influências da comercialização e as acções do director ou do editor, que exorbitem da sua competência, para garantir uma liberdade material dos jornalistas.

Informa que Löffler, no entanto, entende que um fortalecimento exagerado do direito dos jornalistas acabaria por romper a liberdade de imprensa do editor.

O fundamento da liberdade interna da imprensa será a intenção de assegurar uma política de informação múltipla dentro do próprio jornal, por forma a que, ao leitor de um único jornal, se possibilite uma informação não unilateral.

Como questões prévias à liberdade interna da imprensa, tem de se discutir a titularidade do direito fundamental da liberdade de imprensa e o efeito desse direito fundamental em relação a terceiros.

Perante o Estado, todos os participantes no processo de comunicação da imprensa são titulares daquele direito fundamental.

Dessa liberdade, resultam efeitos em relação a terceiros.

"A dedução de um completo e imediato efeito em relação a terceiros da liberdade de imprensa levaria, no entanto, ao total desapossamento dos titulares da empresa e do director, com a consequência de uma ilimitada liberdade perante a empresa do jornalista, o que acarretaria soluções inconstitucionais."

Este resultado é inaceitável.

A solução encontrar-se-á através da ponderação de bens, considerando que a liberdade de imprensa foi concedida ao empresário e aos empregados, perante o Estado, mas não esquecendo que a ligação da liberdade de imprensa ao princípio democrático exige a independência dos jornalistas.

Os participantes da empresa de imprensa têm de estabelecer acordos entre si.

A liberdade de expressão e criação do jornalista está protegida constitucionalmente com um efeito imediato em relação a terceiros: sem que nenhum outro sector ou grupo de trabalhadores possa prejudicar ou impedir a sua livre criatividade.

Essa liberdade interna inclui a participação do jornalista na orientação ideológica do órgão de comunicação.Esta intervenção é garantida pelos conselhos de redacção.

A Constituição mostra-se aberta, porém, à ideia de «tendência», referindo explicitamente dois pontos próprios dela: nos órgãos de informação dos partidos políticos; na impossibilidade dos outros grupos profissionais contrariarem a tendência do jornal.

A possibilidade do jornalista extinguir a sua relação de trabalho com direito a indemnização devida por despedimento sem justa causa e sem aviso prévio, no caso de se verificar uma alteração profunda na orientação do periódico confirma a consagração constitucional de uma tendência, que é imposta aos jornalistas.

Diz, a págs. 384: "Divergimos da posição da Lei de Imprensa, na medida em que nas chamadas publicações doutrinárias, para além de não ser necessária a prévia audição do conselho de redacção para a nomeação do director pela empresa proprietária, julgamos que também não deveria ocorrer a intervenção dos jornalistas na orientação ideológica, o que não sucede — artigo 18.°,4 e 22.° , b), da Lei de Imprensa."

Podia-se julgar que da concreta divisão de trabalho da imprensa resultaria um desdobramento da liberdade de imprensa em diferenciados e até concorrentes direitos subjectivos.

Mas essa divisão não origina aquele fraccionamento. A titularidade do direito fundamental permanece unitária, cabendo a todos, em comum.

Algo de diferente vale, como excepção, na publicação de artigos de fundo por determinado redactor ou na publicação de um livro por determinado autor.

f) A influência de outros direitos fundamentais sobre as relações internas da empresa de imprensa.

O direito de propriedade influencia a posição do director.

Este, por sua vez, detém, em regra, o poder de dirigir os trabalhadores. Tem de haver uma conexão entre a liberdade de imprensa e a liberdade profissional do director.

"Os participantes na imprensa podem ser simultaneamente titulares da liberdade de imprensa, da liberdade profissional e do direito de propriedade".

Não constitui justa causa de despedimento do jornalista o exercício da actividade dele.

Mas pergunta-se se o empresário, impossibilitado de despedir o jornalista com justa causa, não o poderá reduzir ao silêncio, impedindo a publicação dos trabalhos dele.

A págs. 395, afirma que: "A liberdade interna da imprensa não se deixa justificar por uma ideia de democratização interna, devido a uma obrigação de homogeneidade perante a democracia estadual, nem por uma ideia de democracia económica. Prova evidente que a intervenção dos jornalistas na orientação ideológica não tem a ver com o princípio democrático-estadual é o facto de nas publicações estaduais ser vedada tal intervenção."

A constituição da comunicação social deve ser neutral.

Afirma a págs. 397: "Possibilita-se ao legislador intentar uma optimização da função concorrencial na área do direito constitucional económico com grande vastidão, o mesmo não ocorrendo, com essa amplitude, no sector do direito constitucional da comunicação, quanto à concorrência publicística"

E na nota 383, da página 398: "No ponto de vista do pluralismo, nem sempre a liberdade interna da imprensa apresenta soluções materialmente mais pluralistas, pois não surge um sistema de multiplicidade de opiniões, mas a vontade da maioria no conselho de redacção, eleito por todos os jornalistas."

A págs. 399: "A liberdade de imprensa dos jornalistas só alcança uma dimensão máxima quando eles, por sua iniciativa, fundam um jornal para exprimirem o seu próprio pensamento; nos restantes casos, a liberdade do jornalista concilia-se com os direitos da empresa proprietária e do director da publicação."

O direito do trabalho e a regulamentação colectiva do trabalho não podem afectar o núcleo essencial da liberdade individual da comunicação.

Um sistema de maioria, dentro da empresa de informação, que fosse imposto por via legal, destruiria o cerne da liberdade individual de informação, infringindo o artigo 38.° da C.R.P.

Por isso, a intervenção dos jornalistas na empresa será do tipo predominantemente consultivo.

. . . .

Artigo 11.° (Requisitos das publicações)

1. As publicações unitárias conterão a menção do autor, do editor, do estabelecimento em que foram impressas, do número de exemplares que constituem a edição e da data da impressão.

2. As publicações periódicas conterão na primeira página o título da publicação, a data, o período de tempo a que respeitem e o seu preço.Conterão igualmente os nomes do director e do proprietário, localização da sede, do estabelecimento e das oficinas em que são impressas, mas não necessariamente na primeira página.

NOTA:

Acórdão da Relação do Porto, de 13/6/79, in C.J., ano IV, 1979, tomo III, pág. 1011:

"Sendo a publicação editada por uma comissão de trabalhadores, o facto de ser presidente dessa comissão não o torna automaticamente director da publicação; numa publicação clandestina, não registada, não surgem crimes de abuso de liberdade de imprensa."

Artigo 12.° (Depósito legal)

1. Os directores das publicações periódicas os editores das unitárias devem mandar entregar ou remeter pelo correio, sob registo, nos três dias imediatamente posteriores à publicação, exemplares das respectivas publicações:

a) À Biblioteca Nacional e às demais bibliotecas públicas, relativamente às quais exista um dever legal de envio;

b) À Biblioteca do Ministério da Comunicação Social;

c) À câmara municipal do respectivo concelho, a fim de serem postas à disposição do público na biblioteca municipal;

d) A outras entidades relativamente às quais exista o dever legal de envio.

2. Os exemplares remetidos às entidades a que se referem as alíneas a) e c) devem ser colocados à disposição do público no prazo máximo de cinco dias, a contar da sua recepção.

NOTA:

O depósito legal foi regulamentado pelo Decreto-lei n.° 74/82, de 3 de Março, que se passa a transcrever:

Decreto-Lei n.° 74/82

de 3 de Março

O depósito legal tem-se regulado pelo Decreto n.° 19 952, de 27 de Junho de 1931, ao qual foram sendo introduzidas várias alterações no sentido de o completar e actualizar.

Na revisão das várias disposições legais a que se procede pelo presente diploma, foi preocupação primordial actualizar sobretudo aqueles aspectos que, com a evolução das técnicas de reprodução, por um lado, e as transformações políticas, sociais e económicas verificadas no País, por outro, se tornaram mais carecidos de actualização.

Procurou-se também tornar mais eficaz e menos pesado o depósito legal.

Assim:

O Governo decreta, nos termos da alínea a) do n.° 1 do artigo 201.° da Constituição, o seguinte:

CAPÍTULO I

(Definição)

Artigo 1.°

Entende-se por depósito legal o depósito obrigatório de um ou vários exemplares de toda e qualquer publicação feito numa instituição pública para tal designada.

Artigo 2.°

Entende-se por publicação toda a obra de reflexão, imaginação ou de criação, qualquer que seja o seu modo de reprodução, destinada à venda, empréstimo ou distribuição gratuita e posta à disposição do público em geral ou de um grupo em particular.

CAPÍTULO II

(Objectivos)

Artigo 3.°

Consideram-se objectivos do depósito legal:

a) Defesa e preservação dos valores da língua e cultura portuguesas;
b) Constituição e conservação de uma colecção nacional (todas as publicações editadas no país);
c) Produção e divulgação da bibliografia nacional corrente;
d) Estabelecimento da estatística das edições nacionais;
e) Enriquecimento de bibliotecas dos principais centros culturais do país.

CAPÍTULO III
(Objecto)

Artigo 4.°
1. São objecto de depósito legal as obras impressas ou publicadas em qualquer ponto do País, seja qual for a sua natureza e o seu sistema de reprodução, isto é, todas as formas e tipos de publicações ou quaisquer outros documentos resultantes de oficinas, fábricas ou serviços de reprografia destinados a venda ou distribuição gratuita.

2. É, nomeadamente, obrigatório o depósito de livros, brochuras, revistas, jornais e outras publicações periódicas, separatas, atlas e cartas geográficas, mapas, quadros didácticos, gráficos estatísticos, plantas, planos, obras musicais impressas, programas de espectáculos, catálogos de exposições, bilhetes-postais ilustrados, selos, estampas, cartazes, gravuras, fonogramas e videogramas, obras cinema-tográficas, microformas e outras reproduções fotográficas.

3. Não são abrangidos pela obrigatoriedade do depósito previsto nos números anteriores os cartões de visita, cartas e sobrescritos timbrados, facturas comerciais, títulos de valores financeiros, etiquetas, rótulos, calendários, álbuns para colorir, cupões e outros equivalentes, modelos de impressos comerciais e outros similares.

Artigo 5.°
São equiparadas às obras portuguesas, para cumprimento do n.° 2 do artigo 4.°, as obras impressas no estrangeiro que tenham indicação do editor domiciliado em Portugal.

Artigo 6.°
São consideradas como obras diferentes, sujeitas, pois, a obrigação de depósito, as reimpressões e as novas edições, desde que se não trate de simples aumentos de tiragem.

CAPÍTULO IV
(Número de exemplares)

Artigo 7.°
1. O depósito é constituído por 14 exemplares, para as obras constantes do n.° 2 do artigo 4.°.

2. Exceptuam-se os quadros didácticos, gráficos estatísticos, plantas, planos, obras musicais, impressos, catálogos de exposições, programas de espectáculos, bilhetes-postais ilustrados, selos, estampas, cartazes, gravuras, fonogramas e videogramas, obras cinematográficas, microformas e outras reproduções fotográficas, tiragens especiais até 100 exemplares, edições de luxo até 300 exemplares e reimpressões de obras publicadas há menos de um ano, para as quais se exige apenas um exemplar ou cópia.

Artigo 8.°

1. No que respeita aos 14 exemplares requisitados, a distribuição será a seguinte:
a) Biblioteca Nacional — 2 exemplares;
b) Biblioteca da Academia das Ciências de Lisboa;
c) Biblioteca Geral da Universidade de Coimbra;
d) Biblioteca Municipal de Lisboa;
e) Biblioteca Pública Municipal do Porto;
f) Biblioteca Pública e Distrital de Évora;
g) Biblioteca Geral e Arquivo Histórico da Universidade do Minho;
h) Biblioteca Popular de Lisboa;
i) Biblioteca Municipal de Coimbra;
j) Biblioteca de Macau;
l) Biblioteca do Real Gabinete Português de Leitura do Rio de Janeiro;
m) Região Autónoma dos Açores;
n) Região Autónoma da Madeira.

2. O exemplar a que se refere o n.° 2 do artigo 7.° destina-se à Biblioteca Nacional.

3. Os exemplares a que se referem as alíneas m) e n) serão destinados às entidades a designar pelos órgãos competentes das regiões.

4. A lista dos beneficiários do depósito legal pode ser alterada pelo Ministro da Cultura e Coordenação Científica na sequência de proposta do director da Biblioteca Nacional que se considere justificada em consequência, nomeadamente, das condições de funcionamento das instituições contempladas.

Artigo 9.°

O Estado Português assegurará, nomeadamente através de contrato com as entidades a quem incumbe proceder ao depósito legal referidas no artigo 10.°, em regime de reciprocidade e através da Biblioteca Nacional, o depósito de livros em relação a todos os países de expressão oficial portuguesa com quem haja, ou venha a haver, acordos nesse sentido.

CAPÍTULO V
(Depositantes)

Artigo 10.°

1. Os proprietários, gerentes ou equivalentes de tipografias, oficinas ou fábricas, seja qual for o processo reprográfico que utilizem e mesmo que imprimam ocasionalmente, devem entregar no Serviço do Depósito Legal exemplares de reprodução das obras indicadas no capítulo anterior, sem o que essas obras não poderão ser divulgadas.

2. No caso dos fonogramas e videogramas, a obrigação de proceder ao depósito legal incumbe ao seu editor, e, no caso de obras cinematográficas, ao seu produtor.

3. Em relação às entidades referidas no n.° 1, o editor tem a obrigação de verificar se a obrigação de depósito foi cumprida antes de proceder à divulgação da obra.

4. É responsável pelo cumprimento do depósito legal o editor de obras impressas no estrangeiro que se encontre domiciliado em Portugal.

5. Quando se estabelecer ou instalar em qualquer ponto do País qualquer tipografia, oficina ou fábrica, o respectivo conselho de administração é obrigado a comunicar esse

facto ao Serviço do Depósito Legal, indicando a sede dessa oficina e a firma comercial, fornecendo todos os dados necessários à sua identificação.

CAPÍTULO VI
(Depositário)

Artigo 11.°

1. O Serviço do Depósito Legal funciona na Biblioteca Nacional.

2. Sempre que for considerado conveniente, espécies com características específicas diferentes das atribuídas aos livros, incluindo monografias e periódicos, poderão passar a ser depositados noutras instituições nacionais especializadas mais adequadas, tais como os museus, quando tal resulte de lei ou de despacho ministerial.

CAPÍTULO VII
(Administração e prazos)

Artigo 12.°

1. Todas as publicações devem ter no verso da página de rosto ou sua substitua, ou no colofão,ou em lugar para tal convencionado, o nome da tipografia impressora, local e data de impressão e nome do editor.

2. Devem igualmente figurar outros componentes da ficha catalográfica nacional,os quais serão fornecidos pelo Centro Nacional de Referência Bibliográfica.

3. Sempre que possível, as publicações deverão conter dados bibliográficos do autor.

4. Todas as espécies que pelo seu substrato material não permitam a inclusão dos elementos constantes deste artigo deverão ser acompanhadas de impresso com indicação do nome do autor, data da edição, editor, número de tiragem, oficina impressora ou gravadora, técnica de impressão ou gravação e outras, de acordo com as características próprias da espécie.

Artigo 13.°

1. Às monografias e periódicos será atribuído um número de registo, que deve constar de todos os exemplares.

2. O número de registo deve ser solicitado pelas entidades indicadas no artigo 10.°,n.° 1, ao Serviço do Depósito Legal, que o atribuirá.

Artigo 14.°

Com excepção dos periódicos, o depósito deve efectuar-se com a antecedência suficiente em relação à data em que a reprodução da obra deve ser entregue ao editor para que este proceda à verificação a que se refere o artigo 10.°, n.° 2.

Artigo 15.°

Até ao dia 10 de Janeiro de cada ano, as pessoas indicadas no artigo 10.°,n.° 1, deverão apresentar no Serviço do Depósito Legal uma declaração de que nada produziram no ano anterior sujeito a depósito legal, se tal houver acontecido.

Artigo 16.°

1. Toda a publicação deve ser acompanhada de um impresso em duplicado e do qual conste o título da obra, nome do autor, nome da firma impressora, número de exemplares tirados, data do depósito, se é distribuída gratuitamente ou para venda, e, neste caso, o preço, e se há edições alternativas de luxo, escolares ou outras.

2. O duplicado do impresso será devolvido à firma impressora depois de conferidas as publicações nele insertas.

Artigo 17.°

As despesas de embalagem e porte do correio ficam a cargo do depositante.

CAPÍTULO VIII

(Penalidades)

Artigo 18.°

A inobservância do disposto no artigo 4.°, 5.°, 6.° e 10.° constitui transgressão, a qual será punível nos termos seguintes;

a) Pela não realização do depósito legal, com multa correspondente a 30% do valor do trabalho realizado;

b) Pela reincidência nesta transgressão, com multa do valor duplicado da transgressão anterior;

c) Pela inobservância, por parte do editor ou produtor, do disposto no artigo 10.°,n.° 1, com multa correspondente a 10% do valor da edição, sendo esta igual à tiragem, multiplicada pelo preço de capa, a não ser quando a distribuição seja gratuita, caso em que a multa corresponderá a 10% do custo da edição;

d) Pela inobservância do disposto nos artigos 14.° e 15.°, com multa de 5 000$00 em cada caso.

CAPÍTULO IX

(Disposições finais e transitórias)

Artigo 19.°

Constitui receita da Biblioteca Nacional o valor das multas a cobrar por infracção às normas relativas ao depósito legal.

Artigo 20.°

A presente lei entra em vigor no prazo de 30 dias após a sua publicação, com excepção do estabelecido no artigo 12.°, que apenas entra em vigor 18 meses depois da mesma publicação.

. . . .

Artigo 13.° (Registo de imprensa)

1. O Governo, através do Ministério da Comunicação Social, organizará os seguintes registos:

a) Publicações periódicas, com a indicação do título, da periodicidade, sede, entidade proprietária, respectivos corpos gerentes e direcção;

b) Empresas jornalísticas e sociedades sócias de empresas jornalísticas, com indicação dos detentores das partes sociais, sua discriminação e corpos gerentes;

c) Empresas noticiosas nacionais e sociedades sócias de empresas noticiosas nacionais, com indicação da sede, detentores de partes sociais, sua discriminação, corpos gerentes e direcção;

d) Empresas editoriais, com indicação da sede e respectivos corpos gerentes;

e) Empresas noticiosas estrangeiras autorizadas a exercer a actividade em Portugal, com indicação da sede, forma de constituição e responsáveis em Portugal;

f) Correspondentes de imprensa estrangeira.

2. Todas as modificações que sobrevierem em qualquer dos elementos previstos no número anterior deverão ser comunicadas no prazo de trinta dias, decorridos da sua verificação.

3. Antes de efectuado o registo previsto no n.° 1 do presente artigo não poderão as empresas jornalísticas, editoriais e noticiosas iniciar o exercício da sua actividade nem ser editada qualquer publicação periódica.

NOTAS:

a) O registo das publicações passou a ser feito no Instituto de Comunicação Social, nos termos do Decreto-lei n.° 34/97, de 31 de Janeiro, diploma que revogou, nessa parte, o Decreto-Lei n.° 48/92, de 7 de Abril.

b) O Regulamento do Serviço de Registo de Imprensa foi aprovado pela Portaria n.° 640/76, de 26 de Outubro. A Portaria 553/83, de 11 de Maio, alterou o artigo 13.° desse Regulamento. A Portaria n.° 661/84, de 1 de Setembro aditou um n.° 3 ao artigo 15.° desse mesmo Regulamento. O Decreto Regulamentar n.° 8/99, de 9 de Junho, introduziu o novo registo de imprensa, pelo que, adiante, vai publicado.

c) Ac. do S.T.J. de 20 de Dezembro de 1990, in Tribuna da Justiça, n.° 6, Outubro Novembro de 1990, 261:

I. Na providência cautelar não especificada, a probabilidade da existência do direito deve ser séria, isto é, verosímil, aparentemente segura, em concordância com a natureza sumária da prova admissível. Se se torna necessária uma profunda indagação, o direito não é verosímil e a providência não deve ser decretada.

II. Só o título original, no sentido de ser uma citação intelectual, de uma obra protegida merece a protecção de que beneficia a obra, ao abrigo do artigo 4.°, n.° 1, do Código de Direito de Autor, não sendo o título «Primeira Página» utilizado para um programa televisivo de informação selectiva, confundível com um jornal.

III. Além disso, a protecção só abrange as obras do mesmo género que possam ser confundidas, o que não é viável entre um programa de informação da R.T.P. e um jornal semanário com o mesmo título, dada a inconfundibilidade entre as formas de actuação desses diversos meios de comunicação social.

IV. O registo das marcas é constitutivo: artigo 74.°, n.° 1, do Código de Propriedade Industrial. Por isso, é inadmissível a invocação como marca de serviços do título de um programa televisivo de informação não registado como tal contra o título registado ao abrigo da Lei de Imprensa de um jornal semanário.

V. A concorrência desleal que tenha por base a exploração económica de obras protegidas pressupõe, como noutras actividades económicas, a existência de concorrência e destina-se a garantir que esta seja livre, não sendo possível entre empresas de actividades completamente diferentes, nem em relação a actos que não sejam praticados com intenção de conseguir qualquer vantagem, isto é, qualquer das situações abrangidas no conceito de concorrência desleal.

VI. Esta não é possível entre um programa televisivo de informação e um semanário, por se tratar de actividades inconfundíveis entre empresas de comunicação social muito diversas.

VII. O registo de um título de jornal é admissível quando não seja confundível com outro já registado, nos termos do artigo 14.° da Portaria n.° 640/76, de 26 de Outubro.

Desde que registado, o título de um jornal é protegido nos termos do artigo 5.° do Código de Direito de Autor, pelo que nenhum título, ainda que protegido, de obra de outro género, prevalece contra ele.

d) Parecer do Conselho Consultivo da Procuradoria-Geral da República n.° 33/87, de 2 de Julho de 1987, publicado in B.M.J.,376,89:

I. O regime jurídico das empresas jornalísticas, consubstanciado no Decreto-lei n.° 85-C/75, de 26 de Fevereiro (Lei de Imprensa), e na Portaria n.° 640/76, de 26 de Outubro (Regulamento dos Serviços de Registo de Imprensa e Publicidade), não consigna especialidades de registo susceptíveis de aplicação às agências noticiosas nacionais por força do artigo 7.° n.° 13, daquele primeiro diploma legal.

II. Os argumentos gramatical, histórico, sistemático, lógico e teleológico da interpretação apontam no sentido de que nos artigos 13.°,n.° 1,alínea a) e 14.°,n.° 2, da Portaria n.° 640/76, apenas se definem relações entre títulos de publicações periódicas, estando excluídas do seu conteúdo normativo denominações ou siglas de agências noticiosas nacionais.

III. Diverso entendimento mais lato, que estas siglas e denominações pretendesse ver acolhidas no seio desses preceitos, colocá-los-ia em conflito com o artigo 38.°, números 1, 4 e 5 da Constituição, pelo que sempre deveria prevalecer a interpretação, conforme à lei fundamental, subjacente à anterior conclusão 2.ª.

IV. É, pois, admissível a inscrição no registo de imprensa da agência noticiosa nacional Açorpress — Agência Açoriana de Notícias, C.R.L., com denominação ou sigla idêntica, nos aspectos gráfico, fonético ou vocabular, ao título de uma publicação periódica ali já registada.

e) Ac. do Tribunal Constitucional n.° 607/95, de 15/03/96:

Não é inconstitucional o artigo 36.° da Portaria n.° 640/76, de 26/10, que admite o recurso contencioso da decisão do secretário de Estado da Comunicação Social (Director-Geral da Comunicação Social), dado que o registo da imprensa tem natureza pública.

Artigo 14.° (Publicidade)

1. Não é lícito a qualquer indivíduo, ou grupo de indivíduos, impor a inserção em qualquer publicação de quaisquer escritos ou imagens publicitárias, desde que o respectivo director ou quem o represente entenda, ouvido o conselho de redacção, que são contrários à orientação da publicação.

2. Nenhuma empresa jornalística poderá condicionar a inserção de escritos ou imagens publicitárias à obrigação de os mesmos não serem incluídos noutras publicações estranhas a essa empresa.

3. Toda a publicidade redigida ou a publicidade gráfica, que como tal não seja imediatamente identificável, deverá ser identificada através da palavra "publicidade", em caixa alta, no início do anúncio, contendo ainda, quando tal não for evidente, o nome do anunciante.

4. Considera-se publicidade redigida e publicidade gráfica todo o texto ou imagem incluídos em periódico cuja inserção tenha sido paga, ainda que sem cumprimento da tabela de publicidade daquele periódico.

5. É obrigatória a publicação de comunicações, avisos ou anúncios ordenada pelos tribunais nos termos das leis de processo, independentemente da sua correlação com infracções cometidas através da imprensa, ou solicitada em cumprimento de disposições legais.

NOTA:

O Decreto-lei n.° 330/90, de 23 de Outubro, alterado pelo Decreto-lei n.° 6/95, de 17 de Janeiro e pelo Decreto-Lei n.° 275/98, de 9 de Setembro, aprova o Código da Publicidade (que, adiante, vai transcrito).

Artigo 15.° (Publicação de notas oficiosas)

1. As publicações informativas diárias não poderão recusar a inserção na íntegra, num dos dois números publicados após a recepção, de notas oficiosas com o máximo de 1 500 palavras que lhes sejam enviadas pelo Governo através do Ministério da Comunicação Social.

2. As publicações informativas não diárias não poderão recusar a inserção, nos termos previstos no número anterior, das notas oficiosas com o máximo de 500 palavras que expressamente lhes sejam enviadas pelo Governo para publicação.

NOTAS:

a) Este preceito foi totalmente revogado pela Lei n.° 60/79, de 18 de Setembro (Lei das Notas Oficiosas), cuja redacção, por sua vez, foi alterada pela Lei n.° 5/86, de 26 de Março:

Artigo 1.°

Em situações que pela sua natureza justifiquem a necessidade de informação oficial, pronta e generalizada, designadamente quando se refiram a situações de perigo para a saúde pública, à segurança dos cidadãos, à independência nacional ou outras situações de emergência, a Assembleia da República e o Governo poderão recorrer à publicação de notas oficiosas dentro dos limites estabelecidos na presente lei.

Artigo 2.°

1. As notas oficiosas da Assembleia da República deverão mencionar expressamente a sua aprovação, nos termos indicados pela própria Assembleia.

2. Igualmente as notas oficiosas do Governo, ou de qualquer departamento governamental, deverão fazer menção expressa da aprovação do Conselho de Ministros ou do Primeiro-Ministro.

3. As publicações informativas diárias, a radiodifusão e a televisão não poderão recusar a imediata inclusão de notas oficiosas, desde que provenham dos Gabinetes do Presidente da Assembleia da República e do Primeiro-Ministro e mencionem expressamente estas qualificações.

4. As entidades referidas nos números anteriores poderão, quando o entendam necessário, recorrer às agências noticiosas portuguesas para divulgação do texto integral das notas oficiosas.

Artigo 3.°

As notas oficiosas são de divulgação obrigatória e gratuita pelos meios de comunicação social referidos no n.° 2 do artigo 2.°, desde que não excedam:

a) 500 palavras para a informação escrita;

b) 300 palavras para a informação radiodifundida;

c) 200 palavras para a informação televisiva.

Artigo 4.°

1. A designação de nota oficiosa deve ser expressa e adequadamente mencionada nos diferentes meios de comunicação social.

2. As notas oficiosas deverão ser impressas em corpo normalmente utilizado pelo jornal nos textos de informação e incluídas em páginas de informação e, no caso da informação radiodifundida e televisiva, deverão ser divulgadas num dos principais serviços noticiosos.

Artigo 5.°

1. A inclusão de matéria objectivamente ofensiva ou inverídica em nota oficiosa origina direito de resposta por parte da entidade ou pessoa titular do interesse ou do direito ofendido, devendo os meios de comunicação social referidos no presente diploma publicar as respostas em condições idênticas às previstas no artigo 3.° e demais legislação aplicável.

2. A iniciativa de resposta sobre a mesma nota oficiosa, por parte de diferentes titulares, nos termos previstos no número anterior, não pode ocupar, no seu conjunto, espaço ou tempo de antena superior ao ocupado pela entidade respondida.

Artigo 6.°

O regime fixado na presente lei aplica-se a todo o território nacional.

b) Vital Moreira, in "O direito de resposta na comunicação social", 1994, Coimbra Editora,pág. 169, considera que "... as notas oficiosas levantam desde logo o problema da sua desconformidade constitucional. Na verdade, não estando previstas na Constituição, também não se afigura que possam indirectamente colher arrimo em algum princípio geral. Por isso tem de concluir-se que não dispõem de «nenhum fundamento constitucional» (citando Gomes Canotilho/Vital Moreira, Constituição da República Portuguesa Anotada, 3.ª edição revista, 1993, pág.229).

Acrescenta que a figura foi criada no período da ditadura militar (1926-33) e que a referida lei não prevê sanções para a violação da obrigação de publicação, mas que, "...estando em causa uma ordem oficial, é de admitir a realização dos pressupostos do crime de desobediência".

. . . .

Artigo 16.° (Direito de resposta)

1. Os periódicos são obrigados a inserir dentro de dois números, a contar do recebimento em carta registada, com aviso de recepção e assinatura reconhecida, a resposta de qualquer pessoa singular ou colectiva ou organismo público que se considerem prejudicados pela publicação no mesmo periódico de ofensas directas ou de referências de facto inverídico ou erróneo que possam afectar a sua reputação e boa fama, ou o desmentido ou rectificação oficial de qualquer notícia neles publicada ou reproduzida.

2. O direito de resposta deverá ser exercido pela própria pessoa atingida pela ofensa, pelo seu representante legal ou pelos herdeiros ou cônjuge sobrevivo, no período de trinta dias, se se tratar de diário ou semanário, e de noventa dias, no caso de publicação com menor frequência, a contar da inserção do escrito ou imagem.

3. A publicação será feita, gratuitamente, no mesmo local e com os caracteres do escrito que a tiver provocado, de uma só vez, sem interpolações nem interrupções

4. O conteúdo da resposta será limitado pela relação directa e útil com o escrito ou imagem que a provocou, não podendo a sua extensão exceder 150 palavras ou a do escrito respondido, se for superior, nem conter expressões desprimorosas ou que envolvam responsabilidade civil ou criminal, a qual, neste caso, só ao autor da resposta poderá ser exigida.

5. Se a resposta exceder estes limites, a parte restante será publicada em local conveniente à paginação do periódico e mediante pagamento equivalente ao da publicidade comercial redigida, constante das tabelas do periódico, o qual será feito antecipadamente ou assegurado pelo envio de importância consignada bastante.

6. É permitido à direcção do jornal fazer inserir no mesmo número em que for publicada a resposta uma breve anotação à mesma, com o fim estrito de apontar qualquer inexactidão, erro de interpretação ou matéria nova contida na resposta, a qual poderá originar nova resposta.

7. Se a resposta contrariar o disposto no n.° 4, o director do periódico, ouvido o conselho de redacção e com o seu parecer favorável, poderá recusar a sua publicação mediante carta registada com aviso de recepção, expedida nos três dias seguintes à recepção da resposta.

8. O direito de resposta é independente do procedimento criminal pelo facto da publicação, bem como do direito à indemnização pelos danos causados.

NOTAS:

a) A redacção dos números 3, 4, 5, 7, 8 e 9 tinha sido alterada pela Lei n.° 15/95, de 25/05.

Por via do preceituado no mesmo diploma, os primitivos números 5 e 8 passaram a 6 e 10:

(...)

3. A publicação é feita gratuitamente, devendo ser inserida de uma só vez, sem interpolações e sem interrupções, no mesmo local do escrito que a tiver provocado, salvo se este tiver sido publicado na primeira ou na última página.

4. No caso de o escrito relativamente ao qual se exerce o direito de resposta ter sido destacado em título, na primeira ou na última páginas deve ser inserida uma nota de chamada, devidamente destacada com a indicação da página onde é publicada a resposta e a indicação do titular do direito de resposta.

5. O conteúdo da resposta será limitado pela relação directa e útil com o escrito ou imagem que a provocou, não podendo a sua extensão exceder 300 palavras ou a do escrito respondido, se for superior, nem conter expressões desprimorosas ou que envolvam responsabilidade civil ou criminal, a qual, neste caso, só ao autor da resposta poderá ser exigida.

(...)

7. O periódico não poderá, em caso algum, inserir no mesmo número em que for publicada a resposta qualquer anotação ou comentário à mesma.

8. É permitido à direcção do periódico fazer inserir no número seguinte àquele em que for publicada a resposta uma breve anotação à mesma, com o fim restrito de apontar qualquer inexactidão, erro de interpretação ou matéria nova contida na resposta, a qual poderá originar nova resposta.

9. A publicação da resposta apenas pode ser recusada caso não seja respeitado o disposto no n.° 2 ou a sua extensão exceda os limites referidos no n.° 5, devendo o director do periódico comunicar a recusa mediante carta registada com aviso de recepção, expedida nos três dias seguintes à recepção da resposta, sem prejuízo da eventual responsabilização por abuso do direito de resposta.

Esta Lei, todavia acabou por ser revogada pela Lei n.° 8/96, de 14 de Março, a qual, no seu artigo 2.°, prevê:

Art. 2.°

A inobservância das regras aplicáveis ao direito de resposta é punida com multa até 500.000$00.

b) Aliás, pelo senhor Presidente da República, havia sido suscitada a apreciação preventiva da constitucionalidade dos números 7 e 9 do preceito, introduzidos pela Lei 15/95, por, no seu entender, poderem configurar uma desproporcionada restrição da liberdade de imprensa.

O Tribunal Constitucional, através do acórdão n.° 13/95, publicado em 9 de Fevereiro de 1995, na 2.ª série do Diário da República, não entendeu, por maioria, verificar-se tal inconstitucionalidade dado que os preceitos em questão nada mais acarretariam do que o afastar de eventuais perigos de actuação do director do periódico como «juiz em causa própria» e dar relevância e proeminência do direito de resposta em relação ao direito de liberdade de imprensa.

Reconheceu-se que a norma poderia conduzir a casos aberrantes, mas a recusa de publicação da resposta, nesses casos, podendo suscitar a intervenção de um órgão jurisdicional, acarretaria que este ponderasse as situações e, se fosse essa a hipótese, não determinasse a aplicação de sanção, nem a publicação da resposta.

O que, com as alterações introduzidas se pretendeu foi optar-se por uma certa prevalência do titular do direito de resposta sem, grave e desproporcionadamente, se violar o direito de liberdade de imprensa.

Esta posição teve o voto discordante do Conselheiro Guilherme da Fonseca, quanto ao número 9 do preceito, por entender permitir-se, assim, autênticos abusos do direito de resposta, expropriando as páginas dos órgãos de comunicação social a favor das pessoas, singulares ou colectivas, que são ou pensam ser atingidas pela liberdade de expressão dos jornalistas.

O referido acórdão foi arguido de nulo pelo senhor Presidente da República, por entender que, quanto a uma das alíneas da decisão, a e), a maioria dos juizes votou vencida, embora com diferentes fundamentos.

O Tribunal Constitucional, porém, entendeu, pelo seu Acórdão n.° 58/95, publicado em 9 de Março de 1995, não se verificar a aludida nulidade, dado que a função da pronúncia de inconstitucionalidade, no âmbito da fiscalização preventiva visa evitar a entrada em vigor, na ordem jurídica, de normas inconstitucionais e a adição de votos minoritários relativos a uma inconstitucionalidade formal (um dos juizes tinha votado a inconstitucionalidade formal de todo o diploma) a uma inconstitucionalidade material não daria ao legislador uma indicação sobre o procedimento a adoptar: sanar a inconstitucionalidade formal ou eliminar pura e simplesmente a norma? Em ambos os termos da opção a decisão do legislador acabaria por obedecer a votos minoritários.

c) Na II Série do Diário da República de 13/7/95, foi publicada uma directiva da Alta Autoridade para a Comunicação Social sobre o exercício do direito de resposta, cujo n.° 1 se reporta à imprensa, nos seguintes termos:

"1. Na imprensa. — A Lei 15/95, de 25/5, veio alterar o Dec.-lei 85-C/75, de 26/2 (Lei de Imprensa), designadamente no que se refere ao exercício do direito de resposta (art. 16.°).

Daí que se torne necessário adequar às novas disposições legais a directiva da Alta Autoridade para a Comunicação Social (A.A.C.S.) sobre o exercício do direito de resposta na imprensa, publicada no D.R., 2.ª, 153, de 6/7/91, embora se mantenha a orientação ali afixada para alguns dos seus aspectos formais.

Assim:

I. Quanto à carta de resposta aos jornais, o registo postal com aviso de recepção é exigido para fazer prova do recebimento dela e respectiva data, pelo que deixa de ser necessário no caso de estes elementos não estarem em dúvida.

II. Do mesmo modo, a assinatura do respondente dispensa reconhecimento notarial quando se encontrar confirmada por outro meio legal, por exemplo selo branco ou apresentação do bilhete de identidade, ou se não for contestada a sua autenticidade.

III. Concretamente, o novo regime diferia do anterior no seguinte:

a) A publicação da resposta só não será obrigatoriamente feita no mesmo local do escrito que a tiver provocado quando este tiver sido publicado na primeira ou na última página. Neste caso, o periódico, ao publicar a resposta, poderá inseri-la em página diferente, mas incluindo na primeira ou na última página — conforme a do escrito original —, uma nota de chamada, na qual será indicada a página onde é publicada a resposta, bem como identificando o titular do direito de resposta. Deve ainda entender-se que a garantia constitucional de igualdade e eficácia no exercício do direito de resposta se opõe à utilização, na publicação da resposta de caracteres de menor relevo que os do escrito respondido.

b) O conteúdo da resposta deverá ter relação directa e útil com o escrito ou imagem que a provocou, não podendo a sua extensão exceder 300 palavras ou a do escrito respondido, se for superior, nem conter expressões desprimorosas ou que envolvam responsabilidade civil ou criminal, a qual, neste caso, só ao autor da resposta poderá ser exigida. Caso ultrapasse 300 palavras ou a extensão do escrito respondido, se esta tiver sido superior, deve o interessado efectuar ou garantir antecipadamente o pagamento da parte restante, segundo as tabelas de publicidade em vigor no periódico;

c) O periódico não poderá, em caso algum, inserir no mesmo número em que for publicada a resposta qualquer anotação ou comentário à mesma. Uma breve anotação poderá, no entanto, ser inserida pela direcção do periódico no número seguinte, mas apenas com o fim restrito de apontar qualquer inexactidão, erro de interpretação ou matéria nova contida na resposta, a qual poderá originar nova resposta;

d) A publicação da resposta apenas pode ser recusada:

Em caso de ilegitimidade do respondente (isto é, se não for o directamente atingido pelo escrito original, seu representante legal, herdeiro ou cônjuge sobrevivo);

Se o direito em causa não for exercido nos prazos legais (30 dias, se se tratar de diário ou semanário, e 90 dias, no caso de publicação com menor frequência);

Se a extensão da resposta exceder 300 palavras ou a do escrito respondido, no caso de este ter sido superior, a menos que o respondente tenha efectuado ou garantido antecipadamente o pagamento da parte excedente.

A recusa da publicação deverá ser comunicada pelo director do periódico mediante carta registada, com aviso de recepção, expedida nos três dias seguintes à recepção da resposta, sem prejuízo da eventual responsabilização por abuso do direito de resposta.

CLARO que, com a já mencionada revogação da Lei n.° 15/95, caducou a directiva que se acabou de transcrever, continuando a vigorar, por isso, aquela que fora elaborada em 14 de Junho de 1991 e que é do seguinte teor:

1. O artigo 16.° da Lei de Imprensa (Dec.Lei n.° 85-C/75, de 26 de Fevereiro) regula o direito de resposta, o qual pode ser exercido por quem se sinta prejudicado pela publicação, em periódicos, de ofensas directas ou facto inverídico ou erróneo susceptível de lhe afectar a reputação e boa fama.

2. Nos termos do artigo 39.°, n.° 1, da Constituição da República e dos artigos 3.°, alínea g), 4.°, n.° 1, alínea a), 5.°, n.° 1 e 7.°, da Lei n.° 15/90, de 30 de Junho, compete à Alta Autoridade para a Comunicação Social assegurar o exercício desse direito, elabo-

rando sobre a matéria directrizes genéricas e recomendações, deliberando com carácter vinculativo sobre as queixas que lhe sejam apresentadas e sobre os recursos interpostos em caso de recusa de tal exercício.

3. Vários desses recursos foram já decididos, tendo-se verificado situações de incumprimento ou deficiente observância do regime legal vigente, quanto aos requisitos da resposta, obrigatoriedade e modo de a publicar.

Por isso, a A.A.C.S. considera oportuno chamar a atenção para a necessidade de a lei ser cumprida, devendo ter-se em conta as seguintes regras, decorrentes do citado artigo 16.°:

I — Quanto à carta de resposta aos jornais, o registo postal com aviso de recepção é exigido para fazer prova do recebimento dela e respectiva data, pelo que deixa de ser necessário no caso de estes elementos não estarem em dúvida.

II — Do mesmo modo, a assinatura do respondente dispensa reconhecimento notarial, quando se encontrar confirmada por outro meio legal, por exemplo selo branco ou apresentação do bilhete de identidade, ou se não for contestada a sua autenticidade.

III — Para que a publicação da resposta não possa ser recusada, deve o conteúdo desta limitar-se ao que tiver relação directa e útil com o escrito ou imagem que a provocou e não incluir expressões ofensivas ou desprimorosas. Caso ultrapasse 150 palavras ou a extensão do escrito respondido se esta tiver sido superior, deve o interessado efectuar ou garantir antecipadamente o pagamento da parte restante, segundo as tabelas de publicidade em vigor no periódico.

IV — Quando recusar a publicação por a resposta contrariar os limites referidos no número III, deve o jornal comunicá-la ao interessado dentro de três dias após o recebimento da resposta, mediante carta registada com aviso de recepção ou outro meio que permita provar o recebimento.

V — A publicação da resposta deve ser antecedida de título identificativo que claramente permita o seu relacionamento com o texto ou imagem que lhe deu origem, assim como deve ser feita no mesmo local e impressa com caracteres de dimensão também análoga, de modo a que a resposta assuma, no seu conjunto, relevo ou destaque equivalente ao da imagem ou escrito a que se responde.

Só será admissível a publicação de resposta em lugar diferente do da notícia que a provocou, desde que o seu relevo e destaque fiquem devidamente assegurados, em local de idêntico interesse e facilidade de acesso para os leitores.

Nesta perspectiva é geralmente incorrecta a prática seguida por alguns jornais, de remeterem as respostas para a secção reservada à correspondência dos leitores.

VI — Não é permitido ao jornal acrescentar comentários ao texto da resposta, para além de uma breve anotação, apenas destinada a apontar qualquer inexactidão ou erro de interpretação e a focar matéria nova, que a resposta inclua.

d) Na Conferência proferida em 10 de Maio de 1985, no Colóquio Internacional organizado pelo Conselho de Imprensa, por ocasião das comemorações do seu X aniversário, cujo texto se encontra publicado in B.M.J., 346, Maio de 1985, pág. 15 e segs., o Senhor Conselheiro Manuel António Lopes Rocha aborda algumas questões sobre o direito de resposta na legislação portuguesa de imprensa:

a) Salienta a escassez de jurisprudência publicada sobre o assunto, que deriva da inexistência de decisões dos tribunais superiores, por ser inadmissível o recurso da decisão que decreta a inserção forçada da resposta.

b) Depois de fazer referência breve ao carácter do instituto, acrescenta ser vulgar ver respostas na imprensa escrita, mas já não as que sejam exercitadas pelo direito à inserção obrigatória.

c) Aborda, de seguida, as limitações ao exercício do direito de resposta na lei de imprensa portuguesa, vigente na época:

para que surja o direito, é necessária a existência de ofensas directas ou a referência a facto inverídico ou erróneo (não basta o mero prejuízo), que atinjam a reputação e boa fama;

As expressões «ofensa» «reputação» e «boa fama» estão usadas nesta lei com sentido mais amplo que as correspondentes das leis penais e civis dirigidas à protecção dos direitos de personalidade;

Destaca a faculdade que a direcção do periódico tem de, ouvido o conselho de redacção e sendo favorável o seu parecer, recusar a inserção da resposta.

Corre-se o risco de pensar que ao director do periódico foi conferido o direito de decidir em causa própria;

A dificuldade de surpreender o sentido da «relação directa e útil com o escrito ou a imagem», que provoca a resposta, aconselha a que seja usada uma grande dose de bom senso;

O mesmo é aconselhável, relativamente à interpretação da expressão «expressões desprimorosas».

Ataques violentos justificam respostas violentas;

O direito de resposta parece identificar-se com o instituto da retorsão previsto no Código Penal;

Grandes dificuldades suscita ainda o motivo de recusa consistente na resposta poder envolver responsabilidade civil ou criminal.

A jurisprudência estrangeira tem entendido integrar tal motivo uma resposta que fosse contrária à ordem pública, provocação de um crime ou apologia deste;

As dificuldades aumentam quando se ponderam os interesses de terceiros, atingidos pela resposta.

O n.° 2 do preceito deverá ser interpretado extensivamente, de molde a caber na ofensa o conceito de facto inverídico ou erróneo.

Acrescenta, no entanto, que a jurisprudência estrangeira, no caso de crítica histórica, exige uma atitude faltosa, da parte do historiador, baseada em afirmações levianas.

De todo o modo, a resposta só pode ser inserida sem cortes, nem comentários.

d) Finalmente, debruça-se sobre o artigo 53.°, salientando que a ausência de inserção de uma resposta apresentada nas devidas condições constitui uma contravenção.

Mas será que as inserções não satisfatórias integram tal contravenção ?

Entendia que a lei da altura permitia já a assimilação da inserção deficiente à falta de inserção, o que é confirmado pela actual redacção do artigo 2.° da Lei n.° 8/96, de 14 de Março, que se transcreveu supra.

e) René Ariel Dotti, obra citada supra, pág. 58, considera que o direito de resposta, a que assimila o direito de rectificação, são faculdades instituídas a favor de toda a pessoa física ou moral agravadas por qualquer publicação, sendo corolário dos princípios da verdade de informação e do procedimento alternativo, sendo que este, por sua vez, é o corolário lógico do princípio da intervenção penal mínima.

Artigo 17.° (Conselho de Imprensa)

1. O Governo promoverá, no prazo de trinta dias a contar da entrada em vigor do presente diploma, a constituição de um órgão independente designado por Conselho de Imprensa, que funcionará junto do Ministério da Comunicação Social durante o período de vigência do Governo Provisório.

2. O Conselho de Imprensa terá a seguinte composição:

a) Um presidente, magistrado judicial, designado pelo Conselho Superior Judiciário;

b) Três elementos designados pelo Movimento das Forças Armadas;

c) Seis jornalistas, designados pelas respectivas organizações profissionais;

d) Dois representantes das empresas jornalísticas designados pelas respectivas associações patronais;

e) Dois directores de publicações periódicas, um da imprensa diária e outro da imprensa não diária, designados por eleição das respectivas categorias profissionais de entre os que não pertençam às administrações dos respectivos jornais;

f) Seis elementos representantes dos partidos da coligação governamental;

g) Quatro elementos independentes cooptados pelos restantes de acordo com a votação, segundo o sistema de maioria qualificada de dois terços.

3. A duração do mandato dos membros do Conselho de Imprensa será estabelecida no respectivo regulamento.

4. Ao Conselho de Imprensa compete salvaguardar a liberdade de imprensa, nomeadamente perante o poder político e poder económico.

5. Para prossecução do objectivo previsto no número anterior o Conselho de Imprensa exercerá, entre outras, as seguintes funções:

a) Colaborar na elaboração da legislação antimo-nopolista prevista no artigo 8.° e acompanhar a sua execução;

b) Emitir parecer sobre a política de informação;

c) Pronunciar-se sobre matéria de deontologia e de respeito pelo segredo profissional;

d) Organizar e divulgar o controle da tiragem e difusão das publicações em termos a regulamentar;

e) Apreciar as queixas apresentadas pelos particulares, nos termos dos números seguintes;

f) Verificar a alteração de orientação dos periódicos, nos termos do n.° 1 do artigo 23.° ;

g) Classificar as publicações periódicas para os efeitos do artigo 3.° e do n.° 7 do artigo 2.° ;

h) Apreciar os recursos a que se refere o n.° 2 do artigo 18.° .

6. Qualquer cidadão poderá apresentar ao Conselho de Imprensa queixa sobre a conduta da imprensa periódica ou de pessoas ou entidades que actuem em sentido contrário ao previsto na presente Lei.

7. O Conselho de Imprensa apreciará, no prazo de sessenta dias, as queixas que lhe forem apresentadas, ouvindo os interessados, e caso a decisão reprove a conduta de um periódico, será este obrigado a publicá-la sem quaisquer comentários.

8. O Conselho de imprensa tornará público anualmente um relatório a submeter à apreciação do Governo e do Conselho de Estado, no qual será obrigatoriamente examinada a situação política da informação, número de jornais editados, características da imprensa diária e não diária, transformações operadas na imprensa, comportamento deontológico das publicações, grau de concentração das empresas jornalísticas e sua situação financeira e os crimes de imprensa.

9. Os tribunais deverão enviar ao Conselho de Imprensa cópia das sentenças proferidas em processos respeitantes à violação da legislação de imprensa.

NOTAS:

a) Este artigo foi expressamente revogado através da Lei n.° 15/90, de 30/06, que instituiu a Alta Autoridade para a Comunicação Social. Apenas se mantém a respectiva transcrição para melhor comparação dos dois regimes legais.

b) No acórdão do Tribunal Constitucional n.° 505/96, publicado na II série do D.R. de 5/7/96 analisa-se a evolução deste Conselho de Imprensa da forma que se passa a transcrever:

"Antes ainda da entrada em vigor da Constituição de 1976, foi publicada uma Lei de Imprensa pelo poder democrático saído da Revolução de 25 de Abril de 1974, que teve na sua base um projecto elaborado por uma comissão presidida pelo Prof. António de Sousa Franco — trata-se do Decreto-Lei n.° 85-C/75, de 26 de Fevereiro.

De harmonia com o preâmbulo deste diploma — que se mantém substancialmente em vigor, embora alterado pelos Decretos-Leis números 181/76, de 9 de Março e 377/88, de 24 de Outubro, e pelas Leis números 13/78, de 21 de Março, 15/90, de 30 de Junho, e 15/95, de 25 de Maio -, não se poderia «conceber o processo democrático em curso sem a liberdade de expressão de pensamento pela imprensa, como, aliás, através de outros meios de comunicação social»

(...)

Ainda no mesmo preâmbulo, realçava-se a importância de um novo órgão colegial, o Conselho de Imprensa, «órgão independente, em que convergem representantes dos órgãos de imprensa e da opinião pública portuguesa»

(...)

No desenho deste Conselho, avultavam diferentes experiências europeias, nomeadamente do Press Council inglês e dos Conselhos da República Federal Alemã e da Áustria, que configuram esses órgãos como «tribunais morais» da actividade de imprensa (...)

A Constituição de 1976, na sua versão originária, não constitucionalizou o Conselho de Imprensa. Depois de garantir a liberdade de imprensa, no n.° 1 do artigo 38.°, a nova Constituição estatuiu que nenhum regime administrativo ou fiscal, nem política de crédito ou comércio externo, podia «afectar directa ou indirectamente a liberdade de imprensa, devendo a lei assegurar os meios necessários à salvaguarda da independência da imprensa perante os poderes político e económico» (n.° 5 do mesmo artigo).

O artigo 39.° da Constituição, também na versão originária,era consagrado aos meios de comunicação social do Estado, sendo garantida a «possibilidade de expressão e confronto das diversas correntes de opinião nos meios de comunicação social referidos no número anterior»(n.° 2). Para assegurar uma orientação geral que respeitasse o pluralismo ideológico desses meios de comunicação social, a lei fundamental impunha a criação de «conselhos de informação, a integrar, proporcionalmente, por representantes indicados pelos partidos políticos com assento na Assembleia da República»(números 3 e 4).

(...)

A partir de 1976, passaram a coexistir o Conselho de Imprensa e diferentes conselhos de informação de meios de comunicação social do Estado. O Conselho de Imprensa passou a ser regulado pela Lei n.° 31/78, de 20 de Junho, tendo uma nova composição.(...).

Na 1.ª revisão constitucional, ultimada em 1982, o n.° 2 do artigo 39.° da Constituição passou a prever a existência de um único Conselho de Comunicação Social, «composto por 11 membros eleitos pela Assembleia da República, o qual tem poderes para assegurar uma orientação geral que respeite o pluralismo ideológico», devendo a lei regular o funcionamento deste órgão (n.° 4 do mesmo artigo). Essa regulamentação passou a constar da Lei n.° 23/83, de 6 de Setembro.

Na 2.ª revisão constitucional os partidos Social-Democrata e Socialista celebraram um acordo político de revisão em 14 de Outubro de 1988, através do qual previram a abertura da televisão à iniciativa privada, «bem como a substituição do Conselho de Comunicação Social por uma Alta Autoridade, que, além das competências do C.C.S, terá de emitir parecer prévio à decisão de licenciamento, pelo Governo, do exercício por entidades privadas da actividade televisiva, decisão esta que só pode recair nos candidatos seleccionados pela Alta Autoridade»(...)

Foi, assim, aceite um órgão proposto no projecto de revisão do Partido Socialista.

Nos debates parlamentares, foi posta em causa a solução acordada pelos dois maiores partidos, acusando-se a mesma de possibilitar a governamentalização do novo órgão, da mesma forma que se criticava a não constitucionalização do Conselho de Imprensa, órgão que o Deputado José Magalhães entendia que não tinha de ser extinto por mera decorrência da futura revisão.

(...)

Na sequência da entrada em vigor da Lei Constitucional n.° 1/89, de 30 de Junho, veio a Assembleia da República a ocupar-se com a discussão da proposta de lei n.° 126/V, sobre as atribuições, competências, organização e funcionamento da A.A.C.S., a par de projectos de Deputados sobre esse órgão. Esta proposta previa a extinção do Conselho de Imprensa e a transferência das suas atribuições para a A.A.C.S. (...)

O processo de elaboração desta lei não foi pacífico, tendo o respectivo decreto sido objecto de um veto político por parte do Presidente da República, por este considerar que o diploma traduzia «uma acentuação do predomínio tendencial das maiorias parlamentares e dos governos, quaisquer que sejam, na composição da Alta Autoridade», do mesmo passo que considerava a extinção do Conselho de Imprensa — órgão de acção meritória e cuja independência ficara «bem patente no modo probo e isento» como exercera as suas funções — suscitava dúvidas «pela possibilidade que abre da criação de um certo vazio no tocante à apreciação das matérias de deontologia profissional ou conexas com elas».

(...)

Não obstante o veto, o decreto veio a ser objecto de confirmação sem quaisquer alterações (v. o debate no Diário da Assembleia da República, 1.ª série, n.° 75, de 16 de Maio de 1990), tendo sido promulgado pelo Presidente da República".

CAPÍTULO II – Organização da empresa jornalística

Artigo 18.° (Director do jornal)

1. Nenhum periódico iniciará a sua publicação sem que tenha um director, que deverá ser de nacionalidade portuguesa, no pleno gozo dos seus direitos civis e políticos, e não deverá ter sofrido condenação por crime doloso.

2. O director será designado pela empresa proprietária, com voto favorável do conselho de redacção, quando existir, cabendo recurso para o Conselho de Imprensa.

3. A empresa proprietária poderá demitir livremente o director.

4. A prévia audiência do conselho de redacção é dispensada na nomeação do director de publicação doutrinária e na primeira nomeação do director de publicação informativa.

NOTA:

Os números 2 e 4 deste artigo foram expressamente revogados através da Lei n.° 15/90, de 30/06, que instituiu a Alta Autoridade para a Comunicação Social. Apenas se mantém a respectiva transcrição para melhor comparação dos dois regimes legais.

Artigo 19.° (Competência do director)

Ao director compete, sem prejuízo do disposto no artigo 22.° :

a) A orientação, superintendência e determinação do conteúdo do periódico;

b) A presidência do conselho de redacção;

c) A designação do chefe de redacção;

d) A representação do periódico perante quaisquer autoridades em tudo quanto diga respeito a matérias da sua competência e às funções inerentes ao seu cargo.

Artigo 20.° (Director-adjunto e subdirector)

1. O director poderá ser coadjuvado por directores-adjuntos ou subdirectores.

2. Aos directores-adjuntos e subdirectores será aplicável o disposto no artigo 18.°

3. Em caso de impedimento, o director será substituído pelo director-adjunto, subdirector ou chefe de redacção.

Artigo 21.° (Conselho de redacção)

Nos periódicos com mais de cinco jornalistas profissionais serão criados conselhos de redacção, compostos por jornalistas profissionais, eleitos por todos os jornalistas profissionais que trabalham no periódico, segundo regulamento por eles elaborado.

Artigo 22.° (Competência do Conselho de Redacção)

Compete ao conselho de redacção:

*a) Dar voto favorável ao director, ao director-adjunto ou subdirector designados pela empresa proprietária, quando necessário, bem como ao chefe de redacção escolhido pelo director. ***

b) Cooperar com o director e director-adjunto ou subdirector, se os houver, na definição das linhas de orientação do periódico;

c) Pronunciar-se, com voto deliberativo, sobre todos os sectores da vida e da orgânica do jornal que digam respeito ou de qualquer forma se relacionem com o exercício da actividade profissional dos jornalistas, a que se refere o n.° 3 do artigo 10.°;

d) Pronunciar-se acerca da admissão, sanções disciplinares e despedimentos dos jornalistas profissionais;

e) Pronunciar-se para os efeitos do n.° 1 do artigo 14.° e do n.° 7 do artigo 16.°

NOTAS:

a) A alínea a) deste artigo foi expressamente revogada através da Lei n.° 15/90, de 30/06, que instituiu a Alta Autoridade para a Comunicação Social. Apenas se mantém a respectiva transcrição para melhor comparação dos dois regimes legais.

b) No n.° 1 do artigo 14.°, contempla-se a possibilidade legal do director do periódico recusar a inserção de quaisquer escritos ou imagens publicitárias, que sejam contrárias à orientação da publicação.

c) O n.° 7 do artigo 16.° é do seguinte teor:

(...)

7. Se a resposta contrariar o disposto no n.° 4, o director do periódico, ouvido o conselho de redacção e com o seu parecer favorável, poderá recusar a sua publicação mediante carta registada com aviso de recepção, expedida nos três dias seguintes à recepção da resposta.

d) Acórdão de 23 de Janeiro de 1985, da Relação do Porto, recurso 19 416, da 2.ª Secção:

"A nomeação do director de um jornal, ainda que interino, exige o voto favorável do respectivo Conselho de Redacção.

Na realidade, a lei não faz qualquer distinção entre o director efectivo e o director interino e exige esse voto para os substitutos do director, que, normalmente, exercem as funções de director mais precariamente e por menos tempo que o director interino."

Artigo 23.° (Alteração da orientação dos periódicos)

1. Se se verificar uma alteração profunda na linha de orientação de um periódico, confirmada pelo Conselho de Imprensa, os jornalistas ao seu serviço poderão extinguir a relação de trabalho por sua iniciativa unilateral, tendo direito à indemnização devida por despedimento sem justa causa e sem aviso prévio.

2. A extinção da relação de trabalho prevista no número anterior só poderá ter lugar nos trinta dias subsequentes à confirmação daquele facto pelo Conselho de Imprensa.

NOTAS:

a) Controversa era a questão de saber se se encontrava em vigor, ou não, este preceito. A entender-se que sim, caberia agora à Alta Autoridade para a Comunicação Social a avaliação da alteração profunda da orientação de um periódico.

Ver, ainda, o disposto no artigo 9.°, n.° 2 do Estatuto dos Jornalistas.

b) Nuno e Sousa, na obra citada, pág. 307, considera que este é um assunto conexo com o efeito horizontal dos artigos 37.° e 38.° da C.R.P. e, a fls. 308, afirma:

"Pretende-se tutelar a personalidade intelectual e moral do jornalista. A explicação para o regime legal sobre a alteração da orientação dos periódicos parece consistir no facto de o jornalista, entrando a fazer parte do corpo redactorial, ter simultaneamente adquirido, na óptica da lei, uma expectativa de permanência relativamente à orientação global da publicação."

CAPÍTULO III – Formas de responsabilidade

Artigo 24.° (Responsabilidade civil)

1. Na determinação das formas de efectivação da responsabilidade civil emergente de factos cometidos por meio da imprensa observar-se-ão os princípios gerais.

2. No caso de escrito ou imagem assinados, inseridos numa publicação periódica com conhecimento e sem oposição do director ou seu substituto legal, as empresas jornalísticas serão solidariamente responsáveis com o autor.

3. À sentença condenatória aplica-se o preceituado no artigo 54.°.

NOTAS:

a) Ac. do S.T.J., de 22 de Abril de 1993, in Sub Judice Novos Estilos, 4, Abril de 1993, 79:

I. Tendo uma acção sido proposta com base em informações produzidas num livro, é necessário que a sentença, na parte referente à matéria de facto provada, distinga claramente o que é o conteúdo desse livro e o que são as afirmações produzidas pelo réu nos articulados ou as suas meras opiniões.

II. Também não basta que a sentença dê por reproduzidos determinados documentos por remissão, pois isso não permite a apreensão do seu conteúdo e as decisões judiciais devem compreender-se por si mesmas, e não recorrendo a elementos exteriores a elas.

b) Na revista "Sub Judice" n.° 5, Janeiro/Abril de 1993, págs. 69 a 74, sob o título «Professor de Economia — o caso Cadilhe», encontra-se publicada a sentença do 17.° juízo Cível da Comarca de Lisboa, proferida na acção intentada pelo ex-Ministro das Finanças Miguel Cadilhe contra o semanário "O Independente", pedindo a condenação deste, do respectivo director e de um jornalista a pagar-lhe uma elevada indemnização, por se sentir ofendido, na sua honra e consideração pela publicação, naquele semanário, dos artigos intitulados: «Lisboa. Torre 4. 4.° Andar. 4 assoalhadas. O negócio da vida de Miguel Cadilhe»; «Excitações»; «A sentença de Cadilhe» e «A aventura do Trocadilhe».

A acção foi julgada improcedente, por não provada, por se considerar lícita a divulgação das condutas do ex-ministro.

Relativamente ao último dos artigos, o mais polémico, da autoria do director do semanário, escreve-se:

"Neste contexto não podemos deixar de concluir que a crítica que constitui o artigo citado era adequada e impunha-se face ao relevo social de tais comportamentos e à duvidosa legalidade dos mesmos. Os cidadãos, a colectividade tinha o direito de saber o que se passava com o seu Ministro das Finanças — e note-se que ainda hoje algumas interrogações, legítimas, não têm resposta para a colectividade; o ministro das Finanças, o Autor, banalizou os seus comportamentos, quando devia estar acima de qualquer suspeita. Não tem de que queixar-se ou lamentar-se. É um facto que os escritos referidos lhe causaram angústia e choque — mas foi ele que a eles deu azo com os seus comportamentos. A conduta dos Réus foi pois legítima, no uso do seu direito de informar, de expressão e crítica, sendo que todos os escritos se reportam a factos socialmente relevantes e a justificar colectivamente a sua divulgação. Sendo lícita, não há lugar à indemnização pedida".

c) Ac. da Relação do Porto, de 27 de Março de 1996, in Col Jur. ano XXI, tomo II, p. 235:

I. Se foi pedida a documentação dos actos de audiência mas a acta, inexplicavelmente, apenas reproduz os depoimentos de algumas das testemunhas inquiridas, sem que tal circunstância tenha sido objecto de reparo por banda do recorrente, é de entender que tal atitude passiva dele implica a renúncia ao recurso em matéria de facto.

II. Havendo registo magnético integral dos actos de audiência, aos recorrentes incumbe o ónus de fazerem transcrever os pontos concretos dos depoimentos que apoiem a sua discordância com o decidido em sede de facto, sob pena de o recurso, por razões de operacionalidade judiciária, não poder ser conhecido nessa vertente.

III. Não é «cúmplice necessário» do director da publicação e autor do escrito (sendo, portanto, irrelevante que contra ele não tenha sido apresentada também queixa), um impessoal «destacado médico» referido na notícia como fonte de informação do autor do escrito.

IV. O regime de solidariedade passiva entre o autor do escrito e a empresa proprietária da publicação na responsabilidade civil por danos causados a terceiros, permite ao ofendido demandar indistintamente qualquer deles, ao contrário do que sucederia se fosse reclamada a existência de litisconsórcio necessário passivo desses dois responsáveis.

. . . .

Artigo 25.° (Crimes de abuso de liberdade de imprensa)

1. Consideram-se crimes de abuso de liberdade de imprensa os actos ou comportamentos lesivos de interesse jurídico penalmente protegido que se consumam pela publicação de textos ou imagens através da imprensa.

2. Aos referidos crimes é aplicável a legislação penal comum, com as seguintes especialidades:

a) Se o agente do crime não houver sofrido anteriormente condenação alguma por crime de imprensa, a pena de prisão poderá ser, em qualquer caso, substituída por multa não inferior a 50.000$00;

b) O tribunal aplicará a penalidade prevista na disposição incriminadora, agravada em medida não inferior a um terço do seu limite máximo, quando se trate de pena variável, ou simplesmente agravada, nos outros casos.

NOTAS:

a) Ac. S.T.J. de 10 de Julho de 1984, in B.M.J. 339, 242:

I. Assiste aos órgãos de comunicação social o direito de criticarem os órgãos de soberania. No entanto, esse direito tem necessariamente limites, sendo um deles o respeito pelo bom nome e reputação das pessoas.

II. O artigo 25.° do Decreto-Lei n.° 85-C/75, de 26 de Fevereiro, não foi revogado pelo artigo 6.° do Decreto-Lei n.° 400/82, de 23 de Setembro, sendo que os crimes de abuso de liberdade de imprensa continuam a ter assento naquele diploma.

III. O novo Código Penal não contém um preceito correspondente ao § 1.° do artigo 123.° do Código de 1886, não sendo, assim, de aplicar prisão em alternativa das multas de quantia determinada.

b) Ac. da Rel. do Porto de 25 de Julho de 1984, in Colectânea de Jurisprudência, Ano IX, tomo 4, 245:

Pelo menos os artigos 25.° e 28.°,n.° 1,2 e 3 do Dec.-lei n.° 85-C/75 foram revogados pelo artigo 6.°, n.° 1, do Dec.-lei n.° 400/82, de 23 de Setembro.

c) Ac. da Rel. de Lisboa de 13/05/77, in C.J., ano II, 1977:

Artigo 25.°,n.° 2, da Lei de Imprensa e artigos 181.° e 182.° Do Código Penal _ os crimes referidos nestes artigos são crimes formais — para a sua verificação basta uma conduta, em face das circunstâncias, com capacidade para lesionar a honra ou o crédito alheio, não se tornando necessário, para que eles se verifiquem, que os destinatários sintam um sentimento penoso de carácter moral; tais crimes são dolosos — exige-se intenção de ofender, a responsabilidade por injúrias é compatível com o dolo directo, indirecto e eventual; para que um crime de injúrias contra a autoridade seja considerado com crime político, necessário se torna que, concomitantemente, se documente qualquer finalidade política.

d) Ac. da Rel. de Lxa., de 22/06/83, in C.J., ano VIII,1983, tomo 3, pág. 193:

a prescrição do direito de queixa no crime de abuso de liberdade de imprensa através da publicação de um livro só começa a correr a partir do momento da sua retirada de circulação.

Artigo 26.° (Responsabilidade criminal)

1. Pelos crimes de abuso de liberdade de imprensa nas publicações unitárias são criminalmente responsáveis, sucessivamente:

a) O autor do escrito ou imagem, se for susceptível de responsabilidade e residir em Portugal, salvo nos casos de reprodução não consentida, nos quais responderá quem a tiver promovido.

b) O editor, se não for possível determinar quem é o autor ou se este não for susceptível de responsabilidade.

2. Nas publicações periódicas são criminalmente responsáveis, sucessivamente:

a) O autor do escrito ou imagem, se for susceptível de responsabilidade, salvo nos casos de reprodução não consentida, nos quais responderá quem a tiver promovido e o director do periódico ou seu substituto legal, como cúmplice, se não provar que não conhecia o escrito ou imagem publicados ou que lhe não foi possível impedir a publicação;

b) O director do periódico ou seu substituto legal, no caso de escritos ou imagens não assinados ou de o autor não ser susceptível de responsabilidade, se não se exonerar da responsabilidade na forma prevista na alínea anterior;

c) O responsável pela inserção, no caso de escritos ou imagens não assinados publicados sem conhecimento do director ou seu substituto legal ou quando a estes não foi possível impedir a publicação.

3. Para os efeitos de responsabilidade criminal, o director do periódico presume-se autor de todos os escritos não assinados e responderá como autor do crime, se não se exonerar da sua responsabilidade, pela forma prevista no número anterior.

4. Os directores de órgãos de comunicação social não podem ser criminalmente responsabilizados, tratando-se de textos de opinião, devidamente assinados como tal, e que não ofereçam dúvidas de identificação do seu autor.

5. Tratando-se de entrevistas, o jornalista que a tiver realizado e o director não podem ser criminalmente responsabilizados por afirmações produzidas pelo entrevistado, quando este esteja devidamente identificado.

6. Os membros do conselho de redacção, quanto às matérias em que este disponha de voto deliberativo, serão responsáveis nos mesmos termos do director, salvo se provarem não ter participado na deliberação ou se houverem votado contra ela.

7. Os técnicos, distribuidores e vendedores não são responsáveis pelas publicações que imprimirem ou venderem no exercício da sua profissão, excepto no caso de publicações clandestinas apreendidas ou suspensas judicialmente, se se aperceberem do carácter criminoso do seu acto.

NOTAS:

a) A redacção dos números 4 e 5 resultava da Lei n.° 15/95, de 25/05.

Por força dessa mesma Lei os primitivos números 4 e 5 passaram a ser os números 6 e 7.

Estas alterações introduzidas no artigo 26.° foram mantidas em vigor pela Lei n.° 8/96, de 14 de Março, a qual revogou expressamente aquela Lei n.° 15/95, de 25 de Maio.

b) Ac. Rel. Lxa. de 15 de Maio de 1978, in B.M.J., 277, 118:

I. A imputação feita a um médico, em publicação periódica, de que não trata bem os doentes, só os atende se quiser e se não estiver «chateado» com as garrafas e que está sempre embriagado, especialmente aos sábados e domingos e que, quando atende o doente, sem o ver, envia a receita pela «porta do cavalo» acabando por receitar a maleita para os calos..., podendo o doente morrer de pneumonia, encerra o emprego de expressão objectiva e fortemente lesiva da honra e consideração do atingido, não podendo o mesmo agente invocar a ignorância do carácter ofensivo de tais expressões e justificá-las por espírito de crítica construtiva.

II. É, assim, indesculpável e criminalmente injustificável o acto jornalístico em que tais expressões são utilizadas, revelador de intenção criminosa, já que o responsável não pode desconhecer o carácter ilícito, perigoso e reprovável do seu escrito, tendo necessária consciência de estar a pôr em dúvida e a lesar a honra e consideração do ofendido, que estava a desconsiderar no geral conceito como médico; para mais tendo-se provado que se trata de um clínico competente, honesto e cuidadoso.

III. Não tem valor atenuativo da responsabilidade do agente a alegação de que foi enganado por falsas informações ao escrever as mencionadas expressões, feita em número subsequente da publicação.

c) Ac. Rel. Lxa. de 3 de Outubro de 1979, in B.M.J. 292, 294:

I. Só a prova produzida, com garantia do contraditório, em audiência de discussão e julgamento, pode fundamentar uma condenação.

II. A mera difusão de ideias independentistas não é incriminada pela lei, nem o pode vir a ser, em face do disposto nos números 1 e 2 do artigo 37.° da Constituição da República.

III. A lei n.° 64/78, de 6 de Outubro, que inseriu disposições relativas a organizações fascistas, não incriminou, nem constitucionalmente podia incriminar, as opiniões individuais de opiniões fascistas.

IV. Nos crimes de injúria e difamação basta, como elemento subjectivo, o dolo genérico, não sendo necessário o animus diffamandi vel injuriandi.

d) Ac. S.T.J. de 10 de Novembro de 1982, in B.M.J. 321, 264:

I. É ofensiva da honra e consideração do visado — um veterinário municipal — a afirmação de que este « é um malcriado, um grandessíssimo aldrabão, é um tipo grosseiro, sem preparação nenhuma, é um carroceiro».

II. Para a integração do elemento subjectivo do crime de abuso de liberdade de imprensa basta o conhecimento de que são ofensivas as expressões utilizadas.

III. A prova da verdade dos factos ofensivos é dirimente da responsabilidade criminal.

IV: O erro sobre a veracidade dos factos imputados exclui o dolo.

e) Ac. da Rel. de Lxa. de 17 de Novembro de 1982, in Colectânea de Jurisprudência, ano VII, tomo 5, 155:

Não abusa da liberdade de imprensa nem injuria os Tribunais, como órgãos de soberania, quem, na imprensa, afirma que, na máquina judicial, escrivães e oficiais de diligências, como é sabido, existe corrupção, embora não total, por tal expressão atingir apenas alguns auxiliares dos Tribunais e ser feita com propósito de crítica salutar, ainda que contundente.

f) Ac. S.T.J. de 11 de Maio de 1983, in B.M.J. 327, 520:

I. A intenção de atingir o Governo, como tal, ferindo-o e ofendendo-o na sua dignidade, resulta da perfeita consciência de que o Réu, pessoa culta, inteligente, dedicada ao jornalismo e à literatura, tinha de que frases como as empregues são objectivamente injuriosas e difamatórias para qualquer Governo e, maxime, para o existente à altura, resultante de eleições democráticas num Estado democrático.

II. Aos órgãos de comunicação social assiste o direito de criticar politicamente o Governo. No entanto, essa crítica tem limites e entre esses está o do respeito pelo bom nome e representação, reconhecido pelo artigo 26.° da Constituição da República. A violação de direitos garantidos pela Constituição, quando cometida pela imprensa é que constituem precisamente os crimes de abuso de liberdade de imprensa.

III. Não são inconstitucionais os preceitos da Lei de Imprensa, Decreto-Lei n.° 85-C/75, de 26 de Fevereiro.

IV. Como o crime do artigo 166.°, §§ 1.° e 2.°, do Código Penal de 1886, está hoje previsto no artigo 165.°, com a agravação do artigo 167.°, n.° 2, do Código Penal de 1982, a pena a aplicar é a deste último artigo, por ser a menos grave.

g) Ac. Rel de Évora de 17 de Maio de 1983, in Colectânea de Jurisprudência, Ano VIII, tomo 3, 331:

Só podem ser responsabilizados criminalmente, ao abrigo da Lei de Imprensa, o entrevistador, o editor, ou o director jornalístico, em relação a uma entrevista em que se produzam afirmações eventualmente ofensivas do bom nome e reputação de outrem, desde que se prove que aqueles profissionais da imprensa tinham também o propósito de ofender a honra e consideração daquele terceiro.

h) Ac. da Rel. de Lxa. de 18 de Janeiro de 1984, in B.M.J. 333, 278:

I. Constitui crime de abuso de liberdade de imprensa afirmar-se em artigo de opinião política sobre actos e comportamentos do Presidente da República, que este «se cala, pactua e conspira, não faz concórdia, contribui para a guerra, avançando o Partido Comunista com a sua horda desestabilizadora, perante a cumplicidade do Presidente da República e que não assume qualquer responsabilidade e deixa o país continuar a dirigir-se para o abismo, havendo que desmascarar a cumplicidade do Presidente da República, que é um dos inimigos fulcrais da estabilidade democrática», pois estas expressões, inseridas num bloco de comentários e considerações de teor manifestamente injurioso e ofensivo, traduzem uma total falta de respeito pelo prestígio, bom nome e considerações devidos a quem ocupa o mais elevado cargo na hierarquia política nacional.

II. O regime das disposições combinadas dos artigos 25.° e 26.°, n.° 2, alínea a), com referência aos artigos 2.°, n.° 3, e 27.° do Decreto-Lei n.° 85-C/75,de 26 de Fevereiro, e artigo 166.° do Código Penal de 1886 é mais favorável ao Réu relativamente ao que resulta do artigo 362.°,n.° 2, do novo Código Penal.

i) Ac. Rel. de Lxa. de 21 de Março de 1984, in Colectânea de Jurisprudência, ano IX, tomo 2, 153:

O director de publicação periódica que não recuse a publicação de artigos que possam constituir crimes de abuso de liberdade de imprensa, assume o conteúdo e alcance dos mesmos, e torna-se, por força da lei, cúmplice necessário da infracção cometida pelo autor do artigo.

j) Ac. da Rel. de Lxa. de 25 de Julho de 1984, in Colectânea de Jurisprudência, ano IX, tomo 4, 138:

I. Sobre o director de uma publicação periódica impende o especial dever de obstar à publicação de artigos em que, injustificadamente, se ofendam os direitos ao bom nome e reputação dos cidadãos, pelo que não corresponde a uma teórica inversão do ónus da prova ou a uma violação do princípio de presunção de inocência a presunção legal de comparticipação, pelo menos a título de cumplicidade, que recai sobre aquele director quando se torne responsável por publicações ofensivas dos direitos de terceiros.

II. A imputação, pela imprensa, a um magistrado judicial, da prática de actos de carácter criminal constitui uma ofensa ao bom nome e reputação deste e só não revestirá características criminais se, em harmonia com a lei, o responsável pelo artigo fizer a prova da veracidade das imputações.

l) Ac. S.T.J. de 6 de Novembro de 1985, in B.M.J. 351, 183:

I. Um artigo de jornal intitulado «O exemplo do primeiro-ministro encoraja banditismo no Ministério da Agricultura e Pescas» é objectivamente injurioso, ofensivo da honra e consideração do visado, para mais se tal informação é reforçada no texto, especialmente através do uso da expressão «trata-se de mais um caso de banditismo governamental».

II. Quando se escreve que o exemplo do primeiro-ministro encoraja o banditismo é porque o atingido, no conceito do jornalista, é um bandido, expressão que significa um malfeitor, indivíduo que, à margem da lei vive dos ataques ao que é de outrem.

III. As referidas expressões integravam o conceito de injúria do artigo 410.° do Código Penal de 1886 e preenchem agora o conceito de ofensa à honra e consideração do artigo

164.° do Código Penal de 1982.

IV. Se já no domínio do Código Penal de 1886, no crime de injúria bastava o dolo directo ou intenção para integrar o elemento subjectivo, tal resulta claramente dos artigos 164.° e 165.° do Código Penal de 1982 que manifestamente não incluem, entre os elementos integrantes dos crimes de difamação e injúria, o dolo específico.

V. A liberdade de expressão e de opinião consagrada nos artigos 37.° e 38.° da Constituição da República e a conhecida veemência da linguagem política não afastam a existência do crime, porque tais direitos têm limites que, se excedidos, fazem incorrer os seus autores em responsabilidade, sendo certo que o n.° 3 daquele artigo 37.° prevê o cometimento de infracções no exercício desse direito, estabelecendo que ficam submetidas aos princípios de direito criminal, infracções essas que podem consistir na ofensa a outros direitos constitucionalmente reconhecidos, como é o direito ao bom nome e reputação (artigo 26.°).

VI. A incapacitação do agente para dirigir qualquer periódico, nos termos do artigo 28.°, n.° 7, do Decreto-Lei n.° 85-C/75, de 26 de Fevereiro, pressupõe que as condenações anteriores tenham transitado em julgado, o que não se presume pelo simples envio dos boletins das decisões ao registo criminal.

VII. O crime de injúrias previsto pelos artigos 166.°, §§ 1.° e 2.° do Código Penal de 1886 e pelo artigo 25.° do Decreto-lei n.° 85-C/75, de 26 de Fevereiro, é agora previsto pelos artigos 165.°, n.° 1, 166.°, 167.°, n.° 1, alínea a), e 2, 168.°, n.° 1, do Código Penal de 1982 e por aquele mesmo artigo 25.°, e, cabendo-lhe, no primeiro Código,em abstracto, a pena de 1 a 2 anos de prisão e multa correspondente e, no segundo, a de 45 dias a 3 anos de prisão e multa de 15 a 300 dias, não se justificando, no caso, aquele mínimo de 1 ano de prisão, é correcta a decisão que optou pelo regime do Código vigente, que permitiu a aplicação de pena menos grave.

m) Ac. do S.T.J. de 18 de Fevereiro de 1987, in B.M.J. 364, 556:

I. Pratica o crime previsto e punido nos artigos 25.° e 26.° do Decreto-Lei n.° 85-C/75, de 26 de Fevereiro, 407.° do Código Penal de 1886 e 164.°, 165.° e 167.° do Código Penal de 1982 o director de jornal que, podendo impedi-la, permitiu a publicação de artigo não assinado, ofensivo da honra, consideração e honestidade de terceiro.

II. O réu, tendo representado como consequência possível da sua conduta, a aludida publicação e conformando-se com ela, agiu com dolo eventual.

III. O n.° 3 do artigo 26.° do Decreto-Lei n.° 85-C/75, de 26 de Fevereiro, que presume como autor de todos os escritos não assinados o director de publicação periódica, não é inconstitucional.

IV. Emergindo a responsabilidade de publicação de artigo não assinado, o director do periódico é autor e não cúmplice.

V.(...)

n) Ac. Trib. Constitucional n.° 63/85, de 16 de Abril de 1985, in B.M.J. 360 (suplemento), 238:

I. O princípio da presunção de inocência do arguido é incompatível com a imposição, por via de lei, de uma ficção, ainda que condicional, da autoria de uma infracção penal. Por isso é inconstitucional a interpretação que o tribunal recorrido fez do n.° 3 do artigo 26.° do Decreto-Lei n.° 85-C/75, de 26 de Fevereiro (Lei de Imprensa), ou seja, na medida em que entendeu que tal norma atribui ao director do periódico, em certas condições, a autoria de escritos assinados por quem não pode ser criminalmente responsabilizado.

II. A referida interpretação é ainda inconstitucional, enquanto responsabiliza o director do periódico por acção delituosa que não lhe pertence, e isso por infringir o princípio da pessoalidade da responsabilidade criminal, consignado no artigo 27.°, n.° 2, da Constituição.

III. Não é inconstitucional a interpretação da norma citada, que se tem por mais correcta segundo a qual ela não presume que o director do periódico é o autor de escritos assinados por quem não possa ser responsabilizado criminalmente.

o) Ac. do S.T.J. de 18 de Fevereiro de 1988, in B.M.J. 374, 212:

I. A publicação dum escrito de que resulta, através da correlação das frases, que o seu autor, embora de modo disfarçado e encoberto, quis apodar de chulo determinada pessoa, constitui crime previsto e punido pelos artigos 164.°, n.° 1, e 167.°, n.° 2, ambos do Código Penal.

II. Não é necessária a existência de dolo específico para que se verifiquem os crimes de difamação e injúria, bastando o conhecimento de que são ofensivas as palavras ou expressões utilizadas.

p) Ac. da Rel de Lxa. de 3 de Outubro de 1989, in Colectânea de Jurisprudência, Ano XIV, tomo 4, 165:

I. Não comete o crime de violação de segredo de justiça, do artigo 419.° do Código Penal, a pessoa que, por meios diversos da consulta dos autos criminais, ou de uma sua cópia não autorizada, divulga factos que estejam a ser apurados em processo ainda em fase secreta, se deles tiver tido conhecimento por meios lícitos, como o são a audição não proibida do próprio arguido ou dos declarantes ou das testemunhas desse processo, pessoas estas que, por natureza, não estão obrigadas a esse mesmo segredo de justiça.

II. Não comete um crime de abuso de liberdade de imprensa o jornalista que divulga os factos que podem ser atentatórios da honra e consideração de alguém que seja figura pública, se estiver convencido da sua veracidade por deles ter tido conhecimento por meios julgados idóneos, tanto ética como legalmente, e a partir de fontes reputadas fidedignas, e na execução do poder-dever de informar com verdade que impende sobre os profissionais desse ramo.

q) Ac. da Rel. de Lxa. de 10 de Outubro de 1989, in Colectânea de Jurisprudência, Ano XIV, tomo 4, 167:

Comete um crime de abuso de liberdade de imprensa, com manifesto dolo eventual, o jornalista que, ao publicar uma entrevista com uma pessoa, em que se fazem afirmações que podem ser ofensivas da honra de outrem, se apercebe dessa possibilidade mas, mesmo assim, procede à sua publicação, na sequência do raciocínio temerário e descuidado de que o visado poderá socorrer-se do direito de resposta ou de rectificação das notícias, caso elas, efectivamente, não correspondam à realidade.

r) Ac. do S.T.J. de 3 de Dezembro de 1986, in Tribuna da Justiça, n.° 25, de Janeiro de 1987:

I. Para integrar o elemento subjectivo do crime de abuso de liberdade de imprensa, basta o dolo genérico.

II. Actualmente, não é lícito aos tribunais judiciais equiparar, para efeitos da lei penal, quem, como Secretário Regional, exerce funções político-administrativas em Região Autónoma, visto essa equiparação dever ser, nos termos do artigo 437.°, n.° 2, do Código Penal, regulada por lei especial que ainda não existe.

III. A norma expressa na segunda parte da alínea a) do n.° 2 do artigo 26.° do Dec.-Lei n.° 85-C/75, de 26 de Fevereiro, não é inconstitucional.

s) Ac. do S.T.J. de 10 de Janeiro de 1990, in Tribuna da Justiça 4-5, Junho a Setembro de 1990, 307:

I. Publicada num jornal uma caricatura do assistente representando, em primeiro plano, um indivíduo (em que, a generalidade das pessoas que o conhecem, viram o assistente) com uma farda que copia as usadas pelas forças do regime «nazi» alemão, e, em segundo plano, a cabeça de um indivíduo amordaçado com a legenda «O carrasco de Auchentre», a aludir ao carrasco de Auschwitz, não podem deixar de ser consideradas ofensivas da honra e consideração do assistente.

II. A caricatura, como reprodução pelo desenho, constitui imagem tutelada pela Lei de Imprensa.

III. Provada a materialidade e o dolo eventual, cometido se mostra o crime de injúrias do artigo 165.°, n.° 1, do Código Penal, conjugável com os artigos 166.° e 167.° do mesmo Código.

t) Sentença do T.J. de Coimbra, publicada in Sub Judice, n.° 4, Setembro/Dezembro de 1992, 89:

I. O crime de abuso de liberdade de imprensa encontra-se previsto no artigo 167.°, n.° 2, do Código Penal. O artigo 25.°, n.° 2, da D.L n.° 85-C/75, de 26 de Fevereiro, foi revogado pelo artigo 6.° do D.L. n.° 400/82, de 23 de Setembro.

II. O crime de difamação é um crime de perigo e para que ele se verifique não é exigível que a pessoa visada seja explicitamente identificada, bastando que o seja implicitamente.

III. O crime pode ser praticado, quer por agentes activos da comunicação, quer por pessoas que concedam entrevistas difundidas através dos media.

IV. Para o preenchimento do tipo legal previsto naquele artigo 167.°,n.° 2, basta o dolo genérico, ainda que sob a forma eventual.

V. A existência de animus retorquendi não exclui, por si só, a existência de dolo.

VI. A causa de justificação prevista no artigo 32.° do Código Penal tem carácter objectivo, não se confundindo com o dolo.

VII. Ainda que exista uma causa justificativa geral ou especial, haverá difamação ou injúria punível se o agente acrescentou à imputação que fez, e que se justifica, outras considerações que afectam a honra da pessoa visada.

VIII. Dizer-se que um jornalista «até foi corrido de Macau» e que «tem a pena fácil mas pouco honesta e não honra a profissão» ofende a honra e a consideração do lesado.

u) Sentença do 5.° Juízo Correccional de Lisboa, publicada in Sub Judice, n.° 2, Janeiro/Abril de 1992, 89:

I. O poder-dever de informação de que é titular a imprensa sobrepõe-se ao direito ao bom nome e à reputação das pessoas, desde que a imputação seja feita para a realização de um interesse público legítimo, com fundamento sério para, em boa fé, se reputar como verdadeira a informação.

II. O poder judicial, enquanto integrante das funções do Estado, não pode nem deve ficar resguardado do direito de crítica, designadamente no tocante a suspeitas de envolvimento de um magistrado num caso de corrupção passiva.

III. A notícia é lícita, ainda que dela possa resultar desprestígio para as pessoas situadas nos cargos mais elevados, quando é verdadeira ou reputada como tal, e divulga factos socialmente relevantes.

IV. Os juizes não podem ser agentes indirectos de censura, sob pena de oferecerem contributo à restauração dos mecanismos do medo entre as pessoas que pensam e escrevem.

v) Parecer do Conselho Consultivo da Procuradoria-Geral da República, P.° n.° 95/89, publicado na 2.ª Série do Diário da República de 03/12/90:

1.ª. Difamações e injúrias ao Governo ou seus membros e outras autoridades, constantes de publicação periódica estrangeira, são susceptíveis de preencher os ilícitos descritos nos artigos 164.°, 165.°, 168.° e 363.° do Código Penal português e no artigo 1.° do Decreto-lei n.° 65/84, de 24 de Fevereiro, consoante os factos integradores dos respectivos elementos típicos que no caso concreto se verifiquem.

2.ª. Agentes dos crimes são os sujeitos indicados no artigo 26.° do Decreto-lei n.° 85-C/75, de 26 de Fevereiro (Lei de Imprensa).

3.ª Os crimes consumam-se com a publicação do escrito ou imagem em que haja a injúria ou difamação (artigo 27.° do mesmo Decreto-lei).

4.ª. Os crimes previstos nos artigos 164.° e 165.° do Código Penal português têm natureza particular, dependendo o procedimento criminal de acusação do ofendido (artigo 174.° do mesmo Código).

5.ª. O procedimento criminal pelo crime previsto e punido nos artigos 168.° do Código Penal português e 1.° do Decreto-lei n.° 65/84 não depende de queixa nem de acusação particular (artigo 1.°, n.° 3, e artigo 2.° deste Decreto-lei).

6.ª O crime previsto e punido no artigo 363.° do citado Código tem natureza pública, pelo que o procedimento criminal respectivo igualmente não fica dependente de queixa ou acusação.

7.° A acção penal pelos crimes de imprensa aludidos nas conclusões anteriores é exercida — verificados requisitos de aplicação no espaço da lei penal portuguesa indicados nos artigos 4.° e 5.° do Código Penal — nos termos do Código de Processo Penal e legislação complementar, com observância de especialidades previstas, nomeadamente, nos artigos 36.°, 37.° e 52.° da Lei de Imprensa (redacção do artigo 1.° do Decreto-lei n.° 377/88, de 24 de Outubro) e no artigo 2.° deste último decreto-lei.

8.ª Factos difamatórios e injuriosos à luz do direito português, consubstanciando os crimes aludidos na conclusão 1.ª, são susceptíveis de constituir os crimes de «calumnia» e «injuria» previstos, respectivamente, nos artigos 453.° e 457.° do Código Penal espanhol.

9.ª Se a «calumnia» ou «injuria» forem dirigidas ao Governo podem integrar o crime previsto e punido no artigo 161.° do mesmo diploma.

10.ª Se forem dirigidas a «un ministro o una autoridad en el ejercicio de sus funciones o con ocasión de ellas» podem constituir os crimes previstos e punidos no artigo 240.° do referido Código.

11.ª Se dirigidas a «un ministro o una autoridad en el ejercicio de sus funciones o con ocasión de éstas»,«fuera de su presencia o en escrito que no estuviere a ellos dirigido», são susceptíveis, por seu turno, de integrar o crime tipificado no artigo 244.° do Código Penal espanhol.

12.ª A «calumnia» ou «injuria» imputadas a simples particulares constituem os diversos ilícitos tipificados nos artigos 453.° e seguintes do citado Código Penal, consoante a concreta integração dos respectivos elementos típicos.

13.ª O procedimento criminal por «calumnia» ou «injuria» está sujeito aos pressupostos de procedibilidade definidos no artigo 467.° do Código Penal espanhol e nos artigos 3.° e 4.° da Ley n.° 62/78, de 26 de Dezembro, de Protección Jurisdicional de Los Derechos Fundamentales de la Persona.

14.ª Assim, os crimes indicados nos artigos 161.°, 240.° e 244.°, têm natureza pública, não dependendo o procedimento criminal de denúncia ou acusação particular.

15.ª Se os ofendidos pelos crimes indicados na conclusão anterior forem «jefes de Estado de naciones amigas o aliadas»,«agentes diplomáticos de las mismas» ou «extranjeros con carácter público según los tratados», o procedimento criminal depende de iniciativa («excitación») do Governo.

16.ª Na falta de tratado internacional que permita qualificar um membro do Governo ou autoridade estrangeiros como «extranjeros con carácter público», podem os ofendidos, em veste de simples particulares, socorrer-se das incriminações gerais de calúnia e injúria tipificadas nos artigos 453.° e seguintes do Código Penal espanhol.

17.ª Os crimes previstos e punidos nos normativos citados na conclusão anterior constituem, quando cometidos através da imprensa, infracções semipúblicas, dependendo o procedimento criminal respectivo de denúncia da pessoa ofendida.

18.ª A acção penal pelos crimes aludidos nas anteriores conclusões 8.ª a 17.° é exercida — verificados os requisitos relativos à aplicação da lei penal espanhola no espaço mencionados, designadamente, no artigo 23.° da Ley-Orgánica del Poder Judicial n.° 6/1985, de 1 de Julho — segundo a tramitação processual vertida no título V (artigos 816.° a 823.°) da Ley de Enjuiciamento Criminal, com as modificações constantes do artigo 2.° da Ley n.° 62/78, citada na conclusão 13.ª.

x) Alegações de recurso do M.° .P.° . no processo n.° 15.550, da 2.ª Secção do 3.° Juízo do Tribunal da Comarca de Cascais, in Revista do M.° P.°, ano 1, vol.2,pág.123:

I. Para que um crime seja político é necessário que o agente actue por motivos políticos, vise a alteração da ordem política constitucional e que a sua conduta seja repassada da nobreza e altruísmo próprio do fim político.

II. Se tal se não verificar, num crime de abuso de liberdade de imprensa não há lugar à aplicação da amnistia estatuída pela Lei 74/79, de 23 de Novembro.

z) Acórdão do Tribunal da Relação do Porto, de 2 de Abril de 1980 (inédito):

"No semanário «O Poveiro» n.° 127, de 1 de Junho de 1978, publicou o réu um artigo intitulado «A Justiça não é justa».

Nesse artigo aponta-se a existência de Delegados do Ministério Público (salvo honrosas excepções), que sabendo de antemão de que lado se encontra a razão, olvidando leis atropeladas, intervêm quase como advogados defensores de constituintes ladrões vendedores de pátrias.

E noutro trecho acusa-se magistrados de «defender criminosos» e de «pactuar com vendedores da Pátria».

Nesse artigo é ainda apontada a falta de actuação dos magistrados do Ministério Público no sentido de defender os direitos de cidadãos obrigados a residir fora do país, inclusive os denominados fascistas, e ainda no sentido de levar o Estado a pagar os seus débitos provenientes de títulos da dívida pública; e ainda por moverem processos contra os jornalistas quando denunciam fraudes, roubos, corrupção e traição.

(...)

Quer através dos depoimentos das testemunhas ouvidas quer pela análise do artigo publicado no semanário, prova-se que o réu agiu com um fim exclusivamente político e como tal terá de lhe ser aplicada a amnistia concedida no n.° 1 da Lei n.° 74/79."

aa) Acórdão de 12 de Dezembro de 1984, da Relação do Porto, recurso n.° 3 441, da 4.ª secção:

"O epíteto de «fascista» constitui ofensa à honra e à consideração da pessoa a quem é dirigido, pois retira a boa imagem que todo o indivíduo deseja ter."

bb) Ac. da Relação de Lisboa, de 29 de Novembro de 1994, in Col de Jur., ano XIX, tomo V, p. 171:

I. O direito de informar tem de exercer-se salvaguardando claramente o direito ao bom nome das pessoas; o sensacionalismo, gerador de leitores, não pode erigir-se em bandeira contraponível ao direito de pessoalidade.

II. É ofensivo da honra e consideração de um jornalista profissional de televisão escrever-se em meio de comunicação social que ele fez uma entrevista no estúdio, simulando que se encontrava no local do conflito no estrangeiro.

cc) Ac. da Relação do Porto, de 25 de Janeiro de 1995, in Col. de Jur., ano XX, tomo I, p. 242:

Praticam o crime de abuso de liberdade de imprensa os arguidos que, em artigo publicado num jornal, acompanharam a descrição dos factos de juízos valorativos ofensivos da integridade moral do visado, desde que a ofensa à honra cometida não se revele como meio adequado e razoável do cumprimento da função pública da imprensa.

Artigo 27.° (Consumação e agravação de crimes de imprensa)

1. Os crimes previstos nos artigos 159.°, 160.°, 166.°, 181.°, 182.° e 411.° do Código Penal consumam-se com a publicação do escrito ou imagem em que haja injúria, difamação ou ameaça contra as pessoas aí indicadas.

2. As publicações, pela imprensa, da injúria, difamação ou ameaças contra as autoridades públicas considera-se como feita na presença delas.

NOTAS:

a) As referências aos crimes previstos no número 1 têm de ser entendidas para as normas correspondentes do actual Código Penal.

b) Ac. S.T.J., de 11 de Outubro de 1978, in B.M.J., 280, 213:

I. No crime de abuso de liberdade de imprensa — artigos 25.°,n.° 1 e 27.°, n.° 1, do Decreto-lei n.° 85-C/75,de 26 de Fevereiro, face ao condicionalismo concreto, pode pôr-se em causa e ofender não apenas a pessoa do visado, como cidadão, qualidade em que está investido e funções que exerce, mas também o próprio órgão de que faz parte e (ou) a autoridade em que exerce funções de comando.

II. O crime considera-se perfeito ou completo, quanto ao elemento intelectual — o dolo — se não houver, provada, razão que o exclua. O que quer dizer até porque a lei mais não exige, que basta o dolo genérico (nos termos gerais), não sendo de exigir, como absolutamente necessário, o motivo ou fim expresso de ofender (injuriar).

c) Ac. da Relação de Coimbra, de 21 de Março de 1997, in Col. Jur., ano XXII, tomo II, p.p. 48 a 53:

I. A lei impõe a presença do arguido em acto deprecado ao juiz de outra comarca, designadamente de inquirição de testemunhas.

II. O vício de insuficiência da matéria de facto para a decisão tem de ser apreciado em função da solução ou resolução adoptada para o caso, ou seja da decisão proferida.

III. O jornalista tem o direito de informar, mas também o dever de relatar os factos com rigor e exactidão, e de os comprovar, ouvindo as partes com interesses atendíveis no caso.

IV. O princípio da proibição da dupla valoração da conduta do agente traduz-se, essencialmente, em não deverem ser tomadas em consideração, na medida da pena, as circunstâncias que façam já parte do tipo de crime.

V. Os crimes de difamação praticados através da imprensa são agravadas nos termos da lei de imprensa e não do C.P., que agravou apenas os crimes praticados através de outro meio de comunicação social.

VI. A responsabilidade civil emergente de factos cometidos por meio de imprensa pressupõe a existência de culpa, não se tratando de uma responsabilidade meramente objectiva.

VII. Daí que, para a co-responsabilização das empresas jornalísticas se exija o conhecimento e a falta de oposição do director ou seu substituto legal.

VIII. É obrigatória a publicação nos periódicos através dos quais são cometidos os crimes de imprensa, das decisões condenatórias pelos mesmos.

Artigo 28.° (Difamação, injúria e prova da verdade dos factos)

1. No caso de difamação, é admitida a prova da verdade dos factos, salvo quando, tratando-se de particulares, a imputação haja sido feita sem que o interesse público ou o do ofensor legitimasse a divulgação dos factos imputados, ou ainda quando estes respeitem à vida privada ou familiar do difamado.

2. No caso de injúria, a prova a fazer, de harmonia com o disposto no número anterior, só será admitida depois de o autor do texto ou imagem, a requerimento do ofendido, ter concretizado os factos em que a ofensa se baseia.

3. Se o autor da ofensa fizer a prova dos factos imputados, quando admitida, será isento de pena; no caso contrário, será punido, como caluniador, com pena de prisão até dois anos, mas nunca inferior a três meses, não remível, e multa correspondente, além de indemnização por danos, que o juiz fixará em 50 000$00, sem dependência de qualquer prova, ou na quantia que o tribunal determinar, nunca inferior àquela, se o caluniado tiver reclamado maior quantia.

4. Aplica-se o regime geral previsto no corpo do artigo 408.°, e no § único do artigo 410.° do Código Penal, não sendo admitida a prova das imputações, se a pessoa visada pela difamação ou injúria for o Presidente da República Portuguesa ou, havendo reciprocidade, Chefe de Estado estrangeiro ou seu representante em Portugal.

5. O director do periódico será punido como cúmplice no caso da alínea a) do n.° 2 do artigo 26.°, sendo imposta ao periódico a pena de multa não inferior a 25.000$00.

6. O periódico no qual hajam sido publicados escritos ou imagens que tenham dado origem, num período de cinco anos, a três condenações por crime de difamação ou injúria poderá ser suspenso:

a) Se for diário, até um mês;

b) Se for semanário, até seis meses;

c) Se for mensário ou de periodicidade superior, até um ano;

d) No caso de frequências intermédias, o tempo máximo de suspensão será calculado reduzindo-se proporcionalmente os máximos fixados nas alíneas anteriores.

7. O director do periódico que pela terceira vez for condenado por crime de difamação ou injúria cometido através da imprensa ficará incapacitado pelo prazo de cinco anos para dirigir qualquer periódico.

8. Se a acusação for pública, o agente do Ministério Público poderá reclamar a reparação correspondente, a qual reverterá para os cofres do Tesouro, o mesmo sucedendo quando o caluniado recusar a indemnização a que tem direito.

9. Quando factos injuriosos ou difamatórios forem publicados por simples negligência e não forem provados nos termos dos números 1 e 2 deste artigo, ao responsável pelo escrito ou imagem será aplicável, independentemente da reparação civil a que houver lugar, multa até 50.000$00, ou até 100.000$00 no caso de reincidência.

10. É punida com a pena correspondente ao crime de difamação a publicação intencional de notícias falsas ou boatos infundamentados, sendo circunstância agravante o facto de estes visarem pôr em causa o interesse público ou a ordem democrática. Em tais casos admite-se sempre a prova da verdade dos factos.

NOTAS:

a) O regime legal relativo à prova da verdade dos factos alegadamente difamatórios ou injuriosos está actualmente previsto nos artigos 180.° e 181.° do actual Código Penal.

Aliás, pelo artigo 2.°,n.° 2, alínea a), do Decreto-lei n.° 48/95, de 15 de Março, rectificado pela Declaração n.° 73-A/95, de 14/06, foi expressamente revogado o n.° 1 deste preceito.

b) Ac. da Rel. de Lxa. de 9 de Abril de 1986, in Colectânea de Jurisprudência, ano XI, tomo2, 141:

Em processo crime por abuso de liberdade de imprensa a prova da verdade dos factos não pode ser requerida concomitantemente com a apresentação da contestação em audiência, por só o poder ser no prazo de cinco dias sobre a notificação do arguido para apresentar os seus meios de prova.

c) Ac. do S.T.J. de 18 de Fevereiro de 1987, in B.M.J. 364, 556:

I. (...)

II. (...)

III. (...)

IV. (...)

V. O limite de indemnização previsto no n.° 3 do artigo 28.° do Decreto-Lei n.° 85-C/75, de 26 de Fevereiro, só funciona quando o réu tenha requerido a prova da verdade do facto imputado.

d) Ac. do S.T.J. de 18 de Fevereiro de 1988, in B.M.J. 374, 218:

I. O direito constitucionalmente reconhecido de exprimir e divulgar o pensamento tem limites que o direito penal estipular, sendo um deles o de não ofender o bom nome e a reputação de outrem (artigo 164.°,n.° 1, do Código Penal).

II. Tais ofensas só deixarão de ser ilícitas, se forem verdadeiros (ou tidas por isso de boa fé) os factos imputados e expostos nos termos mais comedidos possível e no propósito de informar o público.

III. Aquele artigo 164.°, n.° 1, contenta-se com o dolo genérico.

IV. A ocasião oportuna para o tribunal se pronunciar sobre o perdão concedido pelo n.° 2 do artigo 13.°, da Lei n.° 16/86, de 11 de Junho, é a do eventual cumprimento da prisão em alternativa.

e) Ac. da Rel. do Porto de 25 de Julho de 1984, in Colectânea de Jurisprudência, Ano IX, tomo 4, 245:

Pelo menos os artigos 25.° e 28.°,n.° 1,2 e 3 do Dec.-lei n.° 85-C/75 foram revogados pelo artigo 6.°, n.° 1, do Dec.-lei n.° 400/82, de 23 de Setembro.

f) Ac. do S.T. J., de 17 de Março de 1994, in Col. de Jur., Acórdãos do S.T.J., ano II, tomo I, p. 251:

I. Não tem aplicação o assento de 7-12-43, que decidiu que não há recurso para o S.T.J. das decisões da Relação proferidas em processo por difamação, calúnia e injúrias em relação aos crimes referidos e regulados pela lei de imprensa.

II. A prova relativa à «exceptio veritatis» tem de ser previamente anunciada e admitida pelo Juiz da causa, para que possa ser contrariada, sem o que não pode ser conhecida em recurso.

g) Do confronto do regime da prova da verdade dos factos previsto nesta lei, com o regime previsto no Código Penal, nos artigos supra referidos, na nota a), resulta que:

1. Não é necessário fazer a prova absoluta da verdade dos factos, para que a conduta deixe de ser punível. Basta que o agente prove ter tido fundamento sério para, em boa-fé, reputar verdadeira a notícia.

2. Não é admissível a prova da verdade dos factos apenas quando a imputação seja de facto relativo à intimidade da vida privada e familiar. No regime desta lei, também não era admissível se a imputação tivesse sido feita sem que o interesse público ou o do ofensor o justificasse.

Essa referência não consta da correspondente norma do Código Penal, por desnecessária. Na verdade, sem que se verifique o interesse público na informação, não se cumpre a função social da imprensa e não existe o respectivo direito à liberdade de imprensa.

Por isso, ali se remete para as alíneas do n.° 2 do artigo 31.° :

b) No exercício de um direito;

c) No cumprimento de um dever imposto por lei ou por ordem legítima de autoridade;

d) Com o consentimento do lesado.

3. A boa-fé supra referida exclui-se quando o agente não tiver cumprido o dever de informação sobre a verdade da imputação. Exclui-se a boa-fé mesmo que exista simples negligência do agente.

4. Deixou de se dizer que não é admitida a prova da verdade das imputações quando a pessoa visada for o Presidente da República e os representantes dos Estados e Organizações estrangeiras, dada que a mesma só é admissível nos crimes contra a honra e aqueles são crimes, respectivamente, contra a realização do Estado de direito e contra Estados estrangeiros e Organizações internacionais.

5. Quando o facto constitua crime, a prova da verdade era limitada à resultante da condenação por sentença transitada em julgado.

Neste caso, o processo por abuso de liberdade de imprensa teria de aguardar o desfecho do processo crime relativo ao facto noticiado.

6. O crime de calúnia através da imprensa é, agora, punido com pena de prisão até dois anos ou com pena de multa não inferior a 120 dias — artigo 183.°,n.° 2, do Código Penal.

Artigo 29.° (Penalidades especiais)

1. Às empresas jornalísticas, editoriais e noticiosas em cujas publicações ou notícias tenham sido cometidos crimes poderão os tribunais aplicar multas até 500.000$00.

2. O periódico no qual tenham sido publicados escritos ou imagens que tenham dado origem, num período de cinco anos, a três condenações por crimes puníveis com pena de prisão superior a dois anos poderá ser suspenso:

a) Se for diário, até um mês;

b) Se for semanário, até seis meses;

c) Se for mensário ou de periodicidade superior, até um ano;

d) Nos casos de frequências intermédias, o tempo máximo de suspensão será calculado reduzindo-se proporcionalmente os máximos fixados nas alíneas anteriores.

3. O periódico no qual tenham sido publicados escritos ou imagens que tenham dado origem, num período de cinco anos, a cinco condenações por quaisquer crimes, poderá ser suspenso nos termos do número anterior, reduzindo-se de um terço os máximos das penas aí fixadas.

4. Será aplicada multa nunca inferior a 50.000$00 à empresa proprietária de periódico no qual hajam sido publicados escritos ou imagens que tenham dado origem, num período de oito anos, a duas condenações pelas seguintes infracções, quando da mesma natureza:

a) Incitamento ou provocação, ainda que indirectos, à desobediência militar, incluindo nesta o desrespeito pelas leis e regulamentos militares;

b) Referência a operações militares cuja divulgação não tenha sido autorizada pelo Estado-Maior General das Forças Armadas ou outra forma de violação intencional de segredos militares;

c) Publicação ou difusão de notícias falsas ou boatos infundamentados, particularmente quando visem pôr em causa o interesse público e a ordem democrática.

Artigo 30.° (Crimes de desobediência qualificada)

1. Constituem crimes de desobediência qualificada:

a) A publicação de periódico que se encontre judicialmente apreendido ou suspenso;

b) O não acatamento pelo director do periódico e pelo conselho de redacção, nos termos do n.° 7 do artigo 16.°, da decisão do tribunal que ordene a publicação de resposta, ao abrigo do n.° 1 do artigo 53.° ;

c) A recusa da publicação das decisões nos termos do artigo 54.° .

2. No caso da alínea a) do número anterior, as autoridades militares, policiais ou administrativas poderão apreender os escritos que se encontrem judicialmente suspensos, apreendidos ou sejam objecto de mandado de apreensão, entregando o feito à autoridade judicial competente dentro de quarenta e oito horas.

3. No caso da alínea b) do número 1, o director ou os membros do conselho de redacção não serão responsáveis se não tiverem participado na decisão ou dela houverem discordado expressamente.

4. Pela publicação do periódico sujeito a suspensão judicial, enquanto esta vigorar, será também aplicável à empresa proprietária multa de 100.000$00 a 500.000$00 por número, acrescida do valor da publicidade inserida e do valor dos exemplares da tiragem ao preço da venda. Se a empresa proprietária se tiver oposto por escrito à publicação, a multa será suportada pelos autores da infracção.

NOTAS:

a) No entendimento maioritário do Tribunal Constitucional, expresso no acórdão n.° 13/95, publicado em 9 de Fevereiro de 1995, na 2.ª série do Diário da República, o regime de punibilidade previsto na alínea b) do presente preceito estaria revogado implicitamente — revogação de sistema.

Tal doutrina deixou de ter aplicação, dada a revogação expressa da Lei n.° 15/95.

b) O crime de desobediência qualificada está, agora, previsto no n.° 2 do artigo 348.° do Código Penal.

Artigo 31.° (Publicações clandestinas)

1. São consideradas publicações clandestinas aquelas que intencionalmente não contenham qualquer das seguintes menções:

a) Autor e editor, no caso da publicação unitária;

b) Nome da publicação, director, proprietário e local da sede, no caso da publicação periódica.

2. A redacção, composição, impressão, distribuição ou venda de publicações clandestinas serão punidas com multa até 200.000$00, ou até 5000.000$00 em caso de reincidência.

3. As pessoas singulares ou colectivas que intencionalmente organizarem ou promoverem os comportamentos referidos no número anterior serão punidas com multa de 200.000$00 a 5000.000$00, ou de 5000.000$00 a 1.000.000$00 em caso de reincidência.

4. As autoridades militares,policiais ou administrativas poderão apreender as publicações clandestinas, entregando o feito à autoridade judicial competente no prazo de quarenta e oito horas.

Artigo 32.° (Suspensão de publicações estrangeiras)

1. Poderá ser suspensa pelo tribunal a circulação de publicações estrangeiras que contenham escrito ou imagem susceptíveis de incriminação, de acordo com a lei penal portuguesa.

2. Aquelas publicações poderão ser apreendidas preventivamente pelo tribunal, no caso de colocarem em risco a ordem pública, violarem direitos individuais ou, reiteradamente, incitarem ou provocarem à prática de crimes.

3. É competente para a decisão a que se refere o n.° 1 o Tribunal da Comarca de Lisboa.

Artigo 33.° (Contravenções)

1. As contravenções às disposições da presente Lei são puníveis com multa até 50.000$00, e nunca inferior a 20.000$00 no caso de reincidência.

2. A violação do disposto no n.° 4 do artigo 3.°, no n.° 10 do artigo 7.°, no n.° 1 do artigo 15.° e no n.° 1 do artigo 16.° será sempre punida com multa não inferior a 20.000$00.

NOTAS:

a) Tendo sido revista a Lei de Imprensa em 1996 e tendo sido substituído, desde 1982, no sistema jurídico-penal português, o sistema da multa fixada em quantia fixa pelo sistema da multa taxada por dia, era pouco compreensível que o legislador tivesse mantido, para a Lei de Imprensa, o primitivo sistema.

b) Também era incompreensível o tratamento destas infracções como contravenções.

Tal impunha-se todavia, a nosso ver, por razões que se prendiam com a própria Constituição da República Portuguesa.

Na verdade, até à quarta revisão constitucional, no artigo 37.° da C.R.P., dispunha-se que as infracções cometidas no exercício da liberdade de expressão e informação ficam submetidas aos princípios gerais de direito criminal.

Ora, o direito de mera ordenação social é entendido não fazer parte do direito criminal, ao contrário do que acontece com o direito das transgressões.

Daí que se tenha introduzido no preceito, com a quarta revisão, os princípios do direito de mera ordenação social a par dos princípios de direito criminal.

b) A Lei n.° 15/95, de 25/05 veio trazer uma nova redacção ao número 2, que era a seguinte:

(...)

2. A inobservância do direito de resposta no prazo legal, a recusa infundada do respectivo exercício ou a violação do disposto nos números 3, 7 e 8 do artigo 16.° são punidas com multa de 500.000$00 a 5.000.000$00.

Como já dissemos, esta redacção foi substituída pela do artigo 2.° da Lei n.° 8/96, de 14 de Março.

c) Pelo senhor Presidente da República foi suscitada a apreciação preventiva da constitucionalidade da redacção do n.° 2 do preceito, introduzida pela referida Lei n.° 15/95, por, no seu entender, poderem ser consideradas excessivas e desproporcionadas as penas de multa aí cominadas, mesmo quanto ao seu limite mínimo e isto se se tiver em conta a situação de precário equilíbrio económico-financeiro da generalidade das empresas jornalísticas.

O Tribunal Constitucional, através do acórdão n.° 13/95, publicado em 9 de Fevereiro de 1995, na 2.ª série do Diário da República não entendeu, por maioria, verificar-se tal inconstitucionalidade dado que através do artigo 3.° do diploma em apreço se ter procedido a uma actualização de todas as multas previstas na lei de imprensa, passando, designadamente, as previstas no n.° 1 do preceito a ser cominadas com o mínimo de 240.000$00 e o máximo de 600.000$00. A multa de 500.000$00 a 5.000.000$00 torna-se necessária para desencentivar actuações que, na prática, tornem ineficaz o exercício do direito de resposta.

Na óptica do Tribunal, não existe qualquer desproporção e não se podem estabelecer comparações com os regimes previstos para as actividades de radiodifusão e da televisão, porque, quanto a estas, o não acatamento da decisão tomada pelo tribunal quanto ao direito de resposta faz incorrer os agentes no crime de desobediência qualificada e, além do mais, as transmissões televisivas e radiofónicas motivadoras do exercício do direito de resposta e de rectificação são feitas num determinado momento não perdurando no tempo, como acontece com a imprensa.

Esta decisão teve os votos de vencido dos Conselheiros Armindo Ribeiro Mendes; Antero Alves Monteiro Dinis; Alberto Tavares da Costa e Guilherme da Fonseca, por considerarem que a posição em questão obrigará à imposição de cargas patrimoniais intoleráveis para os respectivos transgressores, fora de uma adequada ponderação dos interesses em jogo.

"Na rádio e na televisão, a respectiva estação tem uma ampla possibilidade de apreciar a legitimidade da resposta, podendo dizer-se que, só após a resolução do litígio quanto a este aspecto, surge a obrigação de transmissão da mesma; no caso da imprensa impõe-se ao periódico a publicação da resposta, ainda que o respondente haja com abuso de direito (artigo 16.°,n.° 9,in fine).

Na rádio e na televisão, permite-se que a estação respectiva faça acompanhar a transmissão da resposta de um comentário necessário para corrigir inexactidões factuais nela contidas (artigo 26.°,n.° 4, da Lei da Rádio; artigo 39.°,n.° 4, da Lei da Televisão), ao passo que, no caso da imprensa, «o periódico não poderá, em caso algum, inserir no mesmo número em que for publicada a resposta qualquer anotação ou comentário à mesma»(artigo 16.°,n.° 7, nova redacção).

O não acatamento da ordem judicial de transmissão ou publicação da resposta é sancionado como crime de desobediência qualificada no caso da rádio, da televisão e, provavelmente, da imprensa, visto, no caso desta última, não ter sido expressamente revogada a norma incriminatória na Lei de imprensa (artigo 30.°, n.° 1, alínea b) não parecendo aceitável a tese de que terá havido uma revogação de sistema dessa norma incriminatória.

Por último, a não publicação da resposta, ainda que abusiva, é punida com multa de 500 a 5.000 contos, independentemente da difusão do periódico, ao passo que, no caso das Leis da Rádio e da Televisão, a multa tem limites muito mais baixos (50 a 300 dias) e não há obrigação de transmissão de respostas abusivas."

O referido acórdão foi arguido de nulo pelo senhor Presidente da República, por entender que, quanto a uma das alíneas da decisão, a e), a maioria dos juizes votou vencida, embora com diferentes fundamentos.

O Tribunal Constitucional, porém, entendeu, pelo seu Acórdão n.° 58/95, publicado em 9 de Março de 1995, não se verificar a aludida nulidade, dado que a função da pronúncia de inconstitucionalidade, no âmbito da fiscalização preventiva visa evitar a entrada em vigor, na ordem jurídica, de normas inconstitucionais e a adição de votos minoritários relativos a uma inconstitucionalidade formal (um dos juizes tinha votado a inconstitucionalidade formal de todo o diploma) a uma inconstitucionalidade material não daria ao legislador uma indicação sobre o procedimento a adoptar: sanar a inconstitucionalidade formal ou eliminar pura e simplesmente a norma? Em ambos os termos da opção a decisão do legislador acabaria por obedecer a votos minoritários.

Refira-se, entretanto, que a Lei n.° 15/95 foi expressamente revogada pela Lei n.° 8/96, de 14 de Março, o que fez com que desaparecesse toda a controvérsia à volta de tal preceito.

d) No n.° 4 do artigo 3.° obriga-se as publicações informativas a adoptar um estatuto editorial.

e) No n.° 10 do artigo 7.° determina-se a obrigatoriedade de todas as acções serem nominativas, no caso de uma sociedade anónima ser proprietária de uma publicação periódica.

f) No n.° 1 do artigo 15.° estabelece-se a obrigatoriedade das publicações informativas diárias inserirem as notas oficiosas.

g) No n.° 1 do artigo 16.° estabelece-se a obrigatoriedade de inserção das respostas das pessoas visadas pelas notícias alegadamente injuriosas.

Artigo 34.° (Pagamento de multa ou reparação)

1. Pelo pagamento da multa e da reparação em que forem condenados os agentes dos crimes de abuso de liberdade de imprensa serão responsáveis, além dos agentes, as empresas proprietárias das publicações incriminadas.

2. Fica salvo às empresas o direito a haverem dos agentes do crime a importância que pelos mesmos houverem pago.

3. O quantitativo da multa reverte integralmente para o Estado, e deverá ser pago nos cofres competentes do Tesouro em prazo não superior a quarenta e oito horas a contar da notificação ou da publicação da sentença condenatória, sem efeito suspensivo do recurso interposto.

4. Haverá lugar a restituição no caso de revisão da sentença favorável ao punido.

Artigo 35.° (Violação da liberdade de imprensa)

1. Quem violar qualquer dos direitos, liberdades ou garantias da imprensa consagrados na presente lei será condenado na pena de multa até 500.000$00.

2. A responsabilidade prevista no número anterior é cumulável com a responsabilidade pelos danos causados às empresas jornalísticas.

3. No caso de o violador ser agente do Estado ou de qualquer pessoa de direito público, será também punido por crime de abuso de autoridade, sendo o Estado ou a pessoa colectiva solidariamente responsáveis com ele pelo pagamento da multa referida no n.° 1.

NOTAS:

a) Seria esta a sanção aplicável a quem violasse o disposto no artigo 6.°? A resposta parece dever ser afirmativa.

b) Parecer n.° 57/85, do Conselho Consultivo da Procuradoria-Geral da República, publicado na II série do D.R., de 25/11/85:

"1. A conduta de dirigentes de clubes desportivos que interditem o acesso de jornalistas, no desempenho das respectivas funções, aos recintos desportivos onde se efectuam jogos de futebol ou ao espaço nesses recintos especialmente destinados aos jornalistas viola o direito à informação, na sua dupla perspectiva de direito a informar e direito de ser informado, consagrado no artigo 37.°,n.° 1, da Constituição;

2. Esse procedimento é susceptível de integrar o crime previsto no artigo 35.° da Lei de Imprensa (Dec.-Lei n.° 85-C/75, de 26/02), punível com multa até 500.000$00, e, quando envolva o uso de violência ou de ameaça de violência, o crime de coacção, previsto no artigo 156.° do Código Penal, punível com prisão até 2 anos ou multa até 180 dias ou com ambas as penas, cumulativamente;

3. Os agentes das forças de segurança, face à situação descrita na conclusão 1.ª, devem intervir no sentido de prevenir a consumação dos crimes referidos na conclusão anterior, garantindo aos jornalistas em causa o efectivo exercício dos seus direitos;

4. Se se indiciar o crime de coacção e se se verificarem os requisitos do flagrante delito, os agentes das forças de segurança devem proceder à prisão dos autores do crime, a fim de os mesmos serem sujeitos a julgamento em processo sumário (arts. 67.°, 287.° e 556.° do Código de Processo Penal);

5. Se se indiciar apenas o crime do art. 35.° da Lei de Imprensa, não é admissível a prisão em flagrante delito, devendo os agentes de autoridade elaborar participação destinada à instauração do inquérito preliminar, sendo adequada ao caso a forma de processo correccional;

6. Nos termos do art. 26.° do Código Penal, são susceptíveis de ser considerados autores dos crimes referidos na conclusão 2.ª quer os que executem o facto, por si mesmos ou por intermédio de outrem, quer os que tomem parte directa na sua execução, por acordo ou juntamente com outro ou outros, quer os que, dolosamente, determinem outra pessoa à prática do facto, desde que tenha havido execução ou começo de execução;

7. Carece de base legal a exigência de exibição de credenciais passadas pelos clubes titulares ou utentes de estádios de futebol para que os jornalistas, no efectivo desempenho de funções, tenham acesso a esses recintos e ao espaço neles especialmente destinado aos órgãos de comunicação social;

8. Afigura-se conveniente uma intervenção normativa do Governo para evitar dúvidas que poderão surgir quanto à vigência do Regulamento de Cartões de Livre Entrada nos Campos de Futebol, aprovado em assembleia geral extraordinária da Federação Portuguesa de Futebol de 18/08/84, uma vez que a norma do n.° 7.° da Portaria 1/82, de 2/1, ao abrigo da qual aquele Regulamento foi aprovado, não foi reproduzida na Portaria 26/85, de 11/1, que revogou e substituiu aquela."

c) Ac. da Relação de Évora, de 13/7/78, in C.J., ano III, 1978, tomo 4, pág. 1407:

"Integra o crime de violação de liberdade de imprensa a actuação dos réus que ocuparam as instalações de um jornal, impedindo a sua publicação e usaram essas instalações e suas máquinas para publicarem um outro; tal crime é de natureza permanente — artigo 35.°"

CAPÍTULO IV – Processo Judicial
Artigo 36.° (Direito subsidiário)
1. A acção penal pelos crimes de imprensa exerce-se nos termos do Código de Processo Penal e legislação complementar ou especial, ressalvadas as disposições da presente Lei.
2. Aos julgamentos dos crimes de imprensa é inaplicável o processo sumário.

NOTAS:
a) A redacção do preceito resulta do Dec.-Lei n.° 377/88, de 24 de Outubro. 25/05.
b) A Lei n.° 15/95, de 25/05, posteriormente revogada pela Lei n.° 8/96, de 14 de Março, havia introduzido uma nova redacção para o artigo 36.° e introduzido os artigos 36.°-A; 36.°-B; 36.°-C; 36.°-D e 36.°-E, do seguinte teor:

Artigo 36.ª (Direito subsidiário)
1. A acção penal pelos crimes de imprensa exerce-se nos termos do Código de Processo Penal e legislação complementar, ressalvadas as disposições da presente lei.
2. Aos julgamentos dos crimes de imprensa é inaplicável o processo sumário.

Artigo 36.°-A (Celeridade processual)
1. Os processos por crimes de imprensa têm natureza urgente e correm em férias judiciais.
2. A natureza urgente dos processos por crime de imprensa implica ainda a redução a metade de qualquer prazo previsto no Código de Processo Penal, incluindo os atinentes aos recursos, salvo se forem de vinte e quatro horas, sem prejuízo da execução imediata da ordem, despacho ou diligência.

Artigo 36.°-B (Denúncia)
1. À denúncia ou queixa é aplicável o disposto no artigo 246.° do Código de Processo Penal.
2. A falta de indicação, como denunciado ou responsável pelos factos, de qualquer das pessoas referidas no artigo 26.° não implica a renúncia ou desistência do procedimento contra os que houverem sido denunciados.

Artigo 36.°-C (Prazo de inquérito)
1. É de um mês o prazo para a realização do inquérito, contado da data da apresentação da denúncia ou queixa ou conhecimento oficioso dos factos, sendo de 15 dias o prazo para a instrução, caso seja requerida.
2. Decorrido o prazo de inquérito e tratando-de de crime cujo procedimento dependa de acusação particular, o Ministério Público, nas vinte e quatro horas imediatas, manda notificar as pessoas com legitimidade para se constituírem como assistentes, caso não o tenham feito, e deduzirem acusação particular.

3. Nos crimes que não dependam de acusação particular o Ministério Público deduzirá a acusação no prazo de três dias após o termo do inquérito.

Artigo 36.°-D (Suspensão provisória)

1. Tratando-se de crimes contra a honra, dependentes de acusação particular, arguido e ofendido podem acordar pôr fim ao processo, mediante a imposição de determinadas obrigações ao arguido, designadamente a prestação de explicações que sejam tidas por satisfatórias pelo titular do direito de queixa e ou a sua publicação nos termos do artigo 175.° do Código Penal, bem como a indemnização do lesado.

2. Para efeitos do número anterior, até à abertura da audiência de discussão e julgamento, é admissível a suspensão provisória dos termos do processo, a requerimento do ofendido ou do arguido, pelo prazo máximo de sete dias.

3. A suspensão provisória não pode ser deferida sem a concordância do ofendido ou do arguido, consoante os casos.

4. Recebido o requerimento de suspensão do processo, é notificado, no prazo de vinte e quatro horas após a recepção, o ofendido ou o arguido para prestar ou negar o seu consentimento, em igual prazo, equivalendo a falta de declaração a não oposição.

5. A homologação do acordo para cumprimento das obrigações dele decorrentes cabe ao presidente do tribunal, ou ao Ministério Público, consoante os casos, e determina a desistência da queixa ou acusação particular nos termos do Código de Processo Penal.

6. O regime decorrente do presente artigo não prejudica o disposto no artigo 281.° do Código de Processo Penal.

Artigo 36.°-E (Audiência de julgamento)

1. A audiência de julgamento tem lugar, necessariamente, no prazo de um mês após a elaboração do despacho de pronúncia ou do despacho que recebe a acusação.

2. A prova dos factos e os respectivos meios deve ser requerida na contestação à acusação.

3. A sentença é proferida imediatamente, podendo em casos de especial complexidade ser relegada para os quatro dias posteriores ao encerramento da discussão.

NOTAS:

e) A redacção do n.° 2 do artigo 36.° -B vinha contrariar o sentido de alguma jurisprudência, designadamente aquela de que é exemplo a Ac. da Rel. de Lxa. de 25 de Março de 1988, in Colectânea de Jurisprudência, Ano XII, tomo 2, 173:

Em processo de abuso de liberdade de imprensa, a falta de participação contra o director do periódico em que tenha sido publicado o escrito ofensivo, corresponde a desistência da queixa quanto a ele, e, por isso, em harmonia com a lei vigente, tal facto implica a extinção do procedimento criminal quanto a todos os pretensos agentes da infracção.

f) Um tanto ou quanto ainda neste último sentido o Ac. da Rel. de Coimbra de 29 de Junho de 1988, in Colectânea de Jurisprudência, Ano XIII, tomo 3, 119:

I. Tendo o ofendido apresentado queixa relativamente ao autor do escrito, tal queixa vale referentemente também para o director do periódico, por força do artigo 113.° do Código Penal.

II. Se o director do periódico nunca foi chamado à lide, designadamente para ser ouvido como arguido ou como declarante, nem contra ele foi deduzida acusação, tem de se deduzir que houve renúncia do direito de queixa relativamente a ele, o que irá aproveitar aos restantes arguidos, conforme o artigo 114.° do Código Penal.

III. A presunção da alínea a) do n.° 2, do artigo 26.° do Decreto-Lei n.° 85-C/75, de 26 de Fevereiro, não é inconstitucional.

g) Acórdão do Tribunal Criminal de Lisboa, de 24/01/93, in Sub Judice n.° 6, Maio /Agosto de 1993, 117:

I. O crime de difamação através da imprensa tem natureza semi-pública; sendo a queixa um acto formal, o Chefe do EMGFA carece de legitimidade para apresentá-la em representação dos oficiais dos quadros das F.A.

II. O director do periódico que não teve conhecimento do texto antes da sua publicação não pratica o crime de difamação através da imprensa, por não se mostrar preenchido o elemento subjectivo deste tipo de crime, sendo irrelevante a sua adesão posterior ao conteúdo do mesmo.

III. A liberdade de expressão e o direito à honra são direitos de igual hierarquia, havendo que ponderar em cada caso concreto a solução para o conflito daí resultante.

IV. Para o exercício da liberdade de opinião, a verdade do que se afirma é uma questão secundária: o que é decisivo é se as expressões utilizadas são objectivamente difamatórias e injuriosas.

V. Atendendo aos traços pessoais do seu autor e às circunstâncias de tempo e de modo em que foi escrito o artigo intitulado «Quem é o criminoso?», da autoria de F. Sousa Tavares e publicado no jornal «O Público», de 10/5/92, apesar de um pouco azedo, não contém carga ou intenção difamatória.

h) O regime relativo às explicações está agora previsto no artigo 186.° do Código Penal.

Este regime das explicações, que pode conduzir à dispensa de pena, nada tem a ver com o problema da equivocidade das imputações.

i) A dado passo do preâmbulo do Decreto-lei n.° 377/88, de 24 de Outubro, que veio introduzir alterações em vários artigos da Lei de Imprensa, afirma-se:

(...)

"Introduz-se uma nova forma de processo preliminar para permitir o exercício do direito de pedir esclarecimentos em crimes contra a honra, reconhecido pelo artigo 170.° do Código Penal e que o novo Código de Processo Penal não prevê, mas que se considera útil e justificada, na medida em que a sua aplicação poderá contribuir para viabilizar soluções de consenso e reduzir espaços de conflito.

Assim:

No uso da autorização legislativa concedida pela Lei n.° 88/88, de 4 de Agosto, e nos termos da alínea b) do n.° 1 do artigo 201.° da Constituição, o Governo decreta o seguinte:

Art.1.° (...)

Art. 2.°

1. Quando a imputação de um facto ou a formulação de um juízo, nos casos em que se indicie a prática de crime contra a honra cometida através da imprensa, for feita de forma ambígua, imprecisa ou equívoca, pode quem se julgar ofendido ou quem o represente na titularidade da queixa requerer ao juiz que seja notificado o autor do escrito ou da imagem, ou quem por ele responda, no caso de ser desconhecido ou não susceptível de responsabilidade, para, em cinco dias, precisar ou esclarecer a imputação.

2. A competência do juiz determina-se pelas regras do artigo 37.° do Decreto-lei n.° 85-C/75, de 26 de Fevereiro, na redacção que lhe é dada pelo presente diploma.

3. Se o notificado se recusar a prestar os esclarecimentos ou não os der por forma satisfatória, segundo o critério do juiz, o processo será incorporado naquele que vier a ser instaurado pelo crime contra a honra.

4. Para os efeitos do número anterior é equiparada a recusa a falta de prestação de esclarecimentos no prazo a que se refere o n.° 1.

5. Se os esclarecimentos forem dados por forma considerada satisfatória, arquivar-se-á o processo, observando-se o disposto no Código das Custas Judiciais.

Este direito a pedir esclarecimentos em crimes contra a honra estava previsto no artigo 170.° do Código Penal de 1982:

(...)

Artigo 170.° (Equivocidade das imputações)

Quando a imputação de um facto ou a formulação de um juízo, a que se referem os artigos anteriores, for feita de forma imprecisa ou equívoca, poderá, quem se julgue por eles ofendido ou quem o represente na titularidade do direito de queixa, pedir ao seu autor esclarecimentos em juízo. Se o interpelado se recusar a dá-los ou, segundo o critério do juiz não os der satisfatoriamente, responderá pela injúria ou difamação, conforme os casos.

(...)

No actual Código Penal, não consta preceito semelhante, pelo que é bastante duvidoso que o instituto continue em vigor.

j) Vital Moreira, in "O direito de resposta na comunicação social", 1994, Coimbra Editora, pág.164, considera que a actual lei de imprensa afastou a figura da aclaração ou do esclarecimento, mas as leis da rádio e da televisão recuperaram-na.

"Obtido o esclarecimento, o interessado pode optar por aceitar uma «simples rectificação» da própria emissora ou pelo exercício do direito de resposta.

(...)

(...) nada milita contra a transposição deste mecanismo para o campo da imprensa."

Como já vimos no local próprio, a actual Lei de Imprensa estabelece um especial direito de rectificação.

. . . .

Artigo 37.° (Competência territorial)

1. Para conhecer dos crimes de imprensa é competente o tribunal da comarca da sede da pessoa colectiva proprietária da publicação.

2. Se a publicação for propriedade de pessoa singular, é competente o tribunal da comarca onde a mesma tiver o seu domicílio.

3. Tratando-se de publicação estrangeira importada, o tribunal competente é o da sede ou domicílio da entidade importadora ou o da sua representante em Portugal.

4. Tratando-se de publicações clandestinas e não sendo conhecido o elemento definidor de competência nos termos dos números anteriores, é competente o tribunal da comarca onde forem encontradas.

5. Para conhecer dos crimes de difamação ou injúria é competente o tribunal da comarca do domicílio do ofendido.

NOTAS:

a) A actual redacção do preceito resultou do Decreto-lei n.° 377/88,de 24/10.

b) Por este mesmo Decreto-lei foram expressamente revogados os artigos 38.°; 39.° ; 43.° e 49.° .

c) Pelo Decreto-lei n.° 181/76, de 9 de Março, já haviam sido revogados expressamente os artigos 40.° ; 41.° ; 42.° ; 44.° ; 45.° ; 46.° ; 47.° e 48.° .

d) Ac. do S.T.J., de 13 de Dezembro de 1995, in Col. Jur., Acórdãos do S.T.J., ano III, tomo III, p. 253:

I. Nos termos do artigo 37.°, n.° 5, do Dec.-Lei n.° 85-C/75, de 26/2, o tribunal competente para conhecer dos crimes de difamação, injúria ou calúnia cometidos contra particulares através da imprensa é o tribunal da área do domicílio do ofendido.

II. Havendo mais que um ofendido, a residirem em comarcas diferentes, existe uma lacuna na lei, que deve ser preenchida nos termos do artigo 36.° desse diploma, ou seja, com recurso às regras do C.P.P., julgando competente o tribunal da área onde se consumou o crime e, na dúvida de qual ele seja, o da área onde primeiro foi dada notícia da sua eventual existência.

Artigo 50.° (Apreensão judicial)

1. Só o tribunal da comarca onde correr o processo do crime cometido através da imprensa poderá ordenar a apreensão da publicação que contenha o escrito incriminado e determinar as medidas que julgar adequadas para obstar à sua difusão, como acto preparatório ou incidente do respectivo processo.

2. O tribunal poderá, a requerimento de qualquer queixoso, ou do Ministério Público, decretar a apreensão provisória da publicação que contenha o escrito ou imagem incriminados, ou tomar as providências indispensáveis para obstar à respectiva difusão, quando entender que desta podem resultar danos irreparáveis.

3. A apreensão ou providências previstas nos números anteriores ficam dependentes de exposição fundamentada em que se indicie a prática do ilícito criminal e a probabilidade de danos irreparáveis geradores de convicção por parte do julgador.

4. Se o considerar indispensável, o juiz deverá proceder à recolha sumária de prova, a fim de decidir a concessão ou denegação da providência.

5. No caso de o requerente da providência ter agido com má-fé, incorrerá em responsabilidade civil, a fixar nos tribunais cíveis, pelos prejuízos que tenha causado.

NOTA:

Ac. da Rel. de Coimbra, de 13/01/78, in C.J., ano III, tomo 1, 1978, pág. 253:

— Para que sejam decretadas a apreensão judicial e as medidas previstas no artigo 50.° da Lei de Imprensa é necessário que se fundamentem no indício da prática do ilícito criminal e na probabilidade de danos irreparáveis aos visados; eventuais prejuízos por diligência requerida com má-fé ficam cobertos pela responsabilidade civil a fixar nos tribunais cíveis.

Artigo 51.° (Contravenções)

As contravenções previstas no artigo 33.° serão processadas nos termos do artigo 3.° do Decreto-Lei n.° 78/87, de 17 de Fevereiro, e legislação complementar, ressalvadas as disposições do presente diploma.

NOTAS:

a) A redacção do preceito resulta do Decreto-lei n.° 377/88, de 24/10.

b) Actualmente, o diploma legal que regula o processamento e julgamento das contravenções é o decreto-lei n.° 17/91, de 10 de Janeiro.

Artigo 52.° (Celeridade processual)

1. Os processos por crimes de imprensa têm natureza urgente, ainda que não haja arguidos presos.

2. A natureza urgente dos processos por crimes de imprensa implica a redução a metade de qualquer prazo previsto no Código de Processo Penal, salvo se este for de 24 horas, sem prejuízo da execução imediata de ordem, despacho ou diligência quando a lei ou a autoridade competente assim o determinarem.

3. Os prazos serão, no entanto, de dois meses para o inquérito e de um mês para a instrução, caso seja requerida.

NOTAS:

a) A redacção do preceito resulta do Decreto-lei n.° 377/88, de 24/10.

b) Através da Lei n.° 15/95,de 25/05, este artigo havia sido expressamente revogado.

c) Ac. do S.T.J. de 5 de Junho de 1985, in Tribuna da Justiça, n.° 7, Julho de 1985:
I. Nos tribunais superiores, o prazo para oferecimento das alegações por crime de imprensa é reduzido a metade, nos termos do artigo 49.°, n.° 3, da Lei de Imprensa.

II. É, pois, de 4 dias o prazo para a apresentação das alegações para o S.T.J. do Acórdão da Relação que condenou o réu por crime de imprensa.

III. Sendo peremptório o prazo para as alegações, o seu decurso faz extinguir o direito de alegar, equivalendo a apresentação extemporânea da alegação à sua falta, com a consequente deserção do recurso.

d) Acórdão do plenário da Secção Criminal do Supremo Tribunal de Justiça, de 11 /11/92, publicado na I série do Diário da República, de 24/12/92:

Nos processos por crimes de imprensa é de três dias o prazo para o assistente deduzir acusação, ainda que no mandado de notificação ao advogado do assistente tenha sido indicado prazo diferente.

e) As alegações do Ministério Público produzidas no recurso extraordinário para fixação de jurisprudência, a que se reporta a nota que antecede, de autoria do Senhor Conselheiro, Dr. Manuel José Carrilho de Simas Santos encontram-se publicadas na Revista do Ministério Público n.° 51, Julho/Setembro de 1992, págs. 109 a 116, pugnando por uma redacção do Acórdão em tudo semelhante à que fez vencimento.

f) Este preceito foi, por várias vezes, julgado conforme à Constituição.

Por todos, ver o Acórdão do Tribunal Constitucional n.° 428/95, publicado na II série do D.R., de 7/11/95.

A inconstitucionalidade do preceito era levantada, principalmente, por se considerar ter o Governo excedido a Lei n.° 88/88, de 4 de Agosto, de autorização legislativa, com base na qual foi publicado o Decreto-Lei n.° 317/88, de 24 de Outubro, que deu nova redacção ao mencionado artigo 52.° .

O referido acórdão, porém, tem um voto de vencido subscrito pela Conselheira Maria Fernanda Palma, a qual, para além de considerar subsistente a referida inconstitucionalidade orgânica, considera, ainda, enfermar a dita disposição legal de uma inconstitucionalidade material, por violar o disposto nos números 1 e 2 do artigo 32.° da Constituição, na medida em que são afectadas as garantias de defesa do arguido.

A propósito, escreve:

"A protecção da honra do ofendido não é um valor superior à reparação dos danos sociais do crime e ao efeito preventivo geral das penas em casos muito mais graves, surgindo desproporcionada uma redução tão drástica dos prazos de recurso. E a redução dos prazos nem sequer é adequada a obter uma significativa aceleração do processo penal, cujas principais disfunções e atrasos se devem, nomeadamente, a situações como a falta reiterada do arguido e a acumulação de processos."

Como já se disse no local próprio, na actual Lei de Imprensa deixou de estar estabelecido o carácter urgente do processo.

Artigo 53.° (Efectivação judicial do direito de resposta)

1. No caso de o direito de resposta não ter sido satisfeito ou de haver sido infundadamente recusado, poderá o interessado recorrer ao tribunal competente para julgar a contravenção prevista no artigo 33.°, sendo neste caso o periódico obrigado a publicar o teor da decisão e da resposta nos prazos fixados no número 2 do artigo 16.°, contados a partir da data do trânsito em julgado daquela decisão.

2. Requerida a notificação judicial do director do periódico que não tenha dado satisfação ao direito de resposta, será o mesmo notificado por via postal, para contestar no prazo de dois dias, após o que será proferida em igual prazo a decisão, da qual não há recurso.

3. Só será admitida prova documental, sendo todos os documentos juntos com o requerimento inicial e com a contestação.

NOTAS:

a) A Lei n.° 15/95, de 25 de Maio, posteriormente revogada pela Lei n.° 8/96, de 14 de Março, havia introduzido uma profunda alteração na redacção deste preceito, que passou a ser a seguinte:

Artigo 53.° (Efectivação judicial do direito de resposta)

1. No caso de o direito de resposta não ter sido integralmente satisfeito, pode o interessado recorrer ao tribunal competente para aplicação do disposto no artigo 33.° .

2. Requerida a notificação judicial do director do periódico que não tenha dado satisfação ao direito de resposta, será o mesmo notificado, por carta registada endereçada à redacção do jornal, para contestar no prazo de dois dias, após o que será proferida em igual prazo a decisão, da qual há recurso, com efeito meramente devolutivo.

3. Só será admitida prova documental, sendo todos os documentos juntos com o requerimento inicial e com a contestação.

4. No caso de sentença que determine a publicação da resposta, fica o periódico obrigado a publicar o extracto decisório e a resposta num dos dois números subsequentes à data do seu trânsito em julgado.

5. O não cumprimento do previsto no n.° 4 determina a aplicação da multa do artigo 33.° por cada edição posterior publicada sem inclusão do extracto decisório e da resposta.

6. Para a hipótese do incumprimento referido no número anterior o juiz fixará, desde logo, na sentença a multa que deverá acrescer à da condenação.

7. O disposto no n.° 4 é também aplicável aos casos de recusa de exercício do direito de resposta, considerada infundada por deliberação da Alta Autoridade para a Comunicação Social, nos termos da legislação aplicável.

b) Pelo senhor Presidente da República foi suscitada a apreciação preventiva da constitucionalidade do número 6 do preceito, na redacção introduzida por aquela Lei 15/95, por, no seu entender, poder ser feridente do princípio da culpa, o qual inculca que « a medida da pena deverá ser sempre determinada em função do grau de culpa do agente », se se considerar que esse princípio vigora também no domínio dos ilícitos contravencionais.

O Tribunal Constitucional, através do acórdão n.° 13/95, publicado em 9 de Fevereiro de 1995, na 2.ª série do Diário da República não entendeu, por maioria, verificar-se tal inconstitucionalidade.

No entender da tese que fez vencimento no Tribunal Constitucional, as alterações introduzidas comportavam o seguinte sentido:

"Requerida a um periódico, por qualquer pessoa singular ou colectiva ou organismo público, a publicação de uma resposta relativamente a um escrito ou notícia ali publicados, os quais, na óptica do requerente, o prejudicaram em virtude de conterem ofensas directas ou referências de facto inverídico ou erróneo susceptíveis de afectar a sua reputação e boa fama, e não sendo essa resposta objecto de inserção no mesmo periódico e nos dois números seguintes a contar do seu recebimento ou, sendo-o, não tendo sido respeitado, verbi gratia, o disposto nos números 3, 4, 7 e 8 do artigo 16.° (...) o titular do direito de resposta poderia recorrer ao tribunal competente (cfr. artigo 51.° do Decreto-lei n.° 85-C/75, Decreto-lei n.° 17/91, de 10 de Janeiro, e artigos 19.° a 22.° do Código de Processo Penal, 55.°, 75.° e 77.°, n.° 2, da Lei Orgânica dos Tribunais, aprovada pela Lei n.° 38/87, de 23 de Dezembro, e 5.°, 11.° e 12.° do Decreto-lei n.° 214/88, de 17 de Junho), a fim de este aplicar ao director do periódico as sanções previstas no artigo 33.°, podendo ainda requerer, concomitantemente (ou quiçá só), que aquele órgão da administração de justiça venha a determinar que o periódico publique a resposta.

Nesta última hipótese (ou seja, sendo também solicitado ao tribunal que o mesmo determine a publicação da resposta), seguir-se-iam os termos processuais previstos nos números 2 e 3 do artigo 53.° e, se o tribunal, na sentença a proferir, impusesse ao periódico a inserção da resposta, ficava este obrigado a efectuá-la, bem como a publicar o extracto da decisão assim tomada num dos dois números subsequentes à data do trânsito em julgado daquela sentença.

Nessa decisão, o tribunal imporia desde logo que, por cada número do periódico — posterior aos dois números subsequentes à data do futuro trânsito em julgado da sentença — em que não tenha ocorrido a publicação (da resposta e do extracto da decisão que a ordenou), ficaria ele sujeito ao pagamento de uma quantia de carácter compulsório, que o referido tribunal fixaria de entre os montantes mínimo e máximo indicados no artigo 33.° (trata-se, pois, da imposição de um quantitativo pecuniário que tem por fim coagir o periódico à prestação de facto que só por ele pode ser realizada — a publicação da resposta e do extracto decisório —, não se afigurando, sequentemente, que essa imposição traduzisse um juízo reprovativo em relação a comportamentos já ocorridos (na verdade, aquando da determinação constante da decisão, esses comportamentos nem sequer ainda ocorreram).

O pagamento desta quantia acresceria ao da multa contravencional imposta, nos termos do artigo 33.°, pela infracção cometida pela inobservância dos preceitos legais regulamentadores do direito de resposta.

Desta postura quanto ao sentido a conferir ao artigo 53.° do Decreto-Lei n.° 85-C/75, (...) resultaria, desde logo, que o não acatamento da decisão judicial determinativa da publicação da resposta deixaria de constituir a prática do específico crime de desobediência qualificada, cuja previsão consta da alínea b) do n.° 1 do artigo 30.° daquele diploma ao fazer referência ao n.° 1 do artigo 53.°, cujo teor, em face das alterações, é profundamente modificado.

Resultaria também que, após o trânsito da sentença que, para além do proferimento da decisão sobre a contravenção prevista no artigo 33.°, ordenasse a publicação, se esta não tivesse lugar num dos dois números subsequentes do periódico, a este seria, por cada número publicado sem a inclusão da resposta e do extracto decisório, aplicada uma sanção compulsória, a ser fixada pelo juiz num determinado montante que se situará entre os limites quantitativos consignados no artigo 33.° .

Resultaria ainda que a determinação daquela aplicação ocorreria, prospectivamente, na sentença que, além do mais, ordenasse a publicação da resposta e do extracto decisório."

Assim, ao considerar revogada pelo sistema então instituído a norma que qualificava o comportamento omissivo do director do periódico como integradora de um crime de desobediência qualificada e, concomitantemente, por considerar que a sanção prevista no n.° 5 do preceito em questão não tem natureza penal, assim como a não reveste e, por isso, não acresce à primeira, a sanção prevista no n.° 6 do preceito, entendeu maioritariamente o Tribunal Constitucional inexistir qualquer inconstitucionalidade no sistema então introduzido.

Contra este entendimento, votaram os Conselheiros Armindo Ribeiro Mendes; Antero Alves Monteiro Dinis; Maria Fernanda Palma; Alberto Tavares da Costa; Guilherme da Fonseca e José de Sousa e Brito.

O primeiro considera que "... não obstante o engenho interpretativo da maioria do Tribunal Constitucional, tenho para mim que o legislador previu uma multa antecipadamente fixada que acrescerá à multa da condenação, ou seja, à multa contravencional que vier a ser aplicada pela infracção ao disposto no n.° 4 do artigo 53.° .E, por outro lado, não se vê como terá havido uma revogação implícita ou de sistema da norma incriminadora da alínea b) do n.° 1 do artigo 30.° da Lei de Imprensa, só porque deixam de intervir na decisão de publicação ou de recusa da resposta os membros do conselho de redacção, anteriormente susceptíveis de incriminação, e porque o novo n.° 1 do artigo 53.° passa a falar de satisfação «integral», em vez de se referir à situação de «recusa infundada», por esta deixar de ter relevo prático no novo sistema...Dizer que há uma «profunda modificação» parece um injustificável exagero!"

Por seu turno, a terceira considera ter divergido da maioria do Tribunal Constitucional pelos seguintes motivos:

"Na realidade, entendo que o artigo 53.° passa a consagrar, agora, um processo de efectivação judicial do direito de resposta, em conexão com o artigo 33.°, constituído por três momentos lógicos:

a) Em primeiro lugar, o artigo 53.°, números 1 e 4, prevê uma infracção contravencional pela violação do direito de resposta, a que corresponde a multa do artigo 33.°, n.° 2;

b) Em segundo lugar, o artigo 53.°, n.° 5, prevê uma nova infracção contravencional e a respectiva condenação (sentença condenatória a que se refere o artigo 53.°,n.° 6) pela recusa de acatamento da decisão judicial de efectivação do direito de resposta — haverá então lugar à publicação da resposta e da sentença que a ordene, até à segunda edição do periódico posterior ao trânsito em julgado da sentença condenatória;

c) Em terceiro lugar, o artigo 53.°, n.° 6, prevê uma última infracção pela persistência, após a segunda edição posterior ao trânsito em julgado da sentença condenatória, na desobediência relativamente a tal sentença.

(...)

Isto é, abreviadamente, a interpretação que rejeitei (e que o Tribunal veio a seguir) suscita, ela própria, uma «monstruosa inconstitucionalidade» do artigo 53.°, números 5 e 6, na medida em que se admite a aplicação de uma sanção pelo não acatamento da sentença logo no momento da condenação pela violação do direito de resposta.Pretende tal interpretação que as normas dos números 1, 4, 5 e 6 do artigo 53.° contemplam uma única sentença condenatória, que aplica sanções respeitantes a um facto passado (violação originária do direito de resposta) e a um facto futuro (violação do dever de acatar a condenação).

Acrescenta ainda que:

"(...) Na realidade, não é meramente civil o efeito coercitivo relativamente à desobediência de publicação da resposta e da sentença, pois ele contém um significado manifesto de prevenção da lesão da ordem jurídica produzida pela desobediência. Por outro lado, a gravidade daquela «sanção compulsória» não deriva da necessidade de reparar o concreto dano do ofendido (quanto ao direito de resposta), mas sim do desvalor para a ordem pública da violação do referido direito e da desobediência a uma decisão judicial (...)

A sanção contravencional compulsória ou de constrangimento prevista nos números 5 e 6 do artigo 53.° da Lei de Imprensa violaria os princípios da necessidade, da adequação e da proporcionalidade, inferidos dos artigos 18.°,n.° 2, e 13.°, n.° 1, da Constituição, na medida em que se admitia, abstraindo da concreta gravidade do facto típico ilícito e culposo, a aplicação de uma multa que podia, à razão máxima de 5.000.000$00 por cada edição, atingir uma quantia pecuniária elevadíssima.No caso de um jornal diário, passado um ano de desobediência continuada, poderia atingir-se um valor de cerca de 1.800.000.000$00. Na prática, esta sanção acarretaria a eliminação do periódico".

O referido acórdão foi arguido de nulo pelo senhor Presidente da República, por entender que, quanto a uma das alíneas da decisão, a e), a maioria dos juizes votou vencida, embora com diferentes fundamentos.

O Tribunal Constitucional, porém, entendeu, pelo seu Acórdão n.° 58/95, publicado em 9 de Março de 1995, não se verificar a aludida nulidade, dado que a função da pronúncia de inconstitucionalidade, no âmbito da fiscalização preventiva visa evitar a entrada em vigor, na ordem jurídica, de normas inconstitucionais e a adição de votos minoritários relativos a uma inconstitucionalidade formal (um dos juizes tinha votado a inconstitucionalidade formal de todo o diploma) a uma inconstitucionalidade material não daria ao legislador uma indicação sobre o procedimento a adoptar: sanar a inconstitucionalidade formal ou eliminar pura e simplesmente a norma? Em ambos os termos da opção a decisão do legislador acabaria por obedecer a votos minoritários.

Artigo 54.° (Publicações das decisões judiciais)

1. As decisões condenatórias por crimes de imprensa cometidos em periódicos serão gratuitamente publicadas, por extracto, nos próprios periódicos, devendo deles constar os factos provados, a identidade dos ofendidos e dos condenados, as sanções aplicadas e as indemnizações fixadas.

2. Se o periódico em que foi inserido o texto ou imagem tiver deixado de se publicar, a decisão condenatória será publicada a expensas do responsável num dos periódicos de maior circulação da localidade, ou da localidade mais próxima, se naquela não existir outro periódico.

CAPÍTULO V – Disposições transitórias e finais

Artigo 55.° (Estatuto das publicações informativas)

1. As publicações periódicas que se considerem informativas deverão publicar o estatuto editorial a que se refere o n.° 4 do artigo 3.° no prazo de sessenta dias a contar da entrada em vigor do presente diploma.

2. A classificação referida no número anterior será considerada provisória enquanto não for sancionada pelo Conselho de Imprensa.

3. As publicações periódicas que venham a ser classificadas como informativas pelo Conselho de Imprensa deverão publicar o seu estatuto editorial no prazo de trinta dias a contar da comunicação de tal decisão, caso ainda não o tenham feito.

NOTA:

Onde se lia Conselho de Imprensa deveria ler-se Alta Autoridade para a Comunicação Social.

Artigo 56.° (Liberdade de empresa)

1. As empresas jornalísticas e noticiosas que não preencham os requisitos de nacionalização de capitais constantes do n.° 8 do artigo 7.° poderão continuar a prosseguir as actividades que até ao presente desenvolviam.

2. Se adquirirem ou fundarem novas publicações periódicas, aumentarem o seu capital social, vierem a ser sócias de outras empresas jornalísticas ou noticiosas ou alargarem significativamente a sua actividade, segundo declaração do Conselho de Imprensa, deverão, porém, adaptar-se ao disposto no n.° 7 do artigo 7.°, dentro do prazo de trinta dias.

3. As sociedades anónimas que na data da entrada em vigor do presente diploma não preencham o disposto no n.° 10 do artigo 7.° terão um prazo de quatro meses para preencherem esse requisito.

NOTA:

Onde se lia Conselho de Imprensa deveria ler-se Alta Autoridade para a Comunicação Social.

Artigo 57.° (Direitos adquiridos)

O disposto no n.° 11 do artigo 7.°, números 1 e 2 do artigo 18.° e n.° 2 do artigo 20.° não é aplicável às pessoas que sejam administradores, gerentes das empresas jornalísticas ou directores de publicações periódicas à data da entrada em vigor deste diploma.

NOTAS:

a) No n.° 11 do artigo 7.°, estabelece-se que os administradores ou gerentes das empresas jornalísticas serão necessariamente pessoas físicas nacionais.

b) No n.° 1 do artigo 18.°, diz-se que nenhum periódico iniciará a sua publicação sem um director, de nacionalidade portuguesa.

O n.° 2 do mesmo artigo (o director será nomeado pela empresa proprietária com voto favorável do conselho de redacção, quando existir) foi revogado pela lei que instituiu a Alta Autoridade para a Comunicação Social.

c) No n.° 2 do artigo 20.° diz-se que é aplicável o disposto no artigo 18.° aos directores-adjuntos e subdirectores.

Artigo 58.° (Suspensão de direitos civis e políticos)

O requisito do pleno gozo dos direitos civis e políticos referido neste diploma não se aplicará a todas as pessoas condenadas por crime político antes de 25 de Abril de 1974.

Artigo 59.° (Legislação antimonopolista)

A legislação prevista no n.° 2 do artigo 8.° será publicada pelo Governo no prazo de noventa dias a contar da entrada em vigor do presente diploma.

NOTAS:

a) René Ariel Dotti, obra citada, pág.61 define monopólio como a "prerrogativa ou privilégio para a prática de actos industriais ou mercantis ou para a exploração de determinados bens ou serviços, por parte de um só indivíduo, por grupos ou pelo Estado". Por seu turno considera existir oligopólio em situações "de mercado quando, num limitado número de produtores, cada um já é bastante forte para exercer influência junto dos demais, embora não possa desprezar a força dos competidores".

Considera a proibição de monopólios e de oligopólios na imprensa como um dos meios de controlo democrático dos abusos da liberdade de imprensa.

b) Entre nós, não há conhecimento da legislação referida no texto em anotação.

Existe, no entanto uma Lei Geral de Defesa da Concorrência, que se encontra estabelecida no Decreto-Lei n.° 371/93, de 29 de Outubro, a qual, por ter eventualmente aplicação no domínio da comunicação social, se transcreve, a final.

Artigo 60.° (Estatuto da empresa com capital público)

O estatuto das empresas jornalísticas previstas no artigo 9.° será alterado no prazo de sessenta dias a contar da entrada em vigor do presente diploma.

Artigo 61.° (Estatuto e código deontológico dos jornalistas)

1. Compete ao Sindicato dos Jornalistas a elaboração do Código Deontológico previsto no n.° 3 do artigo 10.°, num prazo de noventa dias a contar da entrada em vigor do presente diploma.

2. O Sindicato dos Jornalistas deverá elaborar um projecto de Estatuto do Jornalista, o qual será comunicado ao Governo no prazo de noventa dias a contar da mesma data.

NOTA:

O sindicato nunca chegou a elaborar qualquer projecto de estatuto. Este resultou, antes, dos projectos apresentados na Assembleia da República pela U.D.P., P.S. e P.C.P.

Artigo 62.° (Ensino do jornalismo)

O Governo regulará, no prazo de noventa dias a contar da entrada em vigor deste decreto-lei, o exercício do ensino superior do jornalismo, bem como a validade e efeitos dos respectivos diplomas, para os efeitos do n.° 5 do artigo 10.°

NOTA:

A Direcção-Geral da Comunicação Social, entretanto extinta, tinha-se limitado a conceder apoios a acções e projectos de formação profissional de jornalistas, de que são exemplos as Portarias números 561/86, de 29 de Setembro e 667/86, de 7 de Novembro.

Artigo 63.° (Depósito legal)

1. O Governo publicará, no prazo de sessenta dias a contar da entrada em vigor do presente diploma, um Regulamento do Depósito Legal, no qual se determinará designadamente o número de exemplares a enviar a cada entidade beneficiária do dever de envio, o modo como as publicações devem ser colocadas ao alcance do público e as medidas a tomar para estimular a sua consulta.

2. Entretanto, continuam em vigor as disposições actuais sobre esta matéria, entendendo-se que a obrigação de remessa fica cumprida com o envio de um exemplar de cada publicação, se outra coisa se não dispuser especialmente.

3. O regulamento a que se refere o n.° 1 poderá aplicar-se também às publicações oficiais.

NOTA:

O depósito legal está regulado pelo Decreto-lei n.° 74/82, de 3 de Março. Ver anotações ao artigo 12.° .

Artigo 64.° (Registo de imprensa)

No prazo de noventa dias a contar da entrada em vigor do presente diploma será elaborado um Regulamento do Serviço de Registo de Imprensa, em conformidade com o artigo 13.°, continuando até essa data em vigor a Portaria n.° 303/72, de 26 de Maio, ressalvadas as adaptações impostas pelas disposições constantes deste diploma.

NOTA:

Ver anotação ao artigo 13.°

Artigo 65.° (Conselho de Imprensa)

1. O Conselho de Imprensa elaborará o regulamento referido no n.° 3 do artigo 17.° no prazo de trinta dias a contar da entrada em vigor do presente diploma.

2. No prazo de noventa dias a contar da mesma data será elaborado o regulamento previsto no n.° 5, alínea d), do artigo 17.°.

3. A classificação das publicações periódicas a que se refere a alínea g) do n.° 5 do artigo 17.° será feita no prazo de sessenta dias a contar da data da entrada em vigor do presente diploma.

4. O relatório do Conselho de Imprensa referente ao ano de 1974 será publicado até 30 de Junho do corrente ano.

NOTA:

Este artigo foi expressamente revogado através da Lei n.° 15/90, de 30/06, que instituiu a Alta Autoridade para a Comunicação Social. Apenas se mantém a respectiva transcrição para melhor comparação dos dois regimes legais.

Artigo 66.° (Infracções diversas)

1. É proibido afixar ou expor nas paredes ou em outros lugares públicos, pôr à venda ou vender ou por outra forma dar publicidade a cartazes, anúncios, avisos, programas e em geral quaisquer impressos, manuscritos, desenhos, publicações ou quaisquer instrumentos ou formas de comunicação audio-visual que contenham, instiguem ou constituam provocação a:

a) Ultraje, ofensa ou outro ataque ilícito às instituições democráticas susceptíveis de fazer perigar a ordem democrática;

b) Injúria, difamação ou ameaça contra o Presidente da República, no exercício das suas funções ou fora delas;

c) Ultraje, ofensa ou outro ataque ilícito ao Movimento das Forças Armadas ou ao seu programa político;

d) Referências a operações militares cuja divulgação não haja sido autorizada pelo Estado-Maior-General das Forças Armadas, nomeadamente as que constituem violação de segredos militares essenciais à defesa nacional;

e) Referências que possam pôr em risco, directa ou indirectamente, a disciplina e a coesão das forças armadas e o cumprimento dos deveres militares;

f) Actos ou factos que possam afectar gravemente a manutenção ou o restabelecimento da ordem pública, em virtude de o conteúdo da publicação ser susceptível de provocar tumultos ou graves danos;

g) Boato ou informação total ou parcialmente errada ou deturpada de natureza alarmista, ou ainda alguma das ofensas previstas nos artigos 159.°, 160.°, 420.° e 483.° do Código Penal.

2. O facto de os actos referidos no número anterior serem susceptíveis de provocar tumultos ou danos irreparáveis constitui agravante nos termos gerais de direito.

3. Toda a empresa, associação ou partido que violar o disposto no n.° 1 incorrerá na multa de 20.000$00 a 500.000$00, sendo em caso de reincidência os limites elevados para o dobro.

4. Se a violação tiver sido cometida em publicação periódica, será esta suspensa por três a trinta números, e no caso de reincidência, por seis a sessenta ou cento e oitenta números, conforme se tratar de publicação não diária ou diária.

5. Os indivíduos que violarem as estatuições constantes do n.° 1 incorrerão na pena de prisão até dois anos e multa correspondente, se não lhes couber pena mais grave pela lei geral. Em caso de reincidência a pena de prisão é insubstituível por multa.

NOTAS:

a) Na alínea g) do n.° 2, faz-se referência, naturalmente, às normas respectivas do Código Penal de 1886.

b) Ver a lei de afixação e inscrição de mensagens de publicidade e propaganda — Lei n.° 97/88, de 17/8.

Artigo 67.° (Tribunal competente e dever de participação)

1. As sanções previstas no artigo antecedente serão aplicadas pelo tribunal territorialmente competente, mediante acusação do Ministério Público ou do assistente, podendo os factos ser denunciados por qualquer entidade pública ou particular.

2. É dever de qualquer autoridade administrativa, militar ou policial participar ao agente do Ministério Público competente os delitos previstos no mesmo artigo, logo que deles tenham conhecimento, e providenciar no sentido da não inutilização e recolha de quaisquer elementos factuais e probatórios que interessem à instrução do correspondente processo, dos quais fará entrega ou dará conhecimento, pela via mais rápida, ao mesmo agente.

Artigo 68.° (Natureza do processo)

1. Aos processos correspondentes aos crimes previstos no artigo 66.° é aplicável o disposto no artigo 52.° .

2. Independentemente das penas definitivas correspondentes aos mesmos delitos, poderá o tribunal, por iniciativa própria ou a requerimento do Ministério Público, ordenar as medidas preventivas e cautelares que julgar justificadas nas circunstâncias do caso, nomeadamente as seguintes:

a) A notificação do acusado de que deve abster-se da prática de quaisquer actos presumivelmente delituosos, sob pena de agravamento da sua responsabilidade, nos termos gerais de direito;

b) A proibição de continuação de qualquer forma de publicação ou venda dos instrumentos de comunicação referidos no n.° 1 do artigo 66.° ;

c) A apreensão de quaisquer publicações que se encontrem suspensas por decisão judicial e que, não obstante, continuem a ser publicadas ou difundidas ou que tenham servido de instrumento para a comissão dos delitos previstos no artigo 66.°, desde que suficientemente indicados.

NOTAS:

a) A redacção do número 1 resulta do Decreto-Lei n.° 377/88, de 27/10.

b) Esse Decreto-lei havia transformado o primitivo n.° 5 no actual n.° 2, tendo sido eliminados os números 2; 3 e 4.

c) A lei n.° 15/95, de 25 de Maio, posteriormente revogada pela Lei n.° 8/96, de 14 de Março, havia introduzido uma nova redacção ao n.° 1, do seguinte teor:

(...)

1. O disposto no artigo 36.°-A é aplicável aos processos correspondentes aos crimes previstos no artigo 66.°

Artigo 69.° (Tribunais militares)

O disposto no n.° 1 do artigo 36.° em nada afecta a competência dos tribunais militares.

Artigo 70.° (Actividade editorial e publicações unitárias)

1. O Governo promoverá a elaboração de um regulamento da actividade editorial e das publicações unitárias, com a participação das organizações representativas dos escritores, editores, livreiros, técnicos gráficos e demais entidades interessadas.

2. O disposto no número anterior será aplicável, com as necessárias adaptações, aos meios audio-visuais que revistam a forma de documentário, reportagem, noticiário ou que de outro modo tenham conteúdo semelhante às publicações previstas no presente diploma.

3. As organizações profissionais referidas no n.° 1 poderão elaborar, em termos semelhantes aos dos artigos 10.° e 61.°, com as necessárias adaptações, códigos deontológicos e projectos de regulamentos profissionais, os quais nunca poderão limitar o acesso à categoria de escritor e a liberdade de edição de publicações unitárias.

Artigo 71.° (Cooperação internacional)

O Governo facilitará a participação da imprensa portuguesa nas organizações internacionais que visem a promoção e defesa da liberdade de imprensa, procurando ainda consolidá-la mediante a celebração ou adesão a convenções internacionais destinadas a proteger o direito à informação.

NOTAS:

a) Pelo Decreto n.° 35/95, de 11 de Setembro, foi aprovado o acordo de Cooperação Técnica e de Intercâmbio, no domínio da Comunicação Social, entre a República Portuguesa e a República de Angola.

b) Pelo Decreto n.° 15/95, de 25 de Maio, foi aprovado o Protocolo Adicional ao Acordo de Cooperação Técnica e de Intercâmbio, no domínio da Comunicação Social, entre a República Portuguesa e a República de Cabo Verde.

c) Pelo Decreto n.° 16/95, de 29 de Maio, foi aprovado o Protocolo Adicional ao Acordo de Cooperação Técnica e de Intercâmbio, no domínio da Comunicação Social, entre a República Portuguesa e a República de S. Tomé e Príncipe.

Artigo 72.°

Esta lei entra em vigor decorridos quinze dias sobre a sua publicação, cessando a partir desse momento, relativamente à imprensa, a competência da comissão "Ad hoc", criada pelo Decreto-Lei n.° 281/74, de 25 de Junho.

ESTATUTO DOS JORNALISTAS

Lei n.° 1/99

De 13 de Janeiro

Aprova o estatuto do jornalista

A Assembleia da República decreta, nos termos da alínea c) do artigo 161.°, da Constituição, para valer como lei geral da República, o seguinte:

CAPÍTULO I
Dos jornalistas

ARTIGO 1.°
Definição de jornalista

1. São considerados jornalistas aqueles que, como ocupação principal, permanente e remunerada, exercem funções de pesquisa, recolha, selecção e tratamento de factos, notícias ou opiniões, através de texto, imagem ou som, destinados a divulgação informativa pela imprensa, por agência noticiosa, pela rádio, pela televisão ou por outra forma de difusão electrónica.

2. Não constitui actividade jornalística o exercício de funções referidas no número anterior quando desempenhadas ao serviço de publicações de natureza predominantemente promocional, ou cujo objecto específico consista em divulgar, publicitar ou por qualquer forma dar a conhecer instituições, empresas, produtos ou serviços, segundo critérios de oportunidade comercial ou industrial.

ARTIGO 2.°

Capacidade

Podem ser jornalistas os cidadãos maiores de 18 anos no pleno gozo dos seus direitos civis.

ARTIGO 3.°

Incompatibilidades

1. O exercício da profissão de jornalista é incompatível com o desempenho de:

a) Funções de angariação, concepção ou apresentação de mensagens publicitárias;

b) Funções remuneradas de marketing, relações públicas, assessoria de imprensa e consultoria em comunicação ou imagem, bem como de orientação e execução de estratégias comerciais;

c) Funções em qualquer organismo ou corporação policial;

d) Serviço militar;

e) Funções de membro do Governo da República ou de governos regionais;

f) Funções de presidente de câmara ou de vereador, em regime de permanência, a tempo inteiro ou a meio tempo, em órgão de administração autárquica.

2. É igualmente considerada actividade publicitária incompatível com o exercício do jornalismo o recebimento de ofertas ou benefícios que, não identificados claramente como patrocínios concretos de actos jornalísticos, visem divulgar produtos, serviços ou entidades através da notoriedade do jornalista, independentemente de este fazer menção expressa aos produtos, serviços ou entidades.

3. O jornalista abrangido por qualquer das incompatibilidades previstas nos números anteriores fica impedido de exercer a respectiva actividade, devendo depositar junto da Comissão da Carteira Profissional de Jornalista o seu título de habilitação, o qual será devolvido, a requerimento do interessado, quando cessar a situação que determinou a incompatibilidade.

4. No caso de apresentação de mensagens publicitárias previstas na alínea a) do n.° 1 do presente artigo, a incompatibilidade vigora

por um período mínimo de seis meses e só se considera cessada com a exibição de prova de que está extinta a relação contratual de cedência de imagem, voz ou nome de jornalista à entidade promotora ou beneficiária da publicidade.

NOTA:

A infracção ao disposto neste artigo é punida com coima de 100.000$00 a 1.000.000$00 — alínea a) do n.° 1 do artigo 20.° . Além disso, pode ser objecto de sanção acessória de interdição do exercício da profissão por um período de 12 meses — n.° 2 do artigo 20.° .

ARTIGO 4.°

Título profissional

1. É condição do exercício da profissão de jornalista a habilitação com o respectivo título, o qual é emitido por uma Comissão da Carteira Profissional de Jornalista, com a composição e as competências previstas na lei.

2. Nenhuma empresa com actividade no domínio da comunicação social pode admitir ou manter ao seu serviço, como jornalista profissional, indivíduo que não se mostre habilitado, nos termos do número anterior, salvo se tiver requerido o título de habilitação e se encontrar a aguardar decisão.

NOTAS:

a) A infracção ao disposto no n.° 1 deste artigo é punida com coima de 200.000$00 a 1.000.000$00 — alínea b) do n.° 1 do artigo 20.°.

b) A infracção ao disposto no n.° 2 é punida com coima de 500.000$00 a 3.000.000$00

ARTIGO 5.°

Acesso à profissão

1. A profissão de jornalista inicia-se com um estágio obrigatório, a concluir com aproveitamento, com a duração de 24 meses, sendo reduzido a 18 meses em caso de habilitação com curso superior, ou a 12 meses em caso de licenciatura na área da comunicação social ou de habilitação com curso equivalente, reconhecido pela Comissão da Carteira Profissional de Jornalista.

2. O regime do estágio, incluindo o acompanhamento do estagiário e a respectiva avaliação, será regulado por portaria conjunta dos membros do Governo responsáveis pelas áreas do emprego e da comunicação social.

NOTA:

1. A Portaria a que se refere o n.° 2 deste artigo é a n.° 318/99, de 12 de Maio, cuja parte dispositiva se passa a transcrever:

1.° — O estágio destina-se a uma apreensão da vivência da actividade, através do contacto pessoal com o normal funcionamento de um órgão de comunicação social, tendo por fim familiarizar o jornalista estagiário com os actos e termos mais usuais da prática jornalística.

2.° — Os jornalistas estagiários exercem a actividade sob a orientação de um jornalista profissional designado pelo director do órgão de comunicação social, devendo ambos remeter à Comissão da Carteira Profissional do Jornalista, adiante designada por CCPJ, no final do estágio, uma informação sobre as actividades desenvolvidas pelo estagiário, bem como uma apreciação sobre o seu desempenho.

3.° — Nos primeiros 30 dias de estágio, o estagiário deve enviar à CCPJ um documento emitido pelo órgão de comunicação social, assinado pelo respectivo director, declarando que o aceita como estagiário, com a indicação do respectivo orientador.

4.° — Os estágios organizados no âmbito de acordos de colaboração entre empresas de comunicação social e estabelecimentos de ensino superior ou entidades acreditadas pelo Instituto para a Inovação na Formação, adiante designado por INOFOR, são contabilizados para efeitos de contagem de tempo de duração do estágio até ao máximo de três meses.

5.° — Os jornalistas estagiários que não tenham licenciatura ou bacharelato na área da comunicação social ou frequência com aproveitamento de curso de formação profissional na mesma área, realizado por entidades acreditadas pelo INOFOR, devem frequentar um curso de estágio, tendo por fim o estudo da teoria da comunicação social, bem como de outras matérias necessárias à prática do jornalismo.

6.° — O curso de estágio é realizado por entidades acreditadas pelo INOFOR e tem a duração de dois meses.

7.° — Em alternativa ao curso de estágio, os jornalistas estagiários podem apresentar, para apreciação pelas entidades que realizam o curso referido no número anterior, um relatório em que descrevam a sua actividade profissional, bem como trabalhos da sua autoria ou em que tenham colaborado.

8.° — São admitidas interrupções do estágio, desde que este seja completado na sua totalidade dentro de um período de tempo duas vezes superior à sua efectiva duração.

9.° — Quando o estágio venha a decorrer em mais de um órgão de comunicação social, para efeitos de contagem de tempo de duração, não podem ser considerados períodos de estágio inferiores a três meses.

10.° — A CCPJ deve emitir uma declaração comprovativa de que o estágio foi efectuado, independentemente da obtenção da carteira profissional, nos termos do Decreto-Lei n.° 305/97, de 11 de Novembro.

CAPÍTULO II
Direitos e deveres

ARTIGO 6.°
Direitos

Constituem direitos fundamentais dos jornalistas:
a) A liberdade de expressão e de criação;
b) A liberdade de acesso às fontes de informação;
c) A garantia de sigilo profissional;
d) A participação na orientação do respectivo órgão de informação.

ARTIGO 7.°
Liberdade de expressão e de criação

1. A liberdade de expressão e de criação dos jornalistas não está sujeita a impedimentos ou discriminações nem subordinada a qualquer forma de censura.

2. Os jornalistas têm o direito de assinar, ou fazer identificar com o respectivo nome profissional registado na Comissão da Carteira Profissional de jornalista, os trabalhos da sua criação individual ou em que tenham colaborado.

3. Os jornalistas têm direito à protecção dos textos, imagens, sons ou desenhos resultantes do exercício da liberdade de expressão e criação, nos termos das disposições legais aplicáveis.

ARTIGO 8.°
Direito de acesso a fontes oficiais de informação

1. O direito de acesso às fontes de informação é assegurado aos jornalistas:
a) Pelos órgãos da Administração Pública enumerados no n.° 2 do artigo 2.° do Código do Procedimento Administrativo;
b) Pelas empresas de capitais total ou maioritariamente públicos, pelas empresas controladas pelo Estado, pelas empresas

concessionárias de serviço público ou do uso privativo ou exploração do domínio público e ainda por quaisquer entidades privadas que exerçam poderes públicos ou prossigam interesses públicos, quando o acesso pretendido respeite a actividades reguladas pelo direito administrativo.

2. O interesse dos jornalistas no acesso às fontes de informação é sempre considerado legítimo para efeitos do exercício do direito regulado nos artigos 61.° a 63.° do Código do Procedimento Administrativo.

3. O direito de acesso às fontes de informação não abrange os processos em segredo de justiça, os documentos classificados ou protegidos ao abrigo de legislação específica, os dados pessoais que não sejam públicos dos documentos nominativos relativos a terceiros, os documentos que revelem segredo comercial, industrial ou relativo à propriedade literária, artística ou científica, bem como os documentos que sirvam de suporte a actos preparatórios de decisões legislativas ou de instrumentos de natureza contratual.

4. A recusa do acesso às fontes de informação de algum dos órgãos ou entidades referidos no n.° 1 deve ser fundamentada nos termos do artigo 125.° do Código do Procedimento Administrativo e contra ela podem ser utilizados os meios administrativos ou contenciosos que no caso couberem.

5. As reclamações apresentadas por jornalistas à Comissão de Acesso aos Documentos Administrativos contra decisões administrativas que recusem acesso a documentos públicos ao abrigo da Lei n.° 65/93, de 26 de Agosto, gozam de regime de urgência.

NOTAS:

a) A inobservância injustificada do disposto no n.° 1 deste artigo é punida com coima de 200.000$00 a 1.000.000$00 — alínea b) do n.° 1 do artigo 20.ª.

b) Código do Procedimento Administrativo:

Artigo 2.°

(...)

1. São órgãos da Administração Pública, para efeitos deste Código:

a) Os órgãos do Estado e das Regiões Autónomas que exerçam funções administrativas;

b) Os órgãos dos institutos públicos e das associações públicas;

c) Os órgãos das autarquias locais e suas associações e federações.

Artigo 61.°
(Direito dos interessados à informação)

1. Os particulares têm o direito de ser informados pela Administração, sempre que o requeiram, sobre o andamento dos procedimentos em que sejam directamente interessados, bem como o direito de conhecer as resoluções definitivas que sobre eles forem tomadas.

2. As informações a prestar abrangem a indicação do serviço onde o procedimento se encontra, os actos e diligências praticados, as deficiências a suprir pelos interessados, as decisões adoptadas e quaisquer outros elementos solicitados.

3. As informações solicitadas ao abrigo deste artigo serão fornecidas no prazo de 10 dias.

(...)

Artigo 62.°
(Consulta do processo e passagem de certidões)

1. Os interessados têm o direito de consultar o processo que não contenha documentos classificados ou que revelem segredo comercial ou industrial ou segredo relativo à propriedade literária, artística ou científica.

2. O direito referido no número anterior abrange os documentos nominativos relativos a terceiros, desde que excluídos os dados pessoais que não sejam públicos, nos termos legais.

3. Os interessados têm o direito, mediante o pagamento das importâncias que forem devidas, de obter certidão, reprodução ou declaração autenticada dos documentos que constem dos processos a que tenham acesso.

Artigo 63.°
(Certidões independentes de despacho)

1. Os funcionários competentes são obrigados a passar aos interessados, independentemente de despacho e no prazo de 10 dias a contar da apresentação do requerimento, certidão, reprodução ou declaração autenticada de documentos de que constem, consoante o pedido, todos ou alguns dos seguintes elementos:

a) Data da apresentação de requerimentos, petições, reclamações, recursos ou documentos semelhantes;

b) Conteúdo desses documentos ou pretensão neles formulada;

c) Andamento que tiveram ou situação em que se encontram;

Resolução tomada ou falta de resolução.

2. O dever estabelecido no número anterior não abrange os documentos classificados ou que revelem segredo comercial ou industrial ou segredo relativo à propriedade literária, artística ou científica.

(...)

Artigo 125.°
(Requisitos da fundamentação)

1. A fundamentação deve ser expressa, através de sucinta exposição dos fundamentos de facto e de direito da decisão, podendo consistir em mera declaração de concordân-

cia com os fundamentos de anteriores pareceres, informações ou propostas, que constituirão neste caso parte integrante do respectivo acto.

2. Equivale à falta de fundamentação a adopção de fundamentos que, por obscuridade, contradição ou insuficiência, não esclareçam concretamente a motivação do acto.

3. Na resolução de assuntos da mesma natureza, pode utilizar-se qualquer meio mecânico que reproduza os fundamentos das decisões, desde que tal não envolva diminuição das garantias dos interessados.

....

ARTIGO 9.°

Direito de acesso a locais públicos

1. Os jornalistas têm o direito de acesso a locais abertos ao público desde que para fins de cobertura informativa.

2. O disposto no número anterior é extensivo aos locais que, embora não acessíveis ao público, sejam abertos à generalidade da comunicação social.

3. Nos espectáculos ou outros eventos com entradas pagas em que o afluxo previsível de espectadores justifique a imposição de condicionalismos de acesso poderão ser estabelecidos sistemas de credenciação de jornalistas por órgão de comunicação social.

4. O regime estabelecido nos números anteriores é assegurado em condições de igualdade por quem controle o referido acesso.

ARTIGO 10.°

Exercício do direito de acesso

1. Os jornalistas não podem ser impedidos de entrar ou permanecer nos locais referidos no artigo anterior quando a sua presença for exigida pelo exercício da respectiva actividade profissional, sem outras limitações além das decorrentes da lei.

2. Para a efectivação do exercício do direito previsto no número anterior, os órgãos de comunicação social têm direito a utilizar os meios técnicos e humanos necessários ao desempenho da sua actividade.

3. Nos espectáculos com entradas pagas, em que os locais destinados à comunicação social sejam insuficientes, será dada prioridade aos órgãos de comunicação de âmbito nacional e aos de âmbito local do concelho onde se realiza o evento.

4. Em caso de desacordo entre os organizadores do espectáculo e os órgãos de comunicação social, na efectivação dos direitos previstos nos números anteriores, qualquer dos interessados pode requerer a intervenção da Alta Autoridade para a Comunicação Social, tendo a deliberação deste órgão natureza vinculativa e incorrendo em crime de desobediência quem não a acatar.

5. Os jornalistas têm direito a um regime especial que permita a circulação e estacionamento de viaturas utilizadas no exercício das respectivas funções, nos termos a estabelecer por portaria conjunta dos membros do Governo responsáveis pelas áreas da administração interna e da comunicação social.

ARTIGO 11.°

Sigilo profissional

1. Sem prejuízo do disposto na lei processual penal, os jornalistas não são obrigados a revelar as suas fontes de informação, não sendo o seu silêncio passível de qualquer sanção, directa ou indirecta.

2. Os directores de informação dos órgãos de comunicação social e os administradores ou gerentes das respectivas entidades proprietárias, bem como qualquer pessoa que nelas exerça funções, não podem, salvo com autorização escrita do jornalista envolvido, divulgar as suas fontes de informação, incluindo os arquivos jornalísticos de texto, som ou imagem das empresas ou quaisquer documentos susceptíveis de as revelar.

3. Os jornalistas não podem ser desapossados do material utilizado ou obrigados a exibir os elementos recolhidos no exercício da profissão, salvo por mandado judicial e nos demais casos previstos na lei.

4. O disposto no número anterior é extensivo às empresas que tenham em seu poder os materiais ou elementos ali referidos.

NOTAS:

a) Na revista Sub Judice n.° 15/16, publicada em Novembro de 2000, Rodrigo Santiago assina um artigo muito curioso.

Começa por defender a tese de que o denominado «sigilo profissional» do jornalista não é um segredo profissional, pois os jornalistas não têm o dever de se calar mas, sim, de falar, de exprimir as suas ideias e opiniões, limitando-se aquele ao direito de não revelarem as suas fontes de informação.

Não sendo segredo profissional, ao segredo dos jornalistas não se poderá aplicar a norma do artigo 135.° do C.P.P. por esta só contemplar segredos profissionais.

Se o legislador quisesse estabelecer restrições ao segredo dos jornalistas deveria editar legislação específica, para o efeito.

b) Também na mesma revista, a págs. 81, em nota de rodapé, A. Marinho e Pinto considera que um dos sinais da subordinação do poder político à tendência actual de desfavorecer a liberdade de imprensa relativamente aos direitos pessoais é a demissão do Estatuto do Jornalista de "regular os casos em que os profissionais da informação possam ser obrigados a violar o seu sigilo profissional. O novo Estatuto do Jornalista recusa-se também a estabelecer um regime processual para os jornalistas e órgãos de comunicação social semelhante ao que existe para outras profissões com segredo profissional, nomeadamente os advogados ou os funcionários bancários, quando alvo de revistas ou no caso de buscas e apreensões nas redacções dos órgãos de comunicação social."

c) Parecer do Conselho Consultivo da P.G.R. n.° 38/95, votado em 22 de Fevereiro de 1996 e publicado no Volume VI de Pareceres — Procuradoria-Geral da República, págs. 463 e segs:

1.ª O direito ao sigilo profissional dos jornalistas, incluindo na categoria de jornalistas os operadores de televisão, destina-se, essencialmente, a garantir-lhes a protecção das fontes de informação — artigos 38.°, n.° 2, alínea b), da Constituição da República Portuguesa, 5.°, alínea c), e 8.°, n.° 1, da Lei n.° 62/79, de 20 de Setembro, que aprovou o Estatuto do Jornalista.

2.° O conceito de fonte de informação abrange não apenas as pessoas, como autores de declarações, opiniões e juízos transmitidos ao jornalista, mas também os documentos e arquivos jornalísticos, em suporte escrito, de som e de imagem — artigo 7.°, n.° 3, alínea b), daquele estatuto.

3.° Os jornalistas têm o direito e os directores das empresas de comunicação social, nomeadamente das estações televisivas, o dever de não revelar e exibir as fontes referidas na conclusão anterior, salvo consentimento expresso do interessado (n.° 2 do artigo 8.° da Lei n.° 62/79).

4.° Ressalvada a existência de norma que afaste a oponibilidade da colaboração solicitada pelas autoridades judiciárias, o sigilo referido nas conclusões anteriores só pode ser quebrado por decisão do tribunal, na situação e nos precisos termos do n.° 3 do artigo 135.° do Código de Processo Penal.

5.° Antes de ser suscitada a quebra do sigilo, a autoridade judiciária, se tiver dúvidas sobre a legitimidade da escusa, procede às averiguações necessárias e, se concluir pela ilegitimidade, ordena ou requer ao tribunal que ordene a prestação do depoimento ou o fornecimento dos elementos probatórios.

6.° Fora dos casos especiais e da situação referidos nas conclusões anteriores, os magistrados do Ministério Público não dispõem de mecanismo legal que lhes permita quebrar o referido sigilo;

7.° A Polícia Judiciária, no exercício das suas competências de investigação criminal, sob a direcção e na dependência funcional da autoridade judiciária competente, pode solicitar a esta, se necessário, a apreensão de objectos, nomeadamente gravações em poder dos jornalistas e das respectivas empresas de comunicação social, nos termos e para os fins dos artigos 178.° e 182.° do Código de Processo Penal, lançando mão, se for caso disso, do mecanismo legal fixado nos artigos 135.° n.° s 2 e 3, e 182.°, n.° 2, deste diploma legal.

8.° Face ao disposto nos artigos 12.°, n.° 2, e 30.° da Lei n.° 9/91, de 9 de Abril, os jornalistas podem e os directores e as empresas de comunicação social devem invocar, se for caso disso, o sigilo referido nas conclusões anteriores relativamente às solicitações do Provedor de Justiça.

9.° As comissões parlamentares de inquérito gozam de todos os poderes de investigação das autoridades judiciárias — artigos 181.°, n.° 1, da Constituição da República Portuguesa, e 13.°, n.° 1, da Lei n.° 5/93, de 1 de Março — podendo, por isso, ordenar a prestação de depoimentos ou a apresentação de documentos, nos casos e termos dos artigos 135.°, n.° 2, e 182.°, n.° 2, do Código de Processo Penal, bem assim suscitar a intervenção do Tribunal da Relação nos termos e para os fins do n.° 3 do referido artigo 135.° .

10.° Não se tratando de fontes de informação em que seja legítima a invocação do sigilo, os jornalistas, os directores e as empresas de comunicação social devem prestar a colaboração a que têm direito as autoridades referidas nas conclusões anteriores, nomeadamente, fornecendo-lhes gravações em bruto que tenham em seu poder.

d) Parecer do Conselho Consultivo da P.G.R. n.° 67/96, votado em 20 de Março de 1997, publicado em Pareceres — Procuradoria-Geral da República, págs. 119 e segs.:

1.° — A confidencialidade fiscal e o segredo profissional fiscal, plasmados no artigo 17.°, alínea d), do Código de Processo Tributário e no artigo 27.° do Regime Jurídico das Infracções Fiscais Não Aduaneiras (RJIFNA), levando implicada a confiança entre o cidadão e a administração fiscal, privilegia essencialmente a tutela da intimidade da vida privada, valor com assento constitucional — artigos 26.°, n.° s 1 e 2, 35.°, n.° s 2 e 3, e 268.°, n.° 2, da lei fundamental.

2.° — No capítulo específico da informação sujeita a tratamento automatizado, nomeadamente, é proibido o acesso a ficheiros e registos informáticos para conhecimento de dados pessoais relativos a terceiros, bem como a respectiva interconexão e utilização para finalidade diferente da que determinou a sua recolha, salvo nos casos excepcionais previstos na lei e mediante controlo e autorização da Comissão Nacional de Protecção de Dados Pessoais Informatizados (CNPDPI) — artigo 35.°, n.° 2, da Constituição; artigos 4.°, n.° 1, 8.°, alíneas c), d) e f), e 15.°, da Lei n.° 10/91, de 29 de Abril.

3.° — Em protecção dos dados aludidos na conclusão 2.ª, o artigo 32.°, n.° s 1 e 2, da Lei n.° 10/91 sujeita, inclusivamente, a sigilo profissional, mesmo após o termo das suas funções, os responsáveis pelos ficheiros automatizados, bases e bancos de dados, assim como as pessoas que, no exercício das suas funções, tenham conhecimento dos dados pessoais neles registados, sem exceptuar os próprios membros da Comissão Nacional, mesmo após o fim do mandato.

4.° — O funcionário que, sem estar devidamente autorizado, revele segredo profissional fiscal, comete o crime previsto e punido pelo n.° 3 do artigo 27.°, desde que verificados os requisitos de imputação objectiva e subjectiva densificados no ponto III da parte expositiva do presente parecer.

5.° — Constitui violação do segredo fiscal, para efeitos do citado artigo 27.°, n.° 3, a divulgação ou transmissão, por parte da administração fiscal, a outros órgãos da Administração Pública, de dados relativos à situação tributária dos contribuintes, salvo quando exista norma especial de que resulte o dever de prestar essa colaboração.

6.° — A divulgação pública de segredo profissional fiscal através de meios de comunicação social, na prática do crime previsto no n.° 3 do artigo 27.°, do Regime Jurídico das Infracções Fiscais Não Aduaneiras, importa, designadamente, a agravação modificativa da pena nele prevista, nos termos do artigo 25.°, n.° 2, alínea b), da Lei de Imprensa.

7.° — Na hipótese, configurada na consulta, de o crime previsto no n.° 3 do artigo 27.° ainda não ter sido cometido e nem sequer se haver iniciado a sua execução são inaplicáveis as medidas cautelares e de garantia prevenidas no Código de Processo Penal.

8.° — A viabilidade de recurso, nessa situação, a providências cautelares não especificadas — artigos 381.° e seguintes do Código de Processo Civil — depende das circunstâncias de facto em concreto emergentes.

ARTIGO 12.°

Independência dos jornalistas e cláusula de consciência

1. Os jornalistas não podem ser constrangidos a exprimir ou subscrever opiniões nem a desempenhar tarefas profissionais contrárias à sua consciência, nem podem ser alvo de medida disciplinar em virtude de tal recusa.

2. Em caso de alteração profunda na linha de orientação ou na natureza do órgão de comunicação social, confirmada pela Alta Autoridade para a Comunicação Social a requerimento do jornalista, apresentado no prazo de 60 dias, este poderá fazer cessar a relação de trabalho com justa causa, tendo direito à respectiva indemnização, nos termos da legislação laboral aplicável.

3. O direito à rescisão do contrato de trabalho nos termos previstos no número anterior deve ser exercido, sob pena de caducidade, nos 30 dias subsequentes à notificação da deliberação da Alta Autoridade para a Comunicação Social, que deve ser tomada no prazo de 30 dias após a solicitação do jornalista.

4. Os jornalistas podem recusar quaisquer ordens ou instruções de serviço com incidência em matéria editorial emanadas de pessoa não habilitada com título profissional ou equiparado.

ARTIGO 13.°

Direito de participação

1. Os jornalistas têm direito a participar na orientação editorial do órgão de comunicação social para que trabalhem, salvo quando

tiverem natureza doutrinária ou confessional, bem como a pronunciar-se sobre todos os aspectos que digam respeito à sua actividade profissional, não podendo ser objecto de sanções disciplinares pelo exercício desses direitos.

2. Nos órgãos de comunicação social com mais de cinco jornalistas, estes têm o direito de eleger um conselho de redacção, por escrutínio secreto e segundo regulamento por eles aprovado.

3. As competências do conselho de redacção são exercidas pelo conjunto dos jornalistas existentes no órgão de comunicação social, quando em número inferior a cinco.

4. Compete ao conselho de redacção:

a) Cooperar com a direcção no exercício das funções de orientação editorial que a esta incumbem;

b) Pronunciar-se sobre a designação ou demissão, pela entidade proprietária, do director, bem como do subdirector e do director-adjunto, caso existam, responsáveis pela informação do respectivo órgão de comunicação social;

c) Dar parecer sobre a elaboração e as alterações ao estatuto editorial;

d) Pronunciar-se sobre a conformidade de escritos ou imagens publicitárias com a orientação editorial do órgão de comunicação social;

e) Pronunciar-se sobre a invocação pelos jornalistas do direito previsto no n.° 1 do artigo 12.°

f) Pronunciar-se sobre questões deontológicas ou outras relativas à actividade da redacção;

g) Pronunciar-se acerca da responsabilidade disciplinar dos jornalistas profissionais, nomeadamente na apreciação de justa causa de despedimento, no prazo de cinco dias a contar da data em que o processo lhe seja entregue.

ARTIGO 14.°
Deveres

Independentemente do disposto no respectivo código deontológico, constituem deveres fundamentais dos jornalistas:

a) Exercer a actividade com respeito pela ética profissional, informando com rigor e isenção;

b) Respeitar a orientação e os objectivos definidos no estatuto editorial do órgão de comunicação social para que trabalhem;
c) Abster-se de formular acusações sem provas e respeitar a presunção de inocência;
d) Não identificar, directa ou indirectamente, as vítimas de crimes contra a liberdade e autodeterminação sexual, bem como os menores que tiverem sido objecto de medidas tutelas sancionatórias;
e) Não tratar discriminatoriamente as pessoas, designadamente em função da cor, raça, religião, nacionalidade ou sexo;
f) Abster-se de recolher declarações ou imagens que atinjam a dignidade das pessoas;
g) Respeitar a privacidade de acordo com a natureza do caso e a condição das pessoas;
h) Não falsificar ou encenar situações com intuitos de abusar da boa fé do público;
i) Não recolher imagens e sons com o recurso a meios não autorizados a não ser que se verifique um estado de necessidade para a segurança das pessoas envolvidas e o interesse público o justifique.

CAPÍTULO III

Dos directores de informação, correspondentes e colaboradores

ARTIGO 15.°

Directores de informação

1. Para efeitos de garantia de acesso à informação, de sujeição às normas éticas da profissão e de incompatibilidades, são equiparados a jornalistas os indivíduos que, não preenchendo os requisitos fixados no artigo 1.°, exerçam, contudo, de forma efectiva e permanente, as funções de direcção do sector informativo de órgão de comunicação social.

2. Os directores equiparados a jornalistas estão obrigados a possuir um cartão de identificação próprio, emitido nos termos previstos no Regulamento da Carteira Profissional de Jornalista.

ARTIGO 16.º

Correspondentes locais e colaboradores

Os correspondentes locais, os colaboradores especializados e os colaboradores da área informativa de órgãos de comunicação social regionais ou locais, que exerçam regularmente actividade jornalística sem que esta constitua a sua ocupação principal, permanente e remunerada, estão vinculados aos deveres éticos dos jornalistas e têm direito a um documento de identificação, emitido pela Comissão da Carteira Profissional de Jornalista, para fins de acesso à informação.

ARTIGO 17.º

Correspondentes estrangeiros

Os correspondentes de órgãos de comunicação social estrangeiros em Portugal estão vinculados aos deveres éticos dos jornalistas e têm direito a um cartão de identificação, emitido pela Comissão da Carteira Profissional de Jornalista, que titule a sua actividade e garanta o acesso às fontes de informação.

NOTA:

Através da Portaria n.º 148/99, de 4 de Março, foi regulamentada a concessão deste cartão de identificação.

ARTIGO 18.º

Colaboradores nas comunidades portuguesas

Aos cidadãos que exerçam uma actividade jornalística em órgãos de comunicação social destinados às comunidades portuguesas no estrangeiro e aí sediados é atribuído um título identificativo, a emitir nos termos definidos em portaria conjunta dos membros do Governo responsáveis pelas áreas das comunidades e da comunicação social.

NOTA:

A portaria referenciada neste artigo é a n.º 360/99, da Presidência do Conselho de Ministros e do Ministério dos Negócios Estrangeiros, publicada em 19 de Maio.

CAPÍTULO IV
Formas de responsabilidade

ARTIGO 19.°
Atentado à liberdade de informação

1. Quem, com intuito de atentar contra a liberdade de informação, apreender ou danificar quaisquer materiais necessários ao exercício da actividade jornalística pelos possuidores dos títulos previstos no presente diploma ou impedir a entrada ou permanência em locais públicos para fins de cobertura informativa nos termos do artigo 9.° e dos números 1,2 e 3 do artigo 10.°, é punido com prisão até 1 ano ou com multa até 120 dias.

2. Se o infractor for agente ou funcionário do Estado ou de pessoa colectiva pública e agir nessa qualidade, é punido com prisão até 2 anos ou com multa até 240 dias, se pena mais grave lhe não couber nos termos da lei penal.

ARTIGO 20.°
Contra-ordenações

1. Constitui contra-ordenação punível com coima:

a) De 100.000$00 a 1.000.000$00, a infracção ao disposto no artigo 3.°;

b) De 200.000$00 a 1.000.000$00, a infracção ao disposto no n.° 1 do artigo 4.° e a inobservância do disposto no n.° 1 do artigo 8.°, quando injustificada;

c) De 500.000$00 a 3.000.000$00, a infracção ao disposto no n.° 2 do artigo 4.°

2. A infracção ao disposto no artigo 3.° pode ser objecto da sanção acessória de interdição do exercício da profissão por um período máximo de 12 meses, tendo em conta a sua gravidade e a culpa do agente.

3. A negligência é punível.

4. A instrução dos processos das contra-ordenações e a aplicação das coimas por infracção aos artigos 3.° e 4.° deste diploma é da competência da Comissão da Carteira Profissional de Jornalista.

5. A instrução dos processos das contra-ordenações e a aplicação das coimas por infracção ao artigo 8.° deste diploma é da competência da Alta Autoridade para a Comunicação Social.
6. O produto das coimas reverte integralmente para o Estado.

NOTAS:

a) O artigo 3.° diz respeito às incompatibilidades com o exercício da profissão de jornalista.

b) No n.° 1 do artigo 4.°, estabelece-se a obrigatoriedade da habilitação do jornalista com um título para o exercício da respectiva profissão.

c) No n.° 2 do artigo 4.°, estabelece-se a proibição das empresas da comunicação social contratarem indivíduos sem título para exercerem a profissão de jornalistas.

d) No n.° 1 do artigo 8.° enumeram-se as entidades obrigadas a disponibilizar o acesso dos jornalistas às fontes públicas de informação.

ARTIGO 21.°

Disposição final e transitória

A definição legal da protecção dos direitos de autor dos jornalistas, prevista no artigo 7.°, n.° 3, será aprovada no prazo de 120 dias, precedendo audição das associações representativas dos jornalistas e das empresas de comunicação social interessadas.

LEI n.° 62/79

de 20 de Setembro

ESTATUTO DO JORNALISTA

A Assembleia da República decreta, nos termos da alínea d) do artigo 164.° e do n.° 2 do artigo 169.° da Constituição, o seguinte:

ARTIGO 1.°

1. É aprovado pela presente lei o Estatuto do Jornalista, que dela faz parte integrante.

2. O Estatuto do Jornalista garante aos jornalistas profissionais e equiparados o exercício dos direitos e impõe-lhes o cumprimento dos deveres inerentes à sua actividade profissional

ARTIGO 2.°

O Governo, ouvida a organização sindical dos jornalistas, publicará, no prazo de trinta dias, a contar da entrada em vigor da presente lei, o Regulamento da Carteira Profissional de Jornalista e do documento de identificação de equiparado a jornalista.

ARTIGO 3.°

A presente lei entra em vigor dez dias após a sua publicação.

ESTATUTO DO JORNALISTA

CAPÍTULO I
Dos jornalistas

ARTIGO 1.°

(Definição de jornalista)

São considerados jornalistas profissionais, para os efeitos do disposto nesta lei, os indivíduos que, em regime de ocupação principal, permanente e remunerada, exerçam as seguintes funções:

a) De redacção ou reportagem fotográfica, em regime de contrato de trabalho com empresa jornalística ou noticiosa;

b) De natureza jornalística, em regime de contrato de trabalho, em empresa de comunicação social ou que produza, por forma regular e sistemática, documentários cinematográficos de carácter informativo;

c) De direcção de publicação periódica editada por empresa jornalística, de serviço de informação de agência noticiosa, de emissora de televisão ou radiodifusão, ou de empresa que produza, por forma regular e sistemática, documentários cinematográficos de carácter informativo, desde que hajam anteriormente exercido, por período não inferior a dois anos, qualquer das funções mencionadas nas alíneas anteriores;

d) De natureza jornalística, em regime livre, para qualquer empresa de entre as mencionadas nas alíneas anteriores, desde que haja exercido a profissão durante pelo menos quatro anos;

e) De correspondente, em território nacional ou no estrangeiro, em virtude de contrato de trabalho com órgão de comunicação social.

ARTIGO 2.°
(Capacidade)

1. Podem ser jornalistas os cidadãos, maiores de 18 anos, no pleno gozo dos seus direitos civis.

2. O exercício do jornalismo é vedado aos que sejam considerados delinquentes habituais à face e nos termos da lei penal.

NOTA:

Actualmente, no nosso Código Penal, não existe a figura do delinquente habitual.

Na secção I do Capítulo V, artigos 83.° a 85.°, trata-se dos delinquentes por tendência.

ARTIGO 3.°
(Incompatibilidades)

O exercício da profissão de jornalista é incompatível com o desempenho de:

a) Funções de angariador de publicidade;

b) Funções em agências de publicidade ou em serviços de relações públicas, oficiais ou privadas;

c) Funções remuneradas em qualquer organismo ou corporação policial;

d) Serviço militar;

e) Funções de membro do Governo da República ou de governos regionais.

ARTIGO 4.°
(Título profissional)

1. É condição do exercício da profissão de jornalista a habilitação com o respectivo título.

2. Nenhuma empresa das mencionadas no artigo 1.° poderá admitir ou manter ao seu serviço, como jornalista profissional, indivíduo que se não mostre habilitado nos termos do número antecedente, salvo se tiver requerido o título de habilitação e se encontrar a aguardar decisão.

3. Sem prejuízo do período experimental de candidatura, os indivíduos que ingressem na profissão de jornalista terão a qualificação de estagiários durante dois anos.

CAPÍTULO II
Direitos e Deveres

ARTIGO 5.°
(Direitos)

Constituem direitos fundamentais dos jornalistas:

a) A liberdade de criação, expressão e divulgação;
b) A liberdade de acesso às fontes oficiais de informação;
c) A garantia do sigilo profissional;
d) A garantia de independência;
e) A participação na vida do respectivo órgão de comunicação social, nos termos da lei.

ARTIGO 6.°
(Liberdade de criação, expressão e divulgação)

A liberdade de criação, expressão e divulgação dos jornalistas não está sujeita a impedimentos ou discriminações, nem subordinada a qualquer forma de censura, autorização, caução ou habilitação prévia, sem prejuízo da competência da direcção, do conselho de redacção ou das entidades que a lei lhes equipare e do mais previsto na lei.

ARTIGO 7.°
(Acesso às fontes de informação)

1. O direito de acesso às fontes de informação, nos termos da Lei de Imprensa e demais legislação aplicável, é condição essencial ao exercício da actividade de jornalista.
2. O direito referido no número anterior abrange, designadamente, o livre acesso às fontes de informação controladas pela Administração Pública, pelas empresas públicas ou com participação maioritária de pessoas colectivas de direito público e pelas empresas que explorem bens do domínio público ou sejam concessionárias de serviços públicos, no que disser respeito ao objecto da exploração ou concessão.
3. Para efectivação do direito de acesso às fontes de informação são reconhecidos aos jornalistas os seguintes direitos:
a) Não serem detidos, afastados ou por qualquer forma impedidos de desempenhar a respectiva missão em qualquer local onde a sua presença seja exigida pelo exercício da actividade profissional, sem outras limitações além das decorrentes da Lei de Imprensa e demais legislação aplicável.
b) Não serem, em qualquer local e em qualquer momento, desapossados do material utilizado ou obrigados a exibir os elementos recolhidos, a não ser por mandado judicial, nos termos da lei;
c) A livre entrada e permanência em lugares públicos e um regime especial, em termos a regulamentar, quanto ao estacionamento da viatura da empresa para que trabalhe e que utilize no exercício das respectivas funções.

ARTIGO 8.°
(Sigilo profissional)

1. Os jornalistas têm o direito de recusar a revelação das suas fontes de informação, não podendo o seu silêncio sofrer qualquer sanção directa ou indirecta.
2. Os directores e as empresas de comunicação social não poderão revelar tais fontes quando delas tiverem conhecimento, salvo consentimento expresso do interessado.

ARTIGO 9.°
(Independência do jornalista)

1. Os jornalistas não podem ser constrangidos a exprimir opinião ou a cometer actos profissionais contrários à sua consciência.

2. Em caso de alteração profunda na linha de orientação de um órgão de comunicação social, confirmada pelo Conselho de Imprensa, os jornalistas ao seu serviço poderão extinguir a relação de trabalho por sua iniciativa unilateral, tendo direito a indemnização pelo prejuízo sofrido, que não poderá ser inferior a um mês de vencimento por cada ano de actividade na respectiva empresa.

3. O direito à rescisão unilateral do contrato de trabalho previsto no número anterior deverá ser exercido, sob pena de caducidade, nos trinta dias subsequentes ao conhecimento da confirmação pelo Conselho de Imprensa.

NOTA:

Onde se lia Conselho de Imprensa deveria ler-se Alta Autoridade para a Comunicação Social.

ARTIGO 10.°
(Participação dos jornalistas)

1. Os jornalistas têm o direito a participar na orientação do órgão de comunicação social para quem trabalhem, quando não pertencente ao Estado ou a partidos políticos, nos termos previstos na lei e no estatuto da respectiva empresa.

2. Em todos os órgãos de comunicação social com, pelo menos, cinco jornalistas existirão obrigatoriamente conselhos de redacção, eleitos de entre e por todos os jornalistas, com a composição e as competências definidas na legislação aplicável.

ARTIGO 11.°
(Deveres)

1. São deveres fundamentais do jornalista profissional:

a) Respeitar escrupulosamente o rigor e a objectividade da informação;

b) Respeitar a orientação e os objectivos definidos no estatuto editorial do órgão da comunicação social para que trabalhe, bem como a ética profissional, e não abusar da boa-fé dos leitores, encobrindo ou deturpando a informação;

c) Respeitar os limites ao exercício da liberdade de imprensa nos termos da Constituição e da Lei.

2. Os deveres deontológicos serão definidos por um código deontológico, a aprovar pelos jornalistas, que incluirá as garantias do respectivo cumprimento.

NOTA:

Quanto ao código deontológico aqui referido, ver anotação ao artigo 10.° da Lei de Imprensa de 1975.

CAPÍTULO III
Da carteira profissional

ARTIGO 12.°
(Carteira profissional)

1. A carteira profissional de jornalista é o documento de identificação do seu titular e de certificação do respectivo título profissional.

2. Todos os jornalistas serão obrigados a possuir a respectiva carteira profissional, cujas condições de aquisição, revalidação, suspensão e e perda são definidas no Regulamento da Carteira Profissional.

3. Os jornalistas estagiários a que se refere o artigo 4.°,n.° 3, do presente Estatuto deverão possuir um título provisório, que substitui, para os efeitos legais, a carteira profissional.

NOTA:

Ver infra a transcrição dos diplomas regulamentadores da concessão da carteira profissional.

ARTIGO 13.°
(Emissão da carteira)

1. A emissão da carteira profissional de jornalista é da competência da respectiva organização sindical, não podendo depender da qualidade de sindicalizado do requerente.

2. A carteira profissional de jornalista será emitida a requerimento do interessado, instruído com prova de que preenche os requisitos necessários e declaração de que não se encontra ferido por qualquer dos impedimentos previstos na presente lei.

3. Das decisões em matéria de aquisição, renovação, suspensão e perda da carteira profissional de jornalista cabe recurso para o Conselho de Imprensa, sem prejuízo do recurso para o tribunal competente.

NOTA:

O número 1 deste preceito foi declarado inconstitucional, com força obrigatória geral, pelo Acórdão do Tribunal Constitucional n.° 445/93, de 14 de Julho, publicado no D.R., 1.ª série, n.° 189-A, de 13/08/93.

CAPÍTULO IV
Dos equiparados a jornalistas, dos correspondentes locais e colaboradores especializados.

ARTIGO 14.°
(Equiparados a jornalistas)

1. Para efeitos de garantia de acesso às fontes oficiosas de informação e de sujeição ao código deontológico, são equiparados a jornalistas os indivíduos que, não preenchendo os requisitos fixados no artigo 1.°, exerçam, contudo, de forma efectiva e perma-

nente, as funções de direcção de publicação periódica de expansão nacional ou de direcção, chefia ou coordenação da redacção de publicação informativa de expansão regional ou de informação especializada.

2. Os equiparados a jornalistas estão obrigados a possuir um cartão de identificação próprio, emitido nos mesmos termos da carteira profissional.

NOTA:

O número 2 deste preceito foi declarado inconstitucional, com força obrigatória geral, pelo Acórdão do Tribunal Constitucional n.° 445/93, de 14 de Julho, publicado no D.R., 1.ª série, n.° 189-A, de 13/08/93.

ARTIGO 15.°
(Correspondentes locais e colaboradores especializados)

Aos correspondentes locais e aos colaboradores especializados cuja actividade jornalística não constitua a sua ocupação principal, permanente e remunerada será facultado acesso às fontes de informação, nos termos da Lei de Imprensa, mediante documento de identificação emitido, nos termos e condições a definir em regulamento, pela direcção da empresa titular do órgão de comunicação social em que trabalhem.

CAPÍTULO V
Sanções

ARTIGO 16.°

1. A infracção ao disposto no n.° 1 do artigo 4.° sujeita os infractores ao pagamento de multa de 10 000$00 a 50 000$00.

2. A infracção ao disposto no n.° 2 do artigo 4.° sujeita as empresas ao pagamento de multa de 10 000$00 a 50 000$00.

3. A infracção ao disposto no n.° 2 do artigo 14.° sujeita os infractores ao pagamento de multa de 10 000$00 a 50 000$00.

NOTAS:

a) No n.° 1 do artigo 4.°, diz-se que é condição do exercício da profissão de jornalista a habilitação com o respectivo título.

b) No n.° 2 do mesmo artigo, proíbe-se a admissão de jornalista profissional, sem título, por parte das empresas.

c) Dada a declaração de inconstitucionalidade, com força obrigatória geral, que recaiu sobre o n.° 2 do art.14.°, seria de pensar deixar de ter aplicação a sanção da alínea c) do artigo 16.° . No entanto, dado continuar a exigir-se este cartão, após as alterações introduzidas no Regulamento da Carteira de Jornalista Profissional, deveria entender-se que continuava em vigor a sanção estabelecida para a falta dele.

ARTIGO 17.°
(Destino das multas)

As importâncias resultantes das multas aplicadas nos termos do artigo anterior revertem para o Fundo de Desemprego.

REGULAMENTO DA CARTEIRA PROFISSIONAL DO JORNALISTA

Decreto-Lei n.° 305/97, de 11 de Novembro

Na sequência do Acórdão n.° 445/93, de 14 de Julho, do Tribunal Constitucional, que declarou a inconstitucionalidade, com força obrigatória geral, de algumas disposições do Regulamento da Carteira Profissional do Jornalista, aprovado pelo Decreto-Lei n.° 513/79, de 24 de Dezembro, por atribuírem competência às associações sindicais para a regularização dos títulos de acreditação dos jornalistas e equiparados, o Decreto-Lei n.° 291/94,de 16 de Novembro, veio determinar que tal função passasse a ser exercida por uma comissão da carteira profissional, presidida por um magistrado e constituída por jornalistas profissionais e representantes dos diferentes meios de comunicação social. Porém, o Regulamento da Carteira Profissional do Jornalista tem vindo a revelar-se desajustado e lacunar, tornando-se necessário alterá-lo no sentido de uma maior clareza e simplificação de procedimentos.

Foram ouvidos o Sindicato dos Jornalistas e a Comissão da Carteira Profissional do Jornalista.

Assim. no desenvolvimento do regime jurídico estabelecido pela Lei n.° 62/79, de 20 de Setembro, e nos termos da alínea a) do n.° 1 do artigo 198.° da Constituição, o Governo decreta o seguinte:

ARTIGO 1.°

É aprovado o Regulamento da Carteira Profissional do Jornalista, anexo ao presente decreto-lei, de que faz parte integrante.

ARTIGO 2.°

São revogados os Decretos-Leis números 513/79, de 24 de Dezembro, e 291/94, de 16 de Novembro.

NOTAS:

a) O Decreto-Lei n.° 513/79, de 24 de Dezembro, havia revogado o Regulamento aprovado pelo Decreto-Lei n.° 31 119, de 30 de Janeiro de 1941.

b) Algumas normas do Decreto-Lei n.° 513/79, de 24 de Dezembro, foram julgadas inconstitucionais, com força obrigatória geral, pelo Acórdão do Tribunal Constitucional n.° 445/93, de 14 de Julho, publicado na 1.ª série do Diário da República n.° 189-A, de 13/8/93.

A questão da inconstitucionalidade foi suscitada pelo Senhor Procurador-Geral da República, com os seguintes fundamentos:

1.° O Estatuto do Jornalista considera, nos artigos 1.° e 12.°, condição do exercício da profissão de jornalista, a habilitação com a respectiva carteira profissional.

Nos termos do artigo 13.°,n.° 1, do referido Estatuto, a emissão da carteira profissional de jornalista é da competência da respectiva organização sindical, não podendo depender da qualidade de sindicalizado do requerente.

Por seu turno, conforme prescreve o n.° 2 do artigo 14.° do mesmo Estatuto, os equiparados a jornalistas estão obrigados a possuir cartão de identificação próprio, emitido também pela respectiva organização sindical.

2.° Esta matéria veio a ser regulamentada e desenvolvida pelo Regulamento da Carteira Profissional do Jornalista, em termos de incumbir à organização sindical dos jornalistas a emissão do título que condiciona o exercício legítimo da profissão, competindo-lhe igualmente, como corolário daquela atribuição fundamental, pronunciar-se e decidir sobre as várias possíveis vicissitudes que tal título de habilitação venha a sofrer, designadamente a sua renovação ou revalidação, a suspensão de validade, a determinação da sua perda e apreensão.

Dentro da mesma lógica de fiscalização do exercício da profissão, detém ainda a organização sindical dos jornalistas um verdadeiro poder disciplinar, que lhe permite aplicar sanções no caso de ocorrerem infracções aos deveres deontológicos dos jornalistas.

3.° A jurisprudência do Tribunal Constitucional tem reconhecido uniformemente que, face ao actual texto da Constituição, os sindicatos surgem — ao contrário das associações públicas, referidas no artigo 267.°,n.° 3, da lei fundamental, e dos antigos sindicatos nacionais do regime corporativo — como associações de direito privado, criadas por iniciativa espontânea dos interessados, tendo por finalidade a defesa dos respectivos interesses sócio-profissionais, não lhes cabendo o desempenho de funções públicas ou o exercício de poderes de autoridade.

4.° O princípio da liberdade sindical garante a cada trabalhador plena autonomia de decisão, seja para se inscrever em qualquer dos sindicatos existentes, seja para não se inscrever em nenhum deles, seja ainda para tomar a iniciativa de promover a criação de um novo sindicato.

Este direito de livre sindicalização implica que ninguém possa ser directamente obrigado a filiar-se em sindicato determinado, tal como proíbe a existência de quaisquer mecanismos ou medidas de pressão que indirectamente possam contribuir para limitar o pleno gozo e fruição daquela liberdade, obstando a que, por qualquer forma, mesmo remota ou indirecta, os sindicatos possam funcionar como «estruturas de coerção».

5.° A atribuição aos sindicatos de competência para emitir o título que condiciona o exercício legítimo de certa profissão constitui necessariamente violação do aludido princípio da liberdade sindical; e isto não apenas na hipótese -mais extensiva — em que se exigisse, como condição da passagem do referido título, a sindicalização do trabalhador, mas também nas hipóteses — como a que ora nos ocupa — em que a lei atribui tal função à organização sindical independentemente da qualidade de sindicalizado do trabalhador requerente.

É que, por um lado, existe o perigo real de a competência para a emissão do título de habilitação profissional ser mal utilizada e de os sindicatos se valerem dela para — recusando a sua passagem aos não filiados ou simplesmente levantando-lhes especiais obstáculos — forçarem ou «sugerirem» a sindicalização aos profissionais que do título carecem para o exercício da sua actividade.

Existe, deste modo, no sistema legal em causa uma certa restrição — constitucionalmente ilegítima — à possibilidade de livre escolha no plano de filiação sindical, já que ele sempre comporta «um certo potencial de coerção sobre os trabalhadores, potencial de coerção que já terá sido passado a acto em diversos casos» (cfr. o Acórdão n.° 272/86, de 30 de Julho, do Tribunal Constitucional).

6.° Por outro lado, aquela solução legal — consistente em «obrigar» o sindicato a emitir o título profissional, independentemente da qualidade de sindicalizado do trabalhador que o requeira — acaba por se traduzir na imposição ao sindicato do exercício de uma verdadeira actividade administrativa em favor de quem dele não é associado, violando-se, por esta forma, o princípio da liberdade de acção e da independência das associações sindicais, consagrado no n.° 4 do artigo 56.° da Constituição.

7.° Acresce que a atribuição à organização sindical dos jornalistas de um poder fiscalizador do exercício da profissão — traduzido na competência para determinar a suspensão, perda ou apreensão do título, com a consequente impossibilidade de exercer legitimamente a profissão —, bem como de um verdadeiro poder disciplinar, no que respeita às eventuais infracções aos deveres deontológicos dos jornalistas, implicam a atribuição e o exercício de verdadeiros poderes ou prerrogativas de autoridade, ultrapassando-se claramente a competência que o n.° 1 do artigo 56.° da Constituição atribui às associações sindicais.

8.° Ora, é constitucionalmente reconhecida aos trabalhadores a liberdade sindical (artigo 55.°, n.° 1), a qual envolve, designadamente, a liberdade de constituição de associações sindicais a todos os níveis e a liberdade de inscrição sindical (alíneas a) e b) do n.° 2 do artigo 55.°).

Por sua vez, o n.° 4 do mesmo preceito constitucional vem afirmar o princípio da independência das associações sindicais, relativamente ao patronato, ao Estado, às confissões religiosas, aos partidos e às outras associações políticas.

E o artigo 56.°, n.° 1, prescreve que a finalidade das associações sindicais consiste na defesa e promoção dos direitos e interesses dos trabalhadores que representam.

O sistema atrás assinalado, instituído pelas normas legais questionadas, não é compatível com estes preceitos e princípios constitucionais, o que implica a sua inconstitucionalidade material.

O Tribunal aceitou esta argumentação e declarou a inconstitucionalidade material de todas as normas questionadas.

c) O Decreto-Lei n.° 291/94, de 16 de Novembro, havia sido ratificado, com alterações, através da Lei n.° 14/95, de 5 de Maio.

REGULAMENTO DA CARTEIRA PROFISSIONAL DO JORNALISTA

CAPÍTULO I
Disposições gerais

ARTIGO 1.°
(Título de acreditação)

O presente diploma regula as condições de emissão, renovação, suspensão e cassação da carteira profissional do jornalista e dos demais títulos de acreditação dos profissionais de informação dos meios de comunicação social.

ARTIGO 2.°
(Competências)

1. Compete à Comissão da Carteira Profissional do Jornalista, adiante abreviadamente designada por CCPJ, emitir, renovar, suspender e cassar os títulos referidos no artigo anterior, bem como exercer os demais poderes que lhe sejam conferidos por lei.

2. Adstrita à CCPJ, mas dela independente, funciona a Comissão de Apelo, com competência para deliberar sobre os recursos interpostos das decisões daquela.

NOTAS:

a) No domínio da legislação anterior, estas comissões haviam sido criadas pelo Decreto-Lei n.° 291/94, de 16 de Novembro.

b) Dado o disposto no número 2 do artigo 32.°, conjugado com o que se dispõe no artigo 71.° do Código de Procedimento Administrativo (adiante transcrito, a págs. 258) o prazo de interposição de recurso passou a ser de 15 dias. Anteriormente era de 20 dias.

ARTIGO 3.°

(Carteira profissional do jornalista)

1. A carteira profissional de jornalista é o documento de identificação do jornalista e de certificação do nome profissional, constituindo título de habilitação bastante para o exercício da profissão e dos direitos que a lei lhe confere.

2. A habilitação com a carteira profissional do jornalista constitui condição indispensável ao exercício da profissão de jornalista.

3. Ao titular da carteira profissional do jornalista são garantidos, quando no exercício das suas funções, todos os direitos previstos na Lei de Imprensa e no Estatuto do Jornalista.

4. Para a identificação do jornalista em exercício de funções é suficiente a apresentação da carteira profissional, não lhe podendo ser exigido qualquer outro documento de identificação, salvo por parte de autoridade policial, desde que haja fundada suspeita de falsidade ou invalidade do título.

5. Aos jornalistas que durante 10 anos seguidos ou 15 interpolados tenham exercido a sua actividade profissional em regime de ocupação principal, permanente e remunerada, é reconhecido o direito à titularidade da carteira profissional, independentemente do exercício efectivo da profissão, sem prejuízo da obrigação de renovação periódica prevista neste diploma.

6. Os titulares da carteira profissional estão sujeitos ao regime de incompatibilidades previsto no Estatuto do Jornalista.

NOTAS:

a) A ressalva da parte final do número 4 não estava prevista no regime anterior.

b) O número 5 constitui uma inovação.

ARTIGO 4.°

(Título provisório de estagiário)

1. Os jornalistas estagiários devem requerer a emissão de um título comprovativo dessa qualidade no prazo de 30 dias a contar do termo do período experimental.

2. O requerimento é instruído com os seguintes elementos:

a) Cópia certificada do bilhete de identidade;

b) Duas fotografias recentes a cores, tipo passe;

c) Certificado de habilitações literárias, quando haja de comprovar habilitações académicas exigidas por lei ou por instrumento de regulamentação colectiva de trabalho;

d) Documento comprovativo de que exerce a profissão em regime de ocupação principal, permanente e remunerada, com a indicação da categoria e funções, passado pela entidade empregadora, ou, na falta desta, declaração sob compromisso de honra subscrita por dois jornalistas profissionais, de que o requerente exerce a profissão naquele regime;

e) Declaração, assinada sob compromisso de honra, de que não se encontra abrangido por nenhuma das situações de incompatibilidade previstas no Estatuto do Jornalista e de que respeitará os deveres deontológicos da profissão.

NOTA:

A parte final da alínea d) do n.° 2 constitui uma inovação.

ARTIGO 5.°

(Emissão da carteira profissional)

A emissão da carteira profissional é requerida no prazo de 30 dias contados da data em que tiver terminado o período de estágio, devendo ser apresentados os elementos previstos nas alíneas b), d) e e) do artigo anterior, bem como o documento comprovativo de que o requerente cumpriu o estágio, com menção da categoria e funções exercidas, passado pela entidade empregadora.

ARTIGO 6.°

(Renovação da carteira profissional)

1. A carteira profissional do jornalista é válida pelo período de dois anos civis consecutivos, carecendo de renovação para o biénio subsequente.

2. A renovação é concedida a requerimento do interessado, a apresentar nos meses de Setembro a Novembro anteriores ao fim do prazo de validade do título, devendo ser instruído com:

a) Uma fotografia a cores recente, tipo passe;

b) O documento ou a declaração referidos na alínea d) do n.° 2 do artigo 4.° .

3. Salvo por razões não imputáveis ao jornalista, a não renovação da carteira profissional nos termos dos números anteriores faz caducar o direito à sua titularidade.

4. Presume-se não serem imputáveis ao titular as seguintes situações, ocorridas no momento em que a renovação devia ser requerida:

a) Desemprego involuntário;

b) Doença impeditiva do exercício da profissão, clinicamente comprovada;

c) Ausência no estrangeiro, por comprovado motivo profissional.

5. As situações referidas no número anterior devem ser prontamente comunicadas à CCPJ, determinando, quando comprovadas, a suspensão do prazo para requerer a renovação.

6. Nos casos previstos no n.° 5 do artigo 3.°, o requerente deve juntar prova documental de que preenche as condições nele estabelecidas, ficando dispensado da apresentação do documento previsto na alínea d) do n.° 2 do artigo 4.° .

NOTAS:

a) A renovação, que era anual, passou a ser bi-anual.

b) Como causa de suspensão do prazo da caducidade dos títulos de acreditação, o desemprego involuntário deixou de ter o limite máximo de dois anos.

ARTIGO 7.°

(Jornalista em regime de trabalho independente)

Aquele que exercer a profissão de jornalista em regime de trabalho independente nos termos previstos no Estatuto do Jornalista deve requerer a renovação da carteira profissional juntando os seguintes documentos:

a) A declaração referida na alínea d) do n.° 2 do artigo 4.°;

b) Documento comprovativo de que durante o período de validade do título auferiu no exercício da profissão retribuição

não inferior à fixada nos instrumentos de regulamentação colectiva do trabalho para a categoria profissional imediatamente superior à de jornalista estagiário, aplicável durante aquele período.

NOTA:

Deixou de constar do novo regime a exigência legal da prova de que o jornalista em regime livre exerceu a profissão durante pelo menos quatro anos apenas pelo facto de essa exigência legal constar, já, do artigo 1.°, alínea d) do Estatuto do Jornalista, estabelecido pela Lei n.° 62/79, de 20/9. No actual estatuto dos jornalistas deixou de existir a figura do jornalista profissional em regime livre.

ARTIGO 8.°

(Cartão de equiparado a jornalista)

1. Os indivíduos que preencham as condições previstas no n.° 1 do artigo 14.° do Estatuto do Jornalista devem requerer a emissão do cartão de identificação de equiparado a jornalista, juntando:

a) Os elementos previstos nas alíneas a) a c) do n.° 2 do artigo 4.°;

b) Declaração da entidade proprietária do órgão de comunicação onde exercem a actividade jornalística comprovativa das funções aí desempenhadas;

c) Declaração, assinada sob o compromisso de honra de que respeitarão os deveres deontológicos da profissão.

2. O título de equiparado a jornalista carece de renovação, nos termos previstos no artigo 6.° .

NOTA:

A referência ao n.° 1 do artigo 14.° do Estatuto do Jornalista deve entender-se agora como referência ao n.° 1 do artigo 15.°

ARTIGO 9.°

(Colaboradores de órgãos de comunicação social regionais)

1. Compete à CCPJ a emissão, renovação, suspensão e cassação de cartões de identificação para quem, não sendo jornalista profissional ou equiparado, colabore regularmente na actividade editorial de órgãos de comunicação social regionais ou locais.

2. Os cartões a que se refere o número anterior garantem ao seu titular o acesso às fontes de informação, nos termos da Lei de Imprensa.

3. Aos títulos referidos no presente artigo é aplicável, com as devidas adaptações, o disposto nas alíneas a) e b) do n.° 2 do artigo 4.°, no artigo 6.° e na alínea a) do n.° 1 do artigo 8.°

NOTAS:

a) Pelo presente diploma, a competência para a emissão, renovação, suspensão e cassação dos cartões de identificação dos colaboradores dos órgãos de comunicação social passou da empresa titular do órgão para a CCPJ.

b) A redacção do n.° 3 do preceito, com dupla remissão para o n.° 2 do artigo 4.°, é ininteligível.

ARTIGO 10.°

(Correspondentes estrangeiros)

A emissão, renovação, suspensão e cassação dos cartões dos correspondentes de órgãos de informação estrangeiros compete à CCPJ de acordo com o disposto em regulamentação própria, a aprovar por portaria do membro do Governo responsável pela área da comunicação social.

NOTAS:

a) A portaria a que se faz referência foi publicada sob o n.° 148/99, em 4 de Março.

b) No regime legal anterior não existia qualquer referência autónoma aos correspondentes estrangeiros, os quais eram considerados jornalistas profissionais na alínea e) do artigo 1.° do Estatuto do Jornalista.

ARTIGO 11.°

(Deterioração e extravio)

1. Verificando-se deterioração ou extravio do título profissional, a CCPJ emite uma 2.ª via do mesmo, a requerimento do interessado.

2. Em face do requerimento, a CCPJ emite documento provisório substitutivo do título, válido por 60 dias.

NOTA:

O número 2 do preceito é novo, no que respeita à duração da validade do título provisório.

ARTIGO 12.°

(Prazos de emissão e de renovação)

1. O prazo para envio ao requerente dos títulos previstos neste diploma é de 60 dias.

2. As decisões de indeferimento são sempre fundamentadas e notificadas por escrito ao requerente.

3. Para efeitos de reclamação e de recurso, é considerado indeferimento tácito o não envio do título requerido no prazo previsto no n.° 1.

NOTA:

O prazo previsto neste artigo foi alargado de 30 para 60 dias.

ARTIGO 13.°

(Suspensão do direito ao título)

1. A ocorrência superveniente de incompatibilidade, prevista no Estatuto do Jornalista, suspende o direito ao título profissional de jornalista, de estagiário ou de equiparado, determinando:

a) O dever de o titular comunicar à CCPJ a correspondente situação e de entregar o título;

b) A não renovação do título enquanto a situação subsistir.

2. A devolução ou renovação opera-se mediante solicitação do interessado, que comprovará pelos meios adequados a cessação da causa de incompatibilidade.

3. O incumprimento do disposto na alínea a) do n.° 1, logo que a situação seja do conhecimento da CCPJ, implica a notificação do interessado para, em 10 dias, proceder à entrega do título.

4. A CCPJ determina a cassação do título que não seja entregue nos termos e no prazo do número anterior, devendo solicitar a apreensão daquele às autoridades competentes.

NOTA:

Decorre do presente regime legal que a CCPJ passou, como último recurso, a poder cassar o título, em lugar de se fazer qualquer comunicação da suspensão à entidade patronal do jornalista.

ARTIGO 14.°

(Suspensão e interdição do exercício da profissão)

1. Os tribunais comunicam à CCPJ todas as decisões que imponham a interdição do exercício da actividade, a suspensão do exercício de profissão ou da actividade ou a proibição do exercício da profissão, bem como o seu período de duração e as datas do respectivo início e termo.

2. As decisões referidas no número anterior são averbadas no processo individual, obrigando à entrega do título à CCPJ nos cinco dias imediatos ao início da execução da correspondente sanção ou medida de coacção, sem o que será solicitada a apreensão às autoridades competentes.

NOTA:

Trata-se de preceito novo criado, certamente, para estabelecer uma perfeita conjugação entre a CCPJ e os Tribunais.

ARTIGO 15.°

(Nome profissional)

1. Os requerentes dos títulos de acreditação previstos neste diploma indicarão sempre o seu nome profissional, cuja inscrição na CCPJ tem eficácia como registo.

2. Havendo coincidência ou semelhança de nomes profissionais, a CCPJ decide sobre a prevalência, de harmonia com o critério da maior antiguidade no uso do nome profissional.

3. Fica salvaguardado o disposto no Código do Direito de Autor em matéria de nome literário ou artístico.

NOTA:

O regime anterior não fazia qualquer referência ao direito ao nome profissional do jornalista.

ARTIGO 16.°

(Falsas declarações)

1. Independentemente de outras sanções previstas por lei, a prestação de falsas declarações à CCPJ, em benefício próprio ou

alheio, determina a cassação do título de acreditação atribuído ao declarante, bem como do utilizado pelo respectivo beneficiário, se for pessoa diversa.

2. Para o efeito, a CCPJ procede às averiguações que se mostrem necessárias, com audição obrigatória dos interessados.

NOTAS:

a) No regime decorrente da legislação agora revogada, previa-se um prazo mínimo durante o qual o infractor não poderia requerer, novamente, a passagem do título, que era de um ano, ou dois, no caso de reincidência.

b) No artigo 18.° do Decreto-Lei n.° 513/79, de 24 de Dezembro, previa-se a possibilidade de aplicação de sanções, pela organização sindical, aos casos de infracção ao chamado Código Deontológico, possibilidade essa que desapareceu no actual regime.

Parece que as sanções deontológicas apenas poderão ser aplicadas pela Alta Autoridade para a Comunicação Social.

CAPÍTULO II
CCPJ

ARTIGO 17.°
(Natureza jurídica)

1. A CCPJ é uma entidade pública independente, estando vinculada na sua actuação a estritos critérios de legalidade.

2. A CCPJ está isenta de custas e preparos em qualquer tribunal ou instância.

NOTA:

Preceito novo.

ARTIGO 18.°
(Composição da CCPJ)

1. A CCPJ é composta pelos seguintes membros:

a) Um magistrado judicial, designado pelo Conselho Superior da Magistratura, que preside;

b) Um representante dos órgãos da imprensa, designado pelas respectivas associações;

c) Um representante dos operadores de radiodifusão sonora, designado pelas respectivas associações;
d) Um representante dos operadores de televisão, designado por estes;
e) Três representantes dos jornalistas profissionais, eleitos por estes de entre os que tenham um mínimo de cinco anos de exercício de profissão.

2. Conjuntamente com os membros efectivos deve ser designado um número equivalente de suplentes.

3. Os representantes designados nos termos das alíneas b) a d) do n.° 1 devem ter um mínimo de cinco anos de exercício da profissão de jornalista e ser titulares de carteira profissional ou título equiparado válido.

4. O mandato dos membros da CCPJ é de dois anos contados da data de publicação do aviso de designação ou de eleição, salvo renúncia ou impedimento involuntário prolongado.

5. Os membros suplentes substituem os efectivos em todos os casos de comprovado impedimento, ainda que temporário, completando o mandato, se aquele persistir.

NOTAS:

a) A composição deste órgão é a que constava do Decreto-Lei n.° 291/94, de 16 de Novembro, na redacção que lhe foi introduzida pela Lei n.° 14/95, de 5 de Maio.

b) Como novidades, consagrou-se a obrigatoriedade de os representantes dos órgãos de comunicação social serem, também, jornalistas com um mínimo de cinco anos de exercício de profissão e a designação de membros suplentes.

ARTIGO 19.°

(Eleição dos representantes dos jornalistas)

1. A eleição a que se refere a alínea e) do n.° 1 do artigo anterior realiza-se por escrutínio directo, secreto e universal, segundo o método da média mais alta de Hondt.

2. Dos cadernos eleitorais fazem parte todos os jornalistas profissionais cujo título seja válido à data do anúncio das eleições.

3. As candidaturas organizam-se mediante listas discriminando os candidatos efectivos e a ordem dos suplentes, apresentadas por associações sindicais de jornalistas de âmbito nacional, ou por um número de 50 jornalistas inscritos nos cadernos eleitorais.

4. A organização do processo eleitoral pertence à CCPJ, que pode celebrar convénios com associações sindicais, com vista à prática dos actos materiais necessários à sua realização.

5. A CCPJ aprova o regulamento eleitoral, com observância do disposto neste artigo.

NOTA:

Foi regulamentada com um maior número de pormenores a eleição dos representantes dos jornalistas.

ARTIGO 20.°

(Designação dos representantes de outras entidades)

1. Em caso de desacordo sobre a entidade a designar pelas organizações mencionadas nas alíneas b), c) e d) do n.° 1 do artigo 18.°, a representação é assegurada por cooptação em reunião conjunta da CCPJ e da Comissão de Apelo, dirigida pelo presidente desta.

2. A identificação dos membros da CCPJ é comunicada ao membro do Governo responsável pela área da comunicação social e será publicada na 2.ª série do Diário da República, mediante aviso.

NOTA:

No regime agora revogado, o conflito era resolvido por despacho do membro do Governo responsável pela área da comunicação social.

ARTIGO 21.°

(Sede)

1. A CCPJ tem sede em Lisboa.

2. A CCPJ tornará públicas, por meio idóneo, quaisquer alterações do local ou do período de funcionamento e de atendimento dos seus serviços.

NOTA:

Preceito novo.

ARTIGO 22.°

(Funcionamento da CCPJ)

1. A CCPJ e a Comissão de Apelo elaboram os seus próprios regulamentos, os quais são remetidos ao membro do Governo responsável pela área da comunicação social, para aprovação e publicação na 2.ª série do Diário da República.

2. A CCPJ reúne em plenário, com periodicidade mensal, ou sempre que for extraordinariamente convocada para o efeito.

3. A CCPJ pode reunir-se em local diverso da sua sede, sempre que houver razões atendíveis.

4. A CCPJ nomeia um secretariado, que é o seu órgão permanente de competência delegada.

5. O secretariado é constituído por três elementos, eleitos de entre os membros da Comissão.

6. Compete ao secretariado:

a) Representar a CCPJ em juízo e fora dele, para todos os efeitos legais;

b) Movimentar as contas bancárias, bastando, para o efeito, as assinaturas de dois dos seus membros;

c) Assegurar a gestão corrente da CCPJ.

NOTA:

Como novidade absoluta, estabelece este artigo a criação do secretariado da CCPJ e estabelece as suas competências.

ARTIGO 23.°

(Comissão de Apelo)

1. A Comissão de Apelo é composta pelos seguintes membros:

a) Um magistrado judicial, designado pelo Conselho Superior da Magistratura, que preside;

b) Um representante designado pelas empresas de comunicação social;

c) Um representante eleito pelos jornalistas profissionais de entre os que tenham um mínimo de cinco anos de exercício da profissão.

2. À designação dos membros da Comissão de Apelo é aplicável o disposto nos números 2 a 5 do artigo 18.°, bem como os artigos 19.° e 20.°.

3. Das deliberações da Comissão de Apelo cabe recurso, com efeito suspensivo, para o Tribunal Administrativo de Círculo de Lisboa.

NOTAS:

a) A composição deste órgão é igual à que havia sido estabelecida pelo Decreto-Lei n.° 291/94, de 16 de Novembro.

Antes deste diploma, os recursos eram apreciados pelo extinto Conselho de Imprensa.

b) Como novidade, foi estabelecido, no número 3, que das deliberações da Comissão de Apelo se recorre para o Tribunal Administrativo de Círculo de Lisboa.

ARTIGO 24.°

(Dever de sigilo)

1. Os membros e colaboradores da CCPJ e da Comissão de Apelo estão obrigados a manter sigilo relativamente a todos os dados pessoais, documentos e informações apresentados pelos requerentes, salvo se e na medida em que de tal forem expressamente dispensados pelo interessado.

2. Ressalva-se a mera informação de que alguém é titular de determinado título, por solicitação de autoridade judiciária competente ou a requerimento de quem tiver interesse legítimo.

NOTA:

A ressalva da parte final do número 1 e todo o número 2 constituem inovação.

ARTIGO 25.°

(Compensações)

1. Os membros da CCPJ, do secretariado e da Comissão de Apelo têm direito a uma senha de presença por cada participação em reuniões ou sessões de trabalho.

2. O montante de cada senha de presença é equivalente a 15% da remuneração base mensal correspondente ao índice 100 da escala salarial do regime geral da função pública.

3. A compensação referida nos números anteriores não prejudica o direito de esses elementos serem reembolsados pelas despesas a que o exercício das respectivas funções dê causa, as quais serão pagas mediante documentação comprovativa.

NOTA:

Preceito novo.

ARTIGO 26.°

(Património)

1. Constitui património da CCPJ a universalidade dos direitos e obrigações que lhe sejam atribuídos por lei ou que adquira ou contraia no exercício da sua actividade.

2. Para efeito do disposto no número anterior, o exercício da actividade da CCPJ reporta-se a 1 de Julho de 1996.

NOTA:

Preceito novo.

ARTIGO 27.°

(Receitas)

1. Constituem receitas da CCPJ, além das que como tal se achem especialmente previstas por lei ou regulamento:

a) Os emolumentos cobrados pela emissão, renovação ou substituição dos títulos de acreditação;

b) As importâncias cobradas no exercício das suas funções para fazer face a despesas do interesse dos requerentes;

c) Os subsídios e dotações que lhe sejam atribuídos;

d) As doações, heranças ou legados concedidos por quaisquer entidades de direito público ou privado;

e) O produto da venda de quaisquer publicações, bem como da realização ou cedência de estudos sociais e estatísticos, inquéritos e outros trabalhos ou serviços prestados a outras entidades;

f) Quaisquer outras receitas procedentes da prossecução das suas atribuições ou que lhe sejam atribuídas por lei ou provenientes de negócio jurídico.

2. O montante dos emolumentos referidos no n.° 1, alínea a), é o fixado por despacho do membro do Governo responsável pela área da comunicação social.

3. Sem prejuízo das sanções legalmente previstas, a inobservância dos prazos previstos para requerimento dos títulos de acreditação ou da sua renovação pelos respectivos interessados determina a cobrança de custos adicionais de processamento, no seguinte montante:

a) De 50% do emolumento respectivo, por atraso igual ou inferior a 30 dias sobre a data limite estabelecida;

b) De 100%, nos demais casos.

4. A CCPJ pode estabelecer isenções ou reduções de emolumentos nos casos economicamente atendíveis.

NOTA:

Os números 3 e 4 constituem inovações.

ARTIGO 28.°

(Actividade financeira)

1. A actividade financeira da CCPJ rege-se pelas disposições legais aplicáveis aos serviços e fundos autónomos.

2. A realização das despesas e o seu pagamento serão autorizados pelo presidente da CCPJ.

NOTA:

Preceito novo.

ARTIGO 29.°

(Dever de colaboração com a administração da justiça)

1. Cumpre à CCPJ comunicar ao Ministério Público a suspeita da prática de crimes de que tenha conhecimento no exercício das suas funções e por causa delas.

2. A CCPJ pode solicitar a colaboração de quaisquer entidades oficiais a fim de se assegurar da licitude dos actos que constituem pressuposto para o regular exercício das suas funções.

ARTIGO 30.°

(Publicidade)

A CCPJ remete ao Instituto da Comunicação Social, nos primeiros 60 dias de cada ano, a lista dos titulares acreditados para o respectivo exercício profissional, nos termos do artigo 3.°, n.° 1, deste diploma.

NOTA:

Preceito novo.

ARTIGO 31.°

(Modelos dos títulos profissionais)

Os títulos de acreditação previstos no artigo 1.° deste diploma obedecem aos modelos a aprovar por despacho do membro do Governo responsável pela área da comunicação social.

CAPÍTULO III

Disposições finais e transitórias

ARTIGO 32.°

(Prazos)

1. Os prazos previstos no presente diploma começam a correr independentemente de quaisquer formalidades e suspendem-se nos sábados, domingos e feriados.

2. É correspondentemente aplicável o disposto nos artigos 71.° a 73.° do Código de Procedimento Administrativo.

NOTA:

Código de Procedimento Administrativo:

(...)

Artigo 71.° (Prazo geral)

1. Excluindo o disposto nos artigos 108.° e 109.°, e na falta de disposição especial ou de fixação pela Administração, o prazo para os actos a praticar pelos órgãos administrativos é de 15 dias.

2. É igualmente de 15 dias o prazo para os interessados requererem ou praticarem quaisquer actos, promoverem diligências, responderem sobre os assuntos acerca dos quais se devem pronunciar ou exercerem outros poderes no procedimento.

Artigo 72.° (Contagem dos prazos)

À contagem dos prazos são aplicáveis as seguintes regras:

a) Não se inclui na contagem o dia em que ocorrer o evento a partir do qual o prazo começa a correr;

b) O prazo começa a correr independentemente de quaisquer formalidades e suspende-se nos sábados, domingos e feriados;

c) O termo do prazo que recaia em dia em que o serviço perante o qual deva ser praticado o acto não esteja aberto ao público, ou não funcione durante o período normal, transfere-se para o primeiro dia útil seguinte.

Artigo 73.° (Dilação)

1. Se os interessados residirem ou se encontrarem fora do continente e neste se localizar o serviço por onde o procedimento corra, os prazos fixados na lei, se não atenderem já a essa circunstância, só se iniciam depois de decorridos:

a) 5 dias, se os interessados residirem ou se encontrarem nos territórios das regiões autónomas;

b) 15 dias, se os interessados residirem ou se encontrarem em país estrangeiro europeu;

c) 30 dias, se os interessados residirem ou se encontrarem em Macau ou em país estrangeiro fora da Europa.

2. A dilação da alínea a) do número anterior é igualmente aplicável se o procedimento correr em serviço localizado numa região autónoma e os interessados residirem ou se encontrarem noutra ilha da mesma região autónoma, na outra região autónoma ou no continente.

3. As dilações das alíneas b) e c) do n.° 1 são aplicáveis aos procedimentos que corram em serviços localizados nas regiões autónomas.

(...)

. . . .

ARTIGO 33.°

(Mandatos em curso)

Sem prejuízo do direito de renúncia, o mandato de cada membro da CCPJ e da Comissão de Apelo actualmente em exercício extingue-se em 30 de Junho de 1998.

ARTIGO 34.°

(Regime transitório de autonomia administrativa)

Sem prejuízo do disposto no artigo 28.°, durante o presente ano económico o regime aplicável à CCPJ é o de autonomia administrativa.

ESTATUTO DA IMPRENSA REGIONAL

Decreto-lei n.° 106/88, de 31 de Março

ARTIGO 1.°

Consideram-se de imprensa regional todas as publicações periódicas de informação geral, conformes à Lei de Imprensa, que se destinem predominantemente às respectivas comunidades regionais e locais, dediquem, de forma regular, mais de metade da sua superfície redactorial a factos ou a assuntos de ordem cultural, social, religiosa, económica e política a elas respeitantes e não estejam dependentes, directamente ou por interposta pessoa, de qualquer poder político, inclusive o autárquico.

NOTA:

Na revista Sub Judice n.° 15/16, de Novembro de 2000, Anete Marques Joaquim, jornalista do Funchal — págs. 175/176 — escreve sobre a imprensa regional: " A falta de notícias, a dificuldade de acesso à informação e fundamentalmente a inacessibilidade às fontes de informação constituem os problemas fundamentais do jornalismo regional. No caso da Madeira há que levar em conta as teias político partidárias decorrentes do elevado número de pessoas filiadas ou simpatizantes do partido do governo e as «respostas sem resposta», a recusa pura e simples de prestação de informação e o pedido de anonimato das fontes".

ARTIGO 2.°

São funções específicas da imprensa regional:

a) Promover a informação respeitante às diversas regiões, como parte integrante da informação nacional, nas suas múltiplas facetas;

b) Contribuir para o desenvolvimento da cultura e identidade regional através do conhecimento e compreensão do ambiente

social, político e económico das regiões e localidades, bem como para a promoção das suas potencialidades e desenvolvimento;

c) Assegurar às comunidades regionais e locais o fácil acesso à informação.

d) Contribuir para o enriquecimento cultural e informativo das comunidades regionais e locais, bem como para a ocupação dos seus tempos livres;

e) Proporcionar aos emigrantes portugueses no estrangeiro informação geral sobre as suas comunidades de origem, fortalecendo os laços entre eles e as respectivas localidades e regiões;

f) Favorecer uma visão da problemática regional, integrada no todo nacional e internacional.

ARTIGO 3.º

Compete à Administração Central, em articulação com as autarquias locais:

a) Garantir a livre circulação da informação a nível das comunidades regionais e locais, através da imprensa regional;

b) Assegurar um acesso em condições especialmente favoráveis aos produtos informativos da agência noticiosa nacional, através de acordos ou contratos-programa celebrados com esta entidade;

c) Fomentar a institucionalização de mecanismos de relacionamento da imprensa regional com outros meios de comunicação social, tendo em vista a complementaridade das respectivas actuações a nível regional e local, respeitando-se o conceito de empresa multimédia, a livre iniciativa e a concorrência;

d) Contribuir para a correcção progressiva dos desequilíbrios informativos regionais e locais, através do estabelecimento de incentivos não discriminatórios para o desenvolvimento da imprensa regional;

e) Contribuir para a formação de jornalistas e colaboradores da imprensa regional, designadamente apoiando a formação inicial e estágios adequados à sua profissionalização, especialização e reciclagem;

f) Institucionalizar medidas de apoio tendentes à criação de condições para a sua viabilidade técnica e económica, aplicáveis no respeito pelos princípios de independência e pluralismo informativo;
g) Apoiar e estimular o associativismo a nível da imprensa regional;
h) Facultar estudos e apoiar tecnicamente as associações de imprensa regional em projectos de importância relevante para o desenvolvimento do sector;
i) Assegurar a articulação da imprensa regional com os programas de desenvolvimento regional.

ARTIGO 4.°

1. Os apoios referidos no artigo anterior poderão ser directos ou indirectos e serão atribuídos segundo critérios gerais e objectivos a constar de diploma próprio e em esquemas participativos com associações de imprensa regional.

2. Os apoios referidos no número anterior poderão ainda ser atribuídos de acordo com as prioridades e critérios de desenvolvimento regional, sempre que se justifique a concentração de instrumentos e de intervenções para o desenvolvimento integrado de determinada zona ou região.

3. Os apoios directos são de natureza não reembolsável, revestindo as formas de subsídio de difusão, de reconversão tecnológica ou de apoios à cooperação e para a formação profissional de jornalistas e outros trabalhadores da imprensa.

4. Os apoios indirectos traduzem-se na comparticipação dos custos de expedição, na bonificação de tarifas dos serviços de telecomunicações ou na comparticipação nas despesas de transporte de jornalistas.

5. Excepcionalmente, de acordo com as disponibilidades orçamentais, poderão ser programadas outras modalidades de apoio adequadas à resolução de problemas específicos da imprensa regional.

NOTAS:

a) Pela Portaria n.° 169-A/94, de 24 de Março, foi aprovado o Sistema de Incentivos do Estado aos Órgãos de Comunicação Social Regional, a prestar através do Gabinete de Apoio à Imprensa, os quais incluem o chamado «porte pago».

b) Pela Portaria n.° 242/96, de 5 de Julho foi tornado extensivo o direito ao porte pago às publicações periódicas em língua portuguesa e de carácter informativo especializado cuja propriedade ou edição pertença a associações de deficientes ou a estes destinadas e que tenham por objectivo, reconhecido por despacho conjunto dos membros do Governo responsáveis pelas áreas da comunicação social e da inserção social, divulgar regularmente temas do interesse especial dos deficientes; bem como às publicações periódicas em língua portuguesa e de carácter informativo especializado que, de forma regular, se ocupem predominantemente de matéria literária e artística, desde que assumam manifesto interesse cultural.

c) Em 29/06/96, foi publicado o Decreto-Lei n.° 84/96 sobre o incremento das medidas de apoio aos órgãos de comunicação social, o qual foi ratificado pela lei n.° 52/96, de 27 de Dezembro.

Artigo 1.° (Atribuição de apoios)

1. Os critérios de atribuição de apoios de qualquer natureza ao sector da comunicação social são definidos por decreto-lei.

2. A concessão dos apoios referidos no número anterior compete ao membro do Governo responsável pela área da comunicação social.

3. A competência prevista no número anterior pode ser delegada ou subdelegada no director do Gabinete de Apoio à Imprensa.

Artigo 2.° (Publicidade do Estado)

As campanhas de publicidade do Estado devem ser previamente comunicadas ao Gabinete de Apoio à Imprensa, para efeitos de harmonização e aplicação das regras definidas por decreto-lei para a respectiva atribuição pelas rádios locais e pela imprensa regional.

d) A Portaria n.° 209/96, de 12 de Junho, estabelece a quota de publicidade do Estado nos órgãos de comunicação social, de âmbito local e regional.

ARTIGO 5.°

1. Consideram-se associações de imprensa regional as associações de empresas jornalísticas que editem as publicações referidas no artigo 1.° e as associações de jornalistas do sector que tenham por objectivo a realização de interesses comuns e a prossecução de acções em benefício dos seus associados.

2. As associações de imprensa regional legalmente constituídas à data da entrada em vigor do presente diploma são declaradas pessoas colectivas de utilidade pública, com todos os direitos e obrigações aplicáveis, devendo requerer a sua inscrição no registo a que se refere o Decreto-lei n.° 460/77, de 7 de Novembro.

ARTIGO 6.°

1. Para além dos jornalistas profissionais que exerçam as suas funções em publicações da imprensa regional, são ainda considerados jornalistas da imprensa regional os indivíduos que exerçam, de forma efectiva e permanente, ainda que não remunerada, as funções de director, subdirector, chefe de redacção, coordenador de redacção, redactor ou repórter fotográfico das publicações referidas no artigo 1.° do presente Estatuto.

2. Os indivíduos referidos no número anterior têm direito à emissão de um cartão de identificação próprio.

3. Os indivíduos que, embora não exercendo as funções previstas no n.° 1, sejam, todavia, colaboradores ou correspondentes das publicações da imprensa regional têm igualmente direito à emissão de um cartão de identificação.

4. Os cartões emitidos nos termos do presente artigo não substituem os documentos de identificação previstos na legislação em vigor.

5. Os cartões referidos nos números 2 e 3 serão de modelos a aprovar por despacho do membro do Governo responsável pela comunicação social.

6. Os pedidos de cartões referidos nos números 2 e 3 deverão ser formalizados em requerimento dirigido ao director-geral da Comunicação Social, acompanhado dos seguintes elementos:

a) Bilhete de identidade ou certidão de nascimento;

b) Três fotografias recentes, tipo passe;

c) Certificado de habilitações literárias no mínimo correspondentes à escolaridade obrigatória, reportada ao tempo em que o requerente abandonou o sistema de ensino;

d) Declaração do director da publicação onde trabalha, comprovativa da função aí exercida.

7. Os cartões referidos no n.° 3 serão fornecidos gratuitamente no seguimento de pedido fundamentado, dirigido ao director-geral da Comunicação Social.

8. Os titulares dos cartões referidos no n.° 1 são obrigados a devolvê-los à Direcção-Geral da Comunicação Social logo que deixem de exercer as funções para que estavam credenciados.

9. A direcção da publicação respectiva é igualmente obrigada a comunicar à D.G.C.S. a cessação de funções por parte dos titulares dos cartões de identificação previstos no presente artigo.

NOTA:

Pelo Despacho Normativo n.° 75/93, de 1 de Abril, publicado na 1.ª série do D.R. n.° 108-B, de 10/05/93, foram aprovados os modelos de cartões de identificação de jornalistas e colaboradores da imprensa regional.

ARTIGO 7.°

1. Constituem direitos dos jornalistas da imprensa regional:

a) A liberdade de criação, expressão e divulgação;

b) A liberdade de acesso às fontes de informação;

c) A garantia de sigilo;

d) A garantia de independência.

2. O direito referido na alínea b) do número anterior abrange o livre acesso às fontes de informação dependentes da administração directa ou indirecta do Estado, das entidades autárquicas ou outros entes públicos cujo âmbito de funcionamento incida fundamentalmente na localidade ou região sede do órgão de imprensa regional em que exerçam funções, sem prejuízo das restrições gerais estabelecidas na Lei de Imprensa.

3. Para efectivação do disposto no número anterior são reconhecidos aos jornalistas da imprensa regional em exercício de funções os seguintes direitos:

a) Não serem impedidos de desempenhar a respectiva função em qualquer local de acesso público onde a sua presença seja ditada pelo exercício da sua actividade;

b) Não serem desapossados do material utilizado ou obrigados a exibir os elementos recolhidos, a não ser por mandado judicial nos termos da lei;

c) Serem apoiados pelas autoridades no bom desempenho das suas funções.

ARTIGO 8.°

Constituem deveres fundamentais dos jornalistas da imprensa regional:

a) Respeitar escrupulosamente a verdade, o rigor e objectividade da informação;

b) Respeitar a orientação e os objectivos definidos no estatuto editorial da publicação em que trabalhem;

c) Observar os limites ao exercício da liberdade da imprensa nos termos da lei.

ARTIGO 9.°

A imprensa regional continua a reger-se pela Lei de Imprensa em tudo o que não estiver previsto neste Estatuto.

LEI DA ALTA AUTORIDADE PARA A COMUNICAÇÃO SOCIAL

A Assembleia da República decreta, nos termos da alínea c) do artigo 161.°, da alínea l) do artigo 164.° e do n.° 3 do artigo 166.° da Constituição, o seguinte:

CAPÍTULO I
Natureza, atribuições e competências

ARTIGO 1.°
(Âmbito)

A presente lei regula as atribuições, competências, organização e funcionamento da Alta Autoridade para a Comunicação Social, adiante abreviadamente designada por Alta Autoridade.

ARTIGO 2.°
(Natureza do órgão)

A Alta Autoridade é um órgão independente que funciona junto da Assembleia da República, dotado de autonomia administrativa.

ARTIGO 3.°
(Atribuições)

Incumbe à Alta Autoridade:

a) Assegurar o exercício do direito à informação e à liberdade de imprensa;

b) Providenciar pela isenção e rigor da informação;

c) Zelar pela independência dos órgãos de comunicação social perante os poderes político e económico;

d) Salvaguardar a possibilidade de expressão e confronto, através dos meios de informação, das diversas correntes de opinião.

e) Contribuir para garantir a independência e o pluralismo dos órgãos de comunicação social pertencentes ao Estado e a outras entidades públicas ou a entidades directa ou indirectamente sujeitas ao seu controlo económico;

f) Assegurar a isenção do processo de licenciamento ou autorização dos operadores de rádio e de televisão;

g) Assegurar a observância dos fins genéricos e específicos da actividade de rádio e televisão, bem como dos que presidiram ao licenciamento dos respectivos operadores, garantindo o respeito pelos interesses do público, nomeadamente dos seus extractos mais sensíveis;

h) Incentivar a aplicação, pelos órgãos de comunicação social, de critérios jornalísticos ou de programação que respeitem os direitos individuais e os padrões éticos exigíveis;

i) Garantir o exercício dos direitos de antena, de resposta e de réplica política.

NOTAS:

a) No acórdão n.° 505/96 — Processo n.° 523/94, publicado na II série do D.R. de 5/7/96, o Tribunal Constitucional considerou não enfermar de qualquer inconstitucionalidade a alínea e) do artigo 3.°, conjugada com a alínea a), do n.° 1, do artigo 4.° . da Lei n.° 15/90, de 30 de Junho e, por isso, revogou a decisão proferida pelo senhor juiz do Tribunal Administrativo de Círculo de Lisboa, no recurso contencioso interposto pelo jornal «O Público» da decisão da A.A.C.S, de 12 de Maio de 1993, referente a uma queixa da Escola Secundária de Camões contra aquele jornal, a qual foi considerada procedente em parte, «na medida em que no artigo se procedia a simplificações e generalizações não compatíveis nem com a realidade global daquela Escola, nem com a diversidade e complexidade do sistema escolar vigente, de que aquele estabelecimento de ensino é naturalmente realidade singular», e determinara a publicação no jornal de uma recomendação exigindo «maior rigor informativo».Neste acórdão faz-se a história dos antecedentes da Alta Autoridade para a Comunicação Social.

b) A atribuição da alínea b) constava da alínea e) da anterior lei, sendo essa atribuição a referida na nota anterior.

c) A atribuição da alínea c) era a da alínea b) da lei anterior.
d) A atribuição da alínea d) era a da alínea c) da lei anterior.
e) A atribuição da alínea e), com outra redacção, era a da alínea f) da lei anterior.
f) A atribuição da alínea f), com nova redacção, era a da alínea d) da lei anterior.
g) As atribuições das alíneas g) e h) são novas.
h) A atribuição da alínea i) era a da alínea g) da lei anterior.

ARTIGO 4.°

(Competências)

1. Compete à Alta Autoridade, para prossecução das suas atribuições:

a) Atribuir as licenças e autorizações necessárias para o exercício da actividade de televisão, bem como deliberar sobre as respectivas renovações e cancelamentos;

b) Atribuir licenças para o exercício da actividade de rádio, bem como atribuir ou cancelar os respectivos alvarás ou autorizar a sua transmissão;

c) Apreciar as condições de acesso aos direitos de resposta, de antena e de réplica política e pronunciar-se sobre as queixas ou recursos que, a esse respeito, lhe sejam apresentados;

d) Arbitrar os conflitos suscitados entre os titulares do direito de antena, na rádio e na televisão, quanto à elaboração dos respectivos planos gerais de utilização;

e) Emitir parecer prévio, público e fundamentado, sobre a nomeação e destituição dos directores que tenham a seu cargo as áreas da programação e informação, assim como dos respectivos directores-adjuntos e subdirectores, dos órgãos de comunicação social pertencentes ao Estado e a outras entidades públicas ou a entidades directa ou indirectamente sujeitas ao seu controle económico;

f) Fiscalizar o cumprimento das normas referentes à propriedade das empresas de comunicação social;

g) Fiscalizar o cumprimento das normas que obriguem as empresas de comunicação social à publicitação de dados de qualquer espécie;

h) Exercer as funções relativas à publicação ou difusão de sondagens e inquéritos de opinião, nos termos da legislação aplicável;

i) Confirmar a ocorrência de alterações profundas na linha de orientação dos órgãos de comunicação social, em caso de invocação da cláusula de consciência dos jornalistas;
j) Zelar pela isenção e imparcialidade nas campanhas de publicidade do Estado, das Regiões Autónomas e das autarquias locais;
l) Pronunciar-se sobre as iniciativas legislativas que tratem de matéria relacionada com as suas atribuições;
m) Sugerir à Assembleia da República ou ao Governo as medidas legislativas ou regulamentares que repute necessárias à observância dos princípios constitucionais relativos à comunicação social ou à prossecução das suas atribuições;
n) Apreciar, por iniciativa própria ou mediante queixa, e no âmbito das suas atribuições, os comportamentos susceptíveis de configurar violação das normas legais aplicáveis aos órgãos de comunicação social, adoptando as providências adequadas, bem como exercer as demais competências previstas noutros diplomas relativas aos órgãos de comunicação social;
o) Participar, nos termos da legislação aplicável, na classificação dos órgãos de comunicação social;
p) Promover as acções de estudo, pesquisa e divulgação indispensáveis ao cumprimento das suas obrigações.

NOTAS:

a) As competências das alíneas a), b), i), j), l), m) e n) são novas.
b) A competência da alínea c) era a da alínea b) da lei anterior.
c) A competência da alínea d) era a da alínea c) da lei anterior.
d) A competência da alínea f) era a competência da alínea h) da lei anterior.
e) A competência da alínea g) era a da alínea i) da lei anterior.
f) A competência da alínea h) era a da alínea m) da lei anterior.
g) A competência da alínea o) era a da alínea n) da lei anterior.
h) Foram eliminados os números 2 e 3 deste artigo da lei anterior.

ARTIGO 5.°

(Prazo de apresentação de queixas)

As queixas a que se refere a alínea n) do artigo 4.° devem ser apresentadas nos 30 dias seguintes ao conhecimento dos factos que

deram origem à queixa e, em qualquer caso, no prazo máximo de 90 dias subsequentes à ocorrência da alegada violação, salvo outro prazo legalmente previsto.

NOTA:

Este preceito, que é novo, estabelece um prazo de caducidade do direito de queixa no procedimento contra-ordenacional.

ARTIGO 6.°

(Nomeação e exoneração dos directores)

1. Em caso de nomeação ou exoneração dos directores, directores-adjuntos e subdirectores dos órgãos de comunicação social referidos na alínea e) do artigo 4.°, o parecer da Alta Autoridade deve ser emitido no prazo de 10 dias úteis, contados a partir da recepção do respectivo pedido, devidamente fundamentado.

2. A não emissão de parecer pela Alta Autoridade dentro do prazo previsto no número anterior equivale a um pronunciamento favorável.

NOTA:

Nos termos da actual lei, a Alta Autoridade emite parecer não só quanto à nomeação e destituição dos directores, mas também quanto às dos directores-adjuntos e subdirectores.

ARTIGO 7.°

(Denegação do direito de resposta)

1. Em caso de denegação do exercício do direito de resposta, por parte de qualquer órgão de comunicação social, o titular daquele pode recorrer para a Alta Autoridade no prazo de 30 dias a contar da verificação da recusa ou do termo do prazo legal para a satisfação do direito.

2. A Alta Autoridade pode solicitar às partes interessadas todos os elementos necessários ao conhecimento do recurso, os quais lhe devem ser remetidos no prazo de três dias a contar da recepção do pedido.

3. Os operadores de rádio e de televisão que deneguem o exercício do direito de resposta ficam obrigados a preservar os registos dos materiais que estiverem na sua origem, independentemente dos prazos gerais de conservação dos mesmos, até à decisão do recurso interposto perante a Alta Autoridade ou, no caso de ele não ter lugar, até ao termo do prazo fixado no n.° 1.

4. A Alta Autoridade deve proferir a sua deliberação no prazo de 15 dias a contar da apresentação do recurso ou até ao 5.° dia útil posterior à recepção dos elementos referidos no n.° 2.

5. Constitui crime de desobediência o não acatamento, pelos directores das publicações periódicas ou pelos responsáveis pela programação dos operadores de rádio e de televisão, assim como por quem os substitua, de deliberação da Alta Autoridade que ordene a publicação ou transmissão da resposta.

NOTAS:

a) O procedimento previsto neste artigo passou a abranger, para além da recusa do exercício do direito de resposta, o esgotamento do prazo legal para levar a efeito a transmissão da resposta.

b) Os números 3 e 4 são novos, sendo de realçar a fixação de prazo para a deliberação da Alta Autoridade.

c) O n.° 5 substituiu o n.° 3 da lei anterior, no qual se previa que a recusa dos elementos solicitados, nos termos do n.° 2, constituía contra-ordenação, punível com coima de 100.000$00 a 1.000.000$00.

d) A inobservância do disposto nos números 2 e 3 é punida com coima de 100.000$00 a 3.000.000$00, de acordo com o disposto no n.° 2 do artigo 27.° .

e) Deve referir-se a existência de uma incongruência entre o disposto no n.° 5 deste artigo e o disposto na alínea c) do artigo 62.° da Lei da Televisão; a alínea c) do artigo 66.° da Lei da Rádio e a alínea a), do artigo 32.°, da Lei de Imprensa, pois, enquanto o primeiro preceito considera constituir crime de desobediência o desrespeito da deliberação da Alta Autoridade, os segundos cominam para esse desrespeito as penas do crime de desobediência qualificada.

ARTIGO 8.°

(Dever de colaboração)

1. Os órgãos de comunicação social devem prestar à Alta Autoridade, no prazo de 10 dias, se outro não resultar da lei, toda a colaboração que lhes seja solicitada como necessária à prossecução das atribuições e ao exercício das competências previstas no presente diploma.

2.A Alta Autoridade pode solicitar aos órgãos de comunicação social as informações necessárias ao exercício das suas funções, assim como a presença nas suas reuniões dos membros dos respectivos órgãos sociais ou de direcção.

3.A Alta Autoridade pode ainda solicitar a qualquer entidade pública todas as informações relevantes para a prossecução das suas atribuições e o exercício das suas competências.

4. Os tribunais devem comunicar à Alta Autoridade a propositura de qualquer acção em matéria de direito de resposta.

NOTAS:

a) O artigo 8.° da Lei anterior limitava-se a dispor nos termos do n.° 1 do actual preceito. O disposto nos números 2 e 3 constava, com redacções semelhantes, dos números 2 e 3 do artigo 4.° . O disposto no n.° 4 constitui preceito novo.

b) A inobservância do disposto nos números 1, 2 e 3 é punida com coima de 100.000$00 a 3.000.000$00, de acordo com o disposto no n.° 2 do artigo 27.° .

ARTIGO 9.°

(Remessa das decisões judiciais)

Os tribunais devem enviar à Alta Autoridade cópia, de preferência em suporte electrónico, das sentenças proferidas em processos por crimes cometidos através de órgãos de comunicação social ou por denegação do direito de resposta, assim como por ofensa à liberdade de informação.

NOTA:

O preceito, que é novo, não esclarece se a remessa da cópia se limita às sentenças transitadas em julgado ou abrange toda e qualquer sentença.

CAPÍTULO II

Membros da Alta Autoridade

ARTIGO 10.°

(Composição)

1. A Alta Autoridade é constituída por:

a) Um magistrado, designado pelo Conselho Superior da Magistratura, que preside;

b) Cinco membros eleitos pela Assembleia da República segundo o sistema proporcional e método da média mais alta de Hondt;

c) Um membro designado pelo Governo;

d) Quatro membros representativos da opinião pública, da comunicação social e da cultura, sendo três designados, respectivamente, pelo Conselho Nacional do Consumo, pelos jornalistas com carteira profissional e pelas organizações patronais dos órgãos de comunicação, e o quarto cooptado pelos membros da Alta Autoridade entre figuras de relevo do meio cultural e científico.

2. A eleição ou designação dos membros da Alta Autoridade, bem como a cooptação do membro referido na última parte da alínea d) do n.° 1 têm lugar dentro dos 30 dias subsequentes ao termo dos mandatos congéneres anteriores.

3. O Conselho Nacional do Consumo designa o elemento referido na alínea d) do n.° 1 de entre os seus membros representantes das associações de consumidores.

4. A designação do elemento representativo dos jornalistas tem lugar em termos idênticos aos legalmente previstos para a eleição dos representantes dos jornalistas profissionais na Comissão da Carteira Profissional respectiva.

5. Os membros da Alta Autoridade elegem de entre si o vice-presidente deste órgão.

NOTAS:

a) A diminuição de 3 para 1 dos membros designados pelo Governo visou fugir à crítica que frequentemente era feita à lei anterior de governamentalização da Alta Autoridade, quando se somavam aqueles três membros aos membros do mesmo partido eleitos pela Assembleia da República.

b) Na lei anterior, todos os quatro membros referidos na alínea d) eram cooptados pelos demais.

c) Por isso, tendo mudado o método de escolha da três desses quatro membros, os números 3 e 4 deste artigo são novos.

d) Também é novo o preceito contido no n.° 2.

ARTIGO 11.°

(Incapacidade e incompatibilidades)

1. Não podem ser membros da Alta Autoridade os cidadãos que não se encontrem no pleno gozo dos seus direitos civis e políticos.

2. Os membros da Alta Autoridade ficam sujeitos ao regime de incompatibilidades legalmente estabelecido para os titulares de altos cargos públicos.

NOTA:

O regime de incompatibilidades referido no n.° 2 está actualmente estabelecido na lei n.° 12/96, de 18 de Abril, alterada pela Lei n.° 42/96, de 31 de Agosto

ARTIGO 12.°

(Posse)

Os membros da Alta Autoridade tomam posse perante o Presidente da Assembleia da República, no decurso dos 10 dias seguintes ao da publicação da respectiva designação na 2.ª Série do Diário da República.

NOTA:

Nos termos da lei anterior, a lista era publicada na 1.ª Série do Diário da República.

ARTIGO 13.°

(Duração do mandato)

1. O mandato dos membros da Alta Autoridade tem a duração de quatro anos.

2. O tempo de duração do mandato conta-se a partir da data da tomada de posse, sem prejuízo do disposto no n.° 5.

3. Os membros da Alta Autoridade não podem ser chamados a exercer mais de dois mandatos consecutivos.

4. As vagas que ocorrerem no decurso de um mandato devem ser preenchidas, no prazo de 30 dias, pelas entidades competentes, salvo motivo de força maior, não havendo, neste caso, lugar à contagem de novo mandato.

5. O exercício de funções dos membros da Alta Autoridade cessa com a tomada de posse dos novos titulares.

ARTIGO 14.°

(Inamovibilidade)

Os membros da Alta Autoridade são inamovíveis, não podendo as suas funções cessar antes do termo do mandato para que foram escolhidos, salvo nos seguintes casos:

a) Morte ou impossibilidade física permanente;

b) Renúncia ao mandato;

c) Perda do mandato.

ARTIGO 15.°

(Renúncia)

Os membros da Alta Autoridade podem renunciar ao mandato através de declaração escrita apresentada ao seu presidente e publicada na 2.ª série do Diário da República.

ARTIGO 16.°

(Perda do mandato)

1. Perdem o mandato os membros da Alta Autoridade que:

a) Venham a ser abrangidos por qualquer das incapacidades ou incompatibilidades previstas na lei;

b) Faltem a três reuniões consecutivas ou a seis interpoladas, salvo invocação, perante o plenário, de motivo atendível;

c) Cometam violação do disposto na alínea c) do n.° 1 do artigo 18.°, comprovada por decisão judicial.

2. A perda do mandato será objecto de deliberação a publicar na 2.ª série do Diário da República.

ARTIGO 17.°

(Direitos e regalias)

1. Os membros da Alta Autoridade são remunerados de acordo com a tabela indiciária e o regime fixados para o cargo de director-geral, tendo ainda direito às regalias sociais do pessoal da Assembleia da República, sem prejuízo da faculdade de opção pelas remunerações correspondentes ao lugar de origem.

2. O presidente da Alta Autoridade tem direito a um abono mensal para despesas de representação de valor percentual sobre o respectivo vencimento igual ao fixado para os presidentes dos grupos parlamentares da Assembleia da República.

3.Os restantes membros da Alta Autoridade têm direito a um abono mensal para despesas de representação de valor percentual sobre o respectivo vencimento igual ao fixado para os vice-presidentes dos grupos parlamentares da Assembleia da República.

4. Os membros da Alta Autoridade beneficiam das seguintes garantias:

a) Não podem ser prejudicados na estabilidade do seu emprego, na sua carreira profissional, e no regime de segurança social de que beneficiem;

b) O período correspondente ao exercício do mandato considera-se, para todos os efeitos legais, como prestado no lugar de origem, mantendo-se todos os direitos, subsídios, regalias sociais, remuneratórias e quaisquer outras correspondentes àquele lugar;

c) Quando à data do início do seu mandato se encontrem investidos em cargo público de exercício temporário, por virtude de lei, acto ou contrato, ou em comissão de serviço, o respectivo prazo é suspenso pelo período correspondente ao do mandato;

d) O período de duração do respectivo mandato suspende, a requerimento do interessado, a contagem dos prazos para a apresentação de relatórios curriculares ou prestação de provas para a carreira docente do ensino superior ou para a de investigação científica, bem como a contagem dos prazos dos contratos de professores convidados, assistentes, assistentes estagiários e assistentes convidados;

e) Quando cessem funções, retomam automaticamente as que exerciam à data da designação, só podendo os respectivos lugares de origem ser providos em regime de substituição, nos termos da lei geral.

NOTA:

Duas alterações foram introduzidas no correspondente artigo 17.°, da lei anterior:

a) As regalias sociais referidas no n.° 1 eram as correspondentes ao cargo de director-geral;

b) As despesas de representação a que se reporta o n.° 3 não existiam.

ARTIGO 18.°

(Deveres)

1. Constituem deveres dos membros da Alta Autoridade:

a) Exercer o respectivo cargo com isenção, rigor, independência e elevado sentido de responsabilidade moral;

b) Participar activa e assiduamente nos trabalhos do órgão que integram;

c) Guardar sigilo sobre as questões ou processos que estejam a ser objecto de apreciação e, bem assim, não revelar as posições expressas a propósito dos mesmos, por si ou pelos restantes membros da Alta Autoridade.

2. O exercício do cargo com isenção, rigor e independência implica a proibição da emissão de opiniões e juízos de valor, através da comunicação social, sobre questões que sejam objecto de deliberação da Alta Autoridade.

CAPÍTULO III

Organização e funcionamento

ARTIGO 19.°

(Presidente)

1. O presidente representa a Alta Autoridade, convoca e dirige as suas reuniões, organiza e superintende os serviços de acordo com as regras previamente definidas pelo Plenário.

2. O vice-presidente substitui o presidente nas suas ausências e impedimentos.

ARTIGO 20.°

(Reuniões)

1. A Alta Autoridade funciona em reuniões ordinárias e extraordinárias.

2. As reuniões extraordinárias têm lugar:

a) Por iniciativa do presidente;

b) A pedido de quatro dos seus membros.

ARTIGO 21.°

(Ordem de trabalhos)

1. A ordem de trabalhos para cada reunião é fixada pelo presidente, com a antecedência mínima de dois dias úteis relativamente à data prevista para a sua realização.

2.A Alta Autoridade pode alterar a ordem das matérias inscritas na ordem de trabalhos ou aditar-lhe novos assuntos.

3. Antes da ordem do dia é reservado um período de duração não superior a uma hora para exposição dos assuntos que os membros da Alta Autoridade queiram submeter a apreciação ou discussão.

NOTA:

Nos termos do n.° 1 do correspondente artigo 20.° da lei anterior, a ordem de trabalhos era fixada na reunião imediatamente anterior.

ARTIGO 22.°

(Deliberações)

1.A Alta Autoridade só pode reunir e deliberar com a presença de um número de membros não inferior a sete.

2.As deliberações da Alta Autoridade são tomadas por maioria absoluta dos membros presentes.

3.Carecem, porém, de aprovação por maioria absoluta dos membros em efectividade de funções as deliberações a que se referem as alíneas a), b), e) e i) do artigo 4.°, a parte final da alínea d) do n.° 1 do artigo 10.° e o n.° 2 do artigo 16.° .

4.Sem prejuízo do disposto no n.° 4 do artigo 7.°, as deliberações da Alta Autoridade devem ser tomadas, em regra, até 15 dias após o termo da instrução dos respectivos processos e dentro do prazo de 45 dias a partir da recepção das queixas.

NOTA:

O correspondente artigo 21.° da lei anterior, que se intitulava "quorum", limitava-se ao disposto no n.° 1 do actual artigo 22.° . Os números 2 e 3 constavam do artigo 22.° da lei anterior.

ARTIGO 23.°

(Natureza das deliberações)

1. Assiste à Alta Autoridade a faculdade de elaborar directivas genéricas e recomendações que visem a realização dos seus objectivos, bem como praticar os demais actos previstos na lei ou necessários ao desempenho das suas atribuições.

2. As deliberações produzidas no exercício das competências previstas nas alíneas a), b), c), d), i) e o) do artigo 4.° têm carácter vinculativo.

3.No exercício das suas actividades de fiscalização, a Alta Autoridade comunicará aos órgãos competentes as irregularidades detectadas, visando a instrução do respectivo processo.

4.São passíveis de recurso contencioso, nos termos gerais de direito, as decisões da Alta Autoridade que revistam a natureza de acto administrativo.

NOTA:

Corresponde ao artigo 5.° da lei anterior.

ARTIGO 24.°

(Publicidade das deliberações)

1. As directivas genéricas da Alta Autoridade são publicadas na 2.ª Série do Diário da República.

2. As respostas da Alta Autoridade são de divulgação obrigatória e gratuita, difundidas nos órgãos de comunicação social a que digam directamente respeito, não devendo exceder:

a) 500 palavras para a informação escrita;

b) 300 palavras para a informação sonora radiodifundida;

c) 200 palavras para a informação televisiva.

3.As recomendações devem ser impressas em corpo normalmente utilizado pelo jornal nos textos de informação e incluídas em páginas de informação e, no caso de informação sonora radiodifundida ou televisiva, devem ser divulgadas num dos principais serviços noticiosos.

4. As recomendações devem ser expressa e adequadamente identificadas nos diferentes meios de comunicação social.

5. A Alta Autoridade elabora e torna público, no decurso do trimestre seguinte ao período a que disser respeito, um relatório anual da sua actividade.

6. Os relatórios da Alta Autoridade são publicados na 2.ª série do Diário da República.

NOTAS:

a) A redacção deste artigo corresponde, com algumas alterações, à do artigo 23.° da lei anterior. Neste último artigo citado, a não difusão das directivas e das recomendações era punida com coima de 100.000$00 a 1.000.000$00.

b) A inobservância do disposto nos números 2,3 e 4 é punida com coima de 100.000$00 a 3.000.000$00, de acordo com o disposto no n.° 2 do artigo 27.° .

c) Actualmente, só as recomendações são obrigatoriamente divulgadas pelos órgãos de comunicação social a que digam respeito, sendo novo o que consta das alíneas do n.° 2 e do n.° 4.

ARTIGO 25.°

(Regimento)

1. A Alta Autoridade elabora o seu regimento, que deve ser publicado na 2.ª série do Diário da República.

2. O regimento define, nomeadamente, o modo de designação e o funcionamento dos grupos de trabalho que a Alta Autoridade entenda constituir.

ARTIGO 26.°

(Encargos, pessoal e instalações)

1. Os encargos com o funcionamento da Alta Autoridade são cobertos por orçamento próprio por ela proposto e cuja dotação é inscrita no orçamento da Assembleia da República.

2. A Alta Autoridade dispõe de um serviço de apoio privativo cujo regulamento e mapa de pessoal são aprovados pela Assembleia da República, sob proposta da Alta Autoridade, e cujo provimento será feito em regime de comissão de serviço de entre indivíduos vinculados ou não à função pública que preencham os requisitos gerais para provimento de categorias equiparadas.

3.A Alta Autoridade pode ainda contratar pessoal especializado para cumprimento das suas atribuições legais.

4.O serviço de apoio será chefiado por um director de serviços.

5.O serviço de apoio assegura a assessoria directa, técnica e administrativa, aos membros da Alta Autoridade.

6. A Alta Autoridade funciona em instalações cedidas, para o efeito, pela Assembleia da República.

NOTA:

Os números 3 e 5 constituem preceitos novos.

ARTIGO 27.°

(Contra-ordenações)

1. Cabe à Alta Autoridade o processamento e aplicação das coimas previstas na presente lei, ou em qualquer outro diploma em matéria de comunicação social em que essa faculdade esteja prevista, bem como as que digam respeito a contra-ordenações por violação de normas relativas a condutas legalmente obrigatórias no domínio da comunicação social por cuja observância não caiba a outra entidade velar.

2. Constitui contra-ordenação, punível com coima de 100.000$00 a 3.000.000$00, a inobservância do disposto nos números 2 e 3 do artigo 7.°, números 1, 2 e 3 do artigo 8.° e números 2, 3 e 4 do artigo 24.°

CAPÍTULO IV
Disposições finais e transitórias

ARTIGO 28.°
(Norma revogatória)

São revogados:
a) A Lei n.° 15/90, de 30 de Junho;
b) A Lei n.° 30/94, de 29 de Agosto.

ARTIGO 29.°
(Normas transitórias)

1. A designação e a eleição previstas nas alíneas a), b) e c) do n.° 1 do artigo 10.° para o exercício de mandato nos termos da presente lei serão feitas dentro dos 30 dias subsequentes ao termo do mandato congénere anterior.

2. Os membros representativos da opinião pública e da comunicação social, referidos na alínea d) do n.° 1 do artigo 10.°, são designados nos 30 dias subsequentes ao termo dos mandatos dos membros cooptados ao abrigo do artigo 9.° da Lei n.° 15/90, de 30 de Junho.

3. A cooptação prevista na alínea d) do n.° 1 do artigo 10.° deverá verificar-se no prazo de 30 dias a contar da tomada de posse do último dos membros designados referidos naquela alínea.

4. As designações feitas ao abrigo das alíneas b) e c) do n.° 1 do artigo 10.° não relevam para os efeitos do n.° 3 do artigo 13.° .

5. Os actuais membros da Alta Autoridade mantêm-se em funções até à posse dos novos titulares.

NOTA:

No n.° 3 do artigo 13.° diz-se que os membros da Alta Autoridade não podem ser chamados a exercer mais de dois mandatos consecutivos.

Nos termos do n.° 4 do artigo em anotação, ficam excluídos desta regra os cinco membros eleitos pela Assembleia da República e o membro designado pelo Governo.

LEI DA TELEVISÃO

(Rectificada pelas Declarações números 12/98, de 12 de Agosto, e 15/98,de 30 de Setembro)

LEI N.° 31-A/98
de 14 de Julho

Aprova a Lei da Televisão

A Assembleia da República decreta, nos termos da alínea c) do artigo 161.° e do n.° 3 do artigo 166.°, da Constituição, para valer como lei geral da República, o seguinte:

CAPÍTULO I
Disposições gerais

ARTIGO 1.°
(Objecto)

1. A presente lei tem por objecto regular o acesso à actividade de televisão e o seu exercício.

2. Considera-se televisão a transmissão, codificada ou não, de imagens não permanentes e sons através de ondas electromagnéticas ou de qualquer outro veículo apropriado, propagando-se no espaço ou por cabo, e susceptível de recepção pelo público, com excepção dos serviços de telecomunicações apenas disponibilizados mediante solicitação individual.

3.Exceptuam-se do disposto no número anterior:

a) A transmissão pontual de eventos, através de dispositivos técnicos instalados nas imediações dos respectivos locais de ocorrência e tendo por alvo o público aí concentrado;

b) A mera retransmissão de emissões alheias

NOTAS:

a) A presente Lei revogou a Lei n.° 58/90, de 7 de Setembro que, por sua vez, tinha sido alterada através da Lei n.° 95/97, de 23 de Agosto.

b)No n.° 1 do preceito passou a contemplar-se, para além do exercício da actividade de televisão, o acesso à mesma.

c) A excepção da alínea a) do n.° 2 foi introduzida pela presente lei.

d) Desapareceram as referências às excepções que diziam respeito à televisão por cabo.

e) Pela circular n.° 13/93, da P.G.D. do Porto, foram transmitidas as conclusões do Parecer n.° 4/92, do Conselho Consultivo da P.G.R., a fim de que a doutrina do mesmo seja seguida e sustentada por todos os Magistrados e Agentes do Ministério Público:

1.ª Televisão é a transmissão ou retransmissão de imagens não permanentes e sons através de ondas electromagnéticas ou de qualquer outro veículo apropriado, propagado no espaço ou por cabo, destinada à recepção pelo público (artigo 1.°, n.° 2, da Lei n.° 58/90, de 7 de Setembro);

2.ª Radiofonia é a transmissão unilateral de comunicações sonoras por meio de ondas radioeléctricas ou outro meio apropriado destinada à recepção pelo público (artigo 1.°,n.° 2, da Lei n.° 87/88, de 30 de Julho);

3.ª Emissão de radiodifusão é a difusão de sons ou de imagens, separada ou cumulativamente, por fios ou sem fios, nomeadamente por ondas hertzianas, fibras ópticas, cabo ou satélite, destinada à recepção pelo público (artigo 176.°, n.° 9, do Código do Direito de Autor e Direitos Conexos — C.D.A.D.C.);

4.ª Obra radiodifundida é a que foi criada segundo as condições especiais de utilização pela radiodifusão sonora ou visual e a que foi adaptada àqueles meios de comunicação veiculadores da sua apresentação ao público (artigo 21.° do C.D.A.D.C.);

5.ª No domínio da comunicação social distingue-se entre a vertente activa ou processo de transmissão de sinais, sons ou imagens pelo organismo difusor e a vertente passiva da captação ou recepção pelo público;

6.ª O direito de autor atribui aos autores das obras literárias ou artísticas faculdades de natureza pessoal e de natureza patrimonial, envolvendo as últimas o exclusivo de dispor, fruir e de as utilizar ou de autorizar a outrem a sua fruição ou utilização (artigo 9.°, números 1 e 2, do C.D.A.D.C.);

7.ª Assiste aos autores, além do mais, o exclusivo direito de fazer ou autorizar a difusão pela televisão ou pela radiofonia ou por qualquer outro processo de reprodução de sinais, sons ou imagens, bem como a sua comunicação, quando não seja realizada pelo organismo de origem, por altifalantes ou instrumentos análogos, por fios ou sem fios, nomeadamente por ondas hertzianas, fibras ópticas, cabo ou satélite (artigo 68.°, n.° 2, alínea e) do C.D.A.D.C.);

8.ª Depende de autorização do autor a radiodifusão sonora ou visual das obras literárias ou artísticas, seja directa seja por qualquer processo de retransmissão, bem como a comunicação da obra radiodifundida em lugar público por qualquer meio de difusão de sinais, sons e imagens (artigo 149.°, números 1 e 2, do C.D.A.D.C.);

9.ª É lugar público para efeitos da conclusão anterior aquele em que seja oferecido o acesso, implícita ou explicitamente, com ou sem remuneração, independentemente da declaração de reserva do direito de admissão (artigo 149.°, n.° 3, do C.D.A.D.C.);

10.ª São lugares públicos para efeitos do disposto no artigo 149.°, n.° 3, do C.D.A.D.C., além do mais, os restaurantes, hotéis, pensões, cafés, leitarias, pastelarias, bares, "pubs", tabernas, discotecas e outros estabelecimentos similares;

11.ª O termo "comunicação" inserto nos artigos 149.°, n.° 2, e 155.°, do C.D.A.D.C. significa transmissão ou recepção — transmissão de sinais, sons ou imagens;

12.ª A mera recepção em lugar público de emissões de radiodifusão não integra a previsão dos artigos 149.°, n.° 2, e 155.°, do C.D.A.D.C.;

13.ª A mera recepção de emissões de radiodifusão nos lugares mencionados na conclusão 10.ª não depende nem da autorização dos autores das obras literárias ou artísticas apresentadas prevista no artigo 149.°, n.° 2, nem lhes atribui o direito à remuneração prevista no artigo 155.°, ambos do C.D.A.D.C.;

14.ª Do princípio de liberdade de recepção das emissões de radiodifusão que tenham por objecto obras literárias ou artísticas apenas se exclui a recepção — transmissão envolvente de nova utilização ou aproveitamento organizados designadamente através de procedimentos técnicos diversos dos que integram o próprio aparelho receptor, como, por exemplo, altifalantes ou instrumentos análogos transmissores de sinais, sons ou imagens, incluindo as situações a que se reportam os artigos 3.° e 4.° do Decreto-Lei n.° 42 660, de 20 de Novembro de 1959.

ARTIGO 2.°
(Âmbito de aplicação)

1.Estão sujeitas às disposições do presente diploma as emissões de televisão transmitidas por operadores televisivos sob a jurisdição do Estado Português.

2.Consideram-se sob jurisdição do Estado Português os operadores televisivos que satisfaçam os critérios definidos no artigo 2.° da Directiva n.° 89/552/CEE, do Conselho, de 3 de Outubro, na redacção que lhe foi dada pela Directiva n.° 97/36/CE, do Parlamento e do Conselho, de 30 de Junho.

NOTAS:

A redacção deste preceito não tinha correspondência na lei anterior. O artigo 2.° da Lei n.° 58/90, de 7 de Setembro, referia-se às redes de televisão por cabo e ao funcionamento da rede de distribuição de televisão por cabo.

ARTIGO 3.°

(Restrições)

1. A actividade de televisão não pode ser exercida ou financiada por partidos ou associações políticas, autarquias locais ou suas associações, organizações sindicais, patronais ou profissionais, directa ou indirectamente, através de entidades em que tenham capital ou por si subsidiadas.

2. É aplicável aos operadores de televisão o regime geral de defesa e promoção da concorrência, nomeadamente no que diz respeito às práticas proibidas, em especial o abuso de posição dominante, e à concentração de empresas.

3. As operações de concentração horizontal de operadores televisivos sujeitas a intervenção do Conselho de Concorrência são por estes comunicadas à Alta Autoridade para a Comunicação Social, que emite parecer prévio vinculativo, o qual só deverá ser negativo quando estiver comprovadamente em causa a livre expressão e confronto das diversas correntes de opinião.

4. Estão sujeitas a notificação à Alta Autoridade para a Comunicação Social as aquisições, por parte dos operadores televisivos, de quaisquer participações noutras entidades legalmente habilitadas, ou candidatas ao exercício da actividade de televisão, que não configurem uma operação de concentração sujeita a notificação prévia nos termos da legislação da concorrência.

5. A distribuição por cabo de canais de televisão não pode ficar dependente de qualquer exigência de participação dos operadores televisivos no capital social dos titulares das redes, assim como da participação destes no capital dos primeiros.

6. Ninguém pode exercer funções de administração em mais de um operador de televisão.

NOTAS:

a) No artigo 3.° da lei anterior, regulava-se o exercício da actividade de televisão. No actual, estabelecem-se as restrições a esse exercício.

b) A legislação da concorrência consta, essencialmente, da Lei de Defesa da Concorrência, estabelecida pelo Decreto-Lei n.° 371/93, de 29 de Outubro que, adiante, vai transcrito.

c) A Lei da Alta Autoridade para a Comunicação Social é a n.° 43/98, de 6 de Agosto, também aqui transcrita.

d) A inobservância do disposto no n.° 5 é punível com coima de 750.000$00 a 5.000.000$00.

e) A inobservância do disposto nos números 1, 3 e 4 é punida com coima de 7.500.000$00 20.000.000$00.

ARTIGO 4.°
(Transparência da propriedade)

1. As acções constitutivas do capital social dos operadores que devam revestir a forma de sociedade anónima têm obrigatoriamente natureza nominativa.

2. A relação dos detentores das quatro maiores participações sociais nos operadores televisivos e a respectiva discriminação, bem como a indicação das participações sociais daqueles noutras entidades congéneres, são divulgadas, conjuntamente com o relatório e contas e o respectivo estatuto editorial, em cada ano civil, numa das publicações periódicas de expansão nacional de maior circulação.

NOTAS:

a) O artigo 4.° da anterior lei tratava das zonas de cobertura da televisão, matéria que, nesta, tem tratamento bastante diferente no artigo 6.° .

b) À inobservância deste artigo corresponde a coima de 750.000$00 a 5.000.000$00.

ARTIGO 5.°
(Serviço público de televisão)

O estado assegura a existência e o funcionamento de um serviço público de televisão, em regime de concessão, nos termos do capítulo IV.

NOTAS:

a) Através da anterior redacção deste artigo, a concessão do serviço público de televisão era atribuída à R.T.P., E.P., por um prazo renovável de 15 anos.

b) No n.° 2 da anterior redacção, estabelecia-se que os direitos de concessão são intransmissíveis.

c) Pelo Dec.-lei n.° 53/91, de 27 de Dezembro, procedeu-se à abolição do registo e da taxa de televisão. Foi alterado o Estatuto da R.T.P., E.P., aprovado pelo Decreto-lei n.° 321/80, de 22 de Agosto.

d) Conclusões do Parecer n.° 17/94, de 14 de Julho de 1994, do Conselho Consultivo da P.G.R.:

1.ª De acordo com o n.° 2 do artigo 5.° e o n.° 3 do artigo 12.° da Lei n.° 58/90, de 7 de Setembro, os direitos de concessão do serviço público de televisão, bem como os direitos das sociedades licenciadas para o exercício da actividade de televisão, são intransmissíveis;

2.ª A actividade que se analisa na emissão de programas de televisão não pode ser levada a cabo por entidades não concessionadas ou licenciadas pela autoridade pública competente;

3.ª Nenhum operador de televisão tem a faculdade de ceder total ou parcialmente o direito de emissão televisiva a outras entidades, para além da garantia de tempo de emissão facultado às confissões religiosas e do exercício do direito de antena, expressamente previstos nos artigos 25.° e 32.° da Lei n.° 58/90, de 7 de Setembro;

4.ª Não é legalmente admissível que a SIC ceda certo tempo de emissão à Igreja Universal do Reino de Deus (IURD);

5.ª Nos termos do artigo 26.° da Lei n.° 58/90, de 7 de Setembro, e do artigo 3.° do Decreto-Lei n.° 330/90, de 23 de Outubro, não existe obstáculo legal a que um operador de televisão inclua nas suas emissões publicidade, não comercial, destinada a promover uma confissão religiosa

6.ª Um espaço televisivo diário relativo a publicidade não comercial, com duração que pode ir até 30 minutos, deve ter lugar em conjunto com os programas que integram a emissão do operador em causa e deve ser incluído no horário de programação anunciado;

7.ª O tempo de publicidade não comercial que for emitida deverá integrar-se na percentagem global máxima de publicidade imposta por lei em relação ao tempo diário de emissão, respeitando, além disso, aquela publicidade os princípios gerais da identificabilidade, licitude, veracidade, leal concorrência e respeito pelos direitos do consumidor;

8.ª No actual quadro normativo, as igrejas e outras comunidades religiosas têm um acesso directo à actividade de televisão através da participação no capital social dos operadores licenciados;

9.ª De acordo com o artigo 25.° da Lei n.° 58/90, de 7 de Setembro, é garantido às comunidades que forem reconhecidas como confissões religiosas, para prossecução das suas actividades, um tempo de emissão até duas horas diárias no serviço público de televisão, a atribuir e distribuir segundo critérios objectivos e de acordo com a representatividade de cada confissão religiosa.

Este parecer foi publicado na II série do D.R. de 7/5/96, juntamente com o parecer complementar de 17/8/95, que contém as seguintes conclusões:

1.ª Face à nova redacção dada no artigo 7.° do Decreto-Lei n.° 330/90, de 23 de Outubro, pelo artigo 1.° do Decreto-Lei n.° 6/95, de 17 de Janeiro, a conclusão 5.ª, produzida no parecer n.° 17/94 ficou prejudicada, já que toda a publicidade destinada a promover uma confissão religiosa ou que tenha por objecto ideias religiosas deverá ser considerada ilícita, incorrendo o infractor em responsabilidade contra- ordenacional, e disponibilizando aliás, o artigo 41.°, do dito Decreto-Lei n.° 330/90 medidas cautelares destinadas a fazer cessar, suspender ou proibir aquela publicidade;

2.ª A proibição de transmissão televisiva de publicidade tendo por objecto ideias religiosas vigora a partir de Janeiro de 1995, devendo ser considerada ilícita a emissão feita pela SIC de um espaço publicitário destinado a promover a IURD a partir daquela data;

3.ª A nova redacção dada ao n.° 8 do artigo 25.° do Decreto-Lei n.° 330/90, de 23 de Outubro, pelo artigo 1.° do Decreto-Lei n.° 6/95, de 17 de Janeiro, justifica uma reformulação da conclusão 6.ª produzida no parecer n.° 17/94 para se afirmar que o espaço publicitário da responsabilidade da SIC relativo à IURD mesmo que fosse de considerar lícito, o que não é o caso, sempre seria ilegal por aparecer isolado, sem que nenhum circunstancialismo excepcional surja como justificação para tal;

4.ª As conclusões 1.ª, 2.ª, 3.ª, 4.ª, 7.ª, 8.ª e 9.ª formuladas no parecer n.° 17/94 não foram afectadas com a publicação do Decreto-Lei n.° 6/95, de 17 de Janeiro.

e) Muito recentemente, o jornalista Pedro Cid, in J.N. de Sexta-feira, dia 23/02/01 exprime-se, desta forma, sobre a comunicação social do Estado: " Na comunicação social do Estado existem dois patamares distintos, mas a mesma carga pejorativa de subordinação ao poder político — as administrações e o corpo redactorial, hierarquizado e dirigido pelo director, subdirector, chefe de redacção e editores" E, mais adiante: " A R.T.P. vive hoje a sua maior crise desde a sua fundação. Manda a verdade dizer que a crise vem de há muitos anos, os socialistas só a agravaram. O P.S.D. cometeu erros gravíssimos, nomeadamente a supressão da taxa. Por isso não vale a pena vociferar mais. Do que se trata é de decidir. Por mim, penso que o Estado deve possuir um canal de televisão, abrindo eventualmente o seu capital a parceiros credíveis e altamente profissionalizados."

ARTIGO 6.°

(Áreas de cobertura de televisão)

1. Os canais de televisão podem ter cobertura de âmbito nacional, regional ou local.

2. São considerados de âmbito nacional os canais que visem abranger, ainda que de forma faseada, a generalidade do território nacional, desde que na data da apresentação da candidatura apresentem garantias de efectivação daquela cobertura.

3. A área geográfica consignada a cada canal deve ser coberta com o mesmo programa e sinal recomendado, salvo autorização em contrário, até ao limite de sessenta minutos diários, a conceder por despacho conjunto dos membros do Governo responsáveis pelas áreas da comunicação social e das comunicações, precedido de parecer favorável da Alta Autoridade para a Comunicação Social.

4. O limite horário a que se refere o número anterior pode ser alargado, nos termos nele previstos, em situações excepcionais devidamente fundamentadas.

5. As condições específicas do regime da actividade de televisão com cobertura regional ou local serão definidas por Decreto-Lei.

NOTAS:

a) No artigo 6.° da anterior Lei tratava-se dos fins genéricos da actividade de televisão, matéria que consta, agora, do artigo 8.° .

b) No artigo 4.° da lei anterior, previa-se, diferentemente, que a actividade de televisão tivesse âmbito geral ou regional.

ARTIGO 7.°

(Tipologia de canais)

1. Os canais de televisão podem ser generalistas ou temáticos e de acesso condicionado ou não condicionado.

2. Consideram-se generalistas os canais que apresentem uma programação diversificada e de conteúdo genérico.

3. São temáticos os canais que apresentem um modelo de programação predominantemente organizado em torno de matérias específicas.

4. Os canais temáticos de autopromoção e de televenda não podem integrar quaisquer outros elementos de programação convencional, tais como serviços noticiosos, transmissões desportivas, filmes, séries ou documentários.

5. São de acesso condicionado os canais televisivos que transmitam sob a forma codificada e estejam disponíveis apenas mediante contrapartida específica, não se considerando como tal a quantia devida pelo acesso à infra-estrutura de distribuição, bem como pela sua utilização.

6. Para efeitos do presente diploma, considera-se autopromoção a publicidade difundida pelo operador televisivo relativamente aos seus próprios produtos, serviços, canais ou programas.

7. As classificações a que se refere o presente artigo competem à Alta Autoridade para a Comunicação Social e são atribuídas no acto da licença ou da sua autorização.

NOTA:

Preceito novo.

ARTIGO 8.°

(Fins dos canais generalistas)

1. Constituem fins dos canais generalistas:

a) Contribuir para a informação, formação e entretenimento do público;

b) Promover o direito de informar e de ser informado, com rigor e independência, sem impedimentos nem discriminações;

c) Favorecer a criação de hábitos de convivência cívica própria de um Estado democrático e contribuir para o pluralismo político, social e cultural;

d) Promover a língua portuguesa e os valores que exprimem a identidade nacional.

2. Constituem ainda fins dos canais generalistas de âmbito regional ou local:

a) Alargar a programação televisiva a conteúdos de índole regional ou local;

b) Preservar e divulgar os valores característicos das culturas regionais ou locais;

c) Difundir informações com particular interesse para o âmbito geográfico da audiência.

NOTAS:

a) O artigo 6.° da anterior lei da televisão referia-se aos fins genéricos da televisão, sendo que o rol era muito mais extenso. E ainda aos seus fins específicos, que estavam enumerados no seu número dois.

b) Curiosa era a redacção do número 3 do referido preceito legal:

"3. Para efeitos da promoção educacional prevista na alínea c) do n.° 1, o serviço público de televisão deve ainda criar condições preferenciais na cedência de tempo de emissão à Universidade Aberta".

ARTIGO 9.°

(Normas técnicas)

A definição das condições técnicas do exercício da actividade televisiva, assim como a fixação das quantias a pagar pela emissão das licenças ou autorizações a que haja lugar e pela autorização dos meios técnicos necessários à transmissão, constam de diploma regulamentar.

NOTAS:

a) Era no artigo 7.° da anterior lei da televisão que se fazia referência ao plano técnico de frequências, sendo aprovado esse plano através do Decreto-Lei n.° 401/90, de 20 de Dezembro.

b) O Decreto-Lei n.° 237/98, de 5 de Agosto, regulamenta as condições específicas de acesso à actividade de televisão, sendo certo que, no seu artigo 17.°, se estabelece que as normas técnicas a que devem obedecer as emissões de televisão processadas através da via hertziana terrestre, por cabo e por satélite, são fixadas por portaria. Essa portaria é a n.° 711/98, publicada em 8 de Setembro.

c) A atribuição ou renovação de licenças e autorizações para o exercício da actividade de televisão está sujeita às taxas fixadas na Portaria n.° 474-C/98, de 5 de Agosto.

ARTIGO 10.°
(Regiões autónomas)

1.Os canais de televisão de âmbito nacional abrangerão, obrigatoriamente, as Regiões Autónomas.

2.O serviço público de televisão assegurado pelo Estado compreende, nas Regiões Autónomas dos Açores e da Madeira, centros regionais, com direcção e conselho de opinião próprios, capacidade de produção regional, mormente na área informativa, e autonomia de programação, vinculados à aplicação dos direitos de antena, de resposta e réplica política nos respectivos territórios.

NOTA:

Na anterior Lei, não se fazia qualquer referência aos centros regionais do serviço público de televisão dos Açores e da Madeira.

CAPÍTULO II
Acesso à actividade

ARTIGO 11.°
(Requisitos dos operadores)

1. Os operadores de televisão devem ter como objecto principal o exercício dessa actividade e revestir a forma de pessoa colectiva.

2. Os operadores de televisão detentores de canais de cobertura nacional estão sujeitos à forma de sociedade anónima ou sociedade cooperativa, devendo ser titulares de um capital mínimo de 250.000 contos ou de 1.000.000 de contos, consoante se trate de canais temáticos ou generalistas.

3. Exceptuam-se do disposto no número anterior os canais sem fins lucrativos destinados à divulgação científica e cultural, os quais podem ser detidos por associações ou fundações.

4. O capital dos operadores televisivos deve ser realizado integralmente nos oito dias após a notificação das decisões referidas nos artigos seguintes.

NOTAS:

a) Pela Resolução do Conselho de Ministros n.° 49/90, de 27 de Dezembro de 1990, publicada no suplemento da 1.ª série do Diário da República de 31/12/90, foi aprovado o regulamento do concurso para concessão dos 3.° e 4.° canais da televisão.

b) A este capítulo correspondia, na Lei anterior, o que se intitulava "Regime de licenciamento" e que abrangia os artigos 8.° a 14.° . Nele se previa que os novos canais podiam ser objecto de licenciamento através de concurso público.

Agora, distingue-se o acesso à actividade televisiva, consoante as emissões a realizar utilizem ou não o espectro hertziano terrestre. Só as que utilizem esse espectro hertziano são licenciadas mediante concurso público.

c) A inobservância deste artigo está sujeita a coima de 7.500.000$00 a 20.000.000$00.

ARTIGO 12.°

(Modalidades de acesso)

1. O acesso à actividade televisiva é objecto de licenciamento, mediante concurso público, ou de autorização, consoante as emissões a realizar utilizem ou não o espectro hertziano terrestre.

2. Sem prejuízo do disposto no número anterior, o estabelecimento, gestão e exploração de redes de transporte e difusão do sinal televisivo obedece ao disposto no Decreto-Lei n.° 381-A/97, de 30 de Dezembro.

3. As licenças ou autorizações são individualizadas de acordo com o número de canais a utilizar por cada operador candidato.

4. Exceptua-se do disposto no n.° 1 o serviço público de televisão, nos termos previstos no capítulo IV.

NOTAS

a) Era o artigo 9.° que se debruçava sobre as características mínimas a que deveriam obedecer os candidatos às licenças dos novos canais televisivos. Exigia-se um capital social mínimo de 2,5 milhões de contos e as sociedades só poderiam ser anónimas.

b) Nos termos do número 6 desse preceito, que havia sido introduzido através da Lei n.° 95/97, de 23 de Agosto, os cidadãos nacionais dos Estados membros da União Europeia e as pessoas colectivas desses Estados eram considerados portugueses para efeitos de acesso à actividade de televisão, já que, nos termos do n.° 3, a participação de capital estrangeiro nos operadores de televisão não poderia exceder 15% do respectivo capital social

ARTIGO 13.°

(Licenciamento e autorização de canais)

Compete à Alta Autoridade para a Comunicação Social atribuir as licenças e as autorizações para o exercício da actividade de televisão.

NOTA:

Nos termos do regulamento aprovado de acordo com a lei anterior, a atribuição dos novos canais de televisão cabia a uma comissão especial, constituída para o efeito.

ARTIGO 14.°

(Instrução dos processos)

1. Os processos de licenciamento ou de autorização são instruídos pelo Instituto da Comunicação Social, que promoverá para o efeito a recolha do parecer do Instituto das Comunicações de Portugal, no que respeita às condições técnicas de candidatura.

3. Concluída a instrução, o Instituto da Comunicação Social submete os processos à apreciação da Alta Autoridade para a Comunicação Social para atribuição das licenças ou autorizações.

NOTA:

O Instituto da Comunicação Social foi criado através do Decreto-Lei n.° 34/97, de 31 de Janeiro, cujas normas se encontram transcritas em anotação ao artigo 20.° da Lei de distribuição de televisão por cabo.

ARTIGO 15.°

(Atribuição de licenças ou autorizações)

1. A atribuição de licenças ou autorizações fica condicionada pela verificação da qualidade técnica e da viabilidade económica do projecto.

2. Havendo lugar a selecção entre projectos apresentados ao mesmo concurso, para a atribuição de licenças, ter-se-á em conta, sucessivamente, para efeito de graduação das candidaturas:

a) O conteúdo da grelha de programas, designadamente o número de horas dedicadas à informação;

b) O tempo e horário de emissão;

c) A área de cobertura;

d) O número de horas destinadas à emissão de obras recentes de produção própria ou independente e de criação original em língua portuguesa;

e) A inclusão de programação acessível à população surda, designadamente através da tradução em língua gestual portuguesa.

3. A atribuição de novas licenças ou autorizações, bem como a modificação do quadro legislativo existente, não constituem fundamento para que os operadores de televisão aleguem alteração das condições de exercício da actividade, em termos de equilíbrio económico e financeiro, nem conferem direito a qualquer indemnização.

4. Na atribuição de licenças para emissões terrestres digitais de cobertura nacional será reservada capacidade de transmissão para os canais detidos pelos operadores licenciados à data da entrada em vigor do presente diploma.

5. No licenciamento de canais codificados são objecto de especial ponderação os custos de acesso, bem como as condições e as garantias de prestação do serviço aos consumidores.

NOTAS:

a) Os factores de atribuição da licença encontravam-se estabelecidas no artigo 11.° da Lei anterior, devendo ser apreciados globalmente pelo Governo, o qual atribuía a licença através de resolução do Conselho de Ministros.

b) O preceito contido no número 3 do artigo em anotação é inovador.

c) No n.° 4 prevê-se a chegada da televisão digital.

d) A inobservância deste artigo está sujeita a coima de 7.500.000$00 a 20.000.000$00.

ARTIGO 16.°

(Observância do projecto aprovado)

1. O operador televisivo está obrigado ao cumprimento das condições e termos do projecto licenciado ou autorizado, ficando a sua modificação, que em qualquer caso só pode ser efectuada decorridos dois anos após o licenciamento, sujeita a aprovação da Alta Autoridade para a Comunicação Social.

2. No caso de a Alta Autoridade para a Comunicação Social não se pronunciar no prazo de 90 dias, considera-se a modificação tacitamente aprovada.

3. Na apreciação da comunicação referida no n.° 1, será tida em conta, nomeadamente, a evolução do mercado televisivo e as implicações para a audiência potencial do canal.

NOTA:

A inobservância do n.° 1 deste preceito está sujeita a coima de 7.500.000$00 a 20.000.000$00.

ARTIGO 17.°

(Prazo das licenças ou autorizações)

As licenças e autorizações para o exercício da actividade televisiva de âmbito nacional são emitidas pelo prazo de 15 anos, renovável por iguais períodos.

NOTA:

a) Já era de 15 anos o prazo fixado no n.° 1 do artigo 12.° da Lei anterior.

b) Nesse artigo e seu n.° 3 estabelecia-se, entretanto, que os direitos das sociedades licenciadas eram intransmissíveis.

ARTIGO 18.°

(Extinção e suspensão das licenças e autorizações)

1. As licenças e autorizações extinguem-se pelo decurso do prazo pelo qual foram atribuídas ou por revogação, podendo ainda ser suspensas.

2. A revogação e a suspensão das licenças ou autorizações são da competência da entidade à qual incumbe a sua atribuição e ocorrem nos termos do artigo 65.°

ARTIGO 19.°

(Regulamentação)

1. O Governo aprovará, por Decreto-Lei, o desenvolvimento normativo aplicável ao licenciamento e à autorização de canais televisivos.

2. Do diploma previsto no n.° 1 devem constar, nomeadamente:

a) A documentação exigível e o prazo para apresentação das candidaturas;

b) O valor da caução;

c) As fases de cobertura e especificação das garantias da sua efectivação, bem como o prazo da respectiva execução;

d) O prazo para o início das emissões;

e) Os prazos de instrução dos processos, de remessa dos mesmos à Alta Autoridade para a Comunicação Social e de emissão da respectiva deliberação.

NOTAS:

a) O diploma a que se refere este preceito é o Decreto-Lei n.° 237/98, de 5 de Agosto, o qual foi rectificado através da Declaração n.° 15-B/98, de 31 de Agosto, e que se passa a transcrever.

Decreto-Lei n.° 237/98

de 5 de Agosto

A Lei n.° 31-A/98, de 14 de Julho, que regula o acesso à actividade de televisão e o seu exercício, remete, no seu artigo 19.°, para Decreto-Lei o desenvolvimento normativo aplicável ao licenciamento e à autorização de canais televisivos.

Tal regulamentação afigura-se imprescindível para conferir efeito útil à criação de novos canais televisivos, prevista na recente lei da televisão, nomeadamente através da difusão de programas por meio de via hertziana terrestre, com tecnologia digital, do cabo ou do satélite.

O presente diploma tem assim como objectivo estabelecer as condições específicas do acesso à actividade, fixando a documentação necessária e o prazo para a apresentação das candidaturas, o valor da caução exigível, as fases de cobertura e garantias da sua efectivação, os prazos para a instrução, remessa e apreciação dos processos pela entidade competente para o efeito, bem como para o início das emissões pelos operadores licenciados ou, quando não utilizem o espectro hertziano terrestre, autorizados para o exercício da actividade televisiva.

Assim, no desenvolvimento do regime jurídico estabelecido pela Lei n.° 31-A/98, de 14 de Julho, e nos termos da alínea c) do n.° 1 do artigo 198.° da Constituição, o Governo decreta o seguinte:

CAPÍTULO I – Disposições gerais

Artigo 1.° – Exercício da actividade

1. A actividade de televisão de âmbito nacional, com excepção do serviço público, só pode ser exercida mediante licença ou autorização, a conceder nos termos do presente diploma, consoante as emissões a realizar utilizem ou não o espectro hertziano terrestre.

2. As licenças detidas pelos operadores de televisão licenciados à data da entrada em vigor da Lei n.° 31-A/98, de 14 de Julho, constituem, nos precisos termos em que foram atribuídas, habilitação bastante para o exercício da respectiva actividade por via hertziana terrestre digital.

3. A utilização da via hertziana terrestre digital pelos operadores a que se refere o número anterior limitar-se-á à difusão integral e simultânea dos programas disponibilizados na rede analógica.

4. O direito decorrente do regime estabelecido no n.° 2 deve ser exercido junto do Instituto de Comunicação Social (I.C.S.) pelos operadores interessados, sob pena de caducidade, no prazo de 60 dias após a data da atribuição da licença de operador da rede a utilizar e objecto de comunicação à Alta Autoridade para a Comunicação Social, adiante designada como AACS, nos 30 dias subsequentes.

Artigo 2.° – Competência

Compete à AACS proceder à atribuição e renovação das licenças e autorizações para o exercício da actividade de televisão.

Artigo 3.° – Âmbito das licenças ou autorizações

As licenças ou autorizações são individualizadas de acordo com o número de canais detidos por cada operador candidato e devem conter a respectiva classificação, nos termos do artigo 7.° da Lei n.° 31-A/98, de 14 de Julho.

Artigo 4.° – Validade e revogação das licenças ou das autorizações

1. As licenças ou autorizações para o exercício da actividade de televisão de âmbito nacional são válidas pelo prazo de 15 anos, renovável por iguais períodos.

2. A renovação das licenças ou das autorizações só não é concedida em caso de manifesto e injustificado incumprimento das condições e requisitos de que dependeu a sua atribuição.

3. A renovação das licenças ou das autorizações é requerida com a antecedência mínima de um ano em relação ao termo do respectivo prazo de vigência, devendo a correspondente decisão ser proferida no prazo de três meses a contar da data da apresentação do pedido.

4. No caso de a decisão a que se refere o número anterior não ser proferida no prazo nele previsto, presumir-se-á deferido o pedido.

Artigo 5.° – Igualdade de acesso

1. Os operadores televisivos têm direito de acesso, em igualdade de condições, às redes públicas de telecomunicações exploradas por operadores licenciados ao abrigo do Decreto-Lei n.° 381-A/97, de 30 de Dezembro.

2. A violação da obrigação referida no número anterior constitui contra-ordenação

prevista na alínea c) do n.° 1 do artigo 33.° do Decreto-lei n.° 381-A/97, de 30 de Dezembro, e punível nos termos do regime nele estabelecido.

CAPÍTULO II – Licenciamento

Artigo 6.° – Concurso público

1. As licenças para o exercício da actividade de televisão são atribuídas mediante concurso público.

2. O regulamento a que se deve sujeitar o concurso será aprovado por portaria do membro do Governo responsável pela área da comunicação social.

Artigo 7.° – Atribuição de licenças

1. A atribuição de licenças fica condicionada pela verificação da qualidade técnica e da viabilidade económica do projecto.

2. Considera-se adequada a garantir a viabilidade económica do projecto a cobertura, por capitais próprios em montante não inferior a 25 %, do valor do investimento global referente à actividade que o operador se propões desenvolver.

3. Havendo lugar a selecção entre projectos apresentados ao mesmo concurso, ter-se-á em conta, sucessivamente, para efeito de graduação da candidaturas, os critérios constantes das alíneas do n.° 2 do artigo 15.° da Lei n.° 31-A/98, de 14 de Julho.

4. Os operadores de televisão, conjuntamente com o operador de rede de telecomunicações de suporte, devem garantir que as suas emissões cubram, no prazo de três anos contados da data da atribuição da licença, 75% do território nacional, devendo ser assegurada no prazo de cinco anos a cobertura de, pelo menos, 95%.

Artigo 8.° – Apresentação de candidaturas

1. O requerimento para a atribuição das licenças é dirigido à AACS e entregue, para a instrução do respectivo processo, no ICS.

2. O prazo para a apresentação das candidaturas cessa três meses após a publicação do regulamento do respectivo concurso.

3. Os requerentes devem apresentar, para além de outros documentos previstos no regulamento:

a) Memória justificativa do pedido;

b) Estudo económico e financeiro das condições de exploração do canal de televisão, em especial das suas fontes de financiamento e dos planos de amortização, e demonstração da viabilidade económica do projecto.

c) Projecto técnico descritivo das instalações, equipamentos e sistemas a utilizar;

d) Descrição dos meios humanos afectos ao projecto, com indicação dos postos de trabalho envolvidos e da qualificação profissional dos responsáveis pelos principais cargos de direcção;

e) Descrição detalhada da actividade que se propõem desenvolver, incluindo o respectivo estatuto editorial, o horário de emissão e as linhas gerais da programação, bem como a menção da designação a adoptar para o canal em questão;

f) Pacto social ou estatutos e documentos comprovativos da respectiva inscrição no Registo Nacional das Pessoas Colectivas;

g) Documento comprovativo de que dispõem de contabilidade organizada de acordo com o Plano Oficial de Contabilidade e adequada às análises requeridas para o projecto a desenvolver;

h) Declaração comprovativa de não serem devedores ao Estado ou à segurança social de quaisquer impostos, quotizações ou contribuições, bem como de quaisquer outras importâncias, ou que o seu pagamento está assegurado mediante o cumprimento de condições de regularização que para o efeito tenham sido autorizadas nos termos da lei;

4. Para além dos documentos indicados no número anterior, constitui condição de admissão a concurso público a prestação de uma caução no montante de 200.000.000$00, no caso de canais generalistas, e de 100.000.000$00, tratando-se de canais temáticos.

Artigo 9.° – Instrução

1. O ICS notificará os proponentes, no prazo de 15 dias a contar da recepção, de quaisquer insuficiências detectadas nos respectivos processos, devendo estas ser supridas nos 20 dias subsequentes.

2. Os processos de candidatura que não preencham as condições estabelecidas no n.° 3 do artigo anterior e no regulamento do concurso a que se refere o seu n.° 2 não serão aceites, sendo a respectiva recusa objecto de despacho do membro do Governo pela área da comunicação social.

Artigo 10.° – Decisão

1. Os processos admitidos nos termos do artigo anterior são remetidos até 45 dias após o termo do prazo de apresentação das candidaturas, ou do prazo para o suprimento das insuficiências do processo, à AACS, que delibera no prazo de 45 dias.

2. Os operadores candidatos devem facultar à AACS, quando esta o solicite, quaisquer documentos ou esclarecimentos adicionais julgados necessários para a sua decisão.

3. A decisão a que se referem os números anteriores é publicada no Diário da República.

Artigo 11.° – Início das emissões

Os operadores de televisão devem iniciar as suas emissões no prazo de seis meses contados após a data de atribuição da licença.

CAPÍTULO III – Autorização

Artigo 12.° – Requisitos

1. A concessão de autorizações para o exercício da actividade de televisão por cabo ou via satélite depende das condições enumeradas no n.° 1 do artigo 7.°, devendo os requerentes instruir o respectivo pedido com os elementos enumerados no n.° 3 do artigo 8.° e com título comprovativo do acesso à rede.

2. Se os candidatos pretenderem fazer uso de rede própria de transporte e distribuição do sinal, deverão juntar declaração expressa nesse sentido e indicar, em mapa, a zona e as fases de cobertura projectadas, tendo em conta o disposto no artigo 16.°

3. O estabelecimento de redes próprias de transporte e distribuição por cabo ou por satélite do sinal televisivo obedece, respectivamente, ao disposto nos Decretos-Leis números 241/97, de 18 de Setembro, e 381-A/97, de 30 de Dezembro.

Artigo 13.° – Instrução do pedido

1. Aos pedidos de autorização é correspondentemente aplicável o disposto nos números 1 a 4 do artigo 8.°.

2. Os processos de candidatura que preencham os requisitos exigidos no número anterior são remetidos à AACS, que decide no prazo de 15 dias.

Artigo 14.° – Publicação das candidaturas

O ICS promoverá a divulgação mensal, num dos jornais diários de informação geral de maior tiragem, das autorizações concedidas e das candidaturas que à data se encontrem pendentes de autorização.

Artigo 15.° – Início das emissões

Os operadores de televisão devem iniciar as suas emissões no prazo de três meses após a data da atribuição da autorização.

Artigo 16.° – Fases de cobertura

Os operadores de televisão devem garantir o cumprimento das fases de cobertura previstas no n.° 4 do artigo 7.°, podendo para o efeito recorrer a redes próprias, de terceiros ou ambas.

CAPÍTULO IV – Disposições finais

Artigo 17.° – Normas técnicas

1. As normas técnicas a que devem obedecer as emissões televisivas processadas através da via hertziana terrestre, por cabo e por satélite, são fixadas por portaria do membro do Governo responsável pela área das comunicações.

2. As taxas devidas pela atribuição e renovação das licenças e autorizações previstas no presente diploma são fixadas por portaria do membro do Governo responsável pela área da comunicação social.

Artigo 18.° – Norma revogatória

É revogado o Decreto-Lei n.° 401/90, de 20 de Dezembro.

. . . .

b) A portaria a que se reporta o artigo 17.° do Decreto-Lei que se acaba de transcrever, respeitante às normas técnicas, é a Portaria n.° 711/98, de 8 de Setembro.

c) A Portaria referida no mesmo Decreto-Lei, respeitante às taxas a cobrar pelas licenças e autorizações é a Portaria n.° 474-C/98, de 5 de Agosto.

CAPÍTULO III
Programação e informação

SECÇÃO I
Liberdade de programação e de informação

ARTIGO 20.°
(Autonomia dos operadores)

1. A liberdade de expressão do pensamento através da televisão integra o direito fundamental dos cidadãos a uma informação livre e

pluralista, essencial à democracia, à paz e ao progresso económico e social do país.

2. Salvo os casos previstos na presente lei, o exercício da actividade de televisão assenta na liberdade de programação, não podendo a Administração Pública ou qualquer órgão de soberania, com excepção dos tribunais, impedir, condicionar ou impor a difusão de quaisquer programas.

NOTA:

Era o artigo 15.° o correspondente na Lei anterior, sendo a respectiva redacção bastante semelhante. Tinha mais um número no qual se fazia realçar que, salvo autorização governamental, a programação da televisão dos canais de cobertura geral é a mesma em todo o território nacional. Norma semelhante, com redacção mais aperfeiçoada, consta, agora, do n.° 3 do artigo 6.° .

ARTIGO 21.°

(Limites à liberdade de programação)

1. Não é permitida qualquer emissão que viole os direitos, liberdades e garantias fundamentais, atente contra a dignidade da pessoa humana ou incite à prática de crimes.

2. As emissões susceptíveis de influir de modo negativo na formação da personalidade das crianças ou adolescentes ou de afectar outros públicos mais vulneráveis, designadamente pela exibição de imagens particularmente violentas ou chocantes, devem ser precedidas de advertência expressa, acompanhadas da difusão permanente de um identificativo apropriado e apenas ter lugar em horário subsequente às 22 horas.

3. As imagens a que se refere o número anterior podem, no entanto, ser transmitidas em quaisquer serviços noticiosos quando, revestindo importância jornalística, sejam apresentadas com respeito pelas normas éticas da profissão e antecedidas de uma advertência sobre a sua natureza.

4. A difusão televisiva de obras que tenham sido objecto de classificação etária, para efeitos da sua distribuição cinematográfica ou videográfica, deve ser precedida da menção que lhes tiver sido atribuída pela comissão competente, ficando obrigatoriamente sujeita às demais exigências a que se refere o n.° 2 sempre que a classificação

em causa considerar desaconselhável o acesso a tais obras por menores de 16 anos.

5.Integram o conceito de emissão, para efeitos do presente diploma, quaisquer elementos da programação, incluindo a publicidade ou os extractos com vista à promoção de programas.

NOTAS:

a) No artigo 17.° da Lei anterior proibia-se expressamente a transmissão de programas pornográficos ou obscenos, bem como os que incitassem à violência, à prática de crimes ou que, genericamente, violassem direitos, liberdades e garantias fundamentais.

b) A violação do n.° 1 é punida com coima de7.500.000$00 a 20.000.000$00.

c) A inobservância do disposto nos números 2 a 4 é punida com coima de 2.000.000$00 a 20.000.000$00.

ARTIGO 22.°

(Anúncio da programação)

O anúncio da programação prevista para os canais de televisão é obrigatoriamente acompanhado da advertência e da menção de classificação a que se referem os números 2 a 4 do artigo 21.° .

NOTAS:

a) Preceito novo.

b) A violação deste preceito é punida com coima de 750.000$00 a 5.000.000$00.

ARTIGO 23.°

(Divulgação obrigatória)

1. São obrigatoriamente divulgados através do serviço público de televisão, com o devido relevo e a máxima urgência, as mensagens cuja difusão seja solicitada pelo Presidente da República, pelo Presidente da Assembleia da República e pelo Primeiro-Ministro.

2. Em caso de declaração de estado de sítio ou do estado de emergência, a obrigação prevista no número anterior recai também sobre os operadores privados de televisão.

NOTAS:

a) Na Lei anterior, o artigo correspondente tinha o n.° 24.

b) A violação do disposto no n.° 2 é punida com coima de 7.500.000$00 a 50.000.000$00.

ARTIGO 24.°

(Propaganda política)

É vedada aos operadores televisivos a cedência de espaços de propaganda política, sem prejuízo do disposto no capítulo V.

NOTA:

A violação do disposto neste artigo é punida com coima de 7.500.000$00 a 50.000.000$00.

ARTIGO 25.°

(Aquisição de direitos exclusivos)

1. É nula a aquisição, por quaisquer operadores de televisão, de direitos exclusivos para a transmissão de acontecimentos de natureza política.

2. Em caso de aquisição, por operadores de televisão que emitam em regime de acesso condicionado ou sem cobertura nacional, de direitos exclusivos para a transmissão, integral ou parcial, directa ou em diferido, de outros acontecimentos que sejam objecto de interesse generalizado do público, os titulares dos direitos televisivos ficam obrigados a facultar, em termos não discriminatórios e de acordo com as condições normais do mercado, o seu acesso a outro ou outros operadores interessados na transmissão que emitam por via hertziana terrestre com cobertura nacional e acesso não condicionado.

3. Na falta de acordo entre o titular dos direitos televisivos e os demais operadores interessados na transmissão do evento, haverá lugar a arbitragem vinculativa da Alta Autoridade para a Comunicação Social, mediante requerimento de qualquer das partes.

4. Os eventos a que se referem os números anteriores, bem como as condições da respectiva transmissão, constam de lista a publicar na 2.ª série do Diário da República, até 31 de Outubro de cada ano, pelo membro do Governo responsável pelo sector, ouvida a Alta Autoridade para a Comunicação Social, sem prejuízo da publicação

de aditamentos excepcionais determinados pela ocorrência superveniente e imprevisível de factos da mesma natureza.

5. Os titulares de direitos exclusivos para a transmissão de quaisquer eventos ficam obrigados a ceder o respectivo sinal, em directo ou em diferido, se assim o exigirem, aos operadores que disponham de emissões internacionais, para utilização restrita a estas, em condições a definir em diploma regulamentar, que estabelecerá os critérios da retribuição pela cedência, havendo lugar, na falta de acordo entre os interessados, a arbitragem vinculativa da Alta Autoridade para a Comunicação Social.

6. Aos operadores televisivos sujeitos à presente lei é vedado o exercício de direitos exclusivos adquiridos após 30 de Julho de 1997 em termos que impeçam uma parte substancial do público de outro Estado membro da União Europeia de acompanhar, na televisão de acesso não condicionado, eventos constante das listas a que se refere o n.° 8, nas condições nelas fixadas.

7. A inobservância do disposto nos números 2 ou 6 não dará lugar à aplicação das respectivas sanções sempre que o titular do exclusivo demonstre a impossibilidade de cumprimento das obrigações neles previstas.

8. Para efeitos do disposto no n.° 6, a lista definitiva das medidas tomadas pelos Estados membros, tal como divulgada no Jornal Oficial das Comunidades Europeias, será objecto de publicação na 2.ª série do Diário da República por iniciativa do membro do Governo responsável pela área da comunicação social.

NOTAS:

a) Na anterior Lei, o artigo correspondente era o n.° 16.°

b) A redacção deste artigo, que apenas era constituída por dois números, foi profundamente alterada pela Lei n.° 95/97, de 23 de Agosto.

c) Na Revista do Ministério Público n.° 56, Outubro/Dezembro de 1993, foi publicado um comentário do Senhor Conselheiro, Dr. José Augusto Garcia Marques a propósito de um artigo da autoria do Dr. Rui Assis Ferreira, publicado no jornal «O Público», de 31 de Outubro de 1993, sob o título «Direitos excluídos», que, por sua vez, critica o parecer da Procuradoria-Geral da República que apreciou a compatibilização entre o direito à informação e o direito ao espectáculo desportivo.

Nesse comentário, aquele autor esclarece que o direito ao espectáculo se tem vindo a construir numa base costumeira, mas, não obstante o intérprete não se pode alhear da existência de alguns preceitos legais que lhe dão guarida, designadamente o n.° 2 do artigo 19.° da Lei 1/90, de 13 de Janeiro (Lei de Bases do Sistema Desportivo), que transcreve:

«É garantido o direito de acesso a recintos desportivos de profissionais da comunicação social no exercício da sua profissão, sem prejuízo dos condicionamentos e limites a este direito, designadamente para protecção do direito ao espectáculo, ou de outros direitos e interesses legítimos dos clubes, federações e organizadores de espectáculos desportivos, em termos a regulamentar»

A necessidade de conjugar este normativo com o artigo 16.° da Lei da Televisão terá levado o Conselho Consultivo da Procuradoria-Geral da República a inflectir a orientação propugnada no parecer n.° 57/85, de 28 de Agosto de 1985.

Transcreve, depois, parcialmente, as conclusões do parecer 17/93, de 17 de Junho, na altura inédito:

"1.ª O direito à informação implica o direito dos jornalistas, nos termos da lei, ao acesso às fontes de informação — artigos 37.°, n.° 1, e 38.°, n.° 2, alínea b), da Constituição da República Portuguesa;

2.ª Os jornalistas dos meios de comunicação social audiovisuais, devidamente credenciados, têm direito de acesso aos recintos desportivos onde decorram eventos públicos de larga audiência, e de levar consigo o equipamento adequado à natureza do trabalho a realizar;

3.ª Sendo a essência da televisão a transmissão de imagens em movimento, o exercício televisivo do direito à informação desportiva não pode, por definição, deixar de abranger a transmissão de imagens do espectáculo;

4.ª Nos termos do artigo 19.°, n.° 2, da Lei n.° 1/90, de 13 de Janeiro, que aprovou a Lei de Bases do Sistema Desportivo, a protecção do direito ao espectáculo é erigida em condicionamento e limite ao direito à informação por parte dos profissionais da comunicação social, no exercício da sua profissão;

5.ª Nos termos do artigo 16.°, n.° 2, da Lei 58/90, de 7 de Setembro, que aprovou o regime da actividade de televisão, os operadores que obtenham direitos exclusivos para a transmissão de eventos susceptíveis de larga audiência, devem colocar breves sínteses dos mesmos, de natureza informativa, à disposição de todos os serviços televisivos interessados na sua cobertura, sem prejuízo da contrapartida correspondente;

6.ª Da conjugação dos artigos 19.°, n.° 2, da Lei n.° 1/90, e 16.°,n.° 2, da Lei 58/90, retira-se o seguinte quadro de compatibilização do direito à informação com o direito ao espectáculo:

a) Por um lado, todos os operadores televisivos devem respeitar os direitos exclusivos de transmissão, aceitando as restrições estritamente necessárias à garantia desse exclusivo,

b) Por outro, incumbe ao operador primário a obrigação de colocar à disposição dos operadores secundários, nisso interessados, mediante contrapartida correspondente, breves sínteses informativas dos correlativos eventos desportivos;

7.ª É legal o objecto dos contratos de alienação, a título oneroso, em regime de exclusividade, dos direitos de recolha e transmissão integral de encontros do campeonato nacional de futebol da primeira divisão, em directo ou diferido, pelo organizador do espectáculo desportivo a um operador de televisão;

8.ª Também é legalmente admissível, no exercício do direito ao espectáculo, a cedência, nas condições indicadas na conclusão anterior, de direitos exclusivos de resumos, desde que, pelo seu conteúdo e extensão, se torne possível que, sobre tais resumos, sejam elaboradas as breves sínteses de natureza informativa para os fins indicados no n.° 2 do artigo 16.° da Lei 58/90;

9.ª Porque ofensivos do conteúdo essencial de um direito fundamental, serão nulos, por desconformidade do respectivo objecto com a lei (artigo 280.° do Código Civil), os contratos por força dos quais se pretenda transferir para um operador televisivo os direitos exclusivos de transmissão de sínteses de natureza informativa a que se faz referência na conclusão anterior;

10.ª Os organizadores de espectáculos desportivos, cujos direitos de transmissão, integral ou de resumo, foram adquiridos, em regime de exclusivo, por um operador televisivo, não podem, sob pena de violação do direito de acesso às fontes de informação, impedir o ingresso nos respectivos recintos desportivos aos jornalistas ao serviço de operadores televisivos secundários;

11.ª O modo de compatibilizar os direitos do titular do «exclusivo» (operador primário) com os dos operadores secundários encontra-se estabelecido no n.° 2 do artigo 16.° da Lei n.° 58/90, pelo que estes não podem transmitir imagens do espectáculo para além das constantes das breves sínteses de natureza informativa ali referidas;

12.ª Podem, no entanto, utilizar o material recolhido pelos seus jornalistas dentro do recinto desportivo, desde que o seu conteúdo seja distinto do espectáculo cuja transmissão, integral ou de resumos, foi objecto de aquisição em exclusividade pelo operador primário."

Considerou, ainda, ser necessária a intervenção legislativa prevista na parte final do n.° 2 do artigo 19.° e no artigo 41.°, n.° 2, da Lei de Bases do Sistema Desportivo.

d) Para tentar, de algum modo, obviar aos inconvenientes apontados no transcrito parecer, a actual lei passou a conter um preceito próprio, referente aos extractos informativos, o qual consta do artigo 26.° .

e) A infracção ao disposto no n.° 5 é punida com coima de 2.000.000$00 a 20.000.000$00.

f) A infracção ao disposto nos números 2 e 6 é punida com coima de 7.500.000$00 a 50.000.000$00.

g) A lista a que se reportam os n.° s 2 e 4 deste preceito consta do despacho n.° 19030-A/98, de 31/10, do Secretário de Estado da Comunicação Social, aqui publicada a págs. 349.

ARTIGO 26.°

(Direito a extractos informativos)

1. Os responsáveis pela realização de espectáculos ou outros eventos públicos, bem como os titulares de direitos exclusivos que sobre eles incidam, não podem opor-se à transmissão de breves extractos dos mesmos, de natureza informativa, por parte de qualquer operador de televisão, nacional ou não.

2. Para o exercício do direito à informação previsto no número anterior, os operadores podem utilizar o sinal emitido pelos titulares

dos direitos exclusivos, suportando apenas os custos que eventualmente decorram da sua disponibilização, ou recorrer, em alternativa, à utilização de meios técnicos próprios, nos termos legais que asseguram o acesso dos órgãos de comunicação social a locais públicos.

3.Os extractos a que se refere o n.° 1 devem:

a) Limitar-se à duração estritamente indispensável à percepção do conteúdo essencial dos acontecimentos em questão, desde que não exceda noventa segundos, salvo período superior acordado entre os operadores envolvidos, tendo em conta a natureza dos eventos;

b) Ser difundidos exclusivamente em programas regulares de natureza informativa geral, e em momento posterior à cessação do evento, salvo acordo para utilização diversa, a estabelecer entre as partes;

c) Identificar a fonte das imagens, caso sejam difundidas a partir do sinal transmitido pelo titular do exclusivo.

NOTAS:

a) A infracção ao disposto no n.° 3 é punida com coima de 2.000.000$00 a 20.000.000$00.

b) A infracção ao disposto no n.° 1 é punida com coima de 7.500.000$00 a 50.000.000$00.

SECÇÃO II
Obrigações dos operadores

ARTIGO 27.°
(Director)

1. Cada canal de televisão deve ter um director responsável pela orientação e supervisão do conteúdo das emissões.

2. Cada canal de televisão que inclua programação informativa deve designar um responsável pela informação.

NOTA:

A infracção a este preceito é punida com coima de 2.000.000.$00 a 20.000.000$00.

ARTIGO 28.°

(Estatuto editorial)

1. Cada canal de televisão deve adoptar um estatuto editorial, a publicar nos termos do n.° 2 do artigo 4.°, que defina claramente a sua orientação e objectivos e inclua o compromisso de respeitar os direitos dos espectadores, bem como os princípios deontológicos e a ética profissional dos jornalistas.

2. O estatuto editorial é elaborado pelo director a que se refere o n.° 1 do artigo anterior, ouvido o conselho de redacção, e sujeito a ratificação da entidade proprietária, devendo ser remetido, nos 60 dias subsequentes ao início das emissões, à Alta Autoridade para a Comunicação Social.

3. As alterações introduzidas no estatuto editorial seguem os termos do disposto no número anterior.

4. No caso de canais de televisão que já tenham iniciado as suas emissões, o prazo referido no n.° 2 conta-se a partir da data da entrada em vigor do presente diploma.

NOTA:

A inobservância deste artigo é punida com coima de 750.000$00 a 5.000.000$00.

ARTIGO 29.°

(Serviços noticiosos)

As entidades que exercem a actividade de televisão de conteúdo generalista devem apresentar, durante os períodos de emissão, serviços noticiosos regulares, assegurados por jornalistas.

NOTAS:

a) Esta norma constava do artigo 22.° da Lei anterior.

b) A sua infracção é punida com coima de 2.000.000$00 a 20.000.000$00.

ARTIGO 30.°

(Conselho de redacção e direito de participação dos jornalistas)

Nos canais com mais de cinco jornalistas existe um conselho de redacção, a eleger segundo a forma e com as competências definidas por lei.

NOTA:

A lei a que aqui se faz referência não pode deixar de ser o Estatuto dos Jornalistas.

ARTIGO 31.°

(Número de horas de emissão)

1. Os canais de televisão de cobertura nacional devem emitir programas durante pelo menos seis horas diárias.

2. Para efeitos do presente artigo, não são considerados programas televisivos as emissões de publicidade e de televenda, sem prejuízo do disposto no n.° 4 do artigo 7.°, bem como as que reproduzam imagens fixas ou meramente repetitivas.

NOTAS:

a) No artigo 18.° da Lei anterior, estabelecia-se um número de cinco horas diárias e 40 horas semanais.

b) Previa-se ainda que, sempre que um operador de televisão procedesse a emissão codificada, teria de fazer emissões em claro, para obedecer a esta norma.

c) O n.° 4 do artigo 7.° reporta-se aos canais temáticos.

d) A inobservância deste artigo é punida com coima de 2.000.000$00 a 20.000.000$00.

ARTIGO 32.°

(Tempo reservado a publicidade)

1. Nos canais de cobertura nacional e acesso não condicionado, o tempo reservado às mensagens publicitárias não pode exceder 15% do período diário de emissão, salvo quando inclua outras formas de publicidade ou mensagens de televenda, caso em que esse limite pode elevar-se a 20%.

2. Nos canais de cobertura nacional e acesso condicionado, a difusão de publicidade ou de mensagens de televenda não deve exceder 10% do período diário de emissão.

3. Nos canais temáticos de televenda ou de autopromoção, o tempo destinado à publicidade não deve exceder 10% do período diário de emissão.

4. O tempo de emissão destinado às mensagens publicitárias e de televenda em cada período compreendido entre duas unidades de

hora não pode exceder 10% ou 20%, consoante se trate ou não de canais de acesso condicionado.

5.Excluem-se dos limites fixados no presente artigo as mensagens informativas difundidas pelos operadores televisivos relacionadas com os seus próprios programas e produtos directamente deles derivados e os blocos de televenda a que se refere o artigo seguinte.

NOTAS:

a) As normas respeitantes ao tempo reservado à publicidade nas emissões televisivas constavam do artigo 28.° da Lei anterior.

Não se distinguia, porém, entre os canais de acesso condicionado e os canais de acesso não condicionado e entre os canais generalistas e os temáticos. A referência às televendas é, também, matéria nova.

b) A inobservância do disposto neste artigo é punida com coima de 2.000.000$00 a 20.000.000$00.

c) Parecer n.° 8/87, votado em 19 de Novembro de 1987 pelo Conselho Consultivo da Procuradoria — Geral da República e publicado em Procuradoria — Geral da República — Pareceres, Volume IX, págs. 247 e seguintes:

1.ª — As mensagens informativas a que se refere o n.° 2 do artigo 25.° da Lei n.° 49/86, de 31 de Dezembro, compreendem as campanhas promocionais de utilidade pública destinadas a permitir o exercício, pela população, de direitos económicos, sociais e culturais, não abrangendo peças avulsas como sejam anúncios, éditos, avisos ou apelos, determinadas por razões conjunturais ou de circunstância.

2.ª — As mensagens informativas a que alude o n.° 4 do artigo 25.° são aquelas a que se refere o n.° 2 do mesma disposição legal.

3.ª — O objectivo do n.° 4 do artigo 25.° consiste no estabelecimento de um mecanismo de controlo destinado a assegurar que as mensagens informativas a que se refere o n.° 2 do mesmo artigo se limitem ao estritamente necessário para a finalidade visada, não contendo qualquer juízo de valor sobre a actividade do Governo, nem podendo directa ou indirectamente, por inveracidade, omissão, exagero ou ambiguidade induzir os cidadãos em erro quanto ao conteúdo das medidas enunciadas.

4.ª — A sujeição do respectivo conteúdo a parecer prévio favorável do Conselho de Comunicação Social abrange todas as mensagens a que se refere o n.° 2 do artigo 25.°, sejam ou não divulgadas após a celebração de contratos de publicidade e seja qual for o espaço de programação televisiva em que venham a ser emitidas.

5.ª — Os pareceres do Conselho de Comunicação Social a que se refere o n.° 4 do artigo 25.° devem ser directamente obtidos pelo Governo ou pela Administração Pública, não competindo aos órgãos de comunicação social pertencentes a entidades públicas ou delas dependentes a garantia do cumprimento da referida norma, designadamente através da remessa ao conselho das mensagens a difundir.

6.ª — Pela razão constante da conclusão anterior, a Directiva n.° 1/87, de 9 de Abril, do Conselho de Comunicação Social, não é obrigatória ou vinculativa para os seus destinatários, apesar do disposto pelos artigos 5.°, alínea b), e 6.° da Lei n.° 23/83, de 6 de Setembro.

7.ª — A nova competência atribuída ao Conselho de Comunicação Social pelo artigo 25.° da Lei n.° 49/86 é compatível com a moldura das respectivas atribuições, fixada no artigo 4.° da Lei n.° 23/83, de 6 de Setembro, de acordo com o quadro estabelecido pelo artigo 39.°, n.° s 1 e 2, do texto constitucional.

8.ª O espaço de programação em que se inclui o símbolo Vitinho não pode ser qualificado como informação para efeitos do artigo 4.°, alínea b), da Lei n.° 23/83.

9.ª — Tratando-se de matéria estranha ao exercício das atribuições do Conselho de Comunicação Social, a Radiotelevisão Portuguesa, EP, não é obrigada a fornecer as informações por aquele solicitadas, ao abrigo da alínea e) do artigo 5.° da Lei n.° 23/83 sobre o caso a que se refere a conclusão anterior.

10.ª — Sendo a utilização do símbolo Vitinho susceptível de configurar um caso de publicidade oculta, pode qualquer autoridade apresentar queixa ao Conselho de Publicidade ou ao membro do Governo que tem a seu cargo a área da defesa do consumidor, entidades com competência para o controlo e sanção das violações aos princípios a observar na actividade publicitária — artigos 6.°, 30.°, 36.°, n.° 1, e 41.°, alínea b), do Decreto-Lei n.° 303/83, de 28 de Junho.

ARTIGO 33.°

(Blocos de televenda)

1. Os canais de cobertura nacional e de acesso não condicionado podem transmitir diariamente até oito blocos de televenda, desde que a sua duração total não exceda três horas, sem prejuízo do disposto no artigo anterior.

2. Os blocos de televenda devem ter uma duração ininterrupta de, pelo menos, quinze minutos.

3. Nos canais de autopromoção é proibida a transmissão de blocos de televenda.

NOTAS:

a) Como já se salientou, este preceito regula matéria nova, na área da comunicação televisiva.

b) A sua infracção é punida com coima de 2.000.000$00 a 20.000.000$00.

ARTIGO 34.°

(Identificação dos programas)

Os programas devem ser identificados e conter os elementos relevantes das respectivas fichas artística e técnica.

NOTAS:

a) Esta obrigação constava do n.° 1 do artigo 23.° da Lei anterior.

b) A infracção a este artigo é punida com coima de 750.000$00 a 5.000.000$00.

ARTIGO 35.°

(Gravação das emissões)

Independentemente do disposto no artigo 71.°, as emissões devem ser gravadas e conservadas pelo prazo mínimo de 90 dias, se outro mais longo não for determinado por lei ou por decisão judicial.

NOTAS:

a) Esta obrigação legal constava do n.° 3 do artigo 23.° da Lei anterior.

b) A sua infracção é punida com coima de 2.000.000$00 a 20.000.000$00.

SECÇÃO III

Difusão de obras áudio-visuais

ARTIGO 36.°

(Defesa da língua portuguesa)

1. As emissões devem ser faladas ou legendadas em português, sem prejuízo da eventual utilização de qualquer outra língua quando se trate de programas que preencham necessidades pontuais de tipo informativo ou destinados ao ensino de idiomas estrangeiros.

2. Os canais de cobertura nacional devem dedicar pelo menos 50% das suas emissões, com exclusão do tempo consagrado à publicidade, televenda e teletexto, à difusão de programas originariamente em língua portuguesa.

3. Sem prejuízo do disposto no número anterior, os operadores de televisão devem dedicar pelo menos 15% do tempo das suas emissões à difusão de programas criativos de produção originária em língua portuguesa.

4. As percentagens previstas nos números 2 e 3 podem ser preenchidas até um máximo de 25% por programas originários de outros países lusófonos, para além de Portugal.

5. Os operadores de televisão devem garantir que o cumprimento das percentagens referidas nos números 2 e 3 não se efectue em período de audiência reduzida.

NOTAS:

a) Era a seguinte a redacção do artigo correspondente da Lei anterior:

Artigo 19.° (Defesa da língua portuguesa)

1. As emissões devem, se possível, ser difundidas em língua portuguesa, sem prejuízo da eventual utilização de quaisquer outras, nos seguintes casos:

a) Programas que decorram de necessidades pontuais de tipo informativo;

b) Programas destinados ao ensino de línguas estrangeiras;

c) Transmissão de programas culturais e musicais e de ficção de outros países.

2. As entidades que exercem a actividade de televisão devem, nas suas emissões, assegurar e promover, prioritariamente, a defesa da língua e da produção musical portuguesa, de acordo com o disposto na lei.

3. Sem prejuízo do disposto no artigo seguinte, as emissões devem assegurar mensalmente a difusão de 10% de produção própria e de 40% de programas originariamente de língua portuguesa, dos quais 30% de produção nacional.

4. Sempre que possível, os operadores de televisão devem garantir que o cumprimento das percentagens referidas no número anterior não se efectue em períodos de audiência reduzida.

b) A única alteração introduzida na redacção do preceito pela lei n.° 95/97, de 23 de Agosto, consistiu no acrescento do advérbio "originariamente", no seu número 3.

c) A lei aplicável, referida no número 2 do preceito é a Lei de Protecção da Música Portuguesa na sua Difusão pela Rádio e pela Televisão.

Lei 12/81, de 21 de Julho

A Assembleia da República decreta, nos termos da alínea d) do artigo 164.° da Constituição, o seguinte:

Artigo 1.° (Princípio geral)

A difusão das composições de música vocal ou instrumental pelas emissoras portuguesas de radiodifusão ou radiotelevisão fica sujeita às prescrições constantes da presente lei.

Artigo 2.° (Difusão de música erudita)

As estações emissoras de radiodifusão ou de radiotelevisão que difundam música erudita são obrigadas a incluir nos seus programas uma percentagem mínima de 15% de música de autores portugueses e de 25% de música executada por intérpretes portugueses.

Artigo 3.° (Difusão de música ligeira)

1. A difusão de música ligeira, vocal ou instrumental, de autores portugueses preencherá o mínimo de 50% da totalidade das composições do mesmo género difundidas por mês, por estação emissora e por canal.

2. Para este efeito considera-se obrigatória a autoria exclusiva de portugueses e, no caso de música vocal, a sua interpretação em língua portuguesa.

Artigo 4.° (Difusão em língua portuguesa de música ligeira)

Sem prejuízo do disposto no número anterior, a difusão de composições vocais de música ligeira em língua portuguesa, quando se trate de versões nacionais de obras estrangeiras ou de versões originais oriundas de países de expressão oficial portuguesa, preencherá o mínimo de 10% da totalidade das composições do mesmo género difundidas por mês e por estação emissora.

Artigo 5.° (Cálculo de percentagem)

1. O cálculo de percentagens previsto nos artigos anteriores será feito mensalmente e tomará em conta o conjunto da música difundida no mês antecedente pela estação emissora.

2. Quanto às estações emissoras que difundam através de dois ou mais canais, o cálculo será apurado relativamente a cada canal.

3. A base de cálculo prevista no n.° 1 será o número de composições difundidas, no caso dos artigos 3.° e 4.°, e a respectiva duração, no caso do artigo 2.° .

4. Não se incluem no cálculo referido no n.° 1 os fundos musicais dos filmes exibidos pelos emissores de radiotelevisão.

5. Na difusão musical pela radiotelevisão realizada fora da programação normal através de miras técnicas ou outros espaços de programação com imagem fixa serão respeitadas as percentagens fixadas nos artigos 2.°, 3.° e 4.° da presente lei.

6. Na difusão musical pela radiodifusão as percentagens referidas nos artigos 2.°, 3.° e 4.° deverão ser igualmente respeitadas na programação situada entre as 8 e as 24 horas.

Artigo 6.° (Controle de percentagens)

As emissoras de radiodifusão e de radiotelevisão enviarão, até ao último dia de cada mês, à Secretaria de Estado da Comunicação Social e às sociedades representativas dos autores nota das composições musicais difundidas no mês anterior, com referência obrigatória à data e hora de emissão, ao título, à autoria, aos intérpretes, à língua utilizada, à duração da emissão de cada obra de música erudita nela difundida, à empresa editora ou produtora, à procedência da gravação magnetofónica, do registo magnético ou do filme e ao responsável pela difusão.

Artigo 7.° (Sanções)

A infracção do disposto na presente lei fará incorrer a entidade responsável em multa de 10.000$00 a 1000.000$00, limites estes multiplicados, em caso de uma ou mais reincidências, pelo respectivo número de ordem.

Artigo 8.° (Disposições transitórias)

1. Durante o período de um ano após a entrada em vigor da presente lei, a percentagem prevista no artigo 3.° será reduzida para 40%.

2. Pelo mesmo período, as estações emissoras que emitam em mais que um canal poderão dar cumprimento às percentagens mínimas fixadas nos artigos 2.°, 3.° e 4.° por média ponderada, segundo a duração das emissões entre os diversos canais.

Artigo 9.° (Entrada em vigor)

A presente lei entra em vigor sessenta dias após a data da sua publicação.

d) O Decreto-lei n.° 316/84, de 1 de Outubro, estabelece medidas para efectiva execução da lei transcrita na nota que antecede.

Dec.-lei n.° 316/84, de 1 de Outubro.

O presente diploma tem como objectivo estabelecer um mecanismo de efectiva execução da Lei n.° 12/81, de 21 de Julho (protecção da música portuguesa e sua difusão pela rádio e pela televisão).

Tomaram-se naturalmente em conta os princípios e orientações daquele texto legal e introduziram-se as normas regulamentares indispensáveis a torná-lo, na prática, actuante.

Aproveitou-se a oportunidade para descriminalizar as infracções previstas no seu artigo 7.°, substituindo-as por simples contra-ordenações, por se afigurar tratar-se de ilícitos sem dignidade penal e ser mais fácil e mais eficaz a sua punição por aplicação administrativa de simples coimas.

Espera-se das precisões e inovações agora introduzidas a obtenção de resultados práticos positivos no plano da defesa da música portuguesa na sua difusão pele televisão e pela rádio.

Assim:

No uso da autorização conferida pela Lei 25/84, de 13 de Julho, o Governo decreta, nos termos das alíneas a) e b) do n.° 1 do artigo 201.° da Constituição, o seguinte:

Artigo 1.° (Coimas)

1. Os operadores da rádio e da televisão que desrespeitarem as percentagens mínimas previstas na Lei n.° 12/81, de 21 de Julho, incorrem em coima de 20.000$00 a 200.000$00.

2. A ausência de remessa ou o preenchimento inexacto dos alinhamentos de programas a que se refere o artigo 6.° da mesma lei sujeitam os operadores à coima de 4.000$00 a 40.000$00.

3. O não acatamento da requisição pela Direcção-Geral da Comunicação Social dos registos magnéticos sujeita os operadores à coima de 10.000$00 a 100.000$00.

4. Às entidades a que se referem os números anteriores fica ressalvado o direito a haverem dos seus agentes responsáveis pela infracção as importâncias pagas, independentemente da responsabilidade disciplinar que no caso couber.

Artigo 2.° (Cálculo de percentagens)

1. Para efeito do disposto no artigo 5.° da Lei n.° 12/81, de 21 de Julho, o cálculo das percentagens de música portuguesa e de música estrangeira previstas nos artigos 2.°, 3.° e 4.° da mesma lei transmitidas mensalmente pelas estações emissoras será efectuado pela organização representativa dos autores, com base nos alinhamentos fornecidos pelos operadores de rádio e de televisão.

2. A organização representativa dos autores enviará aos serviços da Direcção-Geral da Comunicação Social que tiverem a seu cargo o registo magnético das emissões radiofónicas e televisivas, nos 30 dias posteriores ao da recepção dos elementos a que se refere o número anterior, nota das percentagens verificadas, tanto em relação à música ligeira como à música erudita, bem como cópia dos programas remetidos pelos operadores de rádio e de televisão.

Artigo 3.° (Amostragem e controle)

1. Os competentes serviços da Direcção-Geral da Comunicação Social gravarão mensalmente, por amostragem, períodos de emissão das 8 às 24 horas de cada estação emissora de cobertura geral de rádio e de televisão e organizarão o registo dos elementos de identificação da gravação efectuada.

2. Sempre que as percentagens comunicadas pela organização representativa dos autores não indiciarem a existência de infracção, o controle realizar-se-á por mera amostragem, com base na verificação da correspondência:

a) Entre o programa fornecido por aquela organização e a respectiva gravação efectuada pela Direcção-Geral da Comunicação Social;

b) Entre o programa remetido por aquela organização e os registos magnéticos da emissão, requisitados para o efeito às entidades emissoras.

3. Uma vez comunicada a indiciação de infracção, será a mesma objecto de apuramento confirmativo pela Direcção-Geral da Comunicação Social, que para o efeito requisitará à estação emissora visada os correspondentes registos magnéticos, efectuados nos termos das leis aplicáveis, e procederá, sempre que possível, à sua comparação com as amostras por si obtidas.

4. As infracções que vierem a ser suficientemente indiciadas serão objecto de comunicação, no prazo de 5 dias, à organização representativa dos autores para conhecimento e de participação, em igual prazo, aos competentes serviços da Direcção-Geral dos Espectáculos e do Direito de Autor para efeito do disposto no artigo seguinte.

Artigo 4.° (Contra-ordenações)

1. O processamento das correspondentes contra-ordenações é da competência dos serviços responsáveis pelo contencioso da Direcção-Geral dos Espectáculos e do Direito de Autor.

2. As coimas previstas no artigo 1.° serão aplicadas pelo membro do Governo que tiver a seu cargo a área da cultura.

Artigo 5.° (Média ponderada)

Por um período de 2 anos, as estações emissoras que emitam em mais de um canal poderão dar cumprimento às percentagens mínimas fixadas nos artigos 2.°, 3.° e 4.° por média ponderada, segundo a duração das emissões nos diversos canais.

e) A Lei n.° 23/87, de 24 de Junho, obriga a apresentação de produções dramáticas, de autores portugueses, nas estações emissoras de rádio e de televisão.

Lei 23/87, de 24 de Junho

A Assembleia da República decreta, nos termos dos artigos 164.°, alínea d), e 169.°, n.° 2, da Constituição, o seguinte:

Artigo 1.° (Conceito de produções dramáticas)

1. A difusão de produções dramáticas pelas emissoras portuguesas, de cobertura geral, de rádio e de televisão do sector público fica sujeita à presente lei.

2. Consideram-se dramáticas, para este efeito, as produções de teatro, de teleteatro, teatro radiofónico, telenovela e romance radiofónico.

Artigo 2.° (Obrigatoriedade de transmissão)

1. É obrigatória a apresentação mensal de pelo menos uma peça de teatro, teleteatro ou teatro radiofónico de autores portugueses, de preferência no canal de maior audiência nacional de cada emissora de rádio ou televisão.

2. Das produções dramáticas anualmente transmitidas, nos termos do número anterior, pelo menos metade serão peças de teatro e pelo menos um quarto constituirão pro-

dução própria das respectivas emissoras de rádio ou televisão, não se considerando assim que se limitem a reproduzir ou adaptar, através dos meios técnicos específicos, quaisquer espectáculos públicos.

3. As produções dramáticas destinadas exclusiva ou predominantemente ao público infantil ou juvenil, que devem ser estimuladas, não são, assim como as reposições, consideradas para efeito deste artigo.

Artigo 3.° (Obras em língua portuguesa)

No total de programação das emissoras de televisão, um mínimo de metade das horas dedicadas à transmissão de produções dramáticas será obrigatoriamente preenchida com obras representadas em língua portuguesa.

Artigo 4.° (Originais portugueses na televisão)

Para cada duas telenovelas estrangeiras transmitidas por qualquer emissora de televisão será obrigatoriamente transmitida uma sobre original português e realizada em Portugal.

Artigo 5.° (Obras de autores portugueses na rádio)

Por cada dois romances radiofónicos baseados em obra de autor estrangeiro transmitidos por qualquer emissora de rádio será obrigatoriamente transmitido um baseado em obra de autor português.

Artigo 6.° (Transmissões proporcionais)

Não poderá haver entre a extensão (designadamente número de episódios) e duração das telenovelas estrangeiras e das nacionais e dos romances radiofónicos baseados em obras de autores estrangeiros e portugueses desproporção tal que viole o sentido útil dos artigos 4.° e 5.° deste diploma.

Artigo 7.° (Nota informativa de transmissões)

1. As emissoras de radiodifusão e de radiotelevisão enviarão trimestralmente, até ao último dia do mês, aos departamentos oficiais responsáveis nota das transmissões efectuadas nesse período, no âmbito da presente lei, com referência obrigatória ao título, autoria, intérpretes, língua utilizada e duração da emissão, bem como ao responsável pela difusão.

2. as mesmas emissoras enviarão simultaneamente à sociedade Portuguesa de Autores uma cópia da nota a que se refere o número anterior.

Artigo 8.° (Coimas)

1. A infracção ao disposto no artigo 7.° fará incorrer a entidade responsável em coima de 100.000$00 a 500.000$00, limites estes multiplicáveis, em caso de uma ou mais reincidências, pelo respectivo número de ordem e o seu valor anualmente actualizado de acordo com a variação do custo de vida.

2. A infracção ao estabelecido nos restantes artigos fará incorrer a entidade responsável em coima de 1000 a 5000 contos.

Artigo 9.° (Entrada em vigor)

A presente lei entra em vigor 90 dias após a data da sua publicação.

f) Pensamos que, actualmente, todas estas leis deixaram de ter aplicação, não por terem sido expressamente revogadas mas terem caído em desuso ou por estarem tacitamente revogadas pelas Leis da Televisão e da Rádio.

. . . .

ARTIGO 37.°

(Produção europeia)

1. Os operadores de televisão que explorem canais de cobertura nacional devem incorporar uma percentagem maioritária de obras de origem europeia na respectiva programação, uma vez deduzido o tempo de emissão consagrado aos noticiários, manifestações desportivas, concursos, publicidade, televenda e teletexto.

2. As percentagens a que se refere o número anterior deve ser obtida progressivamente, tendo em conta os critérios a que se referem os números 1 e 3 do artigo 4.° da Directiva n.° 89/552/CEE, do Conselho, de 3 de Outubro, alterada pela directiva n.° 97/36/CE, do Parlamento e do Conselho, de 30 de Junho.

3. A qualificação prevista no n.° 1 processa-se de acordo com os instrumentos do direito internacional vinculativos do Estado Português.

NOTAS:

a) Corresponde ao artigo 20.° da Lei anterior.

b) A inobservância deste artigo é punida com coima de 2.000.000$00 a 20.000.000$00.

ARTIGO 38.°

(Produção independente)

Os operadores de televisão que explorem canais de cobertura nacional devem assegurar pelo menos 10% da respectiva programação, com exclusão dos tempos destinados aos noticiários, manifestações desportivas, concursos, publicidade, televenda e teletexto, sejam preenchidos através da difusão de obras europeias, provenientes de produtores independentes dos organismos de televisão, produzidas há menos de cinco anos.

NOTAS:

a) Corresponde ao artigo 20.° da Lei anterior.

b) A inobservância deste artigo é punida com coima de 2.000.000$00 a 20.000.000$00.

ARTIGO 39.°

(Critérios de aplicação)

1. O cumprimento das percentagens referidas nos artigos 36.° a 38.° é avaliado anualmente, devendo ser tidas em conta a natureza

específica dos canais temáticos, as responsabilidades do operador em matéria de informação, educação, cultura e diversão e, no caso dos canais não concessionários do serviço público, as condições do mercado ou os resultados de exercício apresentados no ano anterior.

2. O cumprimento da obrigação prevista no n.° 3 do artigo 36.° será exigível a partir do terceiro ano subsequente à aplicação das medidas de apoio financeiro a que se refere o artigo seguinte.

ARTIGO 40.°

(Apoio à produção)

O Estado deve assegurar a existência de medidas de incentivo à produção áudio-visual de ficção, documentário e animação de criação original em língua portuguesa, tendo em vista a criação de condições para a satisfação do disposto nos artigos 36.° e 38.°, através da adopção dos mecanismos jurídicos, financeiros, fiscais ou de crédito apropriados.

NOTA:

Esta norma, mais uma vez, leva a pensar que o legislador considera revogadas a Lei de Protecção da Música Portuguesa na sua Difusão pela Rádio e pela Televisão e a Lei de Protecção às Produções Dramáticas de Autores Portugueses, transcritas em anotação ao artigo 36.° .

ARTIGO 41.°

(Dever de informação)

Os operadores de televisão estão obrigados a prestar, no 1.° trimestre de cada ano, ao Instituto da Comunicação Social, de acordo com modelo por ele definido, todos os elementos necessários para o exercício da fiscalização do cumprimento das obrigações previstas nos artigos 36.° a 38.° relativamente ao ano transacto.

NOTAS:

a) A Lei anterior continha um artigo 25.°, sem paralelo na Lei actual, e que era do seguinte teor:

Artigo 25.° (Tempo de emissão para confissões religiosas)

1. No serviço público de televisão é garantido às confissões religiosas, para o pros-

seguimento das suas actividades, um tempo de emissão, até duas horas diárias, no 2.° canal, em UHF.

2. A atribuição e distribuição do tempo de emissão referido no número anterior é feita segundo critérios objectivos e de acordo com a representatividade de cada confissão religiosa.

3. As condições de utilização do tempo de emissão são fixadas pela entidade que gere o serviço público.

Veja-se, no entanto, o disposto no artigo 45.°, alínea c).

b) A inobservância do artigo em anotação é punida com coima de 750.000$00 a 5.000.000$00.

CAPÍTULO IV
Serviço público de televisão

ARTIGO 42.°
(Âmbito de concessão)

1. A concessão do serviço público de televisão realiza-se por meio de canais de acesso não condicionado e abrange emissões de cobertura nacional e internacional, destinadas às Regiões Autónomas dos Açores e da Madeira, bem como a regionalização da informação, pelo desdobramento das emissões nacionais, através da actividade das delegações regionais.

2. O contrato de concessão entre o Estado e a concessionária estabelece as obrigações de programação, de prestação de serviços específicos, de produção original, de cobertura do território nacional, de inovação e desenvolvimento tecnológico, de cooperação com países lusófonos e as relativas às emissões internacionais, bem como as condições de fiscalização do respectivo cumprimento e as sanções aplicáveis em caso de incumprimento.

3. O contrato a que se refere o número anterior carece de parecer da Alta Autoridade para a Comunicação Social e do Conselho de Opinião, previsto no artigo 48.°, no âmbito das respectivas atribuições.

NOTA:

No anterior diploma, apenas o artigo 5.° dizia directamente respeito ao serviço público de televisão, limitando-se a atribuir a sua concessão à R.T.P. EP e declarando os direitos de concessão intransmissíveis.

Depois, existiam vários preceitos dispersos que referiam o serviço público de televisão.

No diploma em anotação, é todo um capítulo que é dedicado ao serviço público de televisão, nele se procurando colocar todos os preceitos que lhe dizem respeito.

ARTIGO 43.°

(Concessionário do serviço público)

1. O serviço público de televisão é prestado por um operador de capitais exclusiva ou maioritariamente públicos, cujos estatutos são aprovados por Decreto-Lei.

2. Pela presente lei é atribuída a concessão do serviço público de televisão à Radiotelevisão Portuguesa, S.A., pelo prazo de 15 anos, renovável por iguais períodos.

3. Os direitos de concessão são intransmissíveis.

4. A difusão de publicidade nos canais de serviço público é objecto das limitações especificadas no respectivo contrato de concessão.

NOTA:

Corresponde, de algum modo, ao artigo 5.°, da Lei anterior.

ARTIGO 44.°

(Obrigações gerais de programação)

A concessionária deve assegurar uma programação de qualidade e de referência que satisfaça as necessidades culturais, educativas, formativas, informativas e recreativas dos diversos públicos específicos, obrigando-se designadamente a:

a) Assegurar o pluralismo, o rigor e a objectividade da informação, bem como a sua independência perante o Governo, a Administração Pública e os demais poderes públicos;

b) Emitir uma programação inovadora e variada que estimule a formação e a valorização cultural, tendo em especial atenção o público jovem;

c) Privilegiar a produção de obras de criação original em língua portuguesa, nomeadamente nos domínios da ficção, do documentário e da animação;

d) Difundir uma programação que exprima a diversidade cultural e regional do País e que tenha em conta os interesses específicos das minorias;
e) Garantir a cobertura noticiosa dos principais acontecimentos nacionais e estrangeiros;
f) Emitir programas regulares destinados especialmente aos residentes fora de Portugal e aos nacionais de países de língua oficial portuguesa, incluindo programas facultados por operadores privados.

ARTIGO 45.°

(Obrigações específicas de programação)

Constituem obrigações específicas de programação da concessionária do serviço público de televisão, nomeadamente:
a) Emitir o tempo de antena dos partidos políticos, do Governo, das organizações sindicais, profissionais e representativas das actividades económicas e das associações de defesa do ambiente e do consumidor, nos termos dos artigos 49.° e seguintes da presente lei;
b) Ceder o tempo de emissão necessário para o exercício do direito de réplica política, nos termos do artigo 58.°;
c) Assegurar um tempo de emissão às confissões religiosas, para o prosseguimento das respectivas actividades, tendo em conta a sua representatividade;
d) Proceder à emissão das mensagens a que se refere o artigo 23.°;
e) Garantir, de forma progressiva, que as emissões possam ser acompanhadas por pessoas surdas ou com deficiência auditiva, recorrendo para o efeito à legendagem e à interpretação através da língua gestual, bem como emitir programação específica direccionada para esse segmento do público;
f) Ceder tempo de emissão à Administração Pública, com vista à divulgação de informações de interesse geral, nomeadamente em matéria de saúde e segurança públicas.

NOTAS:

a) A obrigação específica da alínea a) constava do artigo 32.° do anterior diploma.
b) A da alínea b) estava contida no artigo 40.°
c) A da alínea c) constava do artigo 25.°

ARTIGO 46.°

(Outras obrigações da concessionária)

Constituem ainda obrigações da concessionária do serviço público de televisão:

a) Desenvolver a cooperação com os países lusófonos, designadamente a nível de informação e de produção de programas, formação e desenvolvimento técnico;

b) Conservar e actualizar os arquivos áudio-visuais e facultar o seu acesso, em condições de eficácia e acessibilidade de custos, nomeadamente, aos operadores privados de televisão, aos produtores de cinema, áudio-visuais e multimedia e aos interessados que desenvolvam projectos de investigação científica, em termos a regulamentar por portaria do membro do Governo responsável pela área da comunicação social;

c) Promover a eficiência e a qualidade do serviço prestado através de meios que acompanhem a inovação e o desenvolvimento tecnológicos.

NOTAS:

a) A obrigação da alínea a) constava do artigo 64.°, da Lei anterior.

b) Pelo Dec. n.° 31/89, de 21 de Julho, foi aprovado o Protocolo Adicional ao acordo de Cooperação Técnica e de Intercâmbio no Domínio da Comunicação Social Relativo à Implantação da Televisão na República da Guiné-Bissau.

c) Pelo Aviso de 23 de Outubro de 1990, publicado no Diário da República, 1.ª Série, de 8/11/90, torna-se público que se encontra concluído pela República Portuguesa e pela República de Cabo Verde o processo de aprovação do Protocolo (sobre Televisão) Adicional ao acordo de Cooperação Técnica e de Intercâmbio no Domínio da Comunicação social, assinado no Mindelo a 13 de Junho de 1988.

d) A obrigação da alínea b) constava do artigo 60.° da Lei anterior.

ARTIGO 47.°

(Financiamento)

1. O financiamento do serviço público de televisão é garantido através de uma verba a incluir anualmente no Orçamento do Estado.

2. A apreciação e fiscalização da correspondência entre a prestação das missões de serviço público e o pagamento do respectivo custo

são objecto, anualmente, de uma auditoria externa, a realizar por entidade especializada a indicar pela Alta Autoridade para a Comunicação Social.

3. Os excedentes que eventualmente venham a ocorrer em resultado da actividade da concessionária do serviço público de televisão na exploração ou participação noutros canais, uma vez observadas as normas legais aplicáveis à distribuição dos lucros e reservas das sociedades, revertem para o financiamento de iniciativas do serviço público, nomeadamente em matéria de reconversão tecnológica.

NOTA:

Preceito novo.

ARTIGO 48.°

(Conselho de opinião)

1. O Conselho de Opinião do serviço público de televisão é composto maioritariamente por membros indicados por associações e outras entidades representativas dos diferentes sectores da opinião pública, nos termos previstos nos estatutos da concessionária do serviço público.

2. Compete ao Conselho de Opinião:

a) Emitir parecer prévio vinculativo, no prazo máximo de 10 dias, sobre a composição do órgão de administração da empresa concessionária, a eleger ou a destituir na respectiva assembleia geral;

b) Dar parecer sobre o contrato de concessão e os planos e bases gerais da actividade da empresa, assim como sobre a sua programação;

c) Pronunciar-se sobre quaisquer outras questões que lhe devam ser submetidas nos termos dos estatutos.

NOTA:

A criação legal deste Conselho e a fixação das suas competências são uma inovação deste diploma.

CAPÍTULO V
Direitos de antena, de resposta e de réplica política

SECÇÃO I
Direito de antena

ARTIGO 49.°
(Acesso ao direito de antena)

1. Aos partidos políticos, ao Governo, às organizações sindicais, às organizações profissionais e representativas das actividades económicas e às associações de defesa do ambiente e do consumidor é garantido o direito a tempo de antena no serviço público de televisão.

2. As entidades referidas no número anterior têm direito, gratuita e anualmente, aos seguintes tempos de antena:

a) Dez minutos por partido representado na Assembleia da República, acrescidos de trinta segundos por cada deputado eleito;

b) Cinco minutos por partido não representado na Assembleia da República com participação nas mais recentes eleições legislativas, acrescidos de trinta segundos por cada 15.000 votos nelas obtidos;

c) Sessenta minutos para o Governo e sessenta minutos para os partidos representados na Assembleia da República que não façam parte do Governo, a ratear segundo a sua representatividade;

d) Noventa minutos para as organizações sindicais, noventa minutos para as organizações profissionais e representativas das actividades económicas e trinta minutos para as associações de defesa do ambiente e do consumidor, a ratear de acordo com a sua representatividade;

e) Quinze minutos para outras entidades que tenham direito de antena atribuído por lei.

3. Por tempo de antena entende-se o espaço de programação própria da responsabilidade do titular do direito, facto que deve ser expressamente mencionado no início e no termo de cada programa.

4. Cada titular não pode utilizar o direito de antena mais de uma vez em cada 15 dias nem em emissões com duração superior a dez ou inferior a três minutos, salvo se o seu tempo de antena for globalmente inferior.

5. Os responsáveis pela programação devem organizar, com a colaboração dos titulares do direito de antena e de acordo com a presente lei, planos gerais da respectiva utilização.

6. Na impossibilidade insanável de acordo sobre os planos referidos no número anterior e a requerimento dos interessados, cabe a arbitragem à Alta Autoridade para a Comunicação Social.

NOTAS:

a) São as seguintes as diferenças deste preceito relativamente ao correspondente artigo 32.° da Lei anterior:

1. Por cada deputado eleito, cada partido político representado na Assembleia da República passou a ter 30 segundos, quando tinha 1 minuto;

2. Não se prevê o mínimo de 50.000 votantes para que cada partido não representado na Assembleia da República tenha 5 minutos de direito de antena. Além disso, passou a ter ainda 30 segundos por cada 15.000 votos;

3. O Governo e os partidos representados na Assembleia da República que dele não façam parte passaram a ter — o que não acontecia na lei anterior — um período de 60 minutos de direito de antena;

4. O direito de antena das organizações sindicais, das organizações profissionais e das organizações representativas das actividades económicas passou de 60 para 90 minutos. Além disso, as associações de defesa do ambiente e do consumidor passaram a ter um direito de antena, que não tinham, de 30 minutos;

5. Prevê-se ainda 15 minutos de direito de antena para outras entidades que a ele tenham direito, atribuído por lei;

6. O período de não utilização do direito de antena por cada titular que o tenha utilizado passou de 30 para 15 dias; a duração mínima das emissões passou de 5 para 3 minutos e a máxima de 15 para 10 minutos.

b) A inobservância do n.° 4 é punida com coima de 2.000.000$00 a 20.000.000$00.

ARTIGO 50.°

(Limitação ao direito de antena)

1. A utilização do direito de antena não é concedida aos sábados, domingos e feriados nacionais, devendo ainda ser suspensa um mês antes da data fixada para o início do período de campanha em qualquer acto eleitoral ou referendário, nos termos da legislação respectiva.

2. O direito de antena é intransmissível.

NOTAS:

a) Corresponde ao artigo 33.° do anterior diploma.

b) A infracção à primeira parte do n.° 1 deste artigo é punida com coima de 750.000$00 a 5.000.000$00.

c) A infracção ao disposto no n.° 2 é punida com coima de 7.500.000$00 a 50.000.000$00.

ARTIGO 51.°

(Emissão e reserva do direito de antena)

1. Os tempos de antena são emitidos no canal de cobertura nacional de maior audiência entre as 19 e as 22 horas.

2. Os titulares do direito de antena devem solicitar a reserva do tempo de antena a que tenham direito até 15 dias antes da transmissão, devendo a respectiva gravação ser efectuada ou os materiais pré-gravados entregues até setenta e duas horas antes da emissão do programa.

2. No caso de programas prontos para emissão, a entrega deve ser feita até quarenta e oito horas antes da transmissão.

3. Aos titulares do direito de antena são assegurados os indispensáveis meios técnicos para a realização dos respectivos programas em condições de absoluta igualdade.

NOTAS:

a) O n.° 1 deste preceito não fazia parte do correspondente artigo 34.° da Lei anterior.

b) À sua infracção corresponde a coima de 2.000.000$00 a 20.000.000$00.

ARTIGO 52.°

(Direito de antena em período eleitoral)

Nos períodos eleitorais, a utilização do direito de antena é regulada pela Lei Eleitoral, abrangendo todos os canais generalistas de acesso não condicionado.

NOTA:

A infracção ao disposto neste artigo é punida com coima de 7.500.000$00 a 50.000.000$00.

SECÇÃO II
Direito de resposta e de rectificação

ARTIGO 53.°
(Pressupostos do direito de resposta e de rectificação)

1. Tem direito de resposta na televisão qualquer pessoa singular ou colectiva, organização, serviço ou organismo público, que tiver sido objecto em emissões televisivas de referências, ainda que indirectas, que possam afectar a sua reputação ou bom nome.

2. As entidades referidas no número anterior têm direito de rectificação na televisão sempre que tenham sido feitas referências inverídicas ou erróneas que lhes digam respeito.

3. O direito de resposta e o de rectificação ficam prejudicados se, com a concordância expressa do interessado, o operador de televisão tiver corrigido ou esclarecido o texto ou a imagem em causa ou lhe tiver facultado outro meio de expor eficazmente a sua posição.

4. O direito de resposta e o de rectificação são independentes do procedimento criminal pelo facto da emissão, bem como do direito à indemnização pelos danos por ela causados.

NOTA:

1. Relativamente ao correspondente artigo 35.° da Lei anterior, devem ser assinaladas as seguintes diferenças:

a) Passou a constar explicitamente que o direito de resposta, para além das pessoas singulares e colectivas, assiste também às organizações, serviços e organismos públicos;

b) Distingue-se claramente o direito de resposta do direito de rectificação;

c) O direito de resposta passou a existir relativamente a todas as referências, mesmo que indirectas;

d) O direito de rectificação existe relativamente a todas as referências inverídicas ou erróneas, mesmo que não afectem o bom nome e a reputação do visado.

e) Dá-se relevo jurídico aos esclarecimentos e rectificações que ocorram por iniciativa do operador televisivo, desde que se verifique a concordância do visado.

f) Ficou esclarecido que o exercício dos direitos de resposta e de rectificação é independente dos procedimentos criminal e cível.

ARTIGO 54.°

(Direito ao visionamento)

1. O titular do direito de resposta ou de rectificação, ou quem legitimamente o represente nos termos do n.° 1 do artigo seguinte, pode exigir, para o efeito do seu exercício, o visionamento do material da emissão em causa, o qual deve ser facultado no prazo máximo de vinte e quatro horas.

2. O pedido de visionamento suspende o prazo para o exercício do direito de resposta ou de rectificação, que volta a correr vinte e quatro horas após o momento em que a entidade emissora o tiver facultado.

3. O direito ao visionamento envolve igualmente a obtenção de um registo da emissão em causa, mediante pagamento do custo do suporte que for utilizado.

NOTAS:

a) Ficou esclarecido, agora, que este pedido de visionamento suspende o prazo para o exercício do direito de resposta ou de rectificação.

b) O número 3 do preceito é inovador.

c) A inobservância do direito previsto no n.° 1 é punida com coima de 7.500.000$00 a 20.000.000$00.

d) A não observância dos prazos previstos no n.° 1 é punida com coima de 2.000.000$00 a 20.000.000$00.

ARTIGO 55.°

(Exercício do direito de resposta e de rectificação)

1. O direito de resposta e o de rectificação devem ser exercidos pelo próprio titular, pelo seu representante legal ou pelos herdeiros, nos 20 dias seguintes ao da emissão.

2. O prazo do número anterior suspende-se quando, por motivo de força maior, as pessoas nele referidas estiverem impedidas de fazer valer o direito cujo exercício estiver em causa.

3. O texto da resposta ou da rectificação deve ser entregue ao operador de televisão, com assinatura e identificação do autor, através de procedimento que comprove a sua recepção, invocando expressamente o direito de resposta ou de rectificação ou as competentes disposições legais.

4. O conteúdo da resposta ou da rectificação é limitado pela relação directa e útil com as referências que as tiverem provocado, não podendo exceder o número de palavras do texto que lhes deu origem.

5.A resposta ou a rectificação não podem conter expressões desproporcionadamente desprimorosas ou que envolvam responsabilidade criminal ou civil, a qual, neste caso, só ao autor da resposta pode ser exigida.

NOTA:

1. Algumas diferenças, relativamente ao correspondente preceito da lei anterior, foram introduzidas nesta matéria do exercício dos direitos de resposta e de rectificação:

a) Foi introduzida a causa de suspensão do número 2, embora se nos afigure infeliz a redacção, pois fica por esclarecer se o motivo de força maior, para funcionar como causa de suspensão do prazo, tem de afectar ou não todas as pessoas enumeradas no n.° 1;

b) O texto da resposta deixou de poder ser comunicado exclusivamente por carta registada com aviso de recepção;

c) O texto da resposta ou da rectificação pode, agora, conter expressões desprimorosas. Elas não podem é ser desproporcionadamente desprimorosas...

ARTIGO 56.°

(Decisão sobre a transmissão da resposta ou da rectificação)

1. Quando a resposta ou a rectificação forem intempestivas, provierem de pessoas sem legitimidade, carecerem manifestamente de fundamento ou contrariarem o disposto nos números 4 ou 5 do artigo anterior, o operador de televisão pode recusar a sua emissão, informando o interessado, por escrito, acerca da recusa e da sua fundamentação, nas vinte e quatro horas seguintes à recepção da resposta ou rectificação.

2. Caso a resposta ou a rectificação violem o disposto nos números 4 ou 5 do artigo anterior, o operador convidará o interessado, no prazo previsto no número anterior, a proceder à eliminação, nas quarenta e oito horas seguintes, das passagens ou expressões em questão, sem o que ficará habilitado a recusar a divulgação da totalidade do texto.

3. No caso de o direito de resposta ou de rectificação não ter sido satisfeito ou ter sido infundadamente recusado, o interessado pode recorrer ao tribunal judicial do seu domicílio no prazo de 10 dias a contar da recusa ou do termo do prazo legal para a satisfação do

direito e à Alta Autoridade para a Comunicação Social, nos termos da legislação especificamente aplicável.

4. Requerida a notificação judicial do operador que não tenha dado satisfação ao direito de resposta ou de rectificação, é aquele imediatamente notificado por via postal para contestar no prazo de dois dias úteis, após o que será proferida em igual prazo a decisão, da qual há recurso com efeito meramente devolutivo.

5. Só é admitida prova documental, sendo todos os documentos juntos com o requerimento inicial e com a contestação.

6. No caso de procedência do pedido, o operador emite a resposta ou rectificação no prazo fixado no n.° 1 do artigo seguinte, acompanhado da menção de que aquela é efectuada por decisão judicial ou da Alta Autoridade para a Comunicação Social.

NOTAS:

a) Relativamente ao constante no artigo 38.° da Lei anterior, foram introduzidas as seguintes alterações:

1. A recusa de transmissão do texto da resposta ou da rectificação que infrinja as regras dos números 4 e 5 do artigo 55.° funciona depois de o operador de televisão ter dado oportunidade ao autor de eliminar as partes em infracção;

2. Foi estabelecido o prazo de recurso ao tribunal competente para julgar da legitimidade da recusa e foi estabelecido o procedimento especial a seguir para proferir a decisão judicial sobre essa matéria.

b) A omissão da menção a que se refere o n.° 6 é punida com coima de 750.000$00 a 5.000.000$00.

c) A inobservância do prazo fixado no n.° 6 é punida com coima de 2.000.000$00 a 20.000.000$00.

d) A inobservância do disposto no n.° 1 é punida igualmente com coima de 2.000.000$00 a 20.000.000$00.

ARTIGO 57.°

(Transmissão da resposta ou da rectificação)

1. A transmissão da resposta ou da rectificação é feita até vinte e quatro horas a contar da entrega do respectivo texto ao operador televisivo, salvo o disposto nos números 1 e 2 do artigo anterior.

2. A resposta ou a rectificação são transmitidas gratuitamente no mesmo programa ou, caso não seja possível, em hora de emissão equivalente.

3. A resposta ou a rectificação devem ser transmitidas tantas vezes quantas as emissões da referência que as motivaram.

4. A resposta ou a rectificação são lidas por um locutor da entidade emissora em moldes que assegurem a sua fácil percepção e pode incluir componentes audiovisuais sempre que a referência que as motivaram tiver utilizado técnica semelhante.

5. A transmissão da resposta ou da rectificação não pode ser precedida nem seguida de quaisquer comentários, à excepção dos necessários para apontar qualquer inexactidão ou erro de facto, os quais podem originar nova resposta ou rectificação, nos termos dos números 1 e 2 do artigo 53.°

NOTAS:

a) São as seguintes as seguintes as alterações introduzidas, relativamente ao correspondente artigo 39.° da lei anterior:

1. O prazo para a transmissão passou de 72 horas para 24 horas, começando a ser contado a partir da entrega do texto ao operador televisivo;

2. Estabeleceu-se a obrigatoriedade de a transmissão ser efectuada no mesmo programa ou em hora de emissão equivalentes e tantas vezes quantas as emissões que a motivaram.

3. Os comentários, eventualmente introduzidos pelo operador televisivo para, alegadamente, apontarem inexactidões ou erros de facto, podem originar nova resposta ou rectificação.

a) Por um senhor conselheiro, que votou vencido no Acórdão do tribunal Constitucional n.° 13/95, publicado em 9 de Fevereiro de 1995, na 2.ª Série do Diário da República foi feita a comparação entre os regimes legais do direito de resposta a exercer nos domínios da imprensa, da rádio e da televisão, nos seguintes termos:

"Na rádio e na televisão, a respectiva estação tem uma ampla possibilidade de apreciar a legitimidade da resposta, podendo dizer-se que, só após a resolução do litígio quanto a este aspecto, surge a obrigação de transmissão da mesma; no caso da imprensa impõe-se ao periódico a publicação da resposta, ainda que o respondente haja com abuso de direito (artigo 16.°,n.° 9,in fine).

Na rádio e na televisão, permite-se que a estação respectiva faça acompanhar a transmissão da resposta de um comentário necessário para corrigir inexactidões factuais nela contidas (artigo 26.°,n.° 4, da Lei da Rádio; artigo 39.°,n.° 4, da Lei da Televisão), ao passo que, no caso da imprensa, «o periódico não poderá, em caso algum, inserir no mesmo número em que for publicada a resposta qualquer anotação ou comentário à mesma»(artigo 16.°, n.° 7, nova redacção).

O não acatamento da ordem judicial de transmissão ou publicação da resposta é sancionado como crime de desobediência qualificada no caso da rádio, da televisão e, provavelmente, da imprensa, visto, no caso desta última, não ter sido expressamente revogada a norma incriminatória na Lei de imprensa (artigo 30.°, n.° 1, alínea b) não parecendo aceitável a tese de que terá havido uma revogação de sistema dessa norma incriminatória.

Por último, a não publicação da resposta, ainda que abusiva, é punida com multa de 500 a 5.000 contos, independentemente da difusão do periódico, ao passo que, no caso das Leis da Rádio e da Televisão, a multa tem limites muito mais baixos (50 a 300 dias) e não há obrigação de transmissão de respostas abusivas."

c) No Diário da República n.° 160, II Série, de 13 de Julho de 1995, foi publicada uma directiva sobre o exercício do direito de resposta, da Alta Autoridade para a Comunicação Social, cujo n.° 2 respeita à rádio e à televisão e que é do seguinte teor:

"2. Na rádio e na televisão. — O direito de resposta na rádio e na televisão encontra-se regulado, respectivamente, pelas Leis 87/88, de 30/7 (arts. 22.° a 27.°), e 58/90,de 7/9 (arts. 35.° a 40.°), em termos diferenciados, nalguns aspectos, do regime aplicável às publicações periódicas.

Assim:

I. Na radiodifusão sonora e televisiva assume particular relevo a distinção entre os direitos de resposta e de rectificação, na medida em que aqueles diplomas prevêem um procedimento específico para o exercício deste último (arts. 23.° da Lei da Rádio e 36.° da Lei da Televisão), o qual supõe o entendimento entre o órgão da comunicação e o titular, ou o seu representante legal.

II. importa salientar, além disso, que os fundamentos da recusa de difusão da resposta são mais amplos nestes dois casos, uma vez que incluem, contrariamente ao que resulta da recente revisão da Lei de Imprensa, a não verificação dos pressupostos do direito e o carácter impertinente, desprimoroso ou ilícito da resposta (arts. 25.°, n.° 2, da Lei 87/88 e 38.°, n.° 2, da Lei 58/90).

III. Por outro lado, a transmissão da resposta pode ser precedida ou seguida dos comentários necessários ou à correcção de possíveis inexactidões factuais nela contidas (arts. 26.°, n.° 4, da Lei da Rádio e 39.°, n.° 4, da Lei da Televisão).

IV. Há que ter igualmente em consideração a especificidade dos prazos fixados para o exercício do direito de resposta (20 dias, de acordo com os arts. 24.°, n.° 1, da Lei 87/88 e 37.°, n.° 1, da Lei 58/90), assim como para a difusão da mesma (que deverá ter lugar nas setenta e duas horas seguintes à comunicação ao interessado, nos termos dos arts. 26.°, n.° 1, da Lei da Rádio e 39.°, n.° 1, da Lei da Televisão)

d)A recusa infundada da transmissão da resposta ou da rectificação no caso do n.° 1 é punida com coima de 750.000$00 a 5.000.000$00.

e) a inobservância do prazo previsto no n.° 1 é punida com coima de 2.000.000$00 a 20.000.000$00. Note-se a incongruência de a inobservância do prazo ser mais severamente punida que a recusa infundada da transmissão da resposta ou rectificação.

f) a inobservância do disposto nos números 2 a 5 é punida com coima de 2.000.000$00 a 20.000.000$00.

SECÇÃO III
Direito de réplica

ARTIGO 58.°
(Direito de réplica política dos partidos da oposição)

1. Os partidos representados na Assembleia da República e que não façam parte do Governo têm direito de réplica, no serviço público de televisão, às declarações políticas do Governo proferidas no mesmo operador de televisão que directamente os atinjam.

2. A duração e o relevo concedidos para o exercício do direito referido no número anterior serão iguais aos das declarações que lhes tiverem dado origem.

3. Quando mais de um partido tiver solicitado, através do respectivo representante, o exercício do direito, o tempo é rateado em partes iguais pelos vários titulares, nunca podendo ser inferior a um minuto por cada interveniente.

4. Ao direito de réplica política são aplicáveis, com as devidas adaptações, os procedimentos previstos na presente lei para o exercício do direito de resposta.

5. Para efeitos do presente artigo, só se consideram as declarações de política geral ou sectorial feitas pelo Governo em seu nome e como tal identificáveis, não relevando, nomeadamente, as declarações de membros do Governo sobre assuntos relativos à gestão dos respectivos departamentos.

NOTAS:

a) O artigo 40.° da Lei n.° 58/90, de 7 de Setembro, além do direito de réplica, abrangia o direito de antena dos partidos da oposição que, agora, está contemplado na alínea c) do artigo 49.° da Lei em anotação.

b) Deliberação da Alta Autoridade Para a Comunicação Social, de 28 de Julho de 1993, sobre uma queixa do P.S. contra a R.T.P., publicada na Revista do Ministério Público n.° 57, Janeiro/Março de 1994:

"Apreciada uma queixa do Partido Socialista contra a R.T.P., por alegada recusa do direito de réplica política relativamente a uma comunicação do Ministro da Agricultura sobre a chamada «doença das vacas loucas», transmitida pelo canal 1 em 14 de Junho último, a Alta Autoridade para a Comunicação Social delibera considerá-la improcedente, uma vez que tal comunicação não assumiu o carácter, exigido por lei para o exercício daquele direito, de declaração de política geral ou sectorial, nem na mesma foi o partido queixoso «directamente posto em causa», como a lei igualmente prevê."

Esta deliberação foi aprovada por maioria, com nove votos a favor e três contra.

*

A mesma deliberação é energicamente criticada no aludido número da Revista do Ministério Público pelo constitucionalista Vital Moreira:

Depois de historiar as fontes normativas deste direito, que cabe aos partidos políticos da oposição com representação parlamentar; de fazer referência à sua autonomia relativamente ao comum direito de resposta e rectificação, que cabe a qualquer partido, como a qualquer pessoa, e ao direito de antena, que cabe aos partidos de oposição como direito de criticar regularmente o Governo; de se debruçar sobre quais são os respectivos titulares activos e passivos, aquele autor acaba por se debruçar sobre o respectivo objecto e pressupostos constitucionalmente estabelecidos — artigo 40.°, n.° 2, da Constituição -, para concluir pela clara inconstitucionalidade, quer da lei da televisão, quer da lei da rádio, que regulamentam o exercício deste direito.

As referidas normas seriam inconstitucionais pelos seguintes motivos:

a) Pouco resta da autonomia constitucional do aludido direito: até o nome constitucionalmente reconhecido é subvertido;

b) Quando limitam o direito aos partidos que em si ou nas respectivas posições políticas tenham sido directamente postos em causa;

c) Quando definem em termos restritivos o conceito constitucional de «declarações políticas do Governo»;

d) Quando submetem o exercício do direito ao mesmo procedimento do direito comum de resposta.

De qualquer forma, seria sempre possível fazer uma leitura dessas normas conforme à Constituição, coisa que não acontece com a Alta Autoridade para a Comunicação Social, talvez por, neste campo, vir mais ao de cima o «pecado originário do sistema governamentalizado da composição da A.A.C.S.».

Restará aos partidos da oposição recorrer aos Tribunais.

c) A inobservância do disposto no n.° 1 é punida com coima de 2.000.000$00 a 20.000.000$00.

CAPÍTULO VI
Normas sancionatórias

Secção I
Formas de responsabilidade

ARTIGO 59.°
(Responsabilidade civil)

1. Na determinação das formas de efectivação da responsabilidade civil emergente de factos cometidos através da televisão observam-se os princípios gerais.

2. Os operadores de televisão respondem solidariamente com os responsáveis pela transmissão de programas previamente gravados, com excepção dos transmitidos ao abrigo do direito de antena.

ARTIGO 60.°
(Responsabilidade criminal)

1. Os actos ou comportamentos lesivos de interesses jurídico-penalmente protegidos perpetrados por meio da televisão, são punidos nos termos da lei penal e do disposto na presente lei.

2. Os directores referidos no artigo 27.° apenas respondem criminalmente quando não se oponham, podendo fazê-lo, à comissão dos crimes referidos no n.° 1, através das acções adequadas a evitá-los, caso em que são aplicáveis as penas cominadas nos correspondentes tipos legais, reduzidas de um terço nos seus limites.

3. No caso de emissões não consentidas, responde quem tiver determinado a respectiva transmissão.

4. Os técnicos ao serviço dos operadores de televisão não são responsáveis pelas emissões a que derem o seu contributo profissional, se não lhes for exigível a consciência do carácter criminoso do seu acto.

NOTA:

Devem ser assinaladas as seguintes diferenças, relativamente ao correspondente artigo 42.° da Lei anterior:

Os directores dos canais televisivos e os directores de informação apenas respondem criminalmente e da forma mitigada constante do número 2, quando não se oponham à transmissão, podendo fazê-lo.

a) Na lei anterior, podiam ser autores das infracções se não se conseguisse saber quem era o produtor, realizador ou autor do programa e responderiam sempre como cúmplices, salvo se provassem o desconhecimento não culposo do programa.

b) Os técnicos ao serviço dos operadores televisivos apenas poderão ser punidos se lhes for exigível a consciência do carácter criminoso do seu acto.

Na lei anterior, esses técnicos só podiam ser punidos a título de dolo mas podiam ser considerados cúmplices do exercício ilegal da actividade televisiva ou da difusão não autorizada de programas televisivos.

c) Desapareceu da actual Lei preceito equivalente ao artigo 43.° da Lei anterior, onde se estabelecia a responsabilidade solidária pelo pagamento das multas em que forem condenados os agentes dos crimes os operadores televisivos.

ARTIGO 61.°

(Actividade ilegal de televisão)

1. Quem exercer a actividade de televisão sem para tal estar habilitado é punido com prisão até 3 anos ou com multa até 320 dias.

2. São declarados perdidos a favor do Estado os bens utilizados no exercício ilegal da actividade de televisão, sem prejuízo dos direitos de terceiros de boa fé.

NOTAS:

a) Na Lei anterior, o exercício ilegal de televisão era punido com prisão de 2 a 8 anos e multa de 150 a 300 dias.

b) Parecer n.° 97/83, votado pelo Conselho Consultivo da Procuradoria-Geral da República em 7 de Julho de 1983, em Procuradoria-Geral da República — Pareceres, Volume IX, págs. 309 e segs.:

Os factos descritos no relatório do Centro de Fiscalização Radioeléctrica do Norte permitem concluir que a aparelhagem existente no local nele referido constitui uma instalação radioeléctrica receptora e emissora, tal como vem definida nos artigos 5.° e 13.° do Decreto n.° 22 874, de 29 de Junho de 1933 e, portanto, sujeita a licença, nos termos do artigo 3.° do mesmo diploma.

c) Acórdão da Rel. do Porto, de 15 de Fevereiro de 1989, in Colectânea de Jurisprudência, ano XIV, tomo I, 216:

I. Estão fora da «ratio» do artigo 30.°, n.° 1, da Lei n.° 75/79, de 29 de Novembro, os casos de captação e retransmissão em Portugal, via satélite, de emissões oriundas de países estrangeiros e a eles essencialmente destinadas.

II. Na economia da Lei n.° 75/79, o que o Estado quer controlar é muito mais do que os meios tecnológicos de emissão de radiotelevisão; é, desde o momento da sua elaboração, o conteúdo político, ideológico e cultural do que é emitido.

III. Tratando-se de uma instalação não licenciada de recepção de emissões de serviço fixo por satélite, com conversão de frequência e retransmissão, a existência de tal sistema não envolve, para os seus responsáveis, o exercício da actividade de radiotelevisão, estando-se apenas em presença de um ilícito de mera ordenação social, previsto pelo Decreto-lei n.° 147/87, de 24 de Março.

d)Acórdão do S.T.J., de 3 de Julho de 1991, in Colectânea de Jurisprudência, ano XV, tomo IV, 5:

I. A retransmissão de programas de T.V., mesmo os captados através de satélite, constitui o exercício de actividade de radiotelevisão, punida pelo artigo 30.°, números 1 e 2 da Lei n.° 75/79.

II. A possibilidade de haver posteriormente canais de T.V. de exploração particular não retira ilicitude aos factos praticados.

III. Os aparelhos e objectos utilizados devem ser declarados perdidos a favor da Fazenda Nacional.

d) Acórdão do S.T.J., de 4 de Outubro de 1989, in B.M.J. n.° 390, pág. 118:

I. A retransmissão em frequência, nível de potência e tipo de modelação diferentes, de programas de televisão, quer emitidas através de satélite, quer através de qualquer outro meio, constitui o exercício da actividade de radiotelevisão para efeitos do artigo 1.° da Lei n.° 75/79, de 29 de Novembro.

II. Tal exercício é da exclusiva competência do Estado e, quando realizado por pessoas ou entidades privadas, é punido nos termos do artigo 30.°, números 1 e 2, da aludida lei.

e) Parecer do Conselho Consultivo da Procuradoria-Geral

da República n.° 35/88, in Diário da República, II série, n.° 206, de 2 de Setembro:

1.° Atentas as disposições dos artigos 1.°, n.° 1, 2.°, números 1 e 2 e 54.° da Lei n.° 75/79, de 29 de Novembro, a emissão, em território nacional, de radiodifusão televisiva que não seja da responsabilidade da Radiotelevisão Portuguesa, E.P., representa exercício ilegal da actividade de radiotelevisão.

2.° Fora das condições previstas na conclusão anterior, o exercício da actividade de radiotelevisão assume a natureza do ilícito criminal previsto e punido pelo artigo 30.° da Lei n.° 75/79.

3.° Dependendo da matéria de facto que, em cada caso, for apurada, pode o crime de exercício ilegal da actividade de radiodifusão televisiva concorrer com as contra-ordenações previstas, designadamente, nos artigos 11.° e 17.° e punidas pelo art. 34.° da, n.° 1, do Dec.-lei n.° 147/87, de 24 de Março.

4.° Nesse caso, será o agente punido a título de crime, sem prejuízo da aplicação das sanções acessórias previstas para as contra-ordenações — art. 20.° do Dec.-lei n.° 433/82, de 27/10.

f) Acórdão da Rel. do Porto de 09/01/91 n.° 1.241, da 5.ª secção, publicado na Revista Portuguesa de Ciência Criminal, ano I, Janeiro/Março de 1991, pág. 107:

I. As retransmissões televisivas, limitando-se a reenviar para uma certa área as emissões recebidas, sem nada lhes incorporar de novo, não têm qualquer actividade criativa.

II. Funcionam antes como grandes antenas parabólicas colectivas, permitindo que pessoas de menor poder económico possam usufruir de regalias só ao alcance dos economicamente mais favorecidos.

III. Por outro lado, nos termos do artigo 1.°, n.° 3 do Código Penal, não é permitido o recurso à analogia no âmbito da norma incriminadora, que proíbe apenas a actividade transmissora (artigos 30.°, n.° 1 e 1.°, n.° 2 da Lei 75/79) e não já a retransmissora.

A interpretação extensiva não é viável, pois excederia o limite da protecção pretendida pela norma penal referida.

IV. As retransmissões televisivas não violam, por isso, o bem jurídico-penal tutelado pela Lei 75/79.

g) No processo onde foi prolatado o acórdão mencionado na nota anterior foi junto um parecer do Professor Figueiredo Dias, onde se conclui:

1.° — Perante tudo o que fundadamente escrevemos nas páginas anteriores deste parecer demonstrámos que o comportamento dos arguidos, de todos eles, de maneira alguma pode ser subsumível ao tipo de ilícito que o artigo 30.°, n.° 1 da Lei n.° 75/79, de 29 de Setembro, consagra.

2.° — O tipo legal de crime referido visa um âmbito de protecção que de modo algum abarca a mera actividade de retransmissão da radiotelevisão.

O que se quer proteger prende-se com a ideia de que o Estado deve tutelar, perante um tão importante e poderoso meio de modelação dos indivíduos e do próprio ser-social, as regras que levam à sua concessão. Mas o estado não pode querer tutelar penalmente aquilo que por sua vez não é tutelável; porque ou sai fora da sua esfera de acção (retransmissão de emissões estrangeiras) ou porque é exactamente igual àquilo a que o Estado já deu a competente licença (retransmissão de emissões nacionais).

3.° — A retransmissão é um mero acto material, não criativo e que nada acrescenta ou tira ao conteúdo da mensagem que se retransmite. Não tem autonomia e também por isso não levanta sequer problemas ao nível da autoria criativa. De sorte que, enquanto mero acto material cuja coloração jurídica poderá ser dada, quando muito, pelo direito de mera ordenação social, a retransmissão nunca poderá constituir violação de um bem jurídico-penal. Por detrás da retransmissão estão meramente regras organizacionais de natureza técnica, mas não regras, princípios ou axiomas de direito penal.

h) O aludido Acórdão é anotado favoravelmente, na revista e local citados, pelo Dr. José de Faria Costa:

1. Refere que a decisão toca a doutrina do âmbito da protecção da norma;

2. A norma em questão insere-se na actividade regula-mentadora do Estado, de certas actividades, que visam proporcionar maior bem-estar aos cidadãos.

3. Essa tarefa cabe ao Estado através da Administração Central, mas também às autarquias.

4. Tem de se fazer funcionar o chamado princípio da congruência material dentro de toda a ordem jurídica.

5. A televisão, como serviço público que é, tem de atingir os patamares mínimos de satisfação dos cidadãos.

6. Se existe défice de eficácia será legítimo que as populações o supram ?

7. A resposta parece ser positiva, tanto mais que seria absurdo não se punir um director de um hotel que mandou instalar uma antena parabólica para serviço dos seus clientes e punir-se o presidente da junta de freguesia que mandou instalar um centro de retransmissão para servir umas escassas centenas de pessoas.

8. Há que distinguir emissão de programas da sua retransmissão.

9. Sendo certo não ser admissível a interpretação analógica da norma incriminadora.

Nos termos da parte final da alínea c) do n.° 1 do artigo 64.°, a exploração de canais televisivos por entidade diversa do titular da licença ou da autorização é punida com coima de 7.500.000$00 a 50.000.000$00.

ARTIGO 62.°

(Desobediência qualificada)

Os responsáveis pela programação, ou quem os substitua, incorrem no crime de desobediência qualificada quando:

a) Não acatarem a decisão do tribunal que ordene a transmissão de resposta ou de rectificação, ao abrigo do disposto no n.° 6 do artigo 56.°;

b) Recusarem a transmissão de decisões judiciais nos termos do artigo 70.°;

c) Não cumprirem as deliberações da Alta Autoridade para a Comunicação Social relativas ao exercício dos direitos de antena, de resposta, de rectificação e de réplica política.

NOTAS:

a) O crime previsto na alínea c) não constava da redacção do preceito equivalente na Lei anterior — o artigo 48.° .

b) Já não constitui crime a emissão dolosa de programas não autorizados, que estava contemplada no artigo 45.° da Lei anterior.

c) Também foi abolida a pena de multa aplicável ao operador televisivo em cuja programação tenha sido cometido crime de difamação, injúria, instigação pública e apologia pública de um crime, a qual constava do artigo 47.° .

ARTIGO 63.°

(Atentado contra a liberdade de programação e de informação)

1. Quem impedir ou perturbar emissão televisiva ou apreender ou danificar materiais necessários ao exercício da actividade de televisão, fora dos casos previstos na lei e com o intuito de atentar contra a liberdade de programação e informação, é punido com prisão até 2 anos ou com multa até 240 dias, se pena mais grave lhe não couber nos termos da lei penal.

2. A aplicação da sanção prevista no número anterior não prejudica a efectivação da responsabilidade civil pelos prejuízos causados à entidade emissora.

3.Se o infractor for agente ou funcionário do Estado ou de pessoa colectiva de direito público, e, no exercício das suas funções, praticar os factos descritos no n.° 1, é punido com prisão até 3 anos ou com multa até 320 dias, se pena mais grave lhe não couber nos termos da lei penal.

NOTA:

A este artigo correspondia o artigo 50.° da Lei anterior, sob a seguinte epígrafe: «ofensa de direitos, liberdades e garantias». A pena prevista era a de multa de 100 a 300 dias. O funcionário respondia por crime de abuso de autoridade, ficando o Estado solidariamente responsável pelo pagamento da eventual multa.

ARTIGO 64.°
(Contra-ordenações)

1. Constitui contra-ordenação, punível com coima:

a) De 750.000$00 a 5.000.000$00, a inobservância do disposto no n.° 5 do artigo 3.°, nos artigos 4.°, 22.°, 28.°, 34.°,41.° e 73.°, bem como o incumprimento do disposto na primeira parte do n.° 1 do artigo 50.°, a omissão da menção a que se refere o n.° 6 do artigo 56.° e a recusa infundada da transmissão da resposta ou da rectificação, no caso previsto no n.° 1 do artigo 57.°;

b) De 2.000.000$00 a 20.000.000$00, a inobservância do disposto nos números 2 a 4 do artigo 21.°, 5 do artigo 25.° e 3 do artigo 26.°, nos artigos 27.°, 29.°, 31.°, 33.°,e 35.°, nos números 1 a 3 do artigo 36.°, noa artigos 37.° e 38.°, nos números 4 do artigo 49.°, 1 do artigo 51.°,1 do artigo 56.°, 2 a 5 do artigo 57.°, 2 do artigo 58.° e 1 do artigo 71.°, bem como as violações do disposto na Segunda parte do n.° 1 do artigo 50.° e dos prazos fixados nos números 1 do artigo 54.°, 6 do artigo 56.° e 1 do artigo 57.° ;

c) De 7.500.000$00 a 50.000.000$00, a inobservância do disposto nos números 1, 3 e 4 do artigo 3.°, nos artigos 11.° e 15.°, nos números 1 dos artigos 16.° e 21.°, no artigo 24.°, nos números 2 e 6 do artigo 25.°, 1 do artigo 26.° e 2 do artigo 50.°, no artigo 52.°, no n.° 2 do artigo 73.°, no artigo 75.°, a violação, por qualquer operador, do disposto no n.° 2 do artigo 23.° e do direito previsto no n.° 1 do artigo 54.°, bem como a exploração de canais televisivos por entidade diversa do titular da licença ou autorização.

2. Pelas contra-ordenações previstas no presente artigo responde o operador de televisão em cujo canal foi cometida a infracção.

3. A negligência é punível.

NOTAS:

a) O elenco das contra-ordenações é muito mais vasto do que aquele que constava do artigo 51.° da Lei anterior. Em anotação a cada um dos artigos aqui citados, encontra-se a coima correspondente à eventual contra-ordenação.

b) Na alínea c) do n.° 1, comina-se com a coima de 7.500.000$00 a 50.000.000$00 a inobservância do disposto no artigo 73.°, n.° 2. No entanto, não existe esta norma na actual Lei.

c) Na mesma alínea, é cominada com a mesma sanção a inobservância do disposto no artigo 75.°, que, no entanto, é uma simples norma revogatória.

ARTIGO 65.°

(Sanções acessórias)

1. O desrespeito reiterado das condições e termos do projecto aprovado e a exploração de canais televisivos por entidade diversa do titular da licença ou da autorização, bem como a inobservância do número mínimo de horas de emissão e das obrigações de cobertura, podem dar lugar, consoante a gravidade do ilícito, à sanção acessória de suspensão por período não superior a dois meses ou de revogação dos títulos correspondentes.

2. A inobservância do disposto no n.° 1 do artigo 21.°, punida nos termos da alínea c) do n.° 1 do artigo anterior, pode ainda dar lugar à sanção acessória de suspensão das transmissões do canal onde se verificou a prática do ilícito por período não superior a dois meses ou, em caso de violação grave e reiterada, à revogação da respectiva licença ou autorização, excepto quando se trate de emissões publicitárias, a que se aplicarão as sanções acessórias e as medidas cautelares previstas no Código da Publicidade.

3. A inobservância do disposto nos números 1 e 2 do artigo 21.° e 2 do artigo 50.°, prevista nas alíneas b) e c) do n.° 1 do artigo anterior, quando cometida no exercício do direito de antena, é ainda, consoante a gravidade da infracção, punida com a sanção acessória de suspensão do exercício do mesmo direito por períodos de 3 a 12 meses, com um mínimo de 6 meses em caso de reincidência, sem prejuízo de outras sanções previstas na lei.

4. O disposto no n.° 2 é igualmente aplicável à mera distribuição por cabo de emissões alheias, nos termos estabelecidos pela Directiva do Conselho Europeu n.° 89/552, de 3 de Outubro.

5. O recurso contencioso da aplicação da sanção acessória prevista nos números anteriores tem efeito suspensivo até trânsito em julgado da respectiva decisão.

NOTAS:

a) No n.° 1 do artigo 21.° proíbe-se qualquer emissão que viole os direitos, liberdades e garantias fundamentais, que atente contra a dignidade da pessoa humana ou incite à prática de crime.

b) No n.° 2 do artigo 50.°, diz-se que o direito de antena é intransmissível. No artigo 49.° da Lei anterior, também eram tratados casos de suspensão do direito de antena.

ARTIGO 66.°

(Fiscalização e competência em matéria de contra-ordenações)

1. A fiscalização do cumprimento do disposto no presente diploma incumbe ao Instituto da Comunicação Social e, em matéria de publicidade, também ao Instituto do Consumidor, sem prejuízo das competências de qualquer outra entidade legalmente habilitada para o efeito.

2. Compete ao presidente do Instituto da Comunicação Social a aplicação das coimas e sanções acessórias previstas no presente diploma, com excepção das relativas à violação:

a) Dos artigos 11.°, 15.°, 21.°, 22.° e 49.° a 58.°, que incumbe à Alta Autoridade para a Comunicação Social e

b) Do artigo 21.°, quando cometida através de emissões publicitárias, e dos artigos 32.° e 33.°, da responsabilidade da comissão de aplicação de coimas prevista no Código da Publicidade.

3. O processamento das contra-ordenações compete à entidade responsável pela aplicação das coimas correspondentes, excepto as relativas à violação dos artigos 21.°, quando cometida através de emissões publicitárias, 32.° e 33.°, que incumbe ao Instituto do Consumidor.

4. A receita das coimas reverte em 60% para o Estado e em 40 % para o Instituto da Comunicação Social, quando competente para a sua aplicação, ou em 60% para o Estado, 20 % para a entidade fiscalizadora e 20% para a entidade responsável pelo processamento das contra-ordenações respeitantes à violação do artigo 21.°, quando cometida através de emissões publicitárias, 32.° e 33.°.

NOTAS:

a) O artigo 11.° diz respeito aos requisitos dos operadores; o 15.° à atribuição de licenças e autorizações; o 21.° aos limites à liberdade de programação; o 22.° ao anúncio da programação e o 49.° a 58.° aos direitos de antena, de resposta e de rectificação e de réplica política.

b) O artigo 32.° diz respeito ao tempo reservado à publicidade e o 33.° aos blocos de televenda.

SECÇÃO II
Disposições especiais de processo

ARTIGO 67.°
(Forma do processo)

O procedimento pelas infracções criminais cometidas através da televisão rege-se pelas disposições do Código de Processo Penal e da legislação complementar, com as especialidades decorrentes da presente lei.

ARTIGO 68.°
(Competência territorial)

1. Para conhecer dos crimes previstos no presente diploma é competente o tribunal da comarca do local onde o operador tenha a sua sede ou representação permanente.

2. Exceptuam-se do disposto no número anterior os crimes cometidos contra o bom nome e reputação, a reserva da vida privada ou outros bens da personalidade, cuja apreciação é da competência do tribunal da comarca do domicílio do ofendido.

3. No caso de transmissões televisivas por entidade não habilitada nos termos da lei, e não sendo conhecido o elemento definidor de competência nos termos do número 1, é competente o Tribunal Judicial da Comarca de Lisboa.

NOTA:

Eram sensivelmente as mesmas as regras constantes do artigo 53.° da Lei anterior.

ARTIGO 69.°
(Regime de prova)

1. Para a prova dos pressupostos do exercício dos direitos de resposta ou de rectificação, e sem prejuízo de outros meios admitidos por lei, o interessado pode requerer, nos termos do artigo 528.° do

Código de Processo Civil, que a entidade emissora seja notificada para apresentar, no prazo da contestação, as gravações do programa respectivo.

2. Para além referida no número anterior, só é admitida prova documental que se junte com o requerimento inicial ou com a contestação.

NOTA:

a) O preceito correspondente da Lei anterior era o artigo 56.° .

b) O que consta do n.° 2 é uma repetição daquilo que consta do n.° 5 do artigo 56.°

ARTIGO 70.°

(Difusão das decisões)

A requerimento do Ministério Público ou do ofendido, e mediante decisão judicial, a parte decisória das sentenças condenatórias transitadas em julgado por crimes cometidos através da televisão, assim como a identidade das partes, é difundida pela entidade emissora.

NOTA:

Corresponde ao artigo 59.° da Lei anterior.

CAPÍTULO VII
Conservação do património televisivo

ARTIGO 71.°

(Depósito legal)

1. Os registos das emissões qualificáveis como de interesse público, em função da sua relevância histórica ou cultural, ficam sujeitos a depósito legal, para efeitos de conservação a longo prazo e acessibilidade aos investigadores.

2. O depósito legal previsto no número anterior será regulado por diploma próprio, que salvaguardará os interesses dos autores, dos produtores e dos operadores televisivos.

3. O Estado promoverá igualmente a conservação a longo prazo e a acessibilidade pública dos registos considerados de interesse público anteriores à promulgação do diploma regulador do depósito legal, através de protocolos específicos celebrados com cada um dos operadores.

NOTAS:

a) Pela Portaria n.° 111/91, de 7 de Fevereiro, foi permitido à Radiotelevisão Portuguesa, E.P., (R.T.P.), conservar em arquivo, e nas melhores condições de utilização, os registos classificados como de interesse público.

b) Pela Portaria n.° 885/91, de 29 de Agosto, foi permitido à Radiotelevisão Portuguesa, E.P., utilizar o microfilme como suporte da documentação que deve manter em arquivo, sendo autorizada a destruir os respectivos originais.

c) A inobservância do disposto no n.° 1 do artigo 71.° é punida com coima de 2.000.000$00 a 20.000.000$00.

CAPÍTULO VIII
Disposições finais e transitórias

ARTIGO 72.°
(Registo dos operadores licenciados)

1. O registo dos operadores de televisão é organizado pelo Instituto da Comunicação Social e deve conter os seguintes elementos:

a) Pacto social;

b) Composição nominativa dos órgãos sociais;

c) Relação dos titulares do capital social e valor das respectivas participações;

d) Discriminação das participações de capital em outras empresas de comunicação social;

e) Identidade dos responsáveis pela programação;

f) Estatuto editorial.

2. Os operadores de televisão estão obrigados a comunicar, dentro do 1.° trimestre de cada ano, ao Instituto da Comunicação Social os elementos referidos no número anterior, para efeitos de registo, bem como a proceder à sua actualização nos 30 dias subsequentes à ocorrência que lhe deu origem.

3. O Instituto da Comunicação Social pode, a qualquer momento, efectuar auditorias para fiscalização e controlo dos elementos fornecidos pelos operadores de televisão.

NOTA:

Segundo o artigo 61.° da Lei anterior, estas tarefas de registo dos operadores de televisão incumbiam à Direcção-Geral da Comunicação Social.

ARTIGO 73.°

(Contagem dos tempos de emissão)

Os responsáveis pelas estações emissoras de televisão asseguram a contagem dos tempos de antena, de resposta e de réplica política, para efeitos do presente diploma, dando conhecimento do respectivo resultado aos interessados.

ARTIGO 74.°

(Norma transitória)

Aos operadores licenciados ao abrigo da Lei n.° 58/90, de 7 de Setembro, é aplicável o previsto no n.° 1 do artigo 16.°, dispondo de um prazo de 180 dias a contar da entrada em vigor do presente diploma para submeterem à Alta Autoridade para a Comunicação Social eventuais alterações dos respectivos projectos iniciais.

NOTA:

O n.° 1 do artigo 16.° da presente Lei reporta-se à observância do projecto aprovado.

ARTIGO 75.°

(Norma revogatória)

1. São revogadas as Leis números 60/79, de 18 de Setembro, e 58/90, de 7 de Setembro.

2. É ainda revogado o artigo 26.° do Código da Publicidade, aprovado pelo Decreto-Lei n.° 330/90, de 23 de Outubro, com a redacção que lhe foi dada pelo Decreto — Lei n.° 6/95, de 17 de Janeiro.

NOTA:

Os Decretos-Leis referidos no n.° 2 foram revogados pelo Decreto-Lei n.° 275/98, de 9 de Setembro.

DISTRIBUIÇÃO DA TELEVISÃO POR CABO

Decreto-Lei n.° 241/97
de 18 de Setembro

A Lei n.° 58/90, de 7 de Setembro, que regula o exercício da actividade de televisão no território nacional, remete para legislação especial a utilização de redes de distribuição de televisão por cabo, quando estas se destinem à mera distribuição de emissões alheias, processada de forma simultânea e integral.

No desenvolvimento do regime jurídico estabelecido pela citada Lei n.° 58/90 e habilitado na alínea c) do n.° 3 do seu artigo 1.°, veio o Decreto-Lei n.° 292/91, de 13 de Agosto, regular o exercício da actividade de operador de rede de distribuição de televisão por cabo de uso público, enformando a disciplina de exploração de tal actividade.

E nesse sentido se regulamentou, exclusivamente, a mera distribuição de televisão, enquanto emissões alheias aos próprios operadores de redes de distribuição por cabo.

Cinco anos volvidos sobre a vigência do referido regime, importa não só adaptá-lo às novas virtualidades tecnológicas das redes de distribuição, como eliminar as restrições que até à data condicionam o exercício da actividade de distribuição por cabo.

Em articulação com a política comunitária de liberalização do mercado de serviços, é opção do Governo permitir que as redes de distribuição por cabo sirvam não só como suporte à transmissão de emissões de rádio e de televisão, próprias ou alheias, mas também de outros serviços de diferente natureza.

É neste contexto que o presente diploma autoriza aos operadores de distribuição por cabo a oferta, suportada nas respectivas redes, quer de serviços interactivos, de natureza endereçada, quer da possibilidade de ligações bidireccionais para transmissão de dados, bem como locar a terceiros a capacidade de transmissão da sua rede para a prestação de outros serviços de telecomunicações.

Quanto aos serviços interactivos, há que distinguir entre os de natureza endereçada e que são acessíveis mediante solicitação individual, tais como os serviços da Internet e de video-on-demand, de outros serviços disponibilizados mediante acto de adesão.

Tendo como objectivo garantir que as emissões de televisão difundidas através de redes de distribuição por cabo obedeçam às normas aplicáveis à transmissão de sinais de televisão, tal como previstas na Directiva n.° 95/47/CE, do Parlamento Europeu e do Conselho, de 24 de Outubro, prevê o presente diploma a respectiva fixação, através de portaria do membro do Governo responsável pela área das comunicações.

Foram ouvidos os órgãos de governo próprio das Regiões Autónomas dos Açores e da Madeira.

Assim:

No desenvolvimento do regime jurídico estabelecido pela Lei n.° 58/90, de 7 de Setembro, e nos termos da alínea c) do n.° 1 do artigo 201.° da Constituição, o Governo decreta o seguinte:

CAPÍTULO I
Disposições gerais

ARTIGO 1.°
Âmbito e objecto

1. O presente diploma tem por objecto definir o regime de acesso e de exercício da actividade de operador de rede de distribuição de televisão por cabo, para uso público, no território nacional.

2. A actividade de operador de rede de distribuição por cabo envolve a instalação e a exploração da correspondente infra-estrutura para a transmissão e retransmissão de informação, compreendendo, nomeadamente, a distribuição de emissões de radiodifusão sonora e de televisão próprias e de terceiros, codificadas ou não, a prestação de serviços de natureza endereçada, de serviços de transmissão de dados e a oferta de capacidade de transmissão a terceiros.

3. A transmissão por cabo de emissões de rádio e de televisão, exceptuados os casos de mera distribuição de emissões de terceiros processada de forma simultânea e integral, é regulada por legislação específica, da qual constam as condições de acesso à actividade e o regime da mesma.

NOTA:

Desta lei é exceptuada, expressamente a regulamentação da transmissão de emissões próprias de rádio e de televisão, a qual está prevista nas leis da rádio e da televisão.

ARTIGO 2.°

Definições

Para efeitos da aplicação do presente diploma entende-se por:

a) Operador de rede de distribuição por cabo: pessoa colectiva autorizada, nos termos do presente diploma, a instalar e explorar uma rede de distribuição por cabo;

b) Rede de distribuição por cabo: infra-estruturas de telecomunicações essencialmente afectas a telecomunicações de difusão que facultam a transmissão ou retransmissão de imagens não permanentes e sons, através de cabo co-axial, fibra óptica ou outro meio físico equivalente, para um ou vários pontos de recepção, com ou sem endereçamento e com ou sem codificação da informação;

c) Rede de transporte: infra-estruturas de transmissão necessárias para o encaminhamento de imagens não permanentes e sons de uma origem externa à rede de distribuição até aos centros de distribuição da mesma;

d) Centro de distribuição: nó de hierarquia mais elevada da rede de distribuição;

e) Codificação da informação: tratamento apropriado do sinal de molde a possibilitar um adequado grau de protecção no acesso ao conteúdo informativo do mesmo;

f) Acessibilidade plena: possibilidade de acesso à actividade por todas as entidades que respeitem o enquadramento legal estabelecido pelo presente diploma.

CAPÍTULO II
Redes de distribuição por cabo

ARTIGO 3.°
Capacidade da rede

1. A rede de distribuição por cabo deve permitir, pelo menos, a transmissão simultânea de vários programas de televisão.

2. As normas técnicas a que devem obedecer a instalação e funcionamento da rede de distribuição por cabo são fixadas por portaria do membro do Governo responsável pela área das comunicações.

NOTAS:

a) A infracção ao disposto no n.° 1 deste artigo é punida com coima de 1.000.000$00 a 9.000.000$00.

b) As normas técnicas referidas no n.° 2 foram fixadas pela Portaria n.° 1127/91, de 30 de Outubro, por sua vez alterada pela Portaria n.° 79/94, de 4 de Fevereiro, as quais se manterão em vigor até à regulamentação deste Decreto-Lei.

ARTIGO 4.°
Acesso à actividade

1. A actividade de operador de rede de distribuição por cabo só pode ser exercida mediante autorização a conceder nos termos do presente diploma.

2. A autorização é concedida pelo membro do Governo responsável pela área das comunicações, sob proposta do Instituto das Comunicações de Portugal (I.C.P.).

3. Compete ao I.C.P. a emissão do título de autorização.

NOTAS:

a) A infracção ao disposto no n.° 1 do preceito é punida com coima de 1.000.000$00 a 9.000.000$00.

ARTIGO 5.°

Operadores

1. A autorização para o exercício da actividade de operador da rede de distribuição por cabo só pode ser concedida:

a) A pessoas colectivas de direito público que revistam a forma de empresas públicas, estatais ou municipais;

b) A pessoas colectivas de direito privado que revistam a forma de sociedades comerciais.

2. Podem ainda exercer a actividade de operador de rede de distribuição por cabo pessoas colectivas sem fins lucrativos, desde que tal actividade seja exclusivamente destinada aos seus associados.

3. Para efeitos da autorização, as entidades referidas nos números anteriores devem conter nos seus estatutos ou objecto social o exercício da actividade de distribuição por cabo.

ARTIGO 6.°

Pedido e documentação

1. A concessão de autorização para o exercício da actividade de operador de rede de distribuição por cabo rege-se pelo princípio da acessibilidade plena, devendo os requerentes instruir o respectivo pedido com os seguintes elementos:

a) Pacto social ou estatutos e documentos comprovativos da respectiva inscrição no Registo Nacional das Pessoas Colectivas;

b) Projecto técnico que contenha a descrição dos sistemas e arquitectura da rede a utilizar, bem como a identificação da área geográfica a abranger;

c) Estudo económico-financeiro onde relevem os recursos adequados ao bom desenvolvimento do projecto a que se propõe;

d) Documento comprovativo de que dispõe de contabilidade actualizada e regularmente organizada de acordo com o Plano Oficial de Contabilidade e adequada às análises requeridas para o projecto que se proponha desenvolver;

e) Documento que comprove não ser devedor ao Estado ou à segurança social de quaisquer impostos, quotizações ou contribuições, bem como de quaisquer outras importâncias, ou

que o seu pagamento está assegurado mediante o cumprimento de acordos que para o efeito tenham sido celebrados nos termos legais.

2. Para os efeitos da alínea c) do número anterior, considera-se como situação económico-financeira adequada a cobertura, por capitais próprios em montantes não inferiores a 25%, do valor do activo líquido total.

3. As entidades cujo acto de constituição se tenha verificado nos 90 dias anteriores ao pedido de autorização estão dispensadas da apresentação dos documentos referidos nas alíneas d) e e) do n.° 1.

ARTIGO 7.°

Autorização

1. A autorização para o exercício da actividade de operador de rede de distribuição por cabo é concedida por zona geográfica, correspondendo esta aos limites de um ou vários municípios, salvo no caso das pessoas colectivas sem fins lucrativos, relativamente às quais a zona pode ser inferior, de acordo com a proposta apresentada.

2. Do título de autorização constam, designadamente, as seguintes indicações:

a) Identificação da entidade outorgante;
b) Identificação da entidade autorizada;
c) Identificação da entidade fiscalizadora;
d) Condições de exploração da rede;
e) Sistemas a utilizar;
f) Infra-estruturas próprias;
g) Zona geográfica a cobrir;
h) Período máximo para a cobertura;
i) Prazo e termo da autorização.

NOTA:

A infracção ao disposto no n.° 1 do preceito é punida com coima de 1.000.000$00 a 9.000.000$00.

ARTIGO 8.°

Prazo

A autorização para o exercício da actividade de operador de rede de distribuição por cabo é concedida pelo prazo de 15 anos, podendo ser renovada ou alterada, mediante requerimento fundamentado e acompanhado dos elementos necessários, aplicando-se, com as devidas adaptações, o disposto no n.° 1 do artigo 6.° .

NOTA:

A violação do prazo estabelecido neste artigo é punida com coima de 1.000.000$00 a 9.000.000$00

ARTIGO 9.°

Serviços de natureza endereçada

Ao operador de rede de distribuição por cabo é permitida a transmissão de serviços de natureza endereçada, quer acessíveis por solicitação individual, quer mediante acto de adesão, funcionalmente associados e adequados ao objecto das transmissões de televisão e de radiodifusão sonora e desde que exclusivamente suportados na respectiva rede.

NOTA:

A violação deste artigo é punida com coima de 1.000.000$00 a 9.000.000$00

ARTIGO 10.°

Transmissão de dados e oferta de capacidade de transmissão

1. Pode o operador de rede de distribuição por cabo oferecer ligações bidireccionais para transmissão de dados, devendo para o efeito requerer a respectiva licença nos termos do Decreto-Lei n.° 346/90, de 3 de Novembro.

2. O operador pode locar a terceiros a capacidade de transmissão da respectiva rede de distribuição por cabo para a prestação de serviços de telecomunicações, tendo o direito, para o efeito, de interligar a respectiva rede com a rede básica de telecomunicações.

3. É vedado ao operador de rede de distribuição por cabo utilizar ou locar a capacidade da respectiva rede para a prestação do serviço fixo de telefone.

4. Na situação a que alude o n.° 2, e em caso de participação, directa ou indirecta, do operador do serviço público de telecomunicações no capital do operador de rede de distribuição por cabo, deve este último implantar um sistema de contabilidade analítica que permita a adequada separação entre os custos e as receitas associados à actividade de distribuição por cabo e a oferta da capacidade de transmissão da sua rede para a prestação de outros serviços de telecomunicações.

NOTAS:

a) A violação dos números 1,3 e 4 deste artigo é punida com coima de 1.000.000$00 a 9.000.000$00.

b) Este e o preceito anterior são absolutamente inovadores.

c) O Decreto-Lei n.° 346/90, de 3 de Novembro define o regime do estabelecimento, gestão e exploração das infra-estruturas e da prestação de serviços de telecomunicações complementares, isto é, que não integram o conceito de serviços fundamentais.

CAPÍTULO III
Disposições comuns

ARTIGO 11.°
Taxas

1. A emissão do título de autorização para o exercício da actividade de operador de rede de distribuição por cabo, bem como a sua eventual renovação, alteração ou substituição em caso de extravio, estão sujeitas ao pagamento de taxas, de montante a fixar por despacho conjunto do Ministro das Finanças e do membro do Governo responsável pela área das comunicações.

2. As taxas previstas no número anterior constituem receitas do I.C.P.

ARTIGO 12.°

Garantia de distribuição aos operadores de televisão e de radiodifusão sonora

O operador de rede de distribuição por cabo distribuirá obrigatoriamente os canais de serviço público de televisão, definidos nos termos da Lei n.° 58/90, de 7 de Setembro, e, quando com autorização distribua qualquer sinal de radiodifusão, as emissões de serviço público de radiodifusão, definidas nos termos da Lei n.° 87/88, de 30 de Julho, na redacção dada pela Lei n.° 2/97, de 18 de Janeiro, desde que em qualquer dos casos os respectivos sinais sejam disponibilizados em moldes adequados no seu centro de distribuição.

NOTA:

A infracção ao disposto neste artigo é punida com coima de 1.000.000$00 a 9.000.000$00.

ARTIGO 13.°

Rede de transporte e acesso a infra-estruturas de telecomunicações

1. Os operadores de rede de distribuição por cabo podem instalar os seus próprios meios de comunicação via satélite ou contratar com operadores devidamente licenciados para o efeito o transporte do respectivo sinal entre um ponto externo à respectiva rede e os centros de distribuição da mesma.

2. O acesso a condutas para a instalação de redes de distribuição por cabo obedecerá a condições de plena igualdade.

ARTIGO 14.°

Reversão de bens

1. Salvo disposição legal ou contratual em contrário,no termo da autorização e na ausência de renovação da mesma:

a) As infra-estruturas próprias utilizadas pelo operador de rede de distribuição por cabo instaladas no domínio público revertem a favor do titular deste.

b) As infra-estruturas instaladas em meios disponibilizados pelo operador do serviço público de telecomunicações revertem a favor deste.

2. Salvo disposição legal ou cláusula contratual em contrário, estabelecida entre o operador de rede de distribuição por cabo e o utente, as mesmas infra-estruturas, quando instaladas em edifícios ou suas fracções, revertem a favor deste último.

ARTIGO 15.°

Fiscalização

Sem prejuízo das competências de outras entidades em matéria de fiscalização da actividade de televisão e de radiodifusão sonora, a fiscalização das condições de instalação e exploração técnica e comercial da rede de distribuição por cabo é efectuada pelo I.C.P., através de agentes ou mandatários credenciados para o efeito.

CAPÍTULO IV

Direitos e obrigações

ARTIGO 16.°

Direitos e obrigações

1. Constituem direitos dos operadores de rede de distribuição por cabo, nomeadamente:

a) Desenvolver a prestação do serviço, nos termos da respectiva autorização.
b) Transmitir emissões próprias, nos termos admitidos por lei;
c) Distribuir emissões de terceiros, desde que a mesma se processe de forma simultânea e integral;
d) Aceder à rede básica de telecomunicações em condições de plena igualdade;
e) Locar a terceiros a capacidade de distribuição da respectiva rede, sem prejuízo do disposto no n.° 3 do artigo 10.° ;
f) Prestar serviços de natureza endereçada e de transmissão de dados, nos termos dos artigos 9.° e 10.°.

2. Constituem obrigações dos operadores de rede de distribuição por cabo:

a) Respeitar as condições e limites definidos na autorização;

b) Não retransmitir emissões televisivas que incluam elementos susceptíveis de prejudicar gravemente o desenvolvimento físico ou mental ou influir negativamente na formação da personalidade das crianças ou adolescentes, ou ainda de impressionar outros telespectadores particularmente vulneráveis, designadamente pela emissão de cenas particularmente violentas ou chocantes, nos termos da Lei n.° 58/90, de 7 de Setembro, excepto quando, pela escolha da hora de emissão primária ou por quaisquer medidas técnicas, se assegure a protecção dos segmentos do público em causa;

c) Cumprir as disposições legais, nacionais e internacionais, aplicáveis;

d) Utilizar equipamentos e materiais devidamente homologados;

e) Facultar a verificação dos equipamentos, bem como fornecer a informação necessária à fiscalização, e proceder às correcções necessárias, quando delas for notificado pela autoridade competente;

f) Garantir, em termos de igualdade, o acesso, pelos utentes e pelos fornecedores de serviços à distribuição por cabo, mediante pagamento de preços devidamente discriminados;

g) Notificar o I.P.C. de quaisquer alterações ao sistema utilizado;

h) Garantir um serviço de qualidade e dotado de continuidade;

i) Assegurar a transmissão de um serviço informativo, em formato gráfico ou alfanumérico, que, além da informação relativa aos serviços disponibilizados pelo operador, poderá incluir informação de utilidade pública;

j) Reservar até três canais da respectiva rede para a distribuição dos canais de televisão de cobertura regional ou local transmitidos em aberto e devidamente autorizados nos termos da legislação aplicável e para a distribuição de sinais de vídeo e ou áudio fornecidos por entidades sem fins lucrativos e visando, nomeadamente, a informação de cariz autárquico, a experimentação de novos produtos ou serviços e a difusão de actividades de âmbito educacional e cultural.

3. No exercício da sua actividade, o operador de rede de distribuição por cabo está sujeito ao cumprimento das normas respeitantes a direitos de autor e conexos, quando aplicáveis.

NOTAS:

a) As infracções previstas nas alíneas a), d), f) e h), do n.° 2, são punidas com coima de 750.000$00 a 6.000.000$00.

A estas infracções poderá ainda ser aplicada a sanção acessória de interdição da actividade até dois anos.

b) As infracções previstas nas alíneas c), e), g) e j), do n.° 2, são punidas com coima de 500.000$00 a 3.000.000$00.

c) As obrigações constantes das alíneas b),i) e j) do número 2, são inovatórias relativamente à legislação anterior.

ARTIGO 17.°
Contratos

1. Os contratos a estabelecer entre o operador da rede de distribuição por cabo e o utente do serviço por aquele prestado não podem conter quaisquer cláusulas que contrariem o disposto no presente diploma.

2. Tratando-se de contratos de adesão, o operador deverá enviar cópia dos respectivos projectos ao I.C.P. e ao Instituto do Consumidor.

3. Dos contratos devem constar, entre outras, cláusulas que assegurem os direitos dos utentes no seguinte:

a) Conhecimento, com a antecedência mínima a estipular, das situações de suspensão, interrupção ou extinção do serviço prestado, salvo quando sejam determinados por caso de força maior e como tal não sejam imputáveis ao operador;

b) Informação das tabelas de preços a cobrar;

c) Conhecimento das condições de acesso e de instalação do serviço;

d) Uso do serviço com níveis de qualidade adequados.

4. As regras relativas à exploração de redes de distribuição por cabo são estabelecidas por portaria conjunta dos membros do Governo responsáveis pelas áreas da comunicação social e das comunicações.

NOTAS:

a) As infracções previstas nos números 1 a 3 são punidas com coima de 500.000$00 a 3.000.000$00.

b) O Regulamento de Exploração de Redes de Distribuição de Televisão por Cabo foi aprovado pela Portaria n.° 501/95, de 26 de Maio.

CAPÍTULO V
Regime sancionatório

ARTIGO 18.°
Cancelamento da autorização

A autorização para o exercício da actividade de operador da rede de distribuição por cabo pode ser cancelada pelo membro do Governo responsável pela área das comunicações quando o seu titular:

a) Assuma uma nova natureza jurídica, passando a não preencher os requisitos para a qualidade de operador, conforme definido no artigo 5.° ;

b) Não respeite as limitações decorrentes, quer do objecto da sua actividade, quer das condições e termos constantes do título de autorização;

c) Se oponha à fiscalização e verificação dos equipamentos;

d) Se recuse a aplicar as medidas correctivas necessárias ao bom funcionamento das instalações.

ARTIGO 19.°
Coimas

1. Sem prejuízo de outras sanções que se mostrem aplicáveis, as violações do presente diploma constituem contra-ordenações puníveis com as seguintes coimas:

a) De 1.000.000$00 a 9.000.000$00, no caso de violação do n.° 1 do artigo 3.°, do n.° 1 do artigo 4.°, dos limites geográficos autorizados no caso do n.° 1 do artigo 7.°, do prazo fixado no artigo 8.°, artigo 9.°, dos números 1,3 e 4 do artigo 10.° e do artigo 12.°;

b) De 750.000$00 a 6.000.000$00, no caso de violação das alíneas a), d), f) e h) do n.° 2 do artigo 16.°, dos números 4 e 5 do artigo 21.° e do artigo 23.°;

c) De 500.000$00 a 3.000.000$00, no caso de violação das alíneas c), e), g) e j) do n.° 2 do artigo 16.°, dos números 1 a 3 do artigo 17.° e dos números 3 e 4 do artigo 25.°.

2. Sem prejuízo da sanção acessória prevista no n.° 1 do artigo 20.°, nos casos de violação das prescrições constantes das alíneas a), d), f) e h) do n.° 2 do artigo 16.°, pode ser aplicada, nos termos da alínea b) do n.° 1 do artigo 21.° do Decreto-Lei n.° 433/82, de 27 de Outubro, com a redacção que lhe foi dada pelo Decreto-Lei n.° 244/95, de 14 de Setembro, a sanção acessória de interdição do exercício da actividade até dois anos.

3. Nas contra-ordenações previstas no n.° 1, a tentativa e a negligência são puníveis.

NOTA:

A redacção do número 3 constitui uma novidade, relativamente à legislação anterior.

ARTIGO 20.°

Competência para a aplicação das coimas

1. Compete ao presidente do conselho de administração do I.C.P. a aplicação das coimas e das sanções acessórias previstas no presente diploma, com excepção das previstas na alínea d) do n.° 1 do artigo 19.° e no n.° 1 do artigo 20.°, as quais compete ao presidente do Instituto da Comunicação Social (I.C.S.) aplicar.

2. A instrução do processo de contra-ordenação é da competência do I.C.S. no caso da alínea d) do n.° 1 do artigo 19.°, sendo nos restantes casos da competência dos serviços do I.C.P.

3. O montante das coimas aplicadas reverte para o Estado em 60% e em 40% para o I.C.P. ou, nos casos a que alude a alínea d) do artigo 19.°, para o I.C.S.

NOTA:

O I.C.S. foi criado através do Decreto-Lei n.° 34/97, de 31 de Janeiro:

O fim da hegemonia do sector público da comunicação social, através da privatização de títulos e empresas jornalísticas, do licenciamento de centenas de rádios e a abertura da televisão à iniciativa privada, coloca a sociedade e o Estado perante novos desafios e exigências, que determinam alterações qualitativas nas políticas a seguir nesta área.

Para tal contribui também o actual contexto de acelerada inovação tecnológica e consequente globalização da comunicação social, que cada vez mais imprime às políticas sectoriais, em múltiplas vertentes, uma incontornável dimensão internacional.

Neste condicionalismo, importa que os poderes públicos assegurem um acompanhamento sistemático dos princípios que regem a actividade do sector, com vista a garantir o pluralismo, a liberdade e a independência dos meios, bem como, atentas necessidades crescentemente sentidas nas sociedades contemporâneas, do respeito pela vida privada e pela dignidade dos cidadãos, que ganha novos contornos à medida que as tecnologias de informação evoluem.

Por outro lado, cabem ao Estado, neste enquadramento, além de obrigações inerentes à salvaguarda da existência dos serviços públicos de rádio e televisão, responsabilidades acrescidas no apoio aos órgãos de comunicação social, designadamente de âmbito local e regional, de forma a contribuir para a dinamização do tecido empresarial do sector.

Nesse sentido, incumbe ao serviço da Administração que prossegue as suas atribuições nesta área dar execução às políticas para a comunicação social, bem como promover um acompanhamento eficaz da actividade, mediante a disponibilização de recursos adequados a uma correcta avaliação da situação e das medidas a adoptar.

A extinção da Direcção-Geral da Comunicação Social e a sua substituição pelo Gabinete de Apoio à Imprensa traduziu-se em manifesta insuficiência de estruturas e meios, que urge corrigir.

Concede-se, para tanto, maior dignidade institucional ao serviço, através da sua autonomização relativamente à Secretaria-Geral da Presidência do Conselho de Ministros, departamento que integrou o núcleo residual de atribuições que lhe foi cometido desde 1992.

Atribui-se-lhe, paralelamente, a natureza de instituto público, tendo em vista preservar o adequado grau de independência que deve caracterizar o relacionamento do sector da comunicação social com a Administração.

Neste espírito, desvincula-se ainda o serviço do essencial das funções de divulgação da informação oficial, que, embora alheias às políticas para a comunicação social enquanto sector específico de actividade, tradicionalmente tem assegurado.

Ao mesmo tempo, promove-se a sua articulação com as entidades públicas e privadas representativas de interesses relevantes no âmbito da comunicação social e domínios conexos, tendo presente a necessidade de uma abordagem integrada e multidisciplinar destas matérias.

Pelo presente diploma procede-se pois à reestruturação e redimensionamento do serviço da Administração responsável por este sector, garantindo, mediante a criação do Instituto da Comunicação Social, um novo enquadramento institucional e funcional, no intuito de melhorar a qualidade e eficácia de resposta às situações em que é chamado a intervir.

Assim:

O Governo decreta, ao abrigo da alínea a) do n.° 1 do artigo 201.° da Constituição, o seguinte:

CAPÍTULO I
Natureza e atribuições

Artigo 1.°
Natureza

O Instituto de Comunicação Social, abreviadamente designado por Instituto, é uma pessoa colectiva de direito público dotada de autonomia administrativa e patrimonial.

Artigo 2.°
Sede e delegações

O Instituto tem sede em Lisboa, podendo dispor, mediante despacho conjunto do Ministro das Finanças e do membro do Governo responsável pela área da comunicação social, de qualquer outra forma de representação no País.

Artigo 3.°
Atribuições

São atribuições do Instituto:

a) Colaborar na definição, execução e avaliação das políticas para a comunicação social;

b) Acompanhar, em articulação com outras entidades com competências legalmente definidas no sector da comunicação social ou nos domínios directamente relevantes para o mesmo, o exercício das actividades de radiodifusão sonora e televisiva e de edição de publicações periódicas;

c) Executar as medidas respeitantes à aplicação dos sistemas dos incentivos do Estado à comunicação social;

d) Proceder aos actos de registo previstos na lei, no domínio do sector da comunicação social;

e) Promover a informação e a sensibilização dos agentes do sector, tendo em vista a boa observância da legislação aplicável;

f) Assegurar a fiscalização do cumprimento da lei no exercício das actividades de radiodifusão sonora e televisiva e de edição de publicações periódicas;

g) Colaborar com o Ministério dos Negócios Estrangeiros na definição e execução da política externa nacional em matéria de comunicação social, designadamente no que respeita à cooperação com os países lusófonos;

h) Participar, em articulação com o Ministério dos Negócios Estrangeiros, na representação externa do Estado no que se refere ao sector da comunicação social;

i) Organizar e facultar ao público acervos documentais na área da comunicação social;

j)Promover iniciativas conjuntas e apoiar outras entidades na realização de investigações, estudos, inquéritos e demais trabalhos sobre temas de comunicação social;

l)Promover e apoiar a edição de obras de relevante interesse em domínios relacionados com as suas atribuições;

m) Participar no patrocínio de prémios na área da comunicação social.

Artigo 4.°
Superintendência

O Instituto funciona sob superintendência do membro do Governo responsável pela área da comunicação social.

CAPÍTULO II
Órgãos e serviços

Artigo 5.°
Órgãos

São órgãos do Instituto:
a) O presidente;
b) O conselho administrativo;
c) O conselho consultivo.

Artigo 6.°
Presidente

1. O presidente é o órgão de direcção do Instituto, competindo-lhe:

a) Dirigir os serviços do Instituto e coordenar as respectivas actividades;

b) Definir a estratégia de actuação do Instituto, de harmonia com os planos de actividades aprovados;

c) Convocar as reuniões do conselho administrativo e do conselho consultivo, presidindo e orientando os respectivos trabalhos;

d) Submeter à aprovação do membro do Governo responsável pela área da comunicação social o projecto de orçamento e, ouvido o conselho consultivo, os planos de actividades anuais e plurianuais, bem como o relatório anual de execução;

e) Representar o Instituto em juízo e fora dele;

f) Praticar todos os demais actos necessários à prossecução das atribuições cometidas ao Instituto que não sejam da competência de outro órgão.

2. O presidente é coadjuvado por um vice-presidente, que o substitui nas suas ausências e impedimentos.

3. O presidente e o vice-presidente podem ser nomeados de entre personalidades de reconhecido mérito e com aptidão e experiência adequadas ao exercício do cargo.

4. O presidente e o vice-presidente são equiparados, para todos os efeitos, a director-geral e a subdirector-geral, respectivamente.

(...)

Artigo 9.°
Conselho consultivo

1. O conselho consultivo é um órgão de participação, consulta e informação que promove a articulação do Instituto com as entidades públicas e privadas representativas de interesses relevantes no âmbito da comunicação social e domínios conexos.

2.O conselho consultivo tem a seguinte composição:

a) O presidente do Instituto, que preside;
b) Um representante da Alta Autoridade para a Comunicação Social;
c) Um representante do Instituto do Consumidor;
d) Um representante da Inspecção-Geral das Actividades Económicas;
e) Um representante do Instituto Português da Arte Cinematográfica e Audiovisual;
f) Um representante do Instituto das Comunicações de Portugal;
g) Um representante do Centro Protocolar de Formação Profissional para Jornalistas;
h) Um representante a designar pelas associações de imprensa;
i) Um representante a designar pelas associações de rádio;
j) Um representante a designar pelos operadores de televisão;
l) Um representante a designar pelas associações de consumidores do sector da comunicação social;
m) Um representante a designar pelas associações de agências publicitárias;
n) Um representante a designar pelas associações de anunciantes.

3. Compete ao conselho consultivo:
a) Promover a correcta articulação entre os diversos departamentos da Administração Pública nele representados e entre estes e as organizações privadas, no domínio das atribuições do Instituto;
b) Emitir parecer sobre as propostas de planos anuais e plurianuais;
c) Emitir parecer sobre o relatório anual de actividades;
d) Pronunciar-se sobre qualquer assunto que o presidente ou quem o substituir submeta à sua apreciação.

4. O conselho consultivo reúne-se ordinariamente uma vez por semestre e extraordinariamente sempre que for convocado pelo presidente, por sua iniciativa ou a solicitação de um terço dos seus membros.

5. Qualquer funcionário do Instituto pode ser convocado para participar nas reuniões do conselho consultivo, sempre que tal seja considerado conveniente pelo presidente ou quem o substituir.

6. A participação nas sessões do conselho consultivo confere aos membros que não exerçam funções no Instituto direito a senhas de presença, de valor a fixar por despacho conjunto do Ministro das Finanças e dos membros do Governo responsáveis pelas áreas da comunicação social e da Administração Pública.

7. O conselho consultivo é secretariado por um funcionário designado pelo presidente, sem direito a voto.

Artigo 10.°
Serviços

O Instituto compreende os seguintes serviços:
a) O Departamento de Meios de Comunicação Social;
b) O Departamento de Acessoria e Assuntos Internacionais;
c) O Departamento de Gestão de Recursos.

2. Os serviços referidos no número anterior são dirigidos por directores, equiparados, para todos os efeitos legais, a directores de serviços.

Artigo 11.°
Departamento de Meios de Comunicação Social

1. Ao Departamento de Meios de Comunicação Social compete:

a) Assegurar a aplicação dos sistemas de incentivos do Estado à comunicação social;

b) Proceder aos registos de comunicação social e assegurar o exercício das competências legalmente cometidas ao Instituto nesta matéria;

c) Exercer as competências legalmente cometidas ao Instituto em matéria de publicidade do Estado;

d) Organizar e actualizar os elementos relativos às campanhas realizadas;

e) Preparar e executar acções de esclarecimento e sensibilização dos agentes sobre as leis e regulamentos aplicáveis ao sector;

f) Velar pelo rigoroso cumprimento da lei por parte das entidades que exerçam as actividades de radiodifusão sonora e televisiva e de edição de publicações periódicas, bem como dos beneficiários de incentivos do Estado ao sector;

g) Participar na elaboração de estudos com vista à preparação dos instrumentos legais adequados à concretização das políticas sectoriais e na avaliação sistemática das mesmas.

2. O Departamento de Meios de Comunicação Social compreende as Divisões de Fiscalização, de Registo e de Apoio aos Órgãos de Comunicação Social.

3. À Divisão de Fiscalização compete:

a) Fiscalizar o cumprimento da lei por parte das entidades de radiodifusão sonora e televisiva e de edição de publicações periódicas;

b) Processar as respectivas contra-ordenações e propor a aplicação das coimas previstas;

c) Fiscalizar, nos termos da lei, a correcta aplicação dos incentivos atribuídos pelo Estado ao sector;

d) Promover de forma regular, junto dos agentes do sector, acções de informação e sensibilização, tendo em vista a boa observância das leis;

e) Proceder à avaliação sistemática das acções concretizadas, tendo em vista colaborar na definição das orientações em matéria de fiscalização do sector.

4.À Divisão de Registos compete:

a) Proceder aos registos de comunicação social;

b) Emitir certidões e declarações;

c) Organizar e lavrar os livros de registo, bem como efectuar o cadastro registral;

d) Comunicar superiormente os casos de infracção às normas reguladoras do registo de que tome conhecimento;

e) Emitir os cartões de jornalistas e colaboradores da imprensa regional, bem como de correspondentes da imprensa estrangeira;

f) Colaborar na avaliação e definição de orientações em matéria de registos de comunicação social.

5. À Divisão de Apoio dos Órgãos de Comunicação Social compete:

a) Divulgar e prestar esclarecimentos acerca dos sistemas de incentivos do Estado à comunicação social;

b) Instruir, analisar e dar parecer sobre os processos de candidatura aos referidos sistemas de incentivos;

c) Organizar e manter actualizados registos de incentivos atribuídos pelo Estado ao sector;

d) Participar na realização de estudos com vista à preparação dos instrumentos legais adequados à concretização das políticas de apoio ao sector e proceder à avaliação sistemática das mesmas.

NOTA:

O Decreto-Lei n.° 37-A/97, de 31 de Janeiro aprovava o Sistema de Incentivos do Estado aos Órgãos de Comunicação Social, a prestar através do Instituto da Comunicação Social. São revogadas as Portarias números 169-A/94, de 24 de Março, 45-B/95, de 19 de Janeiro e 242/96, de 5 de Julho.

O referido Decreto-Lei n.° 37-A/97 foi ratificado através da lei n.° 21/97, de 27 de Junho.

Foi substituído, mais recentemente, pelo Decreto-Lei n.° 56/2001, de 19/02.

(...)

Artigo 15.°
Receitas

1. Constituem receitas do Instituto:

a) As dotações que lhe são atribuídas pelo Orçamento do Estado;

b) O produto de taxas, coimas e outros valores de natureza pecuniária que por lei lhe sejam consignados;

c) As doações, heranças ou legados concedidos por quaisquer entidades de direito público ou privado;

d) O produto da venda das suas edições, publicações e outros materiais;

e) O produto da realização ou cedência de estudos, inquéritos e outros trabalhos ou serviços prestados pelo Instituto;

f) O produto da cedência de espaços;

g) Quaisquer outras receitas procedentes da prossecução das suas atribuições ou que lhe sejam atribuídas por lei ou provenientes de negócio jurídico.

2. As receitas referidas nas alíneas b) a g) são consignadas à cobertura de despesas do Instituto, a inscrever em subdivisão própria do respectivo orçamento.

3. Os saldos apurados no final de cada ano entre as receitas e as despesas referidas no número anterior transitam para o ano económico seguinte.

(...)

Artigo 21.°
Revogações

São revogados:

a) As alíneas b) e c) do n.° 2 do artigo 1.° do Decreto-Lei n.° 48/92, de 7 de Abril;

b) O n.° 2 do artigo 4.° e o artigo 15.° do Decreto-Lei n.° 147/93, de 3 de Maio.

Artigo 22.°
Entrada em vigor

O presente diploma entra em vigor no 1.° dia do mês seguinte ao da sua publicação.

. . . .

CAPÍTULO VI
Disposições finais e transitórias

ARTIGO 21.°
Distribuição nas Regiões Autónomas

1. Sem prejuízo do disposto no número 2 do artigo 4.°, nas Regiões Autónomas a autorização depende de parecer prévio dos respectivos órgãos de governo próprio.

2. O disposto no n.° 1 do artigo 7.° não obsta a que a autorização seja concedida para uma parte ou para todo o território da Região, quando os serviços referidos no número anterior considerem, no respectivo parecer, que assim o requer o interesse regional.

3. Sem prejuízo do disposto na alínea b) do artigo 2.°, podem os operadores de rede de distribuição por cabo nas Regiões Autónomas dos Açores e da Madeira, em casos especiais devidamente fundamentados e mediante parecer favorável dos respectivos órgãos de governo próprio, utilizar na rede de distribuição meios radioeléctricos como suporte de transmissão para ligação entre o nó de hierarquia mais baixa da rede de distribuição e a infra-estrutura de recepção radioeléctrica.

4. Para efeitos do disposto no número anterior, devem os operadores de rede de distribuição por cabo requerer ao I.C.P. a atribuição da respectiva faixa de frequências, bem como requerer o licenciamento dos equipamentos a utilizar, nos termos do Decreto-Lei n.° 147/87, de 24 de Março, e do Decreto-Lei n.° 320/88, de 14 de Setembro.

5. Os operadores de rede de distribuição por cabo que utilizem meios radioeléctricos como suporte de distribuição ficam obrigados a proceder à codificação dos programas distribuídos.

6. As autorizações já concedidas para o exercício da actividade de operador de rede de distribuição por cabo nas Regiões Autónomas podem ser alteradas, nos termos do presente artigo, a pedido do respectivo titular.

NOTAS:

a) A redacção dos números 3 a 5 foi acrescentada ao preceito pelo Decreto-Lei n.° 157/95, de 6 de Julho.

b) As infracções aos números 4 e 5 são punidas com coima de 750.000$00 a 6.000.000$00.

c) A redacção do n.° 6 foi acrescentada ao texto resultante da legislação anterior.

ARTIGO 22.°

Distribuição em zonas de menor concentração populacional no território continental

1. Em casos especiais devidamente fundamentados, e exclusivamente para a realização de níveis residuais de cobertura em zonas de menor concentração populacional no território continental podem os operadores de rede de distribuição por cabo ser autorizados a utilizar na rede de distribuição meios radioeléctricos como suporte de transmissão para a ligação entre o nó de hierarquia mais baixa da rede de distribuição e a infra-estrutura de recepção radioeléctrica, sendo aplicável o disposto nos números 4 e 5 do artigo anterior.

2. Compete ao I.C.P. a análise das condições técnicas do pedido.

3. Compete ao membro do Governo responsável pela área das comunicações conceder, sob proposta do I.C.P., a autorização a que alude o n.° 1.

ARTIGO 23.°

Norma excepcional

Em zonas urbanas classificadas de interesse histórico, podem os municípios instalar um serviço de distribuição por cabo, sendo bastante para o efeito requerer a aprovação do respectivo projecto técnico ao I.C.P., nos termos do presente diploma.

ARTIGO 24.°

Instalação de distribuição colectiva em condomínios

1. Não carece de autorização a instalação de redes de distribuição por cabo, para uso privativo e sem fins lucrativos, destinadas a servir até 200 terminais de recepção ou, quando em número superior, um mesmo condomínio.

2. Não carece igualmente de autorização a instalação de redes de distribuição colectiva em condomínios, para uso privativo e sem fins lucrativos, para transmissão por cabo e destinados a servir até ao máximo de 200 terminais de recepção, nos termos da Lei n.° 58/90, de 7 de Setembro.

3. Nas instalações referidas nos números anteriores devem ser utilizados equipamentos e materiais devidamente homologados.

4. Nas situações previstas nos números anteriores, a entidade responsável pela administração dos condomínios, quando solicitada para o efeito, deve facultar aos agentes de fiscalização do I.C.P. o exame da parte colectiva da rede, tendo em vista a detecção de anomalias relativas à compatibilidade electromagnética, obrigando-se à adopção das necessárias medidas correctivas.

NOTA:

As infracções ao disposto nos números 3 e 4 são punidas com coima de 500.000$00 a 3.000.000$00.

ARTIGO 25.°

Práticas restritivas da concorrência

As práticas restritivas da concorrência no âmbito do exercício da actividade de operador de rede de distribuição de televisão por cabo estão sujeitas ao regime do Decreto-Lei n.° 371/93, de 29 de Outubro, e legislação complementar.

NOTA:

O Decreto-Lei aqui referenciado encontra-se adiante publicado.

ARTIGO 26.°

Norma transitória

1. São revogados os Decretos-Leis n.° 291/91, de 13 de Agosto, 157/95, de 6 de Julho, e 239/95, de 13 de Setembro.

2. Até à entrada em vigor dos regulamentos previstos no n.° 2 do artigo 3.° e no n.° 4 do artigo 17.° do presente diploma são aplicáveis

as medidas regulamentares adoptadas ao abrigo do Decreto-Lei n.° 292/91, de 13 de Agosto.

ARTIGO 27.°

Salvaguarda de direitos adquiridos

Às entidades autorizadas para o exercício da actividade de operador de rede de distribuição por cabo, nos termos do Decreto-Lei n.° 292/91, de 13 de Agosto, é aplicável o regime decorrente do presente diploma, devendo, em conformidade, ser alteradas as autorizações emitidas, com isenção do pagamento de taxas.

ARTIGO 28.°

Disposição final

O mapa de «Centros emissores-A)», constantes do anexo II ao Decreto-Lei n.° 198/92, de 23 de Setembro, é substituído pelo mapa anexo ao presente diploma.

PRESIDÊNCIA DO CONSELHO DE MINISTROS

Gabinete do Secretário de Estado da Comunicação Social

Despacho n.º 19 030 –A/98 (2.ª série), publicado em 31/10/98

Ao abrigo do n.º 4 do artigo 25.º da Lei n.º 31-A/98, de 14 de Julho, torna-se pública a lista dos acontecimentos que devem ser classificados de interesse generalizado do público, para efeitos do disposto no n.º 2 daquele preceito, devendo o seu acesso ser facultado, pelos adquirentes dos respectivos direitos exclusivos que emitam em regime de acesso condicionado ou sem cobertura nacional, aos operadores interessados na sua transmissão televisiva que emitam por via hertziana terrestre com cobertura nacional e acesso não condicionado:

- Jogos oficiais das selecções nacionais de andebol, basquetebol, hóquei em patins e futebol;
- Meias-finais da Taça de Portugal de Futebol;
- Final das Taças de Portugal de Andebol, Basquetebol, Hóquei em Patins e Futebol;
- Finais das competições europeias oficiais entre clubes em que participem equipas portuguesas nas modalidades de andebol, basquetebol e hóquei em patins;
- Um jogo por jornada do Campeonato Nacional de Futebol da I Divisão, envolvendo necessariamente uma das três equipas melhor classificadas nos campeonatos das últimas cinco épocas, considerando para o efeito o cômputo acumulado das respectivas classificações no conjunto dessas épocas;
- Um jogo por jornada ou por eliminatória (1.ª e 2.ª mãos) de cada uma das competições de clubes organizadas pela UEFA em que participem equipas portuguesas;

- Meias — finais e finais das competições de clubes organizadas pela UEFA;
- Finais das competições de clubes organizadas pela FIFA;
- Encontros de abertura, quartos-de-finais, meias-finais e final dos Campeonatos da Europa e do Mundo de futebol entre selecções;
- Cerimónias de abertura e de encerramento dos Jogos Olímpicos de Verão;
- Participação de atletas portugueses nos Campeonatos da Europa e do Mundo de Atletismo;
- Participação de pilotos portugueses em grandes prémios de fórmula 1;
- Rally de Portugal;
- Volta a Portugal em Bicicleta.

LEI DA RÁDIO

Lei n.° 4/2001
de 23 de Fevereiro

(Revoga a Lei n.° 87/88, de 30 de Julho, actualizada pela Lei n.° 2/97, de 18 de Janeiro)

Aprova a Lei da Rádio
A Assembleia da República decreta, nos termos da alínea c) do artigo 161.° da Constituição, para valer como lei geral da República, o seguinte:

CAPÍTULO I
Disposições gerais

ARTIGO 1.°
(Objecto)

A presente lei tem por objecto regular o acesso à actividade de radiodifusão sonora e o seu exercício no território nacional.

NOTA:
Corresponde ao n.° 1 do artigo 1.° da Lei anterior, tendo-se acrescentado que esta Lei visa regular, também, o acesso à actividade

ARTIGO 2.°
(Definições)

1. Para efeitos da presente lei entende-se por:

a) Radiodifusão, a transmissão unilateral de comunicações sonoras, por meio de ondas radioeléctricas ou de qualquer outra forma apropriada, destinada à recepção pelo público em geral;
b) Operador radiofónico, a pessoa colectiva legalmente habilitada para o exercício da actividade de radiodifusão;
c) Serviço de programas, o conjunto dos elementos da programação, sequencial e unitário, fornecido por um operador radiofónico e como tal identificado no título emitido na sequência de um processo administrativo de licenciamento ou de autorização.
d) Serviço de programas generalista, o serviço de programas que apresente um modelo de programação universal, abarcando diversas espécies de conteúdos radiofónicos;
e) Serviço de programas temático, o serviço de programas que apresente um modelo de programação centrado num determinado conteúdo, musical, informativo ou outro;
f) Programação própria, a que é produzida no estabelecimento e com os recursos técnicos e humanos afectos ao serviço de programas a que corresponde determinada licença ou autorização, e especificamente dirigida aos ouvintes da sua área geográfica de cobertura;
g) Emissão em cadeia, a transmissão, simultânea ou diferida, total ou parcial, de um mesmo serviço de programas por mais de um operador licenciado ou autorizado para o exercício da actividade de radiodifusão.

2. Exceptua-se do disposto na alínea a) do número anterior:

c) A transmissão pontual de comunicações sonoras, através de dispositivos técnicos instalados nas imediações dos locais de ocorrência de eventos a que respeitem e tendo por alvo o público aí concentrado, desde que não envolvam a utilização do espectro radioeléctrico;
b) As transmissões através da Internet.

3. Exceptuam-se do disposto na alínea f) do n.° 1 as emissões de carácter publicitário ou meramente repetitivas.

NOTAS:

a) A alínea a) do n.° 1 corresponde ao disposto no n.° 2 do artigo 1.° da Lei anterior. Importa ponderar, porém, as importantes excepções a esta alínea a) agora constantes do n.° 2 do preceito.

b) A alínea d) corresponde com alterações ao disposto no n.° 3 do artigo 2.°-A da Lei anterior.

c) A alínea e) constava do n.° 3 do artigo 2.°-A da Lei anterior.

d) Pela circular n.° 13/93, da P.G.D. do Porto foram transmitidas as conclusões do Parecer n.° 4/92, do Conselho Consultivo da P.G.R., a fim de que a doutrina do mesmo seja seguida e sustentada por todos os Magistrados e Agentes do Ministério Público:

1.ª Televisão é a transmissão ou retransmissão de imagens não permanentes e sons através de ondas electromagnéticas ou de qualquer outro veículo apropriado, propagado no espaço ou por cabo, destinada à recepção pelo público (artigo 1.°, n.° 2, da Lei n.° 58/90, de 7 de Setembro);

2.ª Radiofonia é a transmissão unilateral de comunicações sonoras por meio de ondas radioeléctricas ou outro meio apropriado destinada à recepção pelo público (artigo 1.°, n.° 2, da Lei n.° 87/88, de 30 de Julho);

3.ª Emissão de radiodifusão é a difusão de sons ou de imagens, separada ou cumulativamente, por fios ou sem fios, nomeadamente por ondas hertzianas, fibras ópticas, cabo ou satélite, destinada à recepção pelo público (artigo 176.°, n.° 9, do Código do Direito de Autor e Direitos Conexos — C.D.A.D.C.);

4.ª Obra radiodifundida é a que foi criada segundo as condições especiais de utilização pela radiodifusão sonora ou visual e a que foi adaptada àqueles meios de comunicação veiculadores da sua apresentação ao público (artigo 21.° do C.D.A.D.C.);

5.ª No domínio da comunicação social distingue-se entre a vertente activa ou processo de transmissão de sinais, sons ou imagens pelo organismo difusor e a vertente passiva da captação ou recepção pelo público;

6.ª O direito de autor atribui aos autores das obras literárias ou artísticas faculdades de natureza pessoal e de natureza patrimonial, envolvendo as últimas o exclusivo de dispor, fruir e de as utilizar ou de autorizar a outrem a sua fruição ou utilização (artigo 9.°, números 1 e 2, do C.D.A.D.C.);

7.ª Assiste aos autores, além do mais, o exclusivo direito de fazer ou autorizar a difusão pela televisão ou pela radiofonia ou por qualquer outro processo de reprodução de sinais, sons ou imagens, bem como a sua comunicação, quando não seja realizada pelo organismo de origem, por altifalantes ou instrumentos análogos, por fios ou sem fios, nomeadamente por ondas hertzianas, fibras ópticas, cabo ou satélite (artigo 68.°, n.° 2, alínea e) do C.D.A.D.C.);

8.ª Depende de autorização do autor a radiodifusão sonora ou visual das obras literárias ou artísticas, seja directa seja por qualquer processo de retransmissão, bem como a comunicação da obra radiodifundida em lugar público por qualquer meio de difusão de sinais, sons e imagens (artigo 149.°, números 1 e 2, do C.D.A.D.C.);

9.ª É lugar público para efeitos da conclusão anterior aquele em que seja oferecido o acesso, implícita ou explicitamente, com ou sem remuneração, independentemente da declaração de reserva do direito de admissão (artigo 149.°, n.° 3, do C.D.A.D.C.);

10.ª São lugares públicos para efeitos do disposto no artigo 149.°, n.° 3, do C.D.A.D.C., além do mais, os restaurantes, hotéis, pensões, cafés, leitarias, pastelarias, bares, "pubs", tabernas, discotecas e outros estabelecimentos similares;

11.ª O termo "comunicação" inserto nos artigos 149.°, n.° 2, e 155.°, do C.D.A.D.C. significa transmissão ou recepção — transmissão de sinais, sons ou imagens;

12.ª A mera recepção em lugar público de emissões de radiodifusão não integra a previsão dos artigos 149.°, n.° 2, e 155.°, do C.D.A.D.C.;

13.ª A mera recepção de emissões de radiodifusão nos lugares mencionados na conclusão 10.ª não depende nem da autorização dos autores das obras literárias ou artísticas apresentadas prevista no artigo 149.°, n.° 2, nem lhes atribui o direito à remuneração prevista no artigo 155.°, ambos do C.D.A.D.C.;

14.ª Do princípio de liberdade de recepção das emissões de radiodifusão que tenham por objecto obras literárias ou artísticas apenas se exclui a recepção — transmissão envolvente de nova utilização ou aproveitamento organizados designadamente através de procedimentos técnicos diversos dos que integram o próprio aparelho receptor, como, por exemplo, altifalantes ou instrumentos análogos transmissores de sinais, sons ou imagens, incluindo as situações a que se reportam os artigos 3.° e 4.° do Decreto-Lei n.° 42 660, de 20 de Novembro de 1959.

ARTIGO 3.°
(Exercício da actividade de radiodifusão)

1. A actividade de radiodifusão apenas pode ser prosseguida por entidades que revistam a forma jurídica de pessoa colectiva e tenham por objecto principal o seu exercício, nos termos da presente lei.

2. O exercício da actividade de radiodifusão só é permitido mediante a atribuição de licença ou de autorização, conferidas nos termos da presente lei, salvaguardados os direitos já adquiridos por operadores devidamente habilitados.

3. As frequências a utilizar pela empresa concessionária do serviço público de radiodifusão são atribuídas por despacho conjunto dos membros do Governo responsáveis pelas áreas da comunicação social e das comunicações.

4. As autorizações para o fornecimento de novos serviços de programas pela concessionária do serviço público são atribuídas por despacho do membro do Governo responsável pela área da comunicação social.

5. Os operadores radiofónicos com serviços de programas de âmbito local devem produzir e difundir as respectivas emissões a partir do estabelecimento a que corresponde a licença ou autorização.

NOTAS:

a) Para melhor se poder efectuar uma análise comparativa deste preceito com aquele que lhe corresponde na Lei anterior — o artigo 2.° — vai transcrever-se este último:

(Exercício da actividade de radiodifusão)

1. A actividade de radiodifusão pode ser exercida por entidades públicas, privadas ou cooperativas, de acordo com a presente lei e nos termos do regime de licenciamento a definir por decreto-lei, salvaguardados os direitos já adquiridos pelos operadores devidamente autorizados.

2. O serviço público de radiodifusão é prestado por empresa de capitais públicos, nos termos da presente lei, dos respectivos estatutos e do contrato de concessão.

3. Do decreto-lei referido no n.° 1 devem constar as condições de preferência a observar no concurso público de atribuição de alvarás para o exercício da actividade de radiodifusão, os motivos de rejeição das propostas e as regras de transmissão, suspensão, cancelamento e período de validade dos mesmos.

b) O decreto-lei que era referido no número 1 do artigo 2.° da Lei anterior não se encontrava publicado quando foi publicada a Lei n.° 2/97, de 18 de Janeiro. Nessa data, encontrava-se publicado outro decreto-lei, com data de 28 de Setembro de 1988, sob o n.° 388/88, tendo sido alterado pelo Decreto-lei n.° 30/92, de 5 de Março.

c) Os estatutos da empresa pública Radiodifusão Portuguesa, E.P. foram aprovados através do Decreto-lei n.° 167/84, de 22 de Maio. Pelo Decreto-lei n.° 2/94, de 10 de Janeiro, a referida empresa pública foi transformada em sociedade anónima.

d) Através da Lei n.° 2/97, de 18 de Janeiro, foi alterada a redacção do número 2 do artigo 2.° da Lei anterior e eliminado o anterior número 3 do preceito. A principal alteração consistiu na harmonização da Lei com a nova configuração legal da empresa que presta o serviço público de radiodifusão.

ARTIGO 4.°

(Tipologia dos serviços de programas de radiodifusão)

1. Quanto ao nível da cobertura, os serviços de programas podem ser de âmbito nacional, regional ou local, consoante abranjam com o mesmo programa e sinal recomendado, respectivamente:

a) A generalidade do território nacional;

b) Um conjunto de distritos no continente ou um conjunto de ilhas nas Regiões Autónomas ou uma ilha com vários municípios;

c) Um município e eventuais áreas limítrofes, de acordo com as exigências técnicas à necessária cobertura daquele.

2. Quanto ao conteúdo da programação, os serviços de programas podem ser generalistas ou temáticos.

3. A classificação dos serviços de programas quanto ao nível de cobertura e conteúdo da programação compete à Alta Autoridade para a Comunicação Social (AACS).

NOTA:

Os números 1 e 2 deste artigo correspondem aos números 1 e 2 do artigo 2.°-A da Lei anterior, cuja redacção fora introduzida pela Lei n.° 2/97, de 18 de Janeiro.

ARTIGO 5.°

(Serviço de programas universitários)

1. As frequências disponíveis para o exercício da actividade de radiodifusão de âmbito local podem ser reservadas para a prestação de serviços de programas vocacionados para as populações universitárias, através de despacho conjunto dos membros do Governo responsáveis pelas áreas da comunicação social, das comunicações e da educação.

2. O diploma referido no número anterior abrirá concurso público a que apenas podem candidatar-se entidades participadas por instituições do ensino superior e associações de estudantes da área geográfica correspondente às frequências a atribuir, devendo conter o respectivo regulamento.

3. Havendo lugar a selecção de projectos apresentados ao mesmo concurso, a AACS terá em conta, para efeitos de graduação das candidaturas, a diversidade e a criatividade do projecto, a promoção do experimentalismo e da formação de novos valores, a capacidade de contribuir para o debate de ideias e de conhecimentos, bem como a de fomentar a aproximação entre a vida académica e a população local, e ainda a cooperação institucional alcançada pelas entidades signatárias do projecto.

4. Os serviços de programas a que se refere o presente artigo não podem incluir qualquer forma de publicidade comercial, incluindo patrocínios.

5. Os serviços de programas licenciados ao abrigo deste artigo não são abrangidos pelo artigo 42.° e apenas podem transmitir pro-

gramação própria, sendo-lhes em tudo o mais aplicável o disposto na presente lei para os serviços de programas temáticos de âmbito local.

NOTAS:

a) Trata-se de um preceito totalmente novo.

b) A inobservância do n.º 4 é punida com coima de 250.000$00 a 2.500.000$00.

ARTIGO 6.º

(Restrições)

A actividade de radiodifusão não pode ser exercida ou financiada por partidos ou associações políticas, autarquias locais, organizações sindicais, patronais ou profissionais, directa ou indirectamente através de entidades em que detenham capital ou por si subsidiadas.

NOTA:

Corresponde, com algumas alterações de redacção e de pormenor ao artigo 3.º da Lei anterior.

ARTIGO 7.º

(Concorrência e concentração)

1. É aplicável aos operadores radiofónicos o regime geral de defesa e promoção da concorrência, nomeadamente no que respeita às práticas proibidas, em especial o abuso de posição dominante, e à concentração de empresas, com as especialidades previstas na presente lei.

2. As operações de concentração entre operadores radiofónicos, sejam horizontais ou verticais, seguem ainda o disposto no artigo 18.º, devendo a AACS, sem prejuízo da aplicação dos critérios de ponderação aí definidos, recusar a sua realização quando coloquem manifestamente em causa a livre expressão e confronto das diversas correntes de opinião.

3. Cada pessoa singular ou colectiva só pode deter participação, no máximo, em cinco operadores de radiodifusão.

4. Não são permitidas, no mesmo município, participações superiores a 25 % no capital social de mais um operador radiofónico com serviços de programas de âmbito local.

NOTAS:

a) É claro que esta norma remete directamente para a lei de defesa da concorrência, transcrita na parte final desta publicação.

b) A inobservância do disposto nos números 3 e 4 é punida com coima de 2.000.000$00 a 20.000.000$00.

Com igual coima é punida a violação das obrigações de comunicação previstas no n.° 2.

ARTIGO 8.°

(Transparência da propriedade)

1. As acções constitutivas do capital social dos operadores radiofónicos que revistam a forma de sociedade anónima têm obrigatoriamente natureza nominativa.

2. As alterações ao capital social dos operadores que revistam forma societária devem ser comunicadas à AACS, no prazo de 30 dias, pelo notário que efectivou a correspondente escritura pública.

NOTA:

Afigura-se-nos inédita, em termos de legislação da comunicação social, a obrigatoriedade constante do n.° 2 deste preceito.

ARTIGO 9.°

(Fins da actividade de radiodifusão)

1. Constituem fins dos serviços de programas generalistas de radiodifusão, no quadro dos princípios constitucionais vigentes:

a) Promover o exercício do direito de informar e de ser informado, com rigor e independência, sem impedimentos nem discriminações;

b) Contribuir para o pluralismo político, social e cultural.

c) Contribuir para a formação do público, favorecendo o reconhecimento da cidadania enquanto valor essencial à democracia;

d) Promover a cultura e a língua portuguesa e os valores que exprimem a identidade nacional.

2. Constitui ainda fim específico dos serviços de programas generalistas de âmbito local a produção e difusão de uma programação destinada especificamente à audiência do espaço geográfico a que corresponde a licença ou autorização.

3. Os serviços de programas temáticos têm como finalidade contribuir, através do modelo adoptado, para a diversidade da oferta radiofónica na respectiva área de cobertura.

NOTAS:

a) O preceito correspondente da anterior Lei era o artigo 4.°, que se referia, no entanto, aos fins genéricos de radiodifusão.

b) Embora dispersas por cinco alíneas e, não, por quatro, como actualmente, as finalidades apontadas naquele artigo eram praticamente as mesmas do actual.

c) Neste artigo passaram a constar os números 2 e 3, respectivamente com a indicação dos fins específicos das rádios locais e dos canais temáticos, constando os das rádios locais do artigo 6.° da Lei anterior, cuja redacção tinha sido modificada através da Lei n.° 2/97, de 18 de Janeiro.

ARTIGO 10.°

(Serviço público)

O Estado assegura a existência e o funcionamento de um serviço público de radiodifusão, em regime de concessão, nos termos do capítulo IV.

NOTA:

O artigo 5.° da Lei anterior referia-se aos fins específicos do serviço público de radiodifusão, os quais constam, agora, do artigo 47.° da presente lei.

ARTIGO 11.°

(Incentivos do Estado)

Tendo em vista assegurar a possibilidade de expressão e confronto das diversas correntes de opinião, o Estado organiza um sistema de incentivos não discriminatórios de apoio à radiodifusão sonora local, baseado em critérios gerais e objectivos, determinados em lei específica.

NOTAS:

a) Preceito novo.

b) O sistema de incentivos do Estado à comunicação social está previsto no Decreto-Lei n.° 56/2001, de 19 de Fevereiro, já transcrito nesta publicação.

ARTIGO 12.°

(Registo)

1. Compete ao Instituto da Comunicação Social (ICS) organizar um registo dos operadores radiofónicos e dos respectivos títulos de habilitação para o exercício da actividade de radiodifusão, bem como dos titulares do capital social, quando os operadores revistam forma societária, nos termos fixados em decreto regulamentar.

2. Os operadores radiofónicos estão obrigados a comunicar ao ICS os elementos necessários para efeitos de registo, bem como a proceder à sua actualização, nos termos previstos no diploma referido no número anterior.

3. O ICS pode, a qualquer momento, efectuar auditorias para fiscalização e controlo dos elementos fornecidos pelos operadores radiofónicos.

NOTAS:

a) O regulamento do registo dos órgãos de comunicação social foi estabelecido pelo Decreto Regulamentar n.° 8/99, de 9 de Junho, já transcrito nesta publicação.

b) A inobservância do disposto no n.° 2 é punida com coima de 250.000$00 a 2.500.000$00.

ARTIGO 13.°

(Normas técnicas)

1. A definição das condições técnicas do exercício da actividade de radiodifusão e dos equipamentos a utilizar, dos termos e prazos da atribuição das necessárias licenças radioeléctricas e dos montantes das respectivas taxas constam de diploma regulamentar.

2. O diploma referido no número anterior fixa os termos em que, havendo necessidade de melhorar a qualidade técnica de cobertura dos serviços de programas licenciados, é possível solicitar a utilização de estações retransmissoras e a localização da respectiva estação emissora fora do município cuja área pretende cobrir.

NOTAS:

a) No artigo 7.° da Lei anterior, afirmava-se que o espectro radioeléctrico é parte integrante do domínio público do Estado.

b) A Portaria n.° 121/99, de 15 de Fevereiro, estabelece o quadro de procedimentos relativos ao licenciamento, funcionamento, segurança e condições técnicas a que devem obedecer as estações de radiodifusão.

c) O exercício da actividade de radiodifusão antes do pagamento das taxas devidas pelo licenciamento é punido com coima de 750.000$00 a 5.000.000$00.

CAPÍTULO II
Acesso à actividade

SECÇÃO I
Regras comuns

ARTIGO 14.°
(Modalidades de acesso)

1. O acesso à actividade de radiodifusão é objecto de licenciamento, mediante concurso público ou de autorização, consoante os serviços de programas a fornecer utilizem ou não o espectro hertziano terrestre.

2. As licenças ou autorizações para emissão são individualizadas de acordo com o número de serviços de programas a fornecer por cada operador.

3. As licenças e as autorizações são intransmissíveis.

4. Exceptua-se do n.° 1 o serviço público de radiodifusão nos termos previstos no capítulo IV.

NOTAS:

a) Era o Decreto-Lei n.° 130/97, de 27 de Maio, rectificado pela Declaração n.° 11-A/97, de 25 de Junho, que regulamentava o licenciamento das emissoras de radiodifusão e atribuição de alvarás.

b) A Portaria n.° 470-B/98, de 31 de Julho, rectificada pela Declaração n.° 11-Z/98, de 31 de Julho, aprova o Regulamento dos Concursos para a Atribuição de Licenças para o Estabelecimento e Fornecimento de Redes de Radiodifusão Sonora Digital Terrestre — T-DAB, cujo Regulamento de Exploração consta da Portaria n.° 470-C/98, de 31 de Julho.

c) O Decreto-Lei n.° 272/98, de 2 de Setembro, rectificado pela Declaração n.° 22-J/98, de 29 de Dezembro, estabelece o novo regime de instalação e operação do sistema de transmissão de dados em radiodifusão (RDS) pelos operadores de radiodifusão sonora.

A Portaria n.° 465-B/99, de 25 de Junho, aprova o Regulamento do Concurso para Atribuição de Licenças de Âmbito Nacional para a Utilização de Frequências para o Acesso Fixo Via Rádio.

O Decreto-Lei n.° 47/00, de 24 de Março, estabelece o regime jurídico aplicável à utilização do Serviço Rádio Pessoal — Banda do Cidadão (SRP-CB).

ARTIGO 15.°

(Emissão das licenças e autorizações)

1. Compete à AACS atribuir as licenças e as autorizações para o exercício da actividade de radiodifusão, de acordo com o n.° 2 do artigo anterior, bem como proceder às correspondentes renovações.

2. O título de habilitação para o exercício da actividade contém, designadamente, a denominação e o tipo de serviço de programas a que respeita, a identificação e sede do titular, bem como a área de cobertura e, se for o caso, as frequências e potência autorizada.

3. O modelo do título a que se refere o número anterior é aprovado por despacho conjunto dos membros do Governo responsáveis pelas áreas da comunicação social e das comunicações.

NOTA:

Nos termos do artigo 28.° da Lei anterior, a AACS emitia parecer prévio sobre os pedidos de atribuição, renovação e transmissão de alvarás, tendo os membros do Governo responsáveis pelas áreas da comunicação social e das comunicações o prazo de 30 dias para decidir. Só poderiam deferir os pedidos se aquele parecer fosse favorável. Este preceito tinha sido reposto em vigor pela Lei n.° 2/97, de 18 de Janeiro.

ARTIGO 16.°

(Instrução dos processos)

1. Os processos de licenciamento ou autorização são instruídos pelo ICS, que promoverá, para o efeito, a recolha dos necessários pareceres do Instituto das Comunicações de Portugal (ICP) no que respeita às condições técnicas da candidatura.

2. Os processos que não preencham as condições legais e regulamentares de candidatura não são aceites, sendo a respectiva recusa objecto de despacho do membro do Governo responsável pela área da comunicação social.

3. O ICS submete os processos à apreciação da AACS no prazo de 45 dias após o termo do prazo de apresentação das candidaturas ou após o saneamento dos processos, ou no prazo de 7 dias após a recepção e saneamento, consoante se trate, respectivamente, de licenciamento ou de autorização de serviços de programas.

4. A ACCS delibera no prazo de 60 ou de 15 dias, consoante se trate, respectivamente, de licenciamento ou de autorização de serviços de programas.

ARTIGO 17.°

(Prazos)

1. As licenças e autorizações são emitidas pelo prazo de 10 anos, renováveis por iguais períodos, mediante solicitação, com seis meses de antecedência, do respectivo titular, devendo a correspondente decisão ser proferida no prazo de três meses a contar da data da apresentação do pedido.

2. No caso de a AACS não se pronunciar no prazo de três meses, considera-se o pedido de renovação tacitamente aprovado.

ARTIGO 18.°

(Alterações subjectivas)

1. A realização de negócios jurídicos que envolvam a alteração do controlo de empresa detentora de habilitação legal para o exercício da actividade de radiodifusão só pode ocorrer três anos depois da atribuição original da licença, ou um ano após a última renovação, e deve ser sujeita à aprovação prévia da AACS.

2. A AACS decide no prazo de 30 dias, após verificação e ponderação das condições iniciais que foram determinantes para a atribuição do título e dos interesses do auditório potencial dos serviços de programas fornecidos, garantindo a salvaguarda das condições que a habilitaram a decidir sobre o projecto inicial ou sobre as alterações subsequentes.

3. Para efeitos do n.° 1, considera-se existir controlo da empresa quando se verifique a possibilidade do exercício, isolado ou conjunto,

e tendo em conta as circunstâncias de facto e de direito, de uma influência determinante sobre a sua actividade, designadamente através da existência de direitos de disposição sobre qualquer parte dos respectivos activos ou que confiram o poder de determinar a composição ou decisões dos órgãos da empresa.

4. O regime estabelecido nos números anteriores é aplicável, com as necessárias adaptações, à fusão de cooperativas, devendo a AACS, caso estejam reunidos os pressupostos para a realização da operação, promover as respectivas alterações ao título de habilitação para o exercício da actividade.

NOTA:

A violação das obrigações de comunicação a que se reporta o n.° 1 é punida com coima de 2.000.000$00 a 20.000.000$00.

ARTIGO 19.°

(Observância do projecto aprovado)

1. O operador radiofónico está obrigado ao cumprimento das condições e termos do serviço de programas licenciado ou autorizado.

2. A modificação do serviço de programas só pode ocorrer um ano após a atribuição de licença ou autorização e está sujeita a aprovação da AACS.

3. O pedido de modificação deve ser fundamentado tendo em conta, nomeadamente, a evolução do mercado e as implicações para a audiência potencial do serviço de programas em questão.

4. No caso de a AACS não se pronunciar no prazo de 90 dias, considera-se a modificação tacitamente aprovada.

NOTA:

A inobservância do disposto nos números 1 e 2 é punida com coima de 2.000.000$00 a 20.000.000$00 e sanção acessória de publicitação da sentença condenatória.

ARTIGO 20.°

(Extinção e suspensão)

1. As licenças e as autorizações extinguem-se pelo decurso do prazo pelo qual foram atribuídas ou por revogação, podendo ainda ser suspensas nos termos do artigo 69.°.

2. A revogação das licenças ou autorizações é da competência da AACS e ocorre nos casos previstos no artigo 70.° .

ARTIGO 21.°

(Regulamentação)

O Governo aprovará a regulamentação aplicável ao licenciamento e à autorização de serviços de programas de radiodifusão e respectiva renovação, que fixará a documentação exigível e o valor das cauções e taxas aplicáveis.

SECÇÃO II

Radiodifusão digital terrestre

ARTIGO 22.°

(Emissões digitais)

As licenças detidas pelos operadores de radiodifusão analógica constituem habilitação bastante para o exercício da respectiva actividade por via hertziana digital terrestre, nos termos a definir em legislação específica.

SECÇÃO III

Radiodifusão analógica

SUBSECÇÃO I

Ondas radioeléctricas

ARTIGO 23.°

(Radiodifusão em ondas quilométricas e decamétricas)

1. A actividade de radiodifusão em ondas quilométricas (ondas longas) e decamétricas (ondas curtas) é assegurada pela concessioná-

ria do serviço público de radiodifusão, sem prejuízo dos actuais operadores concessionários ou devidamente licenciados.

2. Excepcionalmente, e por razões de interesse público, a actividade a que se refere o número anterior pode ser exercida por outras entidades, mediante contrato de concessão a autorizar por resolução do Conselho de Ministros.

ARTIGO 24.°

(Radiodifusão em ondas hectométricas e métricas)

A actividade de radiodifusão em ondas hectométricas (ondas médias-amplitude modulada) e métricas (ondas muito curtas — frequência modulada) pode ser prosseguida por qualquer operador, nos termos do n.° 1 do artigo 3.° .

SUBSECÇÃO II

Concurso público

ARTIGO 25.°

(Abertura do concurso)

1. As licenças para o exercício da actividade de radiodifusão são atribuídas por concurso público.

2. O concurso público é aberto, após audição da AACS, por despacho conjunto dos membros do Governo responsáveis pelas áreas da comunicação social e das comunicações, o qual deve conter o respectivo objecto e regulamento.

ARTIGO 26.°

(Apresentação de candidaturas)

1. Os requerimentos para atribuição de licenças para o exercício da actividade de radiodifusão são dirigidos à AACS e entregues, para

instrução, no ICS, no prazo fixado no despacho de abertura do concurso público.

2. Para além de outros documentos exigidos no regulamento do concurso, os requerentes devem apresentar uma descrição detalhada dos meios técnicos e humanos afectos ao projecto e da actividade que se propõem desenvolver.

ARTIGO 27.°

(Limites à classificação)

1. Em cada um dos municípios que integram as áreas metropolitanas de Lisboa e do Porto existirá, pelo menos, uma frequência afecta a um serviço de programas de âmbito local e de conteúdo generalista.

2. Fora das áreas metropolitanas de Lisboa e do Porto, os serviços de programas de âmbito local difundidos por via hertziana terrestre apenas podem ser classificados como temáticos se, no respectivo município, pelo menos duas frequências estiverem afectas a serviços de programas generalistas.

ARTIGO 28.°

(Preferência na atribuição de licenças)

Havendo lugar, para atribuição de licenças, à selecção de projectos apresentados ao mesmo concurso, a AACS terá em conta, para efeitos de graduação de candidaturas:

a) A qualidade do projecto de exploração, aferida em função da ponderação global das linhas gerais de programação, da sua correspondência com a realidade sócio-cultural a que se destina, do estatuto editorial e do número de horas dedicadas à informação de âmbito equivalente ao da área de cobertura pretendida;

b) A criatividade e diversidade do projecto;

c) O menor número de licenças detidas pelo mesmo operador para o exercício da actividade;

d) O maior número de horas destinadas à emissão de música portuguesa.

ARTIGO 29.°

(Início das emissões)

1. As emissões devem iniciar-se no prazo de seis meses após a data da publicação no *Diário da República* da deliberação de atribuição da respectiva licença.

2. Os operadores de radiodifusão com serviços de programas de cobertura nacional ficam obrigados a garantir, no prazo de três anos sobre a data de atribuição das respectivas licenças, a cobertura de 75 % do correspondente espaço territorial, devendo o restante ser assegurado no prazo de cinco anos.

ARTIGO 30.°

(Associação de serviços de programas temáticos)

Os serviços de programas temáticos que obedeçam a um mesmo modelo específico podem associar-se entre si, até ao limite máximo de quatro, para a difusão simultânea da respectiva programação, não podendo entre os emissores de cada um deles mediar uma distância inferior a 100 Km.

NOTA:

A inobservância do disposto neste artigo é punida com coima de 2.000.000$00 a 20.000.000$00 e sanção acessória de publicitação da sentença condenatória.

SUBSECÇÃO III

Conversão de serviços de programas

ARTIGO 31.°

(Alteração da classificação)

1. Os operadores radiofónicos cujos serviços de programas tenham sido classificados como temáticos podem solicitar, um ano após a respectiva classificação, a sua alteração para generalistas, mediante requerimento dirigido à AACS e entregue no ICS.

2. O ICS notifica os operadores cujos serviços de programas tenham idêntica cobertura na área geográfica servida pelo requerente para que se pronunciem, no prazo de 30 dias, quanto à pretensão de igualmente alterar a classificação dos respectivos serviços de programas, para o que poderão proceder à necessária candidatura no prazo de 60 dias a contar da mesma data.

ARTIGO 32.°

(Processo)

1. O requerimento a que se refere o n.° 1 do artigo anterior deve conter a fundamentação do projecto com a indicação dos objectivos a atingir, a descrição detalhada das linhas gerais da programação a apresentar e a indicação dos recursos humanos e dos equipamentos a utilizar.

2. Os processos são remetidos, para decisão, à AACS, nos 15 dias seguintes ao termo do prazo na circunstância aplicável, de entre os referidos no n.° 2 do artigo anterior.

3. Caso as candidaturas excedam o número admissível de serviços de programas temáticos nos termos do artigo 27.°, serão hierarquizadas de acordo com os seguintes critérios de preferência:

a) Maior percentagem de tempo destinada a programas de índole informativa;
b) Maior percentagem de programação própria, tal como definida na alínea g) do artigo 2.° ;
c) Adequação do projecto às populações que visa servir;
d) Recursos humanos envolvidos.

4. A AACS decide no prazo de 30 dias após a recepção dos processos.

SECÇÃO IV

Actividade de radiodifusão via satélite e por cabo

ARTIGO 33.°

(Autorização)

1. A concessão de autorizações para o exercício da actividade de radiodifusão via satélite ou por cabo depende da verificação da qualidade técnica do projecto.

2. O pedido de autorização deve ser acompanhado, para além dos documentos indicados no diploma a que se refere o artigo 21.°, dos elementos enunciados no n.° 2 do artigo 26.° .

3. O estabelecimento de redes próprias de transporte e distribuição do sinal de radiodifusão por cabo ou por satélite obedece, respectivamente, ao disposto nos Decretos-Leis números 241/97, de 18 de Setembro, e 381-A/97, de 31 de Dezembro.

CAPÍTULO III
Programação

SECÇÃO I
Liberdade de programação e de informação

ARTIGO 34.°
(Autonomia dos operadores)

1. A liberdade de expressão de pensamento, através da actividade de radiodifusão, integra o direito fundamental dos cidadãos a uma informação livre e pluralista, essencial à democracia e ao desenvolvimento económico e social do país.

2. Salvo os casos previstos na presente lei, o exercício da actividade de radiodifusão assenta na liberdade de programação, não podendo a Administração Pública ou qualquer órgão de soberania, com excepção dos tribunais, impedir, condicionar ou impor a difusão de quaisquer programas.

NOTAS:

a) Corresponde, nas suas linhas gerais, ao disposto nos números 1 e 2 do artigo 8.° da Lei anterior.

b) Parecer n.° 35/91, votado pelo Conselho Consultivo da Procuradoria-Geral da República em 12 de Junho de 1991 e publicado em Procuradoria-Geral da República — Pareceres, Volume IX, págs. 319 e seguintes:

1.ª — O conteúdo da programação e das mensagens transmitidas através da actividade de radiodifusão pelas entidades licenciadas para esta actividade releva da independência e autonomia de cada operador, no uso da liberdade de expressão e criação.

2.ª — Todavia, a actividade de radiodifusão deve respeitar as condições pressupostas na atribuição do alvará para o seu exercício (nomeadamente a qualidade técnica, o grau de profissionalismo, a potencialidade económica dos projectos, a natureza dos programas, a descrição detalhada da actividade a desenvolver — artigos 7.°, n.° 3, alíneas b) e c) e 9.°, n.° 2, alínea c), do Decreto-Lei n.° 338/88, de 28 de Setembro, apenas podendo ser exercida nos termos, modos, formas e condições definidas.

3.ª — O respeito pelos princípios pressupostos na atribuição de alvará para o exercício da actividade das rádios locais e as condições da atribuição exigem que se mantenha em cada caso a individualidade e identificabilidade de cada rádio local.

4.ª — A apreciação sobre o cumprimento das condições do exercício da actividade de radiodifusão releva da actividade administrativa, com ponderação caso a caso, perante o modo, termos, formas e condições particulares em que a actividade é exercida.

5.ª — A emissão em cadeia de várias rádios locais do conteúdo da mesma programação deverá ser apreciada nos termos das conclusões anteriores, podendo, eventualmente, produzir algumas das consequências previstas no artigo 15.° do Decreto-Lei n.° 338/88.

6.ª A cessão de exploração dos direitos derivados de alvarás para o exercício da actividade de radiodifusão está sujeita aos limites e restrições constantes do artigo 13.°, n.° 2, do Decreto-Lei n.° 338/88, de 28 de Setembro.

7.ª — As dificuldades de interpretação que o texto da lei suscita nesta matéria aconselham intervenção legislativa.

ARTIGO 35.°

(Limites à liberdade de programação)

1. Não é permitida qualquer emissão que atente contra a dignidade da pessoa humana, viole direitos, liberdades e garantias fundamentais ou incite à prática de crimes.

2. É vedada aos operadores radiofónicos a cedência, a qualquer título, de espaços de propaganda política, sem prejuízo do disposto na presente lei em matéria de direito de antena.

NOTAS:

a) Ao n.° 1 deste preceito correspondia, com diferente redacção, o n.° 3 do artigo 8.° da Lei anterior.

b) O n.° 2 deste preceito é novo.

c) A inobservância do disposto nos números 1 e 2 é punida com coima de 2.000.000$00 a 20.000.000$00 e sanção acessória de suspensão das emissões.

d) A violação do n.° 1 quando no exercício do direito de antena dá lugar, ainda, à sanção acessória de suspensão do exercício do direito.

ARTIGO 36.°

(Direito à informação)

1. O acesso a locais abertos ao público para fins de cobertura jornalística rege-se pelo disposto no Estatuto do Jornalista.

2. A cobertura informativa de quaisquer eventos através da actividade de radiodifusão está sujeita às normas legais aplicáveis em matéria de direitos de autor e conexos, incluindo as relativas à utilização livre das obras ou prestações protegidas.

3. Os titulares de direitos decorrentes da organização de espectáculos ou outros eventos públicos não podem opor-se à transmissão radiofónica de breves extractos que se destinem a informar sobre o conteúdo essencial dos acontecimentos em questão.

4. O exercício do direito à informação sobre acontecimentos desportivos, nomeadamente através do seu relato ou comentário radiofónico, não pode ser limitado ou condicionado pela exigência de quaisquer contrapartidas financeiras, salvo as que se destinem a suportar os custos resultantes da disponibilização de meios técnicos ou humanos para o efeito requeridos.

5. O disposto no número anterior aplica-se aos operadores radiofónicos licenciados ou autorizados por direito estrangeiro, desde que igual tratamento seja conferido aos operadores nacionais pela legislação ou autoridades a que estejam sujeitos, em acontecimentos desportivos de natureza semelhante.

NOTA:

Preceito novo, consagrando as soluções dadas pelos tribunais aos problemas aqui suscitados.

SECÇÃO II

Obrigações dos operadores

ARTIGO 37.°

(Responsável pelo conteúdo das emissões)

Cada serviço de programas deve ter um responsável pela orientação e supervisão do conteúdo das emissões.

NOTAS:

a) No artigo 10.° da Lei anterior, dizia-se que os programas deviam incluir a indicação do título e do nome do autor, presumindo-se ser este o responsável pela emissão. Na falta desta indicação, os responsáveis pela programação respondiam pela emissão e pela omissão. A responsabilidade do autor do programa havia sido introduzida através da Lei n.° 2/97, de 18 de Janeiro.

b) A inobservância do disposto neste artigo é punida com coima de 250.000$00 a 2.500.000$00.

ARTIGO 38.°

(Estatuto editorial)

1. Cada serviço de programas deve adoptar um estatuto editorial que defina claramente a sua orientação e objectivos e inclua o compromisso de respeitar os direitos dos ouvintes, bem como os princípios deontológicos dos jornalistas e a ética profissional.

2. O estatuto editorial é elaborado pelo responsável a que se refere o artigo anterior, ouvido o conselho de redacção e sujeito a aceitação da entidade proprietária, devendo ser remetido, nos 60 dias subsequentes ao início das emissões, à AACS.

3. As alterações introduzidas no estatuto editorial seguem os termos do disposto no número anterior.

4. No caso de serviços de programas que já tenham iniciado as suas emissões, o prazo referido no n.° 2 conta-se a partir da entrada em vigor da presente lei.

NOTAS:

a) Ao estatuto editorial das rádios referiam-se o n.° 4 do artigo 8.° da lei anterior e o artigo 3.° da Lei n.° 2/97, de 18 de Janeiro. O n.° 4 do artigo 8.° da Lei anterior tinha alguma correspondência com o n.° 1 do preceito em anotação.

b) A inobservância do disposto nos números 1 e 3 é punida com coima de 750.000$00 a 5.000.000$00.

ARTIGO 39.°

(Serviços noticiosos)

1. Os operadores radiofónicos que forneçam serviços de programas generalistas ou temáticos informativos devem produzir, e neles difundir, serviços noticiosos regulares.

2. Os serviços de programas referidos no número anterior devem, recorrendo a produção própria, difundir um mínimo de três serviços noticiosos respeitantes à sua área geográfica, obrigatoriamente transmitidos entre as 7 e as 24 horas, mediando entre eles um período de tempo não inferior a três horas.

NOTAS:

a) Corresponde, com pequenas alterações, ao disposto no artigo 12.° da Lei anterior.

b) O Estatuto da Imprensa Regional foi aprovado pelo Decreto -lei n.° 106/88, de 31 de Março.

c) A inobservância deste artigo é punida com coima de 2.000.000$00 a 20.000.000$00 e com a sanção acessória de publicitação da decisão condenatória.

ARTIGO 40.°

(Qualificação profissional)

1. Os serviços noticiosos, bem como as funções de redacção, são obrigatoriamente assegurados pelos jornalistas.

2. Nos serviços de programas de âmbito local, os serviços noticiosos e as funções de redacção podem também ser assegurados por equiparados a jornalistas.

NOTAS:

a) O n.° 1 deste preceito corresponde ao n.° 1 do artigo 12.° -A da Lei anterior, que, por sua vez, havia sido acrescentado pela Lei n.° 2/97, de 18 de Janeiro.

b) No n.° 3 do artigo 12.°-A da Lei anterior, estabeleciam-se as competências dos conselhos de redacção.

c) Esta matéria, assim como os casos em que é obrigatória a eleição do conselho de redacção constam, actualmente do Estatuto dos Jornalistas, transcrito nesta publicação.

d) A inobservância deste artigo é punida com coima de 2.000.000$00 a 20.000.000$00 e com a sanção acessória de publicitação da decisão condenatória.

ARTIGO 41.°

(Programação própria)

1. Os serviços de programas de cobertura local devem transmitir um mínimo de oito horas de programação própria, a emitir entre as 7 e as 24 horas, salvo o disposto no artigo 30.°.

2. Durante o tempo de programação própria, os serviços de programas devem indicar a sua denominação, a frequência da emissão, quando exista, bem como a localidade de onde emitem, a intervalos não superiores a uma hora.

NOTAS:

a) Esta norma corresponde aos números 1 e 3 do artigo 12.° -A da lei anterior, que, por sua vez, havia sido acrescentado pela Lei n.° 2/97, de 18 de Janeiro.

b) O n.° 2 do referido preceito continha uma definição de programação própria, a qual consta, presentemente, da alínea f) do artigo 2.° .

c) A inobservância do n.° 1 é punida com coima de 2.000.000$00 a 20.000.000$00 e com a sanção acessória de publicitação da decisão condenatória.

d) A inobservância do disposto no n.° 2 é punida com coima de 250.000$00 a 2.500.000$00.

ARTIGO 42.°

(Número de horas de emissão)

Os serviços de programas emitidos por via hertziana terrestre devem funcionar vinte e quatro horas por dia.

NOTAS:

a) Preceito novo.

b) A inobservância deste artigo é punida com coima de 750.000$00 a 5.000.000$00.

c) Prevê-se uma moratória para a sua entrada em vigor.

ARTIGO 43.°

(Registo das emissões)

1. As emissões devem ser gravadas e conservadas pelo período mínimo de 30 dias, se outro mais longo não for determinado por lei ou por decisão judicial.

2. Os serviços de programas devem organizar mensalmente um registo das obras difundidas, para efeitos dos correspondentes direitos de autor e conexos, a enviar, durante o mês imediato, quando solicitado, às instituições representativas dos autores.

3. O registo a que se refere o número anterior compreende os seguintes elementos:

a) Título da obra;

b) Autoria e interpretação;
c) Editora ou procedência da obra;
d) Data da emissão;

NOTAS:

d) O preceito correspondente na lei anterior era o artigo 11.° que, no entanto, não abrangia a obrigatoriedade da gravação e conservação das emissões.

e) A inobservância do disposto no n.° 3 é punida com coima de 250.000$00 a 2.500.000$00.

f) A inobservância dos números 1 e 2 é punida com coima de 750.000$00 a 5.000.000$00.

ARTIGO 44.°

(Publicidade)

1. A publicidade radiofónica rege-se pelo disposto no Código da Publicidade, com as especialidades previstas nos números seguintes.

2. Os espaços de programação patrocinados devem incluir, no seu início e termo, a menção expressa desse facto.

3. Os programas de informação geral, designadamente os serviços noticiosos, não podem ser patrocinados.

4. A inserção de publicidade não pode afectar a integridade dos programas, devendo ter em conta as suas pausas próprias, duração e natureza.

5. A difusão de materiais publicitários não deve ocupar, diariamente, mais de 20% do tempo total da emissão dos serviços de programas licenciados.

NOTAS:

a) Era o artigo 13.° o correspondente na lei anterior.

b) O Código da Publicidade encontra-se transcrito nesta publicação.

c) O n.° 2 do artigo 13.° da Lei anterior estabelecia que a publicidade deve ser assinalada de forma inequívoca. Esta norma desapareceu porque consta do Código da Publicidade.

d) Os números 3 e 4 do actual preceito não constavam do preceito equivalente da Lei anterior.

e) A inobservância dos números 2 a 5 é punida com coima de 750.000$00 a 5.000.000$00.

CAPÍTULO IV
Serviço público

ARTIGO 45.°
(Âmbito da concessão)

1. A concessão do serviço público de radiodifusão abrange emissões de cobertura nacional, regional e internacionais, que poderão ser redifundidas localmente, analógicas ou digitais, por via hertziana terrestre, cabo, satélite ou por outro meio apropriado, no quadro das autorizações que lhe sejam conferidas para a utilização do espectro radioeléctrico e para o fornecimento de novos serviços de programas.

2. Os termos da concessão são definidos por contrato celebrado entre a concessionária e o Estado.

3. O contrato a que se refere o número anterior carece de parecer da AACS e do conselho de opinião da empresa concessionária, previsto no artigo 51.°, no âmbito das respectivas atribuições.

NOTA:

Não existia preceito equivalente na Lei anterior.

ARTIGO 46.°
(Concessionária do serviço público)

1. O serviço público de radiodifusão é prestado por um operador de capitais públicos, cujos estatutos são aprovados por decreto-lei.

2. A concessão do serviço público de radiodifusão é feita pelo prazo de 15 anos, renováveis, nos termos do respectivo contrato.

3. Os direitos de concessão são intransmissíveis.

NOTAS:

a) Através do Decreto-lei n.° 2/94, de 10 de Janeiro, a Radiodifusão Portuguesa E.P. transformou-se em sociedade anónima.

b) O Estatuto da R.D.P. E.P. foi aprovado pelo Decreto-Lei n.° 167/84, de 22 de Maio.

ARTIGO 47.°

(Missão do serviço público de radiodifusão)

1. A concessionária deve assegurar uma programação de referência, inovadora e com elevados padrões de qualidade, que satisfaça as necessidades culturais, educativas, formativas, informativas e recreativas dos diversos públicos, obrigando-se, designadamente, a:

a) Assegurar o pluralismo, o rigor e a imparcialidade da informação, bem como a sua independência perante quaisquer poderes, públicos ou privados;

b) Emitir uma programação inovadora e variada, que estimule a formação e a valorização cultural, tendo em especial atenção o público jovem;

c) Difundir uma programação agregadora, acessível a toda a população, tendo em conta os seus estratos etários, ocupações e interesses;

d) Difundir uma programação que exprima a diversidade social e cultural nacional, combatendo todas as formas de exclusão ou discriminação, e que responda aos interesses minoritários das diferentes categorias do público;

e) Garantir a cobertura noticiosa dos principais acontecimentos nacionais e estrangeiros;

f) Promover e divulgar a criação artística nacional e o conhecimento do património histórico e cultural do País;

g) Emitir programas regulares vocacionados para a difusão internacional da língua e cultura portuguesa.

2. Constitui ainda obrigação da concessionária incorporar as inovações tecnológicas que contribuam para melhorar a eficiência e a qualidade do serviço de que está incumbida e da actividade de radiodifusão em geral.

NOTA:

Na lei anterior, o preceito que tinha alguma correspondência com este era o artigo 5.°

ARTIGO 48.°

(Serviços específicos)

Além de outras obrigações constantes do contrato de concessão, a concessionária obriga-se a prestar os seguintes serviços específicos:

a) Assegurar, com o devido relevo e a máxima urgência, a divulgação das mensagens cuja difusão seja solicitada pelo Presidente da República, pelo Presidente da Assembleia da República e pelo Primeiro-Ministro;
b) Assegurar o exercício do direito de antena, bem como do direito de réplica política dos partidos da oposição, nos termos dos artigos 52.° a 57.°;
c) Manter e actualizar os arquivos sonoros;
d) Assegurar o funcionamento do Museu da Rádio;
e) Desenvolver a cooperação com operadores radiofónicos dos países de língua portuguesa;
f) Manter relações de cooperação e intercâmbio com organizações internacionais e entidades estrangeiras ligadas à actividade radiofónica.

NOTA:

A alínea a) deste artigo tem alguma correspondência com o n.° 1 do artigo 15.° da Lei anterior. No entanto, dela deixou de fazer parte a expressão: «e, nos termos da lei aplicável, os comunicados e as notas oficiosas».

A divulgação gratuita de notas oficiosas é regulada pela Lei n.° 60/79, de 18 de Setembro, alterada pela Lei n.° 5/86, de 26 de Março.

ARTIGO 49.°

(Financiamento)

1. O financiamento do serviço público de radiodifusão é garantido pelo produto da cobrança da taxa de radiodifusão sonora, estabelecida pelo Decreto-Lei n.° 389/76, de 24 de Maio, além de outras formas de pagamento a fixar ao abrigo de protocolos firmados entre a administração Pública e a concessionária.

2. A taxa de radiodifusão sonora fica abrangida na alínea a) do n.° 1 do artigo 148.° do Código de Procedimento e de Processo Tributário, aprovado pelo Decreto-Lei n.° 433/99, de 26 de Outubro.

NOTAS:

a) Preceito novo.

b) A taxa nacional de radiodifusão sonora foi actualizada pela Portaria n.° 1278-A/97, de 30 de Dezembro.

ARTIGO 50.°

(Fiscalização do cumprimento do serviço público)

A fiscalização e a verificação do cumprimento do contrato de concessão entre o Estado e a concessionária do serviço público de radiodifusão, nos termos nele estabelecidos, competem ao Ministro das Finanças e ao membro do Governo responsável pela área da comunicação social.

NOTA:

Preceito novo.

ARTIGO 51.°

(Conselho de opinião)

1. O conselho de opinião do serviço público de radiodifusão é constituído maioritariamente por membros indicados por associações e outras entidades representativas dos diferentes sectores da opinião pública e tem a composição prevista nos estatutos da concessionária.

2. Compete ao conselho de opinião:

a) Dar parecer sobre o cumprimento das obrigações de serviço público da concessionária e da sua correspondência com as disposições constitucionais, legais e contratuais relevantes;

b) Propor ao accionista Estado os nomes do vice-presidente e de um ou dois vogais do conselho de administração da concessionária, consoante esta tenha três ou cinco membros, nos termos previstos nos estatutos da mesma;

c) Dar parecer sobre o contrato de concessão do serviço público de radiodifusão;

d) Apreciar os planos de actividades e orçamento relativos ao ano seguinte, bem como o relatório e contas da concessionária;

e) Apreciar as bases gerais da actividade da concessionária no que concerne à programação e aos planos de investimento;

f) Apreciar a actividade da concessionária no âmbito da cooperação com os países de expressão portuguesa e do apoio às comunidades portuguesas no estrangeiro;

g) Pronunciar-se sobre outras questões que os órgãos sociais entendam submeter-lhe.

NOTA:

Preceito novo.

CAPÍTULO V
Direitos de antena e de resposta ou réplica política

SECÇÃO I
Direito de antena

ARTIGO 52.°
(Acesso ao direito de antena)

1. Aos partidos políticos, às organizações sindicais, profissionais e representativas das actividades económicas, bem como às associações de defesa do ambiente e do consumidor, e, ainda, às organizações não governamentais que promovam a igualdade de oportunidades e a não discriminação é garantido o direito a tempo de antena no serviço público de rádio.

2. Por tempo de antena entende-se o espaço de programação própria da responsabilidade do titular do direito, facto que deve ser expressamente mencionado no início e no termo de cada programa.

3. As entidades referidas no n.° 1 têm direito, gratuita e anualmente, aos seguintes tempos de antena:

a) Dez minutos por partido representado na Assembleia da República, acrescidos de quinze segundos por cada Deputado eleito;

b) Cinco minutos por partido não representado na Assembleia da República com participação nas mais recentes eleições legislativas, acrescidos de quinze segundos por cada 15.000 votos nelas obtidos;

c) Sessenta minutos, por categoria, para as organizações sindicais, profissionais e representativas das actividades económi-

cas e sessenta minutos para as restantes entidades indicadas no n.° 1, a ratear de acordo com a sua representatividade;

d) Dez minutos por outras entidades que tenham direito de antena atribuído por lei.

4. Cada titular não pode utilizar o direito de antena mais de uma vez em cada 15 dias, nem em emissões com duração superior a cinco ou inferior a dois minutos, salvo se o seu tempo de antena for globalmente inferior.

5. Os responsáveis pela programação devem organizar, com a colaboração dos titulares do direito de antena, e de acordo com a presente lei, planos gerais da respectiva utilização.

6. Na impossibilidade insanável de acordo sobre os planos referidos no número anterior e a requerimento dos interessados, cabe a arbitragem à Alta Autoridade para a Comunicação Social.

NOTAS:

a) A este artigo correspondia o artigo 16.° da Lei anterior, tendo sido introduzidas as seguintes alterações:

1. No n.° 1, foram acrescentadas as organizações não governamentais que promovam a igualdade de oportunidades e a não discriminação como entidades com direito de acesso ao direito de antena;
2. Na alínea a) do n.° 3, foram aumentados de cinco para dez minutos e de cinco para quinze segundos os tempos nela previstos;
3. Na alínea b) do n.° 3, curiosamente, foi aumentado de um para cinco minutos o tempo de antena concedido a partido não representado na Assembleia da República, desaparecendo o mínimo de 50.000 votos para a sua concessão mas, contraditoriamente, ou talvez não, diminuiu para 15 segundos o tempo concedido por cada 15.000 votos, quando era de meio minuto o tempo concedido por cada 10.000 votos ou fracção superior a 5.000 votos. Pensamos que, por esta forma, acabou por se reduzir o direito de antena dos partidos minotários, ao mesmo tempo que se aumenta o dos maioritários.
4. Na alínea c) do n.° 3, o tempo de direito de antena foi aumentado de trinta para sessenta minutos.
5. A alínea d) constitui preceito novo.
6. No n.° 4, o prazo de 30 dias passou para 15 dias e acrescentaram-se as restrições da sua parte final.
7. No n.° 6, o adjectivo insuperável foi substituído pelo adjectivo insanável.

b) O Conselho de Comunicação Social foi substituído pela Alta Autoridade para a Comunicação Social, pelo que a Lei n.° 2/97, de 18 de Janeiro, alterou a redacção do preceito nesse sentido.

c) Através da citada Lei, a redacção do mesmo preceito foi alterada no sentido de passarem a ser sujeitos activos do direito de antena as organizações representativas das actividades económicas (em vez de organizações patronais), as associações de defesa do ambiente e as associações de defesa do consumidor.

O preceito contido no número 3 foi, igualmente, introduzido pela mencionada Lei.

d) A inobservância do número 4 é punida com coima de 750.000$00 a 5.000.000$00.

ARTIGO 53.°
(Limitação ao direito de antena)

1. O exercício do direito de antena não pode ocorrer aos sábados, domingos e feriados oficiais, devendo ainda ser suspenso um mês antes da data fixada para o início do período de campanha em qualquer acto eleitoral ou referendário, nos termos da legislação respectiva.

3. O direito de antena é intransmissível.

NOTAS:

a) A este artigo correspondia o artigo 18.° da Lei anterior, no qual foram introduzidas as seguintes alterações:

1. No n.° 1, para além de meras alterações de redacção, acrescentaram-se aos actos eleitorais os actos referendários.
2. Nos números 2 e 3 da norma anterior, que foram suprimidos dizia-se, respectivamente, que, nos períodos eleitorais, o exercício do direito de antena se rege pela Lei Eleitoral e que, fora dos períodos eleitorais, é vedado o apelo ao voto durante o exercício do direito de antena. A primeira destas afirmações passou a constar da actual artigo 56.° .
3. O actual n.° 3 não existia no preceito equivalente da Lei anterior.

b) A inobservância do número 2 e da segunda parte do n.° 1 é punida com coima de 750.000$00 a 5.000.000$00 e sanção acessória de suspensão do exercício do direito.

c) A inobservância do disposto na primeira parte do n.° 1 é punida com coima de 250.000$00 a 2.500.000$00.

ARTIGO 54.°
(Emissão e reserva do direito de antena)

1. Os tempos de antena são emitidos no serviço de programas de cobertura nacional de maior audiência entre as 10 e as 20 horas.

2. Os titulares do direito de antena devem solicitar a reserva do tempo de antena a que tenham direito até cinco dias úteis antes da transmissão, devendo a respectiva gravação ser efectuada ou os mate-

riais pré-gravados entregues até quarenta e oito horas antes da emissão do programa.

3. Aos titulares do direito de antena são assegurados os indispensáveis meios técnicos para a realização dos respectivos programas em condições de absoluta igualdade.

NOTAS:

a) Ao actual n.° 1 correspondia, de algum modo, o artigo 17.° da Lei anterior que tinha como epígrafe: « Exercício do direito de antena».

b) Aos actuais números 2 e 3 correspondiam os números 1 e 3 do artigo 19.°, da Lei anterior.

c) No n.° 2 do artigo 19.° da Lei anterior, previa-se que, no caso de materiais pré-gravados e prontos para difusão, a entrega podia ser feita até 24 horas antes da transmissão. Esta norma desapareceu do actual diploma.

d) A inobservância do número 1 é punida com coima de 750.000$00 a 5.000.000$00.

ARTIGO 55.°

(Caducidade do direito de antena)

O não cumprimento dos prazos previstos no artigo anterior determina a caducidade do direito, salvo se tiver ocorrido por facto não imputável ao seu titular, caso em que o tempo não utilizado pode ser acumulado ao da utilização programada posterior à cessação do impedimento.

NOTA:

Era o artigo 20.° o correspondente na Lei anterior, o qual, no entanto, tinha dois números.

ARTIGO 56.°

(Direito de antena em período eleitoral)

Nos períodos eleitorais, a utilização do direito de antena é regulada pela lei eleitoral.

NOTA:

Como já se disse, este era o n.° 2 do artigo 18.° .

SECÇÃO II
Direito de resposta ou réplica política

ARTIGO 57.°
(Direito de réplica política dos partidos da oposição)

1. Os partidos representados na Assembleia da República que não façam parte do Governo têm direito de réplica, no serviço público de radiodifusão e no mesmo serviço de programas, às declarações políticas proferidas pelo Governo que directamente os atinjam.

2. A duração e o relevo concedidos para o exercício do direito referido no número anterior serão iguais aos das declarações que lhes tiverem dado origem.

3. Quando mais de um partido tiver solicitado, através do respectivo representante, o exercício do direito, o tempo é rateado em partes iguais pelos vários titulares, nunca podendo ser inferior a um minuto por cada interveniente.

4. Ao direito de réplica política são aplicáveis, com as devidas adaptações, os procedimentos previstos na presente lei para o exercício do direito de resposta.

5. Para efeitos do presente artigo, só se consideram as declarações de política geral ou sectorial feitas pelo Governo em seu nome e como tal identificáveis, não relevando, nomeadamente, as declarações de membros do Governo sobre assuntos relativos à gestão dos respectivos departamentos.

NOTAS:

a) Na Lei anterior, o artigo cuja redacção mais tinha a ver com o que está em anotação era o artigo 27.°, subordinado à epígrafe «Direito de resposta dos partidos de oposição», que passamos a transcrever:

Artigo 27.° (Direito de resposta dos partidos de oposição)

1. Os partidos representados na Assembleia da República e que não façam parte do Governo têm direito de resposta às declarações políticas do Governo proferidas nas estações emissoras de radiodifusão.

2. Os titulares do direito referido no número anterior são o partido ou partidos que em si ou nas respectivas posições políticas tenham sido directamente postos em causa pelas referidas declarações.

3. Ao direito de resposta às declarações políticas é aplicável, com as necessárias adaptações, o disposto nos artigos 23.° a 26.°

4. Quando houver mais de um titular que tenha solicitado o exercício do direito, o mesmo é rateado em partes iguais pelos vários titulares.

5. Para efeitos do presente artigo só se consideram as declarações de política geral ou sectorial feitas pelo Governo em seu nome e como tal identificadas, não relevando, nomeadamente, as declarações de membros do Governo sobre os assuntos relativos à gestão dos respectivos departamentos.

b) Deliberação da Alta Autoridade Para a Comunicação Social, de 28 de Julho de 1993, sobre uma queixa do P.S. contra a R.T.P., publicada na Revista do Ministério Público n.° 57, Janeiro/Março de 1994:

"Apreciada uma queixa do Partido Socialista contra a R.T.P., por alegada recusa do direito de réplica política relativamente a uma comunicação do Ministro da Agricultura sobre a chamada «doença das vacas loucas», transmitida pelo canal 1 em 14 de Junho último, a Alta Autoridade para a Comunicação Social delibera considerá-la improcedente, uma vez que tal comunicação não assumiu o carácter, exigido por lei para o exercício daquele direito, de declaração de política geral ou sectorial, nem na mesma foi o partido queixoso «directamente posto em causa», como a lei igualmente prevê."

Esta deliberação foi aprovada por maioria, com nove votos a favor e três contra.

*

A mesma deliberação é energicamente criticada no aludido número da Revista do Ministério Público pelo constitucionalista Vital Moreira:

Depois de historiar as fontes normativas deste direito, que cabe aos partidos políticos da oposição com representação parlamentar; de fazer referência à sua autonomia relativamente ao comum direito de resposta e rectificação, que cabe a qualquer partido, como a qualquer pessoa, e ao direito de antena, que cabe aos partidos de oposição como direito de criticar regularmente o Governo; de se debruçar sobre quais são os respectivos titulares activos e passivos, aquele autor acaba por se debruçar sobre o respectivo objecto e pressupostos constitucionalmente estabelecidos — artigo 40.°, n.° 2, da Constituição — para concluir pela clara inconstitucionalidade, quer da lei da televisão, quer da lei da rádio, que regulamentam o exercício deste direito.

As referidas normas seriam inconstitucionais pelos seguintes motivos:

a) Pouco resta da autonomia constitucional do aludido direito: até o nome constitucionalmente reconhecido é subvertido;

b) Quando limitam o direito aos partidos que em si ou nas respectivas posições políticas tenham sido directamente postos em causa;

c) Quando definem em termos restritivos o conceito constitucional de «declarações políticas do Governo»;

d) Quando submetem o exercício do direito ao mesmo procedimento do direito comum de resposta.

De qualquer forma, seria sempre possível fazer uma leitura dessas normas conforme à Constituição, coisa que não acontece com a Alta Autoridade para a Comunicação Social, talvez por, neste campo, vir mais ao de cima o «pecado originário do sistema governamentalizado da composição da A.A.C.S.».

Restará aos partidos da oposição recorrer aos Tribunais.

A inobservância do número 2 é punida com coima de 750.000$00 a 5.000.000$00.

CAPÍTULO VI
Direitos de resposta e de rectificação

ARTIGO 58.°
(Pressupostos dos direitos de resposta e de rectificação)

1. Tem direito de resposta nos serviços de programas de radiodifusão qualquer pessoa singular ou colectiva, organização, serviço ou organismo público que neles tiver sido objecto de referências, ainda que indirectas, que possam afectar a sua reputação ou bom nome.

2. As entidades referidas no número anterior têm direito de rectificação na rádio sempre que aí tenham sido feitas referências inverídicas ou erróneas que lhes digam respeito.

3. Caso o programa onde as referências aludidas nos números anteriores tenha sido difundido numa emissão em cadeia, os direitos de resposta ou de rectificação podem ser exercidos junto da entidade responsável por essa emissão ou de qualquer operador que a tenha difundido.

4. O direito de resposta e o de rectificação ficam prejudicados se, com a concordância expressa do interessado, o responsável pelo respectivo serviço de programas tiver corrigido ou esclarecido o texto em questão, ou lhe tiver facultado outro meio de expor eficazmente a sua posição.

5. O direito de resposta e o de rectificação são independentes de procedimento criminal pelo facto da emissão, bem como do direito à indemnização pelos danos por ela causados.

NOTAS:

a) O artigo correspondente da Lei anterior era o artigo 22.° .

b) Agora, faz-se uma distinção mais clara entre o direito de resposta e o de rectificação.

c) Agora, a correcção espontânea da emissão, por parte do operador de radiodifusão, se houver acordo do ofendido, faz caducar os direitos de resposta e de rectificação, ao contrário do que acontecia na Lei anterior.

d) Por um senhor conselheiro, que votou vencido no Acórdão do tribunal Constitucional n.° 13/95, publicado em 9 de Fevereiro de 1995, na 2.ª Série do Diário da República foi feita a comparação entre os regimes legais do direito de resposta a exercer nos domínios da imprensa, da rádio e da televisão, nos seguintes termos:

"Na rádio e na televisão, a respectiva estação tem uma ampla possibilidade de apreciar a legitimidade da resposta, podendo dizer-se que, só após a resolução do litígio quanto a este aspecto, surge a obrigação de transmissão da mesma; no caso da imprensa impõe-se ao periódico a publicação da resposta, ainda que o respondente haja com abuso de direito (artigo 16.°,n.° 9,in fine).

Na rádio e na televisão, permite-se que a estação respectiva faça acompanhar a transmissão da resposta de um comentário necessário para corrigir inexactidões factuais nela contidas (artigo 26.°,n.° 4, da Lei da Rádio; artigo 39.°,n.° 4, da Lei da Televisão), ao passo que, no caso da imprensa, «o periódico não poderá,em caso algum, inserir no mesmo número em que for publicada a resposta qualquer anotação ou comentário à mesma»(artigo 16.°,n.° 7, nova redacção).

O não acatamento da ordem judicial de transmissão ou publicação da resposta é sancionado como crime de desobediência qualificada no caso da rádio, da televisão e, provavelmente, da imprensa, visto, no caso desta última, não ter sido expressamente revogada a norma incriminatória na Lei de imprensa (artigo 30.°, n.° 1, alínea b) não parecendo aceitável a tese de que terá havido uma revogação de sistema dessa norma incriminatória.

Por último, a não publicação da resposta, ainda que abusiva, é punida com multa de 500 a 5.000 contos, independentemente da difusão do periódico, ao passo que, no caso das Leis da Rádio e da Televisão, a multa tem limites muito mais baixos (50 a 300 dias) e não há obrigação de transmissão de respostas abusivas."

Esta comparação não faz sentido agora.

e) A Lei n.° 2/97, de 18 de Janeiro, já havia procedido a algumas alterações no regime do direito de resposta.

Desde logo, passou a distinguir-se o direito de resposta, que serve para defesa da reputação, do direito de rectificação, que serve para defesa da verdade dos factos.

Por outro lado, passou a prever-se o caso do programa ofensivo ter sido emitido em cadeia, situação que era omissa na primitiva redacção.

Finalmente, desapareceu da Lei a definição do titular do direito de resposta, que, segundo o n.° 3 da primitiva redacção, era apenas aquele cujo interesse tenha sido efectiva e directamente lesado.

ARTIGO 59.°

(Direito à audição da emissão)

1. O titular do direito de resposta ou de rectificação, ou quem legitimamente o represente nos termos do n.° 1 do artigo seguinte, pode exigir, para efeito do seu exercício, a audição do registo da emissão e sua cópia, mediante pagamento do custo do suporte utilizado, que lhe devem ser facultados no prazo máximo de vinte e quatro horas.

2. O pedido de audição suspende o prazo para o exercício do direito, que volta a correr vinte e quatro horas após o momento em que lhe tiver sido facultada.

NOTAS:

a) O artigo da Lei anterior que tinha alguma correspondência com este era o artigo 23.°, relativamente ao qual foram introduzidas as seguintes alterações:

1. No n.° 1, foi introduzida a condição do pagamento do custo do suporte utilizado para o exercício deste direito de audição.
2. O n.° 2 actual não constava deste artigo.
3. Os números 2 e 3 do artigo anterior tratavam da possibilidade de opção, após a audição do registo, pela aceitação de uma simples rectificação, precludindo essa aceitação o direito de resposta.

b) O número um daquele artigo 23.° fora alterado pela Lei n.° 2/97, de 18 de Janeiro, de modo a conseguir-se a necessária conjugação com a nova redacção do artigo anterior.

c) A violação do prazo fixado no n.° 1 é punida com coima de 750.00$00 a 5.000.000$00.

ARTIGO 60.°

(Exercício dos direitos de resposta e de rectificação)

1. O exercício do direito de resposta ou de rectificação deve ser requerido pelo próprio titular, pelo seu representante legal ou pelos herdeiros nos 20 dias seguintes à emissão.

2. O prazo do número anterior suspende-se quando, por motivo de força maior, as pessoas nele referidas estiverem impedidas de fazer valer o direito cujo exercício estiver em causa.

3. O texto da resposta ou da rectificação deve ser entregue aos responsáveis pela emissão, com assinatura e identificação do autor, através de procedimento que comprove a sua recepção, invocando expressamente o direito de resposta ou de rectificação ou as competentes disposições legais.

4. O conteúdo da resposta ou da rectificação é limitado pela relação directa e útil com as referências que as tiverem provocado, não podendo exceder 300 palavras, ou o número de palavras da intervenção que lhe deu origem, se for superior.

5. A resposta ou a rectificação não podem conter expressões desproporcionadamente desprimorosas ou que envolvam responsabilidade criminal ou civil, na qual só ao autor da resposta ou da rectificação incorre.

NOTAS:

a) O artigo correspondente da Lei anterior era o artigo 24.°, no qual foram introduzidas as seguintes alterações:

1. Relativamente ao número 1, foi adoptada uma redacção mais rigorosa.
2. O conteúdo do n.° 2 não constava desse artigo 24.° da Lei anterior.
3. A redacção do n.° 3 foi posta de acordo com a interpretação que os tribunais e a AACS vinham dando à referida norma, especialmente face à inconveniência do aviso de recepção.
4. O disposto no n.° 4 corresponde, com o acrescento — «ou o número de palavras da intervenção que lhe deu origem, se for superior»- à primeira parte do n.° 3 do artigo da Lei anterior.
5. O n.° 5, na sua essência, estava contido na Segunda parte do n.° 3 do referido artigo.

b) A redacção do artigo 24.° da Lei anterior tinha sido alterada através da Lei n.° 2/97, de 18 de Janeiro. Do número um, passou a constar, com mais precisão e rigor, quem podia exercer o direito de resposta e de rectificação. No número dois, foi simplificado o modo de exercer tal direito e deixou de ser exigido o reconhecimento da assinatura na petição.

ARTIGO 61.°

(Decisão sobre a transmissão da resposta ou da rectificação)

1. Quando a resposta ou a rectificação forem intempestivas, provierem de pessoas sem legitimidade, carecerem manifestamente de fundamento ou contrariarem o disposto nos n.° s 4 e 5 do artigo anterior, o responsável pelo serviço de programas em causa pode recusar a sua emissão, informando o interessado, por escrito, acerca da recusa e da sua fundamentação, nas vinte e quatro horas seguintes à recepção da resposta ou da rectificação.

2. Caso a resposta ou a rectificação violem o disposto nos n.° s 4 e 5 do artigo anterior, o responsável convidará o interessado, no prazo previsto no número anterior, a proceder à eliminação, nas quarenta e oito horas seguintes, das passagens ou expressões em questão, sem o que ficará habilitado a recusar a difusão da totalidade do texto.

3. No caso de o direito de resposta ou de rectificação não terem sido satisfeitos ou terem sido infundadamente recusados, o interessado pode recorrer ao tribunal judicial do seu domicílio no prazo de 10 dias a contar da recusa ou do termo do prazo legal para a satisfação do direito, ou à AACS, nos termos da legislação especificamente aplicável.

4. Requerida a notificação judicial do responsável pela programação que não tenha dado satisfação ao direito de resposta ou de rectificação, é aquele imediatamente notificado por via postal para contestar no prazo de dois dias úteis, após o que será proferida em igual prazo a decisão, da qual cabe recurso com efeito meramente devolutivo.

5. Só é admitida prova documental, sendo todos os documentos juntos com o requerimento inicial e com a contestação.

6. No caso de procedência do pedido, o serviço de programas emite a resposta ou a rectificação no prazo fixado no n.° 1 do artigo seguinte, acompanhada da menção de que é efectuada por decisão judicial ou da AACS.

NOTAS:

a) O artigo correspondente da Lei anterior era o artigo 25.°, no qual foram introduzidas as seguintes alterações:

1. Corrigiu-se a redacção da epígrafe, a qual era absurda: «decisão sobre a transmissão do direito de resposta e rectificação».
2. Desapareceu o conteúdo do n.° 1 que estabelecia o prazo de 48 horas para a difusão da resposta ou da rectificação, com aviso prévio ao interessado.
3. O actual n.° 1 corresponde ao n.° 2 do artigo anterior, passando o aviso da recusa a ter de ser efectuado no prazo de 24 horas, quando era de 48 horas.
4. O n.° 3 do artigo 25.° da Lei anterior tinha a seguinte redacção:
   «3. Da decisão da entidade emissora pode o titular do direito de resposta ou de rectificação recorrer para a Alta Autoridade para a Comunicação Social ou para o tribunal competente.»
5. Os conteúdos dos actuais números 4, 5 e 6 do preceito em anotação não constavam do preceito correspondente da Lei anterior.
6. É particularmente interessante a fixação de um processo judicial, simplificado e urgente, para decidir da recusa da transmissão da resposta ou da rectificação.

b) A redacção do artigo 25.° da Lei anterior tinha sido alterada pela Lei n.° 2/97, de 18 de Janeiro. O prazo para a difusão da resposta passou a ser de 48 horas, ao passo que, na redacção primitiva, a prazo para a entidade emissora decidir a divulgação era de 72 horas, a que acresciam mais 72 horas para a divulgação, que estavam previstas no artigo seguinte. Os motivos da recusa da resposta estavam, agora, explicitados no n.° 2 do preceito. Da decisão da entidade emissora podia-se agora recorrer, em alternativa, para o tribunal ou para a A.A.C.S.

c) A inobservância do número 1 é punida com coima de 750.000$00 a 5.000.000$00.

d) O incumprimento do prazo e a omissão da menção referidos no n.° 6 é punida com coima de 250.000$00 a 2.500.000$00.

e) A denegação do direito previsto no n.° 1 é punida com coima de 2.000.000$00 a 20.000.000$00.

ARTIGO 62.°

(Transmissão da resposta ou da rectificação)

1. A transmissão da resposta ou da rectificação é feita até vinte e quatro horas após a recepção do respectivo texto pelo responsável pelo serviço de programas em causa, salvo o disposto nos n.° s 1 e 2 do artigo anterior.

2. A resposta ou a rectificação são transmitidas gratuitamente no mesmo programa ou, caso não seja possível, em hora de emissão equivalente

3. A resposta ou a rectificação devem ser transmitidas tantas vezes quantas as emissões da referência que as motivaram.

4. A resposta ou a rectificação são lidas por um locutor do serviço de programas em moldes que assegurem a sua fácil percepção e pode incluir outras componentes áudio sempre que a referência que as motivar tiver utilizado técnica semelhante.

5. A transmissão da resposta ou da rectificação não pode ser precedida nem seguida de quaisquer comentários, à excepção dos necessários para apontar qualquer inexactidão ou erro de facto, os quais podem originar nova resposta ou rectificação, nos termos dos n.° s 1 e 2 do artigo 58.° .

NOTAS:

a) O artigo correspondente da anterior Lei era o artigo 26.°, no qual foram introduzidas as seguintes alterações:

1. O actual n.° 1 constava do n.° 1 do artigo anterior, isto é, do artigo 25.°, mas o prazo era de 48 horas e, não, de 24 horas.
2. O disposto no actual n.° 2 constava do n.° 1 do artigo 22.° da Lei anterior.
3. O disposto no actual n.° 3 não constava do preceito equivalente da Lei anterior.
4. Do actual n.° 4 deixou de fazer parte o direito, constante do n.° 2 do artigo correspondente da Lei anterior, da resposta ou da rectificação poderem ser lidas pelo próprio titular do direito ou seu representante legal.
5. O actual n.° 5 corresponde, sem grandes alterações, ao n.° 3 do artigo correspondente da Lei anterior.

b) No Diário da República n.° 160, II Série, de 13 de Julho de 1995, foi publicada uma directiva sobre o exercício do direito de resposta, da Alta Autoridade para a Comunicação Social, cujo n.° 2 respeita à rádio e à televisão e que é do seguinte teor:

"2. Na rádio e na televisão. — O direito de resposta na rádio e na televisão encontra-se regulado, respectivamente, pelas Leis 87/88, de 30/7 (arts. 22.° a 27.°), e 58/90,de 7/9 (arts. 35.° a 40.°), em termos diferenciados, nalguns aspectos, do regime aplicável às publicações periódicas. Assim:

I. Na radiodifusão sonora e televisiva assume particular relevo a distinção entre os direitos de resposta e de rectificação, na medida em que aqueles diplomas prevêem um procedimento específico para o exercício deste último (arts. 23.° da Lei da Rádio e 36.° da Lei da Televisão), o qual supõe o entendimento entre o órgão da comunicação e o titular, ou o seu representante legal.

II. Importa salientar, além disso, que os fundamentos da recusa de difusão da resposta são mais amplos nestes dois casos, uma vez que incluem, contrariamente ao que resulta da recente revisão da Lei de Imprensa, a não verificação dos pressupostos do direito e o carácter impertinente, desprimoroso ou ilícito da resposta (arts. 25.°, n.° 2, da Lei 87/88 e 38.°, n.° 2, da Lei 58/90).

III. Por outro lado, a transmissão da resposta pode ser precedida ou seguida dos comentários necessários ou à correcção de possíveis inexactidões factuais nela contidas (arts. 26.°, n.° 4, da Lei da Rádio e 39.°, n.° 4, da Lei da Televisão).

IV. Há que ter igualmente em consideração a especificidade dos prazos fixados para o exercício do direito de resposta (20 dias, de acordo com os arts. 24.°, n.° 1, da Lei 87/88 e 37.°, n.° 1, da Lei 58/90), assim como para a difusão da mesma (que deverá ter lugar nas setenta e duas horas seguintes à comunicação ao interessado, nos termos dos arts. 26.°, n.° 1, da Lei da Rádio e 39.°, n.° 1, da Lei da Televisão)

c) Esta directiva encontra-se bastante desactualizada face à evolução que sofreram quer a Lei de Imprensa quer a Lei da Rádio.

d) A Lei n.° 2/97 foi o diploma que passou a permitir que a resposta fosse lida pelo próprio titular do direito ou seu representante legal.

e)A inobservância deste artigo é punida com coima de 750.000$00 a 5.000.000$00.

CAPÍTULO VII
Normas Sancionatórias

SECÇÃO I
Formas de responsabilidade

ARTIGO 63.°
(Responsabilidade civil)

1. Na determinação das formas de efectivação da responsabilidade civil emergente de factos cometidos através da actividade de radiodifusão observa-se o regime geral.

2. Os operadores radiofónicos respondem solidariamente com os responsáveis pela transmissão de programas previamente gravados,

com excepção dos transmitidos ao abrigo dos direitos de antena, de réplica política ou de resposta e de rectificação.

NOTAS:

a) Nos termos do n.° 1 do artigo 29.° da Lei anterior, "a transmissão de programas que infrinjam culposamente o disposto na presente lei constitui falta disciplinar, sem prejuízo da correspondente responsabilidade civil e criminal".

b) O actual n.° 2 corresponde ao n.° 2 do preceito citado na anotação anterior.

ARTIGO 64.°

(Responsabilidade criminal)

1. Os actos ou comportamentos lesivos dos bens jurídico-penalmente protegidos, perpetrados através da actividade de radiodifusão, são punidos nos termos da lei penal e do disposto na presente lei.

2. O responsável referido no artigo 37.° apenas responde criminalmente quando não se oponha, podendo fazê-lo, à comissão dos crimes referidos no n.° 1, através das acções adequadas a evitá-los, caso em que são aplicáveis as penas cominadas nos correspondentes tipos legais, reduzidas de um terço nos seus limites.

3. No caso de emissões não consentidas, responde quem tiver determinado a respectiva transmissão.

4. Os técnicos ao serviço dos operadores radiofónicos não são responsáveis pelas emissões a que derem o seu contributo profissional, se não lhes for exigível a consciência do carácter criminoso do seu acto.

NOTAS:

a) O disposto no n.° 1 corresponde ao n.° 3 do artigo 29.° da Lei anterior, no qual se falava, ainda, em crimes de abuso de liberdade de imprensa. Esta designação caiu em desuso, como parece evidente confrontando a Lei da Rádio, com a da Televisão e a de Imprensa.

b) O responsável referido no artigo 37.° é o director de programas. A sua responsabilidade criminal foi bastante reduzida em confronto com o regime previsto na Lei anterior e à semelhança do que acontece na Lei da Televisão e na Lei de Imprensa.

c) O actual n.° 3 corresponde ao disposto na alínea b) do n.° 1 do artigo 30.° da Lei anterior.

d) No n.° 3 do artigo 30.° da Lei anterior, previa-se:

"3. No caso de transmissões directas são responsáveis, além do agente directo da

infracção, os que, devendo e podendo impedir o seu cometimento, o não tenham feito."
e) O actual n.° 4 tinha alguma correspondência no n.° 2 do artigo 31.° da Lei anterior.

ARTIGO 65.°

(Actividade ilegal de radiodifusão)

1. O exercício da actividade de radiodifusão sem a correspondente habilitação legal determina a punição dos responsáveis com prisão até três anos ou com multa até 320 dias.

2.São declarados perdidos a favor do Estado os bens utilizados no exercício ilegal da actividade de radiodifusão, sem prejuízo dos direitos de terceiros de boa fé.

NOTA:

Corresponde ao disposto no artigo 31.° da Lei anterior, com as seguintes alterações:

1. Na lei antiga, previam-se penas gradativas consoante se tratasse de ondas decamétricas ou quilométricas; hectométricas ou métricas;
2. Na lei anterior previa-se o encerramento das instalações;
3. O actual n.° 2 corresponde ao n.° 3 da Lei anterior.

ARTIGO 66.°

(Desobediência qualificada)

O responsável pela programação, ou quem o substitua, incorre no crime de desobediência qualificada quando:

a) Não acatar a decisão do tribunal que ordene a transmissão da resposta ou da rectificação, ao abrigo do disposto no n.° 6 do artigo 61.°;

b) Não promover a difusão de decisões judiciais nos exactos termos a que se refere o artigo 76.°;

c) Não cumprir as deliberações da AACS relativas ao exercício dos direitos de antena, de réplica política, de resposta ou de rectificação.

NOTAS:

a) Corresponde ao disposto no artigo 35.° da Lei anterior.

b) Foi através da Lei n.° 2/97, de 18 de Janeiro, que passou a ser punível a desobediência à deliberação da AACS sobre o direito de resposta. Note-se, contudo, a permanência da incongruência existente entre a actual Lei da AACS e as Leis de Imprensa quanto ao crime em questão: simples desobediência na primeira, desobediência qualificada nas últimas.

ARTIGO 67.°

(Atentado contra a liberdade de programação e informação)

1. Quem impedir ou perturbar a emissão de serviços de programas ou apreender ou danificar materiais necessários ao exercício da actividade de radiodifusão, fora dos casos previstos na lei e com o intuito de atentar contra a liberdade de programação ou de informação, é punido com prisão até dois anos ou com multa até 240 dias, se pena mais grave lhe não couber nos termos da lei penal.

2. A aplicação da sanção prevista no número anterior não prejudica a efectivação da responsabilidade civil pelos prejuízos causados ao operador radiofónico.

3. Se o infractor for agente ou funcionário do Estado ou de pessoa colectiva pública e, no exercício das suas funções, praticar os factos descritos no n.° 1, é punido com prisão até três anos ou com multa até 320 dias, se pena mais grave lhe não couber nos termos da lei penal.

NOTAS:

a) Constitui preceito sem correspondente na anterior Lei da Rádio. Ou melhor, na anterior Lei, existia um preceito, o artigo 37.°, que, de alguma forma, tratava esta matéria e que tinha a seguinte redacção:

Artigo 37.° (Ofensas de direitos, liberdades ou garantias)

1. A quem ofender qualquer dos direitos, liberdades ou garantias consagrados na presente lei é aplicável multa de 50 a 300 dias.

2. A responsabilidade prevista no número anterior é cumulável com a correspondente aos danos causados à entidade emissora.

b) Aliás, na Lei anterior, existiam ainda os preceitos que se transcrevem, com relevância em matéria penal, os quais não têm correspondência na Lei actual:

Artigo 32.° (Emissão dolosa de programas não autorizados)

Aqueles que dolosamente promoverem ou colaborarem na emissão de programas não autorizados pelas entidades competentes são punidos com multa de 150 a 300 dias, sem prejuízo de pena mais grave que ao caso caiba.

Artigo 33.° (Consumação do crime)

Os crimes de difamação, injúria, instigação pública a um crime e de apologia pública de um crime consideram-se cometidos com a emissão do respectivo programa.

Artigo 34.° (Pena de multa)

À entidade emissora em cuja programação tenha sido cometido qualquer dos crimes previstos no artigo anterior é aplicável multa de 50 a 100 dias.

Artigo 38.° (Responsabilidade solidária)

1. Pelo pagamento das multas em que forem condenados os agentes de infracções previstas no presente diploma é responsável, solidariamente, a entidade em cujas emissões as mesmas tiverem sido cometidas.

2. As estações emissoras que tiverem pago as multas previstas no número anterior ficam com o direito de regresso em relação aos agentes infractores pelas quantias efectivamente pagas.

....

ARTIGO 68.°

(Contra-ordenações)

1. Constitui contra-ordenação, punível com coima:

a) De 250.000$00 a 2.500.000$00, a inobservância do disposto no n.° 4 do artigo 5.°, no n.° 2 do artigo 12.°, no artigo 37.°, no n.° 2 do artigo 41.°, no n.° 3 do artigo 43.°, no n.° 1 do artigo 77.°, o incumprimento do disposto na primeira parte do n.° 1 do artigo 53.°, bem como o incumprimento do prazo e a omissão da menção referidos no n.° 6 do artigo 61.°;

b) De 750.000$00 a 5.000.000$00, a inobservância do disposto nos números 1 a 3 do artigo 38.°, no artigo 42.°, nos números 1 e 2 do artigo 43.°, nos números 2 a 5 do artigo 44.°, no n.° 4 do artigo 52.°, no n.° 1 do artigo 54.°, no n.° 2 do artigo 57.°, no n.° 1 do artigo 61.°, no artigo 62.°, bem como o exercício da actividade de radiodifusão antes do pagamento das taxas a que se refere o n.° 1 do artigo 13.°, as violações do disposto na segunda parte do n.° 1 e no n.° 2 do artigo 53.° e do prazo fixado no n.° 1 do artigo 59.°;

c) De 2.000.000$00 a 20.000.000$00, a inobservância do disposto nos números 3 e 4 do artigo 7.°, nos números 1 e 2 do artigo 19.°, no artigo 30.°, nos números 1 e 2 do artigo 35.°, nos artigos 39.° e 40.°, no n.° 1 do artigo 41.°, no n.° 3 do artigo 71.°, a violação das obrigações de comunicação a que se referem o n.° 2 do artigo 7.° e o n.° 1 do artigo 18.°, a denegação do direito previsto no n.° 1 do artigo 59.°, assim como a violação dos limites máximos de potência de emissão fixados nos respectivos actos de licenciamento técnico.

ARTIGO 69.°

(Sanções acessórias)

1. O desrespeito reiterado das condições e termos do projecto aprovado, as participações proibidas em mais de um operador, a violação das regras sobre associação de serviços de programas temáticos e o incumprimento das obrigações relativas à produção e difusão de serviços noticiosos, bem como a repetida inobservância da transmissão do número obrigatório de horas de emissão ou de programação própria nos casos não cobertos pela previsão da alínea d) do artigo 70.°, poderão dar lugar, atenta a gravidade do ilícito, à sanção acessória de suspensão da licença ou autorização para o exercício da actividade por período não superior a três meses.

2. A inobservância do disposto no n.° 1 do artigo 35.°, punida nos termos da alínea c) do artigo anterior, pode ainda dar lugar à sanção acessória de suspensão das emissões do serviço de programas onde se verificou a prática do ilícito por período não superior a três meses, excepto quando se trate de emissões publicitárias, a que se aplicarão as sanções acessórias e as medidas cautelares previstas no Código da Publicidade.

3. A inobservância do disposto no artigo 35.°, quando cometida no exercício do direito de antena, e no n.° 2 do artigo 53.°, prevista na alínea b) do artigo anterior, pode ainda, consoante a gravidade da infracção, ser punida com a sanção acessória de suspensão do exercício do mesmo direito por períodos de 3 a 12 meses, com um mínimo de 6 meses em caso de reincidência, sem prejuízo de outras sanções previstas na lei.

4. A aplicação de coima pela violação do disposto nos números 1 e 2 do artigo 19.°, no artigo 30.°, nos números 1 e 2 do artigo 35.°, nos artigos 39.° e 40.° e no n.° 1 do artigo 41.° pode ainda dar lugar à sanção acessória de publicitação de decisão condenatória, nos termos fixados pela entidade competente.

5. O recurso contencioso da aplicação da sanção acessória prevista nos números anteriores tem efeito suspensivo até ao trânsito em julgado da respectiva decisão.

ARTIGO 70.°

(Revogação das licenças ou autorizações)

A revogação das licenças ou autorizações concedidas é determinada pela AACS quando se verifique:

a) O não início dos serviços de programas licenciados no prazo fixado no n.° 1 do artigo 29.° ou a ausência de emissões por um período superior a dois meses, salvo autorização devidamente fundamentada, caso fortuito ou de força maior;

b) A exploração do serviço de programas por entidade diversa do titular da licença ou autorização;

c) A realização de negócios jurídicos que impliquem uma alteração do controlo da empresa detentora da correspondente habilitação legal, sem observância das formalidades referidas no artigo 18.° ou antes de decorrido o prazo aí estabelecido;

d) A realização de emissões em cadeia não autorizadas nos termos da presente lei;

e) A reincidência em comportamento que tenha determinado a aplicação de medida de suspensão da licença ou autorização ou, independentemente do facto que lhe deu origem, a aplicação de duas medidas de suspensão no prazo de três anos;

f) A falência do operador radiofónico.

ARTIGO 71.°

(Fiscalização)

1. A fiscalização do cumprimento do disposto na presente lei incumbe ao ICS e, em matéria de publicidade, também ao Instituto do Consumidor, sem prejuízo das competências de qualquer outra entidade legalmente habilitada para o efeito.

2. A fiscalização das instalações das estações emissoras e retransmissoras, das condições técnicas das emissões e da protecção à recepção radioeléctrica das mesmas compete ao ICP, no quadro da regulamentação aplicável.

3. Os operadores radiofónicos devem facultar o acesso dos agentes fiscalizadores a todas as instalações, equipamentos, documentos e outros elementos necessários ao exercício da sua actividade.

NOTA:

A inobservância do n.° 3 é punida com coima de 2.000.000$00 a 20.000.000$00.

ARTIGO 72.°

(Processamento das contra-ordenações e aplicação das coimas)

1. O processamento das contra-ordenações compete à entidade responsável pela aplicação das coimas correspondentes, excepto o das relativas à violação dos artigos 35.°, quando cometida através de emissões publicitárias, e 44.°, o qual incumbe ao Instituto do Consumidor.

2. Compete ao presidente do ICS a aplicação das coimas e sanções acessórias previstas na presente lei, com excepção das relativas à violação:

a) Dos artigos 18.°, 19.°, 35.°, 37.°, 38.° e 52.° a 62.°, que incumbe à AACS;

b) Do artigo 35.°, quando cometida através de emissões publicitárias, e dos números 2, 3 e 5 do artigo 44.°, da responsabilidade da comissão de aplicação de coimas prevista no Código da Publicidade.

3. A receita das coimas reverte em 60% para o Estado e em 40% para o ICS, quando competente para a sua aplicação, ou em 60% para o Estado, 20% para a entidade fiscalizadora e 20% para a entiodade responsável pelo processamento das contra-ordenações respeitantes à violação dos artigos 35.°, quando cometidas através de emissões publicitárias, e 44.° .

NOTA:

Dizia-se no artigo 48.° da anterior Lei da Rádio:

Artigo 48.° (Competência em razão da matéria)

1. Incumbe ao membro do Governo responsável pelo sector da comunicação social a aplicação das coimas previstas no artigo 39.° .

2. O processamento das contra-ordenações compete à Direcção-Geral da Comunicação Social.

SECÇÃO II

Disposições especiais de processo

ARTIGO 73.°

(Forma do processo)

O procedimento pelas infracções criminais cometidas através da actividade de radiodifusão rege-se pelas disposições do Código de

Processo Penal e da legislação complementar, com as especialidades decorrentes da presente lei.

NOTA:

Este artigo corresponde ao artigo 41.° da Lei anterior, embora neste se considerassem aplicáveis as especificidades da lei de imprensa.

ARTIGO 74.°

(Competência territorial)

1. Para conhecer dos crimes previstos na presente lei é competente o tribunal da comarca do local onde o operador radiofónico tenha a sua sede ou representação permanente.

2. Exceptuam-se do disposto no número anterior os crimes cometidos contra o bom nome e reputação, a reserva da vida privada ou outros bens da personalidade, cuja apreciação é da competência do tribunal da comarca do domicílio do ofendido.

3. No caso de transmissões radiofónicas por entidade não habilitada nos termos da lei, e não sendo conhecido o elemento definidor da competência nos termos do n.° 1, é competente o Tribunal Judicial da Comarca de Lisboa.

ARTIGO 75.°

(Regime de prova)

1. Para prova dos pressupostos do exercício dos direitos de resposta ou de rectificação, e sem prejuízo de outros meios admitidos por lei, o interessado pode requerer, nos termos do artigo 528.° do Código de Processo Civil, que o operador radiofónico seja notificado para apresentar, no prazo da contestação, as gravações da emissão em causa.

2. Para além da referida no número anterior, só é admitida prova documental que se junte com o requerimento inicial ou com a contestação.

NOTAS:

a) Corresponde ao artigo 43.° da Lei anterior:

b) Artigo 528.° do Código de Processo Civil:

(Documentos em poder da parte contrária)

"1. Quando se pretenda fazer uso de documento em poder da parte contrária, o interessado requererá que ela seja notificada para apresentar o documento dentro do prazo que for designado; no requerimento a parte identificará quanto possível o documento e especificará os factos que com ele quer provar.

2. Se os factos que a parte quer provar estiverem compreendidos no questionário, ou nele puderem vir a ser incluídos, será ordenada a notificação."

ARTIGO 76.°

(Difusão das decisões)

A requerimento do Ministério Público ou do ofendido, e mediante decisão judicial que fixará os prazos e horário para o efeito, a parte decisória das sentenças condenatórias transitadas em julgado por crimes cometidos através da actividade de radiodifusão, assim como a identidade das partes, são difundidas no serviço de programas onde foi praticado o ilícito.

NOTA:

Corresponde ao disposto no artigo 47.° da Lei anterior.

CAPÍTULO VIII

Conservação do património radiofónico

ARTIGO 77.°

(Registos de interesse público)

1. Os operadores radiofónicos devem organizar arquivos sonoros e musicais com o objectivo de conservação dos registos de interesse público.

2. A cedência e utilização dos registos referidos no número anterior são definidas por portaria conjunta dos membros do Governo responsáveis pela cultura e pela comunicação social, tendo em atenção o seu valor histórico, educacional e cultural para a comunidade, cabendo a responsabilidade pelos direitos de autor à entidade requisitante.

NOTAS:

a) Corresponde ao disposto no artigo 49.° da Lei anterior.

b) A inobservância do n.° 1 é punida com coima de 250.000$00 a 2.500.000$00.

CAPÍTULO IX
Disposições finais e transitórias

ARTIGO 78.°
(Contagem dos tempos de emissão)

Os responsáveis pelos serviços de programas de rádio asseguram a contagem dos tempos de antena, de réplica política e de resposta ou de rectificação para efeitos da presente lei, dando conhecimento dos respectivos resultados aos interessados.

NOTA:

Preceito novo.

ARTIGO 79.°
(Norma transitória)

1. O regime decorrente do disposto no n.° 3 do artigo 14.° entra em vigor seis meses após a publicação da presente lei, mantendo-se vigentes, até essa data, as regras relativas à transmissão dos alvarás, fixadas no artigo 15.° do Decreto-Lei n.° 130/97, de 27 de Maio, no quadro da alteração da competência para a sua autorização introduzida pela Lei n.° 43/98, de 6 de Agosto.

2. O disposto no artigo 42.° entra em vigor seis meses após a publicação da presente lei, mantendo-se vigente, até essa data, o regime estabelecido no artigo 4.° do Decreto-Lei n.° 130/97, de 27 de Maio.

3. A Portaria n.° 931/97, de 12 de Setembro, mantém-se em vigor até à publicação da regulamentação a que se refere o artigo 21.° .

NOTAS:

a) No n.° 3 do artigo 14.°, afirma-se a intransmissibilidade das licenças e autorizações.

b) No artigo 42.°, estabelece-se a obrigatoriedade de funcionamento durante vinte e quatro horas por dia dos serviços de programas emitidos por via hertziana terrestre.

c) O artigo 21.° prevê o licenciamento e autorização de serviços de programas.

ARTIGO 80.°

(Norma revogatória)

1. São revogados a Lei n.° 87/88, de 30 de Julho, e o Decreto-Lei n.° 130/97, de 27 de Maio, e respectivas alterações.

2. A Portaria n.° 121/99, de 15 de Fevereiro, mantém-se em vigor, salvo quanto às disposições contrárias ao que se estabelece na presente lei.

NOTA:

A Lei n.° 87/88, de 30 de Julho, continha uma norma revogatória do seguinte teor: *"É revogada a Lei n.° 8/87, de 11 de Março, devendo o Governo, no prazo máximo de 60 dias, aprovar o diploma a que se refere o n.° 1 do artigo 2.° da presente lei."*

O diploma em questão foi publicado sob o n.° 338/88, de 28 de Setembro.

CÓDIGO DA PUBLICIDADE

Decreto-Lei n.° 275/98, de 9 de Setembro, que altera o Código da Publicidade:

O dinamismo e a criatividade que são próprios da actividade publicitária exigem uma adaptação relativamente frequente das respostas legislativas aos ensinamentos da experiência e aos problemas colocados pelas novas configurações que a publicidade apresenta. Torna-se, pois, necessário introduzir um conjunto de alterações ao Código da publicidade, aprovado pelo decreto-Lei n.° 330/90, de 23 de Outubro, e alterado pelos Decretos-Leis números 74/93, de 10 de Março, e 6/95, de 17 de Janeiro.

Com o objectivo de garantir a protecção da saúde e segurança dos consumidores, bem como a defesa dos seus direitos e interesses, a presente iniciativa legislativa introduz a proibição da publicidade aos chamados produtos «milagrosos», que, com acrescida frequência, exploram a credulidade, superstição e medo dos destinatários anunciando os seus alegados efeitos benéficos para a saúde, bem-estar ou felicidade dos consumidores, sem qualquer base de sustentação científica que ateste os resultados prometidos.

Por outro lado, clarifica-se o conceito de publicidade enganosa por forma a conferir maior certeza jurídica na aplicação do respectivo regime legal aos casos de anúncio de prémios, ofertas ou promoções que induzam em erro os consumidores por sugerirem a ideia de que tais ofertas não dependem de qualquer contrapartida económica ou da necessidade de efectuar qualquer encomenda.

Com a presente alteração ao Código da Publicidade procede-se, também, à sua harmonização face à mais recente legislação comunitária, designadamente as Directivas números 97/36/CE, de 30 de Junho e 97/55/CE, de 6 de Outubro, ambas do Parlamento Europeu e do Conselho, publicadas no Jornal Oficial das Comunidades Europeias, respectivamente de 30 de Julho e 23 de Outubro de 1997.

Em conformidade com as novas disposições comunitárias, o presente diploma estabelece as condições em que é permitida a publicidade comparativa e os termos em que podem ser ordenadas medidas cautelares que determinem a sua proibição, suspensão ou cessação.

Do mesmo modo, consagra-se a definição de televenda e procede-se à regulamentação das respectivas emissões.

A presente alteração ao Código da Publicidade inclui, ainda, três modificações especialmente relevantes em matéria de fiscalização e mecanismos cautelares e sancionatórios.

Em primeiro lugar, a benefício de uma maior eficácia e coerência de procedimentos, concentra-se na mesma entidade, o Instituto do Consumidor, a fiscalização do cumprimento do Código e a instrução dos consequentes processos de contra-ordenação, mantendo-se, contudo, a competência sancionatória da Comissão de Aplicação de Coimas em Matéria de Publicidade.

Em segundo lugar, tendo em vista a harmonização das acções sancionatórias, comete-se também à Comissão de Aplicação de Coimas em Matéria de Publicidade a competência para decidir da aplicação das medidas cautelares previstas.

Em terceiro lugar, mas não menos importante, são actualizados os montantes mínimos e máximos das coimas aplicáveis aos vários tipos de contra-ordenação.

Procede-se, em anexo, à publicação integral consolidada do Código da Publicidade, tal como decorre do Decreto-Lei n.° 330/90, de 23 de Outubro, alterado pelos Decretos-Leis números 74/93, de 10 de Março, e 6/95, de 17 de Janeiro, e pelo presente diploma, bem como pela Lei n.° 31-A/98, de 14 de Julho.

Foi ouvido o Conselho Nacional do Consumo.

Nos termos da alínea a) do n.° 1 do artigo 198.° e do n.° 5 do artigo 112.° da Constituição, o Governo decreta o seguinte:

ARTIGO 1.°

Os artigos 4.°, 5.°, 7.°, 11.°, 12.°, 14.°, 16.°, 18.°, 20.°, 22.°, 23.°, 24.°, 25.°, 27.°, 30.°, 34.°, 35.°, 36.°, 38.°, 39.° e 41.° do Código da Publicidade, aprovado pelo Decreto-Lei n.° 330/90, de 23 de Outubro, alterado pelos Decretos-Leis números 74/93, de 10 de Março, e 6/95, de 17 de Janeiro, passam a ter a seguinte redacção:

NOTA:

A nova redacção dos preceitos foi por nós inserida em cada um deles.

ARTIGO 2.°

São aditados ao Código da Publicidade, aprovado pelo Decreto--Lei n.° 330/90, de 23 de Outubro, alterado pelos Decretos-Leis números 74/93, de 10 de Março, e 6/95, de 17 de Janeiro, e 61/97, de 25 de Março, os artigos 22.°-B e 25.°-A, com a seguinte redacção:

NOTA:

A redacção destes preceitos foi inserida nos locais próprios.

ARTIGO 3.°

As competências atribuídas pelo Código da Publicidade em matéria de fiscalização, instrução de processos, aplicação de sanções e medidas cautelares aplicam-se também à publicidade das instituições de crédito e das suas associações, sem prejuízo das competências do Banco de Portugal e da Comissão do mercado de Valores Mobiliários.

ARTIGO 4.°

Os encargos orçamentais decorrentes da fiscalização e instrução dos competentes processos de contra-ordenação, bem como do apoio à Comissão de Aplicação de Coimas em Matéria de Publicidade, são suportados por verbas do Instituto do Consumidor, mediante inscrição de uma divisão própria, sendo o seu montante fixado por despacho conjunto dos Ministros das Finanças e Adjunto do Primeiro--Ministro.

ARTIGO 5.°

1. A alteração ao disposto no artigo 38.° do Código da Publicidade entra em vigor em 1 de Janeiro de 1999.

2. Os processos que tenham dado entrada na Inspecção-Geral das Actividades Económicas para instrução até à data referida no número anterior serão feitos conclusos, por aquela entidade, à Comissão de Aplicação das Coimas em Matéria de Publicidade.

ARTIGO 6.°

O presente diploma aplica-se a todo o território nacional.

ARTIGO 7.°

Mantém-se em vigor, até ser alterada, a regulamentação publicada ao abrigo das disposições do Código da Publicidade modificadas pelo presente diploma.

NOTA:

A publicidade nos serviços de audiotexto encontra-se especialmente regulada pelo Decreto-lei n.° 175/99, de 21 de Maio, alterado pelo Decreto-lei n.° 148/01, de 7 de Maio.

ARTIGO 8.°

O texto integral do Código da Publicidade, aprovado pelo Decreto-Lei n.° 330/90, de 23 de Outubro, é republicado em anexo ao presente diploma, com as alterações dele decorrentes, bem como com as alterações introduzidas pelos Decretos-Leis números 74/93, de 10 de Março, e 6/95, de 17 de Janeiro, e pela Lei n.° 31-A/98, de 14 de Julho.

Decreto-Lei n.° 330/90
de 23 de Outubro

A publicidade assume, nos dias de hoje, uma importância e um alcance significativos, quer no domínio da actividade económica, quer como instrumento privilegiado do fomento da concorrência, sempre benéfica para as empresas e respectivos clientes.

Por isso, importa enquadrar a actividade publicitária como grande motor do mercado, enquanto veículo dinamizador das suas potencialidades e da sua diversidade e, nessa perspectiva, como actividade benéfica e positiva no processo de desenvolvimento de um país.

Em obediência a esse desiderato, a actividade publicitária não pode nem deve ser vista, numa sociedade moderna e desenvolvida, como um mal menor, que se tolera mas não se estimula, e muito menos como resultante de um qualquer estado de necessidade.

Porém, a receptividade de que beneficia no quotidiano dos cidadãos, se lhe confere, por um lado, acrescida importância, não deixa, outrossim, de acarretar uma natural e progressiva responsabilidade, na perspectiva, igualmente merecedora de atenção, da protecção e defesa dos consumidores e das suas legítimas expectativas.

De facto, uma sociedade responsável não pode deixar igualmente de prever e considerar a definição de regras mínimas, cuja inexistência, podendo consumar situações enganosas ou atentatórias dos direitos do cidadão consumidor, permitiria, na prática, desvirtuar o próprio e intrínseco mérito da actividade publicitária.

Sem recorrer a intenções paternalistas e recusando mesmo soluções de cariz proteccionista, o novo Código da Publicidade pretende, com equilíbrio e sentido da realidade, conciliar as duas vertentes enunciadas, sublinhando a sua relevância e alcance económico e social.

Realçando a experiência já adquirida, o caminho já percorrido pela legislação nacional e os contributos recolhidos de todos quantos, directa ou indirectamente, a esta actividade se dedicam, a nova legislação contempla, ainda, a desejável harmonização com a legislação comunitária, nomeadamente com as Directivas números 84/450/CEE e 89/552/CEE e, bem assim, a Convenção Europeia sobre a Televisão sem Fronteiras.

Assim:

Nos termos da alínea a) do n.° 1 do artigo 201.° da Constituição, o Governo decreta o seguinte:

ARTIGO 1.°

É aprovado o Código da Publicidade, anexo ao presente diploma e que dele faz parte integrante.

ARTIGO 2.°

1. É revogado o Decreto-Lei n.° 303/83, de 28 de Junho, com excepção do seu artigo 25.° e alíneas c) e d) do n.° 1 do artigo 30.°, na redacção dada pelo Decreto-Lei n.° 266/89, de 18 de Agosto.

2. Consideram-se feitas para as correspondentes disposições do presente Código as remissões para o Decreto-Lei n.° 303/83, de 28 de Junho.

ARTIGO 3.°

1. O Código agora aprovado entra em vigor no dia imediato ao da sua publicação, salvo quanto ao disposto nos artigos 24.°, 25.° e 26.°, que entram em vigor em 1 de Outubro de 1991.

2. O disposto nos números 5 a 7 do artigo 25.° não é aplicável às emissões exclusivamente destinadas ao território nacional e que não possam ser captadas, directa ou indirectamente, em outro ou outros Estados membros das Comunidades Europeias.

NOTAS:

a) Os artigos não revogados do Decreto-Lei n.° 303/83, de 28 de Junho são do seguinte teor:

(...)

Artigo 25.° (Veículos automóveis)

1. Não é permitida publicidade a veículos automóveis que:

a) Contenha sugestões de utilização do veículo que possa pôr em risco a segurança pessoal do utente ou de terceiro.

b) Infrinja o Código da Estrada, nomeadamente quanto a ultrapassagens não permitidas, excesso de velocidade ou outras manobras perigosas, não utilização de acessórios de segurança e desrespeito pela sinalização ou pelos peões;

c) Incite à sua utilização de forma perturbadora do meio ambiente.

2. Entende-se por veículos automóveis todos os veículos de tracção mecânica destinados a transitar pelos seus próprios meios nas vias públicas.

(...)

Artigo 30.° (Punição das contra-ordenações)

1. (...)

c) De 20 000$00 a 200 000$00, por preterição da formalidade imposta pelo n.° 1 do artigo 25.° ;

d) De 1000$00 a 200 000$00, nos demais casos.

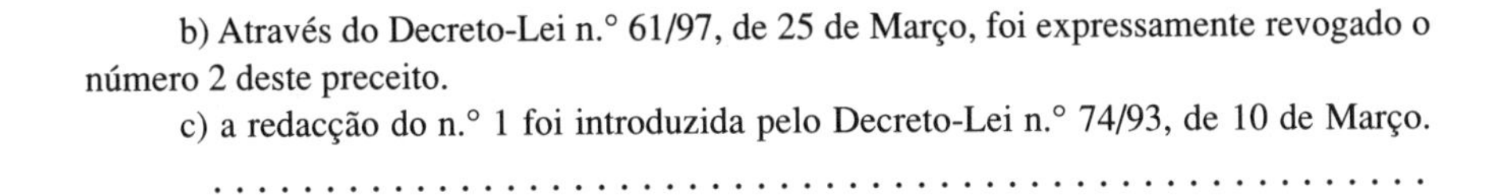

b) Através do Decreto-Lei n.° 61/97, de 25 de Março, foi expressamente revogado o número 2 deste preceito.

c) a redacção do n.° 1 foi introduzida pelo Decreto-Lei n.° 74/93, de 10 de Março.

. . . .

CÓDIGO DA PUBLICIDADE

CAPÍTULO I
Disposições gerais

ARTIGO 1.°
(Âmbito do diploma)

O presente diploma aplica-se a qualquer forma de publicidade, independentemente do suporte utilizado para a sua difusão.

ARTIGO 2.°
(Direito aplicável)

A publicidade rege-se pelo disposto no presente diploma e, subsidiariamente, pelas normas de direito civil ou comercial.

ARTIGO 3.°
(Conceito de publicidade)

1. Considera-se publicidade, para efeitos do presente diploma, qualquer forma de comunicação feita por entidades de natureza pública ou privada, no âmbito de uma actividade comercial, industrial, artesanal ou liberal, com o objectivo directo ou indirecto de:

a) Promover, com vista à sua comercialização ou alienação, quaisquer bens ou serviços;

b) Promover ideias, princípios, iniciativas ou instituições.

2. Considera-se, também, publicidade qualquer forma de comunicação da Administração Pública, não prevista no número anterior, que tenha por objectivo, directo ou indirecto, promover o fornecimento de bens ou serviços.

3. Para efeitos do presente diploma, não se considera publicidade a propaganda política.

NOTA:

A actual redacção do preceito foi introduzida pelo Decreto-Lei n.° 6/95, de 17 de Janeiro.

ARTIGO 4.°

(Conceito de actividade publicitária)

1. Considera-se actividade publicitária o conjunto de operações relacionadas com a difusão de uma mensagem publicitária junto dos seus destinatários, bem como as relações jurídicas e técnicas daí emergentes entre anunciantes, profissionais, agências de publicidade e entidades que explorem os suportes publicitários ou que efectuem as referidas operações.

2. Incluem-se entre as operações referidos no número anterior, designadamente, as de concepção, criação, produção, planificação e distribuição publicitárias.

NOTA:

A redacção do n.° 1 é a que foi introduzida pelo Decreto-Lei n.° 275/98, de 9 de Setembro. Foram acrescentados os profissionais às agências de publicidade.

ARTIGO 5.°

(Anunciante, profissional, agência de publicidade, suporte publicitário e destinatário)

Para efeitos do disposto no presente diploma, considera-se:

a) Anunciante: a pessoa singular ou colectiva no interesse de quem se realiza a publicidade;

b) Profissional ou agência de publicidade: pessoa singular que exerce a actividade publicitária ou pessoa colectiva que tenha por objecto exclusivo o exercício da actividade publicitária;

c) Suporte publicitário: o veículo utilizado para a transmissão da mensagem publicitária;

d) Destinatário: a pessoa singular ou colectiva a quem a mensagem publicitária se dirige ou que por ela, de qualquer forma, seja atingida.

NOTA:

A redacção da alínea b) foi alterada, em conformidade com a nota anterior, pelo Decreto-Lei n.° 275/98, de 9 de Setembro.

CAPÍTULO II
Regime geral da publicidade

SECÇÃO I
Princípios gerais

ARTIGO 6.°
(Princípios da publicidade)

A publicidade rege-se pelos princípios da licitude, identificabilidade, veracidade e respeito pelos direitos do consumidor.

ARTIGO 7.°
(Princípio da licitude)

1. É proibida a publicidade que, pela sua forma, objecto ou fim, ofenda os valores, princípios e instituições fundamentais constitucionalmente consagrados.

2. É proibida, nomeadamente, a publicidade que:

a) Se socorra, depreciativamente, de instituições, símbolos nacionais ou religiosos ou personagens históricas;

b) Estimule ou faça apelo à violência, bem como a qualquer actividade ilegal ou criminosa;

c) Atente contra a dignidade da pessoa humana;

d) Contenha qualquer discriminação em relação à raça, língua, território de origem, religião ou sexo;

e) Utilize, sem autorização da própria, a imagem ou as palavras de alguma pessoa;

f) Utilize linguagem obscena;

g) Encoraje comportamentos prejudiciais à protecção do ambiente.

h) Tenha como objecto ideias de conteúdo sindical, político ou religioso.

3. Só é permitida a utilização de línguas de outros países na mensagem publicitária, mesmo que em conjunto com a língua portuguesa, quando aquela tenha os estrangeiros por destinatários exclusivos ou principais, sem prejuízo do disposto no número seguinte.

4. É admitida a utilização excepcional de palavras ou de expressões em línguas de outros países quando necessárias à obtenção do efeito visado na concepção da mensagem.

NOTAS:

a) A alínea h) do n.° 2 foi acrescentada pelo Decreto-Lei n.° 6/95, de 17 de Janeiro.

b) A redacção da alínea d) do n.° 2, bem como a redacção do n.° 3 foram alteradas pelo Decreto — Lei n.° 275/98, de 9 de Setembro.

c) O n.° 4 foi acrescentado pelo referido Decreto-Lei n.° 275/98.

d) Conclusões do Parecer n.° 17/94, de 14 de Julho de 1994, do Conselho Consultivo da P.G.R.:

1.ª De acordo com o n.° 2 do artigo 5.° e o n.° 3 do artigo 12.° da Lei n.° 58/90, de 7 de Setembro, os direitos de concessão do serviço público de televisão, bem como os direitos das sociedades licenciadas para o exercício da actividade de televisão, são intransmissíveis;

2.ª A actividade que se analisa na emissão de programas de televisão não pode ser levada a cabo por entidades não concessionadas ou licenciadas pela autoridade pública competente;

3.ª Nenhum operador de televisão tem a faculdade de ceder total ou parcialmente o direito de emissão televisiva a outras entidades, para além da garantia de tempo de emissão facultado às confissões religiosas e do exercício do direito de antena, expressamente previstos nos artigos 25.° e 32.° da Lei n.° 58/90, de 7 de Setembro;

4.ª Não é legalmente admissível que a SIC ceda certo tempo de emissão à Igreja Universal do Reino de Deus (IURD);

5.ª Nos termos do artigo 26.° da Lei n.° 58/90, de 7 de Setembro, e do artigo 3.° do Decreto-Lei n.° 330/90, de 23 de Outubro, não existe obstáculo legal a que um operador de televisão inclua nas suas emissões publicidade, não comercial, destinada a promover uma confissão religiosa

6.ª Um espaço televisivo diário relativo a publicidade não comercial, com duração que pode ir até 30 minutos, deve ter lugar em conjunto com os programas que integram a emissão do operador em causa e deve ser incluído no horário de programação anunciado;

7.ª O tempo de publicidade não comercial que for emitida deverá integrar-se na percentagem global máxima de publicidade imposta por lei em relação ao tempo diário de emissão, respeitando, além disso, aquela publicidade os princípios gerais da identificabilidade, licitude, veracidade, leal concorrência e respeito pelos direitos do consumidor;

8.ª No actual quadro normativo, as igrejas e outras comunidades religiosas têm um acesso directo à actividade de televisão através da participação no capital social dos operadores licenciados;

9.ª De acordo com o artigo 25.° da Lei n.° 58/90, de 7 de Setembro, é garantido às comunidades que forem reconhecidas como confissões religiosas, para prossecução das suas actividades, um tempo de emissão até duas horas diárias no serviço público de televisão, a atribuir e distribuir segundo critérios objectivos e de acordo com a representatividade de cada confissão religiosa.

Este parecer foi publicado na II série do D.R. de 7/5/96, juntamente com o parecer complementar de 17/8/95, que contém as seguintes conclusões:

1.ª Face à nova redacção dada no artigo 7.° do Decreto-Lei n.° 330/90, de 23 de Outubro, pelo artigo 1.° do Decreto-Lei n.° 6/95, de 17 de Janeiro, a conclusão 5.ª, produzida no parecer n.° 17/94 ficou prejudicada, já que toda a publicidade destinada a promover uma confissão religiosa ou que tenha por objecto ideias religiosas deverá ser considerada ilícita, incorrendo o infractor em responsabilidade contra- ordenacional, e disponibilizando aliás, o artigo 41.°, do dito Decreto-Lei n.° 330/90 medidas cautelares destinadas a fazer cessar, suspender ou proibir aquela publicidade;

2.ª A proibição de transmissão televisiva de publicidade tendo por objecto ideias religiosas vigora a partir de Janeiro de 1995, devendo ser considerada ilícita a emissão feita pela SIC de um espaço publicitário destinado a promover a IURD a partir daquela data;

3.ª A nova redacção dada ao n.° 8 do artigo 25.° do Decreto-Lei n.° 330/90, de 23 de Outubro, pelo artigo 1.° do Decreto-Lei n.° 6/95, de 17 de Janeiro, justifica uma reformulação da conclusão 6.ª produzida no parecer n.° 17/94 para se afirmar que o espaço publicitário da responsabilidade da SIC relativo à IURD mesmo que fosse de considerar lícito, o que não é o caso, sempre seria ilegal por aparecer isolado, sem que nenhum circunstancialismo excepcional surja como justificação para tal;

4.ª As conclusões 1.ª, 2.ª, 3.ª, 4.ª, 7.ª, 8.ª e 9.ª formuladas no parecer n.° 17/94 não foram afectadas com a publicação do Decreto-Lei n.° 6/95, de 17 de Janeiro.

e) A inobservância deste artigo é punida com coima de 350.000$00 a 750.000$00, se o infractor for pessoa singular, ou de 750.000$00 a 9.000.000$00, se o infractor for pessoa colectiva.

ARTIGO 8.°

(Princípio da identificabilidade)

1. A publicidade tem de ser inequivocamente identificada como tal, qualquer que seja o meio de difusão utilizado.

2. A publicidade efectuada na rádio e na televisão deve ser claramente separada da restante programação, através da introdução de um separador no início e no fim do espaço publicitário.

3. O separador a que se refere o número anterior é constituído na rádio, por sinais acústicos, e, na televisão, por sinais ópticos ou acústicos, devendo, no caso da televisão, conter, de forma perceptível para os destinatários, a palavra «Publicidade» no separador que precede o espaço publicitário.

NOTAS:

a) A redacção dos números 2 e 3 foi introduzida pelo Decreto-Lei n.° 6/95, de 17 de Janeiro.

b) A inobservância deste artigo é punida com coima de 350.000$00 a 750.000$00, se o infractor for pessoa singular, ou de 750.000$00 a 9.000.000$00, se o infractor for pessoa colectiva.

ARTIGO 9.°

(Publicidade oculta ou dissimulada)

1. É vedado o uso de imagens subliminares ou outros meios dissimuladores que explorem a possibilidade de transmitir publicidade sem que os destinatários se apercebam da natureza publicitária da mensagem.

2. Na transmissão televisiva ou fotográfica de quaisquer acontecimentos ou situações, reais ou simulados, é proibida a focagem directa e exclusiva da publicidade aí existente.

3. Considera-se publicidade subliminar, para os efeitos do presente diploma, a publicidade que, mediante o recurso a qualquer técnica, possa provocar no destinatário percepções sensoriais de que ele não chegue a tomar consciência.

NOTA:

A inobservância deste artigo é punida com coima de 350.000$00 a 750.000$00, se o infractor for pessoa singular, ou de 750.000$00 a 9.000.000$00, se o infractor for pessoa colectiva.

ARTIGO 10.°

(Princípio da verdade)

1. A publicidade deve respeitar a verdade, não deformando os factos.

2. As afirmações relativas à origem, natureza, composição, propriedades e condições de aquisição dos bens ou serviços publicitados devem ser exactas e passíveis de prova, a todo o momento, perante as instâncias competentes.

NOTA:

A inobservância deste artigo é punida com coima de 350.000$00 a 750.000$00, se o infractor for pessoa singular, ou de 750.000$00 a 9.000.000$00, se o infractor for pessoa colectiva.

ARTIGO 11.°

(Publicidade enganosa)

1. É proibida toda a publicidade que, por qualquer forma, incluindo a sua apresentação, e devido ao seu carácter enganador, induza ou seja susceptível de induzir em erro os seus destinatários, independentemente de lhes causar qualquer prejuízo económico, ou que possa prejudicar um concorrente.

2. Para se determinar se uma mensagem é enganosa devem ter-se em conta todos os seus elementos e, nomeadamente, todas as indicações que digam respeito:

a) Às características dos bens ou serviços, tais como a sua disponibilidade, natureza, execução, composição, modo e data de fabrico ou de prestação, sua adequação, utilizações, quantidade, especificações, origem geográfica ou comercial, resultados que podem ser esperados da utilização ou ainda resultados e características essenciais dos testes ou controlos efectuados sobre os bens ou serviços;

b) Ao preço e ao seu modo de fixação ou pagamento, bem como às condições de fornecimento dos bens ou da prestação dos serviços;

c) À natureza, às características e aos direitos do anunciante, tais como a sua identidade, as suas qualificações e os seus direitos de propriedade industrial, comercial ou intelectual, ou os prémios ou distinções que recebeu;

d) Aos direitos e deveres do destinatário, bem como aos termos de prestação de garantias.

3. Considera-se, igualmente, publicidade enganosa, para efeitos do disposto no n.° 1, a mensagem que por qualquer forma, incluindo a sua apresentação, induza ou seja susceptível de induzir em erro o seu destinatário ao favorecer a ideia de que determinado prémio, oferta ou promoção lhe será concedido, independentemente de qualquer contrapartida económica, sorteio ou necessidade de efectuar qualquer encomenda.

4. Nos casos previstos nos números anteriores, pode a entidade competente para a instrução dos respectivos processos de contra-ordenação exigir que o anunciante apresente provas de exactidão material dos dados de facto contidos na publicidade.

5. Os dados referidos no número anterior presumem-se inexactos se as provas exigidas não forem apresentadas ou forem insuficientes.

NOTAS:

a) Pelo Decreto-Lei n.° 275/98, de 9 de Setembro, foi introduzida no n.° 1 do preceito a expressão: «independentemente de lhes causar prejuízo económico» — o que representa uma alteração altamente significativa.

b) O disposto no n.° 3 foi introduzido pelo citado diploma legal, sendo certo que os números 3 e 4 passaram a ser os números 4 e 5.

c) A inobservância deste artigo é punida com coima de 350.000$00 a 750.000$00, se o infractor for pessoa singular, ou de 750.000$00 a 9.000.000$00, se o infractor for pessoa colectiva.

ARTIGO 12.°

(Princípio do respeito pelos direitos do consumidor)

É proibida a publicidade que atente contra os direitos do consumidor.

NOTAS:

a) Redacção do Decreto-Lei n.° 275/98, de 9 de Setembro.

b) A inobservância deste artigo é punida com coima de 350.000$00 a 750.000$00, se o infractor for pessoa singular, ou de 750.000$00 a 9.000.000$00, se o infractor for pessoa colectiva.

ARTIGO 13.°

(Saúde e segurança do consumidor)

1. É proibida a publicidade que encoraje comportamentos prejudiciais à saúde e segurança do consumidor, nomeadamente por deficiente informação acerca da perigosidade do produto ou da especial susceptibilidade da verificação de acidentes em resultado da utilização que lhe é própria.

2. A publicidade não deve comportar qualquer apresentação visual ou descrição de situações onde a segurança não seja respeitada, salvo justificação de ordem pedagógica.

3. O disposto nos números anteriores deve ser particularmente acautelado no caso da publicidade especialmente dirigida a crianças, adolescentes, idosos ou deficientes.

NOTA:

A inobservância deste artigo é punida com coima de 350.000$00 a 750.000$00, se o infractor for pessoa singular, ou de 750.000$00 a 9.000.000$00, se o infractor for pessoa colectiva.

SECÇÃO II

Restrições ao conteúdo da publicidade

ARTIGO 14.°

(Menores)

1. A publicidade especialmente dirigida a menores deve ter sempre em conta a sua vulnerabilidade psicológica, abstendo-se, nomeadamente, de:

a) Incitar directamente os menores, explorando a sua inexperiência ou credulidade, a adquirir um determinado bem ou serviço;

b) Incitar directamente os menores a persuadirem os seus pais ou terceiros a comprarem os produtos ou serviços em questão;

c) Conter elementos susceptíveis de fazerem perigar a sua integridade física ou moral, bem como a sua saúde ou segurança, nomeadamente através de cenas de pornografia ou do incitamento à violência;

d) Explorar a confiança especial que os menores depositam nos seus pais, tutores ou professores.

2. Os menores só podem ser intervenientes principais nas mensagens publicitárias em que se verifique existir uma relação directa entre eles e o produto ou serviço veiculado.

NOTAS:

a) A expressão: «bem como a sua saúde e segurança» e a referência às cenas de pornografia, contidas na alínea c) do n.° 1 foram introduzidas pelo Decreto-Lei n.° 275/98, de 9 de Setembro.

b) A inobservância deste artigo é punida com coima de 350.000$00 a 750.000$00, se o infractor for pessoa singular, ou de 750.000$00 a 9.000.000$00, se o infractor for pessoa colectiva.

ARTIGO 15.°
(Publicidade testemunhal)

A publicidade testemunhal deve integrar depoimentos personalizados, genuínos e comprováveis, ligados à experiência do depoente ou de quem ele represente, sendo admitido o depoimento despersonalizado, desde que não seja atribuído a uma testemunha especialmente qualificada, designadamente em razão do uso de uniformes, fardas ou vestimentas características de determinada profissão.

NOTA:

A inobservância deste artigo é punida com coima de 350.000$00 a 750.000$00, se o infractor for pessoa singular, ou de 750.000$00 a 9.000.000$00, se o infractor for pessoa colectiva.

ARTIGO 16.°
(Publicidade comparativa)

1. É comparativa a publicidade que identifica, explícita ou implicitamente, um concorrente ou os bens ou serviços oferecidos por um concorrente.

2. A publicidade comparativa, independentemente do suporte utilizado para a sua difusão, só é consentida, no que respeita à comparação, desde que respeite as seguintes condições:

a) Não seja enganosa, nos termos do artigo 11.° ;

b) Compare bens ou serviços que respondam às mesmas necessidades ou que tenham os mesmos objectivos;

c) Compare objectivamente uma ou mais características essenciais, pertinentes, comprováveis e representativas desses bens ou serviços, entre as quais se pode incluir o preço;

d) Não gere confusão no mercado entre o anunciante e um concorrente ou entre marcas, designações comerciais, outros sinais distintivos, bens ou serviços do anunciante ou de um concorrente;

e) Não desacredite ou deprecie marcas, designações comerciais, outros sinais distintivos, bens, serviços, actividades ou situação de um concorrente;

f) Se refira, em todos os casos de produtos com denominação de origem, a produtos com a mesma denominação;

g) Não retire partido indevido do renome de uma marca, designação comercial ou outro sinal distintivo de um concorrente ou da denominação de origem de produtos concorrentes;

h) Não apresente um bem ou serviço como sendo imitação ou reprodução de um bem ou serviço cuja marca ou designação comercial seja protegida.

3. Sempre que a comparação faça referência a uma oferta especial deverá, de forma clara e inequívoca, conter a indicação do seu termo ou, se for o caso, que essa oferta especial depende da disponibilidade dos produtos ou serviços.

4. Quando a oferta especial a que se refere o número anterior ainda não se tenha iniciado deverá indicar-se também a data de início do período durante o qual é aplicável o preço especial ou qualquer outra condição específica.

5. O ónus da prova da veracidade da publicidade comparativa recai sobre o anunciante.

NOTAS:

a) Era a seguinte a redacção deste artigo antes do Decreto-Lei n.° 275/98, de 9 de Setembro:

1. É proibida a publicidade que utilize comparações que não se apoiem em características essenciais, afins e objectivamente demonstráveis dos bens ou serviços ou que os contraponha com outros não similares ou desconhecidos.

2. O ónus da prova sobre a verdade da publicidade comparativa recai sobre o anunciante.

b) A inobservância deste artigo é punida com coima de 350.000$00 a 750.000$00, se o infractor for pessoa singular, ou de 750.000$00 a 9.000.000$00, se o infractor for pessoa colectiva.

SECÇÃO III
Restrições ao objecto da publicidade

ARTIGO 17.°
(Bebidas alcoólicas)

1. A publicidade a bebidas alcoólicas, independentemente do suporte utilizado para a sua difusão, só é consentido quando:

a) Não se dirija especificamente a menores e, em particular, não os apresente a consumir tais bebidas;

b) Não encoraje consumos excessivos;

c) Não menospreze os não consumidores;

d) Não sugira sucesso, êxito social ou especiais aptidões por efeito do consumo;

e) Não sugira a existência, nas bebidas alcoólicas, de propriedades terapêuticas ou de efeitos estimulantes ou sedativos;

f) Não associe o consumo dessas bebidas ao exercício físico ou à condução de veículos;

g) Não sublinhe o teor do álcool das bebidas como qualidade positiva.

2. É proibida a publicidade de bebidas alcoólicas, na televisão e na rádio, entre as 7 e as 21 horas e 30 minutos.

3. Para efeitos do disposto no número anterior é considerada a hora oficial do local de origem da emissão.

NOTAS:

a) O disposto no n.° 3 foi introduzido pelo Decreto-Lei n.° 51/2001, de 15 de Fevereiro.

b) A inobservância deste artigo é punida com coima de 200.000$00 a 700.000$00, se o infractor for pessoa singular, ou de 500.000$00 a 5.000.000$00, se o infractor for pessoa colectiva.

ARTIGO 18.°

(Tabaco)

São proibidas, sem prejuízo do disposto em legislação especial, todas as formas de publicidade ao tabaco através de suportes sob jurisdição do Estado Português.

NOTAS:

a) Redacção do Decreto-Lei n.° 275/98, de 9 de Setembro.

b) A inobservância deste artigo é punida com coima de 200.000$00 a 700.000$00, se o infractor for pessoa singular, ou de 500.000$00 a 5.000.000$00, se o infractor for pessoa colectiva.

ARTIGO 19.°

(Tratamentos e medicamentos)

É proibida a publicidade a tratamentos médicos e a medicamentos que apenas possam ser obtidos mediante receita médica, com excepção da publicidade incluída em publicações técnicas destinadas a médicos e outros profissionais de saúde.

NOTA:

A inobservância deste artigo é punida com coima de 200.000$00 a 700.000$00, se o infractor for pessoa singular, ou de 500.000$00 a 5.000.000$00, se o infractor for pessoa colectiva.

ARTIGO 20.°

(Publicidade em estabelecimentos de ensino ou destinada a menores)

É proibida a publicidade a bebidas alcoólicas, ao tabaco ou a qualquer tipo de material pornográfico em estabelecimentos de ensino, bem como em quaisquer publicações, programas ou actividades especialmente destinadas a menores.

NOTAS:

a) Pelo Decreto-Lei n.° 275/98, de 9 de Setembro, foi acrescentada à epígrafe a expressão: «ou destinada a menores».

b) A inobservância deste artigo é punida com coima de 350.000$00 a 750.000$00, se o infractor for pessoa singular, ou de 750.000$00 a 9.000.000$00, se o infractor for pessoa colectiva.

ARTIGO 21.°

(Jogos de fortuna ou azar)

1. Não podem ser objecto de publicidade os jogos de fortuna ou azar enquanto objecto essencial da mensagem.

2. Exceptuam-se do disposto no número anterior os jogos promovidos pela Santa Casa da Misericórdia de Lisboa.

NOTA:

A inobservância do disposto neste artigo é punida com coima de 75.000$00 a 500.000$00, se o infractor for pessoa singular, ou de 300.000$00 a 1.600.000$00, se o infractor for pessoa colectiva.

ARTIGO 22.°

(Cursos)

A mensagem publicitária relativa a cursos ou quaisquer outras acções de formação ou aperfeiçoamento intelectual, cultural ou profissional deve indicar

a) A natureza desses cursos ou acções, de acordo com a designação oficialmente aceite pelos serviços competentes, bem como a duração dos mesmos;

b) A expressão «sem reconhecimento oficial», sempre que este não tenha sido atribuído pelas entidades oficiais competentes.

NOTAS:

a) A alínea b) foi introduzida pelo Decreto-Lei n.° 275/98, de 9 de Setembro.

b) A inobservância do disposto neste artigo é punida com coima de 75.000$00 a 500.000$00, se o infractor for pessoa singular, ou de 300.000$00 a 1.600.000$00, se o infractor for pessoa colectiva.

ARTIGO 22.°-A

(Veículos automóveis)

1. É proibida a publicidade a veículos automóveis que:

a) Contenha situações ou sugestões de utilização do veículo que possam pôr em risco a segurança pessoal do utente ou de terceiros;

b) Contenha situações ou sugestões de utilização do veículo perturbadoras do meio ambiente;

c) Apresente situações de infracção das regras do Código da Estrada, nomeadamente excesso de velocidade, manobras perigosas, não utilização de acessórios de segurança e desrespeito pela sinalização ou pelos peões.

2. Para efeitos do presente Código, entende-se por veículos automóveis todos os veículos de tracção mecânica destinados a transitar pelos seus próprios meios nas vias públicas.

NOTAS:

a) A redacção deste preceito foi introduzida pelo Decreto-Lei n.° 74/93, de 10 de Março.

b) A inobservância do disposto neste artigo é punida com coima de 75.000$00 a 500.000$00, se o infractor for pessoa singular, ou de 300.000$00 a 1.600.000$00, se o infractor for pessoa colectiva.

ARTIGO 22.°-B

(Produtos e serviços milagrosos)

1. É proibida, sem prejuízo do disposto em legislação especial, a publicidade a bens ou serviços milagrosos.

2. Considera-se publicidade a bens ou serviços milagrosos, para efeitos do presente diploma, a publicidade que, explorando a ignorância, o medo, a crença ou a superstição dos destinatários, apresente quaisquer bens, produtos, objectos, aparelhos, materiais, substâncias, métodos ou serviços como tendo efeitos específicos automáticos ou garantidos na saúde, bem-estar, sorte ou felicidade dos consumidores ou de terceiros, nomeadamente por permitirem prevenir, diagnosticar, curar ou tratar doenças ou dores, proporcionar vantagens de ordem profissional, económica ou social, bem como alterar as carac-

terísticas físicas ou a aparência das pessoas, sem uma objectiva comprovação científica das propriedades, características ou efeitos propagandeados ou sugeridos.

3.O ónus da comprovação científica a que se refere o número anterior recai sobre o anunciante.

4. As entidades competentes para a instrução dos processos de contra-ordenação e para a aplicação das medidas cautelares e das coimas previstas no presente diploma podem exigir que o anunciante apresente provas da compravação científica a que se refere o n.° 2, bem como da exactidão material dos dados de facto e de todos os benefícios propagandeados ou sugeridos na publicidade.

5.A comprovação científica a que se refere o n.° 2 bem como os dados de facto e os benefícios a que se refere o número anterior presumem-se inexistentes ou inexactos se as provas exigidas não forem imediatamente apresentadas ou forem insuficientes.

NOTAS:

a) Preceito introduzido pelo Decreto-Lei n.° 275/98, de 9 de Setembro.

b) A inobservância deste artigo é punida com coima de 350.000$00 a 750.000$00, se o infractor for pessoa singular, ou de 750.000$00 a 9.000.000$00, se o infractor for pessoa colectiva.

SECÇÃO IV
Formas especiais de publicidade

ARTIGO 23.°
(Publicidade domiciliária e por correspondência)

1. Sem prejuízo do disposto em legislação especial, a publicidade entregue no domicílio do destinatário, por correspondência ou qualquer outro meio, deve conter, de forma clara e precisa:

a) O nome, domicílio e os demais elementos necessários para a identificação do anunciante;

b) A indicação do local onde o destinatário pode obter as informações de que careça;

c) A descrição rigorosa e fiel do bem ou serviço publicitado e suas características;

d) O preço do bem ou serviço e a respectiva forma de pagamento, bem como as condições de aquisição, de garantia e de assistência pós-venda.

2. Para efeitos das alíneas a) e b) do número anterior, não é admitida a indicação, em exclusivo, de um apartado ou de qualquer outra menção que não permita a localização imediata do anunciante.

3. A publicidade referida no número 1 só pode referir-se a artigos de que existam amostras disponíveis para exame do destinatário.

4. O destinatário da publicidade abrangida pelo disposto nos números anteriores não é obrigado a adquirir, guardar ou devolver quaisquer bens ou amostras que lhe tenham sido enviadas ou entregues à revelia de solicitação sua.

NOTAS:

a) Foram as seguintes as alterações introduzidas neste preceito pelo Decreto-Lei n.° 275/98, de 9 de Setembro:

1. Na alínea a) do n.° 1, a expressão «elementos suficientes» foi substituída pela expressão «elementos necessários».
2. A alínea b) foi desdobrada nas actuais alíneas c) e d);
3. A actual alínea b) constitui preceito novo, bem como o actual n.° 2.
4. Os números 3 e 4 eram os números 2 e 3.

b) A inobservância deste artigo é punida com coima de 350.000$00 a 750.000$00, se o infractor for pessoa singular, ou de 750.000$00 a 9.000.000$00, se o infractor for pessoa colectiva.

c) A Lei n.° 6/99, de 27 de Janeiro, regula a publicidade domiciliária, nomeadamente por via postal, distribuição directa, telefone e telecópia, sem prejuízo do disposto no artigo sob anotação.

ARTIGO 24.°

(Patrocínio)

1. Entende-se por patrocínio, para efeitos do presente diploma, a participação de pessoas singulares ou colectivas que não exerçam a actividade televisiva ou de produção de obras audiovisuais no financiamento de quaisquer obras audiovisuais, programas, reportagens, edições, rubricas ou secções, adiante designados abreviadamente por programas, independentemente do meio utilizado para a sua difusão, com vista à promoção do seu nome, marca ou imagem, bem como das suas actividades, bens ou serviços.

2. Os programas televisivos não podem ser patrocinados por pessoas singulares ou colectivas que tenham por actividade principal o fabrico ou a venda de cigarros ou de outros produtos derivados do tabaco.

3. Os telejornais e os programas televisivos de informação política não podem ser patrocinados.

4. Os programas patrocinados devem ser claramente identificados como tal pela indicação do nome ou logótipo do patrocinador no início e, ou, no final do programa, sem prejuízo de tal indicação poder ser feita, cumulativamente, noutros momentos, de acordo com o regime previsto no artigo 25.° para a inserção de publicidade na televisão.

5. O conteúdo e a programação de uma emissão patrocinada não podem, em caso algum, ser influenciados pelo patrocinador, por forma a afectar a responsabilidade e a independência editorial do emissor.

6. Os programas patrocinados não podem incitar à compra ou locação dos bens ou serviços do patrocinador ou de um terceiro, designadamente através de referências promocionais específicas a tais bens ou serviços.

NOTAS:

a) São as seguintes as alterações introduzidas neste preceito pelo Decreto-Lei n.° 275/98, de 9 de Setembro:

1. No número 1, foi intercalada a expressão «que não exerçam a actividade televisiva ou de produção de obras audiovisuais»;
2. No número 2 deixou de se fazer referência aos tratamentos médicos e medicamentos que só podem ser vendidos com receita médica;
3. No número 4 foi acrescentada a expressão «sem prejuízo...»;
4. No número 6 foi substituída a forma verbal «não devem» pela forma verbal «não podem»

b) A inobservância deste artigo é punida com coima de 350.000$00 a 750.000$00, se o infractor for pessoa singular, ou de 750.000$00 a 9.000.000$00, se o infractor for pessoa colectiva.

CAPÍTULO III
Publicidade na televisão e televenda

ARTIGO 25.°
(Inserção da publicidade na televisão)

1. A publicidade televisiva deve ser inserida entre programas.

2. A publicidade só pode ser inserida durante os programas, desde que não atente contra a sua integridade e tenha em conta as suas interrupções naturais, bem como a sua duração e natureza, e de forma a não lesar os direitos de quaisquer titulares.

3. A publicidade não pode ser inserida durante a transmissão de serviços religiosos.

4. Os telejornais, os programas de informação política, os programas de actualidade informativa, as revistas de actualidade, os documentários, os programas religiosos e os programas para crianças com duração programada inferior a 30 minutos não podem ser interrompidos por publicidade.

5. Nos programas compostos por partes autónomas, nas emissões desportivas e nas manifestações ou espectáculos de estrutura semelhante, que compreendam intervalos, a publicidade só pode ser inserida entre aquelas partes autónomas ou nos intervalos.

6. Sem prejuízo do disposto no número anterior, entre duas interrupções sucessivas do mesmo programa, para emissão de publicidade, deve mediar um período igual ou superior a vinte minutos.

7. A transmissão de obras audiovisuais com duração programada superior a quarenta e cinco minutos, designadamente longas metragens cinematográficas e filmes concebidos para a televisão, com excepção de séries, folhetins, programas de diversão e documentários, só pode ser interrompida uma vez por cada período completo de 45 minutos, sendo admitida outra interrupção se a duração programada da transmissão exceder em, pelo menos, vinte minutos dois ou mais períodos completos de quarenta e cinco minutos.

8. As mensagens publicitárias isoladas só podem ser inseridas a título excepcional.

9. Para efeitos do disposto no presente artigo, entende-se por duração programada de um programa o tempo efectivo do mesmo, descontando o período dedicado às interrupções, publicitárias e outras.

NOTAS:

a) Os números 8 e 9 foram acrescentados pelo Decreto-lei n.° 6/95, de 17 de Janeiro.

b) O Decreto-Lei n.° 275/98, de 9 de Setembro, veio introduzir as seguintes alterações:

1. No n.° 4 foram acrescentados os programas de actualidade informativa e os documentários;
2. No n.° 6 foi acrescentada a expressão «sem prejuízo do disposto no número anterior»

c) A inobservância deste artigo é punida com coima de 350.000$00 a 750.000$00, se o infractor for pessoa singular, ou de 750.000$00 a 9.000.000$00, se o infractor for pessoa colectiva.

ARTIGO 25.°-A

(Televenda)

1. Considera-se televenda, para efeitos do presente diploma, a difusão de ofertas directas ao público, realizada por canais televisivos, com vista ao fornecimento de produtos ou à prestação de serviços, incluindo bens imóveis, direitos e obrigações mediante remuneração.

2. São aplicáveis à televenda, com as necessárias adaptações, as disposições previstas neste Código para a publicidade, sem prejuízo do disposto nos números seguintes.

3. É proibida a televenda de medicamentos sujeitos a uma autorização de comercialização, assim como a televenda de tratamentos médicos.

4. A televenda não deve incitar os menores a contratarem a compra ou aluguer de quaisquer bens ou serviços.

NOTAS:

a) Preceito introduzido pelo Decreto-Lei n.° 275/98, de 9 de Setembro.

b) A inobservância deste artigo é punida com coima de 350.000$00 a 750.000$00, se o infractor for pessoa singular, ou de 750.000$00 a 9.000.000$00, se o infractor for pessoa colectiva.

ARTIGO 26.°

(Tempo reservado à publicidade)

1. O tempo consagrado à publicidade não pode ultrapassar 15% do período diário de transmissão, salvo se incluir formas de publicidade referidas no número seguinte, caso em que essa percentagem pode ir até 20%, desde que o volume das mensagens publicitárias propriamente ditas não exceda 15%.

2. As ofertas directas ao público com vista à venda, compra ou aluguer de produtos, ou à prestação de serviços, não pode exceder uma hora por dia.

3. O tempo de emissão consagrado às mensagens publicitárias em cada período de uma hora não pode exceder 20%.

4. Para efeitos de cômputo horário da publicidade, será tomado como referência o período compreendido entre duas unidades de hora, sem desdobramentos em minutos ou segundos.

NOTAS:

a) A redacção dos números 1, 3 e 4 foi introduzida pelo Decreto-Lei n.° 6/95, de 17 de Janeiro.

b) Preceito revogado pelo n.° 2 do artigo 75.° da Lei n.° 31-A/98, de 14 de Julho — Lei da Televisão.

CAPÍTULO IV
Actividade publicitária

SECÇÃO I
Publicidade de Estado

ARTIGO 27.°
(Publicidade do Estado)

1. A publicidade do Estado deve ser feita por profissionais ou agências de publicidade certificados, sem prejuízo do disposto no número seguinte.

2.Quando não seja possível dar cumprimento ao número anterior, a adjudicação da campanha publicitária em causa deve ser precedida de autorização por decisão fundamentada do membro do Governo competente.

3. Uma percentagem da publicidade a que se referem os números anteriores, desde que a tal não se oponham os respectivos objectivos ou condicionalismos técnicos, deve ser colocada em rádios locais e na imprensa regional, nos termos e quantitativos a definir por portaria do membro do Governo responsável pela área da comunicação social.

NOTAS:

a) A redacção dos números 1 e 2 foi introduzida pelo Decreto-Lei n.° 6/95, de 17 de Janeiro.

Por força desse diploma legal, o anterior n.° 2 passou ao actual n.° 3.

b) Sobre «Agência de publicidade certificada», ver o Decreto-Lei n.° 34/94, de 8 de Fevereiro, que estabelece o regime da respectiva utilização.

c)A Portaria n.° 209/96, de 12 de Junho, estabelece a quota de publicidade do Estado nos órgãos de comunicação social, de âmbito local e regional.

d)A redacção de todo o preceito foi melhorada pelo Decreto-Lei n.° 275/98,de 9 de Setembro.

SECÇÃO II
Relações entre sujeitos da actividade publicitária

ARTIGO 28.°
(Respeito pelos fins contratuais)

É proibida a utilização para fins diferentes dos acordados de qualquer ideia, informação ou material publicitário fornecido para fins contratuais relacionados com alguma ou algumas das operações referidas no n.° 2 do artigo 4.°

ARTIGO 29.°
(Criação publicitária)

1. As disposições legais sobre direitos de autor aplicam-se à criação publicitária, sem prejuízo do disposto nos números seguintes.

2. Os direitos de carácter patrimonial sobre a criação publicitária presumem-se, salvo convenção em contrário, cedidos em exclusivo ao seu criador intelectual.

3. É ilícita a utilização de criações publicitárias sem autorização dos titulares dos respectivos direitos.

ARTIGO 30.°
(Responsabilidade civil)

1. Os anunciantes, os profissionais, as agências de publicidade e quaisquer outras entidades que exerçam a actividade publicitária,

bem como os titulares dos suportes publicitários utilizados ou os respectivos concessionários, respondem civil e solidariamente, nos termos gerais, pelos prejuízos causados a terceiros em resultado da difusão de mensagens publicitárias ilícitas.

2. Os anunciantes eximir-se-ão da responsabilidade prevista no número anterior caso provem não ter tido prévio conhecimento da mensagem publicitária veiculada.

NOTA:

No n.° 1, através do Decreto-Lei n.° 275/98, de 9 de Setembro, foram acrescentados «os profissionais».

CAPÍTULO V
Conselho Consultivo da Actividade Publicitária

NOTA:

Os artigos 31.° a 33.° foram revogados pelo Decreto-Lei n.° 6/95, de 17 de Janeiro

CAPÍTULO VI
Fiscalização e sanções

ARTIGO 34.°
(Sanções)

1. A infracção ao disposto no presente diploma constitui contra-ordenação punível com as seguintes coimas:

a) De 350 000$00 a 750 000$00 ou de 700 000$00 a 9 000 000$00, consoante o infractor seja pessoa singular ou colectiva, por violação do preceituado nos artigos 7.°, 8.°, 9.°, 10.°, 11.°, 12.°, 13.°, 14.°, 16.°, 20.°, 22.°-B, 23.°, 24.°, 25.° e 25.°-A.

b) De 200 000$00 a 700 000$00 ou de 500 000$00 a 5 000 000$00, consoante o infractor seja pessoa singular ou colectiva, por violação do preceituado nos artigos 17.° e 18.° e 19.°.

c) De 75 000$00 a 500 000$00 ou de 300 000$00 a 1 600 000$00, consoante o infractor seja pessoa singular ou colectiva, por violação do preceituado nos artigos 15.°, 21.°, 22.° e 22.°-A.

2. A negligência é sempre punível, nos termos gerais.

ARTIGO 35.°

(Sanções acessórias)

1. Sem prejuízo do disposto no artigo anterior, podem ainda ser aplicadas as seguintes sanções acessórias:

a) Apreensão de objectos utilizados na prática das contra-ordenações;

b) Interdição temporária, até um máximo de dois anos, de exercer a actividade publicitária;

c) Privação do direito a subsídio ou benefício outorgado por entidades ou serviços públicos;

d) Encerramento temporário das instalações ou estabelecimentos onde se verifique o exercício da actividade publicitária, bem com cancelamento de licenças ou alvarás.

2. As sanções acessórias previstas nas alíneas b), c) e d) do número anterior só podem ser aplicadas em caso de dolo na prática das correspondentes infracções.

3. As sanções acessórias previstas nas alíneas c) e d) do n.° 1 têm a duração máxima de dois anos.

4. Em casos graves ou socialmente relevantes pode a entidade competente para decidir da aplicação da coima ou das sanções acessórias determinar a publicidade da punição por contra-ordenação, a expensas do infractor.

NOTA:

O disposto no n.° 4 foi acrescentado pelo Decreto-Lei n.° 275/98, de 9 de Setembro.

ARTIGO 36.°

(Responsabilidade pela contra-ordenação)

São punidos como agentes das contra-ordenações previstas no presente diploma o anunciante, o profissional, a agência de publicidade ou qualquer outra entidade que exerça a actividade publicitária, o titular do suporte publicitário ou o respectivo concessionário,

bem como qualquer outro interveniente na emissão da mensagem publicitária.

NOTA:

Através do Decreto-Lei n.° 275/98, de 9 de Setembro, a expressão «agentes das contra-ordenações» substituiu a expressão «co-autores das contra-ordenações».

ARTIGO 37.°

(Fiscalização)

Sem prejuízo da competência das autoridades policiais e administrativas, compete especialmente ao Instituto do Consumidor a fiscalização do cumprimento do disposto no presente diploma, devendo-lhe ser remetidos os autos de notícia levantados ou as denúncias recebidas.

NOTA:

A actual redacção do preceito foi introduzida pelo Decreto-Lei n.° 6/95, de 17 de Janeiro.

ARTIGO 38.°

(Instrução dos processos)

A instrução dos processos pelas contra-ordenações previstas neste diploma compete ao Instituto do Consumidor.

NOTAS:

a) O Instituto do Consumidor substituiu a Inspecção-Geral das Actividades Económicas na instrução dos processos por infracções ao Código da Publicidade.

b) Esta norma apenas entrou em vigor em 1 de Janeiro de 1999 e nos termos estabelecidos no artigo 5.° do Decreto-Lei n.° 275/98, de 9 de Setembro.

c) A orgânica do Instituto do Consumidor foi estabelecido pelo Decreto-Lei n.° 195/93, de 24 de Maio.

O respectivo quadro de pessoal foi aprovado pela Portaria n.° 853/94, de 22 de Setembro.

A Lei n.° 24/96 — Lei de Defesa do Consumidor — criou o Conselho Nacional do Consumo.

ARTIGO 39.°

(Aplicação de sanções)

1. A aplicação das coimas previstas no presente diploma compete a uma comissão, constituída pelos seguintes membros:

a) O presidente da comissão referida no n.° 2 do artigo 52.° do Decreto-Lei n.° 28/84, de 20 de Janeiro, que presidirá;

b) O presidente do Instituto do Consumidor;

c) O presidente do Instituto da Comunicação Social.

2. À comissão mencionada nos números anteriores aplica-se, com as devidas adaptações, o Decreto-Lei n.° 214/84, de 3 de Julho, sendo apoiada pelo Instituto do Consumidor.

3. Sempre que a comissão entenda que, conjuntamente com a coima, é de aplicar alguma das sanções acessórias previstas no presente diploma, remeterá o respectivo processo, acompanhado de proposta fundamentada, ao membro do Governo que tenha a seu cargo a tutela da protecção do consumidor, ao qual compete decidir das sanções acessórias propostas.

4. As receitas das coimas revertem.

a) Em 20% para a entidade autuante;

b) Em 20% para o Instituto do Consumidor;

c) Em 60% para o Estado.

NOTA:

A actual redacção do preceito foi introduzida pelos Decretos-Leis n.° 6/95, de 17 de Janeiro e 275/98, de 9 de Setembro.

ARTIGO 40.°

(Regras especiais sobre competências)

1. A fiscalização do cumprimento do disposto no artigo 19.°, bem como a instrução dos respectivos processos de contra-ordenação e a aplicação das correspondentes coimas e sanções acessórias, competem à Direcção-Geral dos Cuidados de Saúde Primários, à Direcção-Geral dos Assuntos Farmacêuticos e aos respectivos serviços competentes nas Regiões Autónomas dos Açores e da Madeira.

2. As receitas das coimas aplicadas ao abrigo do disposto no número anterior revertem em 40% para a entidade instrutora e em 60% para o Estado.

ARTIGO 41.°

(Medidas cautelares)

1. Em caso de publicidade enganosa, publicidade comparativa ilícita ou de publicidade que, pelo seu objecto, forma ou fim, acarrete ou possa acarretar riscos para a saúde, a segurança, os direitos ou os interesses legalmente protegidos dos seus destinatários, de menores ou do público a entidade com competência para a aplicação das coimas previstas no presente diploma, sob proposta das entidades com competência para a fiscalização das infracções em matéria de publicidade, pode ordenar medidas cautelares de suspensão, cessação ou proibição daquela publicidade, independentemente de culpa ou da prova de uma perda ou um prejuízo real.

2. A adopção das medidas cautelares a que se refere o número anterior deve, sempre que possível, ser precedida da audição do anunciante, do titular ou do concessionário do suporte publicitário, conforme os casos, que dispõem para o efeito do prazo de três dias úteis.

3. A entidade competente para ordenar a medida cautelar pode exigir que lhe sejam apresentadas provas de exactidão material dos dados de facto contidos na publicidade, nos termos do disposto nos números 4 e 5 do artigo 11.° .

4. A entidade competente para ordenar a medida cautelar pode conceder um prazo para que sejam suprimidos os elementos ilícitos da publicidade.

5. O acto que aplique a medida cautelar de suspensão de publicidade terá de fixar expressamente a sua duração, que não poderá ultrapassar os 60 dias.

6. O acto que aplique as medidas cautelares a que se refere o n.° 1 poderá determinar a sua publicitação, a expensas do anunciante, do titular ou do concessionário do suporte publicitário, conforme os casos, fixando os termos da respectiva difusão.

7. Quando a gravidade do caso o justifique ou daí possa resultar minimização dos efeitos da publicidade ilícita, pode a entidade referida no n.° 1 ordenar ao anunciante, ao titular ou ao concessionário do suporte publicitário, conforme os casos, a difusão, a expensas suas, de publicidade correctora, determinando os termos da respectiva difusão.

8. Do acto que ordene a aplicação das medidas cautelares a que se refere o n.° 1 cabe recurso, nos termos da lei geral.

9. O regime previsto no presente artigo também se aplica à publicidade de ideias de conteúdo político ou religioso.

NOTA:

a) Este artigo foi aditado ao Código da Publicidade pelo Decreto-Lei n.° 6/95, de 17 de Janeiro.

b) São as seguintes as alterações introduzidas pelo Decreto –Lei n.° 275/98, de 9 de Setembro:

1. No n.° 1 foi acrescentada a publicidade comparativa ilícita. Foi, ainda, atribuída a competência para ordenar as medidas cautelares à entidade competente para aplicação das coimas em matéria de publicidade, embora sob proposta da entidade fiscalizadora. Na redacção anterior, era esta que aplicava as medidas cautelares. Foi ainda acrescentado pela actual redacção que as medidas cautelares podem ser ordenadas independentemente de culpa.
2. No n.° 2 foi esclarecido que o prazo de três dias concedido ao anunciante é de três dias úteis.
3. O que se estabelece no n.° 3 era estabelecido, em termos semelhantes, no n.° 7 da anterior redacção.
4. O prazo de 60 dias estabelecido no n.° 5 era, nos termos do n.° 3 da anterior redacção, de 30 dias.
5. O disposto no n.° 6 constitui preceito novo.
6. O disposto no n.° 7 corresponde, com pequenas alterações, ao n.° 5 da redacção anterior.
7. O n.° 8 corresponde ao n.° 6 da redacção anterior e o n.° 9 ao n.° 8.

REGULAMENTO DO REGISTO DE IMPRENSA

Decreto Regulamentar n.° 8/99

de 9 de Junho

As recentes alterações legislativas no domínio da comunicação social vieram determinar a revisão do respectivo quadro regulamentar, no qual se insere a matéria dos registos que o presente diploma desenvolve.

Se, por um lado, é alargado o âmbito da aplicação do registo à rádio e imprensa não convencional (publicações electrónicas), o mesmo circunscreve-se agora, por outro, aos órgãos de comunicação social nacionais ou sujeitos à jurisdição de Estado Português, nos termos da legislação internacional aplicável.

Entre as finalidades do registo passa inequivocamente a figurar a garantia de transparência da propriedade dos órgãos de comunicação social, assim reforçando, também por esta via, um importante desiderato constitucional como a garantia do direito à informação.

Adequando o sistema dos registos à necessidade de celeridade e eficiência no acesso à informação, introduzem-se normas que visam alcançar uma maior simplificação burocrática de procedimentos, bem como permitir a informatização dos dados a registar.

Alteração importante é ainda a que deriva da necessidade de manter actualizada a situação registal dos órgãos de comunicação social, para o que foram previstas as seguintes medidas:

a) Registo obrigatório apenas para as empresas jornalísticas e não para qualquer entidade que edite alguma publicação;

b) Exclusão do registo das publicações que não sejam postas à disposição do público em geral;

c) Prova anual da regularidade das publicações, sob pena de cancelamento;

d) Caducidade da inscrição provisória caso a publicação não inicie a sua edição ou não observe manifestamente, no seu primeiro número, a sinopse do projecto editorial (temática da publicação, número de páginas, área de distribuição, tiragem prevista, estatuto editorial);

e) Coimas para a não observância da periodicidade anunciada pela publicação e para a sua suspensão, para além de determinados limites temporais, bem como pela não comunicação dessa suspensão ou do reinício da edição.

Pretende-se deste modo eliminar os falsos registos, sem invalidar a protecção dos títulos de imprensa nos termos do Código do Direito de Autor.

Assim:

No desenvolvimento do regime jurídico estabelecido no artigo 5.°, n.° 3, da Lei n.° 2/99, de 13 de Janeiro, e nos termos do artigo 199.°, alínea c), da Constituição, o Governo decreta o seguinte:

CAPÍTULO I
Registos em geral

ARTIGO 1.°
Registos

1. Compete ao Instituto da Comunicação Social (ICS), através da Divisão de Registos, assegurar a existência de um registo específico dos órgãos de comunicação social nacionais ou sujeitos à jurisdição do Estado Português nos termos do direito internacional aplicável.

2. O registo tem por finalidades comprovar a situação jurídica dos órgãos de comunicação social, garantir a transparência da sua propriedade e assegurar a protecção legal dos títulos de publicações periódicas e da denominação das estações emissoras de rádio e de televisão.

ARTIGO 2.°
Objecto do registo

1. Estão sujeitos a registo:

a) As publicações periódicas;
b) As empresas jornalísticas;
c) As empresas noticiosas;
d) Os operadores radiofónicos e respectivos canais ou serviços de programas;
e) Os operadores televisivos e respectivos canais ou serviços de programas.

ARTIGO 3.°

Actos do registo em geral

1. Os registos são lavrados em suporte próprio, com base nos elementos constantes da documentação apresentada.
2. Os documentos escritos em língua estrangeira são sempre acompanhados da tradução realizada nos termos prescritos na lei.
3. Cada inscrição contém:
a) A assinatura do responsável pelos serviços;
b) O número de ordem e a data da apresentação no livro diário;
c) O número de ordem privativo das inscrições da respectiva espécie;
d) A menção do livro e folhas onde foi lavrada.
4. O cancelamento dos registos é feito por averbamento.

ARTIGO 4.°

Ordem e prazo para os registos

1. Os actos de registo não podem ser lavrados sem que se mostrem apresentados os documentos que lhe hão-de servir de base.
2. As inscrições são efectuadas segundo a data e a ordem de apresentação do livro diário.
3. Os registos são efectuados nos 20 dias seguintes à apresentação de todos os documentos necessários à instrução do processo.
4. Os pedidos de registo não estão sujeitos a deferimento tácito.

ARTIGO 5.°

Princípio da instância

Os actos de registo dependem de requerimento do interessado, salvo nos casos previstos no presente diploma.

ARTIGO 6.°

Legitimidade para o registo

1. As inscrições iniciais e os averbamentos são requeridos pela entidade que pretenda promover a edição de publicações periódicas, assim como pelos operadores radiofónicos ou televisivos.

2. As autoridades administrativas ou judiciais que apliquem sanções de suspensão ou cessação da actividade radiofónica ou televisiva devem comunicar esse facto à Divisão de Registos.

ARTIGO 7.°

Renovação do pedido

Se o registo for recusado por deficiência de instrução, os interessados podem renovar o pedido a todo o tempo, desde que as deficiências verificadas sejam supridas.

ARTIGO 8.°

Alterações supervenientes

O averbamento das alterações que sobrevenham aos elementos constantes do registo deve ser requerido no prazo de 30 dias contados a partir da data da sua verificação.

NOTA:

A inobservância deste artigo é punida com coima de 50.000$00 a 100.000$00 — alínea a) do n.° 1 do artigo 37.°

ARTIGO 9.°

Livros de registo

1.Na Divisão de Registos existem os seguintes livros:
a) Livro diário;
b) Livro de registo de publicações periódicas;
c) Livro de registo de empresas jornalísticas;
d) Livro de registo de empresas noticiosas:
e) Livro de registo dos operadores radiofónicos;
f) Livro de registo dos operadores televisivos.

2. O livro diário destina-se à anotação especificada e sequencial dos actos de registo requeridos, bem como à menção do despacho que sobre eles recaiu.

ARTIGO 10.°

Informatização

1. O livro diário pode ser substituído pela listagem diária das anotações de apresentação dos pedidos de registo, obtida por meios informáticos e confirmada pelo responsável da Divisão de Registos.

2. Os actos de registo podem ser lavrados e assinados em suporte informático.

ARTIGO 11.°

Emolumentos

Pelos actos de registo previstos no presente diploma são devidos emolumentos de acordo com a tabela anexa, salvo nos casos de gratuitidade ou isenção previstos na lei.

CAPÍTULO II

Registo das publicações periódicas e das empresas jornalísticas

ARTIGO 12.°

Publicações periódicas excluídas do registo

1. Estão excluídas do registo as seguintes publicações periódicas:

a) As que não sejam postas à disposição do público em geral;

b) As que pertençam ou sejam editadas, directa ou indirectamente, pela administração central, regional ou local, bem como por quaisquer serviços ou departamentos delas dependentes;

c) As diferentes séries do *Diário da República* e o *Jornal Oficial da Comunidade Europeia*;

d) As que constituem suplementos de periódicos, desde que publicados e distribuídos juntamente com estes;

e) As que pertençam ou sejam editadas por representações diplomáticas, culturais e comerciais estrangeiras.

2. As publicações constantes das alíneas b), c) e e) do número anterior são objecto de anotação, por iniciativa do respectivo editor, quanto ao título, entidade proprietária, periodicidade, director e sede da redacção.

ARTIGO 13.°

Início de actividade

As entidades proprietárias de publicações periódicas não podem iniciar a sua edição, mesmo electrónica, antes de efectuado o registo.

NOTA:

A inobservância do disposto neste artigo é punida com coima de 200.000$00 a 1.000.000$00 — alínea c) do n.° 1 do artigo 37.° .

ARTIGO 14.°

Presunção derivada do registo

O direito ao uso do título presume-se pertencer àquele em cujo nome se encontra inscrito.

ARTIGO 15.°

Inscrições provisórias e definitivas

1. As inscrições são provisórias ou definitivas.

2. A inscrição é provisória por natureza, convertendo-se em definitiva com a apresentação, junto da Divisão de Registos, do primeiro exemplar publicado, em prazo não superior a 90 dias contados da data da notificação do despacho de deferimento do pedido inicial.

3. A inscrição da publicação não se converte em definitiva se a publicação a que se refere o número anterior desrespeitar, manifestamente, a sinopse do projecto referida no artigo 18.°, n.° 1, alínea a).

4. A inscrição provisória caduca se não for convertida em definitiva.

ARTIGO 16.°

Inscrições sob reserva

1. Os títulos de publicações periódicas cujos requerimentos de inscrição contenham deficiências supríveis os termos do Código do Procedimento Administrativo consideram-se sob reserva.

2. Enquanto durar a situação de reserva, o requerimento goza da protecção do título nos termos do artigo 19.°, n.° 2, do presente diploma.

ARTIGO 17.°

Elementos do registo

1. São elementos do registo de publicações periódicas:

a) Título, periodicidade e sede de redacção;

b) Nome do director designado e do director-adjunto ou subdirector, se existirem;

c) Nome ou designação da entidade proprietária e forma jurídica que revista;

d) Domicílio ou sede do requerente;

e) Nome, nacionalidade e sede do editor assim como, se for esse o caso, indicação da sua representação permanente em Portugal.

2. São elementos do registo das empresas jornalísticas:

a) Designação da empresa e forma jurídica que revista;

b) Sede.

ARTIGO 18.°

Requisitos do requerimento

1. O requerimento para inscrição de publicações periódicas deve conter todos os elementos enunciados no n.° 1 do artigo anterior, acompanhado dos seguintes documentos:

a) Sinopse do projecto editorial pretendido, contendo a temática da publicação, a previsão do número de páginas, a respectiva área de distribuição, a tiragem prevista e, tratando-se de publicações periódicas informativas, o projecto de estatuto editorial;

b) Dois exemplares, em tamanho natural, do logótipo do título da publicação, entendido aquele como o conjunto formado pela imagem figurativa e gráfica, incluindo o tipo de letra utilizado, e pela cor ou combinação de cores escolhidas;

c) Declaração de aceitação do cargo por parte do director e fotocópia do seu bilhete de identidade;

d) Declaração, passada pelo Instituto Nacional da Propriedade Industrial (INPI), comprovativa de que o título pretendido não se encontra aí registado, na classe correspondente, a favor de terceiros.

2. O requerimento para inscrição de empresas jornalísticas deve conter os elementos enunciados no n.° 2 do artigo anterior, acompanhado dos seguintes documentos:

a) Instrumento de constituição e certidão de registo comercial actualizada ou estatutos da requerente, consoante se trate de sociedade comercial ou pessoa colectiva sem fins lucrativos;

b) Relação nominativa dos accionistas e número de acções que possuem, quando se trate de sociedade anónima.

ARTIGO 19.°

Recusa de registo

1. O registo deve ser recusado sempre que:

a) O facto requerido se encontre inscrito ou não esteja sujeito a registo;

b) O título de publicação periódica pretendido já se encontre registado, nessa qualidade, a favor de terceiro no INPI;

c) O título da publicação periódica contenha referência que não corresponda à periodicidade que se proponha observar;
d) Falte legitimidade ao requerente;
e) Seja notória a nulidade do facto.

2. Será igualmente recusado o registo de publicação periódica cujo título, pela sua semelhança gráfica, figurativa, fonética ou vocabular, seja susceptível de se confundir com outro, já registado ou que já tenha sido requerido.

NOTA:

O disposto nas alíneas b) e c) do n.° 1 aplica-se apenas às inscrições efectuadas após a entrada em vigor deste diploma — artigo 40.° .

ARTIGO 20.°

Associação de títulos

1. As entidades proprietárias de publicações periódicas interessadas em associar o logótipo de uma publicação já registada ao título de uma publicação a registar devem apresentar o respectivo requerimento, juntando:
a) Autorização do titular do registo se não for ele o requerente;
b) Modelo gráfico que corresponda ao pedido de associação de títulos.

2. Não é permitida a associação de títulos quando ela seja susceptível de induzir o consumidor em erro sobre a identidade e a especificidade das publicações em causa.

ARTIGO 21.°

Edição e suspensão de publicações

1. As publicações periódicas devem observar a periodicidade que constar do seu registo.

2. A suspensão da edição das publicações periódicas não pode exceder os seguintes períodos de tempo:
a) Publicações diárias — até dois meses por ano;
b) Publicações com periodicidade até mensal — até quatro meses por ano;

c) Publicações com periodicidade até trimestral — até seis meses por ano;
d) Publicações com periodicidade até semestral — até um ano;
e) Publicações com periodicidade até anual — até dois anos.
3. A suspensão e o reinício da edição das publicações periódicas devem ser comunicados à Divisão de Registos.

NOTAS:

a) A inobservância do disposto no n.° 3 deste artigo é punida com coima de 50.000$00 a 100.000$00 — alínea a) do n.° 1 do artigo 37.°

b) A inobservância do disposto nos números 1 e 2 deste artigo é punida com coima de 100.000$00 a 500.000$00 — alínea b) do n.° 1 do artigo 37.°

ARTIGO 22.°

Prova da regularidade da publicação

As entidades proprietárias de publicações periódicas devem fazer prova da sua publicação, através do envio à Divisão de Registos, durante o mês de Março de cada ano, do último exemplar publicado no ano anterior, sob pena de cancelamento do registo nos termos do artigo 38.° do presente diploma.

NOTA:

A inobservância deste artigo acarreta o cancelamento oficioso dos registos — artigo 38.°

ARTIGO 23.°

Cancelamento oficioso da inscrição das empresas jornalísticas

A inscrição das empresas jornalísticas é cancelada oficiosamente quando deixem de titular registos de publicações periódicas.

CAPÍTULO III

Registo das empresas noticiosas

ARTIGO 24.°

Elementos do registo

São elementos do registo das empresas noticiosas:

a) Nome ou denominação da entidade proprietária e forma jurídica que revista;
b) Sigla utilizada;
c) Domicílio ou sede da entidade proprietária;
d) Identificação dos titulares do capital social e corpos gerentes;
e) Nome do director de informação.

ARTIGO 25.°

Requisitos do requerimento

O requerimento para inscrição das empresas noticiosas deve conter os elementos enunciados no artigo anterior, acompanhado dos seguintes documentos:
a) Fotocópia do bilhete de identidade do requerente;
b) Escritura de constituição e certidão do registo comercial;
c) Relação nominativa dos accionistas, quando se trate de sociedade anónima, com indicação do número de acções que possuem;
d) Declaração, passada pelo INPI, comprovativa de que a sigla pretendida não se encontra aí registada, nessa qualidade, a favor de terceiros.

ARTIGO 26.°

Recusa de registo

1. O registo pode ser recusado sempre que:
a) O facto requerido se encontre inscrito ou não esteja sujeito a registo;
b) Falte legitimidade ao requerente;
c) Seja notória a nulidade do facto;
d) A sigla pretendida já se encontre registada, nessa qualidade, a favor de terceiro, no INPI.
2. Será igualmente recusado o registo das empresas noticiosas cuja sigla seja susceptível de se confundir com outra já registada ou que já tenha sido requerida.

ARTIGO 27.°

Início de actividade

As empresas noticiosas não podem iniciar o exercício da sua actividade sem previamente procederem ao respectivo registo, devendo, nos seis meses seguintes à sua inscrição, comunicar aquele facto à Divisão de Registos, sob pena de cancelamento do registo nos termos do artigo 38.° do presente diploma.

NOTA:

A inobservância deste artigo acarreta o cancelamento oficioso dos registos — artigo 38.° .

CAPÍTULO IV

Registo dos operadores radiofónicos

ARTIGO 28.°

Elementos do registo

1. São elementos do registo dos operadores radiofónicos:

a) Identificação e sede do operador;

b) Denominação da rádio;

c) Capital social e relação discriminada dos seus titulares, quando os operadores revistam forma societária;

d) Titulares dos órgãos sociais;

e) Identificação dos responsáveis pelas áreas de programação e informação;

f) Denominação das estações emissoras exploradas, com localização das respectivas instalações;

g) Nome de canal de programa (PS);

h) Período de funcionamento;

i) Classificação da rádio como temática ou generalista;

j) Data da emissão, número e prazo do alvará.

ARTIGO 29.°

Requisitos do requerimento

O requerimento para inscrição dos operadores radiofónicos deve conter os elementos enunciados no artigo anterior, acompanhado dos seguintes documentos:

a) Estatuto editorial do operador;

b) Cópia actualizada do alvará;

c) Escritura de constituição, certidão do registo comercial actualizada ou estatutos da requerente;

d) Declaração, passada pelo INPI, comprovativa de que a denominação do operador ou do serviço de programas não se encontra aí registada, nessa qualidade, a favor de terceiros.

ARTIGO 30.°

Recusa do registo

1. O registo deve ser recusado sempre que:

a) O facto requerido se encontre inscrito ou não esteja sujeito a registo;

b) A denominação do operador ou do serviço de programa já se encontre registada, nessa qualidade, a favor de terceiro no INPI;

c) Falte legitimidade ao requerente;

d) Seja notória a nulidade do facto;

2. Será igualmente recusado o registo de operador radiofónico cuja denominação seja idêntica a outra já registada ou que já tenha sido requerida.

ARTIGO 31.°

Comunicação obrigatória

Os operadores radiofónicos que iniciem a sua actividade devem comunicar tal facto, no prazo de 30 dias, à Divisão de Registos, procedendo simultaneamente à respectiva inscrição.

NOTA:

A inobservância do disposto neste artigo é punida com coima de 200.000$00 a 1.000.000$00 — alínea c) do n.° 1 do artigo 37.°

ARTIGO 32.°

Cancelamento oficioso

O registo é cancelado oficiosamente em caso de cessação da validade do alvará.

CAPÍTULO V

Registo dos operadores televisivos

ARTIGO 33.°

Elementos do registo

São elementos do registo dos operadores televisivos:
a) Identificação e sede do operador;
b) Designação do canal ou serviço de programa de televisão;
c) Capital social e relação discriminada dos seus titulares;
d) Titulares dos órgãos sociais;
e) Identificação dos responsáveis pela programação e informação;
f) Discriminação das participações de capital em outras empresas de comunicação social.

ARTIGO 34.°

Requisitos do requerimento

1. O requerimento para inscrição dos operadores televisivos deve conter os elementos enunciados no artigo anterior, acompanhado dos seguintes documentos:
a) Pacto social;
b) Certidão do registo comercial actualizada;

c) Estatuto editorial do operador;
d) Relação nominativa dos accionistas, quando se trate de sociedade anónima, com indicação do número de acções que possuem;
e) Cópia actualizada do título da licença ou autorização emitida pela Alta Autoridade para a Comunicação Social;
f) Declaração, passada pelo INPI, comprovativa de que a designação do operador ou serviço de programa não se encontra aí registada, nessa qualidade, a favor de terceiros.

2. Sempre que no capital social dos operadores participem, por via directa, empresas do sector televisivo constituídas sob a forma de sociedade anónima, deve juntar-se igualmente, quanto a estas, relação discriminada dos titulares das respectivas participações sociais.

ARTIGO 35.°

Recusa do registo

1. O registo deve ser recusado sempre que:
a) O facto requerido se encontre inscrito ou não esteja sujeito a registo;
b) Falte legitimidade ao requerente;
c) Seja notória a nulidade do facto;
d) A designação do operador ou do serviço de programa já se encontre registada, nessa qualidade, a favor de terceiro no INPI.

2. Será igualmente recusado o registo de operador televisivo cuja designação seja idêntica a outra já registada ou que tenha sido requerida.

ARTIGO 36.°

Comunicação obrigatória

Os operadores televisivos que iniciem a sua actividade estão obrigados a comunicar à Divisão de Registos, durante o 1.° trimestre do ano subsequente, os elementos referidos no artigo 33.° do presente diploma.

NOTA:

A inobservância do disposto neste artigo é punida com coima de 200.000$00 a 1.000.000$00 — alínea c) do n.° 1 do artigo 37.° .

CAPÍTULO VI
Disposições sancionatórias

ARTIGO 37.°
Contra-ordenações

1. Constitui contra-ordenação, punível com coima:

a) De 50.000$00 a 100.000$00, a inobservância do disposto nos artigos 8.° e 21.°, n.° 3;

b) De 100.000$00 a 500.000$00, a inobservância do disposto no artigo 21.°, números 1 e 2;

c) De 200.000$00 a 1.000.000$00, a inobservância do disposto nos artigos 13.°, 31.° e 36.° .

2. A negligência é punível, sendo os limites mínimos e máximos das coimas reduzidos para metade.

NOTAS:

a) O artigo 8.° reporta-se ao averbamento das alterações supervenientes.

b) O n.° 3 do artigo 21.° diz respeito à obrigatoriedade da comunicação à Divisão de Registos da suspensão e reinício das publicações periódicas.

c) Os números 1 e 2 do mesmo artigo referem-se ao dever de observância de periodicidades mínimas das publicações periódicas.

d) Os artigos 13.°, 31.° e 36.° dizem respeito à obrigação de comunicação do início de actividade, respectivamente, das publicações periódicas, dos operadores radiofónicos e dos operadores televisivos.

ARTIGO 38.°
Cancelamento oficioso

A inobservância do disposto nos artigos 22.° e 27.° dá lugar ao cancelamento oficioso dos respectivos registos.

NOTA:

O artigo 22.° diz respeito à prova anual da regularidade da publicação periódica e o artigo 27.° reporta-se à proibição de início de actividade das empresas noticiosas sem prévio registo.

ARTIGO 39.°

Fiscalização e competência em matéria de contra-ordenações

1. Incumbe ao Instituto da Comunicação Social a fiscalização do cumprimento das normas do presente diploma.

2. A aplicação das coimas e sanções previstas no presente diploma é da competência do presidente do Instituto da Comunicação Social.

3. A receita das coimas reverte em 60% para o Estado e 40% para o Instituto da Comunicação Social.

CAPÍTULO VII

Disposições finais e transitórias

ARTIGO 40.°

Disposição transitória

1. As inscrições constantes do registo das empresas jornalísticas feitas em nome das entidades cuja actividade principal não seja a de edição de publicações periódicas caducam com a entrada em vigor do presente diploma.

2. O disposto no número anterior não prejudica a subsistência do registo das publicações periódicas que integrem o conceito de imprensa definido no artigo 9.° da Lei n.° 2/99, de 13 de Janeiro.

3. O disposto no artigo 19.°, alíneas b) e c), aplica-se apenas às inscrições efectuadas após a entrada em vigor do presente diploma.

ARTIGO 41.°

Norma revogatória

É revogada a Portaria n.° 640/76, de 26 de Outubro.

NOTA:

Por ter algum interesse comparativo, vai proceder-se à publicação da portaria referida neste artigo logo a seguir a este diploma e seu anexo, em itálico e caracteres mais reduzidos.

ANEXO

Tabela de emolumentos

ARTIGO 1.°

Publicações periódicas

Por cada pedido de inscrição — 30.000$00.
Por cada inscrição definitiva — 20.000$00.

ARTIGO 2.°

Averbamentos

Por cada pedido de averbamento de alteração do capital social e dos seus detentores — 15.000$00.
Por qualquer outro pedido de averbamento — 10.000$00.
Por cada cancelamento de registo — 10.000$00.

ARTIGO 3.°

Empresas noticiosas e operadores de rádio e televisão

Por cada inscrição — 50.000$00.

ARTIGO 4.°

Certidões

Por cada certidão, até cinco páginas — 1.000$00.
Por cada página adicional — 200$00.

ARTIGO 5.°

Recusa ou desistência

Em caso de recusa do registo ou desistência do acto requerido, proceder-se-á à devolução de 50% do valor do preparo efectuado.

ARTIGO 6.°

Emolumentos a cobrar

Em caso de dúvida sobre se é devido um ou outro emolumento cobrar-se-á sempre o menor.

ARTIGO 7.°

Receita

Constituem receita própria do Instituto da Comunicação Social as verbas cobradas ao abrigo da presente tabela.

PORTARIA N.° 640/76

de 26 de Outubro

Em cumprimento do estabelecido no Decreto-Lei n.° 85-C/75, de 26 de Fevereiro (Lei de Imprensa):

Manda o Governo da República Portuguesa, pelo Secretário de Estado da Comunicação Social, aprovar o seguinte:

REGULAMENTO DO SERVIÇO DE REGISTO DE IMPRENSA

CAPÍTULO I
Dos serviços de registo

Artigo 1.°
(Competência)

Os serviços de registo enumerados nas diferentes alíneas do artigo 13.° do Decreto-Lei n.° 85-C/75, de 26 de Fevereiro, e sem prejuízo das alterações que devam ser introduzidas, determinadas pela entrada em vigor da Lei Orgânica da Comunicação Social, são da competência da Repartição dos Registos da Imprensa, da Direcção-Geral da Informação.

CAPÍTULO II

Dos registos em geral

ARTIGO 2.°

(Actos de registo em geral)

1. Os registos são lavrados nos livros próprios, por simples extracto, em face dos elementos que lhes devem servir de base.

2. As alterações verificadas nos elementos das inscrições iniciais são registadas por averbamento.

3. As inscrições devem conter como requisitos comuns, além da assinatura do chefe da repartição:

a) O número de ordem e a data da correspondente apresentação no livro Diário;

b) O número de ordem privativo das inscrições da respectiva espécie.

ARTIGO 3.°

(Quem pode requerer os registos)

1. Os registos só poderão ser feitos a pedido das entidades proprietárias das empresas jornalísticas, editoriais e noticiosas, dos directores dos periódicos e correspondentes de imprensa estrangeira, em requerimento dirigido ao Director-Geral da Informação, escrito em papel selado, com a assinatura reconhecida ou mediante a exibição de bilhete de identidade ou do passaporte.

2. Exceptua-se do disposto no número anterior a comunicação de alterações sobrevindas em qualquer dos elementos do registo, que será feita em papel comum.

3. Os documentos e declarações destinados a instruir os pedidos devem ser escritos em papel selado ou devidamente selados e juntos ao respectivo requerimento.

4. Os registos são gratuitos.

NOTAS:

a) O uso do papel selado foi abolido pelo disposto no artigo 2.° do Decreto-lei n.° 435/86, de 31 de Dezembro, cuja redacção foi alterada pelo Decreto-Lei n.° 2/88, de 14 de Janeiro.

b) Quanto ao reconhecimento por semelhança da assinatura, ver o Decreto-Lei n.° 21/87, de 12 de Janeiro, que o equipara, quanto ao seu valor legal, à exibição do bilhete de identidade do signatário.

ARTIGO 4.º

(Ordem e prazo para os registos)

1. As inscrições serão efectuadas segundo a data e a ordem de apresentação no livro Diário.

2. Nenhum acto de registo pode ser lavrado sem que se mostre apresentado no livro Diário.

3. Os registos serão efectuados no prazo máximo de trinta dias a contar da data de apresentação no livro Diário.

4. Decorrido que seja o prazo de sessenta dias, contado a partir do momento fixado no número anterior, sem que os registos se mostrem lavrados, e desde que os interessados não hajam sido notificados de qualquer razão impeditiva, presumir-se-á que aqueles foram efectuados.

ARTIGO 5.º

(Inscrições definitivas e provisórias)

1. As inscrições podem ser definitivas ou provisórias. As inscrições só serão provisórias por dúvidas e se qualquer documento obrigatoriamente destinado a instruir o requerimento não fizer prova cabal do fim a que se destina.

2. As inscrições provisórias caducam se, dentro de três meses, não forem convertidas em definitivas.

3. Se a realização do registo for recusada por deficiência dos elementos apresentados, os interessados podem, a todo o tempo, renovar o pedido, desde que as deficiências verificadas sejam supridas.

ARTIGO 6.º

(Notificação dos registos)

Os interessados serão notificados dos registos efectuados e das decisões que os recusarem ou cancelarem.

ARTIGO 7.º

(Cancelamento de inscrições)

O cancelamento das inscrições é feito por meio de averbamento aos registos iniciais.

ARTIGO 8.°

(Certidões dos registos)

1. Dos registos podem ser passadas certidões, a requerimento de quem mostre legítimo interesse na sua obtenção.

2. No requerimento deverá ser mencionado o fim a que a certidão se destina.

3. As certidões emitidas deverão conter a indicação do fim para que foram requeridas e não poderão ser utilizadas para efeitos diversos.

CAPÍTULO III

Dos livros de registo

ARTIGO 9.°

(Livros obrigatórios)

1. No serviço de registo de imprensa existirão, obrigatoriamente, os seguintes livros:

a) Livro Diário;

b) Livro de registo de publicações periódicas;

c) Livro de registo de empresas jornalísticas;

d) Livro de registo de sociedades sócias de empresas jornalísticas;

e) Livro de registo de empresas editoriais;

f) Livro de registo de empresas noticiosas nacionais;

g) Livro de registo de sociedades sócias de empresas noticiosas nacionais;

h) Livro de registo de empresas noticiosas estrangeiras autorizadas a exercer a actividade em Portugal;

i) Livro de registo de correspondentes de imprensa estrangeira;

j) Livro de registo de dúvidas e recusas;

l) Livro de registo de entrada de correspondência.

2. Todos estes livros terão termo de abertura e serão numerados e rubricados, em todas as suas folhas, com a chancela do director-geral da Informação.

ARTIGO 10.°

(Fins a que se destinam os livros)

1. O livro Diário destina-se à anotação discriminada dos requerimentos e documentos apresentados para registo e à menção do livro e folhas em que foram lavrados os actos requeridos e do despacho proferido sobre os requerimentos.

2. O livro de registo de dúvidas e recusas destina-se à anotação especificada dos motivos que levaram a lavrar um registo como provisório, por dúvidas, ou a recusar o acto requerido.

3. O livro de registo de entrada de correspondência destina-se à anotação da correspondência dirigida ao serviço e à menção do fim que lhe foi dado.

CAPÍTULO IV

Do registo de publicações periódicas

ARTIGO 11.°

(Quem requer os registos)

O registo das publicações periódicas deve ser requerido pelo director designado, em representação da entidade proprietária, ou, no caso de ser pessoa singular, pelo próprio proprietário.

ARTIGO 12.°

(Casos de isenção de registo)

1. Não estão sujeitos a registo os suplementos dos periódicos, desde que publicados e distribuídos juntamente com estes como sua parte integrante, exceptuados os casos em que aqueles aparecem com directores próprios ou com título diverso daquele que identifique os periódicos em que se incluem.

2. Também não estão sujeitas a registo as publicações periódicas editadas por entidades oficiais e as editadas por representações diplomáticas, comerciais e culturais estrangeiras.

ARTIGO 13.°

(Requisitos dos requerimentos)

1. O requerimento para registo de publicações periódicas deverá conter as seguintes indicações:

a) Título, o qual não deve confundir-se, quer no aspecto vocabular, quer no aspecto gráfico, com outros títulos já registados ou cujo registo já tenha sido requerido;

b) Periodicidade;
c) Sede da administração;
d) Entidade proprietária;
e) Corpos gerentes;
f) Nome do director designado, director-adjunto e subdirector, se os houver.

2. O requerimento para o registo deve ser instruído com declaração da entidade proprietária em como se não verificaram modificações nos elementos constantes do seu registo.

3. A declaração referida na alínea a) do número anterior apenas se justifica no caso de não ser simultâneo o registo da publicação periódica e da entidade proprietária.

4. Com o requerimento a que se refere o n.° 2 devem igualmente ser entregues os documentos a seguir discriminados e relativos ao director e directores-adjuntos e subdirectores, se os houver:

a) Certidão de registo de nascimento ou outro documento comprovativo da nacionalidade portuguesa;
b) Certidão do registo de tutelas;
c) Certificado do registo criminal.

NOTA:

Através da Portaria n.° 553/83, de 11 de Maio, foi introduzida a redacção do n.° 2.

ARTIGO 14.°

(Casos de recusa ou de admissão provisória)

1. O registo de publicações periódicas será recusado ou admitido provisoriamente sempre que se verifiquem as circunstâncias seguintes:

a) Omissão contida no requerimento;
b) Falta de apresentação de qualquer dos documentos que devem instruir o requerimento;
c) Quando as entidades proprietárias dos periódicos, embora mantendo na totalidade ou em grande parte os elementos constantes do anterior registo dos mesmos, apenas lhe alterem o título, com o fim de frustrar a medida de suspensão ou apreensão.

2. Será recusado o registo do título de um periódico que induza em erro ou confusão pela sua semelhança gráfica, figurativa ou fonética com outro título já registado.

ARTIGO 15.°

(Cancelamento da inscrição)

1. Se o periódico não começar a ser publicado no prazo de cento e oitenta dias, caso seja diário, ou no prazo de um ano, caso o não seja, a contar da data da sua inscrição, ou se a publicação estiver interrompida por igual tempo, a respectiva inscrição será cancelada oficiosamente.

2. Se o periódico for anual, a inscrição só será cancelada pela interrupção da publicação durante dois anos.

NOTA:

Pela Portaria n.° 661/84, de 1 de Setembro, foi aditado um n.° 3 a este artigo:

(...)

3. A cominação constante da parte final do n.° 1 não é aplicável às inscrições relativas aos títulos da imprensa periódica editados por empresas jornalísticas pertencentes, directa ou indirectamente, ao Estado, como consequência da interrupção da sua publicação.

CAPÍTULO V

Do registo de empresas jornalísticas e de sociedades sócias de empresas jornalísticas

ARTIGO 16.°

(Requisitos do requerimento)

1. O requerimento para registo de empresas jornalísticas deverá conter as seguintes indicações:

a) Nome ou denominação da entidade proprietária e, quando se trate de pessoa colectiva sem fim lucrativo ou de sociedade comercial, a forma jurídica da sua constituição;

b) Sede;

c) Detentores discriminados das partes sociais;

d) Corpos gerentes.

2. Do texto do requerimento deverá constar uma declaração sobre o exercício, caso exista, de actividades inerentes ou complementares, para além do objecto principal.

ARTIGO 17.°

(Outros requisitos)

1. Se a empresa a inscrever for pessoa colectiva ou sociedade, o requerimento a que se refere o artigo anterior será acompanhado da escritura de constituição da empresa.

2. Tratando-se de sociedades comerciais, o requerimento será acompanhado de certidão de matrícula, com indicação dos gerentes ou administradores.

ARTIGO 18.°

(Registo dos corpos gerentes e das pessoas singulares)

O registo dos corpos gerentes e das pessoas singulares proprietárias de publicações periódicas depende ainda da junção dos documentos referidos no artigo 13.°, n.° 4, desta portaria e, bem assim, do atestado de residência, tratando-se de titulares de empresas individuais.

ARTIGO 19.°

(Empresas sob a forma de sociedade anónima)

Se a empresa for constituída sob a forma de sociedade anónima, o requerimento deverá ainda ser instruído com a relação dos respectivos accionistas, identificando-os mediante a indicação do nome completo, idade, estado, residência habitual e nacionalidade de cada um deles e número de acções que possuem.

ARTIGO 20.°

(Requisitos dos requerimentos das sociedades sócias de empresas jornalísticas)

1. O requerimento para registo de sociedades sócias de empresas jornalísticas conterá as seguintes indicações:

a) Nome ou denominação;

b) Detentores discriminados das partes sociais e indicação dos respectivos valores;

c) Corpos gerentes.

2. No caso das sociedades anónimas que sejam sócias daquela que é proprietária da publicação, o requerimento deverá igualmente ser instruído com a relação elaborada com os requisitos a que se refere o artigo anterior.

ARTIGO 21.°

(Cancelamento oficioso da inscrição)

A inscrição das empresas jornalísticas proprietárias de periódicos será cancelada oficiosamente caso se verifiquem, em relação a todos, as situações previstas no artigo 15.° desta portaria.

CAPÍTULO VI

Do registo de empresas editoriais

ARTIGO 22.°

(Requisitos do requerimento)

1. O requerimento para registo de empresas editoriais deverá conter as seguintes indicações:

a) Nome ou denominação;

b) Sede;

c) Corpos gerentes.

2. Do texto do requerimento deverá constar uma declaração sobre o exercício, caso exista, de actividades inerentes ou complementares, para além do objecto principal.

ARTIGO 23.°

(Regime jurídico das empresas editoriais que editem publicações periódicas)

As empresas editoriais que editem publicações periódicas ficarão submetidas ao regime jurídico das empresas jornalísticas.

ARTIGO 24.°

(Outros requisitos)

1. Se a empresa a inscrever for pessoa colectiva ou sociedade, o requerimento a que se refere o artigo 22.° deverá ser acompanhado da escritura de constituição da empresa e ainda, mas só para as sociedades comerciais, de certidão de matrícula, com indicação dos gerentes ou administradores.

2. Se a empresa for constituída sob a forma de sociedade anónima, deverá juntar-se ainda a relação dos accionistas a quem pertencem as acções nominativas, nos termos referidos no artigo 19.° deste diploma.

CAPÍTULO VII

Do registo de empresas noticiosas nacionais e de sociedades sócias de empresas noticiosas nacionais

ARTIGO 25.°

(Requisitos dos requerimentos)

1. O requerimento para registo de empresas noticiosas nacionais deverá conter as seguintes indicações:

a) Nome ou denominação da entidade proprietária e forma jurídica da sua constituição, quando se trate de pessoa colectiva ou sociedade.
b) Sigla utilizada;
c) Sede ou residência habitual da entidade proprietária;
d) Detentores discriminados das partes sociais;
e) Corpos gerentes;
f) Direcção.

2. Do texto do requerimento deverá constar uma declaração sobre o exercício, caso exista, de actividades inerentes ou complementares, para além do objecto principal.

ARTIGO 26.°

A inscrição das empresas noticiosas nacionais será cancelada oficiosamente sempre que estas não hajam iniciado as suas actividades decorridos seis meses sobre a data da sus inscrição ou se mantenham em inactividade durante o mesmo período de tempo.

ARTIGO 27.°

(Registo de sociedades sócias de empresas noticiosas nacionais)

O requerimento para registo de sociedades sócias de empresas noticiosas nacionais deverá conter as seguintes indicações:

a) Nome ou denominação;
b) Sede;
c) Detentores discriminados das partes sociais e indicação dos respectivos valores;
d) Corpos gerentes;
e) Direcção.

ARTIGO 28.°

(Requisitos para as empresas constituídas em sociedades anónimas)

No caso das empresas noticiosas nacionais ou das sociedades sócias das empresas noticiosas nacionais se constituírem sob forma de sociedade anónima, deverão juntar ao requerimento para registo a relação dos accionistas a quem pertencem as acções nominativas nos termos indicados no artigo 19.° deste diploma.

CAPÍTULO VIII

Do registo de empresas noticiosas estrangeiras autorizadas a exercer a actividade em Portugal

ARTIGO 29.°

(Requisitos do requerimento)

1. O requerimento para registo das empresas noticiosas estrangeiras autorizadas a exercer a sua actividade em Portugal deverá conter as seguintes indicações:
a) Nome ou denominação;
b) Forma de constituição;
c) Sigla utilizada;
d) Nacionalidade;
e) Sede e local da sua actividade em Portugal;
f) Data da autorização para o exercício da actividade em território nacional;
g) Responsáveis em Portugal.
2. Do texto do requerimento deverá constar uma declaração sobre o exercício, caso exista, de actividades inerentes ou complementares, para além do objecto principal, com referência à data da sua autorização.

ARTIGO 30.°

(Documentos que devem instruir o requerimento)

O requerimento a que refere o artigo 29.° será instruído com os seguintes documentos:

a) Estatutos da empresa e sua legalização;

b) Documentos comprovativos dos poderes do responsável pela empresa em Portugal.

ARTIGO 31.°

(Cancelamento oficioso)

A inscrição das empresas noticiosas estrangeiras será oficiosamente cancelada caso seja revogada a autorização para o exercício da respectiva actividade.

CAPÍTULO IX

Do registo de correspondentes de imprensa estrangeira

ARTIGO 32.°

(Requisitos do requerimento)

Q requerimento para registo de correspondente de imprensa estrangeira deverá conter as seguintes indicações:

a) Nome e morada em Portugal;

b) Nacionalidade, profissão e actividades exercidas;

c) Indicação da entidade patronal e dos periódicos ou empresas para quem trabalha;

d) Data da autorização para o exercício da actividade em Portugal, quando esta for devida.

ARTIGO 33.°

(Documentos que devem instruir o requerimento)

Os correspondentes indicados no artigo anterior devem instruir o seu pedido de registo com os seguintes documentos:

a) *Documento de identificação e residência;*
b) *Documento comprovativo da respectiva categoria profissional;*
c) *Credencial emitida pela entidade patronal com especificação das actividades a exercer;*
d) *Documento comprovativo da autorização de trabalho em Portugal, se o correspondente for estrangeiro e nos casos em que o mesmo for exigível.*

ARTIGO 34.°

(Cancelamento oficioso)

A inscrição dos correspondentes será oficiosamente cancelada caso seja revogada a acreditação para o exercício da respectiva actividade ou quando os interessados não requeiram a revalidação da sua inscrição no prazo de trinta dias, contado a partir de 31 de Dezembro de cada ano.

CAPÍTULO X

Dos recursos

ARTIGO 35.°

(Recurso das decisões de recusa ou de cancelamento)

1. Das decisões que recusarem os registos ou determinarem o seu cancelamento podem os interessados recorrer, no prazo de trinta dias, para o Secretário de Estado da Comunicação Social, em requerimento feito em papel selado e apresentado na repartição dos Registos de Imprensa, no qual serão, desde logo, invocados os fundamentos do recurso.

2. Ao requerimento de recurso poderá o recorrente juntar os documentos que julgue pertinentes, mas nenhum outro meio de prova poderá ser oferecido.

3. O recurso deverá ser decidido pelo Secretário de Estado no prazo de trinta dias a contar da sua apresentação.

ARTIGO 36.°

(Recurso da decisão do Secretário de Estado)

1. Da decisão do Secretário de Estado podem os interessados interpor recurso contencioso, nos termos da lei geral.

2. A fim de possibilitar o exercício deste direito, a decisão do Secretário de Estado deverá ser notificada aos interessados, enviando-se-lhes cópia autenticada com o selo em branco da Secretaria de Estado, nos oito dias seguintes ao da data em que a decisão tiver sido proferida.

CAPÍTULO XI

Das disposições finais

ARTIGO 37.°

(Garantia dos registos anteriores)

Ficam garantidos todos os efeitos dos registos efectuados até à entrada em vigor do presente diploma, sem prejuízo do suprimento das irregularidades porventura neles existentes.

ARTIGO 38.°

(Dispensa de apresentação de documentos)

As empresas cuja actividade principal não seja editar publicações periódicas poderão, desde que tais publicações se destinem a difusão restrita, ser dispensadas da apresentação de alguns dos documentos atrás referidos.

ARTIGO 39.°

(Requerimento de reserva de título)

1. As empresas a constituir podem requerer reserva de título.

2. Neste caso, a reserva caducará se não for convertida em inscrição, no prazo de trinta dias, mediante a prova de a empresa a que respeita estar legalmente constituída.

3. O prazo referido no número anterior pode ser prorrogado uma única vez, por mais trinta dias, mediante pedido justificado.

ARTIGO 40.°

(Modificações futuras)

Todas as modificações que, de futuro, vierem a introduzir-se na matéria contida neste Regulamento devem ser insertas no lugar próprio, por meio de nova redacção dos artigos alterados, supressão dos inúteis ou adicionamentos dos que forem necessários.

ARTIGO 41.°

(Revogação do regulamento anterior)

É revogado o Regulamento dos Serviços de Registo da Imprensa, aprovado pela Portaria n.° 303/72, de 26 de Maio.

LEI DE DEFESA DA CONCORRÊNCIA

Decreto-Lei n.° 371/93
de 29 de Outubro

Após nove anos de vigência, o Decreto-Lei n.° 422/83, de 3 de Dezembro, embora tenha correspondido de uma maneira geral aos objectivos que presidiram à sua publicação, carece de ajustamentos que permitam uma melhor adaptação do seu conteúdo à nova ordem nacional e internacional e uma maior eficácia na prossecução dos seus objectivos, dando assim adequado cumprimento ao imperativo constitucional constante da alínea f) do artigo 81.° da Constituição.

De facto, ocorreram profundas alterações na estrutura e funcionamento da economia portuguesa ditadas pela liberalização, desregulamentação e privatização de importantes áreas da actividade económica, pelo avanço do processo de integração europeia e pelo aparecimento de novos protagonistas que introduziram importantes mudanças no tecido empresarial e modificaram a relação de forças no mercado.

A crescente interpenetração das economias e integração dos mercados nacionais torna imprescindível uma correcta articulação das diferentes políticas nacionais de concorrência como condição indispensável para a promoção da competitividade das estruturas económicas.

O presente diploma visa integrar numa autêntica lei quadro da política de concorrência os desenvolvimentos próprios de uma economia aberta, em crescente processo de internacionalização e de dinamismo concorrencial, contribuindo para a liberdade de formação da oferta e da procura e de acesso ao mercado, para o equilíbrio das relações entre agentes económicos, para o favorecimento dos objectivos gerais de desenvolvimento económico e social, para o reforço da competitividade dos agentes económicos e para a salvaguarda dos interesses dos consumidores.

Nele estão presentes, pois, aspectos inovadores, de entre os quais assume relevância o seu carácter universal e sistemático, que lhe garante a indispensável coerência.

Assim, para além das práticas restritivas da concorrência, o presente diploma contempla as concentrações de empresas e aflora os auxílios de Estado, completando o quadro dos principais instrumentos da política comunitária de defesa da concorrência.

No campo das práticas restritivas da concorrência importa realçar a introdução da figura do abuso do estado de dependência económica. A exploração abusiva do estado de dependência económica só era considerada restritiva da concorrência se praticada por empresas que detivessem uma posição dominante no mercado de determinado bem ou serviço, o que impedia o seu sancionamento quando praticada por empresas com elevado poderio económico mas sem posição dominante nesse mercado. Releve-se, todavia, que o que se pretende com a criação desta figura é sancionar o abuso e não comportamentos ditados por uma efectiva concorrência, como sejam os resultados de opções por melhores condições negociais.

O regime de notificação prévia das operações de concentração de empresas, até aqui regulado pelo Decreto-Lei n.° 428/88, de 19 de Novembro, sofreu profundas alterações. Seguindo de perto o regulamento (C.E.E.) n.° 4.064/89, do Conselho, de 21 de Dezembro de 1989, entretanto publicado, modificou-se a tramitação, alargou-se o âmbito material de aplicação e solucionaram-se as dificuldades de interpretação que o anterior diploma suscitou. Ao mesmo tempo, na senda das mais recentes regulamentações de outros países comunitários, corrigiu-se a sua filosofia, pretendendo-se, agora, abarcar apenas as concentrações de maior impacte no mercado, a fim de verificar se da realização das mesmas resulta criada ou reforçada uma posição dominante que origine entraves à concorrência efectiva no mercado. Neste sentido, subiram-se consideravelmente os limiares de aplicação do diploma.

Assim.

No uso da autorização legislativa conferida pela Lei n.° 9/93, de 12 de Março, e nos termos das alíneas a) e b) do n.° 1 do artigo 201.° da Constituição, o Governo decreta o seguinte:

CAPÍTULO I
Das regras de concorrência

SECÇÃO I
Disposições gerais

ARTIGO 1.°
(Âmbito de aplicação)

1. O presente diploma é aplicável a todas as actividades económicas exercidas, com carácter permanente ou ocasional, nos sectores privado, público e cooperativo.

2. Sob reserva das obrigações internacionais do Estado Português, o presente diploma é aplicável às práticas restritivas da concorrência que ocorram em território nacional ou que neste tenham ou possam ter efeitos.

3. Exceptuam-se do âmbito de aplicação deste diploma as restrições da concorrência decorrentes de lei especial.

SECÇÃO II
Práticas proibidas

ARTIGO 2.°
(Acordos, práticas concertadas e decisões de associações)

1. São proibidos os acordos e práticas concertadas entre empresas e as decisões de associações de empresas, qualquer que seja a forma que revistam, que tenham por objecto ou como efeito impedir, falsear ou restringir a concorrência no todo ou em parte do mercado nacional, nomeadamente os que se traduzam em:

a) Fixar, de forma directa ou indirecta, os preços de compra ou de venda ou interferir na sua determinação pelo livre jogo do mercado, induzindo, artificialmente, quer a sua alta quer a sua baixa;

b) Fixar, de forma directa ou indirecta, outras condições de transacção efectuadas no mesmo ou em diferentes estádios do processo económico;

c) Limitar ou controlar a produção, a distribuição, o desenvolvimento técnico ou os investimentos;

d) Repartir os mercados ou as fontes de abastecimento;

e) Aplicar, de forma sistemática ou ocasional, condições discriminatórias de preço ou outras relativamente a prestações equivalentes;

f) Recusar, directa ou indirectamente, a compra ou venda de bens e a prestação de serviços;

g) Subordinar a celebração de contratos à aceitação de obrigações suplementares que, pela sua natureza ou segundo os usos comerciais, não tenham ligação com o objecto desses contratos.

2. Excepto nos casos em que se considerem justificados, nos termos do artigo 5.°, os acordos ou decisões proibidos pelo presente artigo serão nulos.

NOTA:

O Decreto-Lei n.° 369/93, de 29 de Outubro, veio determinar que a fixação de preços de venda para livros, jornais, revistas e outras publicações, por parte dos seus editores, não constitui uma prática proibida para efeitos de aplicação da legislação sobre defesa da concorrência, excepto se se tratar de manuais escolares e de livros auxiliares utilizáveis nos vários anos de escolaridade obrigatória.

ARTIGO 3.°

(Abuso de posição dominante)

1. É proibida a exploração abusiva, por uma ou mais empresas, de uma posição dominante no mercado nacional ou numa parte substancial deste, tendo por objecto ou como efeito impedir, falsear ou restringir a concorrência.

2. Entende-se que dispõem de posição dominante relativamente ao mercado de determinado bem ou serviço:

a) A empresa que actua num mercado no qual não sofre concorrência significativa ou assume preponderância relativamente aos seus concorrentes;

b) Duas ou mais empresas que actuam concertadamente num mercado, no qual não sofrem concorrência significativa ou assumem preponderância relativamente a terceiros.

3. Sem prejuízo da ponderação, em cada caso concreto, de outros factores relativos às empresas e ao mercado, presume-se que:

a) Se encontra na situação prevista na alínea a) do número anterior uma empresa que detenha no mercado nacional de determinado bem ou serviço uma participação igual ou superior a 30%;

b) Se encontram na situação prevista na alínea b) do número anterior as empresas que detenham no conjunto do mercado nacional de determinado bem ou serviço:

i) Uma participação igual ou superior a 50%, tratando-se de três ou menos empresas;

ii) Uma participação igual ou superior a 65%, tratando-se de cinco ou menos empresas.

4. Poderá ser considerada abusiva, designadamente, a adopção de qualquer dos comportamentos referidos no n.° 1 do artigo 2.° .

ARTIGO 4.°

(Abuso de dependência económica)

É também proibida a exploração abusiva, por uma ou mais empresas, do estado de dependência económica em que se encontre relativamente a elas qualquer empresa fornecedora ou cliente, por não dispor de alternativa equivalente, nomeadamente quando se traduza na adopção de qualquer dos comportamentos previstos no n.° 1 do artigo 2.°

ARTIGO 5.°

(Balanço económico)

1. Poderão ser consideradas justificadas as práticas restritivas da concorrência que contribuam para melhorar a produção ou a distribuição de bens e serviços ou para promover o desenvolvimento técnico ou económico desde que, cumulativamente:

a) Reservem aos utilizadores desses bens ou serviços uma parte equitativa do benefício daí resultante;
b) Não imponham às empresas em causa quaisquer restrições que não sejam indispensáveis para atingir esses objectivos;
c) Não dêem a essas empresas a possibilidade de eliminar a concorrência numa parte substancial do mercado dos bens ou serviços em causa.

2. As práticas previstas no artigo 2.° poderão ser objecto de avaliação prévia por parte do Conselho da Concorrência, segundo processo a estabelecer por portaria do ministro responsável pela área do comércio.

NOTA:

A Portaria a que se alude no n.° 2 foi publicada sob o número 1097/93, em 29 de Outubro.

ARTIGO 6.°

(Noção de empresa)

Para efeitos de aplicação do disposto nesta secção considera-se como única empresa o conjunto de empresas que, embora juridicamente distintas, mantêm entre si laços de interdependência ou subordinação decorrentes dos direitos ou poderes enumerados no n.° 2 do artigo 9.°

SECÇÃO III

Concentração de empresas

ARTIGO 7.°

(Notificação prévia)

1. Estão sujeitas a notificação prévia as operações de concentração de empresas que preencham uma das seguintes condições:
a) Criação ou reforço de uma quota superior a 30% no mercado nacional de determinado bem ou serviço, ou numa parte substancial deste, em consequência da operação de concentração;

b) Realização, pelo conjunto das empresas envolvidas na operação de concentração, de um volume de negócios superior a 3 milhões de contos, em Portugal, no último exercício, líquidos dos impostos directamente relacionados com o volume de negócios.

2. O disposto na presente secção não se aplica às instituições de crédito, sociedades financeiras e empresas de seguros.

3. A notificação prévia deve ser efectuada antes de concluídos os negócios jurídicos necessários à concentração e antes do anúncio de qualquer oferta pública de aquisição.

4. São ineficazes, até autorização expressa ou tácita da concentração, os negócios jurídicos celebrados com o intuito de a realizar.

ARTIGO 8.°

(Quota de mercado e volume de negócios)

1. Para o cálculo da quota de mercado e do volume de negócios previstos no artigo anterior, ter-se-á em conta o volume de negócios:

a) Das empresas participantes na concentração;

b) Das empresas em que estas dispõem directa ou indirectamente:

De uma participação maioritária no capital;

De mais de metade dos votos;

Da possibilidade de designar mais de metade dos membros do órgão de administração ou de fiscalização, do poder de gerir os negócios da empresa;

c) Das empresas que dispõem nas empresas participantes dos direitos ou poderes enumerados na alínea b);

d) Das empresas nas quais uma empresa referida na alínea c) dispõe dos direitos ou poderes enumerados na alínea b);

e) Das empresas em que várias empresas referidas nas alíneas a) a d) dispõem em conjunto dos direitos ou poderes enumerados na alínea b).

2. Em derrogação ao disposto no número anterior, se a operação de concentração consistir na aquisição de partes de uma empresa ou partes do conjunto das empresas, o volume de negócios a ter em consideração relativamente ao cedente ou cedentes abrangerá apenas a

empresa ou empresas, ou respectivas parcelas, que forem objecto da transacção.

3. O volume de negócios referido na alínea b) do n.° 1 do artigo anterior compreende o valor dos produtos vendidos e dos serviços prestados a empresas e consumidores em território português, mas não inclui as transacções efectuadas entre as empresas referidas no n.° 1.

ARTIGO 9.°

(Concentração de empresas)

1. Entende-se haver concentração de empresas:

a) No caso de fusão de duas ou mais empresas anteriormente independentes;

b) No caso de uma ou mais pessoas que já detêm o controlo de pelo menos uma empresa, ou no caso de uma ou mais empresas, adquirirem, directa ou indirectamente, o controlo do conjunto ou de partes de uma ou de várias outras empresas;

c) No caso de duas ou mais empresas constituírem uma empresa comum, desde que esta corresponda a uma entidade económica autónoma de carácter duradouro e não tenha por objecto ou como efeito a coordenação do comportamento concorrencial entre as empresas fundadoras ou entre estas e a empresa comum.

2. Para efeitos do disposto no número anterior, o controlo decorre de qualquer acto, independentemente da forma que este assuma, que implique a possibilidade de exercer, isoladamente ou em conjunto, e tendo em conta as circunstâncias de facto ou de direito, uma influência determinante sobre a actividade de uma empresa, nomeadamente:

a) Aquisição da totalidade ou de parte do capital social;

b) Aquisição de direitos de propriedade, de uso ou de fruição sobre a totalidade ou parte dos activos de uma empresa;

c) Aquisição de direitos ou celebração de contratos que confiram uma acção preponderante na composição ou nas deliberações dos órgãos de uma empresa.

3. Não é havida como concentração de empresas:

a) A aquisição de participações no quadro do processo especial de recuperação de empresas;
b) A aquisição de participações com funções de garantia ou satisfação de créditos.

ARTIGO 10.°

(Proibição de concentração)

1. Quando não forem justificáveis nos termos do número seguinte, são proibidas as operações de concentração de empresas sujeitas a notificação prévia que criem ou reforcem uma posição dominante no mercado nacional de determinado bem ou serviço, ou numa parte substancial deste, susceptível de impedir, falsear ou restringir a concorrência.

2. Poderão ser autorizadas as operações de concentração referidas no número anterior em que:

a) Se verifiquem os pressupostos do artigo 5.° ;
b) Se reforce significativamente a competitividade internacional das empresas participantes na operação de concentração.

SECÇÃO IV

Auxílios de Estado

ARTIGO 11.°

(Auxílios de Estado)

1. Os auxílios a empresas concedidos por um Estado ou qualquer outro ente público não poderão restringir ou afectar de forma significativa a concorrência no todo ou em parte do mercado.

2. A pedido de qualquer interessado, o ministro responsável pela área do comércio poderá examinar os auxílios referidos no número anterior, de forma a propor ao ministro competente as medidas conducentes à manutenção ou ao restabelecimento da concorrência.

3. Para efeitos do disposto no presente artigo não se consideram:

a) As indemnizações compensatórias, qualquer que seja a forma que revistam, concedidas pelo Estado como contrapartida da prestação de um serviço público;
b) Os benefícios concedidos ao abrigo de programas de incentivos ou de quaisquer outros regimes específicos aprovados pelo Governo ou pela Assembleia da República.

CAPÍTULO II
Dos órgãos de defesa da concorrência

ARTIGO 12.°
(Direcção-Geral de Concorrência e Preços)

1. Compete à Direcção-Geral de Concorrência e Preços:
a) Identificar as práticas susceptíveis de infringir a presente lei, proceder à organização e instrução dos respectivos processos e zelar pelo cumprimento das decisões neles proferidas;
b) Proceder, relativamente a operações de concentração sujeitas a notificação prévia, nos termos do presente diploma, à instrução do procedimento respectivo;
c) Realizar, a solicitação do Conselho da Concorrência, os estudos necessários à fundamentação do parecer a que alude a alínea c) do n.° 1 do artigo 13.° ;
d) Proceder aos estudos sectoriais que, em matéria de concorrência, se mostrem necessários;
e) Propor superiormente as medidas que se afigurem apropriadas com vista ao bom funcionamento da concorrência;
f) Aplicar coimas sempre que tal competência lhe for expressamente atribuída neste diploma.
2. Compete ainda à Direcção-Geral de Concorrência e Preços:
a) Exercer as competências cometidas às autoridades dos Estados membros pelos regulamentos fundados no artigo 87.° do Tratado que institui a Comunidade Económica Europeia, designadamente pelo Regulamento (C.E.E.) n.° 4.064/89, do Conselho, de 21 de Dezembro de 1989, sem prejuízo das que caibam a outras entidades;

b) Participar na actividade desenvolvida por organismos e instituições internacionais em matéria de concorrência;
c) Organizar os processos respeitantes ao disposto no artigo 11.°.

3. Sem prejuízo do disposto nas secções I e II do capítulo III, no exercício das competências conferidas no n.° 1 e na alínea a) do número anterior, a Direcção-Geral de Concorrência e Preços pode solicitar a quaisquer empresas e associações de empresas, bem como às entidades que com elas tenham ligações comerciais, financeiras ou outras, as informações e documentos necessários, fixando para o efeito os prazos que entenda razoáveis e convenientes.

4. Pode ainda a Direcção-Geral de Concorrência e Preços solicitar a qualquer serviço da administração central, regional e local as informações julgadas necessárias para o desempenho das suas atribuições.

ARTIGO 13.°

(Competência do Conselho da Concorrência)

1. Compete ao Conselho da Concorrência:
a) Decidir os processos relativos às práticas restritivas da concorrência proibidas pelo presente diploma, bem como aqueles que lhe sejam remetidos pela Direcção-Geral da Concorrência e Preços no exercício das competências previstas na alínea a) do n.° 2 do artigo anterior;
b) Formular pareceres, a solicitação do ministro responsável pela área do comércio, em procedimentos relativos a operações de concentração sujeitas a notificação prévia;
c) Pronunciar-se sobre as questões de concorrência que o ministro responsável pela área do comércio entenda submeter-lhe;
d) Propor ao ministro responsável pela área do comércio orientações nos vários domínios de aplicação do presente diploma;
e) Participar na actividade desenvolvida por organismos e instituições internacionais que tenham relação com as suas competências;
f) Aplicar coimas, sempre que tal competência lhe for legalmente atribuída.

2. Para a formulação dos pareceres a que se refere a alínea c) do número anterior poderá o Conselho da Concorrência solicitar à Direcção-Geral de Concorrência e Preços os estudos adequados.

3. O Conselho da Concorrência apresentará anualmente ao ministro responsável pela área do comércio o relatório de actividade, que será publicado no Diário da República, e do qual constam, em anexo, todas as decisões proferidas.

ARTIGO 14.°

(Composição do Conselho da Concorrência)

1. O Conselho da Concorrência é constituído por um presidente e quatro ou seis vogais, nomeados por despacho do Primeiro-Ministro, sob proposta dos ministros responsáveis pelas áreas da justiça e do comércio.

2. O presidente é um magistrado judicial ou do Ministério Público, nomeado por um período de três anos, renovável, obtida a autorização, consoante os casos, do Conselho Superior da Magistratura ou do Conselho Superior do Ministério Público.

3. Os vogais são designados tendo em atenção a sua reconhecida competência e idoneidade para o desempenho das respectivas funções.

4. O presidente do Conselho da Concorrência poderá, sempre que o julgue necessário, convidar a participar nas reuniões, sem direito a voto, individualidades com especial competência nas matérias a tratar ou representantes de serviços da Administração Pública ou de outras entidades com interesse relevante nessas matérias.

5. Sem prejuízo do disposto no número anterior, sempre que os assuntos a tratar tenham especial relevância em matéria de consumidores, o presidente pode convocar para participar nas reuniões do Conselho um representante do Instituto do Consumidor.

ARTIGO 15.°

(Retribuição e ajudas de custo)

1. Os membros do Conselho recebem um abono mensal, de montante a fixar por despacho conjunto dos ministros responsáveis pelas

áreas das finanças e do comércio, acumulável com quaisquer remunerações, nos termos da legislação em vigor.

2. Os membros do Conselho e as individualidades que participem nas suas reuniões ao abrigo do disposto nos números 4 e 5 do artigo anterior terão direito ao abono de transportes e ajudas de custo, nos termos da lei.

ARTIGO 16.°

(Encargos)

Os encargos com o funcionamento do Conselho da Concorrência serão suportados pelas verbas atribuídas para o efeito no orçamento da secretaria-geral do ministério responsável pela área do comércio.

ARTIGO 17.°

(Apoio)

1. A secretaria-geral do ministério responsável pela área do comércio prestará ao Conselho todo o apoio administrativo de que este carece para o pleno desempenho das suas funções.

2. O ministro responsável pela área do comércio designará, sob proposta do presidente do Conselho da Concorrência, os funcionários da secretaria-geral ou de qualquer outro serviço do ministério que ficarão especialmente afectos àquele Conselho, um dos quais, pertencente à carreira técnica superior e preferencialmente licenciado em Direito, desempenhará as funções de secretário do Conselho da Concorrência.

ARTIGO 18.°

(Regulamento interno)

Compete ao Conselho da Concorrência elaborar e alterar o seu regulamento interno que, após aprovação pelo ministro responsável pela área do comércio, será publicado no Diário da República.

ARTIGO 19.°

(Dever de sigilo)

1. No exercício das suas competências a Direcção-Geral da Concorrência e Preços guardará o mais rigoroso sigilo e observará as regras de confidencialidade a que está vinculada.

2. Os membros do Conselho da Concorrência e as individualidades a que alude o n.° 4 do artigo 14.° ficam sujeitos às regras de confidencialidade aplicáveis aos funcionários civis do Estado relativamente aos factos de que tomem conhecimento no exercício das suas funções.

ARTIGO 20.°

(Impedimentos)

Os membros do Conselho da Concorrência estão sujeitos aos impedimentos e suspeições aplicáveis aos juizes.

CAPÍTULO III

Do processo

SECÇÃO I

Processo em matérias de acordos, práticas concertadas, decisões de associações e abusos de poder económico

ARTIGO 21.°

(Normas aplicáveis)

1. O processo por infracção ao disposto nos artigos 2.°, 3.° e 4.° rege-se pelo disposto na presente secção e, subsidiariamente, pelo Decreto-Lei n.° 433/82, de 27 de Outubro.

2. O disposto na presente secção é igualmente aplicável, com as necessárias adaptações, ao exercício das competências referidas na

alínea a) do n.° 2 do artigo 12.° e na parte final da alínea a) do n.° 1 do artigo 13.°

NOTAS:

a) Nos artigos 2.°, 3.° e 4.°, trata-se, respectivamente, os acordos, práticas concertadas e decisões de associações; abuso de posição dominante e abuso de dependência económica.

b) Na alínea a) do n.° 2 do artigo 12.° referem-se as competências cometidas às autoridades dos Estados membros pelos regulamentos C.E.E.

c) Na parte final da alínea a) do n.° 1 do artigo 13.° referem-se as competências a que se alude na anotação da alínea anterior, mas a nível do Conselho da Concorrência.

ARTIGO 22.°

(Conhecimento de infracções)

1. Sempre que a Direcção-Geral de Concorrência e Preços tome conhecimento, por qualquer via, de eventuais práticas proibidas pelos artigos 2.°, 3.° e 4.° deverá proceder à identificação dessas práticas e, logo que tenha indícios sérios da sua existência, organizar e instruir os respectivos processos.

2. Todos os serviços da administração central, regional e local e os institutos públicos têm o dever de participar à referida Direcção-Geral os factos de que tomem conhecimento susceptíveis de serem qualificados como práticas restritivas da concorrência.

ARTIGO 23.°

(Competência instrutória)

1. No âmbito da sua competência instrutória, a Direcção-Geral de Concorrência e Preços, salvo as restrições previstas na presente secção, goza dos mesmos direitos e está submetida aos mesmos deveres dos órgãos de polícia criminal, podendo, designadamente:

a) Inquirir os representantes legais das empresas ou das associações de empresas envolvidas, bem como solicitar-lhes documentos e outros elementos de informação que entenda convenientes ou necessários para o esclarecimento dos factos;

b) Inquirir os representantes legais de outras empresas ou associações de empresas e quaisquer outras pessoas cujas declarações considere pertinentes, bem como solicitar-lhes documentos e outros elementos de informação;

c) Proceder, nas instalações das empresas ou das associações de empresas envolvidas, à busca, exame e recolha de cópias ou extractos da escrita e demais documentação que se encontre em lugar reservado ou não livremente acessível ao público, sempre que tais diligências se mostrem necessárias à obtenção de prova;

d) Requerer a quaisquer outros serviços da Administração Pública, incluindo os órgãos de polícia criminal, através dos respectivos gabinetes ministeriais, a colaboração que se mostrar necessária ao cabal desempenho das suas funções.

2. As diligências previstas na alínea c) do número anterior dependem de despacho da autoridade judiciária que autorize a sua realização, solicitado previamente pelo director-geral de Concorrência e Preços em requerimento devidamente fundamentado, devendo a decisão ser proferida no prazo de quarenta e oito horas.

3. Os funcionários que, no exterior, efectuarem as diligências previstas nas alíneas a) a c) do n.° 1 deverão ser portadores:

a) No caso das alíneas a) e b), de credencial emitida pelo director-geral de Concorrência e Preços, da qual constará a finalidade da diligência;

b) No caso da alínea c), da credencial referida na alínea anterior e do despacho previsto no n.° 2.

4. Sem prejuízo do disposto no n.° 4 do artigo 37.°, os funcionários a que alude o número anterior poderão solicitar a intervenção das autoridades policiais, se esta se revelar necessária.

NOTA:

No n.° 4 do artigo 37.°, pune-se a oposição às diligências.

ARTIGO 24.°

(Suspensão das práticas proibidas)

1. Em qualquer momento da instrução, e logo que a investigação indicie que a prática sobre que incide o processo é gravemente lesiva

do desenvolvimento económico e social ou do interesse de agentes económicos ou de consumidores, pode o Conselho da Concorrência, sob proposta fundamentada da entidade instrutora, ordenar preventivamente a imediata suspensão ou modificação da referida prática.

2. As medidas previstas neste artigo vigorarão por tempo não superior a 90 dias, podendo ser prorrogadas uma só vez, por igual período.

3. O Conselho da Concorrência solicitará ao Banco de Portugal e, se for caso disso, à Comissão do Mercado de Valores Mobiliários, e estes emitirão, no prazo de sete dias, os pareceres a que se refere o artigo 88.° do Regime Geral das Instituições de Crédito e Sociedades Financeiras, aprovado pelo Decreto-Lei n.° 298/92, de 31 de Dezembro.

4. Sempre que estejam em causa práticas de empresas seguradoras, o Conselho da Concorrência solicitará parecer ao Instituto de Seguros de Portugal, a emitir no prazo de sete dias, acerca da actuação da seguradora sobre a qual incide o processo.

ARTIGO 25.°

(Audição)

1. No âmbito da instrução, a Direcção-Geral de Concorrência e Preços procederá a audiência oral ou escrita das empresas ou das associações de empresas arguidas, para que estas se pronunciem sobre as questões que importam à decisão e sobre as provas produzidas e solicitem as diligências complementares de prova que considerem convenientes.

2. Na audiência referida no número anterior, a Direcção-Geral de Concorrência e Preços acautelará o interesse legítimo das empresas na não divulgação dos seus segredos de negócio.

3. A Direcção-Geral de Concorrência e Preços poderá recusar a realização de diligências complementares de prova sempre que for manifesta a irrelevância das provas requeridas ou a sua finalidade meramente dilatória.

4. Após a audiência referida no n.° 1, pode a Direcção-Geral de Concorrência e Preços, oficiosamente, proceder à realização de diligências complementares de prova desde que assegure o princípio do contraditório.

ARTIGO 26.°

(Conclusão da instrução)

1. Concluída a instrução, a Direcção-Geral de Concorrência e Preços elaborará o relatório final e remeterá o processo ao Conselho de Concorrência para decisão.

2. O Conselho da Concorrência, sempre que considerar necessário, poderá solicitar à Direcção-Geral de Concorrência e Preços a realização de diligências complementares de instrução, ou efectuá-las ele mesmo.

3. Se as empresas arguidas forem instituições de crédito e sociedades financeiras ou suas associações empresariais, o Conselho da Concorrência solicitará ao Banco de Portugal e, se for caso disso, à Comissão do Mercado de Valores Mobiliários, e estes emitirão, no prazo de 30 dias, o parecer a que se refere o artigo 88.° do Regime Geral das Instituições de Crédito e Sociedades Financeiras.

4. Tratando-se de seguradoras ou sociedades gestoras de fundos de pensões, o parecer referido no número anterior será solicitado ao Instituto de Seguros de Portugal, que se pronunciará no prazo de 30 dias.

ARTIGO 27.°

(Decisão do Conselho da Concorrência)

1. O Conselho da Concorrência, na sua decisão, poderá:

a) Ordenar o arquivamento do processo;

b) Declarar a existência de uma prática restritiva da concorrência e, se for caso disso, ordenar ao infractor que adopte as providências indispensáveis à cessação dessa prática ou dos seus efeitos no prazo que lhe for fixado;

c) Aplicar as coimas previstas no n.° 2 do artigo 37.° .

2. O Conselho da Concorrência ordenará ao infractor a publicação das decisões no Diário da República e num jornal de expansão nacional ou de expansão regional ou local, consoante a zona de mercado em que se verificou a prática constitutiva da contra-ordenação e a gravidade ou os efeitos desta.

3. O Conselho da Concorrência enviará ao ministro responsável pela área do comércio e à Direcção-Geral de Concorrência e Preços cópia de todas as decisões tomadas nos termos do n.° 1.

ARTIGO 28.°

(Recurso)

1. Das decisões do Conselho da Concorrência cabe recurso para o Tribunal Judicial da Comarca de Lisboa.

2. O recurso previsto no número anterior tem efeito meramente devolutivo, excepto no que respeita à aplicação de coimas e à publicação determinada pelo n.° 2 do artigo anterior, cujo efeito é suspensivo.

SECÇÃO II

Procedimento em matéria de controlo das concentrações de empresas

ARTIGO 29.°

(Normas aplicáveis)

O procedimento em matéria de controlo das concentrações de empresas rege-se pelo disposto na presente secção e subsidiariamente pelo Código de Procedimento Administrativo.

ARTIGO 30.°

(Apresentação da notificação)

1. A notificação prévia das operações de concentração de empresas prevista no n.° 1 do artigo 7.° será dirigida à Direcção-Geral de Concorrência e Preços.

2. A notificação será apresentada:

a) Em caso de fusão ou constituição de controlo comum, pelo conjunto das empresas participantes;

b) Nos restantes casos, pela empresa ou pelas pessoas que pretendem adquirir o controlo do conjunto ou de partes de uma ou mais empresas.

3. Da notificação deverão constar as seguintes informações:

a) Identificação das pessoas individuais e colectivas participantes na operação de concentração.

b) Natureza e forma jurídica da concentração;

c) Natureza dos bens ou serviços produzidos;

d) Listas das empresas que mantenham com as participantes vínculos de interdependência ou subordinação decorrentes dos direitos ou poderes enumerados na alínea b) do artigo 8.°;

e) Quotas de mercado em consequência da operação de concentração e base da sua determinação;

f) Volume de negócios em Portugal das empresas participantes, bem como daquelas a que se refere o n.° 1 do artigo 8.°, relativamente ao último exercício;

g) Relatório e contas das empresas participantes relativamente aos três últimos exercícios;

h) Indicação dos principais concorrentes;

i) Indicação dos principais clientes e fornecedores;

j) Fornecimento, se for caso disso, das informações que os autores da notificação considerem relevantes para a averiguação do preenchimento das condições enunciadas nas alíneas do n.° 2 do artigo 10.° .

ARTIGO 31.°

(Tramitação)

1. No prazo de 40 dias contados da data de recepção da notificação, a Direcção-Geral de Concorrência e Preços, após ter procedido à instrução do processo respectivo, remeterá o processo ao ministro responsável pela área do comércio.

2. Se, no decurso da instrução, os elementos constantes da notificação se revelarem incompletos, à luz do disposto no n.° 3 do artigo anterior, ou ainda se o fornecimento de elementos adicionais vier a ser considerado conveniente, a Direcção-Geral de Concorrência e Preços comunicará tal facto aos autores da notificação e fixar-lhes-á

um prazo razoável para completar, corrigir ou fornecer os elementos em questão.

3. Sem prejuízo do disposto na alínea d) do n.° 3 do artigo 37.°, igual procedimento será adoptado caso sejam fornecidos elementos falsos aquando da notificação.

4. A comunicação prevista no n.° 2 suspende o prazo referido no n.° 1 do presente artigo, com efeitos a partir do dia seguinte ao do envio da notificação, terminando no dia da recepção pela Direcção-Geral de Concorrência e Preços dos elementos solicitados.

5. No decurso da instrução, pode a Direcção-Geral de Concorrência e Preços solicitar a quaisquer outras empresas ou associações de empresas todas as informações que considere convenientes nos prazos que entenda razoáveis.

6. Até 10 dias antes do termo do prazo a que se refere o n.° 1, a Direcção-Geral de Concorrência e Preços procederá à audiência escrita dos autores da notificação.

7. Diligências complementares de prova poderão ser solicitadas na audiência escrita pelos autores da notificação, implicando a sua realização a suspensão do prazo previsto no n.° 1.

8. A suspensão prevista no número anterior inicia-se no dia seguinte ao da recepção na Direcção-Geral de Concorrência e Preços do pedido de diligências complementares e termina no dia em que estas se concluírem.

9. O disposto nos números anteriores aplica-se, com as necessárias adaptações, e sem prejuízo do disposto na alínea c) do n.° 3 do artigo 37.°, aos casos de operações de concentração de cuja realização a Direcção-Geral de Concorrência e Preços tenha conhecimento e que não tenham sido objecto de notificação prévia, sendo, neste caso, de 90 dias contados da data do início oficioso da instrução o prazo fixado no n.° 1.

NOTA:

Na alínea d) do n.° 3 do artigo 37.° estabelece-se a sanção para o fornecimento de informações falsas e, na alínea c), a sanção para a falta de notificação prévia de uma operação de concentração.

ARTIGO 32.°

(Comunicação ou autorização tácita)

1. No prazo de 50 dias contados da data da recepção da notificação prevista no n.° 1 do artigo 7.° na Direcção-Geral de Concorrência e Preços, o ministro responsável pela área do comércio, se entender que a operação de concentração em causa é susceptível de afectar negativamente a concorrência, à luz dos critérios definidos no n.° 1 do artigo 10.°, remeterá o processo ao Conselho de Concorrência para parecer, devendo na mesma data comunicar tal facto aos autores da notificação.

2. A ausência da comunicação prevista na parte final do número anterior, no prazo estipulado, valerá como decisão de não oposição à operação de concentração.

3. Na contagem do prazo referido no n.° 1, não serão incluídos os dias em que o prazo para a instrução se tenha encontrado suspenso por força do disposto nos números 4 e 8 do artigo anterior.

ARTIGO 33.°

(Parecer do Conselho da Concorrência)

No prazo de 30 dias contados da data da recepção do processo pelo Conselho da Concorrência, este devolvê-lo-á ao ministro responsável pela área do comércio, acompanhado de um parecer no qual:

a) Apreciará se a operação de concentração é susceptível de afectar negativamente a concorrência nos termos definidos no n.° 1 do artigo 10.°;

b) Ponderará da verificação, no caso concreto, das condições previstas no n.° 2 do artigo 10.°

ARTIGO 34.°

(Decisão)

1. No prazo de 15 dias contados da data de recepção do parecer do Conselho da Concorrência, o ministro responsável pela área do comércio poderá decidir:

a) Não se opor à operação de concentração;

b) Não se opor à operação de concentração, mediante a imposição de condições e obrigações adequadas à manutenção de uma concorrência efectiva;

c) Proibir a operação de concentração, ordenando, no caso de esta já se ter realizado, medidas adequadas ao estabelecimento de uma concorrência efectiva, nomeadamente a separação das empresas ou dos activos agrupados ou a cessação do controlo.

2. As decisões previstas nas alíneas b) e c) do número anterior revestirão a forma de despacho conjunto do ministro responsável pela área do comércio e do ministro da tutela das actividades económicas afectadas pela operação de concentração.

3. São nulos os negócios jurídicos relacionados com a concentração na medida em que concretizem operações condenadas pelo despacho conjunto que tenha proibido a concentração, que tenha imposto condições à sua realização ou que tenha ordenado medidas adequadas ao restabelecimento da concorrência efectiva.

ARTIGO 35.°

(Recurso)

Das decisões previstas nas alíneas b) e c) do n.° 1 do artigo anterior cabe recurso contencioso para o Supremo Tribunal Administrativo.

ARTIGO 36.°

(Procedimento especial)

1. Sem prejuízo da aplicação das correspondentes sanções, sempre que se verificar que a decisão de não oposição a uma operação de concentração se fundamentou em informações falsas respeitantes a circunstâncias essenciais para a decisão, a Direcção-Geral de Concorrência e Preços iniciará oficiosamente um procedimento com vista à aplicação das medidas previstas na alínea c) do n.° 1 do artigo 34.° .

2. Ao procedimento referido no número anterior é aplicável, com as necessárias adaptações, o disposto nos artigos 31.° a 34.°.

CAPÍTULO IV

Das sanções

ARTIGO 37.°

(Coimas)

1. Sem prejuízo da responsabilidade penal a que houver lugar, as infracções às normas previstas no presente diploma constituem contra-ordenação punível com coima nos termos dos números seguintes.

2. Constitui contra-ordenação punível com coima de 100.000$00 a 200.000.000$00 qualquer dos comportamentos restritivos da concorrência previstos nos artigos 2.°, 3.° e 4.° .

3. Constitui contra-ordenação punível com coima de 100.000$00 a 100.000.000$00:

a) O não acatamento de ordem emanada do Conselho da Concorrência ao abrigo do n.° 1 do artigo 24.°;

b) O não acatamento das decisões referidas nas alíneas b) e c) do n.° 1 do artigo 34.°;

c) A falta de notificação de uma operação de concentração sujeita a notificação prévia nos termos do n.° 1 do artigo 7.°;

d) O fornecimento de informações falsas aquando de uma notificação apresentada ao abrigo do n.° 1 do artigo 7.° ;

e) O fornecimento de informações falsas em resposta a um pedido elaborado ao abrigo do n.° 2 do artigo 31.° ou o seu não fornecimento.

3. Constitui contra-ordenação punível com coima de 100.000$00 a 10.000.000$00:

a) A oposição a diligências previstas no n.° 1 do artigo 23.°;

b) A prestação de declarações ou informações falsas em resposta a um pedido elaborado ao abrigo da alínea b) do n.° 1 do artigo 23.° ou do n.° 4 do artigo 31.° .

5. Constitui contra-ordenação punível com coima de 50.000$00 a 5.000.000$00:

a) A prestação de declarações ou informações falsas na sequência de um pedido elaborado ao abrigo do número 3 do artigo 12.°, bem como a recusa da sua prestação;

b) O não acatamento da ordem de publicação emanada do Conselho da Concorrência ao abrigo do n.° 2 do artigo 27.° .

6. O não acatamento pelo infractor da ordem prevista na alínea b) do n.° 1 do artigo 27.° implica a abertura de novo processo com vista à aplicação das coimas previstas no n.° 2 deste artigo.

7. A coima prevista na alínea b) do n.° 5 será sempre superior ao custo da publicação, que será efectuada pela secretaria-geral do ministério responsável pela área do comércio.

8. A negligência é punível.

9. Quando o infractor for uma pessoa singular, os valores previstos nos números 2 e 5 serão reduzido a a metade.

ARTIGO 38.°

(Competência para a aplicação de coimas)

Excepto para a aplicação das coimas referidas no n.° 2, na alínea a) do n.° 3 e na alínea b) do n.° 5 do artigo anterior, em que é competente o Conselho de Concorrência, a competência para a aplicação das coimas cabe à Direcção-Geral de Concorrência e Preços.

ARTIGO 39.°

(Destino das coimas)

As importâncias das coimas cobradas por infracção ao disposto neste diploma reverterão em 60% para os cofres do Estado, em 30% para a Direcção-Geral de Concorrência e Preços e em 10% para a secretaria-geral do ministério responsável pela área do comércio.

CAPÍTULO V

Disposições finais

ARTIGO 40.°

(Norma revogatória)

1. São revogados o Decreto-Lei n.° 422/83, de 3 de Dezembro, e legislação complementar, o Decreto-Lei n.° 428/88, de 19 de Novembro, e o Despacho Normativo n.° 59/87, de 9 de Julho.

2. São revogadas as normas que atribuam competências em matéria de defesa da concorrência a outros órgãos que não os previstos nos artigos 12.° e 13.° .

3. As normas do Decreto-Lei n.° 422/83, de 3 de Dezembro, são aplicáveis às contra-ordenações praticadas até à data da entrada em vigor do presente diploma, sem prejuízo da aplicação das normas deste que tenham conteúdo mais favorável.

ARTIGO 41.°

(Disposições finais e transitórias)

1. As disposições do presente diploma não são aplicáveis às operações de concentração de empresas notificadas nos termos do Decreto-Lei n.° 428/88, de 19 de Novembro, cujos processos de decisão se encontram pendentes à data da entrada em vigor do presente diploma.

2. No caso de serviços públicos, o presente diploma não é aplicável às empresas concessionadas pelo Estado por diploma próprio, no âmbito e na vigência do respectivo contrato de concessão.

3. Mantêm as suas funções, nos termos dos respectivos diplomas de nomeação, o presidente e os vogais do Conselho de Concorrência, bem como os técnicos e demais pessoal afecto ao seu funcionamento.

ARTIGO 42.°

(Entrada em vigor)

O presente diploma entra em vigor no dia 1 de Janeiro de 1994.

LEI N.° 65/93

de 26 de Agosto

Com as alterações introduzidas pelas Leis n.° 8/95, de 29 de Março e 94/99, de 16 de Julho.

ACESSO AOS DOCUMENTOS DA ADMINISTRAÇÃO

A Assembleia da República decreta, nos termos dos artigos 164.°, alínea d), 168.°, n.° 1, alíneas b), d) e v), e 169.°, n.° 3, da Constituição, o seguinte:

CAPÍTULO I
Disposições gerais

ARTIGO 1.°
(Administração aberta)

O acesso dos cidadãos aos documentos administrativos é assegurado pela Administração Pública de acordo com os princípios da publicidade, da transparência, da igualdade, da justiça e da imparcialidade.

ARTIGO 2.°
(Objecto)

1. A presente lei regula o acesso a documentos relativos a actividades desenvolvidas pelas entidades referidas no artigo 3.° e transpõe

para a ordem jurídica interna a Directiva do Conselho n.° 90/313/ /CEE, de 7 de Junho de 1990, relativa à liberdade de acesso à informação em matéria de ambiente.

2. O regime de exercício do direito dos cidadãos a serem informados pela Administração sobre o andamento dos processos em que sejam directamente interessados e a conhecer as resoluções definitivas que sobre eles forem tomadas consta de legislação própria.

NOTAS:

a) A legislação própria a que se reporta o n.° 2 é o Código de Procedimento Administrativo, aprovado pelo Decreto-Lei n.° 442/91, de 15 de Novembro, designadamente o Capítulo II, intitulado "Do direito à informação" — artigos 61.° a 65.° .

b) A redacção do n.° 1 do preceito foi alterada através da Lei n.° 94/99, de 16/7.

ARTIGO 3.°

(Âmbito)

1. Os documentos a que se reporta o artigo anterior são os que têm origem ou são detidos por órgãos do Estado e das Regiões Autónomas que exerçam funções administrativas, órgãos dos institutos públicos e das associações públicas e órgãos das autarquias locais, suas associações e federações e outras entidades no exercício de poderes de autoridade, nos termos da lei.

2. A presente lei é ainda aplicável aos documentos em poder de organismos que exerçam responsabilidades públicas em matéria ambiental sob controlo da Administração Pública.

NOTA:

O n.° 2 do preceito foi introduzido pela Lei n.° 94/99, de 16/7.

ARTIGO 4.°

(Documentos administrativos)

1. Para efeito do disposto no presente diploma, são considerados:

a) Documentos administrativos: quaisquer suportes de informação gráficos, sonoros, visuais, informáticos ou registos de outra natureza, elaborados ou detidos pela Administração Pú-

blica, designadamente processos, relatórios, estudos, pareceres, actas, autos, circulares, ofícios-circulares, ordens de serviço, despachos normativos internos, instruções e orientações de interpretação legal ou de enquadramento da actividade ou outros elementos de informação;

b) Documentos nominativos: quaisquer suportes de informação que contenham dados pessoais;

c) Dados pessoais: informações sobre pessoa singular, identificada ou identificável, que contenham apreciações, juízos de valor ou que sejam abrangidas pela reserva da intimidade da vida privada.

2. Não se consideram documentos administrativos, para efeitos do presente diploma:

a) As notas pessoais, esboços, apontamentos e outros registos de natureza semelhante;

b) Os documentos cuja elaboração não releve da actividade administrativa, designadamente referentes à reunião do Conselho de Ministros e de Secretários de Estado, bem como à sua preparação.

ARTIGO 5.°

(Segurança interna e externa)

1. Os documentos que contenham informações cujo conhecimento seja avaliado como podendo pôr em risco ou causar dano à segurança interna e externa do Estado ficam sujeitos à interdição de acesso ou a acesso sob autorização, durante o tempo estritamente necessário, através da classificação nos termos de legislação específica.

2. Os documentos a que se refere o número anterior podem ser livremente consultados, nos termos da presente lei, após a sua desclassificação ou o decurso do prazo de validade do acto de classificação

NOTA:

A legislação específica a que se faz referência neste artigo é a Lei de Segredo de Estado, transcrita em anotação ao artigo 182.° do Código de Processo Penal.

ARTIGO 6.°

(Segredo de justiça)

O acesso a documentos referentes a matérias em segredo de justiça é regulado por legislação própria.

NOTA:

A legislação a que se faz referência no preceito é o Código de Processo Penal, designadamente o artigo 182.°, supra transcrito.

ARTIGO 7.°

(Direito de acesso)

1. Todos têm direito à informação mediante o acesso a documentos administrativos de carácter não nominativo.

2. O direito de acesso aos documentos administrativos compreende não só o direito de obter a sua reprodução, bem como o direito de ser informado sobre a sua existência e conteúdo.

3. O depósito dos documentos administrativos em arquivos não prejudica o exercício, a todo o tempo, do direito de acesso aos referidos documentos.

4. O acesso a documentos constantes de processos não concluídos ou a documentos preparatórios de uma decisão é diferido até à tomada de decisão, ao arquivamento do processo ou ao decurso de um ano após a sua elaboração.

5. O acesso aos inquéritos e sindicâncias tem lugar após o decurso do prazo para eventual procedimento disciplinar.

6. Os documentos a que se refere a presente lei são objecto de comunicação parcial sempre que seja possível expurgar a informação relativa à matéria reservada.

7. O acesso aos documentos notariais e registrais, aos documentos de identificação civil e criminal, aos documentos referentes a dados pessoais com tratamento automatizado e aos documentos depositados em arquivos históricos rege-se por legislação própria.

NOTA:

A redacção deste artigo foi alterada pela já mencionada Lei n.° 94/99, de 16/7.

ARTIGO 8.°

(Acesso aos documentos nominativos)

1. Os documentos nominativos são comunicados, mediante prévio requerimento, à pessoa a quem os dados digam respeito, bem como a terceiros que daquela obtenham autorização escrita.

2. Fora dos casos previstos no número anterior os documentos nominativos são ainda comunicados a terceiros que demonstrem interesse directo, pessoal e legítimo.

3. A comunicação de dados de saúde, incluindo dados genéticos, ao respectivo titular faz-se por intermédio de médico por ele designado.

NOTAS:

a) A Lei de Protecção de Dados Pessoais face à Informática é a Lei n.° 10/91, de 29 de Abril, alterada através da Lei n.° 28/94, de 29 de Agosto.

b) A redacção do preceito foi alterada pela Lei n.° 94/99, de 16/7.

ARTIGO 9.°

(Correcção de dados pessoais)

1. O direito de rectificar, completar ou suprimir dados pessoais inexactos, insuficientes ou excessivos é exercido nos termos do disposto na legislação referente aos dados pessoais com tratamento automatizado, com as necessárias adaptações.

2. Só a versão corrigida dos dados pessoais é passível de uso ou comunicação.

NOTA:

A Lei de Protecção de Dados Pessoais face à Informática é a Lei n.° 10/91, de 29 de Abril, alterada através da Lei n.° 28/94, de 29 de Agosto.

ARTIGO 10.°

(Uso ilegítimo de informações)

1. A Administração pode recusar o acesso a documentos cuja comunicação ponha em causa segredos comerciais, industriais ou sobre a vida interna das empresas.

2. É vedada a utilização de informações com desrespeito dos direitos de autor e dos direitos de propriedade industrial, assim como a reprodução, difusão e utilização destes documentos e respectivas informações que possam configurar práticas de concorrência desleal.

3. Os dados pessoais comunicados a terceiros não podem ser utilizados para fins diversos dos que determinaram o acesso, sob pena de responsabilidade por perdas e danos, nos termos legais.

NOTA:

A actual redacção deste artigo foi introduzida pela Lei n.° 8/95, de 29 de Março.

ARTIGO 11.°

(Publicações de documentos)

1. A Administração Pública publicará, por forma adequada:

a) Todos os documentos, designadamente despachos normativos internos, circulares e orientações, que comportem enquadramento da actividade administrativa;

b) A enunciação de todos os documentos que comportem interpretação de direito positivo ou descrição de procedimento administrativo, mencionando, designadamente, o seu título, matéria, data, origem e local onde podem ser consultados.

2. A publicação e o anúncio de documentos deve efectuar-se com a periodicidade máxima de seis meses e em moldes que incentivem o regular acesso dos interessados.

CAPÍTULO II

Exercício do direito de acesso

ARTIGO 12.°

(Forma do acesso)

1. O acesso aos documentos exerce-se através de:

a) Consulta gratuita, efectuada nos serviços que os detêm;

b) Reprodução por fotocópia ou por qualquer meio técnico, designadamente visual ou sonora;

c) Passagem de certidão pelos serviços da Administração.

2. A reprodução nos termos da alínea b) do número anterior far-se-á num exemplar, sujeito a pagamento, pela pessoa que a solicitar, do encargo financeiro estritamente correspondente ao custo dos materiais usados e do serviço prestado, a fixar por decreto-lei ou decreto legislativo regional, consoante o caso.

3. Os documentos informatizados são transmitidos em forma inteligível para qualquer pessoa e em termos rigorosamente correspondentes ao do conteúdo do registo, sem prejuízo da opção prevista na alínea b) do n.° 1.

4. Quando a reprodução prevista no n.° 1 puder causar dano ao documento visado, o interessado, a expensas suas e sob a direcção do serviço detentor, pode promover a cópia manual ou a reprodução por qualquer meio que não prejudique a sua conservação.

ARTIGO 13.°

(Forma do pedido)

O acesso aos documentos deve ser solicitado por escrito através de requerimento do qual constem os elementos essenciais à sua identificação, bem como o nome, morada e assinatura do interessado.

ARTIGO 14.°

(Responsável pelo acesso)

Em cada departamento ministerial, secretaria regional, autarquia, instituto e associação pública existe uma entidade responsável pelo cumprimento das disposições da presente lei.

ARTIGO 15.°

(Resposta da Administração)

1. A entidade a quem foi dirigido o requerimento de acesso a um documento deve, no prazo de 10 dias:

a) Comunicar a data, local e modo para se efectivar a consulta, efectuar a reprodução ou obter a certidão;

b) Indicar, nos termos do artigo 268.°, n.° 2, da Constituição e da presente lei, as razões da recusa, total ou parcial, do acesso ao documento pretendido;

c) Informar que não possui o documento e, se for do seu conhecimento, qual a entidade que o detém ou remeter o requerimento a esta, comunicando o facto ao interessado;

d) Enviar ao requerente cópia do pedido, dirigido à Comissão de Acesso aos Documentos Administrativos, para apreciação da possibilidade de acesso à informação registada no documento visado.

2. A entidade a quem foi dirigido requerimento de acesso a documento nominativo de terceiro, desacompanhado de autorização escrita deste, solicita o parecer da Comissão de Acesso aos Documentos Administrativos sobre a possibilidade de revelação do documento, enviando ao requerente cópia do pedido.

3. O mesmo parecer pode ainda ser solicitado sempre que a entidade a quem foi dirigido requerimento de acesso tenha dúvidas sobre a qualificação do documento, sobre a natureza dos dados a revelar ou sobre a possibilidade da sua revelação.

4. O pedido de parecer formulado nos termos dos n.° s 2 e 3 deve ser acompanhado de cópia do requerimento e de todas as informações e documentos que contribuam para convenientemente o instruir.

NOTAS:

a) A redacção do preceito foi profundamente alterada pela Lei n.° 94/99, de 16/7.

b) É a seguinte a redacção do n.° 2 do artigo 268.°, da Constituição:

(...)

2. Os cidadãos têm também o direito de acesso aos arquivos e registos administrativos, sem prejuízo do disposto na lei em matérias relativas à segurança interna e externa, à investigação criminal e à intimidade das pessoas.

(...)

ARTIGO 16.°

(Direito de queixa)

1. O interessado pode dirigir à Comissão de Acesso aos Documentos Administrativos, no prazo de 20 dias, queixa contra o indefe-

rimento expresso, a falta de decisão ou decisão limitadora do exercício do direito de acesso..

2. A Comissão de Acesso aos Documentos Administrativos tem o prazo de 30 dias para elaborar o correspondente relatório de apreciação da situação, enviando-o, com as devidas conclusões, a todos os interessados.

3. Recebido o relatório referido no número anterior, a Administração deve comunicar ao interessado a decisão final, fundamentada, no prazo de 15 dias, sem o que se considera haver falta de decisão.

NOTA:

O preceito foi alterado, tendo-lhe sido acrescentado o n.° 3 pela Lei n.° 94/99, de 16/7.

ARTIGO 17.°

(Recurso)

A decisão ou falta de decisão podem ser impugnadas pelo interessado junto dos tribunais administrativos, aplicando-se, com as devidas adaptações, as regras do processo de intimação para consulta de documentos ou passagem de certidões.

NOTA:

A actual redacção deste artigo foi introduzida pela Lei n.° 94/99, de 16 de Julho.

CAPÍTULO III
Da Comissão de Acesso aos Documentos Administrativos

ARTIGO 18.°

(Comissão)

1. É criada a Comissão de Acesso aos Documentos Administrativos (CADA), a quem cabe zelar pelo cumprimento das disposições da presente lei.

2. A CADA é uma entidade pública independente, que funciona junto da Assembleia da República e dispõe de serviços próprios de apoio técnico e administrativo.

NOTA:

O Regulamento Orgânico da Comissão de Acesso aos Documentos Administrativos encontra-se publicado em anexo à Lei n.° 8/95, de 29 de Março.

ARTIGO 19.°

(Composição da CADA)

1. A CADA é composta pelos seguintes membros:

a) Um juiz conselheiro do Supremo Tribunal Administrativo, designado pelo Conselho Superior dos Tribunais Administrativos e Fiscais, que preside;

b) Dois deputados eleitos pela Assembleia da República, sendo um sob proposta do grupo parlamentar do maior partido que apoia o Governo e o outro sob proposta do maior partido da oposição;

c) Um professor de Direito designado pelo Presidente da Assembleia da República;

d) Duas personalidades designadas pelo Governo;

e) Um representante de cada uma das Regiões Autónomas, designados pelos respectivos Governos das Regiões;

f) Uma personalidade designada pela Associação Nacional dos Municípios Portugueses;

g) Um advogado designado pela Ordem dos Advogados;

h) Um membro designado, de entre os seus vogais, pela Comissão Nacional de Protecção de Dados.

2. Todos os titulares podem fazer-se substituir por um membro suplente, designado pelas mesmas entidades.

3. Os mandatos são de dois anos, renováveis, sem prejuízo da sua cessação quando terminem as funções em virtude das quais foram designados.

4. O presidente aufere a remuneração e outras regalias a que tem direito como juiz conselheiro do Supremo Tribunal Administrativo.

5. À excepção do presidente, todos os membros podem exercer o seu mandato em acumulação com outras funções.

6. Os direitos e regalias dos membros são fixados no diploma regulamentar da presente lei, sendo aplicáveis à CADA as disposições do n.° 1 do artigo 11.°, dos n.° s 2, 4 e 5 do artigo 13.°, do artigo 15.°, das alíneas a) e c) do n.° 1 e do n.° 2 do artigo 16.° e do n.° 1 do artigo 18.° da Lei n.° 43/98, de 6 de Agosto.

7. Nas sessões da Comissão em que sejam debatidas questões que interessam a uma entidade pode participar, sem direito de voto, um seu representante.

8. Os membros da CADA tomam posse perante o Presidente da Assembleia da República nos 10 dias seguintes à publicação da respectiva lista na 1.ª série do Diário da República.

NOTAS:

a) A redacção do n.° 6 e todo o n.° 8 foram introduzidos pela Lei n.° 94/99, de 16/7.

b) Pela Declaração da Assembleia da República n.° 3/2001, de 19 de Março, foram publicitados os nomes dos membros designados e eleitos da CADA, tendo tomado posse a 22 de Março de 2001.

ARTIGO 20.°

(Competência)

1. Compete à CADA:

a) Elaborar a sua regulamentação interna;

b) Apreciar as queixas que lhe sejam dirigidas pelos interessados ao abrigo da presente lei;

c) Dar parecer sobre o acesso aos documentos nominativos, nos termos do n.° 2 do artigo 15.°, a solicitação do interessado ou do serviço requerido;

d) Dar parecer sobre a comunicação de documentos nominativos entre serviços e organismos da Administração em caso de dúvida sobre a admissibilidade dessa revelação, salvo nos casos em que o acesso deva ser autorizado nos termos da Lei n.° 67/98, de 26 de Outubro;

e) Pronunciar-se sobre o sistema de classificação de documentos;

f) Dar parecer sobre a aplicação do presente diploma e bem como sobre a elaboração e aplicação de diplomas complementares, a solicitação da Assembleia da República, do Governo e dos órgãos da Administração;
g) Elaborar um relatório anual sobre a aplicação da presente lei e a sua actividade, a enviar à Assembleia da República para publicação e apreciação e ao Primeiro-Ministro.
h) Contribuir para o esclarecimento e divulgação das diferentes vias de acesso aos documentos administrativos no âmbito do princípio da administração aberta.

2. O regulamento interno da CADA é publicado na 2.ª série do Diário da República.

3. Os pareceres são elaborados pelos membros da CADA, que podem solicitar para tal efeito o adequado apoio dos serviços.

4. Os pareceres são publicados nos termos do regulamento interno.

NOTA:

Mais um preceito bastante alterado pela Lei n.° 94/99, de 16/7.

ARTIGO 21.°

(Cooperação da Administração)

Os agentes da Administração Pública estão sujeitos ao dever de cooperação com a CADA, sob pena de responsabilidade disciplinar.

CAPÍTULO IV

Disposições finais e transitórias

ARTIGO 22.°

(Informação ambiental)

O acesso a documentos em matéria de ambiente efectua-se, nos termos da presente lei, com o âmbito e alcance específicos decorrentes da Directiva n.° 90/313/ C.E.E., de 7 de Junho.

NOTA:

Preceito revogado pela Lei n.° 94/99, de 16/7.

ARTIGO 23.°

(Entrada em funções da CADA)

Os membros da CADA são designados até 30 dias após a entrada em vigor dos diplomas regulamentadores da presente lei e tomam posse perante o Presidente da Assembleia da República nos 10 dias seguintes à publicação da respectiva lista na 1.ª série do Diário da República.

ARTIGO 24.°

(Regulamentação)

O Governo regulamentará, no prazo de 90 dias, a presente lei.

BIBLIOGRAFIA

Andrade, Manuel da Costa – (1991) – *Consentimento e Acordo em Direito Penal*, Coimbra Editora, Coimbra.

Andrade, Manuel da Costa – (1992) – *Sobre as Probições de Prova em Processo Penal*, Coimbra Editora, Coimbra.

Andrade, Manuel da Costa – (1996) – *Liberdade de Imprensa e Inviolabilidade Pessoal – Uma perspectiva jurídico – criminal*, Coimbra Editora, Coimbra.

Cid, Pedro – *Comunicação Social do Estado*, in Jornal de Notícias do dia 23/02/01.

Correia, Fernando – *Entre a Deontologia e o Mercado. A crise do profissionalismo do jornalista*, in Revista do Ministério Público n.° 86, Abril/Junho de 2001, p.p. 43 a 55.

Costa, Artur Rodrigues da – *A liberdade de Imprensa e as limitações decorrentes da sua função*, in Revista do Ministério Público n.° 37 – Janeiro/Março de 1989, p.p. 7 a 31Coimbra Editora, Coimbra.

Costa, Artur Rodrigues da – *Conflito entre o Direito à informação e o Direito ao Bom Nome e à Privacidade. Providência Cautelar Preventiva de Abuso de Liberdade de Imprensa*, in Revista do Ministério Público n.° 42, Abril/Junho de 1990, p.p. 123 a 136.

Costa, Artur Rodrigues da – *A Publicidade do Julgamento Penal*, in Revista do Ministério Público n.° 57, Janeiro/Março de 1994, pp. 53 a 70.

Costa, Artur Rodrigues da – *Segredo de Justiça e Comunicação Social*, in Revista do Ministério Público n.° 68, Outubro/Dezembro de 1996, p.p. 49 a 74.

Costa, Artur Rodrigues da – *Crime de Abuso de Liberdade de Imprensa – Prova da Verdade dos Factos – Acórdão do Tribunal da Relação de Lisboa, de 21/1/98*, in Revista do Ministério Público n.° 73, Janeiro/Março de 1999.

Costa, Eduardo Maia – *Liberdade de Imprensa – Restrições para Protecção do Bom Nome e da Reputação*, in Revista do Ministério Público n.° 84, Outubro//Dezembro de 2000, p.p. 178 a 191.

Costa, José de Faria – *Exercício Ilegal da Actividade de Radiotelevisão. Comentário ao Acórdão do Tribunal da Relação do Porto, de 11/2/91, 5.ª Secção, Processo n.° 1241*, in Revista Portuguesa de Ciência Criminal, ano 1.°, fascículo 1.°, Janeiro/Março de 1991, p.p. 107 a 121.

Costa, José de Faria – (1998) – *Direito Penal da Comunicação – Alguns Escritos*, Coimbra Editora, Coimbra.

Costa, José de Faria – *Comentário a uma Decisão do Tribunal Europeu dos Direitos do Homem*, in Revista Portuguesa de Ciência Criminal, ano 11.°, fascículo 1.°, Janeiro/Março de 2001, p.p. 131 a 155.

Dias, Jorge de Figueiredo – *Direito de Informação e Tutela da Honra no Direito Penal de Imprensa Português*, in Revista de Legislação e Jurisprudência, ano de 1982, números 3697; 3698 e 3699.

Dias, Jorge de Figueiredo – (1995) – *Liberdade e Culpa no Direito Penal, 3.ª Edição, Coimbra Editora, Coimbra.*

Dotti, René Ariel – *Princípios Constitucionais Relativos aos Crimes de Imprensa*, in Revista Portuguesa de Ciência Criminal, ano 5.°, fascículo 1.°, Janeiro/Março de 1995, p.p. 47 a 76.

Fernando, Rui do Carmo Moreira – *Ministério Público e Comunicação Social*, in Sub Judice n.° 15/16, Junho/Dezembro de 1999, p.p. 190 a 191.

Gomes Canotilho - Vital Moreira – (1993) – *Constituição da República Portuguesa Anotada*, 3.ª Edição revista.

Joaquim, Anete Marques – *Dificuldades da Imprensa Regional*, in Sub Judice n.° 15/16, Junho/Dezembro de 1999, p.p. 175 a 177.

Marques, José Augusto Garcia – *Direito à Informação versus Direito ao Espectáculo: os Direitos Exclusivos*, in Revista do Ministério Público n.° 56, Outubro/ /Dezembro de 1993, p.p. 99 a 110.

Moreira, Vital – *O Direito de Resposta e de Réplica Política. A Constituição o Deu, a Lei o Tirou, a AACS o Denegou*, in Revista do Ministério Público n.° 57, Janeiro/ /Março de 1994, p.p. 25 a 52.

Moreira, Vital – (1994) *O Direito de Resposta na Comunicação Social*, Coimbra Editora, Coimbra.

Moreira, Vital – *O Direito de Resposta, a Liberdade de Imprensa e a Constituição*, in Revista do Ministério Público n.° 61, Janeiro/Março de 1995, p.p. 51 a 82.

Mota, Francisco Teixeira da – *Limites da Liberdade de Expressão e de Informação – Crítica ao Acórdão do S.T.J., de 12/01/00, caso Sousa Franco*, in Sub Judice n.° 15/16, Junho/Dezembro de 1999, p.p. 153 a 156.

Mota, Francisco Teixeira da – *Grotesco, Boçal e Grosseiro – Comentário ao Acórdão do Tribunal Europeu dos Direitos do Homem sobre o caso Silva Resende*, in Sub Judice n.° 15/16, Junho/Dezembro de 1999, p.p. 85 e segs.

Pina, Sara – *Deontologia dos Jornalistas e o Direito à Verdade*, in Sub Judice n.° 15/16, Junho/Dezembro de 1999, p.p. 185/186.

Pinto, António Marinho e – *Uma Questão de Honra ou o Outro Lado dos Direitos de Expressão e de Informação*, in Sub Judice n.°15/16, Junho/Dezembro de 1999, p.p. 75 a 81.

Ribeiro, J.M. Coutinho – (1995) – *A Nova Lei de Imprensa (anotada) Face ao Novo Código Penal*, Coimbra Editora, Coimbra.

Ribeiro, J.M. Coutinho – (2001) – *Lei de Imprensa (anotada) e Legislação Conexa*, Quid Iuris, Lisboa.

Rocha, Manuel António Lopes – *Sobre o Direito de Resposta na Legislação Portuguesa de Imprensa (Algumas Questões)* – Conferência Proferida no Colóquio Internacional Organizado pelo Conselho de Imprensa, in Boletim do Ministério da Justiça n.° 346, Maio de 1985, p.p. 15 a 35.

Rocha, Manuel António Lopes – *A liberdade de Expressão como Direito do Homem (Princípios e Limites)*, in Sub Judice n.° 15/16, Junho/Dezembro de 1999, p.p. 7 a 22.

Rocha, João Luís de Moraes – *Engrenagens do Poder: Justiça e Comunicação Social – Apresentação*, in Sub Judice n.° 15/16, Junho/Dezembro de 1999, p.p. 5 e 6.

Rodrigues, José Narciso da Cunha – *Justiça e Comunicação*, in Boletim da Faculdade de Direito da Universidade de Coimbra, Volume LXVIII, 1992.

Rodrigues, José Narciso da Cunha – *Direito, Justiça e Comunicação*, in Jornal de Notícias, 5.ª Feira, 9 de Maio de 1996.

Roxin, Claus – (1993) – *Problemas Fundamentais de Direito Penal*, 2.ª Edição, Colecção Vega Universidade, Lisboa.

Santiago, Rodrigo – *Jornalistas e Segredo Profissional*, in Sub Judice n.° 15/16, Junho/Dezembro de 1999, p.p. 147 a 152.

Sousa, J. Vasconcelos de Albuquerque e – (1983) – *A liberdade de Imprensa*, in Boletim da Faculdade de Direito de Coimbra, Suplemento ao Volume XXVI – Coimbra.

Teixeira, Manuel Pinto e Víctor Mendes – (1996) – *Casos e Temas da Comunicação*, Legis Editora, Porto.

Torres, Mário Araújo – *Algumas Considerações sobre Liberdade de Informação e Segredo Profissional dos Jornalistas*, in Revista do Ministério Público n.° 12, Dezembro de 1982, p.p. 149 a 160.

Wemans, Jorge – *Os Jornalistas perante o Segredo de Justiça e O Sigilo Profissional*, in Cadernos 2 da Revista do Ministério Público, ano de 1987, p.p. 169 a 173.

ÍNDICE DA JURISPRUDÊNCIA CITADA NESTE TRABALHO

Ignorad.	Sent. do 9.° Corr. de Lx., Trib. da Justiça 23, Nov/86, 12 ..	12 e 206
18/02/87	Ac. S.T.J. – B.M.J., 364, 556	72, 265 e 272
18/02/88	Ac. S.T.J. – B.M.J., 374, 212	73 e 265
18/02/88	Ac. S.T.J. – B.M.J., 374, 218	272
25/03/88	Ac. Rel. Lx. – Col. Jur., ano XII, 2, 173	281
29/06/88	Ac. Rel. Coimbra – Col. Jur., ano XIII, 3, 119	282
15/02/89	Ac. Rel. Porto – Col. Jur., ano XIV, 1, 216	424
03/10/89	Ac. Rel. Lx. – Col. Jur., ano XIV, 4, 165	73, 139, 223 e 265
04/10/89	Ac. S.T.J. – B.M.J., 390, 118	424
10/10/89	Ac. Rel. Lx. – Col. Jur., ano XIV, 4, 167	73 e 266
21/11/89	Sent. do 15.° Juízo Cível de Lx. – R.M.P., n.° 42	13 e 207
10/01/90	Ac. S.T.J. – Tribuna da Justiça, 4-5, 307	73 e 266
20/12/90	Ac. S.T.J. – Tribuna da Justiça, 6, 261	243
09/01/91	Ac. Rel. Porto n.° 1241, da 5.ª Secção, R.P.C.C., ano 1, 107	425
03/07/91	Ac. S.T.J. – Col. Jur., ano XV, 4, 5	424
05/11/91	Sent. do 5.° Corr. de Lx., Sub Jud. n.°2, Jan/Ab de 92, 89. .	74 e 267
Ignoror	Sent. do T.J. Coimbra., Sub Jud. n.°2, Set/Dez. de 92,89. ..	74 e 266
15/09/92	S. do 17.° J. C. de Lx., S. Jud. n.°5, J./Ab. 93, 69	11, 63, 208 e 259
11/11/92	Ac. S.T.J. (Pleno) – D.R., 1.ª Série, de 24/12/92	286
25/01/93	Ac. Rel. Porto – Col. Jur. , ano XVIII, 1, 215	12 e 206
22/04/93	Ac. S.T.J. . Sub. Jud/Novos Estilos, 4/93, 79	63 e 258
14/07/93	Ac. T. Const. – D.R., 1.ª Série, de 13/08/93	320, 321 e 324
10/01/94	Ac. Rel. Lx. – Col. Jur. , ano XIX, 1, 141	123
24/01/94	Ac. 4.° T. Crim. de Lx. Sub Jud. n.° 6 M/Ag, de 93, 117 .	282
17/03/94	Ac. S.T.J. – Col. Jur. (Acs. do S.T.J.), ano II, 1, 251	273
29/11/94	Ac. Rel. Lx. – Col. Jur. , ano XIX, 5, 171	76 e 269
25/01/95	Ac. Rel. Porto – Col. Jur., ano XX, 1, 242	77 e 270
09/02/95	Ac. T.C.13/95 – D.R., 2.ª Série	48, 58, 77, 249, 275, 277, 287 e 419
09/03/95	Ac. T. Const. 58/95 – D.R. 2.ª Série	48, 61, 249, 277 e 290
31/05/95	Ac. Rel. Porto – Col. Jur., ano XX, 3, 263	35 e 215
07/11/95	Ac. T. Const. 428/95 – D.R., 2.ª Série	286
13/12/95	Ac. S.T.J. – Col. Jur.(Ac. do S.T.J.), ano III, 3, 253	284
15/03/96	Ac. T. Const. N.° 607/95 – D.R. 2.ª Série	244
27/03/96	Ac. Rel. Porto – Col. Jur., ano XXI, 2, 235	63 e 259
05/07/96	Ac. T. Const. N.° 505/96 – D.R., 2.ª Série	96, 254 e 352
06/11/96	Ac. S.T.J. – Col. Jur. (Ac. do S.T.J.), ano IV, 3, 187	127

ÍNDICE DOS PARECERES DO CONSELHO CONSULTIVO DA PROCURADORIA-GERAL DA REPÚBLICA E DA COMISSÃO CONSTITUCIONAL, CITADOS NESTE TRABALHO

ÍNDICE GERAL